海上丝绸之路研究项目

『十三五』国家重点图书出版规划项目

印度尼西亚史纲

梁敏和 著

世界图书出版公司
广州·上海·西安·北京

图书在版编目（CIP）数据

印度尼西亚史纲 / 梁敏和著. —广州：世界图书出版广东有限公司，2019. 2
ISBN 978-7-5192-5494-0

Ⅰ. ①印… Ⅱ. ①梁… Ⅲ. ①印度尼西亚—历史 Ⅳ. ①K342

中国版本图书馆CIP数据核字（2018）第284286号

书　　名	印度尼西亚史纲 YINDUNIXIYA SHIGANG
著　　者	梁敏和
责任编辑	程　静
装帧设计	书窗设计
责任技编	刘上锦
出版发行	世界图书出版有限公司　世界图书出版广东有限公司
地　　址	广州市新港西路大江冲25号
邮　　编	510300
电　　话	020-84453623　84184026
网　　址	http://www.gdst.com.cn
邮　　箱	wpc_gdst@163.com
经　　销	各地新华书店
印　　刷	广州小明数码快印有限公司
开　　本	787mm × 1092mm　1/16
印　　张	22.75
字　　数	360千
版　　次	2019年2月第1版　2022年4月第2次印刷
国际书号	ISBN 978-7-5192-5494-0
定　　价	68.00元

总　序

2014年4月，中国出版集团下属的世界图书出版广东有限公司与北京大学东南亚学研究中心联合召开了东南亚各国历史编辑出版会议，决定于2015—2016年编撰、出版《东南亚各国史纲》。出版公司和作者们一致同意，《东南亚各国史纲》按东南亚国别独立成册，共11册，内容涵盖东南亚各国古代、近代和现当代的历史发展沿革及社会、经济、文化、军事和对外关系等方面，要求在前人研究和已出版的东南亚国别史的基础上，吸纳国内外史学界的新成果，力求撰成一套有研究性的学术著作和高等学校东南亚教学的重要参考书。

一

在迈入21世纪的新形势下，思考周边问题，研究周边国家的历史，是具有重要学术研究价值和富有现实意义的前瞻性课题。东南亚地域辽阔，岛屿众多，总面积达457万平方公里，人口约5.6亿，它由中南半岛和马来群岛两大部分组成，共11个国家，包括越南、柬埔寨、老挝、缅甸、泰国、马来西亚、新加坡、印度尼西亚、菲律宾、文莱和东帝汶。东南亚地处东西方文化交汇和传播的十字路口，是“海上丝绸之路”的必经之地，受到中国、印度、伊斯兰文明，以及西方文明的影响。它是一个历史悠久，文化多元的地区，在世界文明的历史舞台上，占有至关重要的地位。

位于亚洲东南部的东南亚，既是我国的周边近邻，与我国有地缘上的特殊关联，又大都是发展中国家，与我国有着许多共同利益。毗邻中国，地处“海上丝绸之路”必经航线上的东南亚，以其独特区位优势，成为当前我国实现“一带一路”战略的第一站。研究和出版东南亚国家的历史，总结中国与东南亚国家关系发展的历史经验，对增进我国与东南亚国家的友好关系，促进当代亚洲共同体和21世纪海上丝绸之路的建设有着至关重要的意义。

东南亚（Southeast Asia）作为一个地理区域的名称，始于第二次世界大战时期。东南亚地区是一个独立的人文地理单元，东南亚各国既在政治、经济、社会、文化诸领域存在密切的联系，又在民族、语言、历史、宗教和文化等方面各具特色。第二次世界大战后，东南亚更演变成为一个重要的战略区域，东南亚研究因此作为一门相对独立的学科日益繁荣兴盛。

当代东南亚研究的显著特征是，学者们既将东南亚作为一个整体开展综合性的全面系统研究，又对东南亚各国的发展进行深入剖析，取得了前所未有的成就。当前，东南亚研究受到各国学术界的广泛重视，不但欧美国家重视东南亚研究，邻近东南亚的中国、日本，就连澳大利亚等国也十分重视东南亚研究，尤为重要的是东南亚本地区的研究蒸蒸日上，这是东南亚研究蓬勃发展的重要标志。

中国与东南亚国家是山水相连、唇齿相依的近邻，中国历来有研究亚洲周边各邻国，包括东南亚国家的优良传统；自古以来，中国就有治史的传统，并建有机构，形成一定的制度。中国历代保存下来的古籍无比珍贵，堪称研究东南亚历史、地理、民族、经贸、宗教与文化发展的“无价之宝”，备受国际学术界的赞赏和重视。

中国的东南亚研究是国际东南亚学的一个重要部分。近代以来，建立在科学理论与方法基础上的中国东南亚研究发展到一个新的阶段。在中国的地区与国别的研究中，东南亚和东南亚国家研究一直是一个富有研究传统，基础较好，力量较强，而且成果较多的领域。

中国老一辈的学者善于利用中国丰富的古籍资源进行考证，或是利用他们掌握的中外语言工具，将西方学者的研究翻译成汉文，介绍到国内来，他们所撰写的中外关系史、海外交通史等著述，以中国的汉学为依托，充分发挥了自己的优势，补学术领域之空白，在国际学术界占有了一席重要的地位。在老一辈学者的带领下，中国的东南亚研究已颇具规模并拥有了一支精干且颇有水平的学术队伍。改革开放以来，伴随全球化、区域一体化的发展，和对周边国家文明的源流与发展研究的关注，中国东南亚学界在东南亚史的研究方面又取得一些引人瞩目的进展，如东南亚地区史和菲律宾、缅甸、泰国、越南、柬埔寨、老挝等一些东南亚国别史著作的出版，泰族、壮族等跨境民族起源的开拓性研究，中国东南亚文化交流史、华人华侨史、殖民主义史和东南亚经济、政治和国际关系史的撰写，中国古籍中有关东南亚国家史料的整理，以及相关外国名著翻译等，都是东南亚研究领域的重要成果，对中国东南亚的教学、研究与出版事业的发展都作出了重大贡献。

但我们也看到，在中国东南亚史学研究方面仍存在不少问题。一是近些年来，史学研究作为中国人文社会科学研究的支柱之一，未获得足够的重视，尤其是古代史研究受到冷遇，出现轻视历史研究的倾向；二是中小国家的研究也未能受到应有的关注，中小发展中国家的研究，问津者甚少，甚至后继乏人。这是值得我们注意的问题。在当代东南亚现状的跟踪与研究的热潮中，历史研究往往处于边缘化状态。中国东南亚地区通史和国别史的研究成果并不多，全面系统的高水平研究著作尤其缺乏。进入21世纪以来，由我国学者编撰的东南亚地区通史仅有一部，东南亚古代或现代地区史著作也寥寥无几，东南亚的国别史大多还是20世纪出版的，有的国家只有通俗性的简史。这种状况与我国现今的国际地位和我国与东南亚国家关系的飞跃发展的形势很不协调。

在2014年10月中央召开的周边外交工作座谈会上，习近平主席强调指出，我国周边外交的基本方针，就是坚持与邻为善、以邻为伴，坚持睦邻、安邻、富邻，突出体现亲、诚、惠、容的理念。发展同周边国家睦邻友好关系是我国周边外交的一贯方针。要诚心诚意对待周边国家，争取更多朋友和伙伴。要本着互惠互利的原则同周边国家开展合作，编织更加紧密的共同利益网络，把双方利益融合提升到更高水平，让周边国家得益于我国发展，使我国也从周边国家共同发展中获得裨益和助力。为了推动我国对东南亚周边国家历史研究的全面而持续的发展，中国出版集团世界图书出版广东有限公司与北京大学东南亚学研究中心合作，邀请研究东南亚历史文化的专家学者，采取“老、中、青”三结合方式，集体协作，共同编著《东南亚各国史纲》。这是适应我国重视和大力发展同周边国家睦邻友好关系的一项重要出版措施。

二

本丛书编委会认为，《东南亚各国史纲》是一套系统全面又有重点地阐明东南亚各国社会历史发展演进全过程的学术著作。全书以唯物史观为指导，从客观的历史实际出发，采取分国独立撰著的方式，阐述东南亚各国从远古史前社会起始，经历古代、近代、现当代各个历史时期社会的发展演变，内容涵盖政治、经济、宗教、文化和国际关系等诸多方面，同时对历史发展的基本轨迹和特征，以及重大历史事件、重要历史人物作客观的阐释和评析。

《东南亚各国史纲》力求做到史论结合、综合论述与个案剖析相结合，既要吸纳前辈学者的成果，发扬既有的优势，还必须更多地利用国外的文献资料，特别是东南亚国家的文献资料，包括考古发掘和碑铭等原始资料，并通过集体的协作，取长补短地开展有组织的研究。为贯彻“一致性”与“多样性”相结合的原则，《东南亚各国史纲》各册既有大体一致的结构和体例，同时根据各国的具体情况，在篇幅、分期、资料和内容等方面，有自主多样的选择和不同的风格与特色。

在研讨全球化史观与理论时，学者指出，中国的世界史研究者应在全球史观的基础上不断进行修正和补充，加入中国与当代特色，以建构中国的全球史研究体系与理论，研究应从宏观和微观两个方面相互促进。从宏观方面，应以更广阔的全球眼光作为视域；微观方面，应重视对国别史、地区史的研究，修正世界史研究中欧洲中心主义的弊端。我们认为，加强东南亚国别史研究对建构中国的全球史研究体系与理论，将具有学术价值和理论方面的积极贡献。

为此，第一，须从全球视野和区域史的框架出发，开展理论建设，将东南亚视为一个既有密切联系，又具有多样性发展的地区进行研讨。东南亚国家都是多民族的国家，宗教信仰和文化发展的多元性是突出的特征。在史学研究领域，我们应有一种开放性的心态，从东南亚的历史实际出发，努力探索东南亚历史发展的不平衡性与多样性，而不要囿于过去研究的思维定势、传统的方法与模式，要避免以往按王朝体系撰写历史的偏向。

第二，与此同时，应将东南亚的历史与文化结合起来进行研究，以历史发展为基本脉络，与文化发展密切结合起来，在论述东南亚国家的经济、政治与社会发展的同时，对东南亚的文化，包括宗教的发展作必要的阐述，这样才能较为全面系统地勾画出东南亚国家社会发展的全貌。东南亚国家的文化发展灿烂辉煌，又各具特色，东南亚与中国、印度和外部世界的文化交流频繁而多样。在撰写历史发展进程时增加文化发展和文化交流的内容，将使研究更加丰富多彩。

第三，东南亚国家是与中国接触很早，与中国有悠久的历史关系的近邻，中国文化与包括东南亚国家的亚洲的文化相互关联又各具特色；中国文化对东南亚国家的文化产生过深刻的影响，而东南亚国家的文化对中国文化的丰富和发展也作出了宝贵的贡献，研究要坚持文化传播的双向性与互动性，尽力反映东南亚国家各民族的历史发展与所作出的宝贵贡献。

中国学者研究东南亚历史与文化问题，或出版这方面的著作，必然要体现中国的特色。针对长期影响东南亚研究的“欧洲中心论”而言，提出撰写有中国特色的东南亚史的要求是必要的。从中国的视角考察，并充分利用中国的史籍是十分重要的，但在东南亚各国历史与文化发展进程中，中国对东南亚究竟产生了什么影响？如何客观地评价历史上中国与东南亚国家之间的关系等等，都是我们应重新研讨的重要问题。

参加《东南亚各国史纲》编撰的专家学者大都曾长期从事东南亚历史、语言、文化的教学与研究，并曾在国外留学、访问、考察或担负外交工作，与国外学术界，包括东南亚国家的学者有密切的联系，在努力吸纳中外学者研究成果的基础上，利用掌握相关国家语言的有利条件，运用了对象国家的原始文献资料写作，是本丛书的一个重要特色。

三

《东南亚各国史纲》是由中国出版集团世界图书出版广东有限公司倡议，并获得北京大学东南亚学研究中心的学术支持与合作。参加编著的作者来自厦门大学南洋研究院，中山大学国际关系学院，广东外语外贸大学东方语言文化学院、东南亚研究所，广西民族大学东南亚语言文化学院、东盟学院，云南大学国际关系学院，北京大学外国语学院、国际关系学院、历史学系和外交部中国国际问题研究基金会等高等院校与学术机构，《马来西亚史纲》还特邀华人学者参编。本丛书的编著出版是一项集思广益、集体协作的文化工程。

编撰一套具有独特视角和富有特色的《东南亚各国史纲》，并非易事。本丛书是作者们合作编撰历史著作的一次学术探索与尝试，由于学术水平与时间有限，难免有疏漏不当之处，诚望获得同行专家和广大读者的教正。

在本丛书编著出版过程中，获得各方面领导和朋友们的诸多帮助，世界图书出版广东有限公司卢家彬副总经理、刘正武总经理助理和程静编辑给予了大力支持，付出了辛勤劳动；美国康德公司基金会董事会执行董事长王立礼先生对本丛书出版给予了慷慨的捐赠与赞助，作者们谨致诚挚的谢忱！

《东南亚各国史纲》编委会

2016年12月20日

目 录

导　论

印度尼西亚是东南亚第一大经济体，世界第四人口大国，是中国对外政策中的重要一环。印度尼西亚所经历的现当代民主政治较之东南亚其他国家更为复杂和深刻，引起了国际社会和学术界高度重视。

印度尼西亚历史悠久，是人类起源地之一。100万年以前，原始人类已在印度尼西亚的土地上劳动、生息和繁衍后代。那时，澳、亚大陆还连在一起，约在第四纪冰川时期，两极冰雪大量融化，一些较低的地区被淹没，逐渐形成海洋，致使澳、亚大陆分开。印度尼西亚群岛是由上述海洋中较高的山脉构成的，距今约50万年。

印度尼西亚位于东经94°45′至东经141°05′，北纬6°08′至南纬11°15′，有大小岛屿17 508个。该国由大巽他群岛、努沙登加拉群岛、马鲁古群岛和巴布亚岛西部等岛屿组成，其中约6 000个岛屿有人居住。印度尼西亚被誉为“万岛之国”，是世界上最大的群岛国家。在1 904 569平方公里的领土面积中，65%的陆地被森林和各种植物覆盖，领海面积约300余万平方公里。印度尼西亚地理构造复杂，全境岛屿分布分散，其疆域东西长5 150公里，南北宽1 930公里，海岸线长54 716公里。印度尼西亚地处亚、澳两大陆之间，是连接太平洋和印度洋的重要通道，加之地跨赤道南北，因而素有“赤道翡翠”之称。其独特的地域优势使印度尼西亚成为具有重要战略地位的国家，横隔印度尼西亚与马来西亚的马六甲海峡是太平洋和印度洋之间的天然国际商道，是欧美和东亚国家的石油、天然气运输必经通道。

地形特点

印度尼西亚从地理上可分为三部分：

1. 西部陆地，又称作巽他平地。主要包括苏门答腊、爪哇、加里曼丹等岛屿。该地海水较浅。

2. 中部地区。主要包括苏拉威西、班达等岛屿，这一地区海水较深，平均深度为4 000米。

3. 东部陆地。主要包括西巴布亚及其周边岛屿。

岛屿

按岛屿大小排列，前五位分别如下：

1. 加里曼丹岛。该岛又称作婆罗州，全岛面积为734 000平方公里，南部为印度尼西亚领土，面积539 460平方公里。该岛70%的面积被森林覆盖，多为热带雨林和原始森林。岛的东、西地势较低，沿海沼泽、河流较多，部分地区为平原。

2. 苏门答腊岛。面积473 606平方公里，该岛东北部是平原，西南部是高原。岛上沼泽地带、热带雨林较多，武吉丁宜水牛谷长达数公里，陡峭的峡谷石壁高达百米。

3. 西巴布亚岛。面积421 981平方公里，岛的形状如同蹲在太平洋上的大鸟，西北半岛如同鸟头，因而素有“鸟头半岛”之称。该岛南部和北部是平原，中部是高原，印度尼西亚最高的查亚维查亚山位于该岛，山顶白雪终年不融化，海拔5 030米，被誉为“太平洋上的喜马拉雅山”。

4. 苏拉威西岛。面积189 216平方公里，位于加里曼丹和马鲁古群岛之间，由4个半岛组成。该岛形状酷似汉语的“斤”字，又酷似一朵正在开放的兰花。印度尼西亚独立前称作“西里伯岛”，又称作“铁岛”。岛上多山，最高点是南部的阿努安山，海拔3 673米，沿海为平原地区，河流较多，但短而窄。

5. 爪哇岛。面积132 107平方公里，全长975公里，宽250公里。北部是平原，中部是火山带，南部为石灰岩高原。火山群构成爪哇东西走向的山脉，并构成盆地，如西部万隆盆地、中部梭罗盆地和东部玛琅盆地等。岛的南岸陡峭，下临深海，来自印度洋的海风较大；北岸海水较浅，每年约有2亿吨火山灰土被冲入大海，淤泥使海岸不断向外延伸，形成沙嘴和沼泽。由于火山灰的作用，北部地区的土地较肥沃。

山脉

由于地质构造的特点，印度尼西亚内地多山，主要有两大山脉贯穿印度尼西亚。

1. 环绕太平洋山脉。该山脉沿南美洲的安德斯和阿拉斯加山，途经日本、菲律宾至巴布亚，并延伸至哈马黑拉海。

2. 地中海山脉。该山脉沿北非、南欧、喜马拉雅山，途经缅甸至印度尼西亚苏门答腊、爪哇、努沙登加拉和班达岛。该山脉锋芒毕露，山势高峻，其高度大都在海拔约4 000米。由于地壳运动，时常发生大小不一的地震，平均每天都有。造山运动促使地下灼热的岩浆顺地缝外冒，形成火山。该山脉因此被称作巽他火山带或缅甸爪哇弧，素有"灯火走廊"之称。

河流与湖泊

印度尼西亚是多河流国家，长度在40公里以上的河流多达百余条，除巴布亚有几条源于雪山的河流之外，其他均为雨水河。加里曼丹的加布亚斯河，出口在缅甸，全长1 010公里，是印度尼西亚最长的河流。印度尼西亚沿海岸线有狭长的平原和沼泽，形成许多湖泊。在山区，多为火山湖。印度尼西亚较大的湖泊共50余个。最大的当属苏门答腊的多巴湖。

气候

印度尼西亚位于赤道附近，是低纬度国家，属于典型的赤道海洋性气候，高温、多雨、微风和潮湿是印度尼西亚气候的四大特征。年平均温度在26摄氏度左右，不同的地区有温差，一般情况下，沿海27摄氏度，山区22摄氏度，高原和山区早晚有冷雾。由于气温变化不大，因此，印度尼西亚被誉为"长夏之国"。受季候风的影响，印度尼西亚一年只分两个季节：4月至9月是旱季，10月至次年3月是雨季。印度尼西亚风力一般在三级左右。全年昼夜长短差别仅为半小时左右，东西两头日差约3小时。太阳终年几乎在一个固定的方位，即正东和正西出没。每当中午太阳直射时，几乎见不到影子。印度尼西亚年降雨量平均为3 000毫米左右，在雨季，每月平均有10天下雨，西部降水量大于东部。

矿物

印度尼西亚矿产资源丰富，重要的金属矿有锡、镍、铝、铁砂、铜、黄金、白银、锰砂、铬、铀等；非金属矿有石油、天然气、煤炭、金刚石、沥青、硫磺、铀、磷酸盐等。印度尼西亚石油总蕴藏量为500亿桶。1817年在西爪哇打出第一口油井，1883年在亚齐地区开始大规模开采。20世纪70年代前，印度尼西亚石油开采权在外国人手里，荷兰皇家石油公司、英国贝壳石油公司、美国德士古石油公司和日本石油公司等先后在印度尼西亚展开竞争。1957年12月10

日，印度尼西亚成立了国家石油公司，参与外国石油公司的开采，利用“工作合同”和“产品分成合同”从中提成。前者是政府向外国石油公司出租石油开采权从中提取60%的利润，用以代替外国石油公司所要交纳的投资税；后者是将部分油田交由外国石油公司开采、经营，印度尼西亚从中提取40%的纯利润。印度尼西亚也是世界石油输出国组织的重要成员，产量受到一定限制，日产石油130余万桶。印度尼西亚于20世纪80年代兴建了炼油厂，从出口原油转向出口成品油，以便获得更多的外汇。印度尼西亚在出口高价优质油的同时，从国外进口部分廉价劣质油供国内消费。印度尼西亚可开采天然气蕴藏量约73万亿立方英尺（约2万亿立方米），生产的天然气主要用于国内消费，少量通过管道运输出口到周边国家。

动物

巴厘和龙目海峡是亚、澳两洲动物品种分界线，西部是亚洲种类，东部是澳洲种类。印度尼西亚哺乳动物约650种，禽类2 000余种，昆虫类不计其数。印度尼西亚大象常见于苏门答腊和加里曼丹，老虎分爪哇、加里曼丹和苏门答腊三种。印度尼西亚最珍贵的动物是史前的科莫多（Komodo），世界上仅在印度尼西亚存留，其形状类似大蜥蜴，生活在努沙登加拉岛东部，被列为珍奇动物，受到国家的保护。其他常见的动物还有独角犀牛、野牛、猩猩、猴子、野猪、蛇和鳄鱼等，印度尼西亚每个省份都有自己的代表性动物。

植物

由于土质、气候、雨水分布的不同导致印度尼西亚各地植物的种类和生长情况亦有所不同，如雨水充足的苏门答腊、加里曼丹和巴布亚等地区长有茂密的森林和热带雨林；爪哇东北部则生长着季节林，每逢旱季来临，其热带雨林会转变成季风型森林，其中柚木最为典型，其树叶凋谢。根据地势高度，印度尼西亚植物可分为四大类：海拔700米左右的地方有原始热带雨林；海拔1 500米左右的地方有茂密的森林；海拔2 500米左右的地方有灌木丛；海拔2 500米以上的地方仅有稀疏的杂草和矮木丛。印度尼西亚森林面积约1.43亿公顷，常见树种有椰树、榕树、棕榈树、橡胶树、木棉树、金鸡纳树、菩提树。珍贵的木材有柚木、檀木、铁木、龙脑香木等。为了充分利用资源和保护环境，印度尼西亚政府自20世纪70年代实施了森林保护政策和限制性措施，将部分林区划为森林保护区，作为国家公园和野生动物栖息地，禁止用于商业用途，以保持森林的自然状态。政府对生产林采取了很多限制性的措施，如建立许可证发放制度，规定只有持有政府颁发的准字才能经营木材业。为了促进木材加工业，印度尼西亚政府于1985年颁布禁止出口原木的法令。为了防止乱砍滥伐，规定每年每公顷森林只能砍伐有限的直径为50厘米以上的树木。强制规定对采伐后的林地应及时补栽或实施绿化工程等。印度尼西亚的木材是国家第四大出口创汇产品，仅次于石油、天然气和纺织品。印度尼西亚还盛产咖啡、油棕、橡胶、甘蔗、棉花、茶叶、烟草、丁香、奎宁、椰子、可可、木棉等经济作物。印度尼西亚早在古代就以香料群岛闻名于世，当地纯正的胡椒、桂皮、豆蔻等香料远销世界各地。主要农产品是稻米、玉米、木薯、花生、大豆等。水果主要有香蕉、芒果、椰子、榴莲、柑橘、菠萝、木瓜、蛇皮果、山竹、橘子、橙子、柠檬等。在花卉中，尤以兰花最为普遍。

居民与宗教

印度尼西亚是多部族国家，“印尼民族”（Bangsa Indonesia）是对外名称，类似我国的“中华民族”，但对内名称则有区别，我国称“民族”，如“汉（民）族”或“多数民族”；而印度尼西亚则称为“部族”（Suku Bangsa），如“爪哇（部）族”等，印度尼西亚有300余个部族和分支。印度尼西亚现有人口2.5亿，人数最多的是爪哇族，占印度尼西亚总人口的45%，未超过半数，因而印度尼西亚部族人数的多少仅是相对而言。与总人口比较，巽他族占14%、马都拉族占7.5%、马来族占7.5%、其他占26%。印度尼西亚部族的构成因素较多，公元前300年，续至马来人在印度尼西亚定居后，与先前移居在此的原始马来人发生矛盾。原始马来人被迫迁移到偏僻的地区，被称为“达雅克”“托拉查”“巴达克”等。而现在的爪哇、巽他、马都拉、望加锡、布吉斯、巴厘、米南加保、班加尔等部族均属续至马来人的后代。上述两种人，即原始马来人及续至马来人，由于迁入的时间不同，定居的岛屿和地区彼此山水相隔，分别生活在不同的岛屿。久而久之，各岛和各地区便形成了各自独特的语言和习俗，多数因所居的岛屿和地区的名字而得名。印度尼西亚各部族之间有着通婚的现象，不同部族通婚所生的后代是混血种人，他们往往兼具两个部族的体貌特征，很难将他们归属于哪个部族，但一般按父系来确定他们的部族归属。

印度尼西亚是多神论和多宗教国家，不同的宗教有着不同的文化，这些文化相互影响，并渗透印度尼西亚各个领域，对印度尼西亚社会产生巨大影响。总体上，印度尼西亚西部以伊斯兰教为主；中部以伊斯兰教和基督教为主；东部以基督教和天主教为主；印度教主要集中在巴厘岛和龙目岛。印度尼西亚政府于1946年设立宗教部，旨在加强对宗教活动的指导和管理，向政府提供处理宗教事务的建议，创造和谐的气氛作为社会团结的基础，加强本国宗教与外国宗教间的合作。印度尼西亚政府注重宗教内部、宗教之间、宗教与政府之间的关系，鼓励举行宗教内部文化和竞赛活动。根据1966年印度尼西亚临时人民协商会议关于宗教、教育和文化的第二十七号决议，印度尼西亚各级学校开设了宗教必修课，学生可自由选课，但必须选择一种。如果学校无力开设某种宗教课，学生可在校外寻找教师，定时上课，期末通过考试即可，成绩记入档案。印度尼西亚有公、私立宗教学校，一般宗教学校其普通知识课约占总课时的70%，其余为相关宗教课程。政府鼓励不同宗教学校的学生互访和合作开展社会活动，彼此增进友谊和了解。政府定期或不定期地与宗教团体代表就重大国事进行协商，以此获得宗教界的支持。目前官方认可的六大宗教分别是伊斯兰教、基督教（新教）、天主教、巴厘印度教、佛教和孔教。印度尼西亚是有神论国家，在信仰神道的基础上，国民须信奉一种宗教。根据2010年人口普查结果，印度尼西亚信奉伊斯兰教的人数占印度尼西亚总人口的87.2%，是世界上伊斯兰教信徒最多的国家；7%的人口信奉基督教；2.9%信奉天主教；其余信奉印度教、佛教、孔教和原始拜物教等。

语言

印尼语属于南岛语系的印尼语族。在印度尼西亚有200多种部族语，如爪哇语、巽他语、马来语、巴达克语、米南加保语等。印尼语是在通用于廖内群岛、柔佛和马六甲海峡地区的马来语基础上形成的。1928年，印度尼西亚第二次青年代表大会在雅加达召开，其决议之一是将印尼语作为印尼民族的共同语。1945年印度尼西亚独立后，宪法正式把印尼语定为国语。印尼语是世界上发展较快的语言之一。印尼语使用的是拼音文字，即用符号（字母）表示语音。一个字母或几个字母拼成音节，书写、印刷时按词连写。印尼语有单元音6个、复合元音3个、辅音25个。印尼语的词缀十分丰富，词缀和词的重叠都有很强的构词和构形的能力。名词和代词没有表示性、格的语法范畴，但有表示体、式、语态的语法范畴。词汇中大量吸收梵语、阿拉伯语、波斯语、泰米尔语、葡萄牙语、荷兰语、英语和汉语闽南方言的词语，同时也吸收不少本国范围内的爪哇语、巽他语和米南加保语等语言的词语。

关于印度尼西亚历史分期

在国别史研究方面，学者多用编年史的方法，将一国的王朝按年代顺序排列，构成王朝编年史。由于印度尼西亚地理特点和史料奇缺等因素，采取编年史方法有困难。自近代以来，西方学者首创“古代”“中世纪”“近代”“现代”的概念作为历史分期，在学界产生影响。这种历史分期法把历史分期建立在较为科学的理论基础之上。自20世纪初，以社会性质或社会形态为标准来划分历史发展阶段，以社会形态为历史分期标准开始流行，把人类社会发展史划分为原始社会、奴隶社会、封建社会、资本主义社会和共产主义社会五个阶段。历史分期是一个复杂的问题，关于印度尼西亚史的分期，中外学界，包括印度尼西亚史学界均有不同的见解，尚无明确统一的定论。各自的历史分期体现在相关的史著中。

王任叔：

古代分三编：

第一编　原始社会；

第二编　奴隶社会；

第三编　封建社会。

近代分三编：

第一编　半殖民地封建社会；

第二编　殖民地封建社会；

第三编　半殖民地半封建社会。

艾地：

原印度尼西亚共产党总书记艾地于1963年9月在中共中央高级党校的《印度尼西亚共产党的迫切任务》报告中提到印度尼西亚历史分期问题：

一、原始公社时期（约公元前500年）；

二、奴隶占有制度时期（公元前500年至公元500年）；

三、封建社会（5至17世纪）；

四、封建和殖民地社会（17世纪末至19世纪末）；

五、殖民地和半封建社会（19世纪末至1945年）；

六、独立和半封建社会（1945年至1949年）；

七、半殖民地和半封建社会（1949年至今）。[①]

由萨尔托诺·卡尔托迪尔佐等撰写、印度尼西亚文教部出版的《印度尼西亚民族史》将印度尼西亚历史分为印度尼西亚史前史、古代史、伊斯兰教王国的兴起与发展时期、19世纪的印尼民族觉醒与荷印政府统治末期、日本统治与印度尼西亚共和国时期，着重描述了印度尼西亚人民反抗殖民统治和为争取独立而进行的斗争。

澳大利亚人德拉克雷著，郭子林译《印度尼西亚史》的内容如下：

第一章　伊斯兰教到来之前的早期历史（公元前5000年至公元1600年），定居与社会发展、农业与早期国家的出现、贸易与早期国家的出现、印度对印度尼西亚国家和社会的影响、伊斯兰教的到来；

第二章　殖民时代的印度尼西亚（1600年至1940年），香料战争、公司时代、从公司到殖民主义、荷兰殖民国家的扩张、耕作制度、现代私人资本主义的兴起；

第三章　独立战争（1900年至1949年）；

第四章　苏加诺时代（1945年至1966年）；

第五章　苏哈托时代（1966年至1998年）；

第六章　苏哈托之后的印度尼西亚（1998年之后）。

关于印度尼西亚社会历史发展，本书作者的基本观点如下：印度尼西亚是东南亚大国，又是一个与中国接触较早、有着悠久历史的海岛国家。印度尼西亚历史发展既有规律可循，又有自身特点，经历了由原始社会向封建社会的过渡和由殖民地半封建社会向资本主义社会的过渡，其社会特征有别于他国。在考察学术界已有研究的基础上，作者将远古至今的印度尼西亚历史划分为史前史、古代史、近代史、现当代史四个时期，分为绪论和12章，总体构架如下：

史前时期

印度尼西亚遗留的记载古代历史的文字非常少，常见的记载多来自碑文、摩崖石刻、铜刻和贝叶刻，主要为梵文、古马来文、古爪哇文、古巴厘文、古巽他文等。石碑多为未加工或粗加工的石头，仔细辨认才能发现上面刻着的文字和符号，其文字要靠相关专家辨认、翻译和研究。据考证，大约在100万年以前，就有原始人类在印度尼西亚的土地上劳动、生息和繁衍后代，印度尼西亚是原始人

① 《人民日报》，1963年9月3日。

类发源地之一。19世纪末和20世纪30年代在爪哇岛先后发现“爪哇人”“瓦查克人”“梭罗人”等原始人类的化石。公元前4万年起，印度尼西亚原始居民进入氏族社会。构成印度尼西亚现代居民的祖先古印度尼西亚人或澳斯特尼西亚人，他们于公元前2000年左右至2世纪陆续从亚洲大陆东南部迁移而来。由于迁移时间和定居地点的不同，形成不同的语言风格和生活习俗。但其共同点是信仰万物有灵论，崇拜祖先灵魂，实行土地公社的共同耕作制度。互助合作成为他们的主要生活方式，这种方式一直延续至今。印度尼西亚原始居民已开始使用金属工具，生产与文化均有较大程度的发展。随着原始社会生产力的发展，南海交通与贸易的发达，印度人来往群岛的增多以及印度文化的传入，沿海地区生产力逐步提高，使得剩余产品的出现成为可能，私有制随之而来，催生了早期国家。

古代时期

印度尼西亚的古代王国，多数可以从中国古籍中找到相关的零星记载。因而印度尼西亚的历史发现和记载是零散和模糊不清的。各国史学家撰写的印度尼西亚古代史中充满了“大概”“可能”“也许”“大约”之类的词汇。

印度尼西亚最早的国家叶调大约在公元前2世纪下半叶出现。公元3～7世纪，出现受印度文化影响的王国，如东加里曼丹的古戴（Kutai）、西爪哇的达鲁玛（Taruma）和中爪哇的诃陵（Holing）。5世纪佛教开始传入。新兴地主阶级以佛教为思想武器反对婆罗门教。经过长达3个世纪左右的斗争，佛教取代婆罗门教的地位。7世纪中期，苏门答腊和爪哇开始进入封建社会。以苏门答腊巨港为中心的室利佛逝王国，迅速发展成海上商业帝国，并成为东南亚佛教中心。7世纪之后，爪哇各独立王国之间，特别是信奉印度教的散查亚（Sanjaya）王朝与信奉佛教的夏连特拉（Syalendra）王朝之间存在争夺王权的斗争。856年，夏连特拉王子在争夺王位的斗争中失败，逃往苏门答腊，以母亲是苏门答腊公主身份继承室利佛逝王位。到10世纪，爪哇政治中心从中爪哇转移到东爪哇的布兰塔斯河流域。11世纪起，称霸印度尼西亚西部的室利佛逝王国国势日衰，取而代之的是统一印度尼西亚全境的麻喏巴歇王国。16世纪末，印度尼西亚各主要岛屿兴起信奉伊斯兰教的王国，取代信奉印度教和佛教的王国。

近代时期

最先吸引西方人的是印度尼西亚盛产的香料，如胡椒、肉豆蔻、丁香和肉桂等。自16世纪起，西方人纷纷前往印度尼西亚进行香料贸易。最先到印度尼西亚的是葡萄牙人。1497年，葡萄牙第一支探险队，成功开辟通往南亚和东南亚的航线。1511年7月1日，葡萄牙舰队到达印度尼西亚，与特尔纳特（Ternate）王国签约，获准在马鲁古群岛建立据点。1522年，西班牙人也开始染指马鲁古群岛，并同葡萄牙人发生冲突，西班牙人败北，被迫离开。1595年4月，荷兰“远东公司”（Compagnio van Verro）派遣科尔尼里斯·德·霍特曼（Houtman）率领4艘帆船和248名船员，寻求荷兰至印度尼西亚的海路。该船队于1596年6月抵达西爪哇万丹港口。1602年荷兰政府批准成立具有政府职能的东印度公司，在沿海建立若干贸易港口，并在巴达维亚（雅加达）市设立总部。荷兰利用马鲁古人民反抗葡萄牙的斗争，染指该地，以武力和收买等手段侵占了安汶岛，并向特尔纳特和帝多利等地扩展，在这些地方建立了商馆和炮台。荷兰在印度尼西亚的殖民政策与演变大致经历了五个阶段：1.荷兰东印度公司时期（1602—1799）；2.荷印殖民政府统治时期（包括法、英短期统治）（1800—1830）；3.强迫种植制时期（1830—1870）；4.“荷兰殖民政策改变时期”（1870—1900）；5.“道义（伦理）政策及门户开放”时期（1901—1942）。

现当代时期

1908年，至善社在爪哇成立。此后，全国性和地区性的不同性质的民族主义组织相继出现。1920年5月23日，印度尼西亚共产党成立，1926年爆发了印尼民族大起义。1942年3月，日本军队侵占印度尼西亚，荷兰殖民当局投降。1945年8月15日，日本宣布无条件投降。1945年8月17日，印度尼西亚宣布独立。20世纪50年代中期，印度尼西亚政府实行不结盟的内外政策。1965年“9·30”运动之后，军人集团控制政局，大规模镇压印度尼西亚共产党和清洗异己势力，并逐步剥夺苏加诺总统的职权。1968年，苏哈托正式就任总统，对外政策基本上执行亲西方国家路线，对内执行大力引进外资，发展“替代工业”和“面向出口”工业，国民经济有所发展。1997年，东南亚经济危机引发印度尼西亚政治危机，1998年5月20日，印度尼西亚首都雅加达、日惹、泗水、万隆、梭罗、棉兰等大城市爆发了反苏哈托示威游行。5月21日，在雅加达独立宫，执政30多年的铁腕人物苏哈托宣布辞去总统职务，哈比比（Habibie）接替总统职位。1999年，瓦希德获选第四任总统。2001年，瓦希德被弹劾，副总统梅加瓦蒂接任第五任总统。2004年，苏西洛在大选中获胜，出任第六任总统。2009年，苏西洛在总统直选中获胜，连任总统。2014年，佐科（Jokowi）在总统直选中获胜，出任第七任总统。

第一编　史前史

第一章　原始社会

印度尼西亚具有悠久的历史文化，印度尼西亚的考古发现足以证明这一点。19世纪末和20世纪30年代在爪哇岛先后发现“爪哇人”“瓦查克人”“梭罗人”等原始人类的化石。更新世人类化石在爪哇的发现，使印度尼西亚成为东南亚，乃至亚洲的人类起源与进化研究中的一个重要区域。100多年来，西方古人类学家和考古学家纷纷来到印度尼西亚探寻史前人类的足迹。印度尼西亚最古老的化石是1936年在东爪哇惹班附近发现的“惹班猿人”化石。有的学者估计，惹班猿人出现在200万年以前。但也有人估计为35万至45万年以前，或60万年以前。学者们推断的有关年代，有的相距甚远，但绝大多数学者认为，约在40万至50万年以前，爪哇已出现了原始人类。

第一节　考古发现

一、爪哇直立猿人

1890年，杜波伊斯博士在爪哇梭罗河畔的特里尼尔（Trinil）村发现了一根颚骨，不久又在附近发现了一具头盖骨和一颗臼齿。1892年，又在附近挖掘发现了一根左腿骨和一颗臼齿。经考古学专家分析、研究和鉴别，多数人认为该骨化石系人骨化石，其脑容量多于类人猿，并能直立行走，上肢和下肢已实行分工，双手能够进行劳动。杜波伊斯把发现的上述人骨化石称作“爪哇直立猿人”。1938年，考古学家又在梭罗河畔的桑伊朗（Sangirang）发现了直立猿人制作和使用的石器，该石器非常粗糙，一般未经过第二次加工，形状缺乏一定的类型。由此可知，爪哇直立猿人处于旧石器时代，据孔尼华（G.H.R.Von.Koenigswald）和弗尔斯（W.Vols）考证，爪哇直立猿人化石距今约有50万年。

二、梭罗人

猿人生活在森林、洞穴之中，经常受到野兽的袭击和威胁。为了保护自己和获得必要的食物，他们慢慢地结合成群，过着群居的生活。1931—1934年，考古学家在梭罗河畔的坎塘（Ngandong）挖掘出11具头盖骨，其中有的很完整。其脑容量已接近于现代人，考古学家称之为“梭罗人”或“坎塘人”。在同一地点还发现了许多石器和骨器，有手握的石斧；有用兽骨制成的鱼叉，鱼叉头上有双排倒刺；还有用鹿角制作的农具，用来掘土和锄地。考古学家在梭罗人骨化石出土地还发现了梭罗人利用火的痕迹。可见，梭罗人已从事原始农业了，而且知道用火，这是人类同自然界斗争的结果，是人类长期观察自然和在生产中积累经验的结果。火可以使人吃熟食、取暖，对人的体质的增强十分重要。上述文化被称作“坎塘文化”。

三、弗洛勒斯人

2004年10月，印度尼西亚和澳大利亚科学家又在印度尼西亚弗洛勒斯岛（Flores）凉布阿（Liang Bua）岛一个潮湿的洞穴里发现了一种古人类遗骨化石，是一名女性的头骨和部分骨架。考古学家给这名女性取名为“穴居矮人”。骨架旁有石制工具和动物化石，其中包括一颗年轻剑齿象的牙齿、一些鱼类和鸟类和啮齿动物的化石，其中一些骨头还有烧焦的痕迹。这些被称为“小矮人”的古人个头很矮，0.9米左右，其大脑的大小还不到现代人类的三分之一，脑容量只有380毫升（cc）。对附近挖掘层发现的火坑木炭进行分析发现，这块颚骨有15 000年的历史。科学家把他们称作“弗洛勒斯人种”或“弗洛勒斯人”。弗洛勒斯人下颚的牙齿较大、较钝，与300多万年前生活在非洲大陆的南方古猿相似。他们的门牙比现代人类小，眼窝大而圆，但没有突出的眉骨，胫骨则更接近于猿。

四、帕芝坦（Pacitan）文化

1935年，库尼格斯瓦尔德（Koenigswald）与推迪艾（M.W.F. Tweedie）在爪哇岛干枯的巴克少考（Baksoko）河床发现并搜集到了2 000余件石器，其中以石斧居多，上述发现被称之为“帕芝坦文化”。这批石器打磨粗糙，呈褐红色或灰色。“帕芝坦文化”的形成时期约在旧石器时代中期向晚期过渡的时期。考古学家在戈德河（Gede）、松隆河（Sunglon）与地下河西里坎河（Sirikan）流域也发现了属于“帕芝坦文化”范畴的石器。从上述发现的石斧看，其中以无柄石斧居多。除了姆菲乌斯的分类外，樊·黑克仁把它们划分以下几类，并指出其特点：

熨斗类：横切面，凸起，坚固，利用破碎法磨制；

乌龟类：底部圆，上部凸起；

刨子类：形状不规则，坚固，单边刃。[①]

第二节 人种

早在公元前2000多年到公元2世纪，由于战争和自然灾害等，大批原始马来人从亚洲大陆南部迁移到印度尼西亚群岛。当时印度尼西亚本地有尼格里多族（Negerito）、韦达族（Vedda或Wedda）和小黑人族，他们与外来的原始马来人同化或逃至偏远的地区。由于迁移时间的先后和在印度尼西亚定居地点的不同，形成不同的风俗习惯。但其共同点主要体现在稻作文化、原始宗教文化、祖先崇拜、共同耕作和互助合作的生活方式上。

公元前500年，巴厘岛进入东颂（Dong Son）铜器时代，这一时期的特征是举行仪式用铜鼓和斧头，铜鼓上面装饰着几何、动物和人物图案。公元前200—300年，从亚洲南部又来了一大批移民，考古学家称他们为新马来人或续至马来人。分批陆续南迁至印度尼西亚群岛的蒙古利亚种族中相当一部分是来自中国云南及其邻近地区。因而印度尼西亚学者依曼·苏迪克约和沙松高分别在各自的《印度尼西亚人种学导论》中，都指出印度尼西亚人的祖先源自中国云南一带。荷兰学者弗莱格也指出，上述原始马来人迁自中国的云南。英国的莱佛士称，这些原始马来人类似蒙古人种。在苏门答腊、爪哇、努沙登加拉群岛等地发现方形石斧，在伊里安等岛上发现椭圆形石斧。这些石斧是印度尼西亚氏族公社时期经过琢磨加工过的石器，称作“新石器”。据德国考古学家赫尔德林的研究，公元前1500多年的这两种石斧，是从中国南方传到印度尼西亚的。荷兰学者格伦（J·H·Kern）指出，在苏门答腊南部的马来语言和北部的亚齐语中，“selatan”是“南方”的意思。它是由“selat”（海峡）和后缀“an”构成的，“selatan”的原义是“海峡那边”。印尼民族的祖先把“海峡那边”称为“南方”，表明他们本身生活在海峡的北边。从地理上看，这里的海峡不外是指马六甲海峡。由此可见，印

① ［印尼］萨尔托诺·卡尔托迪尔佐等：《印度尼西亚民族史》（第一册），印度尼西亚文教部，1975年版，第85、86、87、88页。

尼民族是从亚洲大陆南部迁移过来的。他们与印度尼西亚群岛的原始马来人通婚，或把他们中的一部分排挤至内地。这些马来移民后来成了当今印尼民族的主要成分。

原始马来人从亚洲大陆南迁的路线大致有两条：一是从中国云南一带经暹罗、中南半岛、马来半岛，越过马六甲海峡，进入苏门答腊后向东分散至印度尼西亚其他岛屿；另一条是从中国闽粤一带经台湾岛和菲律宾群岛，至加里曼丹、爪哇等岛屿。

印度尼西亚学者弗里多林·乌古尔（Fridolin Ukur）在《加里曼丹土著源自中国南部吗？》①一文中指出，加里曼丹岛的土著达雅克族，源自公元前约1500年从中国云南南迁来的居民。当时加里曼丹尚未形成一个岛屿，而是与苏门答腊连在一起，是亚洲大陆的一部分。当今加里曼丹和苏门答腊两岛内河鱼类品种几乎相同，这就是佐证。

第三节　氏族公社时期

印度尼西亚新石器时代始于公元前3000年左右。这一时期，人类开始对石器进行再加工，掌握了磨制技术，生产和活动范围也随之扩大，人类从狩猎、采集进入到农业和畜牧业，由于群居人数不断增加，逐渐形成部落，并逐步定居下来，原始群逐渐被氏族公社所替代。氏族是以血缘亲属关系构成的，必须以不断繁殖的方法来延续世系，因此，负责生育的女性便成为社会发展中的栋梁，以母系血缘关系为纽带的社会组织逐渐形成。随着原始农业及家畜饲养的出现，作为主要劳动者的妇女在生产和经济生活中受到尊敬，取得社会主导和支配地位。故妇女在社会上有很高的地位，形成了以母权制为特点的氏族社会。至今苏门答腊的米南加保族和苏拉威西的托拉查族还留有母系氏族的残余。

石器在氏族公社初期已被广泛使用，其中石斧更为普遍，印度尼西亚石斧以方形和椭圆形为主，方形石斧主要分布于爪哇、苏门答腊、努沙登加拉等群岛；椭圆形石斧主要分布于印度尼西亚东部群岛，尤以巴布亚为多；还有一种锛形斧，主要分布于加里曼丹、明古鲁、南苏拉威西和北苏门答腊等地。此外，在爪哇、南苏门答腊、南苏拉威西、佛洛勒斯等地发现了不少石锥、石刨、石刀、石

① 载印度尼西亚《战斗报》，1991年9月23日。

镯、石珠等石器和石制首饰。

印度尼西亚的巨石文化主要包含石雕、石棺等。石雕多为动物形状，一般情况下，所选石材形状多与将要雕刻的动物形体相似，然后雕凿加工而成，多分布于印度尼西亚爪哇岛、苏拉威西岛、加里曼丹岛、巴厘岛、松巴哇和弗洛勒斯岛等。石雕多为象、牛、虎、猴等；石柱雕塑多被当作祖先加以膜拜，男性石雕的特点是头戴类似钢盔的小帽，眼珠圆而外凸，额头凸出，脸形类似尼格罗人，配饰有手镯和项圈，腰插短剑或短刀，膝盖以下缠着绑腿；石棺多由六块石板拼装而成，一般在墓穴内拼装。考古学家在苏门答腊特古尔旺伊（Tegurwangi）地区地下表层25厘米处发现一石棺，该石棺上下各有三块石板作为铺垫和压盖，石板缝隙填充着碎石。石棺长2.5米。考古学家在棺内没有发现遗骨，但在棺内沙土中发现70余枚不同形状和色彩的石串珠、一枚金针和若干青铜饰品，还发现了同一时期的石槽、石臼、石瓶等遗物。①

骨制品常见于东爪哇，以骨箭头为多。在苏拉威西的拉蒙庄（Lamoncong）也发现过狩猎用的骨箭头。

在新石器时代，印度尼西亚古人发明了舟，即在去掉枝叶的树干上挖一洞用于坐人，放入水中便可使用，并逐渐掌握了编织、纺织及制造陶器等技术，在日惹附近发现了许多印有纺织花纹的陶器碎片，花纹非常美丽；陶器上的花纹及图案是在陶坯潮湿未干时，用刻有花纹或图案的木板敲击印成，或用绳索、竹片编织物、纺织品、贝壳等物在陶坯上压印而成。在此之前，印度尼西亚人已会雕刻和绘画，在苏拉威西南部莱昂莱昂（Leang Leang）洞穴的石壁上发现雕刻的红手印和野猪图，野猪作奔跑状，是印度尼西亚古人在狩猎过程中的艺术创作，距今已有上万年的历史。

在苏门答腊中部和西爪哇发现了古代石棺，在松巴岛的墨洛洛（Melolo）发现了古代瓮棺和石像。石像以人头像为多，很粗糙，如眼睛，只有眼窝而无眼球。石像代表棺中之人，用于祭奠死者。这说明印度尼西亚古人已有原始宗教的观念。此外，他们还崇拜图腾，认为植物和自然景物也有生命，如火山爆发，便认为是山神发怒等。

随着生产力的不断发展，男子从事的游牧业和较发达的农业在氏族公社中越来越起决定作用，男子的社会和经济地位超过女子，母权氏族制被父权氏族制所

① ［印尼］萨尔托诺·卡尔托迪尔佐等:《印度尼西亚民族史》(第一册)，印度尼西亚文教部，1975年版，第202-204页。

取代，男子成为氏族首领。

氏族公社在后期，铜器，尤其是青铜器逐渐替代了石器。据范斯坦（Povo van Stein Callenfels）考证，印度尼西亚青铜器制作始于公元前300年。青铜器的使用与外来移民有着密切的联系。印度尼西亚原住民可分为纯种族和繁杂种族两种，前者如苏门答腊的巴达克人、米南加保人、加里曼丹的达雅克人、西巴布亚的阿斯玛特人等，他们在一定程度上保持着种族的纯洁性；后者如巽他人、爪哇人、马都拉人、巴厘人、马来人等。马来人从印支半岛移民到印度尼西亚，最早的一批距今已有3 500年，他们带来了铸造青铜器的技术。印度尼西亚出土的青铜器种类较多，最普遍的是青铜斧、青铜鼓，其次为用青铜制做的兵器、容器、农具及装饰物等。在苏门答腊和马都拉发现了酷似篓的青铜容器；在寥内省发现了跳舞的青铜人像。当时制作青铜器的方法是先做蜡模，再用陶土包上，然后加温，直至陶土变硬，而受热融化的蜡则从孔隙流出，再把青铜熔液倾注入内，待冷却后将陶土去掉，容器便制成。在万隆附近曾发现制作青铜斧的土模，在巴厘发现了制作青铜鼓的石模，模上的花纹与北镇青铜鼓的部分图案是一致的。

考古学家先后在巴厘岛、爪哇岛和努沙登加拉岛等地发现史前青铜器，如青铜鼓、器皿、饰品、玩偶和武器等。1704年，鲁姆皮乌斯（G.E. Rumphius）发表了有关在巴厘岛发现青铜鼓的文章，该鼓呈圆柱形，高1.98米，直径1.60米，鼓面宽于鼓的直径，呈八角状，饰有星星和纹路图案，星星和纹路间饰有孔雀羽毛图案。鼓胸外缘凸出25厘米，鼓的提手呈面具状，眼口宽大，鼻子呈圆锥形，耳部有钱币耳坠；鼓身中部窄于鼓胸和鼓足，无装饰；鼓足呈大钟状，无装饰。与其他铜鼓不同的是，该鼓没有青蛙图案。[①]自使用青铜器后的2～3个世纪，印度尼西亚人开始铸造铁器，工具的种类日渐增多。

第四节　农村公社时期

金属工具的产生及使用促进了生产力的发展，出现了社会分工，原始公社成员的财富随之出现差别，从而加速了私有制的产生。不同氏族的人到处杂居。氏族公社开始解体，个体家庭逐渐成为社会的经济单位，并形成了以经济和区域关系为基础的农村公社，私有制开始形成，即除山川河流、森林草原等仍属于公社

① ［印尼］萨尔托诺·卡尔托迪尔佐等：《印度尼西亚民族史》（第一册），印度尼西亚文教部，1975年版，第225页。

所有外，农具、牲畜、房屋及住处周围的土地等都成为各家庭的私有财产。由于私有制的发展，掠夺战争在部落之间时有发生，战俘不再被处死，而是作为奴隶生存下来。社会内部分成两个对立的阶级，即剥削阶级和被剥削阶级，农村公社逐渐向奴隶社会过渡。印度尼西亚的奴隶制不发达，奴隶多为家奴，浓厚的农村公社残余构成了印度尼西亚奴隶社会的基本特征。随着奴隶的不断增加，氏族制已失去作用，部落首领的权力范围日益扩大，用于阶级压迫的政权机构也随之出现，社会发生巨大变革，古老的氏族制被国家所代替。

第二编　古代史

第二章　古代国家

印度尼西亚遗留的记载古代历史的文字非常少，常见的记载多来自碑文、摩崖石刻、铜刻和贝叶刻，主要为梵文、古马来文、古爪哇文、古巴厘文、古巽他文等。在加里曼丹、爪哇、苏门答腊等地发现的碑铭主要记载国王事迹、宗教供奉或寺庙修建等内容。5~16世纪的石刻是研究印度尼西亚古代史的重要资料。从碑文文字看，早期没有年代记载的碑文使用梵文，文字为钵罗婆字母。8世纪中叶，碑刻使用古代印度北部采用的那加字母，如夏连特拉王族的铭刻。《卡拉珊碑文》刻于778年，是爪哇年代最早的那加字母碑文。字体与印度北部发现的8～11世纪的碑刻相同。碑文的内容是对佛教度母（又译多罗）神的赞颂，以及在夏连特拉王公的指示下，修建一座度母神寺庙和一座接纳托钵僧的禅房的事。《克卢拉克碑文》为782年所刻，记述一位名叫鸠摩罗哥沙的佛学大师从孟加拉来到中爪哇，奉献了一座文殊师利（曼殊室利）的佛像，并且向夏连特拉王公宣讲经义。从这两块刻石可以得知，当时中爪哇已处于夏连特拉家族的统治之下。更多的碑文使用从钵罗婆文发展来的爪哇字母。与此同时，由梵语和波利尼西亚方言融合而成的古爪哇语代替了梵语。此外，也有使用古马来文的，这种碑文最早发现于苏门答腊巨港附近，时间为683年。

印度尼西亚的古代王国多数可以从中国古书上找到相关的零星记载。因而印度尼西亚的历史发现和记载是零散和模糊的。

第一节　信奉印度教和佛教的王国

3世纪以前，中国古书记载的印度尼西亚古代王国有叶调国、毗骞国、加营国、诸薄国和斯调国等，其中较为重要的为毗骞国和诸薄国。《后汉书》记载了东汉永建六年（131）“叶调王遣使贡献”，东汉朝廷赐其黄金铸造的系有紫色丝带的官印。据专家考证，“叶调”是“Yavadvipa”（古代爪哇岛梵文名）的对音。毗骞国见于《梁书·扶南传》等书。《梁书》记载：“顿逊之外，大海洲中，又有毗骞国，去扶南八千里。传其王身长丈二，颈长三尺，自古来不死，莫知其年。王神圣，国中人善恶及将来事，王皆知之，是以无敢欺者。”又说：“国俗，有室屋、衣服、啖粳米。”“有山出金，金露生石上，无所限也。”一些史学家认为，毗骞国位于今苏门答腊岛。加营国位于苏门答腊东南部沿海地区，3世纪初，该国与中国有间接贸易。关于该古国，我国古籍《太平御览》（卷三五九）有相关记载：“加营国王好马，月支贾人常以舶载马到加营国。”诸薄国（又称社婆、者婆、诸婆、杜薄）位于中爪哇。中国古书《吴时外国传》中说，“扶南东界，即大涨海，海中有洲，洲上有诸薄国。”中国东晋高僧法显在411年曾到过一个叫耶婆提的国家，《法显行传》说当地“外道婆罗门盛行，佛法不足言”，当时爪哇以毗湿努教派为主。法显所乘大船在此地为船上200余人“赍粮五十日”，可见此地为产粮区，而爪哇符合上述条件。《宋史》（卷九十七）提到5世纪爪哇的呵罗单（Jaratan）。《梁书》提到苏门答腊的干陀利（Kandari），位于今巨港一带，在南朝宋孝武帝时期（454—464）和梁武帝时期（502—549），多次遣使访问中国。7世纪初，该国被室利佛逝王国吞并。

除了中国古籍记载外，作为记录东南亚海岛地区历史的重要证据，现今留存下来的古石碑及其铭文对人们认识和了解该地区各时期发展状况起着至关重要的作用。

真正有碑铭印证的印度尼西亚古代早期王国主要有两个：一是加里曼丹东部的古戴王国（Kutai，现三马林达附近）；另一个是西爪哇的达鲁玛（Taruma）王国。它们出现的时间是在3～6世纪。这两个国家都深受印度文化的影响，它们遗留的碑文，使用的是印度梵文，文字为钵罗婆（Pallawa）字母。其国王和贵族大都接受了印度的婆罗门教。印度文化随着商人和婆罗门传入印度尼西亚之前，这一地区还处在以村落为主的氏族公社时期。村落由族长或酋长管理，前期酋长由村民选举产生，后期转为世袭。随着印度文化的传入，其宗教文化、国家体制、文学等逐渐传入马来群岛地区，催生了诸小王国，酋长成为国王。国王的名字多取自梵文。此外，还把印度塞迦历（Saka，塞迦元年为78年）作为自己的历法，借用印度地名命名王朝与山川，如“达鲁玛”王国取自印度南部地区的名称；万隆附近的马拉巴尔山（Malabar）的名称源于印度，就连达鲁玛王国开凿的运河哥姆底河（Gomati），也是以位于印度北部的恒河支流的名字来命名。

一、古戴王国（Kerajaan Kutai）

考古学家在加里曼丹古戴地区发现4块条形石碑，上面刻有钵罗婆字母碑文，据专家根据碑文字体和所用语言推断，石碑立于5世纪初（400年前后）。从碑文得知，当时的王国名称为古戴，国王名叫穆拉哇尔曼（Mulawarman），他曾将大片土地和1 000余头牛赐给婆罗门。[①]可见，国王当时拥有大量财富，并对土地有任意支配权。从所赐牛的数量看，当时该国畜牧业较发达，而耕畜与农业密切相关。可见，当时的农业已相当发达。有学者根据牛的数量推断国王需要大量奴隶为其放牧，这种推断值得商榷。从该王国的语言文字、宗教信仰及国王的名字分析，此时的印度尼西亚已深受印度文化的影响。这一时期，印度国王赏赐的牲畜大多数是从农民手中征募的。显然，古戴国王的一些做法也会模仿印度。到现在为止，没有发现位于马来群岛上的古代国王拥有大量奴隶的史料和证据。受婆罗门教的影响，古戴王国的社会也分为四大种姓，即婆罗门（Kasta Brahmana），其职责是祈祷、祭祀；刹帝利（Ke-Sateria），负责管理国家和作战；吠舍（Waisja），主要指农、工、商阶层的人士；首陀罗（Sudra），主要指贫民和奴隶。婆罗门，即僧侣，他们经常得到国王的赏赐，其中所赐土地免缴赋税，称之为“自由地”。在古戴王国，婆罗门有很高的地位。“古戴王国，正如占婆一样，是以湿婆教为正宗的”。[②]

有学者根据国王穆拉哇尔曼是印度人的名字而认为古戴王国是印度人在马来群岛地区建立的古国。这是不正确的。据对相关石碑的考证，穆拉哇尔曼的父亲是阿斯哇哇尔曼（Aswawarman），祖父是昆东嘎（Kundungga）[③]。昆东嘎是典型的印度尼西亚人名字，可见穆拉哇尔曼是印度尼西亚人，只不过受婆罗门教的影响取了梵文名字。[④]另外，印度人不习惯在石头上刻字，而古代印度尼西亚人崇尚石碑，习惯把重要仪式和国王的丰功伟绩刻写在石头上，加以纪念和颂扬，流芳百世，体现了该时期巨石文化的特点。当时印度商人和中国商人途经望加锡海

① 印度尼西亚文教部：《印度尼西亚民族史》（第一册），图书出版局，1976年版，第65页。

② 王任叔：《印度尼西亚古代史》上，周南京、丘立本整理，北京：中国社会科学出版社，1987年版，第331页。

③ 苏罗托：《数世纪中的印度尼西亚》（第一册），加姆巴丹出版社，1954年版，第121页。

④ 实际上，穆拉哇尔曼、阿斯哇哇尔曼等称呼并不是他们的名字，而是他们作为国王的王号。当时的“印度化”王国国王的称号均用“哇尔曼”（Varman），中国古籍中一般音译为“跋摩”，其意当为“有权势者”，即“王”。

峡，在古戴王国停留和就地贸易，使古戴王国成为一个繁荣的贸易王国。有关古戴王国的消亡及其原因则无从考证。

二、达鲁玛王国（Kerajaan Taruma）

史学家在西爪哇茂物、雅加达、万丹等地共发现了7块有关达鲁玛王国的石碑，其中在茂物地区发现了5块石碑：芝阿鲁特温（Ciaruteun）、咖啡园（Kebon Kopi）、加姆布（Jambu）、帕希尔·阿威（Pasir Awi）和芝安屯河口（Muara Cianten），另2块分别在雅加达芝林京（Cilincing）地区图固（Tugu）村和万丹南部门久尔（Munjul）区芝当黑昂（Cidanghiang）河畔的勒巴克（Lebak）村，碑文是用梵文以诗歌形式在河石上刻写的。经考证，达鲁玛王国约建于5世纪中叶（450），其领土大致包括今天的茂物、雅加达和加拉横等地。其国都在今天的雅加达附近。在茂物芝沙丹尼河（Tjisadane）畔发现的大石碑上刻有两个大足印，据该碑文记载，脚印是远近闻名、举世无双、战无不胜的达鲁玛国王普尔纳哇尔曼（Purna Warman）陛下的，他正踏着敌人的城市援助其盟友。[①]从碑文记载看，那时各王国之间经常发生战争，有的还组成联盟，战争则是获得财富和奴隶的主要来源。另外一块刻有国王足印的石碑碑文把国王足印比作毗湿奴神足印，这是马来群岛古国对源于印度的“神王合一”观念的实践。

在印度，下层人物见到上层人物往往进行“吻足礼”，表示对上层人物的尊敬，这种礼仪在信奉印度教的马来群岛古代王国中甚为流行，石刻足印表示国王的威严，具有震慑作用。毗湿努的石刻足印在印度比较流行，可见达鲁玛王国流行的是毗湿努教派。在雅加达发现的石碑曾记载，普尔纳哇尔曼在位的第22年，开通哥姆底运河，把占特拉巴噶（Candrabaga）的河水引入大海，运河长约11公里，于21天之内完工。竣工之日，国王以1 000头牛赏赐婆罗门，可见，达鲁玛王国重农耕和水利，开凿运河有利于排洪、农田灌溉和水上运输。国王之所以赏赐婆罗门，是因为他们在开通运河方面有功劳，发挥了宣传、鼓动及组织作用。

根据旺沙克尔塔手稿（Naskah Wangsakerta）记载，达鲁玛王国历任国王如下：

查亚兴阿瓦尔曼（Jayasingawarman，358—382）

达尔玛亚瓦尔曼（Dharmayawarman，382—395）

普尔纳瓦尔曼（Purnawarman，395—434）

① 苏罗托：《数世纪中的印度尼西亚》（第一册），加姆巴丹出版社，1954年版，第68页。

毗湿奴瓦尔曼（Wisnuwarman，434—455）
因德拉瓦尔曼（Indrawarman，455—515）
占德拉瓦尔曼（Candrawarman，515—535）
苏尔亚瓦尔曼（Suryawarman，535—561）
克尔塔瓦尔曼（Kertawarman，561—628）
苏达瓦尔曼（Sudhawarman，628—639）
哈里旺沙瓦尔曼（Hariwangsawarman，639—640）
纳嘎查亚瓦尔曼（Nagajayawarman，640—666）
林伽瓦尔曼（Linggawarman，666—669）①

林伽瓦尔曼在位仅3年。他与来自因德拉普拉哈斯塔（Indraprahasta）王国的戴维·冈嘎莎莉（Dewi Ganggasari）育有两女，长女戴维·马娜西荷（Déwi Manasih）嫁给巽他王国的塔鲁斯巴瓦（Tarusbawa）；次女索巴坎扎纳（Sobakancana）嫁给达盆塔·扬·丝丽·查亚纳沙（Dapunta Hyang Sri Jayanasa）②。林伽瓦尔曼驾崩后，其大女婿塔鲁斯巴瓦继承王位。

三、巽他王国（Kerajaan Sunda）

670年，达鲁玛第十三任国王塔鲁斯巴瓦将达鲁玛王国更名为巽他王国（Kerajaan Sunda），此举遭到原达鲁玛属地牙路（Galuh）地方领主维勒梯坎达云（Wretikandayun，612—702）的反对，并发动叛乱和建立牙路王国。为了避免发生内战，塔鲁斯巴瓦同意将原达鲁玛领地一分为二，以芝达隆（Citarum）河为界，分为巽他王国和牙路王国。巽他位于河西，牙路位于河东。虽然分成两个王国，但还是一个联合体，史学界称其为巽他—牙路王国（Kerajaan Sunda-Galuh）。在西爪哇茂物附近发现的立于1030年的桑扬·塔帕克（Sanghyang Tapak）石碑和立于1533年的巴图图里斯（Batutulis）石碑都提及该王国国王的名字。巽他王国的辖区包括今天的万丹、雅加达、西爪哇和中爪哇。这一时期，大量印度教寺庙出现在西爪哇和中爪哇。巽他—牙路王国管辖的范围包括巽他格拉巴和万丹海港码头。境内的芝利翁河、芝玛努克河，以及芝沙达尼河流域，可由海路直接通往巽他格拉巴码头。该海港深度达20米，许多船只运载大米、牲畜、农产品、水

① http://id.wikipedia.org/wiki/Tarumanagara.
② 室利佛逝王国的建立者。

果、香料、黄金往来于马六甲。还有印度尼西亚各地的船只，也到此进行商贸及转运。

由于塔鲁斯巴瓦的王子先于塔撸斯巴瓦去世，因此，王子的女儿特查坎扎娜（Tejakancana）被指定为王位继承人，她的丈夫拉克延·查穆里（Rakeyan Jamri）①于723年接替塔鲁斯巴瓦出任巽他王国第二任国王，王号为普拉布·哈里斯达尔马（Prabu Harisdarma），控制了牙路后，王号为散查亚，他的母亲是萨娜哈（Sanaha②），父亲是牙路第三任国王布拉塔瑟纳瓦·瑟纳·萨纳（Bratasenawa/Sena Sanna）③。716年，瑟纳同母异父的兄弟普尔巴少拉（Purbasora）发动政变，瑟纳与家人逃到巽他王国，向塔鲁斯巴瓦求援。散查亚后来成为巽他、牙路和诃陵（Shima驾崩后）的统治者。作为诃陵的王位继承人，散查亚于732年成为诃陵北部（马达兰地区）的国王，西爪哇的王国事务则交给王子特查肯扎纳（Tejakencana），王号为拉克延·帕纳拉班（Rakeyan Panaraban），由他管理国内事务，他是散查亚与诃陵南部萨姆巴拉（Sambara）地区国王戴哇兴阿（Dewasinga）的公主苏蒂娃拉（Sudiwara）的儿子。

1482年，丝丽·巴度嘎·马哈拉查（Sri Baduga Maharaja）就任国王后把都城移回巴查查兰帕库安（Pakukan Pajajaran，今西爪哇茂物地区），故外界又称该时期的巽他—牙路王国为巴查查兰王国（Kerajaan Pajajaran）或巴查查兰帕库安王国（Kerajaan Pakuan Pajajaran)。该王国的不同称谓先后出现在史学界，即巽他王国、巽他—牙路王国、巴查查兰王国、巴查查兰帕库安王国。值得一提的是印度尼西亚几个较大王国是巽他人建立的，如巽他王国的第二任国王散查亚（732—760）建立了前马达兰（Mataram）王国；达盆塔·扬·丝丽·查亚纳沙在苏门答腊建立了室利佛逝王国；拉登·威查亚（Raden Wijaya）（1293—1309）建立了麻喏巴歇王国等。

1527年，淡目王国控制了该国的两个重要港口。1579年，万丹苏丹穆阿拉纳·尤素夫（Maulana Yusuf）攻陷其国都，并把巽他王国国王加冕的宝座从帕库安运到万丹，据当时的政治习俗，巽他王国没有了加冕宝座，就不可能再有新国王加冕。另外，拥有了加冕宝座，就意味着穆阿拉纳·尤素夫成为巽他国王法定

① 他是维勒梯坎达云（Wretikandayun）的重孙子。

② 她是诃陵女王悉莫的孙女。

③ 他是维勒梯坎达云的孙子，其父曼迪米念克（Mandiminyak）是维勒梯坎达云最小的儿子，是牙路第二任国王（702—709），也是塔鲁斯巴瓦的密友。

继承人。加之其曾祖母是丝丽·巴度嘎·马哈拉查的公主，他的王位继承人身份就更加合法化。巽他王国由此消亡。

巽他—牙路王国王谱①

年 份	国王名字	国 都	备 注
669—723	塔鲁斯巴瓦 Tarusbawa	帕库安 Pakuan	塔鲁斯巴瓦是达鲁玛第十二任国王林伽瓦尔曼的大女婿，他继承王位后将达鲁玛王国更名为巽他王国，又称巽他—牙路王国
612—702	维勒梯坎达云 Wretikandayun	牙路 Galuh	
702—709	曼迪米念克 Mandiminyak	牙路	
709—716	瑟纳 Sena/布拉塔瑟纳 Bratasena	牙路	
716—723	普尔巴少拉 Purbasora	牙路	普尔巴梭纳是乌勒梯坎达云的孙子
723—732	散查亚 Sanjaya/哈里斯达尔玛 Harisdarma	帕库安	散查亚是瑟纳姐妹萨娜哈（Sannaha）的儿子，与塔鲁斯巴瓦的公主特查坎扎娜（Tejakencana）结婚。他在中爪哇建立散查亚王朝，即前马达兰王国
732—739	拉克延·帕纳拉班 Rakeyan Panaraban/塔姆坡兰·巴尔玛威查亚	牙路	帕纳拉班是散查亚之子
739—766	拉克延·邦阿 Rakeyan Banga	帕库安	受控于室利佛逝王国
766—783	拉克延·墨棠·普拉布·胡鲁库章 Rakeyan Medang Prabu Hulukujang	帕库安	受控于室利佛逝王国

① 根据井里汶（Cirebon）旺沙克尔塔亲王手稿（Nasikah Pangeran Wangsakerta）记载，旺沙克尔塔为了完成父亲帕讷姆巴汗·吉里拉亚（Panembahan Girilaya）关于纪录各王国历史的愿望，组成编写委员会，把全国史学家召集在一起，自1599年至1620年，历时21年完成了手稿，内容广泛，包括传说、王国的兴衰、王谱、经贸、宗教和条约等。一些史学家对该手稿的真实性提出质疑。该手稿现存在万隆“丝丽·巴都嘎”巽他历史博物馆（Museum Sejarah Sunda "Sri Baduga"）。

（续表）

年 份	国王名字	国 都	备 注
783—795	普拉布·吉灵外希 Prabu Gilingwesi	帕库安	拉克延·墨棠·普拉布·胡鲁库章的女婿。 受控于室利佛逝王国
795—819	普朱克布米·达尔莫斯瓦拉 Pucukbumi Darmeswara	帕库安	是普拉布·吉灵外希的女婿。 受控于室利佛逝王国
819—891	普拉布·嘎查·库伦·拉克延·乌乌斯 Prabu Gajah Kulon Rakeyan Wuwus	帕库安	受控于室利佛逝王国
891—895	普拉布·达尔马拉克沙 Prabu Darmaraksa	帕库安	是普拉布·嘎查·库伦·拉克延·乌乌斯的小舅子。 受控于室利佛逝王国
895—913	维度萨克蒂·普拉布·戴瓦庚 Windusakti Prabu Dewageng	帕库安	受控于室利佛逝王国
913—916	拉克延·克穆宁·嘎丁·普拉·普朱克外希 Rakeyan Kemuning Gading Prabu Pucukwesi	帕库安	受控于室利佛逝王国
916—942	拉克延·查亚给里·普拉布·瓦纳亚沙 Rakeyan Jayagiri Prabu Wanayasa	帕库安	是拉克延·克穆宁·嘎丁·普拉布·普朱克外希的女婿。 受控于室利佛逝王国
942—954	普拉布·勒希·阿特玛亚达尔玛·哈里旺沙 Prabu Resi Atmayadarma Hariwangsa	帕库安	受控于室利佛逝王国
954—964	里穆布尔·坎扎纳 Limbur Kancana	帕库安	是拉克延·克穆宁·嘎丁·普拉布·普朱克外希的王子。 受控于室利佛逝王国
964—973	普拉布·门丁·戛纳维尔亚 Prabu Munding Ganawirya	帕库安	受控于室利佛逝王国
973—989	普拉布·查亚吉里·拉克延·乌龙·嘎东 Prabu Jayagiri Rakeyan Wulung Gadung	帕库安	受控于室利佛逝王国
989—1012	普拉布·普拉查维瑟沙 Prabu Brajawisesa	帕库安	受控于室利佛逝王国

（续表）

年　份	国王名字	国　都	备　注
1012—1019	普拉布·戴瓦·尚赫央 Prabu Dewa Sanghyang	帕库安	受控于室利佛逝王国
1019—1030	普拉布·尚赫央·阿庚 Prabu Sanghyang Ageng	牙路	受控于室利佛逝王国
1030—1042	普拉布·德特亚·马哈拉查·丝丽·查亚布帕梯 Prabu Detya Maharaja Sri Jayabupati	帕库安	摆脱室利佛逝王国的控制，是墨棠王国国王达尔玛旺夏（Dharmawangsa）的女婿
1042—1065	达尔玛拉查 Dharmaraja/桑·莫克腾·维度拉查 Sang Mokteng Winduraja	牙路	
1065—1155	普拉布·朗朗布米 Prabu Langlangbhumi/桑·莫克腾·克莱塔 Sang Mokteng Kreta	帕库安	
1155—1157	拉克延·查亚吉里 Rakeyan Jayagiri/普拉布·莫纳克鲁胡尔·朗朗布米苏塔 Prabu Menakluhur Langlangbhumisutah	帕库安	
1157—1175	普拉布·达尔玛库苏玛 Prabu Dharmakusumah/桑·莫克腾·维度拉查 Sang Mokteng Winduraja	牙路	
1175—1297	达尔玛希克沙·普拉布·桑赫扬·毗湿奴 Dharmasiksa Prabu Sanghyang Wisnu	帕库安	拉克延·查亚达尔玛（Rakeyan Jayadharma）是达尔玛希克沙的儿子，与新柯沙里王国达·勒姆布·塔尔（Dyah Lembu Tal）结婚，生一子，名字叫威查亚（Wijaya）。查亚达尔玛去世后，达·勒姆布·塔尔携子回到新柯沙里。后威查亚建立麻喏巴歇王国

（续表）

年 份	国王名字	国 都	备 注
1297—1303	拉克延·沙翁嘎拉Rakeyan Saunggalah/普拉布·拉嘎苏吉 Prabu Ragasuci	沙翁嘎拉 Saunggalah	拉嘎苏吉的王后是马来王国公主达拉·普斯帕（Dara Puspa），也是东爪哇新柯沙里王国国王克尔塔纳嘎拉（Kertanagara）的王后达拉·肯扎娜（Dara Kencana）的妹妹 将国都迁至沙翁嘎拉
1303—1311	普拉布·芝特拉甘达Prabu Citraganda/桑·莫克腾·丹戎Sang Mokteng Tanjung	帕库安	将国都迁回帕库安。 普拉布·芝特拉甘达驾崩后葬于丹戎
1311—1333	普拉布·林伽·戴瓦塔Prabu Lingga Dewata/桑·莫克腾·吉吉斯Sang Mokteng Kikis	卡瓦里 Kawali	将国都迁至牙路国都附近的卡瓦里
1333—1340	普拉布·阿吉古纳维瑟沙Prabu Ajigunawisesa/桑·莫克腾·吉丁 Sang Mokteng Kiding	卡瓦里	阿吉古纳维瑟是普拉布·林伽·戴瓦塔的女婿
1340—1350	普拉布·拉嘎穆尔亚·鲁胡尔普拉巴瓦Prabu Ragamulya Luhurprabhawa/阿吉·考劳特Aki Kolot	卡瓦里	
1350—1357	普拉布·旺仪Prabu Wangi	卡瓦里	1357年，林伽·布阿纳国王的公主达·皮塔洛卡（Dyah Pitaloka）在与麻喏巴歇国王哈奄·武禄（Hayam Wuruk）的成亲路上，在布巴特（Bubat）自杀身亡，巴查查兰国王和送亲的多数王室成员被杀
1357—1371	芒库布米·苏拉迪帕蒂 Mangkubumi Suradipati/普拉布·布尼索拉Prabu Bunisora	卡瓦里	芒库布米·苏拉迪帕为摄政王，因太子尼斯卡拉·瓦斯图·坎扎纳（Niskala Wastu Kancana）年龄尚小

（续表）

年份	国王名字	国都	备注
1371—1475	普拉布·拉查·瓦斯图/尼斯卡拉·瓦斯图·坎扎娜Prabu Raja Wastu/Niskala Wastu Kancana/桑·莫克腾·努沙拉朗Sang Mokteng Nusalarang	卡瓦里	
1475—1482	普拉布·苏苏克通噶尔 Prabu Susuktunggal	帕库安	
1482—1521	丝丽·巴度嘎·马哈拉查Sri Baduga Maharaja/拉图·查亚戴瓦塔Ratu Jayadewata/普拉布·西里旺仪 Prabu Siliwangi	帕库安	是普拉布·拉查·瓦斯图的孙子外界又称该国为巴查查兰王国
1521—1535	普拉布·苏拉维沙·查亚坡尔考沙 Prabu Surawisesa Jayaperkosa/拉图·桑·黑杨Ratu Sang Hiang	帕库安	
1535—1543	普拉布·戴瓦塔布阿纳维瑟沙 Prabu Dewatabuanawisesa	帕库安	
1543—1551	拉图沙克蒂Ratu Sakti	帕库安	
1551—1567	尼拉肯德拉Nilakendra/托哈安迪马查亚 Tohaan di Majaya	普拉沙里 Pulasari	
1567—1579	拉查·穆尔亚Raja Mulya/普拉布·苏尔亚·坎扎纳 Prabu Surya Kancana	普拉沙里	1576年，国都被万丹苏丹国攻占

四、诃陵王国（Kerajaan Kaling/Holing，618—906）

6世纪，中爪哇扎巴拉（Jepara）地区出现了一个由散查亚家族统治的王朝，《新唐书》（卷二二二）称之为“诃陵”（Kaling），并有较详细的记载：“诃陵，亦曰社婆，曰阇婆，在南海中。东距婆利，西堕婆登，南频海，北真腊。木为城，虽大屋亦覆以棕榈，象牙为床若席。出产玳瑁、黄白金、犀、象，国最富。有穴自涌盐……王居阇婆城。其祖吉延东迁于婆露伽斯城，旁小国二十八，莫不臣服。其官有三十二大夫，而大坐敢兄为最贵。山上有郎卑野州，王常登以望海。夏至立八尺表，景在表南二尺四寸。贞观中（627—649）与堕和罗、堕婆登皆遣使者入贡，太宗以玺诏优答。堕和罗丐良马，帝与之。至上元间（674—675），国人推女子为王，号‘悉莫’(Simo)，威令整肃，道不举遗。大食君闻之，赍金一囊，置其郊，行者辄避，如是三年，太子过，以足躏金，悉莫怒，将斩之，群臣固请，悉莫曰：而罪实本于足，可断趾，群臣复为请，乃斩指以徇。大食闻而畏之，不敢加兵。”

《旧唐书》(卷一九七）之《南蛮传·诃陵国》记述了诃陵人民的生活情况：“诃陵国在南方海中州上居……竖木为城，作大屋重阁，以棕榈皮覆之，王坐其中，悉用象牙为床。食不用匙箸，以手而撮。亦有文字，颇识星历。俗以椰树花为酒，其树生花，长三尺余，大如人膊，割之取汁以成酒，味甘，饮之亦醉。”

据上述记载，诃陵先后征服28个小国，中央政府设三十二大夫职务，等级森严。其都城位于现今三宝垄附近。[1]诃陵城周围立有用于防护的木栅栏，国王住在屋顶用椰树叶制作的“宫殿”里，宝座是用象牙雕刻的。当地居民用手抓饭，而不用筷子等餐具。从识星历看，其古代科技较发达。诃陵的地理位置使其成为连接苏门答腊岛、爪哇岛、婆罗州岛和巴厘岛的商贸纽带。

Prasasti Tukmas (salinan tangan seperti aslinya)(Reproduksi dari V.G. Kern)

考古学家在中爪哇戈拉巴戈/马戈朗（Grabag/ Magelang）地区达卡乌（Dakawu）村莫尔巴布（Merbabu）山西山坡发现了一块记载该王国的石碑，根据其梵语和钵罗婆字母判断，石碑立于500年前后。该碑文提到一清澈、透明的泉水，水流成河，河的名字与印度母亲河恒河（Ganga）同名。石碑上还刻有三叉鱼叉、净瓶、斧头、法轮（传说中毗湿努大神使用的武器）和开放的莲花等与印度教相关的图案。[2]

中国唐朝，爪哇岛上的诃陵国与苏门答腊岛上的室利佛逝国和中国往来不断，尤其是佛教关系密切。自7世纪中叶至8世纪中叶，诃陵王国曾9次遣使来

① Paul Michel Munoz：“Early Kingdoms of the Indonesian Archipelago and the Malay Peninsula”, Editions Didier Millet Pte Lid，2006.p.218.

② 印度尼西亚文教部：《印度尼西亚民族史》(第一册)，图书出版局，1976年版，第76页。

唐，两国保持着友好往来。唐贞观十四年（640），诃陵遣使来唐，与中国通好。[①]诃陵来使向唐朝贡献僧祇童、僧耆女、频伽鸟、五色鹦鹉、玳瑁、生犀以及异香名宝等物。[②]于815年和818年，诃陵分别派使臣访问中国。中国唐朝僧人会宁、运期、常慜、法朗、明运、昙润、道琳等先后到诃陵研究佛经，其中成都僧人会宁前往天竺取经，途中在诃陵居住了3年，并与诃陵僧人基那跋陀罗（Jig-na-po-to-lo）共同翻译了佛经中佛祖涅盘章节，译文寄达交州。唐仪凤元年（676），交州都督遣使与会宁弟子运期一起把翻译好的《大般涅槃经》分送到京城，唐仪凤三年（678），大慈恩寺沙门灵会于东宫启请施行。基那跋陀罗本人虽未到过中国，但是他参与翻译的经典却在唐朝流传，他本人因此被列入了唐朝的“高僧传”[③]中。运期在研究佛经的同时还兼研究古爪哇语，即昆仑语，增进了与当地人民的交往。

诃陵的主要宗教是印度教，该教信徒在中爪哇定山（Dieng）修建了40余座陵庙，其中8座至今尚存。在陵庙附近有王宫的遗迹。其形状类似梭罗和日惹王宫，王宫排水道遗迹至今尚存。7世纪，小乘佛教在诃陵流行，会宁在诃陵翻译的小乘佛教佛经就是证明。7世纪下半叶，诃陵征服中爪哇南部的夏连特拉家族，把它变成自己的属领。664年，因自然灾害等原因，该国中心开始由中爪哇向东爪哇迁移，取而代之的是前马达兰王国。

五、巴厘王国（Kerajaan Bali，6世纪—1343）

《梁书》（卷五十四）为南海诸国列传，提到爪哇以东的“婆利”517年派使者访问中国。《隋书》的“南蛮列传”也提到一个叫“婆利”的国家。有学者认为，婆利，即今印度尼西亚的巴厘，“婆利”和“巴厘”对音。另外，巴厘恰好地处爪哇岛以东。中国史料记述了该国火葬的一些习俗，在巴厘，发现了几块立于9世纪有关巴厘王国的石碑，最早的一块立于882年，碑文是用巴厘文刻写的，另外几块是用梵文刻写的，由于石碑残缺不全，无法考证其确切年代。石碑的碑文均无国王的记载，但提及王宫所在地，即位于兴哈曼达哇（Singhamandawa）。首先出现在碑文中的国王是乌格拉色纳（Ugrasena），有关该国王资料的石碑立于10世纪，共发现了9块，从其碑文记载得知，乌格拉色纳国王执政到942年。自他以后，在巴厘统治的国王出自哇尔玛代哇（Warmadewa）家族，该家族第一

① 《旧唐书》（卷一九七），“南蛮传”。

② 《旧唐书》（卷一九七），“南蛮传”。

③ 《宋高僧传》（卷二），“唐波凌国智贤传”。

位国王是塔巴奈德拉（Tabanendra）。他何时获得和失去王位，碑文无记载。有3块石碑的碑文记述了该国王以后的情况，即956年以后的国王是占德拉巴亚兴哈（Can-drabhayasingha），该国王在马鲁克纳亚（Mlanukraya）村修建了两处宗教洗礼场，约建于960年，该洗礼场至今完好。975年，巴厘王国由贾纳沙杜（Janasadhu）统治，关于该国王的记载不多。983年，巴厘的国王是斯利·威查亚（Sri Wijaya）。989—1016年，巴厘国王是乌达亚纳（Udayana），他有3个王子，即爱尔朗卡、玛拉卡塔（Marakata）和阿纳克·翁素（Anak Wungsu）。值得一提的是，乌达亚纳时期的碑文多为古爪哇文，可见，爪哇文化对巴厘产生过重大影响。1016年，巴厘国王是桑·阿耶纳代威（Sang Aynadewi）。1022年，玛拉卡塔即位。1049年阿钠克·翁素即位，该国王遗留下28块石碑，最后一块石碑立于1077年。由此可见，翁素至少统治巴厘王国28年。这一时期，巴厘王国国泰民安，农业、畜牧业和贸易业都有很大的发展。国王身边有一个由10人组成的顾问机构，并得到印度教徒和佛教徒的支持。王国大臣已分等级，由于缺乏史料，具体分工不详。王国设立水利、森林、牲畜等的看护队。①当时，人民已有自由发言权，在当地官员的陪同下，平民可直接向国王进言或诉苦。翁素时期，巴厘宫廷和民间艺术有了新的发展。从设立狩猎大臣一职看，巴厘人当时喜欢打猎。这一时期，巴厘手工业开始起步，社会上有了金匠、铁匠、铜匠、木匠、石匠等，打制的首饰、农具和家具已经普及。王国对前来贸易的商人收取赋税，当时的税务不下70种。②

1098年，巴厘国王为萨卡拉·印杜几拉玛（Sakala Indukirama），关于该国王的史料不多，仅发现几块石碑。1115—1119年，巴厘国王为斯力·苏拉迪帕（Sri Suradhipa），1120年至1133年是空白，无国王记载。1133年，统治巴厘的国王是贾亚沙克蒂（Jayasakti），他留下15块石碑。从碑文分析，这一时期的印度教和佛教有了进一步的发展。贾亚沙克蒂关心人民疾苦，据碑文记述，他在听取了农民的诉苦后，召集顾问开会，最后决定减免部分村庄的赋税。贾亚沙克蒂统治到1150年。1155年，巴厘国王为拉嗄贾亚（Ragaiaya），他仅留下一块碑。自此，再无记载，直至1177年，出现了一位新国王，名叫贾亚旁伍斯（Jayapangus），他遗

① ［印尼］萨尔托诺·卡尔托迪尔佐等:《印度尼西亚民族史》(第四册)，印度尼西亚文教部，1975年版，第46页。

② "Sejarah Nasional Indonesia", Departemen Pendidikan Dan Kebudayaan, Balai Pustaka, 1977, Jilid I, P.111

留下35块石碑。奇怪的是，除一块石碑立于1177年外，其余的都立于1181年。据碑文记载，该国王有两位王后，并说他是整个巴厘岛的统治者，贾亚旁伍斯于1181年驾崩，自此巴厘王国开始衰落，经常出现政权空白。1200年，出现一位名字叫埃卡贾亚（Ekajaya）的国王。1204年，国王则是达纳迪拉贾（Dhanadhiraja）。1260年，达纳迪拉贾的儿子巴塔拉·帕拉莫斯瓦拉（Bhatara Parameswara）继承王位。1284年，巴厘王国被爪哇的克尔塔纳嘎拉征服，1300年以前这一时期，巴厘不再有国王，而是只有同爪哇一样的地方领主。1324年，巴厘王国脱离新柯沙里王国统治，在乌布（Ubud）建都，国王为婆泾（Pejeng），该年出现新的巴厘国王，名叫巴塔拉·古鲁（Bhatara Guru）[①]。巴厘最后一位国王是丝丽·阿斯塔（Sri. Asta），他执政时期为1337—1343年。在淡目进攻麻喏巴歇时，由于不愿意屈服于新的宗教信仰，麻喏巴歇王国的部分王室成员、祭司、贵族、士兵和工匠陆续逃到巴厘岛。他们的到来丰富了已经在巴厘岛生根的印度教文化。同时期巴厘岛的特色还有用岩石雕装饰的寺庙、浴场和山洞，这些地方通常位于河流和温泉旁，或是峡谷和山巅，显示其与古老宗教信仰的关联。在爪哇岛难民中，有一个叫做尼拉萨（Nirartha）的祭司，他是巴厘岛地位崇高的祭司先祖，他将崇拜湿婆神的祭司的地位提升。他所引进的马加帕希仪式被认为比之前所引进的更有效，包括祭司的主要任务，如制造圣水等。尼拉萨以高超的吟唱诗歌的能力和流畅的文笔而著称。在古代，巴厘岛的印度教和佛教并行，如为死者超度亡灵时，一般情况下，印度教僧侣位于死者遗体右侧，佛教僧人位于死者遗体左侧。念经时，右侧为先，左侧为后。[②]

在巴厘，国王的角色很重要，因为他是神界的化身，而他的宫殿则是天堂的缩影，国王通过阶级化的宫廷和祭司行使宗教和世俗的权力，祭司通常位高权重。巴厘岛岛民相信，国家兴盛取决于国王的行为和是否遵循神明的规范，国王如果行为不端或是荒淫腐败，祭司会介入，甚至推翻国王。巴厘国王的继承顺序有别于其他王国，不是长子为先，而是国王在众王子中选出他最喜欢的王子出任太子，接替王位。另一个现象是只有先王下葬后，新国王才可行使国王权力。16世纪是巴厘岛的黄金时代，巴图·棱贡（Batu Renggong）于1550年成为巴厘国王。在当时，巴厘岛居民生活在半自治的村落中。几个村庄、寺庙归领主管理，

① 又称“大祭司”。

② ［印尼］萨尔托诺·卡尔托迪尔佐等：《印度尼西亚民族史》（第四册），印度尼西亚文教部，1975年版，第53页。

领主则直接对国王负责，形成一个阶级化的社会。

六、马来王国（Kerajaan Melayu/Molayu）①

《新唐书》（卷二二一下）在波斯条目下提到一个摩罗游王国："贞观十八年（644）与摩罗游使者偕朝。"据义净所著《南海寄归内法传》和《大唐西域求法高僧传》等中国古书的记载，马来王国建都于苏门答腊岛的占碑（Jambi），控制了海上交通要道——马六甲海峡和当地贸易，马来王国当时成为印度、中国往来贸易的中转站。670年，该国派使臣到中国访问。据义净记述，他于685年自马来王国动身前往印度求经，692年回来时，马来王国已归室利佛逝统治。这一史实得到在卡郎·勃拉希（Karang Berahi）发现的石碑的印证，该石碑记载着室利佛逝于686年占领占碑。②阿迪特亚瓦尔曼（Adityawarman）从麻喏巴歇回到马来王国接替王位，王号为阿尔亚·戴哇拉查·普·阿迪特亚（Arrya Dewaraja Pu Aditya）。1347年，马来王国扩至米南加保地区。阿迪特亚瓦尔曼后来成为帕嘎鲁邕王国（Kerajaan Pagaruyung）国王。

七、室利佛逝王国（Kerajaan Sriwijaya）

室利佛逝王国是7世纪中叶在苏门答腊东南部兴起的信奉大乘佛教的海上强国，位于马六甲海峡南端，与马来半岛隔马六甲海峡相望，是受印度文化影响较深的马来群岛古国之一。该王国在20世纪以前鲜为人知，1918年，法国史学家乔治·赛代斯（Gerge Coedes）发表了关于室利佛逝王国的研究论文。自此，对室利佛逝王国的调查、考证及研究规模不断深入和扩大。在研究中遇到许多困难，主要是缺少史料，除印度尼西亚当地发现的相关碑文外，仅在中国史籍和阿拉伯古书中有零散的记载。

室利佛逝取自梵文"Sri Vijaya"，意为"光荣胜利"。中国唐代史籍多称它为"已利鼻""室利佛逝""尸利佛逝""尸佛誓"，有时简称"佛逝"或"佛誓"。7世纪后期，室利佛逝先征服马来王国和海峡对岸的邦加岛，继而试图征服并控制巽达海峡的达鲁玛王国。775年，室利佛逝进一步扩张至马来半岛的六坤地区，控制马六甲海峡，后控制克拉地峡。10世纪初叶，唐天祐元年（904）中国文献

① 另译"末罗游""摩罗游""木剌由""马来尤"。

② "Sejarah Nasional Indonesia", Departemen Pendidikan Dan Kebudayaan, Balai Pustaka, 1977, Jilid I, P.73.

改称其为“三佛齐”或“佛齐”，以勃林邦（今巨港）为国都，后迁都至占碑。1377年，三佛齐被麻喏巴歇灭，以梁道明为首的反抗势力占领巨港，与麻喏巴歇王国对抗，后归属麻喏巴歇，中国这一时期仍称其为三佛齐，亦称为“旧港”。

印度尼西亚国内外考古学家先后在苏门答腊巨港、占碑、邦加和南榜等地区发现了7块有关室利佛逝王国的石碑，其中5块碑文是用古马来文书写的。在巨港的克杜坎·布吉特（Kedukan Bukit）发现的石碑最为古老，碑文记载着室利佛逝2万[①]大军在达奔塔·黑扬（Dapunta Hiyang Sri Jayanasa）[②]的率领下，于683年4月13日，乘船外出寻求法力，途中征服了若干地区，获得许多财富，并在占碑附近建立室利佛逝城；在巨港附近发现的另一块石碑记载着国王684年下令建造公园的命令；在邦加柯塔卡普尔（Kotakapur）发现的碑文说：室利佛逝于686年征服邦加；在占碑卡郎·勃拉希（Karang Berahi）发现的石碑记载着室利佛逝于686年占领马来王国的墨朗音（Merangin），并准备进攻爪哇；在邦加岛发现的另一块石碑，其碑文警告巴东河流域和邦加岛的居民，如不服从国王和当地官员，必遭天谴。[③]

综合上述碑文和中国古籍相关内容，可以勾勒出室利佛逝王国的发展历史轨迹，即7世纪初，室利佛逝兴起，我国古籍在有关唐贞观二十一年（647）的记载中称之为“已利鼻”，唐永徽元年（650），室利佛逝取代干陀利国而壮大，初为马来（末罗游）王国（位于占碑地区）属国，后独立。683年，室利佛逝大首领达奔塔·黑扬率兵占领巨港地区，686年，征服巨港东北的邦加岛和占碑地区的马来王国，并向周边扩张，先后控制了马来半岛南端和加里曼丹西部的吉打，降服爪哇的诃陵王国，称霸苏门答腊，是印度尼西亚历史上第一个统一印度尼西亚西部地区的王朝，其统治地域主要集中在沿海地区。强盛时期，王国的触须伸到柬埔寨、锡兰、泰国等地。据我国《宋史》记载，该王国划分为15个州，西至马六甲、东至西爪哇均是其势力范围。

从中外古籍相关描述中可以看出，室利佛逝王国地域广阔、物产丰富、贸易发达。《新唐书》中说：“室利佛逝，一曰尸利佛誓。过军徒弄山二千里，地东西

① 碑文共10行字，其中第六行又注明“200人乘船，1312人在陆地行进”（印度尼西亚文教部：《印度尼西亚民族史》（第二册），图书出版局，1976年版，第54页）。

② 西爪哇巽他王国国王塔鲁斯巴瓦的二女婿。

③ 王任叔：《印度尼西亚古代史》上，周南京、丘立本整理，北京：中国社会科学出版社，1987年版，第369，390页。

千里，南北四千里而远。有城十四，以二国分总，西曰郎婆露斯。”又说这个国家物产丰富，“多金、汞砂、龙脑……又有兽类野豕，角如山羊，名曰雩，肉味美，以馈膳”。中国史书还记载了室利佛逝人民的生活情况，如《岛夷志略》有这样的记载：“人烟稠密，田土沃美，气候暖，春夏常雨，俗淳，男女椎髻。穿青布短衫，系东冲布，喜洁净，故于水上架屋，采蚌蛤为鲊，煮海为盐，酿秫为酒。”

据1225年赵汝适所著《诸蕃志》（卷上）“三佛齐国条”记载：“三佛齐国在南海之中，扼诸藩舟车往来之咽喉，故国之舟辐凑焉。”“蓬丰、登牙侬、凌牙斯加、吉兰丹、佛罗安、日罗亭、潜迈、拔沓、单马令、加罗希、巴林冯、新拖、监篦、兰无理、细兰，皆是其属国也。”首领多在陆地居住，平民多在水上“木筏屋”居住，拔桩即可迁移。城墙周围长几十里，国王出入乘船，其人民散居城外，或作牌水居，铺版覆茅，不输租赋。通用梵文和古马来文，亦有汉字。

同时期的阿拉伯人苏莱曼在《印度——中国行记》一书中也描述了室利佛逝繁荣强盛的情况。他说：“室利佛逝疆域广大，土地肥沃，村落相连，人烟稠密。其王管领岛屿甚多，远至千程之外。”

为了保持自己的海上贸易地位，室利佛逝实行全国皆兵制，建立了强大的海军。据《岭外代答》记载，该国“陆攻水战，奋击无前”。《瀛涯胜览》中记载了该国海军力量强大、“人多操习水战”等。此外，该国军队善海战，称雄邻国。据1343—1345年间修撰成的《宋史》（卷四八九）记载：“有所征伐，随时调发，立酋长率领，皆自备兵器粮糗。”国王自称“龙精”，拥有至高无上的权力。“国王死，国人削发成服，其侍人各愿徇死，积薪烈焰，跃入其中，名曰同生死”。

室利佛逝控制着两条海上交通要道，即马六甲海峡和巽他海峡。这两条海峡是中国与印度、波斯、阿拉伯往来的必经之路，从西方来的印度、阿拉伯、波斯等国商人，以及从中国前往印度和阿拉伯的商人，都要经过室利佛逝各港口。许多过往船只中途在室利佛逝停泊，或补充淡水和食物，或等待季候风向继续航行，在此期间就地贸易。外国商人多以丝绸、布帛、日用品、金银器和陶瓷器等换取印度尼西亚的香料。博鲁斯（Berus）的樟脑、巽他的胡椒、马鲁古的丁香和豆蔻等也大量运到室利佛逝贩卖。据赵汝适所著《诸蕃志》（卷上）“三佛齐国”记载：“三佛齐国物产有梅花片脑、樟脑、沉香、丁香、麝香、檀香 、豆蔻、荜澄果。”室利佛逝商业因此繁荣。室利佛逝的一切商业活动都是在当地国王（Maharaja）和贵族的控制下进行，国王不但拥有大量香料，而且拥有很多运送香料的商船。室利佛逝逐渐成为东南亚国际贸易中心，其商船也远及印度、中国和阿拉伯。据赵汝适所著《诸蕃志·志物》中的记载，当时输入中国的几十种香料中，大多来自室利佛逝。室利佛逝国家的收入相当一部分来自进出口货物的税收。中国古籍也记载着与室利佛逝通商的情况，宋朝已有室利佛逝人来泉州经商，并定居泉州。据宋代泉州郡守林之奇撰的《泉州东坂葬番商记》说："三佛齐之海贾，以富豪宅于泉者，其人以十数。"《诸蕃志》载，三佛齐"在泉州之正南，冬月顺风月余方至凌牙门，经商三分之一，始入其国"。据南宋绍兴八年（1138）立的莆田《祥应庙记》碑记载："泉州纲首宋舫，舟往三佛齐国，亦请神之香火而萎奉之，舟行神速，无有艰阻，往返曾不期年，获利百倍。"据宋朝洪迈（1123—1202）《夷坚志》载，泉州僧本称，其表兄为海贾，欲往三佛齐，途中船触礁沉没，只剩他一人漂至一岛。七八年后，又乘被风吹到此岛的泉州船回来。南宋绍兴二十六年（1156），三佛齐国进奉使蒲晋成为久居广州的蕃商。另据1416年马欢在《瀛涯胜览》中记载，三佛齐"市中交易亦使中国铜钱"。可见，当时来往于两国的商人不少，并使用中国铜钱进行交易。地处东西海上交通要冲的室利佛逝转口贸易兴盛，中国、印度和阿拉伯往来商船汇集于此。

室利佛逝王国是东南亚的佛教中心，印度著名僧人来此讲经，周围国家在此研究佛经者不下千人。室利佛逝的佛教，起初是小乘教，后来被大乘教取代。8世纪以前，印度尼西亚主要流传有部派佛教。684年，在巨港附近达朗·杜沃（Talang Tuwo）所刻的碑铭记载着国王建花园一事，碑铭末尾是一长串佛教祝福文，碑文载："务须敬爱三宝（即佛、法、僧）。"这是大乘佛教教义的中心内容。它说明室利佛逝国所信仰的是大乘佛教。由此可以推论，室利佛逝早在7世纪便信奉佛教的金刚乘（Vajrayana）。这一时期留下的文物大部分是属于大乘佛教的。8世纪初，印度高僧班扎巴那（Pancapana）率那烂陀佛教府众僧人将大乘教派中的瑜伽行派传至印度尼西亚。718年前后，印度大乘密教"五祖"金刚智（Varabodhi，汉译：跋日罗菩提）将大乘密教传入印度尼西亚。这一时期，室利佛逝兴建了不少佛教建筑，至今在武吉丁宜和棉兰等地还保留着过去的佛塔遗迹。

1. 室利佛逝与中国的关系

室利佛逝王国建立后，同中国保持着密切的友好关系。7~14世纪，该国多次派使臣访问中国，经历了中国唐、宋、元、明4个朝代。据中国史书记载，695—742年，室利佛室国王6次遣使中国，给中国致送乐师、侏儒和彩色鹦鹉，中国皇帝则授予国王以荣衔作为回谢。《新唐书》（卷二二二下）有此记载："佛逝国王曷密多于咸亨至开元间数遣使者朝……又献侏儒、僧衹女各二及歌舞，官使者为折冲，以其王为左威卫大将军，赐紫袍、金绶带。后遣子入献，诏宴于曲江，宰相会册封宾义王，授右金吾卫大将军，还之。”室利佛逝所献“僧耆”“僧衹”“金抵”，应来自东非沿海地区。这些来自非洲的僮、女，并不是室利佛逝当地人，他们是被转手贡献给唐朝的礼物。从北宋建隆元年（960）至南宋淳熙五年（1178）的200余年间，室利佛逝先后遣使30多次，使节来华“上章表”时还使用中国文字。

室利佛逝与中国之间的航道安全，航行时间的相对准确，为双方的密切交往提供了保障。这可以在唐朝宫廷为室利佛逝使者配给的粮食数量上得以证明。唐朝政府规定，使节初至，先由典客署“辨其等位”，确定不同的接待规格。陆路使节有“度碛程粮”，海路使节有“入海程粮”，程粮的供应主要依据路途远近。唐证圣元年（695）颁发的诏书称：“蕃国使入朝，其粮料各分等第给，南天竺、北天竺、波斯、大食等国使，宜给六个月粮，室利佛逝、真腊、诃陵等国使，给五个月粮，林邑国使给三个月粮。”①

室利佛逝与中国之间在佛教交流方面的关系非常密切。据《根本说一切有部百一羯磨》（卷五）译者小注说：“室利佛逝有僧众千余，学问为怀，并多行钵，沙门仪轨都和中国相同。”唐朝时期，中国佛教盛行。为了学习和研究佛经，不少僧人前往印度求经，其中取道海路者，往往途经室利佛逝，并在那里研习佛学。如唐朝著名高僧义净（635—713）②，曾在室利佛逝学习梵语和翻译佛经。671年，义净从广州搭乘波斯商船起程，半年后抵达室利佛逝。他发现当地城市管理有序，城内有专门的货物交易和储存场所。他还发现当地的佛教文化十分发达，遂改变计划，在那里停留半年，“渐学声明”，即学习梵文。他还提出建议：“若其高僧欲向西方为听读者，停斯一二载，习其法式，方进中天，亦是佳也。”③明确将室利佛逝作为唐朝取经僧人在进入天竺之前预习天竺“法式”的首选之地。根据义净的记述，他在巨港停留的6个月中看到从波斯来的商船就有35艘。

义净在室利佛逝获“王赠支持，送往末罗瑜国”。④在室利佛逝国王的资助

① 《唐会要》（卷一〇〇），“杂录”，下册，第1798页。

② 义净，俗名张文明，唐齐州（今山东济南地区人），17岁入土窟寺学佛。18岁时，萌发了前往印度取经的愿望。由于义净勤奋好学、广闻博览，所以“内外闲习，今古博通”，学业大进。37岁时，他得到龚州（今广西平南）使君冯孝诠家族的资助，于671年从广州搭乘波斯商船起程，前往印度取经。

③ 《根本说一切有部百一羯磨》（卷五）《大正大藏经》（卷二四），第477页。

④ 《大唐西域求法高僧传校注》（卷下），“义净自述”，第152页。

下，义净来到马来王国，2个月后结伴随商侣乘王舶出发到印度求学。唐咸亨四年（673）二月到达东印耽摩栗底，在那儿停留一年，向已在此多年的唐僧大乘灯继续学习梵语，后又瞻礼各处圣迹。义净在印度那烂陀寺留学十一载，研究瑜伽、中观、因明、俱舍等，亲受著名大德宝师子等大师指点。686年，他返回马来王国时，此地已更名为室利佛逝。①可见，马来王国被室利佛逝吞并。

义净此行长达25年，历经30余国。在返回唐朝的途中，除永昌元年（689）曾短暂回到广州外，在唐垂拱二年（686）至唐长寿三年（694）长期停留室利佛逝，把收集到的佛经带到室利佛逝进行翻译，并从事参学、整理、写作等工作。其间请学于室利佛逝名僧释迦鸡栗底，将后者的著作译成了汉文在唐朝流传，同时写成留传至今的《大唐西域求法高僧传》二卷、《南海寄归内法传》四卷。前一部著作记述了义净求经途中的所见所闻和大唐求法高僧的情况；后一部著作着重介绍印度、室利佛逝和东南亚其他国家的佛教情况。他在《南海寄归内法传》中高度评价了室利佛逝的佛学水平，称那里的僧侣“勤学好施，一如印度，轨仪相同”。他描述当时的室利佛逝：“僧众千余，学部为怀，并多行钵。所有学读，乃与中国无殊。”他的著作成为研究中西交通和中亚、印度、印度尼西亚等国历史的珍贵资料。唐天授三年（692）五月，他托在室利佛逝留学的澧州大津将上述著作附舶送归大唐。义净直到唐长寿三年（694）五月才离开室利佛逝返回广州，于唐证圣元年（695）北抵洛阳，受到洛阳僧众的夹道欢迎，武则天还亲迎于洛阳上东门外。年近61岁的义净带回梵本经律论400部，合50万颂，金刚座真容一铺，舍利300粒。义净共主持译经、律、论56部230卷。他在室利佛逝所撰并先期送回国内的《南海寄归内法传》，就是旨在纠正中土僧众实践失当之处。唐先天二年（713），义净去世。

此外，据《大唐西域求法高僧传》所载，到过室利佛逝的僧人还有新罗僧两人及交州高昌彼岸、智岸，晋州善行，洛阳智弘，荆州无行，沣州大津，永昌贞固，汴州苾刍道宏等。其中新罗僧两人后去婆鲁师（苏门答腊西南部），因病逝世。运期后来归俗，留居室利佛逝。彼岸、智岸在往印度航海途中病卒，所携汉文本《瑜伽》及其他经论留存在室利佛逝。善行到达室利佛逝后，因病怀念故土而归唐。智弘和无行相偕到室利佛逝后，“国王厚礼，特异常伦……见从大唐天子处来，倍加钦上”。布金华，散金粟，四事供养。8世纪初，慧日也泛舶经东南

① “末罗瑜国”下，义净自注称“今改为室利佛逝也”。

海室利佛逝等国往印度求法。[①]其后金刚智由狮子国来中国途中，也经室利佛逝国，国王将金伞盖金床奉迎，他在该地停留五月方启航来华。[②]

在这期间，前往印度求法的中国僧人有60余位。在义净的建议下，其中19位到过室利佛逝和诃陵，而且有的还“恋居佛逝，不返番禺”，有的甚至“后便归俗，住室利佛逝”。

742—904年间，中国史籍没有室利佛逝的记载，即长达162年双方没有来往的记载。904年，室利佛逝与中国恢复通好后，我国史书改称其为三佛齐，原因不详。两国关系延续发展。1003年，室利佛逝特修建一座寺庙，为宋真宗祝寿。宋真宗为寺庙题字，并赠送一座“承天万寿”钟。广州天庆观有一石碑，上面记载了室利佛逝国王遣使地华迦罗于1064—1067年到中国访问，见天庆观在战火中被毁，鸠工重建，施钱十万，置山田于龟塘，以充常住，铸大钟，复以楼。明年，地华迦罗殁，剪其爪发，送道士葬之龟塘。[③]由于两国关系密切，常有公文、书信来往。因此，室利佛逝有不少人学习汉语。马欢在《瀛涯胜览》中提到，室利佛逝“亦有中国文字”,《宋史》也有这方面的记载，即1080年，室利佛逝公主写了一封汉文信给广州南蕃纲首，信中讲寄去樟脑和布帛给提举市舶孙迥。可见，室利佛逝与中国的关系十分密切。13世纪初叶，宋朝泉州市舶司提举赵汝适于南宋宝庆元年（1225）著《诸蕃志》有专条详细叙述室利佛逝。当时室利佛逝势力强盛，有15个属国，其中包括彭亨、吉兰丹、日罗亭、登牙侬、潜迈、兰无里、细兰等。14世纪中叶，明洪武二年（1369），明太祖派赵述出使室利佛逝，国王坦麻沙那阿遣使随赵述进贡。明洪武四年（1371），室利佛逝王遣的力马罕亦里麻思奉金字表文朝贡。明洪武九年（1376），坦麻沙那阿死，子麻那者巫里请绍封，获封为室利佛逝国王。明洪武十年（1377），遣使进贡黑熊、火鸡、孔雀、鹦鹉、胡椒、肉豆蔻等。

2. 室利佛逝王国的衰落

9～10世纪是室利佛逝的强盛时期，9世纪后半期的室利佛逝由夏连特拉家族所统治，爪哇的夏连特拉王朝被推翻后，巴拉·普特拉（Balaputra）逃到苏门答腊，并当上了室利佛逝的国王。他在印度那烂陀捐建了一所寺庙，供前往印度学习的印度尼西亚和尚居住。寺内有一石碑，碑文注明巴拉·普特拉来自夏连特

① 见《宋高僧传》(卷二十九)。

② 见《贞元新定释教目录》(卷十四)。

③ 宋熙宁十年(1078)遣使地华迦罗进贡，赐为保顺慕化大将军。

拉家族，其父和祖父都是爪哇国王。这一时期，室利佛逝海上霸权受到爪哇前马达兰王国的挑战。990年，前马达兰王国派舰队进攻室利佛逝，旨在夺取马六甲海峡控制权，打破室利佛逝的海上贸易垄断，以便将印度尼西亚东部的香料直接运往欧洲销售。这次进攻，前马达兰占领了室利佛逝东部若干地区，封锁了室利佛逝的出海口，切断了其对外商业联系。有关记载在《宋史》中有所反映，《宋史》说室利佛逝访问中国的使臣由于前马达兰封锁了海上通道而不能如期归国，在广州等侯了一年才返回。前马达兰撤军的主要原因是战线太长，远离爪哇，给养供应困难。自此，东西对峙的局面更加严峻。室利佛逝在伺机反攻的同时，发展与中国和印度的友好关系，寻求外部支持，或促使上述两国保持中立的态度。

992年，室利佛逝国王（Chulamanivarmadeva）派使臣前往中国寻求保护。1016年，室利佛逝在前马达兰国王达尔玛旺夏（Dharmawangsya）为公主与年仅16岁的巴厘王子爱尔朗卡（AirLangga）举行盛大婚礼而毫无防备的情况下，派兵袭击了前马达兰国都，杀死达尔玛旺夏，焚毁了其王宫。爱尔朗卡在卫队的保护下，死里逃生，躲进了森林。东西对峙的局面就这样被打破，室利佛逝恢复了在印度尼西亚的海上贸易垄断地位，这对印度南部的海上强国和正在向东扩张的注辇而言，室利佛逝无疑是其潜在的威胁。

当时，室利佛逝控制马六甲海峡，室利佛逝属国迦托诃控制横越克拉地峡的通道。印度注辇的商人经常受到室利佛逝的攻击，两国的矛盾日益加深，注辇与中国的通商受到影响。在相继吞并了锡兰、马尔代夫和安达曼群岛后，1017年，注辇国王真陀罗亲率大军东征，先攻下了室利佛逝的属国迦托诃，建立了迦托诃傀儡政权，然后南下攻占室利佛逝首都巨港，俘虏其国王，缴获许多战象和大批财宝，于1024年班师回国。室利佛逝虽未灭亡但受重创。1025年，注辇再次大举进犯尚未恢复元气的室利佛逝本土及其在苏门答腊和马来半岛的各属邦，一度占领了室利佛逝首都巨港，杀死国王。印度大军撤退后，室利佛逝重建国家。由于旧都已经残破，被迫迁都占碑，国势逐渐衰微，但仍然是南洋的霸主，继续与爪哇王国对峙。1030年，注辇王国又先后两次派兵进攻室利佛逝，在后一次进攻中俘获了室利佛逝国王，并占领了该国几座城池。自此，室利佛逝实力大损，失去了昔日的海上强国地位。1067年，迦托诃傀儡政权被推翻，注辇国王毗利拉真陀罗（Virirajendra）再次出兵东征，平定迦托诃，恢复傀儡政权，称霸马六甲海峡。室利佛逝臣服于注辇。13世纪，室利佛逝虽然已经衰弱，但是尚有一定的经济实力，而与注辇国相较之下更是衰弱。室利佛逝于1247年趁机远征锡兰岛，锡兰岛守军败逃。1270年，室利佛逝再度远征锡兰，被锡兰摄政王毗罗婆呼（Virabahu）击败，之后，室利佛逝国力渐弱。随着爪哇前马达兰王国、谏义里王国、新柯沙里王国和麻喏巴歇王国的先后崛起，两大势力不可避免地发生了旨在争夺贸易控制权的激烈冲突。其间，谏义里军队在贾亚巴哈亚（Jayabhaya）执政时期曾攻占室利佛逝的占碑。新柯沙里王国一度占领巨港。随着一次次规模不等的战争的爆发，室利佛逝的势力被进一步削弱。北苏门答腊的巴赛王国趁机扩大自己的势力范围。

东爪哇新柯沙里王国兴起，国王克尔塔纳嘎拉于1275年发誓攻占苏门答腊。其间，克尔塔纳嘎拉先后派军队征服巴厘、马鲁古、西加里曼丹等地区，消除了东部后顾之忧，开始向西部扩张。于1289年攻占爪哇西部巽他地区和马来半岛东部地区，1292年，自爪哇杜班（Tuban）派兵赴西加里曼丹，对室利佛逝形成合围态势，做好进攻室利佛逝的准备，计划控制马六甲海峡。一旦计划实现，将统一西至亚齐、东至帝汶岛的印度尼西亚整个地区。在此情况下地方王侯纷纷脱离室利佛逝自立为王，致使室利佛逝名存实亡。1377年，麻喏巴歇王国海军攻占巨港，室利佛逝灭亡。

八、前马达兰王国（Kerajaan Mataram kuno①，856—1041）

1. 前马达兰王国的建立和发展

自674年后，散查亚家族统治的诃陵王国在相关史料中不再被提及。此后，在爪哇岛有历史记载的是前马达兰王国，考古学家在中爪哇武吉尔（Wukir）山的章嘎尔（Canggal）村发现了一块记载前马达兰国王的石碑，立于732年，这也是第一块记载该王国年份的石碑。②据碑文记载，当时的国王是散查亚，此前为萨纳（Sanna），散查亚是萨纳的外甥，他的母亲是萨娜哈，即散查亚继承了他舅舅的王位，这说明当时爪哇处于母系社会。散查亚征服周边地区，国势强大，居民夜不闭户，路不拾遗。发现于克杜（Kedu）的碑文则把散查亚称作拉凯·马达兰·桑·拉图·散查亚（Rakai Mataram Sang Ratu③ Sanjaya），该国王信奉印度教的湿婆神。在古代，爪哇两大家族分别是散查亚和夏连特拉。从历史上看，散查

① 印度尼西亚史料也有称其为“印度马达兰”（Mataram Hindu），笔者注。

② 王任叔认为“马达兰”国家名号是后人加上去的，见王任叔：《印度尼西亚古代史》上，周南京、丘立本整理，北京：中国社会科学出版社，1987年版，第400页。

③ 在印度尼西亚古代，Ratu是国王的意思。

亚家族以信奉印度教为主，夏连特拉家族以信奉佛教为主。历史上两大家族争夺统治权，交替执政或联合执政。该王国首都在普兰巴南村附近的墨棠（Medang），因此，历史上又称其为墨棠王国。其疆域包括中爪哇和东爪哇。根据史料分析，前马达兰王国应是诃陵王国的延续。8世纪初叶，散查亚家族开始衰落，夏连特拉家族复兴，逐步取代散查亚家族。8世纪中叶，前马达兰发展成夏连特拉家族统治的强大王国。

812年前后，取代夏连特拉国王因德拉（Raja Sailendra Indra）执政的是桑拉玛达纳姆查亚（Sangramadhanamjaya）。之后有记载的国王是沙马拉同嘎［Samaratungga，又称沙玛拉戈拉威拉（Samaragrawira）］，其执政时期为824—835年，该国国势强盛。沙马拉同嘎国王有一公主，名叫普拉莫达娃尔达妮（Pramodawardhani），另有一名与公主同父异母的王子，名叫巴拉普特拉（Balaputra）。公主下嫁来自散查亚家族的马达兰领主比卡丹（Pikatan），又称作查蒂宁拉特（Jatiningrat），比卡丹信奉印度教。835年，国王去世后，巴拉普特拉继位，因年龄尚小，由比卡丹摄政。850年，比卡丹与巴拉普特拉之间爆发王位争夺战，巴拉普特拉战败，逃往外地。856年，巴拉普特拉以母亲是室利佛逝公主的名义继承了室利佛逝的王位。自此，印度尼西亚出现分庭抗礼的两大王国：室利佛逝和前马达兰王国。850年，公主和比卡丹共同执政前马达兰，由于公主威信高，致使这一时期的印度尼西亚妇女地位也随之提高。其间修建了普老散（Candi Plaosan）和萨吉万（Sajiwan）等佛塔。信奉印度教的比卡丹国王修建了比玛庙（Candi Bima）、阿朱那庙（Arjuna），还兴建了拉拉·戎戈琅陵庙（Candi Lara Jonggrang），由于它坐落在普兰巴南村界内，人们习惯称其为“普兰巴南陵庙”（Candi Prambanan）等，并在玛戈琅（Magelang）山区帮助修建安文（Candi Ngawen）佛教寺庙。比卡丹之子卡柔旺义（Kayuwangi）856—866年执政，自他以后由哇鲁胡玛琅（Waruhumalang）统治前马达兰，在位时间为867—898年。关于这两位国王和这一时期的王国情况，无史料可查。到了巴利栋（Balitung）统治时期（898—910），前马达兰王国日渐强大，曾进攻巴厘。这一时期刻制的石碑有20余块被发现。其中在克杜发现的石碑（907）记载了前马达兰散查亚家族国王的家谱，证明巴利栋出自散查亚家族。巴利栋被赐封为腊凯（Rakai），为瓦土库腊（Watukura）的首长。他是由各部落首领推举的国王，并获得众多部落、教团和各阶层支持，前马达兰王国定都墨棠（现普兰巴南地区）。为躲避室利佛逝的威胁，前马达兰王国政权核心664—667年开始向东爪哇迁移，从中爪哇日惹地区迁移到东爪哇宗浜（Jombang）地区。上述迁移有史料证实：东爪哇巴杜特陵庙（Canti Badut）内立有一石刻林伽，陵庙具有中爪哇建筑风格，区别在于用材上，中爪哇习惯用河石，东爪哇习惯用砖。巴杜特陵庙用的是河石，是前马达兰王国中心东移的见证之一。前马达兰王朝控制中爪哇地区时，墨拉比火山曾剧烈喷发，致使其周边地区，甚至整个前马达兰王国的疆域遭受到毁灭性的冲击，迫使王国另辟新境建立城邦及转移政权中心。另外，东爪哇的农业和商业日益发达，便于同东部岛屿进行贸易。这些也是前马达兰东移的原因之一。640—768年，中国史籍没有记述该国与中国的往来，间隔了128年，原因不详。

东爪哇的玛琅高原所处位置在远古时代属于地堑形地貌，东、南、西三面环山。随着时间的推移，该地区火山喷发所溢流出的岩浆在这一凹陷的盆地中不断积淀，最终形成了现在的高原地貌。东爪哇的布兰塔斯河（Brantas）流经这里并注入北面的马都拉海峡。河水所携带的丰富的酸碱性矿物质在河道两旁的土壤中不断存积沉淀，在其周边形成了一片广阔、富饶的土地，有利于粮食、果蔬等农作物的种植。根据发现于瓦哈鲁（Waharu）和逊布（Sunbu）的两块古石碑的记载，迁都过程是循序渐进式平缓挪动的，因为在巴利栋执政时期，前马达兰王国的势力范围就已经扩展到东爪哇地区，为王国大规模迁移打下了基础。在迁移的过程中，前马达兰王国兴建了坎祖鲁汗（Kanjuruhan）王城。① 该城位于玛琅高原的中南部、布兰塔斯河的支流莫特洛河（Metro）的岸边，它是东爪哇前马达兰王国的重要军事要塞及战略性防御大门。记录这座古城的古石碑，750年立于泗水以南和玛琅西北的迪诺约（Dinoyo）地区，发现时已残缺不全。碑文用古爪哇字母刻写，使用的是梵文。根据古碑文的记载，这座古城为前马达兰王国属下的一诸侯国。而这一王国的建城目的是为了防范来自室利佛逝王国的侵扰。在迪诺约石碑的记载上，还可看到一些关于该王国社会、经济状况的描述，如水牛、黄牛等饲养业的繁荣，肥皂及手工业制品的生产，除桄榔汁外，人们还将桄榔加工为桄榔糖用于出口等。② 根据碑文记载，坎祖鲁汗国王为戴瓦希玛（Dewasimha），王子为利斯瓦（Liswa），继位后称作嘎查亚纳（Gajayana），他有一位公主，名字为乌黛加娜（Uttejana）。自他后王城更名为坎祖鲁汗。碑文还记载了嘎查亚纳关爱众婆罗门的事迹。他与“众大人”共建了一个祭祀投山仙人（Agastya）的祭坛，神像原为檀木，后国王亲手换成黑曜石塑像。神坛落成之日，王国举行了盛

① Marwati Notosusanto, “Sejarah Nasional Indonesia II”, PN BALAI PUSTAKA, 1984, p.158.

② Marwati Notosusanto, “Sejarah Nasional Indonesia II”, PN BALAI PUSTAKA, 1984, p.162.

大的宗教仪式，国王赏赐婆罗门僧侣土地、牛群、生活必需品和奴仆（budak）。碑铭诅咒破坏该神坛者，号召人们维护该神坛，行善好施。该王国印度教盛行，国王信奉湿婆神。

前马达兰王国对居民管理非常严格，建立了一整套户籍管理制度，按每20、50、100、1 000户编成管理单位，由各单位长官严格管理。除日常生产劳动外，国家大规模征用劳动力从事修路架桥，兴建王宫及陵庙。巴利栋执政期间开始实行中央集权制，国王为国家最高统治者，下设“黑诺”（Hino），类似中国古代的宰相，黑诺以下另设“哈鲁”（Halu）和“斯利坎（Sirikan）两职，三位大臣组成三位一体的王国管理机构，直接向国王负责。上述三个职位分别由王子、公主或其他王族成员担任，他们没有俸禄，收入靠自己领地的税收和农业收成。

910年，巴利栋的妻弟达克萨（Daksa）[①]继位，他出自夏连特拉家族，在巴利栋时期是一人之下、万人之上的黑诺。自他出任国王后，开始修建普兰巴南陵庙群。919年，图罗东（Tulodong）夺取王位，在他执政期间（919—924），王国的中心逐步向东爪哇转移，转移的主要原因：躲避室利佛逝王国的进攻和自然灾害；东爪哇的商业日益发达，便于同东部岛屿进行贸易等。这一时期未留下什么石碑。924—929年，瓦瓦（Wawa）夺取王位，后因自然灾害致使民不聊生而下台[②]。继任国王是新托克（Sindok）（929—947），他是达克萨的孙子，称作斯里·马哈拉加·拉克·黑诺·斯里·伊萨纳·维克拉玛达尔莫东嘎戴瓦（Sri Maharaja Rake Hino Sri Isana Wikramadharmottunggadewa），在图罗东当国王时曾任哈鲁，在瓦瓦当国王时任黑诺。一般情况下，上述两个职务由即将继承王位的王子担任。新托克同瓦瓦的公主芭旺（Bawang）成婚，两人共同治理国家。新托克重视水利建设和农业生产，在提高粮食产量的同时，极力发展商业。为了便于收税，王国开始制定地权制度，划定地界。在他的治理下，泗水发展成印度尼西亚东部贸易中心，马鲁古的香料、苏拉威西和努沙登加拉等地的土特产大量运往泗水，前马达兰王国随之强大起来，与室利佛逝形成东西对峙局面。这一时期，王国部落内部事务是自治的，中央政府的组织形式是松散的。在新托克以前的王国王位不是终身制和世袭制的。

① Sartono Kartodirdjo dll，“Sejarah Nasional Indonesia”，Departemen Pendidikan dan Kebudayaan，1975，II，p.96.

② Sartono Kartodirdjo dll，“Sejarah Nasional Indonesia”，Departemen Pendidikan dan Kebudayaan，1975，II，p.97.

新托克驾崩后由公主斯莉·伊萨娜·冬卡维查雅（Sri Isana Tunggawijaya）继位（947—975），成为前马达兰的女国王，驸马为罗卡帕拉王（Raja Lokapala），王国实权掌控在他的手中。这一时期，王国推行打击“自由土地区”制度；实行社会的再编组，奖励手工业者；实行户口登记，国家直接征税制；奖励垦荒，吸收流动劳动力等措施。后由王子玛库塔旺萨瓦尔达纳（Makutawangsawardhana）继承王位，在位时间为975—990年。关于他的情况无史料可查，仅从石碑上的碑文得知，他有一位漂亮的公主，名叫玛痕德拉达塔（Mahendradatta），是达尔玛旺夏（Dharmawangsa）的妹妹，也是新托克的曾外孙女，嫁给了巴厘国王乌达亚纳（Udayana），他们的儿子取名爱尔朗卡（Airlangga）。继玛库塔旺萨瓦尔达纳成为国王的是达尔玛旺夏（991—1016），被认为是前马达兰王国最有成就的国王之一。他在成为国王之前的情况，无史料记载。这一时期，东爪哇的经济进一步发展，村社成员有了个体财产，大大促进了劳动者生产的积极性，手工业也有相当发展，在客观上促使王国向外扩张势力。达尔玛旺夏实行了富国强兵的政策，他深知贸易和海上实力对王国的重要性。东西对峙局面对远离马六甲海峡的前马达兰极为不利。爪哇东部香料外销须经过马六甲海峡假手室利佛逝，本国利益受到损害。为夺取马六甲海峡，控制交通要道，达尔玛旺夏于990年派舰队进攻室利佛逝，虽然攻占了室利佛逝几座城池，封锁了其部分海上通道，但终因给养供不应求，时隔两年后被迫撤军。①

1016年，当达尔玛旺夏为巴厘王子爱尔朗卡与自己的女儿举行婚礼时，王宫遭到室利佛逝军队的袭击，国王、王族部分成员和一些大臣当场被杀。爱尔朗卡携公主逃进瓦纳吉里（Wanagiri）森林。达尔玛旺夏生前曾指定爱尔朗卡为前马达兰王位继承人。爱尔朗卡出生于1000年，是巴厘国王乌达亚纳和前马达兰公主的儿子，成婚时年仅16岁。他逃进森林，与隐居在那里的僧侣们住在一起，向他们学习宗教知识和讨教治理国家的本领。前马达兰王国群龙无首，处于混乱和四分五裂状态。1019年，前马达兰的臣民派代表找到爱尔朗卡，请他出任国王，恢复前马达兰王国。爱尔朗卡接受了代表们的请求，在众僧侣的筹办下登上王位。此时的前马达兰王国已四分五裂，爱尔朗卡在泗水和巴苏鲁安一带建立了立足点，国都建在布兰塔斯河口附近的瓦丹·玛斯（Watan Mas），1030年，爱尔朗卡把公主嫁给室利佛逝国王桑格拉玛·维查约通阿法尔曼（Sangrama

① Sartono Kartodirdjo dll,“Sejarah Nasional Indonesia”, Departemen Pendidikan dan Kebudayaan, 1975, II, p.101.

Vijayottungavarman)，以示友好。1037年，国都迁移至考里番（Kauripan）。1023年，室利佛逝遭到印度朱罗王国的进攻，实力大损。1025年，室利佛逝国都被攻陷，国王斯里·桑戈拉玛威查约敦嘎瓦尔曼（Sri Sanggramawijayottunggawarman）被俘获，印度军队撤回，后国王获释回国。室利佛逝国势自此减弱，对东爪哇的威胁也随之减少。爱尔朗卡利用这个机会着手征服各地土王，1028年，他先后征服了3个土王，于1033年征服了武拉哇里王，统一了东爪哇，1035年，恢复了他岳父以泗水为中心的王国。室利佛逝王国不得不承认爱尔朗卡对东爪哇的统治权，并把公主斯里·桑戈拉马维加亚·达尔马普拉·沙斗东嘎黛维（Sri Sanggramawijaya Dharmapra Sadottunggadewei）[①]嫁给爱尔朗卡，以联姻的方式维系两国的友好关系。当时著名宫廷诗人甘华（Ranwa）创作了《阿尔朱纳的婚姻》梵体诗，用《摩诃婆罗多》史诗中的故事来比喻爱尔朗卡的经历，借以庆贺爱尔朗卡与室利佛逝公主的婚姻，表达了诗人对爱尔朗卡的爱戴之情。那一时期，古爪哇文诗的内容成为爪哇皮影戏流行的主题，但皮影戏的布景均是爪哇式的。

爱尔朗卡在位期间（1019—1041）发展农业，兴修水利，加强对外贸易。他下令在佐姆邦（Jombang）修建了一座水库，用于排洪和疏导布兰塔斯（Brantas）河水。当地居民受命维护水库，该水库对周围的农田浇灌起到了积极作用。爱尔朗卡还下令疏通河道，修筑堤坝，扩建港口，修筑通往港口的公路，以便内地香料和货物顺利、快速地运抵港口。泗水附近的乌戎嘎鲁（Ujung Galuh，今泗水Surabaya）港口当时很繁华，吸引了大批来自印度、柬埔寨、缅甸等国的商船。爱尔朗卡在位期间，注重沿海地带的贸易发展，向在港口活动的商人颁发王室许可证；增加国家税收，用来维护治安；资助庙宇的建造，向祭祀人员和学者提供捐赠；对宗教实行国家管理。爱尔朗卡执政时期，佛教与印度教并存，两种宗教和睦相处，互不干扰。这从当时修建的庙宇、陵庙得到证实。爱尔朗卡本人信奉印度教，信奉梵天神，他自称是毗湿奴的化身，他去世后的雕像就是乘坐神鹰的毗湿奴形象。他执政后没有忘记僧侣在他最困难时给予的帮助，专门修建寺庙供其居住，给予他们很高的礼遇。

关于爱尔朗卡，刻于1041年，发现于泗水的《爱尔朗卡碑文》有所记载，该碑高124厘米，底宽86厘米。原藏于印度加尔各答博物馆，故又称《加尔各答碑文》。碑文分古爪哇语和梵语两种，均为记述爱尔朗卡（991—1049）生平事迹

① 该公主是被印度朱罗俘获的国王的女儿。

的颂词。由于爱尔朗卡国王是印度尼西亚历史上一位重要的统治者，而在印度尼西亚编年史中又未留下相关记载，因此，此碑在印度尼西亚古代历史的研究中极有价值。

2. 前马达兰王国文学的发展

前马达兰王国统治阶级为了巩固其统治地位，分别以印度教、佛教作为统治人民的思想武器，为其上层建筑服务，并采取自上而下推广的方式进行传教。印度宗教文化得以在印度尼西亚传播，其中印度两大史诗《罗摩衍那》和《摩诃婆罗多》对印度尼西亚古典文学，特别是对爪哇古典文学产生重大影响。10世纪，前马达兰国王达尔玛旺夏为了巩固自己的王权，重视印度宗教文学的发展。宫廷作家在他的授意下先后把《摩诃婆罗多》和《罗摩衍那》的《后篇》按篇章用古爪哇语改写成散文，成为爪哇古典文学中最初出现的“篇章文学”，为爪哇古典文学奠定了基础。达尔玛旺夏在位时间为990—1016年，这一时期是爪哇文化发展的重要时期，国王下令编纂了一部爪哇法律（Purwadigama或Siswasasana），提倡把梵文文献译成爪哇文，把《摩诃婆罗多》史诗中的18个章节译成了爪哇文，并附有梵文诗句，其中9个章节的译文流传至今，古老的爪哇散文文学就是这样产生的。

爱尔朗卡任国王后，寻找新文学直接为他歌功颂德，以巩固其非嫡亲国王的统治地位，而“篇章文学”不能满足他的需求。因此，宫廷作家们开始探索和创建一种既宣扬印度教，同时又歌颂帝王、具有本民族特色的文学，以满足上述需求。他们在形式上采用一种叫“格卡温”（kakawin）的古爪哇语诗体，“所谓‘格卡温’是爪哇宫廷私人仿效印度两大史诗的梵文诗律而创造的一种古爪哇语诗体。‘格卡温’这个词的词源是梵语的‘kawi’，原意是‘非凡的智者’，后来演变成‘kawya’而专指‘诗人’。该词被借用过来以后，加上爪哇语的前缀‘ka’和后缀‘n’，便成了‘ka-kawi-n’，所以‘格卡温’这个词可以说是梵文与爪哇文的混合体含义，也变成了专指模仿两大史诗的那种仿梵体诗。”[①] 在文学内容上，宫廷作家们利用印度两大史诗的故事和人物作为创作背景，根据自己所要表现的新主题思想对某些片断重新剪裁和加工，使之成为新作品。第一部格卡温作品是宫廷诗人恩普·甘瓦（Mpu Kanwa）于1030年创作的《阿尔朱纳的婚姻》（Kekawin Arjunawiwaha）梵体诗，用《摩诃婆罗多》史诗《森林篇》中的《阿周

① 梁立基：《印度尼西亚文学史》上，北京：昆仑出版社，2003年版，第115页。

那出行篇》《凯拉达篇》等诸小篇的故事来比喻爱尔朗卡与室利佛逝公主的婚姻，歌颂爱尔朗卡为恢复和发展前马达兰王国所创建的丰功伟绩。经过修改加工后，故事情节和主题内容都发生了重大的变化，具有印度尼西亚本民族的色彩。

3. 前马达兰王国的宗教文化

印度尼西亚印度教的显著特点之一就是同时夹杂了大乘佛教的一些元素，两种宗教、多个教派彼此并没有冲突和矛盾。在832年帕塔潘的甘达苏利的碑铭上，一开始就有“敬奉湿婆，献身于大乘佛教”[①]的字句。这一特点还体现在一些陵庙的建筑风格中，婆罗浮屠佛塔、加高陵庙和宋勃拉宛陵庙都兼有佛教和印度教的色彩。印度教和佛教都继承了印度古代哲学思想的核心内容，在教义方面相通的地方很多。这正是印度尼西亚印度教和佛教融合的基础。印度尼西亚印度教在信奉梵天和毗湿奴的同时，主要信奉湿婆，湿婆的地位高于其他两位主神。湿婆教和佛教在印度尼西亚人心目中都占有极其重要的位置。湿婆和佛陀融为一体，都被认为是人们的保护神，成为一个共同崇拜的对象。[②]印度尼西亚人不拘泥于两者之间在教义和教规等形式上的差异，而是注重两种宗教同时具有慰藉信徒的心理的作用。印度宗教文化在影响印度尼西亚宗教文化的同时，也在适应当地原有的传统宗教文化。外来宗教文化和本土宗教文化的融合过程就是彼此既改造对方又被对方改造的过程。两教和睦相处体现了印度尼西亚人宽容的特点。在印度的宗教传入之前，印度尼西亚人民就拥有自己的原始宗教信仰，如精灵崇拜、图腾崇拜、神灵崇拜和祖先崇拜等。他们相信“万物有灵”，认为神灵无处不在，无时无刻不在监督着人的言行举止。人与神之间可以通过祭祀或某种宗教方法相互沟通或合二为一。人们还可以运用咒语、借助法力驱妖避邪，寻求平安。这些原始宗教思想早已存在于他们的观念里，并体现在他们的日常行为中。在信奉各自宗教的基础上，他们至今仍供奉着原始信仰中的一些神灵。印度教和佛教都是信仰多神的宗教，这一显著特点迎合了印度尼西亚本身就具有的以“万物有灵”为核心的原始信仰。因此，印度尼西亚人易接受同样具有浓厚神秘主义色彩的印度教和同样信仰多神的大乘佛教，并使之与自身的本土宗教信仰相融合。在印度尼西亚古代，印度教和佛教的推行者往往是古代各王国的王室，遗留下来的宗教遗迹也大都是国王下令修建的，有的还立碑纪念。相关碑文还记录了王国统治者

① 王任叔：《印度尼西亚古代史》上，周南京、丘立本整理，北京：中国社会科学出版社，1987年版，第443页。

② [新]尼古拉斯·塔林主编：《剑桥东南亚史》第一卷，昆明：云南人民出版社，2003年版，第262-266页。

对印度教或佛教的热情和关注。可见，印度教和佛教符合当地统治阶层的需求，受到他们的青睐，得以自上而下地进行推广。如果说印度尼西亚的印度教和佛教在初传时期还保留了印度宗教的本来面貌，那么随着本土化的发展，最终形成了本土化的印度尼西亚的宗教了。

从地域分布看，中爪哇南部信奉佛教，顶（Dieng）山区信奉印度教。这一时期，印度教和佛教虽然随着散查亚家族和夏连特拉家族的交替执政而受到影响，但起落不大。印度教和佛教建筑分散在爪哇各地，其中中爪哇最为突出。发现于日惹城东、立于778年的卡拉散（Kalasan）石碑，记述了众僧侣向出自夏连特拉家族的国王特加赫普尔纳帕纳·帕囊卡拉纳（Tejahpurnapana Panangkarana，760—780）进言，建议修建供奉多罗女菩萨（Dewi Tara）的神坛，[①]国王批准在日惹东北的卡拉散村修建该神坛，取名卡拉散（Candi Kalasan），神坛建成后立碑纪念。同期兴建了沙利（Sari）陵庙（778）、主塔周围建有340个小塔的色武陵庙（Sewu）（800）、帕沃陵庙（Pawon）和门杜特陵庙（Mendut）等。其中婆罗浮屠佛塔（Candi Borobudur）和普拉巴南陵庙最为壮观。

在马格朗（Magelang）地区西南的章噶尔（Canggal）村发现一块立于732年用梵文书写的石碑，用以纪念散查亚国王在坤差拉坤差（Kunjarakunja）地区一丘陵上建立象征湿婆神的一个林伽（Lingga）。

4. 婆罗浮屠佛塔

婆罗浮屠佛塔是前马达兰王国夏连特拉家族统治时期征用数以万计的劳动力兴建的，始建于因德拉（Indra）国王执政时期，完工于巴拉普特拉执政和比卡丹摄政时期，即850年前后，历时20余年。公元初至15世纪的印度尼西亚古代用于埋葬国王骨灰的宗教建筑，不论其形式是塔还是庙，一律被称作“旃迪”（candi）。据考证，“candi”一词源于印度词“Chandigriha”，词义是“死（女）神之家”，[②]即陵庙。这里的古代宗教建筑主要指婆罗门教、印度教和佛教的建筑。婆罗浮屠在构造上并无佛堂祭室，而是一座巨大的坛场。佛塔上面的佛像排列成行，分布于佛塔周身，所以又被称作“千佛塔”。婆罗浮屠佛塔位于中爪哇日惹以北42公里处的马格朗县的克杜（Kedu）山谷中的一座山丘上，东、南、北三方

① 王任叔：《印度尼西亚古代史》上，周南京、丘立本整理，北京：中国社会科学出版社，1987年版，第404页。

② 王任叔：《印度尼西亚古代史》上，周南京、丘立本整理，北京：中国社会科学出版社，1987年版，第441页。

均有火山环绕。流经该盆地的普洛戈河及其支流艾罗河在此汇合，形成“圣地”，而婆罗浮屠佛塔恰好建于其附近。这座用兰灰色多孔火山岩建造的圣殿是一个巨大的阶梯式锥形建筑，顶端是一个大钟形窣堵波。从远处眺望，可以看到整座建筑物都围绕着这个窣堵波。婆罗浮屠是印度梵文字，意为“山丘上的佛塔”，其建筑形式体现佛教大乘和密宗教义的结合，整座建筑物犹如一个巨大的曼荼罗坛场。婆罗浮屠不是寺庙，因为它没有供人膜拜或祭祀的地方，更没有供人参拜的主佛，整个佛塔成为参拜的对象，形成一个巨大的佛陀神殿。它是世界上现存最大、最古老和最壮观的佛塔，该塔与中国的万里长城、埃及的金字塔和柬埔寨的吴哥古迹齐名，被世人誉为东方的四大奇迹之一。1991年，联合国教科文组织将它列入世界文化遗产名录。

关于建塔目的，众说纷纭，现有三种说法：（1）收藏释迦牟尼部分骨灰，即用于放置佛舍利；（2）用作法坛；（3）掩埋国王祖先的骨灰。至今尚无定论。这座没有一颗钉、一铲泥灰的雄伟建筑，当时成为佛教徒的朝圣之地。10世纪，信奉印度教的散查亚家族取代了夏连特拉家族的统治，迁都东爪哇，政治文化中心亦随之东移。随着印度尼西亚社会宗教信仰的变迁，婆罗浮屠佛塔从此被世人遗忘，得不到细心照顾，变得杂草丛生，颇为荒芜。后来，先后遭到地震和雷电的破坏，佛塔最顶端的部分渐渐破裂。1007年，位于其东南方向海拔3 150米的墨拉比火山爆发，整个佛塔被火山灰覆盖，佛塔逐渐荒凉并被浮土和杂草埋入地下。1814年，殖民印度尼西亚的英国副总督莱佛士从民间传说中得知在普米舍哥罗村埋藏了一座佛塔，便派荷兰工程师尼利厄斯前去寻找。尼利厄斯雇佣了当地民工200余人，把这座沉睡了千年的古塔挖掘并清理出来。1834年，荷兰人对它作过一番清理，几经修缮后恢复了原样。由于种种原因，直至1873年这座佛塔才被人公布于世。19世纪末，这座雄伟的建筑已经显出一副凄凉、破落的景象，面临坍塌的危险。1890年以后，荷兰人成立专门机构对它进行修缮。第一次修复性的工作于1907—1911年由一位荷兰工程师希奥多·范·埃尔普主持进行，他拆除并重建了三个圆台和窣堵波。伴随这座古建筑的发掘和整修，各方来参观和朝拜的善男信女日益增多，从此它又闻名遐迩了。1955年，印度尼西亚政府建议联合国教科文组织就防止婆罗浮屠佛塔遗址倒塌的问题采取修复措施。1961年，墨拉比火山的喷发，使婆罗浮屠佛塔出现裂痕。1963年，印度尼西亚政府计划对婆罗浮屠进行修复，后因国内形势动荡未果。直到1967年，时任总统苏哈托向联合国教科文组织呼吁，并由日惹第十二世苏丹担任婆罗浮屠的修建委员会主席，这才开始引起国际社会的重视，并得到联合国的支持。1971年10月，印度尼西亚政府与联合国教科文组织正式签约，计划修复工作在6年内完成，预计费用775万美元，其中500万美元由联合国教科文组织成员国募捐筹措。自1973年8月至1983年2月，在联合国教科文组织的资助和欧、美及日本专家的协助下，印度尼西亚政府开始对佛塔进行大规模修缮，维修人员把100多万块石头一一拆下、编号、清洗、粘补和重新堆砌。1983年2月23日，印度尼西亚有关部门举行竣工典礼。费用超出预算，多达2 000万美元，其中三分之二由印度尼西亚政府支付，700万美元由联合国教科文组织资助，参加资助和修复工程的国家有27个。经过此次全面的修葺后，佛塔的面貌焕然一新。

婆罗浮屠佛塔为实心塔，无门窗、梁柱，全部用石块砌成，整座佛塔呈锥形。塔的底座呈四方形，总体积为5.5万立方米。6层以下呈四方形，7～9层呈圆形，最上面的一层为钟形大塔，大窣堵波（主佛塔）直径为9.9米。四方形台坪代表“地界”，圆形台坪代表“天界”，体现佛教徒“天圆地方”的宇宙观。“地界”各层建有石壁佛龛共432个，佛龛内各有一尊莲花座及趺坐的佛像；“天界”各层建有钟形小塔共72个，塔内各置一尊佛像，设计精巧，工艺巧妙，佛像面部神情和举止各异，千姿百态，活灵活现。在第三层圆台中央筑起一座巨型覆钵形主佛塔，直径达16米，塔身无孔洞，据说塔内曾有金佛像，象征着佛教的最高境界“真如界”，现已空无一物，形成空无世界。佛陀本身是隐藏着的，似隐似现，似有似无。主佛塔为整个建筑的冠冕，按照建造者的设想，它应该是佛陀坐禅处。基坛呈中部突起的正方形，每边宽113米，轴宽123米，初建时的基坛略小一些。现在的基坛是在原有基坛外围基础上另用大石块加砌的，把原有基坛脚及浮雕掩盖起来，被掩盖的浮雕共计160幅。关于“隐基脚”的存在，相关学者和专家进行分析和考证，出现了多种假说：其中较有说服力的一种假说以建筑学为根据，认为婆罗浮屠佛塔建在土质松软的土丘上，容易滑动，在修建时可能出现塌方，故而在原基坛外围加砌一层基坛，用以加固。原基坛的160幅浮雕嵌板，有四分之一尚未完成，嵌板边缘还留有指示图案。可见，当时因遇上坍塌而终止雕刻，未完工的浮雕随着外围基坛而被掩埋。外围基坛形成巨大的防护墙，高4米，下面的基石高1.5米，四角有兽头排水孔。1885年，发现隐基脚上饰有取材于《分别善恶报应经》的160幅浮雕，浮雕题材依据佛经的天、人、畜生、地狱等六道轮回说，阐明了“业障”的作用，即因果的规律，将经变和世俗人物与热带花草和鸟兽结合起来。其中描绘地狱景象的浮雕取材于佛典《大业分别经》。

浮雕展出一段时间后，出于保护的目的，除东南角浮雕供游人参观外，其他浮雕被重新掩盖。底座往上有东、南、西、北4条笔直的台阶式通道，直达顶层，通道与平台交汇处设拱门和门道，两侧立有引路石狮。塔的高度原为42米，后因塔尖遭雷击而被毁坏，高度降至31.5米。第一层平台离地面边缘约7米，其余每层平台依次收缩2米。台基上的方形台面积依次递减，边长分别为89米、82米、69米、61米，方形台之上又有依次递减的三层圆形台，直径分别为51米、38米、26米。方形台的各层，在主壁和栏楯间共有4个宽约2米的回廊，回廊两壁上为连接的浮雕，共长3200米，画面2672幅。其中含有故事情节的1460幅，装饰性的1212幅。每层浮雕的内容不同，多取材于佛典故事，有的再现了佛祖的生前事迹，有的描述神话故事和宗教仪式，有的记述了当时劳动人民的生活习俗和生活片断，有的描绘的是各种动物、器皿和水果。浮雕的人物如同真人大小，情态各异。佛塔总面积2500平方米。每一层平台均有参禅悟道的菩萨坐像，或置于佛龛之内，或置于钟塔之中，婆罗浮屠佛塔共有佛像504尊，其中300尊已遭破坏、43尊已毁。尽管如此，不少佛像雍容、睿智的神态和丰满、健壮的身躯仍然可见。按照东、南、西、北、中5个方位，佛像分别摆出“指地”“施与”“禅定”“无畏”“转法轮”等各种手姿，具有浓厚的宗教象征意义。浮雕和佛像以表情典雅为特色，它部分继承印度雕刻传统，又显露着印度尼西亚古代文明的影像，浮雕中世俗人物为当地人打扮，堪称印度艺术与爪哇艺术结合的杰作。佛塔是用附近河流中的岩石砌成，约用了200万块，底层基石每块重约1吨。

佛塔的不同层次分别代表了欲界、色界、无色界和出世间等佛学思想。在布局上，按佛教“三界”之说，塔基代表“欲界”，4层回廊的方形平台代表“色界”，3层圆台和大窣堵波代表“无色界”。婆罗浮屠佛塔的整体设计和各层装饰体现了佛教密宗曼荼罗义理。佛教将天地分为三界，最低的是欲界，人在此阶段无法摆脱各种引诱和欲望；其次是色界，人虽已摒弃各种欲望，但仍然是有形的；最高是无色界，至此，人已不再有名有形，永远摆脱了世间的一切桎梏。

从第一层到第六层的廊道石壁上，雕刻着1460幅取材于《大业分别经》《普曜经》等大乘佛教经典的叙事浮雕，还有当时人民生活习俗、人物、花草、鸟兽和热带水果等雕刻，浮雕的人物高约40厘米，线条圆润细致，形象栩栩如生。雕刻技艺精湛、造型优美，堪称绝妙的巨型“石头画卷”和“石块上的史诗”。在各方形层的的栏杆上，每隔一定距离配置一个向外的佛龛，共432个，龛内各安置一尊大坐佛。佛像的手势有5种，应该是金刚界五佛。从第七层开始，平台上逐级分布着32、24、16个钟罩式小塔，如同众星拱月，围绕着中心大窣堵波。塔身上有菱形或方形格式孔洞，佛像的脸只能透过石孔隐约可见。石孔形态各异，越接近中央的窣堵波，石孔就越少，这象征着佛陀越来越无形。佛像按照东、南、西、北不同方向取有不同的名称，而且佛像的面部神情，以及手臂、手掌、手指各部位也都不同，形象传神。从东面进入，按顺时针方向绕行，走向庙顶，象征着一个人逐步达到完美的精神境界。婆罗浮屠佛塔以不同大小的平台层叠上升。每一层对佛教信徒都有着一种象征意义。顶部曼荼罗代表着”终极真理”。

第一层的主壁浮雕描绘了释迦牟尼从出生到成佛的过程，题材为本生、佛传、譬喻和说法。由于《罗摩衍那》在思想内容上更接近佛教精神，佛教的《本生经》里只收录罗摩的故事而不收录《摩诃婆罗多》的故事。色界狭窄的回廊在提示人们进入这一层境界时，要集中思想抑制各种欲望，以求正果；第二层平台回廊主壁题材为《华严经·入法界品》中的“善财童子历参图”，代表色界，在这一阶段，人虽已摒弃了各种欲望，但仍然有形。这部巨大的石书记载了佛陀的一生，就像经文中叙述的那样。走廊四周的栏杆外每一个凹角都有一个石佛陀，盘腿坐在一个莲花座上；第三回廊是第二回廊的延续；第四回廊尚未明了，可能为《华严经》的“普贤菩萨行愿赞”等。在四方平台上，佛陀、菩萨往往与动物飞鸟、植物花卉、舞女乐师、渔民猎人杂处，国王、武士和战争也都是表现的题材。艺术家在布满小孔及微粒的岩石上雕刻出人体肌肤的柔润感，使得人物十分逼真。

来到第七层，一直被栏杆阻挡的视野在这里突然开阔了。圆台代表无色界，没有任何装饰和障碍，象征纯净的境界，视野开阔象征大彻大悟后的神圣境界。因此，当人们进入无色界时，就有一种超凡脱俗的感觉。它集印度教的石刻艺术与佛教博大精深的内涵于一体。婆罗浮屠的三界标志着窣堵波盘旋上升，指引香客沿着真理的各个阶段走向终极。

在印度尼西亚，祭拜祖先的一种方式是建造层层叠叠的金字塔，以此表示后人对先祖灵魂的崇拜和纪念。在印度尼西亚古代的传统信仰里，角锥塔是寄托祖先灵魂的象征，把它们筑在“无欲界”里，使佛教与印度尼西亚祖宗崇拜的原始信仰达到和谐的统一。婆罗浮屠佛塔在集成了印度古典主义的建筑风格基础上融入了印度尼西亚本土整齐、匀称的风格。婆罗浮屠佛塔融入了古代婆罗门教的形式、印度教的概念、佛教的哲理和当地祖先崇拜的理念，致使很多信仰其他宗教的人也常到该塔沉思冥想，试图从中感悟到人生的真谛。婆罗浮屠佛塔成为信徒们参拜的神灵圣地。

5. 普兰巴南陵庙

巴利栋在位期间修建和扩建了不少陵庙，其中扩建后的普兰巴南陵庙最为壮观，该陵庙建于比卡丹执政时期，完工于卡柔旺义执政时期，约900年左右，是为埋藏国王、王后和王室成员的骨灰而建造的，也是与佛教建筑婆罗浮屠佛塔攀比的产物。巴利栋在位期间，陵庙扩建未完工，而是在达克萨在位期间完工的。该陵庙与婆罗浮屠佛塔齐名，1991年，被联合国教科文组织列入世界文化遗产名录。

普兰巴南陵庙在日惹通往梭罗的大路边，位于日惹市东18公里处，距梭罗市55公里，是印度尼西亚最宏伟、壮丽的印度教陵庙，也是印度尼西亚建筑、雕刻和绘画艺术史上一颗璀璨的明珠。

该陵庙是一座复合式结构的陵庙群，有大小陵庙240余座，分为两个大院，主院地势较高，院内有三座高高耸立的饰有《罗摩衍那》史诗的浮雕的石砌塔形陵庙，分别供奉着印度教三位主神：居中的是最受古代印度尼西亚人崇拜的大自在天神湿婆（Shiva）神庙，北边的为毗湿努（Vishnu）神庙，南边的为梵天（Brahma）神庙。另三座与之相对的陵庙供奉着主神的乘骑，即南迪（Nandi“神牛”）、迦鲁达（Garuda“神鹰”或“金翅鸟”）和咸萨（“神鹅”），其中迦鲁达庙内已空无一物。湿婆主塔占地面积为34平方米，湿婆殿高46.5米，塔内设4个大厅，前厅空，后三个厅分别放置湿婆、象头、难近母神像。湿婆神像高3米，据传是国王巴利栋的化身；象头神像为人身状，有4只手臂，呈坐姿，象征智慧，据传是湿婆儿子加尼沙，也是王子的化身；难近母神像据传是湿婆的配偶杜尔佳，长有8只握着各种武器的手臂，被称作“死神”，据传是巴利栋王后的化身，当地人称她为“窈窕淑女”（Lara Janggrang/Loro Jonggrang）。这些雕像都是仿照当年前马达兰巴利栋国王、王子及王后的原型雕刻的。陵庙壁画内容多取材于《罗摩衍那》，画法具有印尼民族风格。

在印度尼西亚一些较大陵庙的神殿里，墓主往往选择印度教的神祇作为自己的化身，在一些较小陵庙的神殿里，墓主则选择与其生前有联系的地区保护神作为化身。印度教与印度尼西亚的祖先崇拜巧妙地结合在一起，达到神王合一的境界。

普兰巴南陵庙的建造大体上是模仿了神话中描述的众神居住的马哈穆罗山情景，各种雕刻和装饰都是按照神仙境界完成的。例如，装饰的图案取材于莲花、山川、奇异的动物和仙女、人物等，叶片和弯曲的枝条缠绕于各种图案之间，整个图案呈现出一种梦幻般的仙境。在陵庙群的墙壁上雕刻着《罗摩衍那》中的神话故事，但画法具有印尼民族风格。

在主广场每一个大门前面的东、西两侧有4个克利尔庙，院内另有16座陵庙，其余的建在一个地势较低的院内。整座陵庙有大小陵庙240余座。普兰巴南陵庙是陵墓和庙宇合二为一的宗教建筑，陵庙的结构基本相同，建筑材料都是石块，造型美观，统一中又有所变化，陵庙群浑然一体。

普兰巴南陵庙毁于16世纪的大地震。自1953年起，经过多次的清理和修葺，其中主要的庙宇得以重建，焕发出昔日的风采，其中高达47米的湿婆殿最为壮观。

6. 前马达兰王国一分为二

爱尔朗卡共有5名子女，其长女丝丽·桑戈拉玛维贾雅（Sri Sanggramawijaya）被指定为王位继承人。当时她任王国黑诺，临近举行登基大典时，突然提出要出家修行。爱尔朗卡满足了大女儿的心愿，并在东爪哇山区普章安（Pucangan）为她建了一座修行用的庙宇。在重新选择王位继承人的问题上，爱尔朗卡左右为难，尤其是在王后所生王子与爱妃所生王子的选择上更为头痛。加之两个儿子互相敌对，爱尔朗卡担心发生内战。为避免和缓和儿子间争夺王位的矛盾，他曾派人到巴厘，希望他的其中一个王子能够继承巴厘王位，但遭到巴厘王国的拒绝，理由是巴厘已选定爱尔朗卡的胞弟阿纳克·翁苏（Anak Wungsu）为王位继承人。最后，爱尔朗卡于1041年不得不把王国一分为二，以布兰塔斯河为界，河东以玛琅为中心，国名叫戎牙路（Janggala），国都在卡胡里潘（Kahuripan），拥有东爪哇的出海口；河西以谏义里（Kediri）为中心，国名叫潘贾鲁（Panjalu）（该词来源于巽他语的“jalu”一词，词义为“公、雄性”），又叫谏义里王国，位于西爪哇萨瓦尔（Sawal）山下，国都在达哈（Daha）。爱尔朗尔把王国分成两部分后，分别让两个王子当了国王，嘎拉萨坎（Garasakan）出任戎牙路国王；萨玛拉维贾亚（Samarawijaya）出任谏义里国王。爱尔朗卡自己则隐居修行，法号为莱西·根塔由（Resi Gentayu），后于1049年去世，葬于勃拉汗（Belahan）村的加拉敦达（Djalatunda）沐浴地。爱尔朗卡死后，戎牙路与谏义里之间经常发生战争。1052年，谏义里国王阿兰戎·阿赫椰斯（Alanjung Ahyes）征服戎牙路。1059年，戎牙路东山再起，爱尔朗卡的女婿萨玛罗特沙哈（Samarotsaha）登上戎牙路王位。自此，很长一段时间没有两国的信息，史料也无记载。

九、谏义里王国（Kerajaan Kediri，1117—1222）

1117年，谏义里王国的名字再度在史料中出现，国王是巴麦斯哇拉（Bameswara，1115—1130），又称丝丽·马哈拉查·拉克·西里坎（Sri Maharaja Rake Sirikan），他娶戎牙路公主基拉娜（Sri Kirana）为妻。为此，诗人达尔玛贾（Darmaja）创作了一篇梵体诗，叫作《爱神的焚毁》（kameswara），诗中叙述了国王与王后的爱情故事，并把他们比作爱神。巴麦斯哇拉国王合并了谏义里和戎牙路，并一直执政到1130年。这一时期，戎牙路的名字不再出现。该王国最有成就的国王是1130—1160年执政的贾查亚巴哈亚（Jayabhaya/ Joyoboyo），在他执政时期，谏义里王国曾攻占室利佛逝的占碑，削减了室利佛逝的对外贸易，同时催生了如马来王国等若干小国，特尔纳特也成为谏义里王国的属国。

这一时期，印度尼西亚宫廷文学也获得迅速发展，文学已不再局限于翻译印度史诗，而是开始了新的创作或再创作，作品的题材虽然多取自印度史诗，但有了新的成分，具有时代感，如先后由诗人瑟达（Sedah）和巴努鲁（Panuluh）完成的《婆罗多战争》（Bharatayuddha），虽取材于《摩诃婆罗多》史诗，但实则赞颂谏义里国王，并叙述了戎牙路与谏义里的来由及两者之间的战争，诗中还反映了某些当时印度尼西亚社会的状况。1160—1170年的执政者为萨尔外斯哇拉（Sarweswara）；1170—1180年的执政者为阿尔椰斯洼拉（Aryeswara），王号为丝丽·甘德拉（Sri Gandra）；1172—1181年的执政者为甘德拉（Gandra），这一时期，令人费解的是，大臣们的官职多以动物名称代替，如黄象、白虎、牛、鹿等；1190—1200年，执政的是斯棱嘎（Srngga），王号丝丽·萨尔外斯瓦拉·特里维克拉玛瓦塔拉宁蒂塔·泽棱嘎兰查纳·迪戈威查亚特·通嘎戴哇（Sri Sarwweswara Triwikramawataranindita Crnggalancana Digwijayat Tunggadewa）；1200—1222年，执政的是克尔塔加亚（Kertajaya）。

关于谏义里王国的情况，中国史书中有些记载，把这一时期的爪哇王国称作“阇婆国”，如《岭外代答》说：“诸蕃国之富盛，多宝货者，莫如大食国，其次阇婆国，其次三佛齐，其次乃诸国耳。”从该记载的王国顺序看，谏义里王国的贸易已超过室利佛逝，尤其是香料贸易。《宋史·阇婆国传》（卷四八九）对谏义里的官吏情况有所描述，如：“以王子三人为副王，官有落诘连，四人共治国事，如中国宰相，无月俸，随时量给土产诸物。次有文吏三百余员，目为秀才，掌文薄，总计财货。又有卑官殆千员，分主成池帑廪及军卒，其领兵者每半岁给金十两，胜兵三万，每半岁给金有差。”从上文的记载看，该国王子与宰相共同负责处理王国事务，下辖300余名文官，分管钱财账目，另有武官及各级官员1000余人。国家官制更加进步，王国政权开始向中央集权发展。谏义里有强大的海军，设海军大臣职，称作瑟纳帕蒂·萨尔哇贾拉（Senapati Sarwajala）。

《宋史》（卷四八九）还记述了谏义里的其他情况，如：“产稻麻粟豆，无麦，民输十一之租。煮海为盐，多鱼鳖鸡鸭山羊，兼椎牛以食。果实有木瓜、椰子、蕉子、蔗、芋。出金、银、犀、牙、笺沉、檀香、茴香、胡椒、槟榔、硫磺、红花、苏木、亦务蚕织，有薄绢、丝绞、吉贝、布。官以粟一斛二斗博金一钱。”“中国贾人至者，待以宾馆，饮食丰洁。地不产茶，其酒出于椰子及虾蝚丹树。虾蝚丹树，华人未尝见。或以桄榔槟榔酿成，亦甚香美。不设刑禁，杂犯罪者随轻重出黄金以赎，惟寇盗者杀之。其王椎髻，戴金铃，衣锦袍，蹑革履，坐方床。官吏日谒，三拜而退。出入乘象或腰舆，壮士五，七百人执兵器以从。国人见王皆坐，俟其过乃起。”“土俗婚聘无媒约，但纳黄金于女家以娶之。五月游船，十月游山，有山马可乘跨，或乘软兜。乐有横笛鼓板，亦能舞。土人被发，其衣装缠胸以下至于膝。疾病不服药，但祷神求佛。其俗有名而无姓。”等。

谏义里王国农业、手工业和畜牧业相当发达。贸易方面已经有一定形式的货币。社会生活方面已经出现买卖婚姻制度，这是私有制社会发展到一定程度的表现。

谏义里王国控制着印度尼西亚东部地区，其势力已达巴布亚。谏义里王国设立了宗教事务司[①]，负责处理宗教事务。宗教建筑中的雕像增加了皮影戏中的人物，如帕纳卡万（Panakawan）等，这是印度宗教建筑中所没有的。该王国的建筑艺术有了新的发展，王宫中金碧辉煌的建筑物就是证明。这一时期的印度尼西亚文学空前发展，除记叙诗外，还有如何创作诗的书籍，如塔纳空（Tanakung）所著的《斯玛拉达哈纳》（*Smaradhahana*），就如何写诗、写好诗作了详细的讲解。

谏义里王国最后一位国王是克尔塔查亚（Kertajaya），他执政时间为1190—1222年。13世纪初，谏义里发生大规模农民起义，杜马波尔（Tumapel）的地方领主庚·阿洛（Ken Arok）宣布独立。1222年，庚·阿洛推翻谏义里，建立新柯沙里王国（Singhasari），立王号丝丽·朗嘎·拉查沙·阿穆尔瓦布米（Sri Ranggah Rajasa Amurwabhumi）。

① 王任叔：《印度尼西亚古代史》下，周南京、丘立本整理，北京：中国社会科学出版社，1987年版，第508页。

十、新柯沙里王国（Singhasari，Singasari，Singosari，1222—1292）

新柯沙里王国是印度尼西亚古代史上以东爪哇为政权核心的最著名的王国之一。就现今保留下来的古陵庙及古城邦遗址而言，新柯沙里王国的首都位于今东爪哇地区玛琅市的北部，现称新柯沙里县。其王国的势力范围除占据整个玛琅高原外，其北部一直延伸到位于东爪哇北侧的沿海城市帕苏鲁安（Pasuruan“岩望”），并且将帕苏鲁安作为其北面的对外通商港口。

由于缺乏史料，庚·阿洛领导的农民起义的细节至今不详。关于庚·阿洛本人的情况，这一时期的石碑上无记载，仅在《列王传》和《纳卡拉克尔达卡玛》中有些记载。书中描述的庚·阿洛是一位传奇式人物，说他是梵天神之子的化身，投胎于庞库尔（Pangkur）村一贫苦人家，出生时身体发光，父亲名叫加查·帕拉（Gajah Para），是一位婆罗门僧侣，母亲名叫肯·恩导克（Ken Endok）。他在青年时期到处流浪，偷盗抢劫，无恶不作，到处被追捕，但都让他逃脱了，好似有神的保佑。后被一位叫当赫杨·罗嗄外（Danghyang Loghawe）的苦行者收为养子，送到图马波尔（Tumapel）的领主栋古尔·阿墨东（Tunggul Ametung）家当侍从。不久，庚·阿洛产生了杀害主人以图取而代之的念头。为此，他作了精心安排，托人到铁匠恩普·干德灵（Empu Gandring）[①]处打造了一把匕首。干德灵不愧是制做匕首的能工巧匠，尽管匕首还没有完工，但已经很漂亮、很有特色。庚·阿洛杀死恩普·干德灵强行取回匕首伺机行刺。他的朋友克伯·伊佐看中了这把匕首，庚·阿洛见状，计上心来，便把匕首借给克伯·伊佐佩带。克伯·伊佐走到哪儿都佩带着匕首，还经常当众摆弄，爱不释手，以致于别人都认为匕首是克伯·伊佐的。一天夜里，庚·阿洛趁克伯·伊佐熟睡之际，悄悄取走匕首，潜入栋古尔·阿墨东的卧室，用匕首刺死正在熟睡的栋古尔·阿墨东，故意把匕首留在现场，然后回到自己的住处。当人们发现栋古尔·阿墨东被杀时，在现场找到了凶器，克伯·伊佐被控是杀人凶手，克伯·伊佐否认杀人，但因“证据确凿”终被处死。庚·阿洛被推举为地方领主，取代了死去的栋古尔·阿墨东。庚·阿洛的阴谋得逞后，为不使事情败露，他强娶知道内情的栋古尔·阿墨东的遗孀肯·黛黛丝为妻。不久，肯·黛黛丝生下一男孩，是栋古尔·阿墨东的遗腹子，取名叫阿努萨帕迪（Anusapati）。一年后，肯·黛黛丝又生了一个儿子，取名叫马黑沙翁

---

① 王任叔:《印度尼西亚古代史》下，周南京、丘立本整理，北京：中国社会科学出版社，1987年版，第507页。

嗄·特楞（Mahisa Wonga Teleng）。此外，庚·阿洛还纳了一个妾，名叫肯·乌芒（Ken Umang），生有一子名叫托赫贾亚（Tohjaya）。

庚·阿洛不满足于领主的地位，招兵买马，伺机夺取谏义里王权。1222年，谏义里发生内乱，僧侣和农民起而斗争，反对国王的暴政。不少反叛者逃到庚·阿洛的领地处，不久，庚·阿洛的领地成为反谏大本营。克尔塔查亚国王亲率大军前往讨伐，在根特尔（Genter）村战役中，庚·阿洛率起义军消灭了克尔塔查亚的军队，一举推翻了谏义里王朝，建立了新柯沙里王国。庚·阿洛取王号拉查沙（Rajasa），即拉查·查沙（Raja Jasa），其词义是“功勋之王”。他把图马波尔改名为“库塔拉查”（Kutaraja），是“王城”的意思。后来又改名为新柯沙里（Singasari）。新柯沙里王国建立后，大批僧侣归附于他。庚·阿洛仅几年时间便从流浪汉、封建领主跃上王位，可谓一帆风顺。但好景不长，1227年，他被已长大成人并从母亲那儿得知了内情的阿努萨帕迪派人用杀他父亲栋古尔·阿墨的那把匕首刺杀。后阿努萨帕迪秘密杀死刺客以灭口，并取代庚·阿洛成为新柯沙里国王（1227—1248）。为了纪念庚·阿洛，在新柯沙里以南的卡戈纳岸（Kagenengan）修建了陵庙，其化身为湿婆和佛陀。肯·黛黛丝去世日期不详，仅在新柯沙里遗留了漂亮的雕像，即普拉吉纳帕拉米塔雕像（Arca Prajnaparamita）。后来，托赫贾亚知道了内幕，他伺机为生父庚·阿洛报仇，夺取政权。阿努萨帕迪喜好斗鸡，一日，托赫贾亚邀阿努萨帕迪斗鸡，当阿努萨帕迪聚精会神地观看斗鸡时，托赫贾亚乘其不备拔出干德灵匕首把他刺死。阿努萨帕迪遗下一子，名叫朗嗄武尼（Ranggawuni），又称作毗湿奴瓦尔达纳（Wisnuwardhana）。在玛琅东南方向建有给达尔陵庙（Candi Kidal），供奉着阿努萨帕迪。托赫贾亚夺取王位后，仅执政数月便被朗嗄武尼推翻，托赫贾亚作战时受重伤，在逃跑的路上死亡，其陵庙建在卡唐·鲁姆邦（Katang Lumbang）。朗嗄武尼当上国王，立王号丝丽·查亚·毗湿奴·瓦尔达纳（Sri Jaya Wisnu Wardhana），并同马黑沙·翁嗄·特楞之子马黑沙·查姆帕卡（Mahisa Campaka）共同治理国家（1248—1268）。两人是表兄弟关系，分别以毗湿奴与因陀罗（Indra）名义执政。马黑沙·查姆帕卡的地位低于朗嗄武尼，出任拉图·昂阿巴亚（Ratu Angabhaya）一职，封号为纳拉兴哈姆尔蒂（Narasinghamurti），主要负责保卫国家、镇压反叛活动等。朗嗄武尼是该王国第一位名字出现在碑文中的国王。鉴于过去由于王位之争而导致刺杀事件，更为了让国王的子嗣学习政务，1254年，国王下诏立太子，并赐予封号克尔塔纳嘎拉（Kertanagara）。1268年，朗嗄武尼在曼达拉吉里（Mandaragiri）驾崩，葬于瓦勒里

(Waleri)，修建了查高陵庙（candi Jago）。克尔塔纳嘎拉继位（1268—1292），由黑诺、西里坎和哈鲁三位重臣辅佐。他任国王期间设宗教顾问职，由佛教和婆罗门教领袖出任，成功地把印度教和佛教团结在一起。克尔塔纳嘎拉致力于对外扩张。于1275—1292年派兵进攻中苏门答腊的马来王国，并带去14尊佛像，受到马来王国国王丝丽马特·特里布瓦纳拉查·马乌拉瓦尔马戴哇（Srimat Tribuwanaraja Maulawarmmadewa）的欢迎。

1275年，克尔塔纳嘎拉在一次盛大的宴会上发誓攻占苏门答腊岛。在推行其扩张政策的过程中，国王克尔塔纳嘎拉采取了排除异己、顺我者昌、逆我者亡的强硬措施。他撤换了首相，先后镇压了帕亚拉查（Bhayaraja）叛乱和马黑沙·朗卡（Mahisa Rangkah）领导的起义，夺取了马都拉。1280年，谏义里一些对克尔塔纳嘎拉不满的人被迫逃往加里曼丹古戴地区居住。克尔塔纳嘎拉对内加强对属国的直接统治权，设“专任村长”，核实户口，监督税收和维护地方治安；对外派远征军进攻苏门答腊三佛齐王国。1284年，武力征服了4个重要地区，即马来半岛东海岸的彭亨、苏门答腊南部的马来、加里曼丹西南部的巴库拉普腊（即今日的坤甸）和西兰岛南端科隆岛。在这期间，克尔塔纳嘎拉先后派军队征服西爪哇、巴厘、马鲁古、西加里曼丹等地区，对室利佛逝形成合围态势。1290年，派兵进攻苏门答腊岛，试图控制马六甲海峡。一旦计划实现，将统一西至亚齐、东至帝汶岛的整个印度尼西亚地区。该计划因国内发生叛乱和改朝换代而未能实现。

新柯沙里王国之所以建国于玛琅高原，是因为看中了其重要的战略地理位置。国都位于布兰达斯河的源头，左右环山，形成了靠山临水、居高临下的天然险要地势，易守难攻，极具重要的军事战略地位。在这一地区发现的古城墙及要塞遗址足以证明这一点。新柯沙里王国正是利用良好的安全环境获得了长足的发展。在政治上，进一步巩固了王国政权体系，增进了与其他国家的友好交往。在经济上，借助玛琅高原适宜的气候条件，大力发展农业和畜牧业。随着人们对自然环境的不断改造，水利资源得到充分利用，这一地区成为王国殷实的农业基础。政府鼓励及推动对外进出口贸易，使王国的经济不再单纯地以农牧业为主，而是发展成了一个较为全面的经济大国。在文化上，国家积极推动印度教在爪哇岛的传播和发展，在接受印度文化的同时发展本土文化。从新柯沙里王国开始，爪哇印度教寺院由原来的瘦高形逐步发展演变成四方形，陵庙化的寺院多为浴场样式，如埋葬爱尔朗卡的伯拉罕陵庙（Candi Belahan），该地有天然泉水，据传能够治愈疾病和有益于健康。伯拉罕陵庙建在半山腰上，引流泉水的构思非常巧妙，拉克斯米和吉祥仙女两位女神手托乳房的火山岩雕像紧贴寺院后墙，汇集的泉水通过雕像的乳头流入池中，女神雕像曲线优美，流出的泉水犹如挤出的乳汁。位于两位女神之间的比湿奴雕像神情庄重，其坐骑伽鲁达神鹰（Garuda）高大、凶猛、张牙舞爪，脱离了印度的雕刻手法，体现出爪哇的雕刻艺术风格。东爪哇后期的陵庙基本上保持了独具特色的前探风格，建有方尖塔式的巨大屋顶，该建筑形式一直延续到15世纪。至今保留下来的古陵庙遗址及雕像文物体现了当时先进的宗教建筑艺术。

新柯沙里王国在政治、经济、宗教和文化方面得到了空前发展，为后世留下了宝贵的历史财富，更为后来的麻喏巴歇王国的建立及发展奠定了良好的社会基础。

元世祖忽必烈（Kukilai Khan）于1278年下诏设立福建行省，该行省的任务之一是诏抚海外各国。爪哇新柯沙里王国当时是南海的强国，国王克尔塔纳嘎拉在位时（1254—1292）不仅将西爪哇纳入其统治下，还征服了马都拉和巴厘等岛屿，并趁三佛齐衰落之机出兵征讨，迫使其臣服。忽必烈认为，只要征服了爪哇，“其余小国即当自服”[①]。1279年，福建行省右丞相唆都派遣赵玉出使爪哇。1280年，元朝再一次遣使爪哇，爪哇亦回派使节表示通好。但忽必烈希望爪哇国王亲自来大都朝觐，遭对方拒绝。1286年，克尔塔纳嘎拉遣使入元，忽必烈对爪哇王室成员未能亲至深为不满。

1289年，元朝使臣右丞孟琪为诏使前往爪哇，却被爪哇国王黥面逐回，原因可能是胁迫其亲身入朝，激怒了克尔塔纳嘎拉。忽必烈认为此举是藐视中国，是对他本人的侮辱，决定兴兵讨伐。忽必烈任命史弼为统帅，亦黑迷失和高兴为副帅，率福建、江西、湖广兵2万人，战船千艘，渡海进攻爪哇。

1292年11月，军队在泉州集结。12月，船队启航，经七州洋（南海北部）、万里石塘（今西沙群岛）、高趾、占城于次年正月至东董山、西董山（今纳士纳群岛），入混沌大洋（今南海南部），再经橄榄屿（今加里曼丹岛坤甸西面海中）、假里马答（今加里曼丹），到达勾栏山（今加里曼丹岛西南端附近）。然后驻兵伐木，造小舟，准备用于登陆。第二年2月13日抵达爪哇杜并足（厨闽），并在爪哇中部北岸的杜并足（今锦石西北）登陆成功。3月1日，兵分两路，会师并攻占了八节涧（今泗水）。[②]

① 《元史·亦黑迷失传》。

② 《资治通鉴》卷第一百九十一。

在元军抵达爪哇之前，新柯沙里王国发生内乱和重大事变。谏义里地方官查亚卡特旺（Jayakatwang）趁王国1290年派兵进攻苏门答腊岛，国都兵力空虚之机，发动叛乱，派兵进攻国都杜马班。[①]他采取声东击西的策略，先派兵从国都北边发动佯攻，克尔塔纳嘎拉不知是计，马上派其继子，也是他的驸马拉登·威查亚（Raden Wijaya）[②]和另一驸马阿尔达拉贾（Ardharaja）率兵迎敌。而阿尔达拉贾恰好是查亚卡特旺的儿子。谏义里的主力部队出其不意，乘虚攻占国都，杀进王宫。此刻，国王与众大臣还在举行宗教活动和宴会，毫无防备。混战中醉酒的克尔塔纳嘎拉国王与众大臣和僧侣被杀，查亚卡特旺取而代之，当上了新柯沙里国王。阿尔达拉贾得到消息后，率兵倒戈，归顺其父，拉登·威查亚则率残部逃到库达都（Kudadu）村，在村长的帮助下渡海至马都拉。后在马都拉地方官威拉拉贾（Wiraraja）的斡旋下，拉登·威查亚回到国都，并取得了查亚卡特旺的信任。后获准在塔力克（Tarik）林区建立了自己的领地。建造房屋时，一前来帮忙的马都拉人饥饿时顺手摘了一颗当地生长的玛贾果吃，不料果味很苦。该领地由此而得名，即“麻喏巴歇”，直译为“苦玛贾果”（Majapahit）。1292年年底，拉登·威查亚组成了麻喏巴歇地方政府，伺机夺取王位，恢复其家族的统治。

据《元史·爪哇传》记载，元军到达爪哇后，“爪哇女婿土罕必阇耶[③]举国纳降。土罕必阇耶不能离军，先令杨梓、甘州不花、全忠祖引其宰相昔剌难答吒耶等五十余人来迎”。表示向元军投诚，奉献当地山川、户口及谏义里（葛朗）国图籍等，愿意与元军结成同盟，帮助其进攻国都，消灭查亚卡特旺的军队。1293年3月7日，谏义里军兵分三路进攻麻喏巴歇。次日，高兴等率兵击退了谏义里军。15日，元军分三路进攻葛朗。东、西两路分别由高兴、亦黑迷失指挥；另一路为水军，溯流而上；拉登·威查亚所带部队为后续部队。19日，元军与查亚卡特旺率领的10余万谏义里军激战于答哈，结果谏义里军大败溃入河中，被淹死者数万人，被杀死者5 000余人。查亚卡特旺退至城内据守，元军一面围攻，一面招降。当夜，谏义里国王查亚卡特旺出城投降。据印度尼西亚史料《列王传》记载，查亚卡特旺被俘后，关押在戎牙路，并死于该地。[④]“4月2日，拉登·威查

① 关于地方官查亚卡特旺攻击新柯沙里王宫的主要原因，一说是因室利佛逝挑唆所致；一说是查亚卡特旺向新柯沙里公主求婚遭拒，在其宰相的挑唆下发动叛乱。

② 是朗嘎武尼表弟马黑沙·查姆帕卡（Mahisa Campaka）的外孙，其母是勒姆·塔尔（Lembu Tal）。据传，他是爱神的化身，智勇双全，英勇善战。

③ 拉登·威查亚。

④ 据《元史》记载，被高兴所杀。兴深言其失计。土罕必阇耶果杀使者以叛，合众来攻，兴等力战，却之，遂诛哈只葛当父子以归。

亚请求离开元军大营，声称回麻喏巴歇取正式的归降表和朝贡礼品。史弼等派200名元军护送。中途，拉登·威查亚竟杀死护送元兵，集结军队，回头突袭元军大营。元军本来在以少胜多的答哈之战后尚未休整补充，疲惫不堪，加之元军统帅之间意见不一，只得且战且退，于4月24日登舟回国，经68个昼夜航行，回到泉州。根据内蒙古社科院历史所编《蒙古族通史》记载，这次，爪哇国拉登·威查亚背信弃义，集结军队堵截元军归路，造成元军官兵死亡达3000多人。

关于元朝这次远征，《元史》中有详细记载：此次进攻爪哇，损失了千余人，史弼、亦里迷失俘获并杀死查亚卡特旺父子，带回谏义里王后和100余名新柯沙里官员及金银财宝等。

对于元朝出兵爪哇的性质，各国史学家评论不一。传统的观点是，元朝出兵爪哇只不过是报复新柯沙里，维护大国尊严，同时又是为了显示武力，扩大中国的影响。[①]爪哇之役曾一度影响了中国与海外各国的贸易往来，如元至元二十九年（1292）因准备出征，"暂禁两湖、广东、福建商贾航海者"[②]。战后，取消了禁海令，传统对外贸易关系很快恢复正常。元元贞元年（1295），麻喏巴歇王国派使节来华，主动恢复了友好关系。此后，两国的使臣、僧侣和商人来往不绝，保持了密切的经济、文化交流。据《元史》本纪，元元贞元年（1295）到元至顺三年（1332）的38年中，麻喏巴歇王国遣使来元达11次。据《明实录》记载，截至1389年的20年间，麻喏巴歇共遣使来华11次，明朝则两次遣使访问爪哇。在麻喏巴歇时期，有不少中国人移居印度尼西亚。据《爪哇史颂》记载，当时同麻喏巴歇王国建立友好关系的国家还有斯里兰卡、阿瑜陀耶、柬埔寨、安南、腊查布罗及辛哈纳卡里（印度）等。

1. 关于拉登·威查亚攻击元军原因

关于拉登·威查亚攻击元军的真正原因，因无史料记载，尚不得知。《元史》只说他"既降复叛"。战后，"4月2日，土罕必阇耶乞归易降表及所藏珍宝入朝，并要求元兵在接走格尔达纳卡拉公主时不带武器，史弼和亦黑迷失慨然答应。高兴闻听力言其失计，但弼和亦黑迷失置之不理，只派万户捏只不丁、甘州不花率兵二百护送，而且不带兵器。途中被土罕必阇耶的伏兵杀害"。[③]

印度尼西亚出版的历史书籍多只谈"攻击"过程，没有提及原因。一些国内

① 《资治通鉴》(卷第一百九十一)。

② 《元史·世祖纪》。

③ 《元史》卷二一〇《爪哇传》。

外相关史学家对“攻击”行为进行了分析：传统观点认为，元军要带走公主令拉登·威查亚不满，或后悔答应奉献公主。因拉登·威查亚“答应在打败查亚卡特旺以后将克尔塔纳嘎拉的女儿奉献给元朝皇帝”。[①]《列王传》说“是因为元兵要把克尔塔纳嘎拉的公主作为战利品带回中国，因此拉登·威查亚进攻元兵”。[②]

另一说法是，“此举证明是拉登·威查亚战胜了查亚卡特旺，而不是元军”[③]。且不论被元军俘获的公主是否是拉登·威查亚所爱之人，公主的后代有权继承王位是事实。拉登·威查亚之所以表示献出公主，是因为想借助元军的力量推翻查亚卡特旺政权。可见，当时公主的重要性众所周知。当目的达到后，拉登·威查亚可能担心日后王位生变，故而反悔，转而攻击元军，保住公主。

2. 关于公主问题

克尔塔纳嘎拉曾把名字叫塔帕西（Tapasi）的公主嫁给占婆王哈利吉特（Harijit）[④]。据史料记载：“克尔塔纳嘎拉没有男孩，有四位女儿，拉登·威查亚和阿尔达拉贾各娶了一位公主。”[⑤]查亚卡特旺和阿尔达拉贾被高兴所杀后，公主去向不明，《元史》只记录了王后，而无公主。嫁给查亚卡旺的儿子阿尔达拉贾的公主也下落不明，可能拉登·威查亚抢夺的这位公主就是阿尔达拉贾的妻子。拉登·威查亚当上国王后娶了4位公主。那么，克尔塔纳嘎拉到底有几位公主？涉及克尔塔纳嘎拉公主的史料不清楚。据分析，远嫁占婆的公主应是克尔塔纳嘎拉的妹妹，但尚未发现相关史料记载。

3. 对查亚卡特旺的处置有4种不同记载

《元史·爪哇传》谓其出降后，元军统帅“抚谕令还”。

《史弼传》则谓“并取其妻子官属以归”。

《高兴传》载元军遭土罕必阇耶攻击后，“遂诛哈只葛当父子以归”。

爪哇史书《列王传》记载，他被关在戎牙路狱中，写了一首诗，然后死去。

---

① 王任叔：《印度尼西亚古代史》下，周南京、丘立本整理，北京：中国社会科学出版社，1987年版，第539、544–545页。

② ［印尼］萨努西·巴尼著：《印度尼西亚史》（上册），吴世璜译，北京：商务印书馆，1972年版，第117页。

③ ［英］霍尔：《东南亚史》（上册），北京：商务印书馆，1982年版，第116页。

④ 王任叔：《印度尼西亚古代史》下，周南京、丘立本整理，北京：中国社会科学出版社，1987年版，第523页。

⑤ 王任叔：《印度尼西亚古代史》下，周南京、丘立本整理，北京：中国社会科学出版社，1987年版，第520页。

十一、麻喏巴歇王国（Kerajaan Majapahit，1293—1518）[①]

拉登·威查亚成为麻喏巴歇开国国王，1293年11月10日取王号克尔塔拉查沙·查亚瓦尔达纳（Kertarajasa Jayawardhana），并正式登基。麻喏巴歇王国是借助元军力量在新柯沙里王国的基础上建立起来的，在医治战争创伤的同时加强自己的统治地位，扩充军队。原新柯沙里王国进攻苏门答腊的远征军，1294年回来后归顺了拉登·威查亚，麻喏巴歇的军事力量得到加强，为印度尼西亚的统一大业打下坚实基础。

1. 拉登·威查亚借助与四位公主成婚垄断王位和强化其合法性

拉登·威查亚1293—1309在位。为了使自己继承王位合法化，同时为了避免他人与自己争夺王位，拉登·威查亚同时娶了新柯沙里国王克尔塔纳嘎拉的四位公主[②]：大公主特里布娃奈丝哇里（Tribhuwaneswari）、二公主娜伦德拉杜黑塔（Narendraduhita）、三公主普拉蒂娜帕拉米塔（Pradynaparamita）和小公主嘎亚特里（Gayatri）。[③] 嘎亚特里与拉登·威查亚生了两位公主：大公主特里布哇娜东嘎戴维（Tribhuwanattunggadewi）出任卡胡里班（Kahuripan）地方王；小公主拉查戴维·马哈拉查沙（Rajadewi Maharajasa）出任达哈地方王[④]。这样，麻喏巴歇王国的主要属国就由拉登·威查亚的公主和他的外孙女们以联姻方式归属到王族系列里，加强了麻喏巴歇中央政权的统治。

1294年年初，原新柯沙里远征军还带回两位室利佛逝公主：大公主达拉·京嘎（Dara Jingga），后被放回，与马来王国国王毛利瓦尔曼（Mauliwarman）成亲，生了阿迪特亚瓦尔曼（Adityawarman）王子，由于公主已打上麻喏巴歇的烙印，该王子少儿时就被送到麻喏巴歇接受教育；二公主达拉·勃达克（Dara Petak）与拉登·威查亚成亲，1294年年末，生王子卡拉·戈米特（Kala Gemit）。

印度尼西亚古代，在王位继承上沿用了母系氏族的传统，以女方为合法继承人，女方配偶行使国王权力。世系上，拉登·威查亚是新柯沙里第一位国王庚·阿洛和其王后肯·黛黛丝的第四代孙，具有王族血统。尽管如此，根据母系

---

① 中国古籍称之为“满者伯夷”或“玛迦帕夷”。

② 根据习惯，这四位公主分别代表巴厘、马都拉、苏门答腊和加里曼丹。

③ Departemen Pendidikan dan Kebudayaan，“Sejarah Nasiaonal Indonesia”，Balai Pustaka，1976，jilid I，p.130.

④ Sartono Kartodirdjo dll，“Sejarah Nasional Indonesia”，Departemen Pendidikan dan Kebudayaan，1975，II，p.260.

社会的传统，他还需要公主作为其登上王位的支撑条件，确保王权的正统性和合法性。拉登·威查亚之所以娶新柯沙里四位公主，是因为想使王位继承权不旁落。为了达到上述目的，他不顾近亲结婚的忌讳，娶了同父异母的妹妹。他另娶室利佛逝公主为妃，其后代有室利佛逝的王位继承权，并以联姻的方式建立和加强两国间的纽带关系。在印度尼西亚古代，公主是国家与国家、中央与地方联姻的主体，战争中掠夺公主成为首要目的，其意义甚至大于俘获国王。

2. 平息国内叛乱

1295年，卡拉·戈米特被封为太子和达哈（Daha）王，封号为贾亚纳嘎拉（Jayanagara），此举引起大臣们的不满，认为他是室利佛逝公主所生，不是纯爪哇人。一直以来，大臣们对因生王子而受宠的王后达拉·勃达克存有戒心，而拥护生有两位公主的原新柯沙里公主嘎亚特里。该派代表人物为原马都拉地方官维拉拉加（Wiraraja）大将军。拉登·威查亚在落难时曾向维拉拉加许诺，有朝一日当上国王，将把一半江山交给他。拉登·威查亚没有食言，登基后把爪哇东部地区划归维拉拉加统辖，并任命维拉拉加为波苏吉（Besuki）地区的鲁马江（Lumajang）地方长官，他的儿子纳姆比（Nambi）出任麻喏巴歇丞相。维拉拉加代表王国旧有势力。

这一时期，宫廷内部矛盾、中央与地方矛盾、内地与沿海领主矛盾加剧。1295年，代表新兴力量的杜板（Tuban）地方长官朗嘎·拉沃（Rangga Lawe）率兵起义，遭到镇压，朗嘎·拉沃阵亡。拉登·威查亚常年患病，王后达拉·勃达克左右政权。在这种情况下，1295年，维拉拉加辞官返乡（1311年病故）。1298年，以索拉（Sora）为首持续2年的大起义被平息，索拉原是麻喏巴歇的开国元老、拉登·威查亚的大臣，后任达哈宰相，因不满现在的地位而发动政变。1301年，纳姆比请假回乡探望父亲，从此再没还朝。他的家乡鲁马江成为反对达拉·勃达克的大本营。1309年，拉登·威查亚去世，由其侧室长子、年仅15岁的贾亚纳嘎拉（Jayanegara）继位（1309—1328）。拉登·威查亚被分别葬在Blitar以南的苏穆波查蒂塔（Candi Sumberjati）和安塔普拉（Antahpura）的布达塔（candi Buda），其雕像为集湿婆和毗湿奴两位大神于一体的化身。拉登·威查亚在位时留下的矛盾隐患：新柯沙里旧日的势力和当下功臣之间的矛盾、内地封建主与港口领主和商人之间的矛盾、封建势力与受压迫人民之间的矛盾等，在贾亚纳嘎拉执政期间爆发，各种矛盾激化，政变和叛乱不断。1316年，丞相纳姆比发动叛乱，叛乱中心是马都拉。最后，叛乱被王国军队镇压，纳姆比阵亡。1319年，王宫事务大臣顾迪

(Kuti)发动政变，国王贾亚纳嘎拉被迫逃出王宫，在15名卫士的保护下，逃到巴丹德尔（Badander）村。卫队长卡查·玛达（Gajah Mada）只身潜入王宫侦察敌情，并率忠于国王的军队杀死顾迪，挫败政变。国王回朝后，加封卡查·玛达为戎牙路和谏义里的地方官。两年后，又封他为达哈宰相。卡查·玛达经常携妻子拜见贾亚纳嘎拉，不幸的是贾亚纳嘎拉看上了卡查·玛达漂亮的妻子，卡查·玛达为此转向反对派，1328年他唆使御医坦查（Tancha）谋害了贾亚纳嘎拉。事后，卡查·玛达为了灭口，除掉了坦查。① 因贾亚纳嘎拉无子，王位本来应由尚健在的王后嘎亚特里接任，但她此前已入佛门，故由他的大女儿特里布哇娜（Tribhuwana Wijayatungga Dewi）代母继承王位（1328—1350）② 成为摄政王。后女王与克尔塔尔达纳（Kertawardhana）结婚，共同摄政，并于1334年生育一子，取名哈奄·武禄（Hayam Wuruk）。1331年，发生了萨登（Sadeng）叛乱，丞相塔达（Tadah）因病不能率军出征，他推荐卡查·玛达出任军队总司令，率军平息了叛乱。由于平叛有功，卡查·玛达被任命为麻喏巴歇丞相（1331—1364年在位）。在出任丞相的仪式上，卡查·玛达当众发誓③一定要统一印度尼西亚。

1343年，卡查·玛达率军征服巴厘岛达勒姆·泊达鲁（Dalem Bedalu）国王统治的婆京（Pejeng）王国，将其纳入麻喏巴歇王国版图。1350年，嘎亚特里去世，代位的特里布哇娜女王退位，由其子哈奄·武禄继承王位（1350—1389），王号为拉加沙纳嘎拉（Rajasanagara）。当时，他年仅16岁。在卡查·玛达的辅佐下，哈奄·武禄致力于印度尼西亚的统一。征服巴厘后，麻喏巴歇开始向周边地区扩展。1350年，麻喏巴歇派兵进攻苏门答腊岛巴赛（Pasai）王国，切断了该王国与外界的来往。贸易中心移至宾丹，后移至马六甲。麻喏巴歇大军先后征服了苏拉威西、马鲁古、松巴岛、苏门答腊、加里曼丹和马来半岛，印度尼西亚首次形成大统一局面，其领土西至马来半岛，东至巴布亚，北至婆罗州，南至爪哇以南诸岛，奠定了今天印度尼西亚版图的基础。这一时期，麻喏巴歇王国与占婆、柬埔寨、暹罗、缅甸、越南等国保持友好往来。经过卡查·玛达近30年的努力，到哈奄·武禄执政时期是麻喏巴歇最鼎盛的时期。麻喏巴歇著名诗人恩普·坦图拉尔

① Soeroto, "Indonesia Di Tengah-tengah Dunia Dari Abat ke abat", Jilid II, Djambatan, 1954, p.170.

② Sartono Kartodirdjo dll, "Sejarah Nasional Indonesia", Departemen Pendidikan dan Kebudayaan, 1975, II, p.262.

③ 称作帕拉帕誓言（Sumpah Palapa），即在统一印度尼西亚之前只吃白米饭，喝白开水，不吃盐和任何作料。

（Mpu Tantular）的名言“殊途同归”（Bhinneka Tunggal Eka）成为印尼民族的座右铭，并写在印度尼西亚共和国的国徽上。

卡查·玛达还是一位法学家，他参考其他法律书籍编撰了一本《库塔拉玛纳瓦法典》（Kutaramanawa），用于麻喏巴歇王国。

在麻喏巴歇统一印度尼西亚后，仅有国都位于帕库安的巴查查兰王国（又称巽他王国）未被纳入版图，处于独立状态。根据发现于茂物的巴图图里斯（Batutulis）石碑，1333年，麻喏巴歇王国国王是帕克万（Pakwan）。[①]当时巴查查兰王国国王为普拉纳（Purana），麻喏巴歇军队曾两次进攻巴查查兰，遭到顽强抵抗，麻喏巴歇放弃进攻，采取怀柔政策。卡查·玛达计划以联姻的方式将其纳入麻喏巴歇的版图，故要求巴查查兰国王将公主嫁给哈奄·武禄，普拉纳考虑到王国的安危，答应了这门亲事。1351年，他同王公大臣、王室成员组成送亲队伍，护送公主皮塔罗卡（Pitaloka）。送亲队伍在杜班登陆，当行至杜巴特（Dubat）时，送亲队伍停止，普拉纳要求哈奄·武禄按照西爪哇习俗到此地迎娶，亲自把公主接走。该要求被拒绝。卡查·玛达强迫普拉纳把公主送到王宫，亲自把公主献给哈奄·武禄。普拉纳认为献公主是对巴查查兰王国的侮辱，拒绝前行。双方发生武装冲突，送亲人员全部被杀，公主也自杀身亡。[②]自此，巴查查兰王国实力被削弱，名存实亡。卡查·玛达终于实现了自己的誓言，统一了整个印度尼西亚。哈奄·武禄与翁克尔（Wengker）王威查亚拉查沙（Wijayarajasa）之女索莉（Paduka Sori）成婚，索莉的母亲达哈王拉查戴维·马哈拉查沙（Rajadewi Maharajasa）是哈奄·武禄的姨妈。[③]亲上加亲的联姻方式进一步巩固了其国王地位。

哈奄·武禄统治时期（1350—1389），麻喏巴歇王国进入鼎盛时期，成为印度尼西亚历史上最强大的帝国。它的领土不仅包括现今印度尼西亚的全部领土，而且还包括马来西亚和菲律宾的一部分。据《爪哇史颂》一书的记载，麻喏巴歇王国的领土主要分成8个大区，即爪哇岛、苏门答腊岛、加里曼丹岛、马来半岛、爪哇以东的群岛、苏拉威西岛、马鲁古群岛和巴布亚。

---

① 是拉赫扬·戴哇尼斯卡拉（Rahyang Dewaniskala）之子，拉赫扬·尼斯卡拉瓦斯图·坎扎纳（Rahyang Niskalawastu Kancana）之孙。

② Soeroto, “Indonesia Di Tengah-tengah Dunia Dari Abat ke abat”, Jilid II, Djambatan, 1954, p.175.

③ Sartono Kartodirdjo dll, “Sejarah Nasional Indonesia”, Departemen Pendidikan dan Kebudayaan, 1975, II, p.264.

3. 麻喏巴歇王国的国家体制

麻喏巴歇的国王称作"大王"(Maharaja),地方王称作"王"(Raja/Bhre),王国丞相为帕蒂·芒库布米(Patih Mangkubumi),地方宰相称作帕蒂(Patih)。地方王一般由王子、公主、王亲国戚或立有赫赫战功的大臣出任,他们往往同时在中央政权中担任要职,也可留居国都,地方事务由宰相处理。地方政权按照中央政权模式设立职位,只是规模、职能范围缩小。地方王有权在其辖区内制定法规,行使统治权。

麻喏巴歇是高度中央集权制国家,中央设"王族会议",由7~9人组成,负责处理王室事务、王位继承、社会治安及国家安全等问题;下设由3人组成的"三大臣会议",负责国王与诸大臣之间的联络,是上传下达的机构;另设"五人会议"负责管理国事。此外,还设立了宗教机构,负责宣传印度教、管理陵庙、组织宗教仪式等。丞相掌管军政大权,下设司法大臣、军队司令和司令助理、宫庭大臣、社会联络大臣等官职。卡查·玛达任丞相时,集大权于一身,主管内政各机构,兼任海、陆军司令,负责处理王宫事务。

1364年,卡查·玛达去世,他原来掌管的权力由4位大臣分割,分管军事、内政、外交和司法4个部门。3年后,卡查·恩贡(Gajah Enggon)出任丞相。该王国行政区划较严密,地方政府分为内领(爪哇本土)和外领(属国)两部分。内领设省、县、乡、村4级,由中央管辖。各级官吏拥有军事与民政权力,由中央统一任免,其官职不能世袭。外领,即爪哇以外的属地,由代表麻喏巴歇国王的当地酋长管理。村是麻喏巴歇王国最基层的行政单位,由村长根据习惯法进行管理。对于属国和属地,仅保持宗主权,主要通过当地的部落头人或小国的国王进行统治,赋予各属地和属国以自治权力。另采用委任管理制度,间接统治相关领地。爪哇以外岛屿划分为若干军事区,设军政指挥部,统管辖区事务,军费由地方分担。

国王每12年举行一次祭祖大典,届时所有王公大臣和地方官员都要参加,大典带有强烈的政治色彩,参加者须进贡和表忠心,国王的威望也因此大大提高,无故不参加则被怀疑不忠或意欲谋反,轻者责问,重者讨伐。国王经常出巡,考察地方官的政绩和忠诚程度。这一时期,封建制度得到进一步的加强和发展。地方领主从国王手中得到赐予的采邑,并向领地上的农民征收赋税,一部分上缴国王;另一部分留作己用,如同小王国。采邑和官职不是世袭的,国王有权随时收回和改赐他人。

根据翁汶·皮图（Wingun Pitu）石碑（1447）的记载，麻喏巴歇王国分为14个区，分别由各自地方王（Bhre）统辖：

（1）卡胡里番（Kahuripan）；

（2）达哈（Daha）；

（3）杜马坡（Tumapel）；

（4）温克尔（Wengker）；

（5）马塔珲（Matahun）；

（6）维拉布米（Wirabumi）；

（7）查嘎拉嘎（Jagaraga）；

（8）卡巴兰（Kabalan）；

（9）克灵（Keling）；

（10）克姆邦·杰纳尔（Kembang Jenar）；

（11）巴章（Pajang）；

（12）克灵嘎普拉（Kelinggapura）；

（13）兴哈普拉（Singhapura）；

（14）丹戎普拉（Tanjungpura）。

麻喏巴歇王国重视军队和国防建设，政府规定，村长统兵100名，乡长统兵1 000名，县长统兵10 000名，省长统兵10 000名以上。遇有战事，征调各地兵力参战。可见，麻喏巴歇的中央集权统治和地方自治体系并存。

4. 麻喏巴歇时期的经济建设

（1）贸易

1397年，麻喏巴歇海军攻占巨港灭室利佛逝，贸易中心逐渐从苏门答腊移至爪哇。这一时期，印度尼西亚社会、经济有了进一步发展。爪哇当时的三大港口：杜班、锦石和泗水就是在这一时期发展和繁荣起来的。当时来自中国、柬埔寨、占婆、印度、阿拉伯、土耳其和波斯等国商人云集在麻喏巴歇王国的各港口，其商业空前繁荣。据史料记载，当时在各主要港口和市场上出售的印度尼西亚本土产品极其丰富，如西爪哇巽他地区的胡椒、巴蓝班甘的椰子油、马都拉的盐、松巴哇和巴厘的棉织品、小巽他群岛的白檀、中爪哇的蜡染布、马辰的鱼干、古戴地区的金刚石、邦加岛的锡、巨港的蜂蜜、加里曼丹的铁、苏门答腊的犀角和象牙等。来自不同国度的商人也带来了各自国家的土特产品，如中国商人带来了瓷器、铜铁器皿、绸缎、丝绢等，波斯和土耳其商人带来了各种宝石和烧珠等。除用以货易货的方式进行交易外，港口和市场上也把一些通用的铜钱和银钱等作为流通货币。在贸易中，麻喏巴歇农产品、香料、木材和手工业品源源不断地运往中国、印度和中南半岛各国。麻喏巴歇中央政权对全国各地的特产进行统一调配，控制出口贸易。

（2）手工业

麻喏巴歇时期，手工业得到进一步发展。爪哇的纺织业已相当发达，当地人民普遍穿蜡染服的现象足以证明这一点。铁器制造业不仅能生产用于农耕和兴修水利的各种农具和工具，而且能制造各种兵器，如大刀、长矛，甚至火炮等。这一时期，格利斯短剑（keris）的制造工艺达到了顶峰，格利斯短剑是一种波刃短剑，剑柄由贵重木材、象牙等雕刻而成，上有各种装饰物，甚至镀金银、镶宝石，精打细磨，华贵无比，人称“神剑”。早在7世纪前后，印度尼西亚就有了佛陀格利斯短剑。麻喏巴歇时期，格利斯短剑得到普及，拥有豪宅、贤妻、良驹、翠鸟和神剑是当时印度尼西亚男子向往的美满生活。马欢在《瀛涯胜览》（卷一）中提及格利斯短剑：“男子腰插不刺头一把，三岁小儿至百岁老人皆有此刀，皆兔毫雪花上等镔铁为之，其柄用金或犀角、象牙，雕刻人形鬼面之状，制极细巧。”

男人佩戴格利斯短剑则表明他已成人，对家庭和社会负有责任。王族和平民的格利斯短剑有明显的高级和低级之分，在印度教盛行时期，因受种姓制的影响，格利斯短剑也随种姓分为若干类并冠以不同含义，如供婆罗门用的象征神圣；供刹帝利用的象征勇猛；供吠舍用的象征生意兴隆、财源广进；供首陀罗用的则象征人畜兴旺、五谷丰登。这一时期，格利斯短剑仍分为宫内和宫外两大剑类，宫内锻造的格利斯短剑工艺精湛，宫外锻造的比较粗糙。宫廷内有专门铸造格利斯短剑的工匠，其铸剑工艺代代相传，他们受国王赐名，封官赏地。铸造一把高贵的格利斯短剑要花数月工夫，在铸剑之前要举行祈祷仪式，以求神赋予短剑神奇之力。

据传，具有神力的格利斯短剑，能使主人化险为夷，还能自行出鞘穿过茫茫夜空，刺死仇敌，然后又会在黎明前神不知鬼不觉地飞回剑鞘。人们把格利斯短剑看成神力的依附物，可保佑持有者升官发财、事业有成、逢凶化吉、平平安安。在古代，两国交换格利斯短剑以示结盟和友好。异彩纷呈的格利斯短剑已发展成一种文化，这种文化反映了印度尼西亚人民的智慧与创造力。该剑传至泰国南部、柬埔寨、马来西亚、文莱和菲律宾南部。从麻喏巴歇王公贵族，以及富商子弟身上普遍佩戴的金银首饰也可看出当时印度尼西亚的手工业已达到很高的水平。

麻喏巴歇王国的造船业也比较发达，能够自行制造各种适合于岛际，甚至远洋航行的船只。

（3）农业

麻喏巴歇中央政府重视农业生产，设立了管理农田水利的专门机构，国王除亲自外出巡视外，还经常派官员到各地视察农业发展情况，推广休耕法，以保持地力和提高粮食产量。国王经常发布命令，督促各地官员兴修水利，维护堤坝，防汛和防旱。农作物方面，除种植原有的水稻、豆类外，还广泛种植木棉和桑树等经济作物。1349年，汪大渊在《岛夷志略》中记载："其田膏沃，地平衍，谷米富饶，倍于他国。"

（4）税收及人民生活

为了保证国家的财政收入，国家制订了各种相关税收制度并任命了专门的收税官员，调查爪哇的村落和炉灶情况，由中央按户征税。国家向农民征收十分之一的收成税，对工商业者征收营业税，在港口设立关卡向商人征税，严密的税收制度保证了麻喏巴歇王国的财政收入来源。

中国古籍记述了一些麻喏巴歇王族和平民的生活情况，如汪大渊所著的《岛夷志略》有如下描述："爪哇即古门婆国。门遮把逸山[①]系官场所居，宫室壮丽，地广人稠，实甲东洋诸国。"国王居住处有十米高的围墙，房屋如架楼，高十几米，上朝时，国王坐在金黄色的长凳上，王后坐在一旁，王子坐在国王前的地板上，丞相和大臣则坐在更远处。在麻喏巴歇时期，国王的代表颜色是红、黄两色，王子的代表颜色是绿、黄两色，王国的代表颜色是红、白两色。印度尼西亚共和国的国旗颜色就是红、白两色，追寻其历史渊源，可能来源于此。国王外出巡视时乘坐华丽的牛车或大象，头戴王冠，腰佩两把精致的格利斯短剑。国人好斗，身带一尺尖刀，最憎恨别人摸小孩子的脑袋，[②]若被小孩子的父亲看见，则必定拿刀追杀。

马欢在《瀛涯胜览》（卷一）中对麻喏巴歇人民生活有如下描述："国人住屋以茅草盖之，家家俱以砖砌土库，高三四尺，藏储家私什物，居止坐卧于其上。""男妇皆槟榔蒟叶聚石灰不绝口，欲吃饭时，先将水漱出口中槟榔渣，就洗两手

① "麻喏巴歇"。

② 印度尼西亚人认为灵魂藏在人的头颅中。正是这个缘故，印度尼西亚人非常忌讳外人触摸小孩的头，怕灵魂被摸走。

干净，围坐，用盘满盛其饭，浇酥油汤汁，以手撮入口中而食。若渴则饮水，遇宾客往来无茶，则以槟榔待之。”“其婚姻之礼，则男子先至女家，成亲三日后，迎其归，男家则打铜鼓铜锣，吹椰壳筒，及打竹筒鼓，并放火铳，前后短刀团牌围绕，其妇披发裸体跣足，围系丝嵌手巾，项佩金珠联络之饰，腕戴金银宝装之镯，亲朋邻里以槟榔蒟叶线纫草花之类，装饰彩船而伴送之，以为贺喜之礼。至家则鸣锣击鼓，饮酒作乐，数日而散。”“番人殷富者甚多，买卖交易行使中国历代铜钱，书记亦有字，如锁俚字同，无纸笔，用茭草叶以尖刀刻之，亦有文法，国语甚美软。”“国人最喜欢中国青花瓷器，并麝香、销金拧丝、烧珠之类，则用铜钱买易。”

麻喏巴歇的繁荣也反映在市民愉快的文化生活中。马欢在《瀛涯胜览》(卷一）有相关记载：“每月至十五十六夜，月圆清明之夜，番妇二十余人或三十余人，聚集成队，一妇为首，以臂膊递相连贯不断，于月下徐步而行，为首者口唱番歌一句，众皆齐声合之。到亲戚富贵之家门首，则赠以铜钱等物，名为步月，行乐而已。有一等人以纸画人物鸟兽鹰虫之类，如手卷样，以三尺高二木为画干，止齐一头，其人蹯膝坐于地，以图昼立地，每展出一段，朝前番语高声解说此段来历，众人圜坐而听之，或笑或哭，便如说评话一般。”[①]这段描写可以看到当时麻喏巴歇的太平景象。

5. 麻喏巴歇时期的文学与文化发展

麻喏巴歇王国的兴盛促进了印度尼西亚文学的发展，各种题材的诗歌、传记相继闻世，其中流传至今的有由文学家、诗人普拉潘查[②]于1365年完成的梵体诗《纳卡拉克尔达卡玛》，坦图拉尔所著的编年史《图曼彼尔与麻喏巴歇列皇记》等历史及文学著作。《阿朱那的胜利》(*Arjuna wijaya*)、《苏达索玛》(*Sutasoma*）和散文体的《帝王列传》等作品在颂扬帝王将相的同时，还记述了许多重大历史事件和当时的一些风土人情。此外，具有浓厚民族风格的各种民间舞蹈、皮影戏、陵庙建筑、雕塑等在麻喏巴歇时期涌现。

麻喏巴歇时期的印度尼西亚文学超越了印度文学的范畴，摆脱了模仿印度两大史诗的创作模式，明显地朝着更加民族化的方向转变。宫廷作家直接取材于本

---

① 哇扬培培尔（WAYANG BEBER），是印度尼西亚戏剧的一种，意译为摊开的影戏。该剧种比较古老，演出者将备好的画卷分别打开，立于地上，介绍图中内容，表演者表情丰富，语言诙谐，演出时，有加美兰乐器伴奏。如今只在爪哇个别地区流行。

② 是当时掌管佛教陵庙的官员。

民族的历史和社会，对帝王进行歌功颂德，如普拉班查所著格卡温作品《纳卡拉克尔达卡玛》，就是通过对作者1365年伴驾东巡时的所见所闻的真实描述，反映国家的繁荣昌盛和歌颂哈奄·武禄国王的丰功伟绩。在文学形式上，作家从本民族的民间唱词中提炼出一种叫作“吉冬”的新诗体，从而使文学形式更加多样化。

据一些学者考证，早在印度文化传入印度尼西亚之前，印度尼西亚已用皮影戏来祭祀祖先，他们把那些影子看成是祖先的阴魂。1世纪，印度文化传入。印度史诗《摩诃婆罗多》和《罗摩衍那》成了印度尼西亚皮影戏的主要剧目。麻喏巴歇王朝时期，皮影戏十分流行，它在爪哇和巴厘岛家喻户晓，为人们喜闻乐见。爪哇人把牛皮制成200多种人形，用灯光把它们投射在白布幕上，那些影子被认为是体现着祖宗的灵魂。皮影戏开场前，人们先焚香祈祷，在烟雾缭绕中把祖宗的灵魂接来。人物道具用牛皮剪成，呈乳白色或乳黄色，然后着色。剪影形象各异，多为尖鼻、大头、长臂；女性人物剪影腰细、发髻突出，人物面部表情随其特点各异。它以幕后灯光，把雕镂精细、色彩鲜艳、各具特色的皮制人像，映照在白色的幕布上。由皮影手①操纵皮影，一边表演，一边以各角色的身份对白，绘声绘色地表演剧情，侧旁有加美兰乐队伴奏。有的表演者为便于演出，事先将剪影按人物出场的先后顺序放在一起，演出时依次拿取。为增加演出效果，表演者利用铁片、木盒等道具发出车辆行走、部队打仗和行军等音响效果。观众坐在幕布正、反两面观看。皮影戏深受印度尼西亚人喜爱，尤其是爪哇人。除节日外，一般家庭操办红、白喜事时也要请皮影戏团演出，并邀请众邻观看。皮影戏演出时间有长有短，长的要连续几夜才能演完。皮影戏在演唱时多用古爪哇语。帝王将相等人物对话用爪哇宫廷语，平民百姓难以听懂。戏中丑角用爪哇平民语，常用来针砭时弊，发泄民众的不满，深受普通百姓欢迎。

如果将爪哇和巴厘的皮影戏内容作比较，那么爪哇人更爱看《摩诃婆罗多》的故事，巴厘人则对《罗摩衍那》的故事更感兴趣。这种具有爪哇民族特色的皮影戏把许多印度尼西亚古典名著和民间传奇故事改编为传统剧目。

印度尼西亚的皮影戏达10余种，按其演出的剧目或表演方法，可分为以下八种：哇扬布尔哇，或称布尔哇皮影戏，是皮影戏中最流行的一种，人们直接称它为哇扬或皮影戏，演出的都是印度尼西亚化了的《摩诃婆罗多》和《罗摩衍那》内容；哇扬玛迪亚，或称玛迪亚皮影戏，演的是19世纪爪哇宫廷诗人朗加哇西达

① 印尼语称之为“达朗”。

撰写的史诗，该史诗是作为给梭罗芒库尼加兰王的献礼；哇扬格笃，或称格笃皮影戏，演的是以东爪哇第一个印度化王朝班齐家族为中心的历史；哇扬格里迪，或叫哇扬格鲁芝尔，人物由薄板锯刻而成，只是两手为皮革，演出的是有关拉登·达玛乌兰，即一位反抗麻喏巴歇王朝的英雄事迹；哇扬古禄，又叫古禄皮影戏，是日惹苏丹哈孟库·布沃诺五世下令编写的剧目，旨在表演日惹历代王朝的事迹，通常限在宫廷内演出；哇扬杜巴拉，或叫杜巴拉皮影戏，是梭罗达努阿特玛渣编写的作品，叙述梭罗历代王朝历史的剧目，一般也只在宫内演出；哇扬培培尔（意译为摊开的影戏），它比哇扬布尔哇更为古老，如今只在个别地区演出，由加美兰音乐伴奏，上文马欢在《瀛涯胜览》中所记载的爪哇皮影戏，就是指哇扬培培尔；哇扬格林，又叫洛林皮影戏，昔日曾流行于爪哇北部沿海地区，它表演的是关于神仙和帝王的故事，通常在求神保佑的仪式上演出。印度尼西亚古代许多古典文学作品能够流传至今的原因，与皮影戏的普及密不可分。

麻喏巴歇国王和国民主要信奉印度教和佛教，王国设立宗教管理机构，官员分工较细，如由专人负责湿婆教、佛教和苦行僧等事务。保存国王或王室成员骨灰的陵庙由专人负责，附近村庄提供陵庙内人员的日常生活必需品，上述村庄因此获准免缴数种赋税。有时，国王的相关特准在举行宗教仪式后刻在石碑上，以示王恩浩荡。

6. 麻喏巴歇王国的灭亡

哈奄·武禄与王后生一公主，取名库苏玛·娃尔达妮（Kusuma Wardhani）；与王妃生一王子，取名维拉布米（Wirabhumi）①。1389年，哈奄·武禄去世，由公主库苏玛·娃尔达妮继位（1389—1400），实权则在驸马维克拉马·哇尔达纳（Wikrama Wardhana）手中。王子维拉布米被封为东王，位于鲁马江（Lumajang）地区。1400年，库苏玛·娃尔达妮和维克拉马·哇尔达纳退位，由维克拉马·哇尔达纳与王妃生的公主苏黑达（Suhita）继位。苏黑达的亲生母亲则是维拉布米的二女儿。王子维拉布米认为自己是哈奄·武禄的亲生儿子，有权接替王位，于1401年发动叛乱，妄图夺取王位。1401—1406年间，王子维拉布米与苏黑达之间爆发内战，即《明史》中记载的郑和第一次下西洋访问印度尼西亚时遇上的东、西王

① Sartono Kartodirdjo等，"Sejarah Nasional Indonesia"（《印度尼西亚民族史》），Departemen Pendidikan dan Kebudayaan，1975，II，P.265认为是地名，但没有提及其名字，仅称其为维拉布米王。绝大多数相关史书认为维拉布米为王子的名字。

之战。[①]在内战中，维克拉马·哇尔达纳复出，击败了维拉布米。维拉布米逃到巴厘岛，1406年被拉登·卡查（Raden Gajah）将军活捉，砍其头送至麻喏巴歇。

虽然维拉布米被杀，但双方家族之间的争斗没有停止，各有胜负，直至拉登·卡查后来被处决。6年的内战使麻喏巴歇大伤元气，加之农民起义和王国内部争权夺利的长期混战，王国陷于分崩离析的境地，国都移至杜马坡（Tumapel）。爪哇以外领主纷纷脱离中央，割据称雄。1429年，维克拉马·哇尔达纳去世，由公主苏黑达继位（1429—1447）。这一时期，沿海商人要求自由贸易，试图摆脱麻喏巴歇的控制，他们与港湾领主联合起来，共同反抗麻喏巴歇的统治。港湾地方领主借机利用伊斯兰教商人的势力扩大自己的影响和势力范围。

马六甲王国的建立和发展，沉重地打击了麻喏巴歇控制的香料贸易，印度尼西亚贸易中心逐步向马六甲转移。1429年，麻喏巴歇王国失去了对西爪哇海域和海峡的控制权，取而代之的是新兴伊斯兰国家马六甲王国。麻喏巴歇王国日益衰败，加里曼丹、苏拉威西等地王国先后独立。1447年苏黑达女王驾崩，其同父异母的弟弟克尔塔威查亚（Kertawijaya）夺得王位，在身为王后的占婆公主达拉瓦蒂（Darawati）的劝说下皈依伊斯兰教。1451年，克尔塔威查亚被害身亡。帕莫坦地方王萨瓦尔达纳（Sawarddhana/Rajasawardhana）继承王位，后于1453年去世[②]。继他之后，1453—1456年之间再无明确的王位继承人记载。1456年，克尔塔威查亚之子温克尔地方王（Bhre Wengker）布拉·扬·普尔瓦威瑟沙（Brra Hyang Purwawisesa）继位，以杜马坡为统治中心。1466年，苏拉普拉巴瓦（Suraprabhawa/ Singhawikramawardhana）成为国王。1468年，麻喏巴歇宫廷发生内乱，因遭到克尔塔布米（Kertabhumi）的进攻而离开王宫逃到谏义里附近的达哈，继续执政，1474年去世。王子德亚·拉纳维查亚（Dyah Ranawijaya）继位，执政初期宰相为普·瓦罕（Pu Wahan），后期为瓦罕之子乌搭拉（Udara），兼任军队司令，地位不亚于先前的卡查·马达。1478年，达哈的克尔塔威查亚重孙芝林德拉瓦尔达纳（Girindrawardhana）发动叛乱，并自立为王，统治麻喏巴歇。当时，爪哇繁荣的扎巴拉（Jepara）港位于淡目领地，港口的繁荣和该地贸易的发

① 《明史》（卷三二三外国卷）谈及郑和第一次下西洋访问印度尼西亚（1406）时遇到的相关情况："东王战败国被灭，适使经东王地，部卒入市，西王国人杀之，凡百七十人。"明朝廷起初要求对方赔偿黄金6万两，后仅交了1万两，明朝廷意在让其道歉。麻喏巴歇认错，并保证不再发生类似事件。中国与麻喏巴歇继续互派使臣，保持友好关系。

② Sartono Kartodirdjo dll，"Sejarah Nasional Indonesia"，Departemen Pendidikan dan Kebudayaan，1975，II，p.267.

展使淡目逐渐强大。在此期间，许多印度教信徒逃到巴厘岛。

淡目领主拉登·巴达（Raden Patah/Fattah）是克尔塔布米的儿子，出自麻喏巴歇王族，母亲是中国人，自幼在巨港长大，回到爪哇后分得淡目领地。拉登·巴达代表沿海商人利益，淡目成为商人和伊斯兰教的活动中心。1499年，麻喏巴歇王国的名字还在中国、意大利、葡萄牙的古籍中出现，但没有提及其国王。1513年，苏南·库都斯率领淡目军队联合泗水、杜班、马都拉等地的地方领主进攻麻喏巴歇，战斗一直持续到1518年，麻喏巴歇战败降服。拉登·巴达推翻了麻喏巴歇王朝，建立了爪哇第一个伊斯兰教国家，即淡目王国（Demak)。麻喏巴歇成为其附属国。

7. 母系血缘关系在爪哇王权继承上的体现

在从母系社会过渡到父系社会的过程中，母系血缘关系仍处于主导地位。在印度尼西亚古代，母系血缘关系在王权继承上的体现更为突出，印度尼西亚“自辛陀建国以来，女系继承权始终在王国的政治事务中发挥很大的作用，而这种继承权无疑是在部落的古老氏族公社的传统上发展下来的”。[①]氏族社会以血缘关系为纽带，有助于人类保持持久而紧密的结合。

据考证，“爪哇”（jawa）一词中的“Ja”源自于爪哇文“Jalu”（男性），父亲之意；“Wa”源自于爪哇文“wanida”（女性），母亲之意。因此，“爪哇”一词的含义为男女的结合，含有“生命”之意。“上述概念与印度教中湿婆神的男性生殖器林伽和象征女神戴维（Devi）的女性生殖器瑜尼结合的象征相吻合”[②]。瑜尼在印度尼西亚古代的宗教建筑中体现了妇女与男子平等的地位。

立于778年、发现于日惹城东的德卡拉散（Kalasan）石碑记述了众僧侣向出自夏连特拉家族的国王特加赫普尔纳帕纳·帕囊卡拉纳（Tejahpurnapana Panangkarana，760—780）进言，建议修建供奉多罗女菩萨（Dewi Tara）的神坛。[③]国王批准在日惹东北的卡拉散村修建该神坛，取名卡拉散（Candi Kalasan)，神坛建成后立碑纪念。

普兰巴南陵庙中的巴利栋王后雕像，据传是难近母的化身，难近母是湿婆的配偶，长有8只握着各种武器的手臂，被称作死神，当地人称她为“窈窕淑女”

---

① 王任叔：《印度尼西亚古代史》上，周南京、丘立本整理，北京：中国社会科学出版社，1987年版，第173页。

② ［法］G. 赛代斯：《东南亚的印度化国家》，蔡华、杨保筠译，北京：商务印书馆，2008年版，第176页。

③ 王任叔：《印度尼西亚古代史》上，周南京、丘立本整理，北京：中国社会科学出版社，1987年版，第404页。

(Lara Janggrang)。

印度尼西亚古代女性的地位除受母系社会血缘关系的影响外，当时盛行的印度教和佛教也起到了一定作用，尤其是印度教的种姓制中“血缘或出身和婚姻尤为重要”。[①]印度教崇尚女神，民间有祭祀加兰女神的习俗，这种对女神的崇拜为人们接受女性执政者提供了心理基础，人们期望女性能用她们独特的力量来改变不如人意的社会状况。虽然印度尼西亚古代王国深受印度文化的影响，但保留了本土文化的特点，其中印度尼西亚女性的社会地位相对高于印度女性这一点就是证明。

在印度尼西亚古代，女性担任国王的较早记载是在7世纪。据《新唐书》记载，674年，爪哇诃陵国由一女王统治，号悉莫，国法严明，道不拾遗。

母系血缘关系在王位继承上发挥着至关重要的作用，王后、公主、王子具有同等的王位继承权，而公主在王权继承上的血脉关系更为突出。

（1）公主是王位继承的血缘纽带。

母系氏族是和原始社会长期存在的婚姻制度及生产力水平相适应的，在对偶婚制度下，两性的结合不稳定，所生子女一般情况下只知其母，不知其父，世系只能从母亲方面来确定和计算，从而确立了妇女在社会生活中的主导地位。在此基础上，母系血缘关系对王位继承具有巨大影响。

人们在中爪哇葛都附近的章嘎尔（Canggal）村发现一块立于732年的石碑，碑文中记述了当地王国的一些情况，其中载有“高贵的陛下，为一切智者所敬仰。熟知众书，又复澈悟奥义。唯此国王，刚强勇毅，有如室利罗摩（Sri Rama），征服周围诸国国王，其名为室利散查亚国王陛下。功勋有如太阳，全世光耀，使人获得幸福。陛下为散纳诃（Sanaha）之子。散纳诃为国王萨纳之女弟”。[②]可见，室利散查亚国王的母亲是一位公主，散查亚继承了他舅舅的王位，这说明当时爪哇母系社会尚存。

人们在东爪哇泗水以南和玛琅以北的迪纳亚地区发现一块立于750年的石碑，碑铭中有“利斯瓦陛下生得一女，父王赐名乌德雅纳，立为国之公主，冀以继承父王世系”。[③]

① 尚会鹏:《种姓与印度教社会》，北京大学出版社，2001年版，第13页。

② 王任叔:《印度尼西亚古代史》上，周南京、丘立本整理，北京：中国社会科学出版社，1987年版，第393页。

③ 王任叔:《印度尼西亚古代史》上，周南京、丘立本整理，北京：中国社会科学出版社，1987年版，第396页。

前马达兰国王辛陀（Sindok，929—947）是前国王达克萨（Daksa，910—919）的孙子，称作斯里·马哈拉加·拉克·黑诺·斯里·伊萨纳·维克拉玛达尔莫东嘎戴瓦（Sri Maharaja Rake Hino Sri Isana Wikramadharmottunggadewa），已具有王族血统。在图洛栋（Tulodhong，919—924）执政时期任哈鲁，在瓦瓦（Wawa，924—929）执政时期任黑诺。一般情况下，上述两个职务由即将继承王位的王子担任。辛陀为使自己的王位更加正统与合法，同瓦瓦的公主芭旺（Bawang）成婚，两人共同治理国家，而王权实际上掌握在辛陀手里。芭旺公主的血缘纽带使得辛陀的王位更加巩固，他们后代的王族血统更加纯正。辛陀死后由公主斯莉·伊萨娜冬卡维查雅（Sri Isanatunggawijaya）继位，成为前马达兰的女国王，驸马为罗卡帕拉王（Raja Lokapala）。她统治前马达兰长达28年，后由王子玛库塔旺萨瓦尔达纳（Makutawangsawardhana）继承王位（975—990），关于他的情况无史料可查。仅从石碑上的碑文得知，他有一位漂亮的公主，名叫玛痕德拉达塔（Mahendradatta），是达尔玛旺夏（Dharmawangsa）的妹妹，也是新托克的曾外孙女，嫁给了巴厘国王乌达亚纳（Udayana），他们的儿子取名爱尔朗卡（Airlangga）。

拉登·威查亚是新柯沙里国王庚·阿洛克（Ken Arok，1222—1227）和肯·黛黛丝（Ken Dedes）所出的第四代孙，为了使王位更加合法，同时为了避免他人与自己争夺王位，拉登·威查亚同时娶了新柯沙里国王克尔塔纳嘎拉①的4位公主。②此举符合新柯沙里王国在王位继承上的母系氏族的残余传统，以女方为合法继承人，以女方配偶行使国王权利。为了表示自己是继承新柯沙里末王克尔塔纳嘎拉王位的人，拉登·威查亚把自己的王号称作克尔塔拉查沙·查耶瓦尔达纳（Kertarajasa Jayawardhana，1293—1309），即取自克尔塔纳嘎拉（Kertanagara）中的“克尔塔”（Kerta）与庚·阿洛王号拉查沙·桑·阿穆尔瓦布米（Rajasa Sang Amurwabhumi）中的“拉查沙”（Rajasa），把上述两位国王的名字合在一起。

拉登·威查亚去世后，贾亚纳嘎拉继位（1309—1328），他认为自己是马来公主所生，母亲是一侧室，担心王位生变，所以想娶同父异母的妹妹为妻，③借以防止妹妹外嫁。否则，她的配偶和子女将会要求王位的继承权。他的想法遭到大臣们的强烈反对。在这种情况下，他“禁止所有贵族进入麻喏巴歇的宫廷，

① 是杜马坡藩侯栋古尔·阿墨东（Tunggul Ametung）与肯·黛黛丝第三代孙，与拉登·威查亚都是肯·黛黛丝的后代，有血缘关系。

② ［印尼］萨尔托诺·卡尔托迪尔佐等：《印度尼西亚民族史》（第二册），印度尼西亚文教部，1975年版，第260页。

③ 即嘎亚特里的女儿。

触犯这禁令的处斩”[①]，断绝了外界与宫内的接触。为了防止王权旁落，他自己不能娶也不让别人娶公主，阻断母系血缘关系的延续，借以封杀公主，达到垄断王权的目的。

1350年，拉加帕特妮去世，代位的特里布哇娜女王自然退位，由其子哈奄·武禄（Hayam Wuruk）继承王位（1350—1389），王号为拉加沙纳加拉（Rajasanagara）。当时，他年仅16岁。为了巩固王位，哈奄·武禄与表妹帕杜卡·索莉（Paduka Sori）公主成婚，索莉的母亲达哈王拉查戴维·马哈拉查沙（Rajadewi Maharajasa）是哈奄·武禄的亲姨妈。[②] 另娶其姨父翁克尔（Wengker）藩侯威查亚拉查沙（Wijayarajasa）与侧室所生的女儿苏顺纳黛薇（Susunnadewi）为侧室，即王后与王妃是同父异母的姐妹。这种亲上加亲的联姻，目的就是垄断王位继承权，防止王权旁落。

1389年，哈奄·武禄去世，由公主库苏玛·娃尔达妮（Kusuma Wardhani）继位，她同姑妈孛令·帕章公主伊斯娃莉（Ishwari）之子马达兰藩侯维克拉马·哇尔达纳（Wikrama Wardhana）结婚。实权则在驸马维克拉马·哇尔塔纳手中，他以妻子名义行使摄政王（1389—1429年在位）的权力，名义上是摄政王，实际已为麻喏巴歇第五世王了。

1400年，库苏玛·娃尔达妮和维克拉马·哇尔塔纳退位，由维克拉马·哇尔塔纳与王妃所生的公主苏黑达（Suhita）继位。按照血缘关系，哈奄·武禄侧室苏顺纳黛薇所生的王子维拉布米大公[③]也具有王位继承权[④]。但维克拉马·哇尔达纳却立女儿苏黑达为王，用以维系王权的母系血缘关系。维克拉马·哇尔达纳所持理由是：苏黑达虽然是侧室所出，但她的丈夫孛令·卡胡里潘藩侯却是哈奄·武禄的女弟伊斯娃莉（帕章公主）的外孙，具有纯正的王族母系血统，而维拉布米没有王室母系血缘关系。一些大臣为此表示不满，他们认为维拉布米藩侯同样是侧室所出，还是哈奄·武禄的亲生子，加之娶了自己姑妈的女儿，同样有权继承王位。在争议中，女王与维拉布米之间爆发王位争夺战。从这次王位争夺战可以

① 王任叔：《印度尼西亚古代史》下，周南京、丘立本整理，北京：中国社会科学出版社，1987年版，第558页。

② ［印尼］萨尔托诺·卡尔托迪尔佐等：《印度尼西亚民族史》（第二册），印度尼西亚文教部，1975年版，第264页。

③ 王任叔：《印度尼西亚古代史》下，周南京、丘立本整理，北京：中国社会科学出版社，1987年版，第650页。

④ 该王子娶了姑妈的女儿维拉布米地方王纳查拉瓦尔达妮（Nagarawardhani）后才被称为维拉布米大公，自此有了公认的称谓。

得出一个结论，即“这种来自母系的继承并不是直接的，而是在与王位竞争者拥有共同父系权利时的斗争武器”。[①]

在母系氏族阶段，氏族的世系从母亲一方来确定，形成只承认女系的事实。母系的世系家庭，包括一个女祖先，其女儿的子女，以及她的女性子孙的子女，由女性世代相传，从而构成了母系氏族。在王权继承上，母系氏族的血缘关系就落在王后和公主身上。

在麻喏巴歇王国时期，至少有4位国王或王子娶了自己的表妹，即哈奄·武禄、维克拉马·哇尔达纳、维拉布米和拉查沙瓦尔达纳。(见下图)

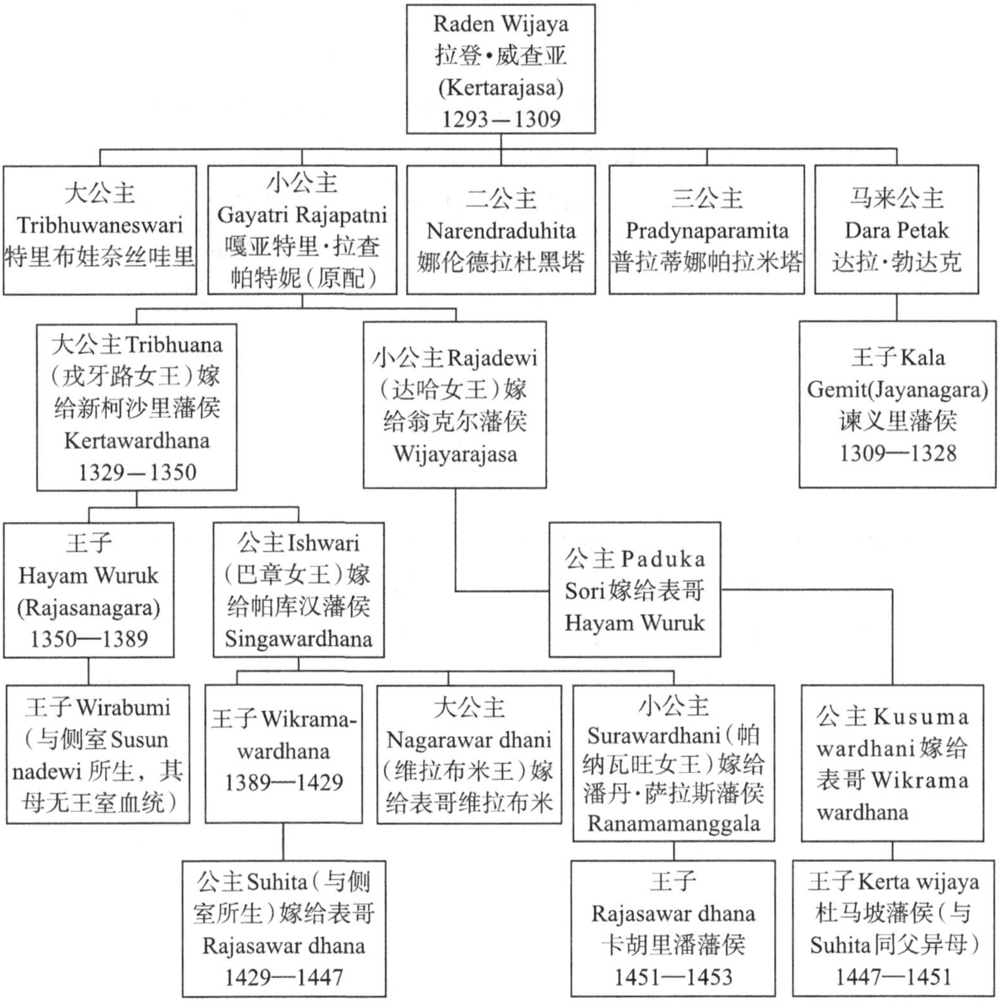

① A Thomas Kirsch, “*Kinship, Genealogical Claims, and Societal Integration in Ancient Khmer Society: An Interpretation*”, p198.

在王位继承上，王后、公主与王子具有同等的权利。“在国王世系内所生王子的地位，也各有不同。通例为王族之女所生之王子，地位较高，官吏之女所生之王子，地位较低。”①

（2）驸马借公主的王族血缘关系参与执政或继承王位。

印度尼西亚古代，驸马与公主联合执政或间接地继承王权的现象一直延续至麻喏巴歇王国。王权的世袭权大都属于母系，王位需要母系血缘的支撑，即母系氏族的变相延续，也是母系氏族制向父系氏族制过渡的一种体现。辛陀是达克萨的孙子，他登基初期使用桑·斯利·伊萨纳通嘎戴瓦（Sang Sri Isanatunggadewa）的称谓，后来才使用“大王”（Maharaja）头衔，据分析，可能他与瓦瓦的公主结婚后才名正言顺地使用王号。②前马达兰王国继玛库塔旺萨瓦尔达纳成为国王的达尔玛旺夏（Dharmawangsa，991—1016）“可能也是驸马，与玛痕德拉达塔的妹妹结婚而取得王位”③。他被认为是前马达兰王国最有成就的国王之一。

前文谈到，1389年，哈奄·武禄去世，由公主库苏玛·娃尔塔妮继位（1389—1400），实权则在出身王族的驸马维克拉马·哇尔塔纳（Wikrama Wardhana）手中。④从以上史实不难看出，母系继承是在父系社会占统治地位的情况下完成的，国家权力多掌握在男性（驸马）手中。

（3）公主成为政治联姻的主体，以政治联姻的方式使国与国之间的关系密切。

爱尔朗卡出任前马达兰国王后，室利佛逝王国不得不承认其对东爪哇的统治权，并把公主斯里·桑戈拉马维加亚·达尔马普拉·沙斗东嘎黛维（Sri Sanggramawijaya Dharmapra Sadottunggadewei）⑤嫁给他，以联姻的方式维系两国的友好关系。印度尼西亚第一部格卡温作品是11世纪初宫廷诗人恩普·甘瓦（Kanwa）创作的《阿尔朱纳的婚姻》（Kekawin Arjunawiwaha）梵体诗，用《摩诃婆罗多》史诗《森林篇》中的《阿周那出行篇》《凯拉达篇》等诸小篇的故事来

① 王任叔：《印度尼西亚古代史》下，周南京、丘立本整理，北京：中国社会科学出版社，1987年版，第648页。

② ［印尼］尤斯玛尔·巴斯利：《印度尼西亚民族史》（第一册），中学教科书，文教部，图书出版局，1976年版，第93页。

③ 王任叔：《印度尼西亚古代史》下，周南京、丘立本整理，北京：中国社会科学出版社，1987年版，第473页。

④ 印度尼西亚古代，公主与驸马联合执政的现象比较普遍：自850年前马达兰王国公主和驸马比卡丹共同执政。

⑤ 该公主是被印度注辇俘获的国王女儿。爱尔朗卡的妻子在王城沦陷时去世。

比喻爱尔朗卡与室利佛逝公主的幸福婚姻。

新柯沙里国王“克尔塔纳嘎拉未必不警觉到元蒙将会入侵，所以他特地同占婆国王缔结了政治联姻，把公主塔帕西（Tapasi）嫁给占婆国王因陀罗六世之子阿梨记特（Harijit）作妃子”。阿梨记特在占婆国内主张对元蒙帝国“负固不服”，联姻的目的是联合抵御元朝[①]。为了进一步加强两国的关系，“占婆王以其妹达腊瓦提（Daravati）嫁给爪哇的麻喏巴歇国王”。[②]

墨棠国王卡柔旺义（Kayuwangi）信奉印度教，其父出自散查亚家族，其母则是夏连特拉公主。当时，王族之间联姻现象已较普遍。

（4）利用公主的婚姻将藩侯纳入王族范围。

麻喏巴歇王国创始人拉登·威查亚娶了新柯沙里4位公主，从而获得王权继承的合法性和正统性，之后把一定的采邑分封给公主。这种举措在以后就发展成被封为地方王的公主下嫁藩侯，借以作为扩大王族和巩固中央集权的一种重要手段。嘎亚特里与拉登·威查亚生了两位公主：大公主特里布哇娜·东嘎戴维出任卡胡里班（Kahuripan）地方王，与时任麻喏巴歇王国大法官的新柯沙里藩侯克尔塔瓦尔达纳（Kertawardhana）结婚。特里布哇娜·东嘎戴维的公主伊斯娃莉出任帕章（Pajang）地方王，嫁给帕库汉藩侯辛加瓦尔达纳（Singawardhana），他们生有三个孩子：一个是王子，后来出任马达兰藩侯，即维克拉马·哇尔达纳，于1389—1429年在位。其他两个是公主，一个是纳加腊瓦尔达尼，出任维拉布米地方王；另一个是苏拉瓦尔达妮，出任帕纳瓦旺（Panawawan）地方王，被称为帕纳瓦旺公主，嫁给了潘丹·萨拉斯（Pandan Salas）藩侯拉纳马芒加拉（Ranamamanggala），他们生养了一个男孩，出任卡胡里潘藩侯，称号拉查沙瓦尔达纳（Rajasawardhana，1451—1453），他娶了苏黑达[③]。

嘎亚特里的小公主拉查戴维·马哈拉查沙[④]出任达哈地方王，在以后年代里是以达哈公主而闻名。她嫁给温克尔藩侯库达莫尔塔（Kudamerta），其尊号为威查亚·拉查沙。他们所生的公主是茵杜·黛薇（Indu Dewi），被封为拉森女王（Ratu

① 王任叔：《印度尼西亚古代史》下，周南京、丘立本整理，北京：中国社会科学出版社，1987年版，第523页。

② 王任叔：《印度尼西亚古代史》下，周南京、丘立本整理，北京：中国社会科学出版社，1987年版，第628页。

③ 苏黑达的父王与其丈夫的母亲是亲兄妹，苏黑达与丈夫是姑表亲。

④ 又称迪亚·威查特（Dyah Wijat）。

Lasem)，嫁给马塔珲（Matahun）藩侯拉查沙·瓦尔达纳，没有留后。[①]另一位公主是帕杜卡·索莉，嫁给表哥哈奄·武禄，他们的公主库苏玛·瓦尔达妮被封为加巴朗（Gabalang）地方王，嫁给出身王室的马达兰藩侯维克拉马·哇尔达纳。

这样，麻喏巴歇王国的主要属国卡胡里潘、新柯沙里、达哈、马塔珲、温克尔、拉森、帕章、帕古汉等就由拉登·威查亚的公主和他的孙女、外孙女们以联姻方式归属到王族血统系列里。几乎所有的公主都分得一定的领地，并下嫁到原来拥有其所在领地的藩侯。印度尼西亚古代，王权的继承充分体现了母系社会的血缘关系，甚至不忌讳在部落氏族社会时期曾遭禁止的族内婚姻，以此来扩大领地，控制藩属，统一分封的地方封建势力。这种借联姻政策以求统一的做法，是印度尼西亚古代本土的母系氏族残余存在的结果，是与印度尼西亚的农村公社长期保持着以血缘为主的氏族制的残余势力分不开的。“封建时代的王族通婚历来是扩大政治势力的一种手段”。[②]作为地方王的公主下嫁藩侯是当时巧妙解决中央与地方矛盾的妥协产物，从而加强了王权和中央集权两方面的统治，将行政权收归中央政府。

女性崇拜是母系社会的典型特点，是母系氏族的变相延续，也是母系氏族制向父系氏族制过渡的一种体现。在从母系社会过渡到父系社会的过程中，母系血缘关系仍处于主导地位，在王权上的体现更为突出。在爪哇，王权的世袭权大都属于母系，王位需要母系血缘的支撑，母系血缘因素成为王权的重要保障。女王、王后和公主扮演着巩固和扩展王权的角色，更成为王位缺失时的有效补充。体现母系血缘因素的另一些角色，如驸马、妻弟、舅父等，也交叉出现在印度尼西亚古代政治舞台上。

伊斯兰教传入印度尼西亚后，母系社会血缘关系逐渐减弱或消失。虽然在伊斯兰教中并不存在明显的女性崇拜，在《古兰经》里并没有明显束缚和贬低女性的规定，但在后来的传播和发展过程中，由于个别伊斯兰教传播地区本身有歧视妇女的文化背景，因而对妇女的偏见被圣训化。在爪哇岛，信奉伊斯兰教的淡目王国取代麻喏巴歇。自此，母系社会的血缘关系逐渐被父系社会的血缘关系所取代。女性担任国王的现象减少，公主的作用减弱。

---

① 王任叔：《印度尼西亚古代史》下，周南京、丘立本整理，北京：中国社会科学出版社，1987年版，第561页。

② 王任叔：《印度尼西亚古代史》下，周南京、丘立本整理，北京：中国社会科学出版社，1987年版，第481页。

第二节 印度宗教文化对印度尼西亚的输入及影响

公元初年前后，印度商人及宗教人士在与印度尼西亚群岛商品交易的过程中逐步深入印度尼西亚群岛，传播印度宗教文化。从考古发现的碑文记载可以断定，4世纪，婆罗门教和印度教传入爪哇。为了便利贸易，印度商人在印度尼西亚海岸港口建立商贸社群，社群居民大都是印度教和佛教的信徒，他们引入了众多来自印度的工匠、雕刻师，兴建用于宗教活动的场所。商人们还聘用了一些婆罗门僧侣主持宗教仪式，雇佣大批宗教神职人员和寺庙的管理人员等。社群周边的当地居民开始大量接触印度宗教文化。5世纪前后，印度教传入爪哇，印度尼西亚群岛先后出现了室利佛逝、夏连特拉、前马达兰、新柯沙里、麻喏巴歇等以印度宗教文化为背景的王国，这些王国的统治者以印度教或佛教作为思想武器。印度宗教神王合一的政治理念为印度尼西亚统治者附上了合法和正统的外衣，进一步巩固了其统治地位。

在古代，印度宗教改革和变化是印度尼西亚宗教变化的晴雨表，印度尼西亚宗教的演变与印度本土基本相同，甚至出现不同宗教并存的局面。不同的是，印度尼西亚把印度宗教与本国原始宗教融合在一起，形成自己的特点。印度尼西亚人的宗教信仰是多元的，最早信仰拜物教，认为自然界的万物都有灵魂。他们还崇拜祖先灵魂及祖传圣物，王宫的器物、格利斯短剑、皮影戏傀儡和木偶等也成为顶礼膜拜的对象。古代印度宗教文化中那种浓厚的神秘主义色彩同印度尼西亚盛行的精灵崇拜大有相通之处。因此，印度教就很容易被当地社会，特别是当地上层统治者所接受和利用。概括地讲，印度的婆罗门教、印度教和佛教在印度尼西亚都曾盛行过。印度尼西亚保存完好的印度教寺庙普兰巴南陵庙和佛教建筑婆罗浮屠佛塔是印度宗教文化对印度尼西亚文化影响的历史见证。

一、印度宗教文化对印度尼西亚的输入

早在公元初年，婆罗门教由印度的科罗曼德耳海岸，通过苏门答腊传入印度尼西亚群岛。4世纪，印度教传入爪哇，自沿海逐步深入内地。印度尼西亚当地王侯还专门把婆罗门教的僧侣请到印度尼西亚，专司传播宗教。[①]一些印度的

① ［英］霍尔:《东南亚史》(上册)，北京：商务印书馆，1982年版，第39页。

婆罗门教徒在印度尼西亚的苏门答腊、爪哇等岛屿定居下来，与印度尼西亚人通婚，婆罗门教在印度尼西亚迅速传播。印度尼西亚最古老的三个王国，即3～6世纪在加里曼丹东部出现的古戴王国，4～6世纪在西爪哇出现的多罗摩王国和诃陵王国，主要信奉婆罗门教。在古戴地区发现的石碑记载着国王举行命名祭典时，曾赐众婆罗门许多黄金。后来新的君主牟罗跋摩征服了许多部落和村社，又将村社的土地赠于婆罗门。上述信奉印度教的君主征服村社和赠地给婆罗门的事例，也反映了印度教在爪哇的传播往往与僧侣、王族兼并土地联系在一起。古代的印度国王在庆祝战争胜利时，举行盛大的祭奠仪式和庆祝活动，无偿征用农民的家畜，用于祭奠或赠予主持仪式的婆罗门。这种习惯在古代信奉婆罗门教和印度教的印度尼西亚也不例外。在上述石碑上刻有不同形状的印度教神像，如湿婆、神牛南吉、象头神等。

考古学家在西爪哇加拉横县发现当年多罗摩印度教陵庙（Candi）[①]残留的石雕和碑文。在中爪哇葛都附近的章加尔，人们发现一块立于732年的碑铭。建碑者为散查亚国王。他颂扬湿婆教的圣物——林伽。古戴和达鲁玛王国留下来的碑文使用的都是梵文，文字采用的是南印度的钵罗婆字母，石碑上刻有笈多王朝时期流行的印度教神像。伴随着印度与印度尼西亚之间的海上贸易往来和印度尼西亚本地社会的积极接纳，婆罗门教和印度教成为印度尼西亚当时主流宗教文化，并受到宫廷王室的欢迎和保护。印度教三身神（Trimurti）为梵天（Dewa Brahma“创造神”）、毗湿努（Wisnu“保护神”）和湿婆（Dewa Siwa“破坏神”），其中湿婆在印度尼西亚最受尊崇。爪哇的印度教以密宗（Mantrayana）为主，除湿婆外，印度尼西亚人还信奉毗湿奴。

早在3世纪，佛教就已传入印度尼西亚，在苏门答腊巨港、爪哇和苏拉威西发现的石佛像和铜佛像就是证明。佛教自苏门答腊向爪哇大规模传入则始于5世纪。据中国唐朝高僧义净所著《大唐西域求法高僧传》载，罽宾国（今克什米尔）王子求那跋摩（Gunawarman）以世乱出家修道，420年前后在印度尼西亚的阇婆传教，在他的劝说下，该国国王改奉佛教。阇婆成了中爪哇第一个佛教王国，崇奉小乘佛教[②]。从那时起，佛教取代了当地的婆罗门教，成为印度尼西亚等周围岛国的主要宗教。6～7世纪，大乘佛教传入印度尼西亚。

7世纪，印度尼西亚苏门答腊出现佛教大国，即室利佛逝王国。在苏门答腊

① “Candi”一词来自梵语中的“candika”，是对印度教中居住在墓地的神灵“杜尔加”（Durga）的称呼。

② “Sejarah Nasional Indonesia”, Departemen Pendidikan dan Kebudayaan, Balai Pustaka, 1976. Jilid I, p.78.

遗留的佛教文物大部分是属于大乘佛教的。8世纪初，印度班扎巴那（Pancapana）高僧率那烂陀佛教府众僧人将大乘教派中的瑜伽行派传至印度尼西亚。

随着16世纪爪哇岛的全面伊斯兰化，印度教逐步衰亡，目前主要存在于巴厘岛和龙目岛，其中三分之二的信徒集中在巴厘岛，人数约300万。17世纪，荷兰殖民者来到印度尼西亚，在他们推行殖民政策的过程中，一方面，传播基督教，阻止伊斯兰教继续东扩；另一方面，由于巴厘人对印度教的执着，迫使荷兰殖民者允许巴厘人保持其传统宗教文化。此外，荷兰殖民者为了阻挡印度尼西亚早期反殖民民族运动的蔓延，设法使巴厘岛不受爪哇岛的影响，把巴厘和爪哇隔离开来，其中手段之一便是维持其原有的宗教文化。于是“殖民者让巴厘社会在风俗和宗教有关的一切方面，保留独特的原貌”。[①]上述殖民政策客观上给巴厘地区保持原有宗教文化的传承提供了自由与空间。印度尼西亚独立后，政府提倡宗教自由，并把巴厘印度教列为印度尼西亚六大宗教之一，并加以保护，巴厘印度教得以继续发展。

二、印度宗教文化对印度尼西亚的影响

印度的语言、文字、文学、舞蹈和宗教对印度尼西亚有很大影响，其中宗教文化的影响尤为突出。印度上古的学术思想，五花八门，没有经过一个大统一的时期，文化思想的流派庞杂不清。印度宗教哲学从《吠陀》《净行书》《奥义书》的发展，演变成各派的哲学。前1500年，雅利安人侵入印度次大陆，成为印度北部的统治民族。雅利安人创立了提倡种姓制的婆罗门教。印度教是从婆罗门教分离出来的，该教把种姓制加以细化，一派崇拜毗湿奴，重视恩爱生活；一派崇拜湿婆，重视瑜伽修炼；另一派崇拜女神萨克蒂（Sakti），重视密宗气功。印度教宣传因果说和轮回说。前6世纪至前4世纪，佛教在印度兴起，主张众生平等，反对婆罗门教的种姓制度。佛教传入印度尼西亚后全面取代了婆罗门教的地位，与印度教并存。

早在上述宗教传入之前，印度尼西亚就有了原始宗教，印度尼西亚原始宗教的信仰是多元的，他们最早信仰拜物教，认为自然界的万物都有灵魂。其信仰主要表现为精灵崇拜、图腾崇拜、祖先崇拜和神灵崇拜等。无论是动物、植物，还是山川、河流、建筑物、自然现象和物品，都被认为具有精灵。印度宗教文化传

① 张箭：《法显时代的印度尼西亚爪哇岛宗教》，载《宗教学研究》，1997年第3期，第41页。

入印度尼西亚后，对印度尼西亚原始宗教产生影响。爪哇人把最初信仰的万物有灵论等原始宗教与后来传入的印度宗教糅合在一起，创造了一种带有印度尼西亚特色的宗教。印度尼西亚人习惯在石碑上刻写文字，记载重大事件，而印度则没有这个习惯。可见，古代印度尼西亚人尽管信奉婆罗门教、印度教和佛教，但上述习惯一直保留。这些原始宗教思想早已刻印在他们的观念里，并体现在他们的日常行为中。在信奉各自宗教的基础上，他们至今仍供奉着原始信仰中的一些神灵。印度教信仰多神，在三大主神之外，有不计其数的天、地、空三界众神。印度教注重祭祀，通过祭祀，人们可以取悦于神，寻求神的保佑，最终达到“梵我合一”的境界。佛教也是信仰多神的宗教。除此之外，大乘佛教还有众多的菩萨部、观音部、天部等众多神灵。印度教和佛教的这一显著特点迎合了印度尼西亚本身就具有的以“万物有灵”为核心的原始信仰。因此，印度尼西亚人易接受同样具有浓厚神秘主义色彩的印度教和同样信仰多神的大乘佛教，并使之与自身的本土宗教信仰相融合。

印度尼西亚早期国家宗教发展和宗教关系上的一个重要特点是“在绝大多数的王国，湿婆崇拜，以及毗湿奴崇拜、大乘佛教和小乘佛教和平共处”。[①]另一特点是湿婆和佛陀成为共同崇拜的对象。印度尼西亚湿婆教的一个重要特点是，它混杂了大乘佛教和毗湿奴教的一些因素。

9世纪时，中爪哇出现前马达兰王国，其4位君主都为湿婆教信徒。其中达赫沙国王在普兰巴南建立了带有湿婆教派特征的陵庙。辛多克国王执政时期建立了一些石碑，碑文主要是关于湿婆教的。达尔玛旺夏国王根据印度教的法规编纂了爪哇历史上著名的一部法典。爱尔朗卡执政时期，佛教与印度教并存，两种宗教和睦相处，互不侵犯，这从当时修建的庙宇、陵庙得到印证。爱尔朗卡本人信奉印度教，自称是毗湿奴的化身，其死后的雕像就是乘坐神鹰的毗湿奴。

印度尼西亚印度教寺庙遗址至今还保留着林伽和瑜尼（Yoni）的雕像，如爪哇岛的加维陵庙内设有瑜尼石台。这种石台由两部分组成：下部是呈四方形的基座，在基座台面的一侧延伸突出一个中间带有凹槽的小石渠；上部是一个顶部呈弧形半球状的石柱并被放置在下层基座的正中央。在印尼语中，下部的基座被称为瑜尼，是女性的象征；上部的石柱被称为林伽，是男性的象征。在印度教看来，这种造型的石台是性、生殖与繁衍的象征，带有神圣和纯洁的含义。每逢印

① 贺圣达等译：《剑桥东南亚史》，昆明：云南人民出版社，2003年版，第237页。

度教节日，信徒们会举行特定的仪式，即在林伽的顶部浇水，水流顺着石柱流下，并汇集在瑜尼的台面上，积存在台面上的的水会最终从石柱一侧的小石渠溢出，溢出的水流被认作是经过了净化的“圣水”，印度教信徒们便接取“圣水”来清洗、擦身，以求圣洁。

印度宗教文化的影响可以从印度尼西亚神庙的建筑特色、神像的雕刻风格、梵文的碑铭得到体现。“印度教寺庙外表美观复杂，其基本样式却十分简朴，系由原始的圣徒之地自然演化而成。在围墙或居室内放置着祭祀的神物，它常常是湿婆的林伽，[①]也可能是雕像。”[②]印度尼西亚陵庙雕像的特点之一是体现了“神王合一”的思想，在印度教和佛教盛行时期，国王驾崩后人们会按照其生前所信宗教中的主神的特征来为其建造雕像，人们相信国王驾崩后会化身为他所信奉的神灵或认为国王是某位神灵的化身，如果这个国王是印度教徒，那么其雕像便是印度教神灵的模样；如果是佛教徒，那么其雕像便是佛教神灵的模样。当印度教和佛教在某一王国并行时，在“神王合一”的基础上，会出现二神合一的现象，如麻喏巴歇创始人拉登·威查亚国王，[③]他有两处陵庙：在苏穆波查蒂陵庙（Candi Sumberjati），他的雕像是以湿婆（Siwa）神的形态出现的；而在安塔普拉陵庙（Candi Antahpura），他的雕像又是以佛祖释迦牟尼的形态出现。这说明他既信奉印度教又信奉佛教。在印度尼西亚古代，这一现象并不奇怪，印度尼西亚人把印度教与佛教的主要特征融合到一起，出现了二神合一的现象，印度尼西亚人称之为“神——佛”（Bhatara-Buddha）一体的特征。人们经常举行隆重的祭奠仪式，祈求神和亡故的国王福佑他们的子孙。陵庙中供奉的已不再是纯粹的宗教神祇，宗教仪式转向祖先崇拜。

9世纪前后，诃陵王国在中爪哇迪延山区修建了40余座印度教陵庙，其中8座至今尚存，这些陵庙的命名多取材于印度史诗《摩诃婆罗多》。

位于东爪哇巴苏鲁安（Pasuruan）县的加维陵庙（Candi Jawi）始建于1300年左右。这座陵庙是埋葬新柯沙里国王克尔塔纳嘎拉（Kertanagara）的两座陵庙中的一座，另一座是位于东爪哇玛琅市北郊的新柯沙里陵庙（Candi Singosari）。加维陵庙长14.29米，宽9.55米，高24.5米，门朝向东方。陵庙的屋顶分成3层，顶

① 男性生殖器的象征。

② A. L. 巴沙姆主编：《印度文化史》，闵光沛等译，北京：商务印书馆，1997年版，第299页。

③ 也可以译成“威加亚殿下”或“威加亚王子”，取决于对“Raden”一词的理解。“Raden”是爪哇语种对王族后裔，如王子、殿下或公主的尊称。

部是舍利塔。陵庙的底部为安山石，屋顶是白色的石块。加维陵庙的外部构造整体来看带有典型的印度教特点，即以方形轮廓为主，顶部呈阶梯状金字塔形，塔身塑有印度教神像，以及在门拱雕有魔兽卡拉（Kala）的头像等。该塔冠状庙顶是一呈古钟形扣置的圆顶，这是佛教建筑中常见的佛龛形状。可见，加维陵庙并不是一座单一的印度教陵庙，而是印度教、佛教两大宗教建筑特征相结合的产物，是印度尼西亚人所称的“湿婆——佛陀”风格的建筑。

东爪哇的新柯沙里神庙结合了早期和晚期神庙建筑风格的对称神庙，在中爪哇的神庙中，佛龛是在主殿的内部，凹陷在主殿的墙壁上，而新柯沙里神庙的佛龛则是直接凹陷在基座上。在新柯沙里陵庙建筑群中，建有达拉（Tara）女神的神像。①因此，新柯沙里建筑群也被认为带有“湿婆——佛陀”一体的特点。“从印度教神庙在爪哇岛的分布情况看，在苏门答腊的分布较少，而在东爪哇的分布较多，也更为集中，在巴厘岛的分布则更为密集”。②

“爪哇的古代艺术家们在采用印度宗教建筑形式时已经对其进行了根本性的改造，他们的发型、面部、服饰背景图案已不是印度式了，很大程度上具有当地当时特征的爪哇式的。”③ 印度尼西亚古代的宗教建筑物是由爪哇石匠和雕工所建造的，并同爪哇本地的宗教思想和仪式有着密切的联系。当一个统治者将自己的统治扩展到一个新近征服的地区时，他便建立一座陵庙，在陵庙内供奉他生前被认为与之同一，死后与之合为一体的某神灵。

在印度尼西亚，祖先崇拜的风俗起源于新石器时代的氏族社会，然而祖先崇拜的观念存在于整个印度尼西亚的历史进程中。印度尼西亚人认为人死后灵魂继续存在，祖先的灵魂依附于树木、石头、山川、十字路口、器物等上面，英雄人物的灵魂更加受到后人的崇拜。在印度尼西亚人看来，祖先的灵魂既可行善，保佑后人；又可行恶，给后人带来灾难。所以后人对其进行祭拜，用青铜鼓招魂，以此寻求先人保佑和赐福。祭拜祖先的一种方式是建造层层叠叠的金字塔，以此表示后人对先祖灵魂的崇拜和纪念。在印度尼西亚古代传统信仰里，角锥塔是祖先灵魂的寄托，把它们筑在“无欲界”里，使得佛教与印度尼西亚祖宗崇拜的原始信仰达到和谐的统一。婆罗浮屠佛塔在集成了印度古典主义的建筑风格基础上

---

① 达拉（Tara）女神，是佛教众神中的一员，被认为是观世音（Avalokitecvara）的妻子。

② Chalid Latif, “Atlas Indonesia dan Dunia”, P. T. Pembina Peraga, 1991, p.40bc.

③ Jack Hinton, “Papers on Early South-East Asian History”, London 1993, 5, 7, 20.转引自陈康：《试析西方学者的东南亚古代文明印度化观点》,《焦作工学院学报（社会科学版）》, 2000年3月，第1卷第1期。

融入了印度尼西亚本土整齐、匀称的风格。婆罗浮屠佛塔成为信徒们参拜的神灵圣地，它融入了古代婆罗门教的形式、印度教的概念、佛教的哲理和当地祖先崇拜的理念。5～7世纪的爪哇岛神庙成为印度尼西亚的古典建筑，8～9世纪，爪哇岛上的神庙尽管借用了印度的精神文化内涵，但显示出印度尼西亚传统文化的特征。

由于统治阶级的需要和提倡，印度宗教文化在印度尼西亚发挥了巨大作用。印度宗教文化至今影响着巴厘人的宗教活动和日常生活。印度教与巴厘原有的文化和宗教相结合，形成具有自己特色的巴厘印度教。巴厘印度教成为巴厘整个社会生活的核心和巴厘人的精神支柱。共同的宗教习惯在巴厘形成了相同的价值观，衡量一个人好坏的最重要的标准就是看他是否崇拜巴厘印度教的神灵。巴厘印度教成为当今印度宗教化影响印度尼西亚的最具代表性的文化。印度和印度尼西亚的关系是宗教文化方面的关系。印度尼西亚目前保存完好的印度教寺庙普兰巴南陵庙和佛教建筑婆罗浮屠佛塔是印度宗教文化对印度尼西亚影响的历史见证。

第三节 信奉伊斯兰教的王国

13世纪，伊斯兰教主要由印度胡茶辣（Gujarat）商人大规模传入印度尼西亚。伊斯兰教在印度尼西亚自西向东迅速传播，取代了印度教和佛教的地位，直至16纪末17世纪初西方殖民者来到印度尼西亚并传播基督教和天主教，延缓了伊斯兰教向东传播的速度，形成印度尼西亚今天的宗教局面，即中、西部为伊斯兰教信徒集中地区，东部为基督教、天主教、印度教信徒相对集中地区。

最初传入印度尼西亚的伊斯兰教派别是苏菲派，该派的神秘色彩与印度尼西亚当时的原始宗教、佛教、印度教中的神秘色彩相吻合。印度尼西亚是多民族国家，其文化是在各部族文化融合的基础上形成的。印度尼西亚文化因而具有融合性，易于接纳其他文化相类似的内容。加之伊斯兰教传入印度尼西亚时，已经过印度文化的过滤，所有这些对当时信奉印度教和佛教、崇尚王权至上的印度尼西亚人来说并不陌生，因此，伊斯兰教易于接受和传播。

开始时，伊斯兰教信徒无法进入信奉印度宗教的统治阶层的世袭领地，只能在沿海地带的商业区活动。苏门答腊成了伊斯兰教商人的落脚点，他们边经商边传教，利用伊斯兰教影响地方领主势力，同时借助地方领主的势力从事商业活动。伊斯兰教主张自由贸易，保护商人的正当利益和私有财产，又提倡赈济贫民等。这些主张符合新兴商人，甚至广大平民百姓的要求，这使伊斯兰教得到广泛传播。随着商业的发达，从中得利的商港领主们的力量不断加强，他们与信奉印度教的麻喏巴歇王朝中央政府的矛盾日益尖锐。为了摆脱麻喏巴歇中央政府的控制，他们非常需要有一个新的强有力的思想武器来与印度教和佛教相抗衡。政教合一的伊斯兰教正好满足了他们的这一需要，于是他们纷纷皈依伊斯兰教。地方统治者改奉伊斯兰教，其所管辖的地方也就很快伊斯兰化了。伊斯兰教商人也因此而扩大了经商和传教范围，伊斯兰教在印度尼西亚得以普及。

最早的伊斯兰教传教者被称为“九位使节”（Wali Songo/Sanga），他们的一些墓葬地至今保存完好。九位使节分别是：

（1）苏南·毛拉纳·马立克·易卜拉欣（Sunan Maulana Malik Ibrahim），亦名毛拉纳·马格里布，波斯卡鄯部族人，15世纪初，从印度孟买来到爪哇岛的锦石和泗水一带传教，1419年，在革儿昔病故，葬于加普腊·韦顿（Gapura Wetan）墓地，墓碑刻有阿拉伯文，至今尚存。

（2）苏南·安佩尔（Sunan Ampel），原名拉登·拉马特，为麻诺巴歇国王克尔塔·威查亚之信仰伊斯兰教的王妃的侄子，来自占婆王国，后定居苏鲁马益附近的安佩尔，同杜板行政长官阿尔亚·德查的女儿结婚。1445年前后在东爪哇传教，培养了大批弟子。他是拥有华裔血统的伊斯兰教徒，中文名字为彭瑞和，其墓地在今东爪哇泗水附近。

（3）苏南·保囊（Sunan Bonang），原名玛哈敦·易卜拉欣，生于1465年，是苏南安佩尔的长子。1490年，曾在马六甲向波斯伊斯兰教传教士学习教义，后回到东爪哇杜板附近的保囊地区传教。其墓地在东爪哇杜板。

（4）苏南·吉里（Sunan Giri），原名拉登·帕库（Raden Paku），生卒年不详。他是中爪哇一贵族的后裔，幼年被麻喏巴歇王国巨港太守的伊斯兰教信徒的妻子涅伊·格德·本纳德收养。后随养母回到爪哇，定居在革儿昔附近的帕查腊坦岛。11岁时被养母送到苏南·安佩尔处学习伊斯兰经典，并被命名为拉登·帕库。1490年，随同苏南·保囊到苏丹马哈茂德执政时的马六甲，向波斯籍传教师学习伊斯兰教义。后回到爪哇，继承了义母的财产，在革儿昔南面的吉里修建住宅和清真寺，建立村社教区，致使该地发展成伊斯兰传教中心。他培养门徒，把伊斯兰教传播到东爪哇和马都拉地区，成为东爪哇的宗教领袖，支持淡目国王灭麻喏巴歇王国的斗争。1568年，他接待了来访的巴章国王阿迪·威查亚，以爪哇总教长的名义授其以“苏丹”称号。其墓地在东爪哇的锦石。

（5）苏南·德拉查德（Sunan Drajad），原名谢里夫丁·穆拉德，为苏南·安佩尔的另一个儿子。早年从父学习，后被派往西达尤地区的德拉查德传教，建立教区。其墓地在东爪哇的锦石。

（6）苏南·卡里贾戈（Sunan Kalijaga），原名佐果·赛义德，为麻喏巴歇王国杜猛公的儿子，他曾在井里汶地区跟随苏菲传教师修道，后到淡目附近的阿迪朗古建立清真寺传教，培养弟子。其墓地在淡目。

（7）苏南·库都斯（Sunan Kudus），原名拉登·贾法尔·萨迪格。他曾在中爪哇的库都斯传教，建立清真寺，曾率教区伊斯兰教信徒向麻喏巴歇王国发动“圣战”，协助建立淡目苏丹国。其墓地在库都斯。

（8）苏南·穆里亚（Sunan Muria），原名拉登·博拉沃图·赛伊德。他原是苏菲苦修传教师，在穆里亚山修行传教，逝世后葬于该地。

（9）苏南·法塔黑拉，又称作苏南·古农·贾提（Sunan Fatahillah，Gunung Jati），原名谢里夫·希达叶图拉，又名法里塔汗。出生在苏门答腊巴赛王国。1521年起，他在麦加学习教义数年，回国后到淡目王国传教。后娶淡目苏丹特林加纳之妹为妻，担任军事将领。1527年，他率军打败入侵的葡萄牙人，占领万丹，后又攻占雅加达和井里汶，并于1552年建立万丹国。后将权力交由其子哈桑努丁掌管，他定居井里汶专门传教和培养弟子。1570年逝世，其墓地在井里汶的查提山。

九位使者早期在爪哇传播伊斯兰教，受到当地人的尊敬，被认为具有超自然力。九位使者在传教过程中，尊重爪哇地区传统的文化艺术，促使了本土文化与伊斯兰文化相融合。九位使者是爪哇王朝中的官员、顾问或王室成员。15世纪，九位使者利用个人的影响力传播伊斯兰文化，并直接介入政治事务，他们先后取代了婆罗门教神职人员的地位。九位使者中苏南·保囊与他的学生苏南·卡里贾戈，为了使伊斯兰教在爪哇被人们接受，努力寻求伊斯兰教与印度教之间的共同点，如爪哇印度教信徒在国王逝世后，要进行30天的斋戒，而伊斯兰教则有斋月，两者成为印度教与伊斯兰教的共同点，并成为两种宗教文化的融合点，有利于伊斯兰文化在爪哇的传播。信奉印度教的麻喏巴歇王国在新兴伊斯兰王朝淡目的诞生中瓦解，印度宗教文化占统治地位的历史从此结束，其地位由伊斯兰文化取而代之。

经历了和本土文化融合的过程后，印度尼西亚伊斯兰教的纯粹性发生变化，本土化特点尤为突出。印度尼西亚伊斯兰教信徒至今依然保留着许多原始宗教的信仰和祭拜祖先的习俗。在重要的伊斯兰教节日里，印度尼西亚宗教信徒大都有祭祀祖先的习惯。

一、苏门答腊国（Kerajaan Sumatra）

关于苏门答腊这一名称，我国古籍很早就有记载，以《元史·世祖记》著录为最早。其中记载了1289年苏木都剌国遣使来朝。苏木都剌即是我国史籍中对该岛的最早译名，在《元史》中译作速木都剌，但在元朝又称作“须文达那国”（Samudra 或 Sumadra）。之后它的名字常出现于我国古籍，只是译名有所不同，到了明朝改译名为苏门答腊，并沿用至今。该国位于苏门答腊岛巴赛（Parsei）河口处，故而又称作“巴赛王国”，现在那里还有一个名叫须文达那的小村。该王国是印度尼西亚第一个伊斯兰教国家。1297年去世的须文达那第一个国王的墓碑上刻有伊斯兰教历635年和教名“苏丹·马立克·沙”（Sultan Malek Saleh）。1298年，马可·波罗提及的“Samara”就是须文达那。阿拉伯游历家伊本·白图泰曾经到过须文达那国，他称这个国为“Sumatra”。明洪武元年（1368），苏门答腊国王奉献金叶表，贡马匹和方物。《明史》（卷三二五）提及苏门答腊：“洪武十八年（1385），萨姆德拉国王遣使访问中国。永乐二年（1405），国王载努·拉比丁（Zainu Labidin）遣使访问中国，以后比年皆来，终成祖世不绝。”明永乐三年（1405），苏门答腊王苏丹罕难阿必镇遣使阿里入贡，明成祖昭封苏丹罕难必镇为苏门答腊国王，赐印和金币。明永乐五年再次遣使入贡。明永乐七年（1409），国王来京师朝贡，明永乐十年（1412），明成祖遣使往苏门答腊国。1434年王弟哈里子汉来朝，卒于京，帝悯之，赠鸿胪少卿，赐，有司治丧葬，置守冢户。马欢在《瀛涯胜览》中提及萨姆德拉：“其椒粒虚大者，即此处椒也。”后来，苏门答腊国被亚齐酋长国所灭，而“苏门答腊”成为全岛的名称。

苏门答腊国与马六甲王国保持着友好关系。马六甲国王帕拉莫斯瓦拉是来自东南亚佛学中心室利佛逝的马来人，作为室利佛逝王子，帕拉莫斯瓦拉原本信奉佛教，但由于仰慕阿拉伯商人的富有，遂对伊斯兰教渐有好感，1414年，娶苏门答腊国公主为妻，皈依伊斯兰教，更名为伊斯坎达尔·沙（Iskandar Syah），并下令马六甲全国皈依伊斯兰教，该国王对伊斯兰教在马六甲的传播起到了促进作用。在他的影响下，马六甲王国以后的王位继承者大都信奉伊斯兰教。1446年，拉查·伊卜拉欣的同父异母兄弟穆扎法尔·沙（Muzafar Shah）夺得王位，成为第五代国王。在他统治时期（1446—1458），宣布伊斯兰教为国教，王国对外正式称作“伊斯兰教苏丹国”。为了巩固马六甲王国的地位，穆扎法尔·沙在雪兰莪建立粮食供应基地，控制马六甲海峡对面的苏门答腊海岸。马六甲王国取代苏门答腊国成为向东南亚传播伊斯兰教的中心，王国的势力扩大到苏门答腊大部分地区。苏门答腊岛甘巴河（Kampar）、因德拉吉利河（Indragiri）、罗干河（Rokan）和西亚克河（Siak）流域的印度尼西亚人承认马六甲王国的政权，马六甲王国的影响扩至印度尼西亚苏门答腊米南加保和寥内地区。到15世纪中叶，马六甲王国进入鼎盛时期，称雄于马来半岛和马六甲海峡。苏门答腊、爪哇、马鲁古等地的商人也来此经商，贩卖黄金、胡椒、安息香、蜂蜜、黄蜡、棉花、藤条、稻米、肉豆蔻、檀香木、金刚石等，换取或购买印度纺织品。马六甲还盛产乌木、打麻香、白锡和橡胶等。各国来马六甲进行贸易的商人日渐增多，促进了马六甲的繁荣。马六甲王国逐渐取代苏门答腊和爪哇，成为东南亚国际贸易中心。许多来自爪哇等地的印度尼西亚商人在马六甲皈依伊斯兰教，然后向本地传播伊斯兰教。各地领主利用、依靠伊斯兰教商人的经济实力巩固自己的地位，商人则利用领主的势力加强自己的经济地位，扩大伊斯兰教的传播范围。

二、淡目王国（Kerajaan Demak，1518—1568）与巴章王国（Kerajaan Pajang，1568—1586）

1518年，拉登·巴达推翻麻喏巴歇王国，建立了伊斯兰教国，即淡目王国（Kerajaan Demak）。同年，王子武努斯（Unus）①继拉登·巴达成为淡目国王。此前，武努斯兼任淡目海军统领，1513年，曾率1.2万名士兵分乘90艘帆船援助马六甲王国与葡萄牙作战，战败。武努斯1521年去世。1521—1546年武努斯之弟特仑嘎纳（Trenggana）亲王继位，号称苏丹。淡目王国建立于东爪哇麻喏巴歇王国的故土上，特仑嘎纳最后消灭了信奉印度教的麻喏巴歇王国的残余势力，国势逐渐强大，占有了东爪哇和中爪哇的大部分地区。爪哇以外的巨港、占碑、加里曼丹部分地区也成为其属地。淡目控制和垄断了爪哇北海岸的香料贸易，其扎巴拉港口远近闻名，成为马鲁古与西爪哇贸易的中转站。如果苏门答腊的巴赛王国是印度尼西亚第一个伊斯兰教王国，那么淡目是爪哇第一个伊斯兰教王国，各地伊斯兰教学者纷纷到淡目进修。客观上，淡目伊斯兰教国阻止了基督教在爪哇的传播。16世纪，淡目王国几乎统治整个爪哇。淡目王国拥有富饶的农业区和强大

① 又称为“瑟勃朗·洛尔”（Sebrang Lor）。

的贸易船队，商船把该国出产的大米、蜂蜜和蜡烛销往各地。该国的造桥技术较先进，木桥可承载大象队伍通过和运送火炮。

1546年，苏丹特仑嘎纳在亲征岩望（Pasuruan巴苏鲁安）的战斗中阵亡，[①]苏丹家族内部发生王位之争，即其堂弟瑟达·勒篷（Seda Lepen）亲王与其子苏南·普拉沃托（Sunan Prawoto）[②]之间的争斗。后苏南·普拉沃托王子夺得苏丹王位，瑟达·勒篷在河边被杀。瑟达·勒篷的儿子阿里亚·帕曼桑（Aria Pamansang）为父报仇杀了苏南·普拉沃托。苏南·普拉沃托的遗孤阿里亚·旁吉尔（Aria Panggil）继位，苏南·普拉沃托的二妹夫哈迪里（Hadiri）摄政。不久，摄政王被杀，其妻拉图·卡莉（ratu Kari）在巴章地方领主查卡·丁吉尔（Jaka Tingkir）的支持下掌管朝政，由此引发各地叛乱。查卡·丁吉尔（Jaka Tingkir）平息了叛乱，杀了阿里亚·帕曼桑，并自立为王，在内地巴章（Pajang）建立政权，取王号为普拉布·阿迪威查亚/阿迪威佐约（Prabu Adiwijaya/Adiwijoyo）（1568—1582）[③]，改淡目王国为巴章王国（1568—1586）。从此，统治中心由沿海地区移至内地。普拉布·阿迪威查亚能够成为国王，陆军大臣卡伊·格德·勃玛纳罕（Kyai Gode Pemanahan）起到了至关重要的作用，故封他为马达兰领主，赏赐他大片土地。卡伊·格德·勃玛纳罕在领地兴建了一座城池，取名“格德”（Gode）。1582年，苏丹阵亡，其来自淡目王族的女婿阿力亚·庞伊里（Aria Pangiri）即位。他没收了三分之一的农田，分封给自己从淡目带来的幕僚。丧失土地的农民因不满而发动起义。1586年，马达兰领主瑟诺帕蒂·英阿拉嘎（Senopati Ingalaga）[④]利用农民起义推翻了巴章王朝，建立了马达兰苏丹国（又称“后马达兰王国”）。

三、后马达兰王国（Kerajaan Mataram，1586—1755）

后马达兰王国定都于柯达·格德（Kota Gede，日惹附近）。除西部万丹和东部巴兰姆邦安（Balambangan）外，后马达兰王国几乎统一了整个爪哇。后马达兰王国的封建领主与东爪哇沿海地区的领主之间存在着矛盾，矛盾的焦点在于控制与

---

① 王任叔：《印度尼西亚古代史》下，周南京、丘立本整理，北京：中国社会科学出版社，1987年版，第725页记述：苏丹特仑嘎纳在征战中被自己的槟榔叶侍者刺死。

② 又称作“普拉瓦塔”（Prawata）。

③ Departemen Pendidikan dan Kebudayaan，“Sejarah Nasional Indonesia”，II，Balai Pustaka，1977，p.17.

④ 勃玛纳罕之子，1575年接替亡故的父亲，出任马达兰领主。又称作“苏托威佐约”（Sutowijojo）、“拉登·巴古斯”（Raden Bagus），是普拉布·阿迪威查亚的养子。

反控制，后马达兰王国试图统一爪哇岛，把发达的港湾城市纳入自己的管辖范围。而港湾领主则力图抵制封建主的吞并，维持其独立形象和自身利益。以泗水领主为首，包括巴苏鲁安（Pusuruan）、杜板（Tuban）和谏义里等地方领主，利用其自身经济实力，在伊斯兰教使者的支持下，联合抵挡住了后马达兰的数次进攻。但到了1625年，终被各个击破。后马达兰的势力范围扩至加里曼丹和苏门答腊。

后马达兰王国是中央集权制封建国家，中央政府除贵族会议外，设立了以丞相为首的各级行政组织，丞相均出自王族或近支，国王为世袭制，王位继承顺序为国王与王后所生长子或独子、国王与王妃所生王子、国王兄弟。患有精神疾病或残疾者无权继承王位。[①]一切政事以国王命令行之。除王城及直领地（含日惹、梭罗、巴章等）外，其余分封给王亲国戚或功臣，称作外领地。各地领主须向中央缴纳贡赋，可用实物或货币支付。此外，各地领主有无偿修路和架桥的义务，当然，这种义务由领地人民来承担。

国王非常看重地方官员的忠心，为此出台了测试和考验的措施，如中央举行重大仪式时，要求地方官员出席。无故不出席，国王会派使臣前往探寻或派暗使查访。若发现有造反苗头，则派兵前往镇压，要求地方官员进贡，以表忠心。此外，以联姻方式迫使对方臣服，如1624年，后马达兰王国征服马都拉，强迫普拉瑟那（Prasena）亲王住在后马达兰王宫，与公主拉图·伊布（Ratu Ibu）成婚，待证实其忠心后放回，并赐名查克拉宁拉特亲王（Pangeran Cakraningrat）。后马达兰王国还采取空降、异地任职和明升暗降的方式来防止地方官员培植自己的势力。

后马达兰王国时期，爪哇农村中还保留着农村公社的残余，土地为村社所有，定期分给农民耕种，其中有的已成为世袭地。村社的荒地和牧场是公有的，社员可用于放牧或开垦。农村公社内部，贫富已开始分化，财富悬殊，富有者剥削贫困者的现象已常见。农村中的行政机构虽由村民选举，但已变成剥削农民的基层组织。虽然在农村，自然经济占主要地位，但在沿海地区，手工业者的人数迅速增加，商品经济逐步发展，货币已广泛使用。

1601年，瑟诺帕蒂·英阿拉嘎病故，生前他在九子中选中马斯·佐朗（Mas Jolang）继位。1613年，苏丹·阿贡（Sultan Agung）继位。后马达兰王国在苏丹·阿贡统治时期（1613—1645），国势兴盛，成为强大的伊斯兰教国家，先后征服海湾地区，统一中、东爪哇，并向西爪哇扩张，矛头指向万丹王国、巨港和占

① Sartono Kartodirdjo dll, "Sejarah Nasional Indonesia", Departemen Pendidikan dan Kebudayaan, 1975, IV, p.14.

碑等地。当时，上述地区把后马达兰王国视为麻喏巴歇的继承国而与之保持着友好关系。

苏丹·阿贡喜爱哲学和文学，曾著《根丁》(*Sastra Gending*)，谈论哲理、文学等问题。他根据伊斯兰教法和爪哇习惯法制定了一部法典。1633年，苏丹·阿贡废除了已通用千年的印度塞迦历（阳历），改用伊斯兰教历为爪哇历法（阴历）。

该国当时已设置负责邮寄的专职人员，称作曼特利（Mantri），专门负责传递信件和物品。①

这一时期，国家重视修建清真寺、宗教学校和苏菲长老的陵墓，发展伊斯兰文化，使整个爪哇岛基本完成了伊斯兰化的过程。

自苏丹·阿贡之后继位的分别如下：芒库拉特·阿贡［Mangkurat Agung/Mangkurat I，又称作苏南·瑟达·特嘎拉鲁姆（Sunan Seda Tegalarum），1646—1677］、芒库拉特·阿姆拉尔（Mangkurat Amral/Mangkurat II，1677—1703）、芒库拉特·玛斯（Mangkurat Mas/Mangkurat III，1703—1704）、普格尔亲王/苏南·帕库布沃诺（Pangeran Puger/Sunan Pakoeboewono I，1708—1719）、芒库拉特·查维（Mangkurat Jawi/Mangkurat IV，1719—1727）、苏南·帕库布沃诺II（Sunan Pakoeboewono II，1727—1745）、苏南·帕库布沃诺III（Sunan Pakoeboewono III，1749—1788）。1755年2月13日，后马达兰王国分裂为梭罗和日惹两个苏丹国。日惹分给苏南·帕库布沃诺III的叔父苏丹·哈孟库布沃诺（Sultan Hamengkoeboewono I，1755—1792）。

四、万丹王国（Kerajaon Banten，1568—1753）

万丹王国位于西爪哇。1511年，葡萄牙人侵占马六甲，由于葡萄牙人在马六甲收取高额关税，垄断香料贸易，更多的商人被迫避开马六甲，取道苏门答腊西岸，经巽他海峡，另辟新的贸易航线。新航线的开辟促进了苏门答腊东部沿岸的发展和万丹的兴盛。1526年，万丹沦为淡目王国属地。万丹地方首领苏南·法塔黑拉［Sunan Fatahillah，又称苏南·古农·贾提（Sunan Gunung Jati）］是淡目伊斯兰教九位使者之一。法塔黑拉原为苏门答腊巴赛商人，曾到麦加朝觐，常年钻研伊斯兰教教义，是活跃的伊斯兰教信徒。后来到了淡目，与淡目国

① Departemen Pendidikan dan Kebudayaan, "Sejarah Nasional Indonesia", II, Balai Pustaka, 1977, p.68.

王特仑嘎纳的妹妹结婚，在王宫内有很大影响。他是一位杰出的军事家，[①]后被派到万丹活动，1527年，以武力攻占万丹和井里汶[②]。1552年，把权力交给儿子哈沙努丁（Hasanudin，1552—1570）。哈沙努丁有15个子女，长女拉图·帕姆巴云（Ratu Pambayun）嫁给雅加达领主拉图·巴固斯·安特（Ratu Bagus Ante），次子尤素夫亲王（Pangeran Yusuf），另一王子阿里亚亲王（Pangeran Aria）幼时被送到淡目，养母为查帕拉。[③]1568年，万丹趁淡目王国内乱，宣布断绝与淡目的来往，并宣布独立，建立万丹王国。1570年，哈沙努丁去世，王子尤素夫（Jusuf）继位（1570—1580），后攻占雅加达、井里汶等地，1579年，灭西爪哇信奉印度教的巴查查兰王国。万丹王国势力不断扩大，整个西爪哇和苏门答腊南部都处在万丹王国的控制下。

万丹国王在处理朝政和出台重大决策时，采取民主协商的方式。国王下设参政会议，为咨询机构，王公和贵族均为其成员。此外，首相、陆军大臣、海军大臣也出席参政会议，就国家重大问题进行协商。在此基础上，国王还听取各级官员的意见和建议，最终作出决定。王国定期和不定期地举行军事会议，300位甲必丹全部出席会议，商讨国家安全和治安等问题。

尤素夫在位期间重视发展农业，鼓励人民开拓水田，兴修水利。为了垄断胡椒贸易，确保巽他海峡交通运输的安全，占领了苏门答腊楠榜、明古鲁和巨港地区，同控制中、东爪哇的后马达兰王朝分庭抗礼，双方展开了贸易争夺战。1580年，尤素夫之子、9岁的马乌拉那·穆哈玛德（Maulana Mohammad）被扶上王位（1580—1605），称号为拉图·万丹（Ratu Banten）[④]，由5位大臣联合摄政，辅助年幼的国王管理朝政。1605年，拉图·万丹亲率舰队攻打巨港，在巨港城外战死，遗体被运回万丹。在哈沙努丁和尤素夫统治时期，整个西爪哇和苏门答腊南部都处在万丹王国的控制下。

万丹王国盛产胡椒，许多国家，包括欧洲的商人前往该国从事香料贸易，从而促进了其经济的发展。当时，万丹同中国的商业往来十分频繁，由于马六甲被葡萄牙占领，许多中国商人转而到万丹进行贸易。16世纪，中国商人是印度尼西

---

① Soeroto，“Indonesia Di Tengah-tengah Dunia Dari Abat ke abat”，Jilid II，Djambatan，1954，P.185.

② Departemen Pendidikan dan Kebudayaan，“Sejarah Nasional Indonesia”，II，Balai Pustaka，1977，p.17.

③ 王任叔：《印度尼西亚古代史》下，周南京、丘立本整理，北京：中国社会科学出版社，1987年版，第759页。

④ 直译为“万丹王”。

亚胡椒的最大主顾。据范·列尔（Van Leur）所著《印度尼西亚贸易及社会》记载：印度尼西亚年产胡椒6 000包，其中5 000包运销往中国。万丹的中国商人最多时达数千人，他们聚居在一处，四周有围墙，形成唐人街。“唐人贩卖各种日用品，也出售山羊和鸡，市场自下午至深夜营业。”[①]中国商人还带来了大批铅钱，以作通货。据《东西洋考》（卷十二）记载：万丹人“用铅钱，以1千为1贯，10贯为1包，铅钱1包，当银钱1贯云”。中国商船抵达万丹后，当地商人将货物卖给中国商人，然后再用铅钱买他国货物。中国商人运来铅钱的多寡直接影响着铅钱的兑换率的高低。可见，中国的铅钱成为万丹当时的主要流通货币。万丹也有自己的货币，一般用锡、铜、银和金铸成，币面铸有国王头像及古爪哇文字或阿拉伯文字。当地的锡矿还发行内部流通的货币。[②]此外，波斯、葡萄牙、荷兰、英国等国的货币也可在当地兑换成铅钱，当地一些妇女在路边和市场角落设摊从事货币兑换的营生，从中赚取差额。除中国商人外，波斯、印度、阿拉伯、葡萄牙的商人也前来万丹经商，万丹逐渐发展成爪哇国际贸易中心，其贸易地位远超近邻雅加达。万丹港口管理有序，对进出港口的船只收取赋税。为了维护正常的贸易秩序，万丹专门成立了海上巡逻队，打击走私活动。万丹造船业较发达，16世纪已拥有双帆战船，船体分上、下两层，船首配置4门火炮。

1753年，万丹沦为荷兰殖民者的被保护国，主权完全丧失。

五、亚齐王国（Kerajaan Aceh，1205—1904）

840年，伊斯兰教国家茄务勒务拉克王国（Kerajaan Peureulak）在亚齐建立，定都于班达·茄勒乌拉克，后更名为班达·卡立发（Bandar Khalifah）。1205年，更名为达鲁萨兰，国王为苏丹阿莱丁·约翰·沙（Alaiddin Johan Syah 1205—1234），该王国延续了3个世纪之久。亚齐王国原为一小国，位于印度尼西亚苏门答腊岛的西北端，依附于帕迪尔（Pedir）王国，对外名称为拉穆里·亚齐（Lamuri Aceh）[③]（又称哑齐），首都哥打拉查（今班达亚齐）。中国古籍《诸蕃志》称其“蓝无理国”，《岛夷志略》称“喃呸里国”。到了明万历年间（1573—1619），“易

① 引自荷兰霍曼（Gorndlis de Houtman）的《航海日记》。

② Departemen Pendidikan dan Kebudayaan, “Sejarah Nasional Indonesia”, II, Balai Pustaka, 1977, p.82.

③ Soeroto, “Indonesia Di Tengah-tengah Dunia Dari Abad Keabat”, DjambatanJilid II, 1954, p.194.

国名曰亚齐”。[①]该国第一任苏丹为约翰·沙（Johan Syah，1205—1235），继而为艾哈迈德·达克亚特·沙（Ahmad Dakyat Syah，1235—1267）、马哈穆德·沙（Mahmud Syah，1267—1308）、费尔曼·沙（Firman Syah，1308—1345）、曼苏尔·沙（Mansur Syah，1345—1408）、阿拉乌丁·伊纳亚特·约翰·沙（Alauddin Inayat Johan Syah，1408—1465）、穆扎法尔·沙（Muzafar Syah，1465—1497）、夏姆苏·沙（Syamsu Syah，1497—1514）。13世纪末14世纪初，沦为麻喏巴歇王国的附属国。这一时期，印度、波斯和阿拉伯伊斯兰教商人的船只大量寄港于亚齐，伊斯兰教随之传入。后巴赛王国的势力进入亚齐，同印度教势力展开斗争，促进了伊斯兰教在亚齐广泛的传播。16～20世纪，亚齐王国的势力范围集中在苏门答腊北部及马来半岛一些地区。在阿里·穆格哈亚特·沙［Ali Mughayat Syah，又称苏丹伊卜拉欣（Ibrahim）］执政时期（1514—1528），亚齐于1520年摆脱帕迪尔成为独立国家，正式建立亚齐伊斯兰王国，信奉逊尼派教义。1521年，亚齐王国连续发动圣战，意在驱逐葡萄牙殖民者，控制周边香料贸易。后征服帕迪尔和须文答剌——巴赛王国，垄断了苏门答腊东北海岸的贸易，成为马来群岛伊斯兰教传播中心和商业集散地。该国有强大的军队，其士兵主要来自土耳其、埃塞俄比亚和阿拉伯地区。继萨拉·阿丁·沙（Salah Addin Syah，1530—1537）后，阿拉乌丁·里亚特·沙（Sultan Alauddin Riayat Syah）继位（1537—1568），他继续拓展疆土，发展海上贸易，组建庞大的舰队，并建立了伊斯兰王公联盟军事组织。1547年，亚齐王国进攻马六甲，几乎攻陷该城，沉重打击了葡萄牙人的势力，并多次击败进犯的葡萄牙殖民者。1558年，亚齐派出15 000人的军队围攻马六甲长达1个月，后被葡萄牙人击溃。亚齐征服巴鲁斯（Barus）后，于1564年进攻柔佛王国，俘获其苏丹，摧毁柔佛城，势力范围扩至苏门答腊西海岸和马来半岛部分地区。苏丹阿拉乌丁在世时，任命王子皋利（Ghori）为阿鲁（Aru）地方长官，任命另一位王子穆哈尔（Mughal）为帕利亚曼（Pariaman）地方领主。苏丹阿拉乌丁去世后，王子苏丹侯赛因（Husain）继位，称号为阿里·里亚特·沙（Ali Riayat Syah，1568—1575），但遭到其他两位王子的反对，因而引发了王子之

① 关于亚齐的译名，常见的多为“Achei、Achey、Achem、、Achin、Atchin或Acih。19世纪，荷兰宗教和伊斯兰文化学者斯诺克·胡格洛聂（Snouck Hurgronye）写了一本名为《亚齐人》（De Atjehers，印度尼西亚文为“Orang-orang Atjeh”的专著，从此“Atjeh”一名广为使用。“Atjeh”为印度尼西亚旧的拼写方式，现今拼写方式为“Aceh”.“亚齐”原为一种树的名称，当地马来人称之为“Achi”。

间争夺苏丹王位的内战。内战中，侯赛因和皋利阵亡，穆哈尔[①]胜出，夺得王位（1575—1576）。此后，穆克敏·沙（Mukmin Syah，1576）、扎伊纳尔·阿比丁·沙（Zainal Abidin Syah，1576—1577）、阿拉乌丁·曼苏尔·沙（Alauddin Mansyur Syah[②]，1577—1585）先后继位。

16世纪，亚齐与英国和土耳其等国保持友好关系。英国伊丽莎白一世曾派詹姆斯（Sir James Lancester）到亚齐送信，称亚齐苏丹为兄弟，并赠送了贵重礼品。亚齐苏丹则允许英国船只在亚齐停泊和贸易，并回赠一对红宝石手镯给伊丽莎白一世，还以金粉为墨回复了一封信。亚齐苏丹派代表拜访土耳其苏丹乌斯马尼亚（sultan Empayar Turki Uthmaniyyah），获赠一门火炮和几位军事指挥员。

亚齐苏丹不拥有绝对权力，仅是王国的象征。苏丹由各地列侯及领主选举产生，苏丹候选人的顺序依次为苏丹的王子、公主和侄子。若即位的苏丹年幼，则由其母或叔父摄政。[③]

亚齐王国设宰相（Mangkubumi）一职，另设4人顾问团，协助宰相处理王国事务。实际上，国家重大事项由地方长官（Hulubalang）组成的高级会议决定，后由苏丹发布军政命令。各地长官在其辖地内是最高统治者，掌握军事、民政和司法大权。亚齐王国单独设立人数不等的港务官员职，即“港务长”（Syahbandar），负责处理港口事务。亚齐有3位港务官员分管不同国家来港贸易事务，主要职责是给运来的货物估价，定出抽税比例，挑选送给国王和大臣们的礼物。他们佩戴格利斯短剑，作为国王代表负责接待并向苏丹引见外国商人和使臣。接待队伍由鼓乐手组成，外国船主、商人或使臣坐在大象背华丽的座椅上，港务官员和其他官员骑马紧随其后，港口海关、税务人员等在最后步行，路的两侧还有欢迎的人群，场面十分隆重。后期，港务官员的权力不断扩大，他们分管王宫财务，管理贸易，参与王国重大活动。

该国各地产的胡椒和黄金，15%要向苏丹纳贡，其余方可留用或进行贸易，价格也要由苏丹亲自决定。亚齐物产丰富，主要出口宝石、蓝靛、沉香、广木香、丁香、犀牛、琥珀、马匹、熏香、格利斯短剑、锡、胡椒、弩弓、苏木和硫磺等。

葡萄牙侵占马六甲后，多数伊斯兰教商人转向亚齐等地。各国商船被迫沿

---

① 又称苏丹·慕达（Sultan Muda）。

② 1585年阿拉乌丁·曼苏尔·沙被亚齐水军提督刺死。

③ ［印尼］萨尔托诺·卡尔托迪尔佐等：《印度尼西亚民族史》（第四册），印度尼西亚文教部，1975年版，第39页。

苏门答腊西岸巽他海峡进入印度尼西亚其他群岛。因此，位于这条航线北端的亚齐日益繁荣。

亚齐港口地形复杂，港口外有三座小岛挡住进港水路，加之暗礁林立，船只进港十分困难，须有引航员方能入内。因此，亚齐专设“港长”（Kepala Kueng）官职，负责港口周边海上交通。为便于导航，港口外三座小岛之间的水路分别被辟为专线，供某国船只或开往上述同方向的船只通行，如印度、马六甲、孟加拉等方向的来港船只。一般情况下，引航员作为国王的代表乘小舟驶往港口外，在进港船上过夜，待天明进港。无领航员船只很难顺利入港，甚至搁浅或触礁。16世纪，曾有一艘法国商船自行入港靠岸，足足花了8小时的时间。亚齐港口建有配备火炮的碉堡，炮口对着入海口，碉堡前有一围有院墙和战壕的院子，内有供税务官员和商人休息的房屋。港口驻有防卫部队，由海军大将统领。繁荣的国际贸易促进了亚齐国内贸易和市场的繁荣。17世纪中叶，亚齐地区已流通手工打制的金币，实为金薄片，直径1.4厘米，重量约0.6克，外缘由30颗珠圈围绕，金币正面是“ACEH SULTANAN、JAJ AL-ALAM SAFIAT，AL-DIM SLIAM”（亚齐海洋区域长官沙菲亚特·阿尔丁·斯里亚姆）等字样。金币字形规范、言简意赅、笔划遒劲。制造和流通的时期在1641—1675年间。金币等的流通方便了当地商品交易。

13世纪末，印度、波斯和阿拉伯商人的船只寄港于亚齐，同时，伊斯兰教也随之传入。苏门答腊巴赛王国的势力也进入亚齐，原有的印度教势力受到挑战。王国倡导伊斯兰文化，伊斯兰教经典和阿拉伯语广为传播。伊斯兰教成为国教，国家实行伊斯兰教法和习惯法相结合的特有司法制度。伊斯兰教学者和长老参与朝政，他们享有很高的社会地位。最高长老主持苏丹即位的加冕礼。各地清真寺拥有国家分封的大量宗教“瓦克夫”（公产），免缴赋税。国家在清真寺附设宗教学校和图书馆，培养伊斯兰教人才。多数苏丹是虔诚的伊斯兰教信徒，履行宗教功课。主麻日聚礼时苏丹亲自担任伊玛目。16世纪下半叶，亚齐实现伊斯兰化，成为东南亚传播伊斯兰教的中心，首都班达·亚齐成为东南亚地区伊斯兰教信徒到麦加朝觐的出发地。

亚齐的伊斯兰教信徒属逊尼派，日常行为和活动都以《古兰经》和圣训为准则。婚嫁、丧葬，以及财产继承均按伊斯兰教法规定办理。各种民事纠纷都由伊斯兰教法庭审理。亚齐人的每个村庄几乎都建有大、小清真寺，人们一般把亚齐地区看成是最接近圣地的地方。在伊斯兰教盛行的亚齐至今仍保留着对万物有灵和巫术的信仰，亚齐人日常生活中保留着传统习俗，实行父系和母系双系制，妇女地位较高，甚至王位的继承，也由母系传承为主。首都大亚齐（今班达亚齐）成为该地区政治、商业和伊斯兰文化中心。

苏丹阿拉乌丁·曼苏尔·沙是一位虔诚的伊斯兰教信徒，他命令群臣日诵《可兰经》5次。①1585年，亚齐水军提督刺死阿拉乌丁·曼苏尔·沙，自立为王，称苏丹阿里·沙②（Ali Syah，1586—1588）。苏丹阿里·沙在位期间，亚齐取代马六甲，成为马来半岛和印度尼西亚伊斯兰教中心。1588年，阿里亚特（Ariat）刺死苏丹阿里·沙，自立亚齐王③，称萨伊迪尔·穆卡米尔（Saidil Mukamil，1588—1604）。其继任者为阿里·里亚特·沙（Ali Riayat Syah，1604—1607）。1607年，阿里·里亚特·沙被其侄子伊斯坎达尔·穆达（Iskandar Muda）所杀，伊斯坎达尔·穆达继位（1607—1636）。在苏丹伊斯坎达尔·穆达执政时期，亚齐的势力达到顶峰，王国疆域不断扩大，1612年，征服德力（Deli）；1613年，再次征服柔佛（Johor）；1614年，征服宾丹（Bintan）；1618年，征服彭亨（Pahang）；1619年，征服吉打（Kedah）；1620年，征服霹雳（Perak），占领马来半岛的胡椒和锡产地；1624年，征服尼亚斯（Nias）。疆域西达英德拉甫拉（今米南加保地区）、东至西亚克（Siak），不仅包括苏门答腊中、西部，而且伸展到马来半岛。1629年，他进攻马六甲，但为葡萄牙、柔佛和北大年苏丹国的联合舰队所败。这次失败终止了亚齐的上升势头。17世纪末，亚齐对胡椒贸易的垄断被荷兰打破。

伊斯坎达尔·穆达统治时期，苏丹的产生须由王族会议、宗教领袖和习惯法权威人士认可，具有民主性质。④伊斯坎达尔·穆达重视安保，海军大臣下设4军官职，称作彭胡鲁·卡瓦洛（Penghulu Kawalo），分别驻扎在王宫周边村庄，日夜率骑兵在王宫周围巡逻。王城各城门分别有150名士兵把守，王宫内有500名护卫。⑤ 1636年，伊斯坎达尔·穆达去世，其养子苏丹伊斯干达尔·塔尼［Iskandar

---

① 王任叔：《印度尼西亚古代史》下，周南京、丘立本整理，北京：中国社会科学出版社，1987年版，第761页。

② 又称拉贾·布勇（Raja Buyung）。

③ 王任叔：《印度尼西亚古代史》下，周南京、丘立本整理，北京：中国社会科学出版社，1987年版，第762-763，775页。

④ ［印尼］萨尔托诺·卡尔托迪尔佐等：《印度尼西亚民族史》（第三册），印度尼西亚文教部，1975年版，第178页。

⑤ ［印尼］萨尔托诺·卡尔托迪尔佐等：《印度尼西亚民族史》（第三册），印度尼西亚文教部，1975年版，第205页。

Tharni，又称穆格哈亚特·沙（Mughayat Syah）] 继位（1636—1641），伊斯干达尔·塔尼去世后由王后沙费阿赫图丁·沙（Seri Ratu Safiatudin Seri Ta'jul Alam Syah）出任苏丹（1641—1675）。自此，亚齐国势开始衰落，米南加保地区和马来半岛先后摆脱亚齐控制。其中主要原因为内乱，几年之内有4位苏丹轮流继位。沙费阿赫图丁·沙是亚齐第一位女苏丹，她是伊斯坎达尔·穆达的公主，也是伊斯干达尔·塔尼的苏丹后。她会讲6种语言：亚齐语、马来语、西班牙语、荷兰语、阿拉伯语和波斯语。在她执政时期，亚齐妇女的地位得到提升，在96人的议会中，四分之一是女性。后来由于麦加穆夫梯[①]的介入，沙费阿赫图丁·沙被推翻。自此先后继位苏丹的是纳给亚特胡丁·沙（Nakiathuddin Syah，1676—1678）、伊纳亚特·沙（Inayat Syah，1678—1688）、卡马拉特·迪阿胡丁·沙（Kamalat Diathuddin Syah，1688—1699）、巴德尔·阿尔·阿拉姆·沙里夫·哈西姆（Badr Al Alam Syarif Hasyim，1699—1709）、伊布努·沙里夫·伊卜拉欣（Ibnu Syarif Ibrahim，1709—1711）、巴德啦尔·穆尼尔·沙（Badral Munir Syah，1711—1733）、阿特纳·阿丁·沙（Atna Addin Syah，1733）、万迪·特秉（Wandi Tebing，1733）、马哈拉贾·勒拉·马来（Maharaja Lela Melayu，1733—1742）、约翰·沙（Johan Syah，1742—1767）、迈哈穆德·沙一世（Mahmud Syah I，1767—1787）、穆哈迈德·沙（Muhammad Syah，1787—1795）、贾乌哈尔·阿拉姆·沙（Jauhar Alam Syah，1795—1830）、穆哈迈德·达乌德·沙一世（Muhammad Daud Syah I，1830—1838）、苏莱曼·阿里·伊斯甘达尔·沙（Sulaiman Ali Iskandar Syah，1839—1841）、伊卜拉欣·曼苏尔·沙（Ibrahim Mansyur Syah，1841—1870）、迈哈穆德·沙二世（Mahmud Syah II，1870—1874）。迈哈穆德·沙二世当政时期借助英荷矛盾得以保持独立。

六、其他伊斯兰教王国

1. 马鲁古群岛的特尔纳特王国（1465—1683）

马鲁古群岛北部的特尔纳特王国的前身是1257年由巴布·曼苏尔·马拉莫（Baab Mashur Malamo）建立的伽毗（Gapi）王国。15世纪，特尔纳特苏丹国统辖着安汶和班达地区，其首都位于萨姆帕鲁（Sampalu）。该地因盛产丁香和豆蔻而闻名印度尼西亚，如果说印度尼西亚是世界香料群岛，那么马鲁古则是香料群

① 穆夫梯（mufti：教法诠释官）反对妇女出任苏丹。

岛中的香料群岛。该地区更古老的王国是贾伊罗罗（Jailolo），由于缺乏史料，该国的情况鲜为人知，仅知道其因人口少而没有发展起来。特尔纳特每年产丁香约50巴哈尔（bahar），[①]吸引了各地商人前来购买。其中来自爪哇岛、马来半岛和阿拉伯国家的商人带来大米和衣服等生活物品进行有序的交易，然后装载丁香和香料驶向马六甲等地进行贸易。部分商人经常在特尔纳特逗留或长住，就地进行交易，促进了当地的经济繁荣。15世纪，随着中国商船的到来，特尔纳特更加繁荣。由于该地港口礁石密布，加之水深，每次仅能同时停靠三艘大船，因此，往来船只不多。也有商人为了贩运丁香而冒险停泊。为了维护海上运输的安全，特尔纳特建立了海军，强盛时拥有100余艘战船。16世纪，该王国统辖72个岛屿，有常备军人130300人。[②]自16世纪起，西方列强染指该国贸易，葡萄牙、西班牙和荷兰在马鲁古群岛展开香料贸易争夺战。1486—1500年，斋纳尔·阿比丁（Zainal Abidin）任该国苏丹。

关于该国苏丹情况的资料很少，在相关历史书中只有零散的记述。据王任叔《印度尼西亚古代史》和印度尼西亚史书所记：1512年，该国苏丹为巴章·乌拉（Bajang Ullah），去世后，其子阿亚洛（Ayalo）继位，因未成年，由其母摄政，首相塔鲁威斯处理国事，后首相因反葡而被杀害。1531年，阿亚洛义弟塔帕理查（Taparija）夺得苏丹位，后被荷兰人逮捕。1533年，其弟海伦（Hairun）被扶上苏丹位。1546年，西班牙人被赶出特尔纳特。1564年，沦为葡萄牙殖民地。1570年，海伦在葡萄牙大本营遇刺身亡，巴阿布拉·达乌德·沙（Baabullah Daud Sya）继位第四任苏丹。[③]1583年，巴阿布拉阵亡，其子沙黑德·巴尔卡特（Syahid Barkat）继位。[④]

王国强大时，其领土包括马鲁古地区、苏拉威西大部分地区、菲律宾群岛南部一些岛屿。苏丹下设宰相（jogugu）、顾问（fala raha）、贵族委员会和18人委员会。如果苏丹无后，那么在四大贵族中物色一人出任苏丹。

自14世纪起，伊斯兰教传入特尔纳特王国，当时在该国从事船务工作的就有伊斯兰教信徒。爪哇著名伊斯兰教长老侯赛因（Maulana Husain）曾在此讲授

---

① 重量单位，1巴哈尔约181千克。

② Sartono Kartodirdjo，“Pengantar Sejarah Indonesia Baru：1500—1900”，Gramedia，1988，p.57.

③ Sartono Kartodirdjo，“Pengantar Sejarah Indonesia Baru：1500—1900”，Gramedia，1988，p.57.

④ 王任叔：《印度尼西亚古代史》下，周南京、丘立本整理，北京：中国社会科学出版社，1987年版，第446-750页。

《古兰经》。特尔纳特苏丹国许多青年到爪哇学习伊斯兰教教义，甚至苏丹本人也外出进修伊斯兰教经典，如苏丹斋纳尔·阿比丁曾到爪哇锦石（Gresik）王宫专门学习伊斯兰教教义。[①]特尔纳特苏丹国当时成为马鲁古群岛最大的王国和伊斯兰教传播中心。

在马鲁古群岛，与特尔纳特苏丹国同期存在的王国还有帝多勒（Tidore）、巴占（Bacan）、贾伊洛洛（Jailolo）、洛洛达（Loloda）和奥比（Obi）5个王国。他们联合在一起向特尔纳特发难，设置障碍或采取军事行动，意在争夺马鲁古贸易权。在两败俱伤的情况下，上述国家决定通过协商的方式解决争斗，最后进行了贸易优先的排序，依次是贾伊洛洛、特尔纳特、帝多勒、巴占、洛洛达和奥比，战事停止。特尔纳特的宰相称作佐戈尤（Jogoyu），帝多勒的宰相称作佐尤（Joyu）。[②]

第十八位国王马尔胡姆及其王室成员是已知特尔纳特最早信奉伊斯兰教的信徒，接替马尔胡姆的是王子扎伊纳尔·阿比丁（Zainal Abidin，1486—1500），他曾师从爪哇伊斯兰长老苏南·吉里，改用苏丹称号。在国内实行伊斯兰法，依据伊斯兰教教义建立了相应机构。在苏丹·巴亚努拉在位期间（1500—1522），国民服饰伊斯兰化。引进阿拉伯和土耳其先进技术建造船只和制作武器，用于装备本国的军队。

1512年，苏丹允许葡萄牙人佛朗西斯科·瑟劳（Fransisco Serrao）在马鲁古建立商馆，从事香料贸易。苏丹·巴亚努拉驾崩后，苏丹后努吉拉（Nukila）和塔鲁沃瑟（Taruwese）亲王共同执政，来自帝多勒的努吉拉试图把特尔纳特和迪多勒统一起来，由她的两个王子统辖，即黑达亚特［Hidayat，又称苏丹达亚鲁（Dayalu）］和阿布·哈亚特［Abu Hayat，又称苏丹阿布·哈亚特II（Abu Hayat II）］，而塔鲁沃瑟亲王则想自己执政。葡萄牙人利用这个机会，挑拨离间，引发内战。帝多勒支持努吉拉，葡萄牙支持塔鲁沃瑟。到了苏丹卡伊伦（Khairun，1534—1570）执政期间，特尔纳特与葡萄牙之间爆发战争，后葡萄牙以谈判为诱饵，将前来谈判的苏丹卡伊伦杀害。葡萄牙的暴行引发特尔纳特人民的愤怒，反葡浪潮日益高涨。在苏丹巴布拉（Baabullah）的领导下，经过5年的浴血奋战，1575年，将葡萄牙人赶出马鲁古群岛。王国更加强大，疆域西至北苏拉威西，东至马尔萨勒（Marshall）群岛，北至菲律宾南部，南至努沙登加拉群岛。特尔纳特成为印度尼西亚东部最大的伊斯兰教王国。

---

① Departemen Pendidikan dan Kebudayaan，“Sejarah Nasional Indonesia”，II，Balai Pustaka，1977，p.18.

② Sartono Kartodirdjo，“Pengantar Sejarah Indonesia Baru：1500—1900”，I，Gramedia，1988，p.55.

苏丹巴布拉逝世后，特尔纳特开始变弱。1580年，西班牙开始进攻特尔纳特，甚至俘获苏丹赛义德·巴拉卡蒂（Said Barakati），并把他流放到马尼拉。1603年，特尔纳特转而向荷兰求援，并成功抵御了西班牙的进攻。1607年6月26日，特尔纳特与荷兰签订东印度公司在马鲁古群岛垄断贸易的协定，允许荷兰在马鲁古建立堡垒。由此，荷兰逐渐控制特尔纳特。1635年，为了控制市场香料价格，荷兰东印度公司下令砍伐马鲁古群岛的丁香树和肉豆蔻树。荷兰人的暴行引发特尔纳特贵族和平民的反抗。1641年，在安汶副王沙拉哈坎·鲁胡（Salahakan Luhu）的号召下，组成来自特尔纳特、黑图、望加锡三地的数万人的联军，向荷兰堡垒和据点发起进攻。1643年6月16日，沙拉哈坎·鲁胡及家人被俘，并被处以极刑。反抗斗争在沙拉哈坎·鲁胡的小舅子卡皮塔·黑图·卡尅阿里和图卢卡波希的领导下一直持续到1646年。1650年，爆发贵族反对苏丹的起义，后被支持苏丹的荷兰人镇压。苏丹希保里（Sibori，1675—1691）不满荷兰人的统治，起而反抗，后被镇压。1683年，苏丹希保里被迫与荷兰签订协定，特尔纳特成为荷兰附属地，丧失了独立主权。1914年，苏丹哈只·穆哈马德·乌斯曼·沙（Haji Muhammad Usman Syah，1896—1927）发动反荷起义，被镇压。1915年，苏丹哈只·穆哈马德·乌斯曼·沙被解职，流放到万隆，1927年逝世。自他后，特尔纳特苏丹位空了14年，王国由王族委员会依习惯法进行集体统治。①

2. 南加里曼丹马辰地区的班加尔王国（Kerajaan Banjar，16～18世纪）

该王国此前称作纳嘎拉迪帕（Nagaradhipa），由商人阿利亚·莽库布米（Aria Mangkubumi）建立，因非王族，故拒绝用国王名号，而是称作拉登（Raden）或普特拉·苏尔亚纳塔（Putra Suryanata）。后拉登·萨姆德拉（Raden Samudra）皈依伊斯兰教，更名为苏尔亚努拉（Suryanullah），并出任苏丹。②该王国设立“王国会议”（Dewan Mahkota），协助国王处理王国事务。官员职责分明，分别负责市场管理、狩猎、演奏乐器、港口贸易、农业生产、税收等。该王国赋税繁杂，主要有人头税、土地税、矿产税、贸易税和收成税等③。在苏丹阿达姆（Adam）执政期间（1825—1857），该王国设最高法官和宗教大臣职务。根据班加尔的习俗，国王驾崩后，在新国王即位前不得下葬，因而新国王的遴选尤为紧迫。一般情况

① http：//id.wikipedia.org/wiki/Kesultanan_Ternate.

② Departemen Pendidikan dan Kebudayaan，“Sejarah Nasional Indonesia”，II，Balai Pustaka，1977，p.18.

③ ［印尼］萨尔托诺·卡尔托迪尔佐等：《印度尼西亚民族史》（第四册），印度尼西亚文教部，1975年版，第33页。

下，国王长子即位。情况复杂时，处理不当，会引发内乱，如苏丹阿达姆驾崩后，在荷兰人的支持下，出身平民的王后之子塔米基迪拉赫（Tamijidillah）继承王位，而最具资格继承王位的王子黑达亚图拉赫（Hidayatullah）被排斥在外，引发大规模内乱。①该王国等级森严，不同阶层的人的着装、常用物品、住宅等都有区别。该国国王护卫和管理制度严密，王宫卫队50人、大内侍卫50人、国王随身护卫40人、武器守护者40人、国王狩猎卫队40人、信使队50人。②另有50人的王宫清洁队和50人的仪式用品保管队，信使队头目与国王关系密切，平时传旨和陪同国王出巡。③

3. 苏拉威西群岛的戈阿—达洛王国（Kerajaan Gowa④-Tallo，1603—1669）

16世纪前后，苏拉威西存在着戈阿（Gowa）、达洛（Tallo）、伯奈（Bone）、瓦佐（Wajo）、禄乌（Luwu）和索彭（Soppeng）等几个信奉伊斯兰教的王国。其后，相邻的戈阿和达洛合并成一个王国，名称为戈阿—达洛，国王居住在望加锡（Makasar）南部地区的索姆保普（Sombaopu）港口，⑤外界又称其为望加锡王国。该国位于马六甲王国至马鲁古群岛的航线上，地理位置优越。16世纪，该航线十分繁忙。加之望加锡人和布吉斯（Bugis）人善航海，该国商船的航迹遍布马来半岛的马六甲、柔佛，爪哇岛的三宝垄、万丹，松巴哇（Sumbawa），东帝汶，苏门答腊岛的亚齐、明古鲁和巨港，加里曼丹岛的马辰和菲律宾的马尼拉。该王国盛产稻米，同生产香料的马鲁古群岛有频繁的贸易往来。商人们从马鲁古将香料集中到索姆保普港口，然后转运至其他地区。随着香料贸易的发展，该港口逐渐成为印度尼西亚东部地区的海上交通枢纽和马六甲与特尔纳特贸易的中转站。1500年执政的图马帕利西·卡罗纳（Tumaparisi-Kallona）国王颁布了海关税法和政务条例，任命地方长官作为国王代表行使职权，并设专人负责记录王国的重大事件。

戈阿—达洛国王不亲政，由40余王室成员和大臣组成常务机构，辅助国王处理国家事务。国家重大决策也不由国王决定，而是常务机构成员通过协商取得一致。王国的王位传承不是采取世系制，而是选举产生，由常务机构运作，选出

① ［印尼］萨尔托诺·卡尔托迪尔佐等:《印度尼西亚民族史》(第四册)，印度尼西亚文教部，1975年版，第29页。

② Sartono Kartodirdjo，“Pengantar Sejarah Indonesia Baru：1500—1900”，I，Gramedia，1988，p.55.

③ ［印尼］萨尔托诺·卡尔托迪尔佐等:《印度尼西亚民族史》(第四册)，印度尼西亚文教部，1975年版，第26页。

④ 又称戈阿“Goa”。

⑤ 现为乌绒潘当（Ujungpandang）。

的国王往往是年长者。①

戈阿—达洛王国的繁荣削弱了周边国家的贸易，引发了该地区其他国家的不满，他们联合起来共同对抗戈阿—达洛王国。16世纪，该国不断扩张，先后吞并除伯奈王国外的周边国家。1580年，戈阿—达洛王国与特尔纳特王国结成联盟，垄断了印度尼西亚东部贸易。时任特尔纳特国王的巴布拉苏丹（Sultan Baabullah）极力向戈阿—达洛传播伊斯兰教，但效果不佳。戈阿—达洛王国在阿拉武丁（Alaudin，1591—1638）执政期间，1605年才正式接纳伊斯兰教，并成为伊斯兰教国家。1611年，在葡萄牙军队的协助下，戈阿—达洛攻占伯奈王国，成为该地区最强大的国家，索姆保普港也因此成为印度尼西亚东部最繁华的港口。

4. 帝多勒苏丹国（Kesultanan Tidore）

帝多勒苏丹国是伊斯兰王国，位于现今印度尼西亚北马鲁古省帝多勒市。16～18世纪是其强盛时期，领土包括哈马黑拉南部大部分地区、布鲁岛、安汶岛、西巴布亚附近一些岛屿。1471年，在第九任国王芝里利亚/苏丹查玛鲁丁（Ciriliyah/Jamaluddin）执政时期，伊斯兰教传入帝多勒，居民在日常生活中严格遵守伊斯兰教教义。1495年，芝里利亚帝（Ciriliyati）出任苏丹。1521年，苏丹曼苏尔（Mansur）为了抗衡与葡萄牙联盟的特尔纳特苏丹国，与西班牙联盟。1663年，西班牙被葡萄牙排挤出该地区。帝多勒苏丹国成为马鲁古地区独立自主的国家。在苏丹赛福鼎（Saifuddin，1657—1689）的治理下，该国社会稳定，经济繁荣。在苏丹努库（Nuku）执政时期（1780—1805），帝多勒更加强大，帝多勒联合特尔纳特共同反抗由英国支持的荷兰东印度公司的入侵，拒绝荷兰对该地区的管辖，并将荷兰人赶出该地区。18世纪前，帝多勒一直靠自己的力量维护着本地区的独立与自由。接替努库王位的是努库的弟弟载纳尔·阿比丁（Zainal Abidin），他继续反抗试图卷土重来的荷兰人。帝多勒盛产香料，吸引了众多欧洲人前来贸易。在荷兰东印度公司的强大攻势下，帝多勒最终被征服。

5. 因德拉普拉王国（Kerajaan Inderapura）

该国的位置在今日西苏门答腊省的南珀西西尔县，与明古鲁省和占碑省接壤。王国名义上曾是帕嘎鲁邕王国（Kerajaan Pagaruyung）的属国，15世纪，帕嘎鲁邕王国走向衰弱，其附属国，如占碑、因德拉吉里等纷纷自立。因德拉普拉王国强大时，其领土北至巴东，南至胡拉伊（Hurai）河，覆盖苏门答腊西部。该国产胡椒和黄金。马六甲被葡萄牙占领后，原通过马六甲的商船移至苏门答腊西

① Departemen Pendidikan dan Kebudayaan, “Sejarah Nasional Indonesia” II, Balai Pustaka, 1977, p.71.

海岸和巽他海峡，因德拉普拉王国与亚齐和万丹建立了商贸关系，其胡椒贸易得以发展。该王国还与亚齐以联姻方式建立了友好关系，即因德拉普拉王国苏丹穆纳瓦尔·沙（Munawar Syah）的公主戴维（Dewi）嫁给亚齐苏丹菲尔曼·沙（Firman Syah）[2]。因德拉普拉王国的大臣们卷入亚齐王位争夺的斗争，参与杀害苏丹之子的阴谋，支持戴维的丈夫于1576年夺得王位，成为苏丹丝丽·阿拉姆（Sri Alam）。由于亚齐长老们的反对，在位仅3年。1616年，因德拉普拉王国发展成繁荣的王国，时任国王为伊塔姆（Itam）。国内有3万人从事农业和种植园的劳作。1624年，国王为"大王"（Raja Besar），其接任者为普蒂（Puti）。该王国在港口实行免关税政策，以促进经济发展。[1]

6. 11世纪前后，印度尼西亚的其他国家

除上述王国外，还有1076年，建于东加里曼丹塔拉坎的帝东王国（kerajaan Tidung）；1450年，建于苏拉威西的布吉斯—瓦约王国（kerajaan Bugis-Wajo）；1460年，建于苏门答腊的阿鲁王国（Kerajaan Aru）；1470年，建于安汶的塔纳·黑图王国（Kerajaan Tanah Hitu）。

据米南加保史话（Tambo Minangkabau）记载，1～16世纪，西苏门答腊地区建立过若干小王国，如坤图苏丹国（Kesultanan Kuntu）、坎迪斯王国（Kerajaan Kandis）、希衮图尔王国（Kerajaan Siguntur）、帕苏马延·考托·巴图王国（Kerajaan Pasumayan Koto Batu）、帕谷河王国（Kerajaan Sungai Pagu）、因德拉普拉王国（Kerajaan Inderapura）、查姆布·力宝王国（Kerajaan Jambu Lipo）、塔拉光王国（Kerajaan Taraguang）、图奥村王国（Kerajaan Dusun Tuo）、奔奥·瑟棠凯王国（Kerajaan Bungo Setangkai）、塔鲁王国（Kerajaan Talu）、吉纳里王国（Kerajaan Kinali）、帕里特·巴图王国（Kerajaan Parit Batu）、普戎岛王国（Kerajaan Pulau Punjung）、帕嘎鲁戎王国（Kerajaan Pagaruyung）等。上述小国寿命不长，多依附于大国。

第四节　伊斯兰教对印度尼西亚的输入及影响

一、伊斯兰教传入印度尼西亚

1. 伊斯兰教何时传入印度尼西亚

主要有两种观点：

（1）1963年3月在棉兰举行的"伊斯兰教何时传入印度尼西亚"专题研讨会

上，多数与会代表认为是7～8世纪，直接由阿拉伯伊斯兰教商人传入的。他们首先抵达苏门答腊沿海地区，边经商边传教。伊斯兰教是以和平方式传人印度尼西亚的，它给印度尼西亚带来了当时先进的阿拉伯文化，从而促进了印尼民族特性的形成。

（2）1980年9月，在亚齐举行的“伊斯兰教传入印度尼西亚及其发展历史”研讨会上，万·侯赛因·阿芝米博士称，阿拉伯伊斯兰教商人在7世纪就来到苏门答腊北部，边经商边传播伊斯兰教。与阿芝米博士观点类似的，还有伊斯兰教在7～8世纪传入苏门答腊北部婆鲁师之说。萨努西·巴奈等多数学者的看法：伊斯兰教是由印度西部的胡荼辣（今古吉拉特）和波斯的伊斯兰教商人在13世纪下半叶传入印度尼西亚的，而不是阿拉伯人直接传入的。印度的胡荼辣和波斯的伊斯兰教商人由海路去马六甲半岛经商，途中把伊斯兰教传至苏门答腊北部，再传至马六甲和爪哇等地。13世纪末，苏门答腊岛上的须文达那—巴赛建立了印度尼西亚第一个伊斯兰教王国，成了这一地区伊斯兰教的中心。1292年，意大利旅行家马可·波罗从中国返回意大利途中，曾在苏门答腊北部停留，他在八儿剌看到许多居民皈依伊斯兰教。多数与会代表认为：13世纪末由印度和波斯伊斯兰教商人传入印度尼西亚。后者为传统观点，为大多数史学家所接受。

另外，后人发现在1292年驾崩的须文达那—巴赛第一个国王的墓碑上，刻有伊斯兰教历635年和伊斯兰教名“苏丹马立克沙”等字样。墓碑来自印度胡荼辣的坎贝，这一文物表明最迟在1292—1297年，伊斯兰教就已传入须文达那—巴赛。从历史上看，7～8世纪期间，阿拉伯、波斯和印度的伊斯兰教商人很可能已抵达马六甲海峡一侧的苏门答腊。9世纪，中国东南沿海的部分伊斯兰教信徒因黄巢起义而逃至三佛齐的巨港。在东爪哇锦石附近的来兰村，人们发现了死于1102年的女伊斯兰教信徒法第玛的墓碑。这些事实表明，在13世纪以前，印度尼西亚就有伊斯兰教信徒。至于在此之前，印度尼西亚是否有伊斯兰教社区和伊斯兰教王国，未见确凿的历史记载。印度尼西亚第一个伊斯兰教王国和第一个伊斯兰教信徒居民点（今北亚齐地区的洛克什乌玛威附近），都出现在13世纪下半叶，这是有历史根据的，这种看法至少到目前为止是比较有说服力的。

从伊斯兰教传入苏门答腊到印度尼西亚主要岛屿伊斯兰教化，经历了几个世纪的过程。15世纪初，麻喏巴歇王朝走向衰落的时候，那些皈依伊斯兰教的地方统治者便逐一摆脱中央王朝的控制而独立，伊斯兰教得到更大的发展。随着社会的发展和进步，印度尼西亚伊斯兰教文化逐步同印度尼西亚传统文化和现代文化融为一体，影响着印度尼西亚的政治、经济、教育、道德规范和习俗。印度尼西亚的伊斯兰教属于逊尼派，分为两种派别：一派称阿邦安（Abangan），即名义上的“伊斯兰教信徒”，在政治上主张建立世俗国家；一派称散蒂利（Santri），这派信徒严格地遵从伊斯兰教教义，部分信徒主张建立伊斯兰教国家，或至少建立伊斯兰教占重要地位的国家。但印度尼西亚的历届政府都反对把印度尼西亚建成伊斯兰教国家。印度尼西亚宪法明确规定印度尼西亚实行政教分离的制度。

2. 传入印度尼西亚的伊斯兰教先前经过印度文化的过滤

历史上，印度经常遭到外来民族的入侵，在雅利安征服者建立种姓制度后，希腊人、塞种人、安息人、大月氏人、白匈奴人、阿拉伯人、突厥人、蒙古人都先后征服过印度的一部分，甚至大部分。印度能在屡次被入侵和征服后仍然保存自己的社会文化体系，离不开种姓制度的存在。种姓制度像一副枷锁，限制着印度政治、经济的统一，使印度人在外敌的侵袭面前无法形成凝聚力，从而一再被外族统治。然而，种姓制度又是印度文化体系的一块坚固的磐石，它维系着印度民族和印度文化的延续。

印度教及其种姓制度早已根植于印度社会的深处，伊斯兰王朝不仅不能消灭印度教，反而需要借助印度教才能有效地实行国家统治和传播伊斯兰教。在印度农村，种姓隔离、内婚制、种姓歧视等现象依然非常严重，甚至伊斯兰教本身也染上了种姓制的色彩。在印度的许多清真寺中，伊斯兰教信徒按照自己的种姓分开礼拜，这种做法在伊斯兰世界中是非常罕见的。可见，具有强大同化力的伊斯兰文化和具有强大包容性的印度文化互相碰撞、渗透，变得我中有你、你中有我，种姓制度的根基并未动摇，最终在相互影响的基础上适应了外来的伊斯兰教。

3. 印度尼西亚伊斯兰教是该教商人与印度尼西亚地方领主利益互补的产物

伊斯兰教兴起之后，特别是阿拉伯伊斯兰大帝国形成之后，军事征战暂告结束，来印度尼西亚沿海地区经商的阿拉伯、波斯和印度商人日益增多，他们多为伊斯兰教信徒。1292年，马可·波罗从中国回国途经苏门答腊时，苏门答腊改宗教为伊斯兰教刚刚开始，大部分地区仍信奉印度教。

伊斯兰教在印度尼西亚的传播主要是通过和平途径，是伴随商业贸易活动而来的。在伊斯兰教传入之前，南部的爪哇印度教王朝麻喏巴歇就已存在。作为后来者的伊斯兰教一时无法进入信奉印度教的统治阶层，伊斯兰教信徒只能在离宫廷较远的沿海商业地区活动。苏门答腊和马来半岛便成了从波斯、印度等地来的伊斯兰教商人的落脚点，他们边经商边传教，用伊斯兰教去影响地方统治势力，以利于他们开展商业活动。后来，随着商业的发展，从中得利的商港领主和新兴的商业地主阶级的实力得到加强，他们与爪哇信奉印度教的麻喏巴歇王朝之间的矛盾也日益尖锐。为了摆脱麻喏巴歇中央政府的控制和限制，他们很需要有一个新的强有力的思想武器来与王朝统治者所尊崇的印度教和佛教相抗衡。政教合一的伊斯兰教正好适应他们的这一需要，于是他们纷纷皈依伊斯兰教。一旦地方统治者改奉伊斯兰教，其所管辖的地方也就全部伊斯兰化了。15世纪后，麻喏巴歇王朝走向衰落，统治阶级内部争夺王位的斗争愈演愈烈，国内长期陷入混乱状态，那些皈依伊斯兰教的地方统治者便逐一摆脱中央王朝的控制而独立。以淡目为中心的商港领主和新兴的商业地主阶级接受伊斯兰教并利用伊斯兰教作为精神武器迅速扩大自己的势力，终于在1518年建立了爪哇岛上第一个伊斯兰王朝——淡目王朝。伊斯兰教商人因此而扩大了经商范围，伊斯兰教在印度尼西亚得到普及。盛极一时的信奉印度教的麻喏巴歇王朝在新兴伊斯兰王朝的诞生中瓦解了。几世纪以来印度宗教文化影响占统治地位的历史从此结束，其地位由伊斯兰文化的影响取而代之。

印度尼西亚古代王国的社会基础主要是农业和海上贸易。肥沃的土壤、充足的水源、便利的港口是一个国家变得强大的必不可缺的要素，也成为各王国争夺的主要对象。城市商品经济的发展破坏了农村公社的生产关系，国家对市场的需求导致中央集权制的形成和发展，因此，引发地方领主与中央政权之间的矛盾，地方叛乱频发。在印度尼西亚，王国更替过程中自身灭亡的较少，大多是地方领主借领地的强大及王国的衰弱摆脱其依附的王国，另建国家，如苏门答腊的亚齐王国，原先依附帕迪尔（Pedir）王国，后来随着国力的增强，亚齐王国征服了帕迪尔王国，使其成为了自己的属国，正式建立了强大的亚齐伊斯兰王国；或借助地方叛乱取代国王，更改国名，如13世纪初，杜马坡（Tumapel）领主庚·阿洛（Ken Arok）利用农民起义推翻谏义里王朝建立新柯沙里王国；或一国被另一更加强大的国家吞并，成为其附属国，如室利佛逝战败后成为麻喏巴歇王国的属国，再如拉登·巴塔（Raden Patah）联合泗水、杜班、马杜拉等地的地方领主，推翻了麻喏巴歇中央政权，建立了爪哇第一个伊斯兰教国——淡目王国，而麻喏巴歇当时并没有灭亡，而是成为其属国，领地变小。上述史实构成印度尼西亚古代王国更替的主要特点。

第五节　古代王国的商业活动

早在公元前，印度尼西亚就已开始对外贸易，往返于中国和印度的商船多在印度尼西亚停留，补充给养并就地贸易。中国商人以丝绸等物品交换印度尼西亚人的珍珠、香料、棉布等物品。印度尼西亚人在同中国进行贸易的同时还与印度、阿拉伯等国家进行贸易，现在尚存中国村、阿拉伯村和印度村等。16世纪前后，印度尼西亚较发达的王国多位于沿海地区，靠近港口，利用其优越的地理位置和盛产的香料及农产品发展贸易。

特尔纳特王国利用季候风开展贸易，其商船于每年的10月启程向西前往望加锡、爪哇和马六甲等地，6~8月启程向北前往菲律宾，11~12月启程向南前往松巴哇岛的比马（Bima）和东帝汶。向东前往西巴布亚等地。商船大小不一，大的商船仅划桨的船员就多达200人。①

王国的贸易方式大同小异，船主借高利贷购买装备和货物，商人和有钱人也可直接把货物或钱交给船主，用于贩卖和投资。出借高利贷者多为当地的马来人。借高利贷和投资都须签订协议书，一般情况下，船主抵押自己的商船。贸易完成后，船主返还两倍于本金的钱款，如不能按时还款，船主通常把自己的亲属，如妻子、儿女等交给借贷方，作为人质，待还完款后，方可把人质领回。若有正当理由，则双方可不履行协议，如遇风暴，货船沉没，双方都有损失，船主则不必还钱。这些都要写入协议书，协议多刻在贝叶或写在中国制造的彩纸上，双方妥善保存。也有独自经商者，即船主、商人、出资人三合一者。官船的货物主要来自苏丹和大臣们。关于利润分配，还有一种形式，即投资人获利三分之二，船主获利三分之一。船主负担船员的费用，为了多获利，船主允许人们有偿搭乘商船。船主的责任重大，他们了解货物行情，故而负责收支预算。因有航海经验，所以要负责海上航行安全。这一时期，海岛国家的造船业较发达，商船性能较好，商船配有舵手、领航员、观测员、船帆升降员和其他水手。

上述贸易方式存在风险，如遇风暴、海盗，则会损失惨重，若成功，则可获得巨大利润。印度尼西亚加里曼丹地区的船主或商人，有时连同装载货物的商船一同出售。除船主和商人大规模贸易外，船员也从事零散的交易，他们利用自身便利条件，携带少量物品上船，在目的地港口进行易货（Barter）交易。具体方式如下：船员下船，将物品放在岸上，然后登船等候。当地居民若有意，则可将他们认为等价的香料等放在船员物品旁边，然后离去。次日，船员下船查看，若满意，则取走香料；若不满意，则再次登船等候。当地居民如果意识到对方不满意，就添加一些香料或其他农产品。第三日，船员再次下船查看，直至满意，取

① Departemen Pendidikan dan Kebudayaan, "Sejarah Nasional Indonesia", II, Balai Pustaka, 1977, p.27.

走香料，预示交易成功，当地居民最后取走船员的物品。有时，完成一宗交易，船员须数次上下船。这种交易方式主要在偏远的港口进行，如印度尼西亚哈马黑拉岛，当地居民生活闭塞，不愿与外界直接接触，羞于与陌生人打交道和面对面交易。这种交易基于双方的诚信和约定俗成的交易法则。

这一时期，诸王国的交易市场繁华，重要市场每日交易时间较长，一直到晚21：00才闭市。鱼市开门很早，13：00暂时闭市，用于打扫卫生和进货，15：00再次开市。香蕉市场仅下午开市。在农村，集市每周开放1～2次。

中国商人在印度尼西亚市场很活跃，主要经营中国产品，如瓷器、丝织品、绸缎、天鹅绒、铜器、金银首饰、首饰盒、胭脂盒、樟脑、眼镜、伞、靴子、缝衣针、扇子、梳子、拖鞋、水银、金箔、珍珠、皇历、麝香、家具、餐具、桌布、浮花锦缎、明矾和药品等。

印度尼西亚商人经营的商品主要有丁香、肉豆蔻、豆蔻花、胡椒、食盐、砂糖、大米、蜂蜜、椰酒、椰油、蜡烛、编织品、檀木、藤条、蓝靛、沉香、广木香、犀牛、琥珀、熏香、棉布、象牙、锡、格利斯短剑、弩弓、马匹、苏木、棉花、树胶、硫磺、极乐鸟、家禽和水果等。印度尼西亚的胡椒畅销，价格昂贵，一船胡椒可换一船布匹。[①]

波斯和阿拉伯商人带来宝石和药品，印度商人带来布匹和花裙，葡萄牙人带来麻布等。印度尼西亚人当时以拥有丝绸、瓷器和象牙为荣，客观上促进了上述商品的买卖。海岛王国的经济繁荣得益于港口贸易和海峡航行安全。

各王国重视对港口贸易的管理，设立专门的港务官员负责相关事务。港务官员人数视港口和贸易规模而定，多则3人，少则1人，如亚齐王国首都班达·亚齐港口，设了3个港务官员，后马达兰的扎帕拉（Jepara）港仅设1位港务官员。当时，港务官员的地位很高，他们参加王国重要会议，后期兼有礼宾功能，直接参与王国事务。

内地王国与港口王国存在矛盾，利益之争激烈。15～18世纪，海岛王国内部、王国之间、西方列强内部、西方列强与王国之间的矛盾交织在一起。在矛盾和冲突中，荷兰把葡萄牙、西班牙和英国人排挤出印度尼西亚，控制了印度尼西亚周边海上通道，垄断了该地香料贸易。

---

① 王任叔：《印度尼西亚古代史》上，周南京、丘立本整理，北京：中国社会科学出版社，1987年版，第82页。

第三编　近代史

第三章　西方列强对印度尼西亚的入侵

印度尼西亚是一个幅员辽阔、物产丰富的国家。它盛产的许多热带产品让西方殖民主义者垂涎欲滴。最先吸引西方列强前往印度尼西亚的是其盛产的香料，如胡椒、肉豆蔻、丁香和肉桂等。当时欧洲人烹调或制药都喜欢使用香料。欧洲的香料价格昂贵，从事香料贸易能获得更大利润。16世纪，西方殖民者纷纷前往印度尼西亚，进行香料贸易。

最先到印度尼西亚的是葡萄牙人。1497年，葡萄牙第一支探险队，成功开辟出通往南亚和东南亚的航线。1511年7月1日，葡萄牙舰队侵入印度尼西亚。1512年，葡萄牙人欲与巽他王国签订贸易协定。1522年8月21日，双方正式签约，并在今日西雅加达丁香街附近立碑纪念。根据上述协议，葡萄牙获准在巽他克拉帕（Sunda Kelapa，今雅加达）建立堡垒。1512年，葡萄牙派舰队寻求到达马鲁古的航线。舰队途中在马杜拉、巴厘和龙目停留，最后抵达班达（Banda）群岛。葡萄牙与特尔纳特王国签约，获准建立据点。1570年，由于葡萄牙实行香料垄断政策，加之传播基督教，与特尔纳特统治者发生矛盾，苏丹巴布拉赫（Babullah，1570—1575）将葡萄牙人驱出特尔纳特、迪多勒和安汶。1522年，西班牙人也开始染指马鲁古群岛，并同葡萄牙人发生冲突。西班牙人败北，被迫离开。

荷兰利用马鲁古人民反抗葡萄牙的斗争，染指该地。1605年，荷兰斯特文（Steven van der Hagen）和考内里斯（Cornelisz Sebastiansz）分别成功接管葡萄牙在安汶和迪多勒的防务，同时毁灭英国在卡姆波罗（Kambelo）和色拉姆岛（Pulau Seram）的堡垒。自此，荷兰人以武力和收买等手段侵占了以盛产丁香、豆蔻等香料闻名的马鲁古群岛中的安汶岛，并向特那底和帝多利等地扩展，在这些地方建立了商馆和炮台。

16世纪下半叶，荷兰建立了资产阶级政权。出于原始资本积累的需要，荷兰商业资产阶级积极发展航运，加强对外贸易。荷兰船只航遍世界各地，被称为“海上马车夫”。1594年，西班牙封闭了里斯本港口，从而截断了荷兰的香料来源。日渐强大的荷兰借此自行寻找前往东方开发香料资源的路线。1595年4月，荷兰“远东公司”(Compagnio van Verro)派遣科尔尼里斯·德·霍特曼(Houtman)率领配备大炮的4艘帆船和248名船员，启程前往“香料群岛”，寻求荷兰至印度尼西亚的海路。该船队沿非洲西岸航行，经好望角横渡印度洋，通过巽他海峡，于1596年6月抵达西爪哇万丹港口。万丹王国当时是一个重要的贸易中心，当地居民以友好的态度欢迎荷兰人的到来。然而，霍特曼等人却以海盗的面目出现，压价购买胡椒，且态度蛮横，他们抢夺了当地人的两艘船，从而引起万丹人的愤怒。为此，万丹苏丹将其监禁，罚款后驱逐出境。离开万丹后，他们继续航行到马杜拉和巴厘，原计划驶向马鲁古群岛，但因船员患病和死亡人数增加，加之所到之处受到抵制，最终被迫返航。船队于1597年返回荷兰，除损失一艘帆船外，三分之二的船员在中途死亡。虽然获利不多，但却掌握了前往印度尼西亚的航线。1598年，荷兰派出第二支远征队前往印度尼西亚，由范尼克率领8艘船只于11月到达万丹，因为有了上一次航行经验，所以此次航行仅用了6个月时间。到达万丹时恰逢万丹与葡萄牙殖民者发生武装冲突，荷兰人乘机向万丹苏丹提供援助。葡萄牙人被击退后，万丹苏丹为感谢荷兰人的帮助，允许他们在当地设立贸易办事处。由于少了强大的竞争者，因此，荷兰人此次购买香料比较顺利，在万丹装满胡椒的4艘帆船先行驶回荷兰。另外4艘帆船继续航行，先后驶抵雅加达、杜班、锦石、班达和安汶，并在安汶设立收购站，购得大量丁香和豆蔻，同时，荷兰人在班达和特尔纳特建立了办事处。这一次购得的香料获利达百分之四百，大大刺激了荷兰人掠夺印度尼西亚香料的欲望。商人们争先恐后前往印度尼西亚，1598—1601年共14次组织远航队，其间还组建了一些贸易公司，公司之间为获利而展开了激烈竞争。于是荷兰政府建议将各公司联合起来，组成统一的公司，避免内部争斗，集中财力和物力与他国进行竞争，达到垄断印度尼西亚贸易的目的。

荷兰在印度尼西亚的殖民政策及其演变大致经历了5个阶段：

(1)荷兰东印度公司时期(1602—1799);

(2)荷印殖民政府统治时期(包括法英短期统治)(1800—1830);

(3)强迫种植制时期(1830—1870);

(4)荷兰殖民政策改变时期(1870—1900);

(5)“道义(伦理)政策及门户开放”时期(1901—1942)。

第一节　荷兰东印度公司

1602年3月20日，经国会批准，荷兰工商业者以阿姆斯特丹为主，联合其他城市建立了“尼德兰联合东印度公司”（简称“东印度公司”，VOC：Verenigde Oostindische Compagnie）。该公司“共有资本6 459 000盾（约50万英镑），分为2 153股，每股3 000盾”[①]，由位于阿姆斯特丹、泽兰省的密德堡市、恩克华生市（Enkhuizen）、德夫特市（Delft）、荷恩市（Hoorn）、鹿特丹市（Rotterdam）6处的办公室组成，其董事会由70多人组成，但真正握有实权的只有17人，被称为“17绅士”（Heren XVII），分别有阿姆斯特丹8人、泽兰省4人、其他地区各1人。荷兰国会授予该公司很大的权力，规定西起非洲南端的好望角，东到南美南端的麦哲仑海峡这一广阔的地区内的贸易都由该公司独占。同时，授予它招募军队、任命官吏、建筑炮台、铸造货币、代表国家对外宣战，以及缔结条约等权力。东印度公司实际上是代表荷兰政府进行殖民征服的工具。

1. 荷兰东印度公司对印度尼西亚的征服

东印度公司成立后，便在“贸易，即战争”的口号下对印度尼西亚进行征服活动。它每年派遣大批的武装战舰前往印度尼西亚，成立当年就派出了14艘，第二年派了27艘，第三年又派了38艘。东印度公司首先击败在印度尼西亚拥有势力的葡萄牙人和西班牙人，将他们赶出马鲁古群岛。1605年，荷兰人已占领马鲁古的主要岛屿，垄断了当地的香料贸易。1609年，荷兰又与西班牙签订休战协定，获得了马鲁古群岛的控制权。

印度尼西亚在17世纪中叶处于分裂割据状态。群岛上的伊斯兰教封建王国主要有东爪哇的后马达兰、西爪哇的万丹、苏门答腊的亚齐和苏拉威西的戈阿等。在加里曼丹等岛屿上，还残存一些印度教王国。这一时期，海岛王国内部、王国之间、西方列强内部、西方列强与王国之间的矛盾交织在一起。

东印度公司成立之初，在印度尼西亚采取谈判和订立协定的方式，按照市价收购货物。在其绝对垄断权确立后，便按照任意规定的低廉价格来收购货物。在马鲁古群岛，东印度公司在极短的时间内走完了这一过程。对于较强大的王国，东印度公司则小心地利用其封建国家内部矛盾和部落间的战争，确立对这些地区

① 王锡伦编译：《近代世界殖民史略》，北京：中华书局，1930年版。

的统治。荷兰人继而采取分化瓦解、各个击破的策略，相继使苏拉威西岛上的望加锡王国、爪哇岛上的后马达兰王国承认东印度公司的统治权。1610年，东印度公司在印度尼西亚设立总督，任命彼德尔·波施（Pieter Both）为首任总督，领导设立在各地的商馆。东印度公司还试图在商业发达的万丹设立总部，但是遭到拒绝，于是把目标转移到另一港口——雅加达。当时雅加达的摄政官为了促进商业的发展，答应了东印度公司的要求。1617年，东印度公司在雅加达的周围建立军事堡垒和坚固的围墙。当时英国人也在雅加达活动，在离东印度公司不远处设立了办事处。1619年，荷兰人和英国人发生冲突，引起战事，最后，荷兰人取胜，完全占领了雅加达。由于这次战事，雅加达遭到很大的破坏。战后，荷兰人重建雅加达，把它更名为巴达维亚（Batavia）。此后300多年，巴达维亚一直是荷兰统治印度尼西亚的大本营。1619年，延·皮特逊·昆（Jan Pieterszoon Coen）接任总督，在巴达维亚建立了东印度公司新的总部。

2. 荷兰东印度公司的扩张

荷兰东印度公司不断进行扩张，以达到征服整个爪哇岛，乃至整个印度尼西亚的目的。17世纪初，东印度公司先后征服马鲁古群岛上的苏丹小国，控制香料产地。其在爪哇建立了两种占领制度：东印度公司直辖殖民地和藩属土邦。到18世纪末期，直辖殖民地占爪哇总面积的五分之三。直辖殖民地由东印度公司委任荷兰人为省长，掌握最高权力，保留原来印度尼西亚封建王公的特权地位，让他们担任各级殖民机构的官吏为东印度公司服务。藩属土邦在爪哇有万丹、井里汶、梭罗、日惹和莽古尼卡兰。它们名义上是独立的，由各邦苏丹统治，但东印度公司派驻的驻扎官拥有极大的权力，直接干预王位继承，监督与东印度公司签订的不平等条约的实施。

当时爪哇岛的东部和中部由后马达兰王国统治。在苏丹阿贡统治时期（1613—1645），王国繁荣强盛，苏丹阿贡致力统一爪哇。对此，东印度公司进行阻挠，支持泗水领主反对苏丹阿贡的统治。1628年和1629年，苏丹阿贡两次派兵进攻巴达维亚的荷兰军队，均告失败。1645年，苏丹阿贡逝世，继任苏丹的阿莽古拉特一世违背了苏丹阿贡的抗荷政策，向荷兰人妥协，签约允许东印度公司派遣使节到后马达兰，承认东印度公司在马鲁古群岛的贸易垄断地位，同意后马达兰的使节出国时必须乘坐荷兰的船只。

1650年，东印度公司董事会颁布了一套管理东印度公司的综合规章，强调了公司作为商业机构的地位，根据排斥竞争者和贱买贵卖这两个原则进行经营。为了对香料贸易加以控制，它规定丁香的生产范围限定在安汶岛及其邻近岛屿，肉豆蔻及豆蔻干皮的生产限定在班达岛。

1652年，荷兰东印度公司与后马达兰苏丹订立协定。根据这一协定，后马达兰承认东印度公司在爪哇的领地权，其领地与后马达兰以达鲁玛河为界。而在南部，荷兰领地的边界则没有划定。在这一时期内，东印度公司还没有能力征服后马达兰。因此，它对后马达兰采取怀柔和拉拢政策。

1666年，荷兰派21艘战舰大举进攻望加锡王国。在苏丹哈山努丁（Hasanuddin）的领导下，望加锡人民进行了英勇的抵抗，斗争持续了数月。后来荷兰人收买了一个叫阿鲁巴拉卡（Aru Palaka）的封建主，里应外合，击败苏丹哈山努丁领导的反抗队伍。这是荷兰人首次采取“印度尼西亚人打印度尼西亚人”的策略。反荷斗争被镇压后，阿鲁巴拉卡被捧上苏丹宝座。1667年，哈山努丁被迫同东印度公司签订条约，条约规定，望加锡放弃对周围属地波尼、松巴哇和比马的主权，望加锡的贸易由东印度公司垄断，解除望加锡人民武装，要求望加锡赔偿战争费用，望加锡人不得到马鲁古地区从事贸易活动等。

1674年，后马达兰国内爆发起义，东爪哇的马都拉封建领主杜鲁诺佐约（Trunodjojo）起事反对后马达兰苏丹。东印度公司答应帮助镇压起义，条件是阿莽古拉特一世再次同它签约。新约规定东印度公司可在后马达兰各地设立商馆，东印度公司输入的货物一概免税等。1677年，杜鲁诺佐约的军队攻占后马达兰首都卡尔达（Karta），阿莽古拉特一世弃城逃跑，死于途中。他的儿子继承王位，号称阿莽古拉特二世。东印度公司后来打败了杜鲁诺佐约，邀功再次迫使阿莽古拉特二世签订割让土地和对东印度公司实行贸易优惠政策的条约：割让加拉横、勃良安地区和爪哇北岸的三宝垄城给东印度公司；允许东印度公司在南旺建立造船厂；偿付东印度公司因给予军事援助而耗费的全部费用；在付清相应款额之前，将后马达兰全部海港交由东印度公司支配等。

东印度公司还不断同西爪哇的万丹王国展开斗争。当东印度公司帮助后马达兰镇压杜鲁诺佐约时，万丹的苏丹阿贡想趁机攻打巴达维亚，但是遭到儿子哈齐吉的反对，致使父子反目。东印度公司派军援助哈齐吉，1678年，东印度公司将荷兰军队派往后马达兰，镇压起义军，1680年打败苏丹阿贡。1684年，苏丹哈齐吉同东印度公司签约，宣布放弃同马鲁古群岛的贸易，把万丹的对外贸易交由东印度公司垄断，确认荷兰在万丹及苏门答腊属地楠榜享有贸易垄断权，并支付荷兰军队的开销。对于所占领的印度尼西亚土地，荷兰殖民者用分而治之的政策进行管理。在经济政策上，荷兰东印度公司在直辖殖民地实行了实物定额纳税制和强迫供应制。农产品征收制规定，被征服地区的农民要缴纳农产品实物税，到了收获季节，必须将收成的1/4或1/3作为税收上缴，东印度公司在各州、县设立税收机构，这些税收机构主要通过各村村长向农民征税和收租；规定各州应承担一定数量的贡品份额，各州再把贡品摊派给各村，由村长强迫农民种植。东印度公司规定，假如各村多收了农产品，村长可从中多获取报酬，征收得越多，村长获取的报酬越多，由此增加了农民的负担。东印度公司在藩属土邦实行强迫供应制，该制度先在后马达兰实行，规定王国每年以最低价格供应东印度公司一定数量的大米。后来推行到其他土邦，并规定了供应的种类，如万丹供应胡椒，井里汶供应蓝靛、蔗糖、大米和木材等，勃良安供应大米、胡椒、牲畜、棉花等。上述供应品都由各级官吏负责运送到巴达维亚。按规定，东印度公司应付给相关农民以微薄酬金，而这一点点酬金大都被荷兰职员和各级官吏装入腰包。17世纪中叶以后，东印度公司还逐步占领了加里曼丹岛西部的坤甸和南部的马辰等地，迫使当地的领主签订不平等条约。

3. 印度尼西亚人民反抗东印度公司的斗争

随着时间的推移，印度尼西亚人民生活日渐困苦，面对荷兰东印度公司的残酷压迫，人们以消极的态度和怠工的方式对抗强迫供应制，导致东印度公司经济收益受损。荷兰东印度公司的侵略和扩张，除了遇到爱国的苏丹们的抵抗外，还遭到广大人民群众的抵抗。其中规模较大的如下：

（1）苏拉巴迪（Surapati）领导的奴隶起义（1683—1706）。

苏拉巴迪是巴厘人，在一次内战中被俘后卖给荷兰人，送到巴达维亚当奴隶，后来又在荷兰东印度公司的军队中当兵，升为下级军官。在东印度公司与万丹的战争时，苏拉巴迪因不堪忍受荷兰军官的凌辱而将该军官杀死，加之与荷兰女孩相恋而被关押。1683年，他设法逃离，并带领自己的伙伴在勃良安起事，反抗荷兰殖民者。后来，苏拉巴迪率军前往后马达兰的首都卡尔达苏拉（Kartasula），与对东印度公司不满的国王阿莽古拉特二世汇合。1685年，东印度公司强迫阿莽古拉特二世交出苏拉巴迪，遭到拒绝。1686年，苏拉巴迪军队在卡尔达苏拉宫广场同殖民军队交火，荷兰军队被击溃。虽然阿莽古拉特二世对东印度公司不满，但是他没有勇气公开反抗。苏拉巴迪后来离开了卡尔达苏拉，前往巴苏鲁安，在那里继续开展抗荷斗争。苏拉巴迪的势力迅速壮大，占领了谏义里等地区。1703年，阿莽古拉特二世逝世，他的儿子阿莽古拉特三世继承王位。阿莽古拉特三世憎恨东印度公司，比其父更坚决地联合苏拉巴迪，共同反抗东印度公司。事态的发展引起了以其叔父邦格兰·甫格尔为首的妥协派封建王公的不满，他们反对阿莽古拉特三世抗荷。后邦格兰·甫格尔被迫逃往三宝垄，自立为王，并与东印度公司勾结在一起。1705年，邦格兰·甫格尔与东印度公司签订新约，承认井里汶、勃良安和马都拉东部地区归东印度公司管辖。东印度公司出兵协助他镇压苏拉巴迪起义，反对阿莽古拉三世。阿莽古拉特三世被击败后，前往巴苏鲁安和苏拉巴迪合兵。邦格兰·甫格尔登上了后马达兰王国的王座，号称巴固·布沃诺（Paku Buwono）。1706年10月，东印度公司的军队对苏拉巴迪发起新一轮进攻，遭到顽强抵抗，荷军伤亡惨重。在这次战役中苏拉巴迪不幸受伤，不久在巴苏鲁安去世。1707年，荷军继续进攻由苏拉巴迪的三个儿子率领的起义军，巴苏鲁安被荷军占领，起义军余部退到玛琅。东印度公司占领巴苏鲁安后，挖掘了苏拉巴迪的坟墓，焚烧了他的遗体，然后抛入大海。阿莽古拉特三世也在1708年被俘，后被流放到锡兰岛。东印度公司镇压起义军后，进一步控制了后马达兰，并在卡尔达苏拉召开大会，强迫所有的地方领主参加。大会把后马达兰分割成43个州，各州服从东印度公司的统治，定期纳贡，实现了分而治之的目标。

（2）红溪惨案（Peristiwa Ci Angke，1740—1743）。

荷兰东印度公司统治初期，实行抑制土著、善待华侨的政策。巴达维亚居民主要有巽他人、爪哇人、马来人、中国人、印度人等。由于战争摧残，各族人数不多，且无一族在数量上相对占优势，巴达维亚自建立伊始便是一个多族群杂处的城市。居住在巴达维亚的不同族群，分成荷兰公民、华侨、土著三个等级。印度尼西亚人的反抗斗争致使荷兰人对印度尼西亚人心存畏忌，尤其是对爪哇人。1656年，东印度公司下令所有爪哇成年男子离开巴达维亚。为了解决劳动力问题，东印度公司设法把万丹、井里汶和爪哇其他各地的华侨迁移到巴达维亚。同时，派遣舰队到中国东南沿海地区掳掠中国人，致使巴达维亚华侨人口不断增加。居住在巴达维亚城内的华侨主要是商人、经纪人和手工业者等。

当荷兰殖民主义者需要华侨时，设法欺骗华侨到印度尼西亚，当华侨人数不断增加后，又觉得华侨威胁他们的利益，于是转而限制和迫害华侨。1706年，居住在巴达维亚的华侨已超过1万人，荷兰人颁布限制华侨入境的命令，规定只有取得入境许可证的人方可入境，领取入境许可证要缴纳10荷兰盾；已入境的人要领取居留身份证，需缴纳5荷兰盾。1720年，居住在巴达维亚城内的华侨增至6万人。华侨人数的增多及其经济实力的加强，使荷兰殖民者坐卧不安。他们认为富裕的华侨是其竞争对手，贫苦的华侨是他们的反对者。于是便对华侨进行排挤、打击和迫害。1722年，公司下令拘捕巴达维亚的所谓“无业华侨”，并禁止华侨开设饮食商店和随意外出旅行，被捕者部分被遣送回国，部分被送往锡兰岛和南非等地充当劳工和奴隶。1727年，东印度公司发出通告：凡是最近10年至12年内居留在巴达维亚的华侨，须持有居留证，每张身份证需缴纳5荷兰盾，否则要被捕入狱。未申请领取东印度公司所颁发的居留证者，一律被遣出境。1736年，东印度公司又宣布：凡1729年后入境的华侨，只有被认为是对殖民地有用之人，方能在3个月内缴纳2荷兰盾领取居留证。

1736—1739年，巴达维亚的财政连年赤字。许多富人带着资金逃往别处，以致东印度公司下令没收他们的不动产。面对日益恶化的财政局面，东印度公司采取了限制人口入境和加强对内剥削的政策，居留证制度就是两者合一的产物。居留证制度在华侨中造成极大的恐慌，加之一些荷兰官员利用职权滥捕华侨，借机敲诈，还常常借检查的名义洗劫华侨住宅，侮辱妇女，一时人心惶惶，很多华侨出城避祸。城内华侨不敢开门营业，市场一片萧条。1740年7月25日，荷兰总督命令贫苦华侨登记，以便送往锡兰充当苦力。命令发布后，没有一名华侨前往登记。于是殖民者蛮横宣布：凡是殖民政权认为可疑的人，不论其是否贫穷或是否有居留证，一律逮捕审查。许多华侨被捕，甚至被戴上手铐，押往锡兰岛。当死里逃生的华侨潜回巴达维亚并把殖民者的罪行公诸于社会之后，广大华侨义愤填膺，他们认为，与其坐以待毙，不如起而反抗，以求生存。当华侨正在酝酿反荷起义之际，消息泄露，荷兰殖民者派兵捕杀华侨。1740年10月9日，荷兰人命令搜查所有在巴达维亚的华侨居所，最终演变成三天全面的大屠杀，先前入狱和在医院疗伤的华侨也没有幸免，被害华侨近万人，华侨的鲜血染红了巴达维亚城外红溪之水。

历史上，荷兰殖民者为了维护自己的统治，利用华侨压制当地人，造成了华侨和当地人的相互敌意。在华侨中，装富、摆排场、虚荣的陋习引起当地人的妒忌和反感，这又增加了一层矛盾。因此，部分当地人也加入到屠杀华侨的行列。

红溪惨案发生后，爪哇各地华侨纷纷表示要为死难侨胞报仇。同年11月上旬，18 000名华侨集结在巴达维亚城外，东印度公司火速调遣3 000名援军死守城门。华侨队伍转战爪哇其他地区，部分爪哇人民也加入到他们斗争的行列中。中爪哇的华侨进攻了荷兰人在札巴拉和淡目的据点，杀死了不少荷兰人。在东爪哇，当地人民在三宝垅、泗水、巴苏鲁安等地进攻荷兰人。在广大人民起义斗争的影响下，后马达兰国王巴固·布沃诺二世也参加了反荷斗争。东印度公司无力独自镇压人民起义军，便动员各地封建领主出兵协助镇压。由于华侨和爪哇人的起义军分散在各地，致使东印度公司和封建领主的军队得以将其各个击破。荷兰军队先后占领巴当、淡目和扎巴拉等地，1743年，起义被镇压。

东印度公司镇压了人民的反抗斗争之后，又迫使后马达兰国王巴固·布沃诺二世投降。1749年，巴固·布沃诺二世被迫签订条约，承认东印度公司对后马达兰的统治。当时一位叫莽古布米的贵族不服，宣布不承认巴固·布沃诺二世签订的投降条约，并宣布自己为后马达兰的国王。但是，莽古布米敌不过荷兰军队。东印度公司后来派代表同莽古布米和谈，1755年，双方签订协定。根据协定，后马达兰被分成两个公国：日惹公国（Yogyakarta，1755—1946），莽古布米任苏丹，号称阿莽古·布沃诺；梭罗公国（Surakarta，1755—1946），巴固·布沃诺二世为苏丹。这两个公国均为东印度公司附属国。

红溪惨案后，巴达维亚商业活动几乎陷于瘫痪：粮食和砂糖奇缺，物价上涨，商业萧条，税收锐减，手工业者寥寥无几。这不仅严重影响巴达维亚市民的生活，而且使荷兰东印度公司遭受到巨大损失。

大屠杀后，荷兰总督安德里安·法勒克尼尔（Adriaan Valckenier）被逮捕并被要求向荷兰东印度公司董事会说明相关情况。法庭对其的判决是“免于死刑”，最终他死在监狱里。

红溪惨案后，荷兰本国和巴达维亚殖民当局害怕中国政府因此报复，曾派特使乘船携带“说帖”前往中国活动。清朝统治者既没有对荷方使者严词谴责，也没有向杀人凶手兴师问罪，更没有采取任何措施对华侨进行保护，致使这场针对中国侨民的大屠杀最后不了了之。

4. 东印度公司的垮台

为保证高额利润，东印度公司实行垄断贸易制度。荷兰殖民者的掠夺政策，使东印度公司从印度尼西亚群岛获得了巨额的利润。

18世纪，英国同荷兰爆发了数次战争，每次都以荷兰的失败而告终，荷兰丧失了许多殖民地。尤其是1780—1784年的第四次英荷战争，使荷兰丧失了在印度尼西亚的部分殖民地，印度尼西亚的海上交通也受到英国海军的控制。东印度公司的统治受到了直接威胁。到18世纪末期，东印度公司在印度尼西亚各地商馆的亏损越来越大。东印度公司为了解决财政危机，曾采取出卖领地和滥发纸币的办法。然而这些办法并未能解决东印度公司的危机，滥发纸币反而造成不良后果。1798年，荷兰东印度公司欠债高达13400.7万荷兰盾[①]，1799年12月31日，东印度公司正式倒闭，其债务由荷兰政府接管。1800年1月1日，印度尼西亚由荷兰政府直接统治。

5. 东印度公司垮台的主要原因

（1）由其殖民性质所决定。

荷兰东印度公司是由荷兰殖民者在印度尼西亚开设的对当地进行掠夺剥削的殖民地财团。在印度尼西亚，东印度公司扮演着剥削者和压迫者的双重角色。荷兰东印度公司的殖民性质本身就与世界发展的趋势、人民追逐自由的趋势相背离，这是其注定灭亡的根源。

（2）印度尼西亚人民的反抗斗争加速了东印度公司的垮台。

东印度公司采取的种种残暴的经济剥削的手段，加剧了印度尼西亚广大劳动者的贫困。自东印度公司在印度尼西亚建立之时起到东印度公司的垮台，其与印度尼西亚当地居民的矛盾从未化解过。印度尼西亚人民不断进行反抗斗争，致使东印度公司财政负担加重，由此造成的负债累累局面更加速了东印度公司的倒台。

（3）东印度公司内部贪污腐化所致。

荷兰东印度公司内部出现的腐败、受贿、走私现象屡禁不绝。从巴达维亚的总督府到各州的地方机构，从总督、州长到一般公务员，无不贪污和走私。上述行为使荷兰东印度公司本身的实力锐减，公司的收入不断减少，加速了东印度公司的倒台。

（4）外部环境加剧了东印度公司的倒台。

欧洲大陆发生的变革，以及荷兰本国发生的变故成为东印度公司破产的催化剂。从英国资产阶级革命伊始、北美独立战争的爆发到法国大革命的爆发，整个欧洲大陆弥漫着民主运动的气息。荷兰国内，工业资产阶级与商业资产阶级之间的矛盾激化。荷兰工业资产阶级利益集团反对代表商业资产阶级利益的东印度公司在印度尼西亚实行的垄断，以便自己也能参与印度尼西亚的经济活动。1795年，拿破仑占领荷兰，荷兰正式被法国吞并，拿破仑宣布在印度尼西亚建立巴达

① Sartono Kartodirdjo, Marwati Djoened Poesponegoro, Nugroho Notosusanto, “Sejarah Nasional Indonesia”, Departemen Pendidikan dan Kebudayaan, Jilid IV, 1975. V, p.1.

维亚共和国。荷兰国王威廉五世逃亡英国[①]。至此，本已濒临破产的荷兰东印度公司没有了强大的国家后盾，原有的政权支持的力量瞬间不复存在，取而代之的是法国控制下的巴达维亚共和国政府，东印度公司董事会解散，荷兰东印度公司名存实亡。1796年，巴达维亚共和国接管了东印度公司，并设立了管理印度尼西亚殖民地的评议会。荷兰东印度公司在印度尼西亚建立的是一个以封建专制体制为本质的殖民统治，对内独裁，对外镇压，排斥其他自由贸易的正常流通，这与18世纪末欧洲大陆上兴起的又一轮资产阶级改革浪潮背道而驰。18世纪，印度尼西亚的海上交通受到英国海军的控制，荷兰东印度公司的殖民统治开始衰弱。东印度公司的垮台是与荷兰在资本主义世界中地位的下降分不开的。

第二节 法国的短期统治（1806—1811）

19世纪初，印度尼西亚成为英法争夺的对象。1806年，英国舰队在巴达维亚的海面上击溃荷兰舰队，控制了印度尼西亚的海上交通，印度尼西亚的主要岛屿处在英国海军的包围之中。由于法国拿破仑帝国的扩张，致使1806年，法国占领荷兰，并委派亲法的荷兰人丹德尔斯（Daedels）为印度尼西亚总督。1808年，丹德尔斯来到印度尼西亚，他的主要任务是加强军事建设，准备对英作战。丹德尔斯强迫各地封建主提供兵员，把殖民军从4 000人扩增到19 000人；修筑横穿东、西爪哇的公路，全长达1 000公里；在泗水、万丹和马都拉等地建军港，筑炮台。[②]这些巨大的工程都是靠当地居民的血汗来完成的，成千上万的农民死于繁重无比的劳动之中。丹德尔斯除延续了剥削爪哇人民的一切旧方法外，还把土地出售给欧洲和华侨商人，凡是向政府承购土地者，不仅可以自由使用购得的土地，而且可以奴役土地上的农民，此举触动了当地领主的利益。爪哇人民不堪徭役和苛税之苦，在万丹和井里汶等地爆发了反抗殖民暴政的起义。1811年8月，英国驻印度总督明多带领100艘战舰进攻巴达维亚，大批英军在爪哇登陆，印度尼西亚被强制征募的军队一触即溃，守军节节败退。1811年9月18日，刚到任的总督詹生氏在三宝垄向英军投降，双方签订协定，英国接管了印度尼西亚爪哇及其所属的巨港、帝汶、望加锡等地。

① 梁志明:《东南亚历史文化与现代化》(第二编)，东南亚殖民主义史研究，香港社会科学出版社有限公司，2003年版，第105-106页。

② http：//www.qiaou.com/uqiaou99/39422—541389.aspx.

第三节 英国的短期统治（1811—1816）

1806年，英国舰队在雅加达的海面上击溃了荷兰舰队，控制了印度尼西亚的海上交通。1811年9月18日，荷军向英军投降。双方签订协定，荷兰将印度尼西亚交由英国统治。

英国占领后的印度尼西亚归印度总督明多管理，副总督莱佛士（T.S.Raffles）被派往印度尼西亚，负责管理爪哇及其附属各地，包括马都拉、巨港、马辰和望加锡等地。莱佛士来到爪哇后，首先协调英国与各封建土王之间的关系，以年薪1万荷兰盾的代价[①]，从万丹苏丹手里买下了万丹地区的管理权，并同意保留万丹苏丹的称号。莱佛士对井里汶的诸苏丹也采取类似的方法，迫使他们交出权力，然后给予年薪，以资补偿。对日惹苏丹，则寻找借口，强行进攻。日惹苏丹被迫把谏义里地区的大批土地割让给英国。梭罗苏丹也被迫割让土地，其权力被削弱。对于爪哇以外的巨港、马辰等地的苏丹，莱佛士派军前往威慑，迫使他们屈服并割让土地。

莱佛士在印度尼西亚推行了多项代表英国工商业资产阶级利益的改革和一系列新殖民政策：

（1）宣布全部土地为宗主国所有，农民为世袭佃农。

（2）废除强迫种植制和强迫供应制，改行地税制，依收成而定税率，税额从四分之一到二分之一不等，收税以村社为单位，直接向殖民财政机构缴纳，地租可用货币或稻米缴纳。实行货币地租制，客观上促进了商品经济的发展。

（3）废除贸易垄断制和国内关卡税，开放港口。鼓励私人资本开辟、经营种植园。

（4）把爪哇分为18州，每州设一州长，县长们的权力被削弱。

（5）设立陪审制，完善司法和行政体系，以加强中央集权。

这些政策的实行活跃了殖民地的商品货币关系，增加了农产品的出口，扩大了英国工业品的市场。

莱佛士在印度尼西亚以自由耕种取代强迫种植，取消了县长们的收税权，把地方官员的注意力引向公共设施建设等方面。

---

① 王任叔：《印度尼西亚近代史》上册，周南京整理，北京大学出版社，1995年版，第277页。

1813年10月，拿破仑帝国瓦解，荷兰恢复了独立。英国为了利用荷兰牵制法国，同意与荷兰和好。1814年，英荷签订《伦敦协定》。根据该协定，印度尼西亚在1816年8月1日正式被移交给荷兰。事实上，英荷之间有关殖民地的争执，到1824年双方签订《苏门答腊协定》后才最终得以解决。根据该协定，荷兰把它在印度的商馆和马六甲移交给英国，英国则把它在苏门答腊的据点移交给荷兰。英荷两国有权进入对方的殖民地，并享受最大限度的特惠权。

第四章　荷印政府的统治

第一节　荷印政府在印度尼西亚的扩张及其殖民统治

这一时期，荷兰殖民者在印度尼西亚的殖民范围迅速扩大。在18世纪末叶以前，荷兰对印度尼西亚的殖民统治以爪哇及马都拉岛为中心，对其他外部诸岛不够重视，当时荷兰人把许多未征服的岛屿叫做“外部领地”。他们对“外部领地”不以夺取土地为目的，只在这些地方设置公司的经理处和堡垒，以控制封建领主和加强对当地人民的掠夺。荷兰从英国手里接管印度尼西亚后，重新恢复了统治。荷兰殖民者卷土重来后，首先遇到英、美两国在商业上的竞争。因为荷兰本国经济比较薄弱，无力同工业发达的英国竞争，所以荷兰殖民者重走老路实行关税保护。荷兰人更感兴趣的是如何解决国家税收不足及债务增加的问题，而不是税收制度带来的商品货币关系的发展。对外实行关税制以保证荷兰的贸易垄断地位，对内重新施行实物赋税和强迫供应制。1824年，荷兰国王组织尼德兰贸易公司，以运输和销售印度尼西亚的土特产。继而实行新关税法，对进口别国货物课以重税，以保证荷兰在贸易上的优越地位。

1840年英国势力侵入北婆罗洲，加之苏伊士运河开通后，印度尼西亚和欧洲的航距缩短，欧洲资本家涌入印度尼西亚，刺激荷兰殖民者加紧侵占外岛的野心。1846—1849年，荷兰向巴厘岛发动了三次侵略战争，终于迫使当地王公承认荷兰统治。1860年，吞并了南加里曼丹的马辰王国。在苏门答腊岛上，荷兰殖民者逐渐兼并许多独立的小邦。19世纪70年代，印度尼西亚只有亚齐还保持着政治上的独立。

1870年，荷兰殖民地政府在印度尼西亚推行土地法和新殖民政策，外国人可向荷印政府租赁土地，租期75年，向当地人租赁土地，租期30年。[①]自此，大量外国资本涌入印度尼西亚，争租土地，经营种植园，兴办各种企业。货币和商品经济的发展加速了村社瓦解和农民分化的过程，印度尼西亚逐步沦为殖民地半封建社会。荷兰殖民地政府向爪哇以外地区发动军事进攻，强行扩张，为私人资

① Sartono Kartodirdjo, Marwati Djoened Poesponegoro, Nugroho Notosusanto, “Sejarah Nasional Indonesia”, Departemen Pendidikan dan Kebudayaan, Jilid IV, 1975. p.12.

本提供土地，用于开辟种植园或开采矿产品，掠夺印度尼西亚资源，如1875年发动的，松巴岛、亚齐、打巴努里、巨港、孟达外、占碑、寥岛、马辰和龙目等地的战争。其中龙目之战较为惨烈，龙目岛盛产大米和牲畜，因而成为荷兰殖民者掠夺的主要目标之一。1894年，荷兰殖民者拦劫了龙目王从新加坡购买的两艘帆船，交换条件是龙目王禁止抗荷活动，把力主抗荷的太子阿奈克·阿贡（Anak Agung）交给荷兰人。龙目王断然拒绝了荷兰人的要求。荷兰殖民政府派兵进攻龙目岛，遭到龙目武装部队的顽强抵抗，敌军司令范·汉（Van Ham）将军被打死。殖民地政府派兵增援，龙目武装部队被迫撤离首都。荷兰殖民军冲入王宫，大肆抢劫，把宫中收藏的贝叶（lontar）书取出焚烧，用以御寒，把余下的运往荷兰莱顿。印度尼西亚著名古典史学《阿奄·武禄颂》（*Nagarakratagama*）手刻原稿也被随军远征的殖民主义御用学者勃兰德斯（Brandes）盗走。荷兰殖民军侵占龙目岛之后，1906年，又进犯巴厘岛麻塘（Badung，又名Denpasar），麻塘王率众抗敌，麻塘失陷后，麻塘王和王后拔剑自刎。1908年，殖民军先后攻占格隆贡和弗罗列斯岛。荷兰殖民者在19世纪和20世纪初的10年之内，强迫275个封建领主承认荷兰的统治权或表示臣服于荷兰。

为了压制印度尼西亚人对荷兰殖民统治的不满，荷兰殖民者在政治和经济方面采取了严厉的措施，如禁止印度尼西亚封建领主出租土地给他国种植园主，宣布过去封建领主同英国商人签订的租借土地契约无效，进一步排挤他国的资本势力，进而削弱苏丹和封建领主的实权，只保留其称号，向他们发放固定的薪俸，把其变成殖民政府的工具。殖民当局沿用了英国实行的土地课税制，部分恢复东印度公司时期的强迫供应制，恢复贸易垄断。印度尼西亚人民被迫交纳的苛捐杂税名目繁多，如门户税、庭院税、迁居税、土地贸易税、稻谷税、牲畜税等。殖民当局还在道路、桥梁、河口、市场等处设立关卡，强行征税，甚至连怀抱的小孩过关卡，也要纳税，称为“屁股税”。印度尼西亚人民极为不满，封建领主因被禁止租售土地而收入减少，也对殖民统治产生怨恨。荷兰殖民者同印度尼西亚社会各阶层之间的矛盾，导致了印度尼西亚人民的抗荷斗争和起义。

第二节　印度尼西亚人民的反殖民斗争及伊斯兰教的积极作用

荷兰殖民印度尼西亚时期，殖民当局将印度尼西亚的居民分为三等：西方人

（加上日本人）为第一等、东方人（主要是华侨）为第二等、土著则为第三等。在推行民族等级政策的同时，宣扬宗教等级观念。他们把基督教与“进步和上等社会”相联系，而把众多土著信奉的伊斯兰教贬为“下等宗教”，加以歧视。在当时开办的学校中不允许开设伊斯兰教课，禁止伊斯兰教宗教活动和相关仪式的举行，破坏清真寺。印尼民族成了被压迫的民族，伊斯兰教成了被压迫的宗教。在此情况下，保卫民族的斗争与保卫宗教的斗争自然地结合在一起。当印度尼西亚人民尚未获得其他更有力的思想武器时，伊斯兰教便成为起义领袖动员群众最有效、最现成的思想武器。在这期间，印度尼西亚人民多次打着伊斯兰教旗帜进行圣战，武装反抗荷兰殖民统治。所有这些反对荷兰殖民侵略、掠夺和奴役的斗争，或其领导人是伊斯兰教领袖、教士，或主要参加群众是伊斯兰教信徒，或以发动伊斯兰“圣战”反抗“异教徒”荷兰人相号召，或由荷兰殖民者介入宗教纠纷引发反荷斗争，其中持续时间较长的当属亚齐战争。从以上的历史事实中不难看出，伊斯兰教在反对殖民侵略、奴役的斗争中，发挥了积极的作用。

一、奴库（Nuku，1797—1885）反荷斗争

荷兰人插手迪多罗王室事务，逮捕了苏丹查玛鲁丁（Jamaluddin），扶持嘎伊吉拉［Gaijira，后更名为帕库·阿拉姆（Paku Alam，1780）］上台。宰相努库及瓦鲁（Waru）地区人民与英国为伍，1797年夺取王宫，并联合英国人成功包围荷兰人在奥兰杰（Oranje）的堡垒。1801年，当地荷兰人投降，英国成功控制安汶。自此，迪多罗王国与特尔纳特王国保持友好关系，两国与英国保持友好关系。

二、巴迪慕拉（Patimura）起义（1817）

1817年，荷兰从英国人手中接管安汶，恢复了被英国人取消的强制当地居民提供船只给政府的制度，大量征用劳工为其无偿劳动，到处强拉壮丁充当炮灰。荷兰人的暴行引起安汶人民的反抗。1817年5月3日，100余名安汶居民代表举行会议，商讨进攻沙巴鲁亚（Saparua）岛上的荷兰堡垒事宜。紧接着举行第二次居民代表会议，巴迪慕拉主持会议。会上公审叛徒并处以死刑。5月14日在林中召开代表会议，决定于5月16日举行反荷大起义。起义当日，巴迪慕拉率众攻克荷兰在沙巴鲁亚的堡垒，并于5月20日宣布马鲁古独立。荷兰派出军队前往镇压，双方发生激战。荷兰方面提出和谈，遭拒绝。荷兰派暗探刺杀巴迪慕拉，阴谋没有得逞。后由于叛徒出卖，巴迪慕拉和他的战友被捕。12月16日，巴迪

慕拉和他的战友安通尼·里波克（Anthoni Ribok）、菲利普·拉图玛黑纳（Philip Latumahina）、赛义德·帕林塔（Said Parintah）等被处以绞刑。临刑前，巴迪慕拉高呼："被砍倒的丁香树一定会发芽，老的巴迪慕拉倒下了，新的巴迪慕拉必然会起来！"

三、巴特里（Padri）战争（1821—1838）

1821年爆发的巴特里（Paderi）战争是苏门答腊西部米南加保地区由伊斯兰宗教改革运动转为反对荷兰殖民者插手的民族战争的一场战争。19世纪初，伊斯兰教中的瓦哈布派（Wahab，又称清净教派）传入米南加保地区。该派创始人为穆罕默德·伊本·阿卜杜尔·瓦哈布（1730—1792），主张严格奉行一神论，反对一切脱离《古兰经》和《圣训》的宗教仪式和行为，要求清除异教的影响。这个教派由1804年从麦加朝圣归来的哈吉米斯给（Haji Miskin）、哈吉·比阿邦（Haji Piabang）和哈吉·苏马尼克（Haji Sumanik）传入巴东地区。他们反对当地传统的陋习，如喝酒、吸鸦片、赌博、锉牙、斗鸡、嚼槟榔等，反对财产由母系继承的习惯法，主张按伊斯兰教教义由父系继承。"巴特里"在阿拉伯语中是"来自勃迪尔"的意思。勃迪尔是亚齐的一个伊斯兰教中心，也是经亚齐去麦加朝圣途中的一个中转站。

1819年，当荷兰殖民者来到苏门答腊西部进行殖民统治时，正是巴特里教派蓬勃发展之际。巴特里教派采用暴力手段传教，与其对立的是米南加保地区封建领主支持的旧教派。两派发生武装冲突，巴特里教派在经济上代表当地新兴商业集团利益，在宗教上主张改革。巴特里教派在达图克·班达罗（Datuk Bandaro）和伊玛目·彭佐尔（Tuanku Imam Bandjol，1772—1864）的领导下，取得节节胜利。在斗争中遭到打击的封建领主和保守派领导人达图克·萨迪（Datuk Sati）向当时卷土重来的荷兰殖民军求助。荷兰殖民者担心巴特里派成为自己商业上的劲敌，害怕其憎恨异教徒而危及殖民统治，同时，封建领主又答应以经济特权和部分领地换取荷军支持，于是荷兰派兵镇压了巴特里教派。1837年，荷兰人以谈判为诱饵逮捕了伊玛目·彭佐尔，并将其流放到安汶和万鸦老。1854年，伊玛目·彭佐尔在流放地去世。

四、蒂博尼哥罗（Diponegoro）领导的爪哇人民大起义（1825—1830）

荷兰人对土著王公经济利益的剥夺及对王宫内政的干涉引起了封建领主的强烈不满，导致了1825—1830年的蒂博尼哥罗领导的大起义。蒂博尼哥罗是日惹苏丹阿莽古·布沃诺三世的长子，因生母出身低微而未能继承王位。在莱佛士统治时期，他曾和荷兰殖民者约定如果阿莽古·布沃诺四世去世，那么由他继承苏丹王位。但在阿莽古·布沃诺四世逝世后，荷兰总督却另立阿莽古·布沃诺四世儿子为苏丹。这使蒂博尼哥罗大为不满。更重要的是蒂博尼哥罗还目睹荷兰恢复统治后，变本加厉地压迫和剥削人民，对此极为痛恨。这些是他起义反荷的主要原因。蒂博尼哥罗是爪哇贵族中的民族主义者，也是一个虔诚的伊斯兰教信徒，渴望恢复马塔兰王国昔日的繁荣与强盛。蒂博尼哥罗的思想得到许多爪哇贵族和农民的支持。

起义的导火线是荷兰殖民政府在日惹南部修筑公路时大肆拆毁民房，甚至把修路用的木桩插进蒂博尼哥罗的领地和王族墓地。蒂博尼哥罗认为这是无法容忍的侵犯和侮辱行为。愤怒的蒂博尼哥罗派人把木桩拔掉，然而木桩又被州长的爪牙重新插上。蒂博尼哥罗当即提出抗议，殖民者非但不接受，反而派兵包围蒂博尼哥罗的住宅，准备逮捕他。周边民众闻讯后，立即聚集到他们所尊敬的这位王子的住所周围。1825年7月20日，在人民的拥护下，蒂博尼哥罗和叔父莽古布米冲出敌人的包围，开始了抗荷起义。蒂博尼哥罗转移到离日惹11公里的斯拉朗，在此建立了起义总部。蒂博尼哥罗号召进行“圣战”，消灭在爪哇的一切欧洲人。起义队伍主要由伊斯兰教教士和信徒组成，这使起义具有明显的宗教色彩。蒂博尼哥罗的号召迅速传遍爪哇各地，受尽殖民者压迫的人民纷纷响应，他们拿起长矛、大刀从四面八方投奔蒂博尼哥罗。短期内就有6万多群众参加起义，另外还有70多名封建王公贵族。梭罗公国著名的伊斯兰教学者基阿伊·莫佐也带着一大批信徒投奔蒂博尼哥罗。人民起义的熊熊烈火在斯拉朗点燃。

殖民政府闻讯后，立即从巴达维亚和三宝垄调派援军，试图和驻日惹的殖民军内外夹击起义军。但起义军中途伏击了这批援军。起义军向日惹城发动进攻，消灭了不少敌军。与此同时，三宝垄、茉莉芬、北加浪岸、葛都各地的人民，也纷纷揭竿而起。他们烧毁荷兰人的房子、仓库、关卡和种植园。起义爆发1个月后，蒂博尼哥罗发布《致扎巴朗加人民令》，蒂博尼哥罗在令中，一方面，阐明了这次反抗斗争的目标，即“为消灭爪哇岛上的一切异教徒，在日惹进行圣战”；另一方面，号召“各级地方长官不要缴纳赋税”，将款项“应用于支持消灭爪哇一切欧洲人的战争”。蒂博尼哥罗发布的檄文得到爪哇各阶层，特别是广大农民的热烈响应。仅在勃罗波龚哥管辖区，就有3.5万人响应。在人民起义军的打击下，殖民军总司令德·科克两次写信给蒂博尼哥罗，要求同他进行谈判。蒂博尼哥罗对德·科克的来信不予理采。德·科克达不到目的，便派大批军队进攻斯拉朗。起义军避其锋芒，撤出斯拉朗，转移到特鲁竹克、朱墨林等地。1825年10月，蒂博尼哥罗被起义军的王公贵族和伊斯兰教学者拥戴为苏丹，兼宗教最高领袖。蒂博尼哥罗以苏丹的名义在日惹附近的起义军总部所在地德格索村宣布成立伊斯兰教王国，自称爪哇正义之苏丹并任命芒库布米亲王为最高顾问，梭罗的著名阿訇基阿伊·莫佐为宗教顾问，雅贝伊亲王为统帅。蒂博尼哥罗建立王国，鼓舞了起义军的士气。1826年初，起义军在整个中爪哇和东爪哇广泛开展游击战，分别开辟了东北部、南部和中部3个战场。1826年6月，大批荷兰殖民军从日惹赶往勃列佐，企图从起义军手中夺回该地的堡垒。起义军英勇抵抗，一次又一次击退敌人的进攻。最后，敌军付出了沉重的代价，才占领这块阵地。7月，殖民军又进攻驻扎在德格索的起义军大本营。双方经过激战，起义军主动撤离，转移到斯查帝、勃列佐等地。在这种形势下，荷兰殖民者积极部署兵力，力求解日惹之围。7月30日，副总督兼荷军总司令德·科克亲自来到梭罗督战，并且控制梭罗王国，防止梭罗的王族参加起义军；还从三宝垄派出军队南下支持日惹，但这支增援部队被慕尔约·圣迪科率领的起义军全歼。与此同时，三宝垄、苿莉芬、北加浪岸、葛都各地的人民也纷纷揭竿而起。随后，殖民者又组织兵力进攻起义军的大本营斯拉朗，蒂博尼哥罗回避大规模的战斗，下令部队撤退，殖民军扑了一个空。由于殖民军受到沉重打击，因此，殖民政府财政出现困难。

1826年9月，德·科克宣布恢复被废黜的日惹老苏丹蒂博尼哥罗祖父的王位，企图以此诱使蒂博尼哥罗停止反抗斗争。但蒂博尼哥罗并未因此动摇，继续领导人民进行战斗。1826年10月，蒂博尼哥罗在基阿伊·莫佐的强烈要求下，错误地决定强攻荷兰军队所在地梭罗附近的战略要地卡窝克，虽然起义军打得勇猛顽强，但是无法抵挡敌人猛烈的炮火。结果，蒂博尼哥罗受伤，不得不退兵。卡窝克战斗的失利，对起义军产生了重大的负面影响。此后，蒂博尼哥罗与莫佐之间发生矛盾，起义军陷于分裂状态，力量大大被削弱。卡窝克战役后，蒂博尼哥罗从1827年开始进行了军事整顿，把起义军分成若干固定的队伍，作为联络和推动各地斗争的骨干力量，重新强调和恢复游击战术。蒂博尼哥罗组织了若干起义骨干队伍，各队有自己的名称和旗帜，重新开展游击斗争。此时，荷兰人利用取得胜利的机会进行诱降活动。葛都战区一些软弱的王族投靠了敌人。与此同时，1827年下半年，殖民军开始用堡垒战术对付起义军的游击战。他们在各游击区建筑了一系列堡垒，这些堡垒每个相隔20~30公里，中间用道路连接起来，在堡垒区还有骑兵进行巡逻，以围困和孤立各地的起义军，并切断起义军的供应。1827年8~10月，德·科克派遣一名英国人和一名阿拉伯人为中介人，先后同蒂博尼哥罗的代表举行两次会谈。由于殖民军的代表没能接受蒂博尼哥罗提出的提高伊斯兰教地位（包括有权按照伊斯兰教的法律审判欧洲人）的条件，谈判破裂。此后殖民军加紧了攻势，开辟了东部、西部和北部三个战场，分别包围起义军。1827年11月，双方在北部战场的南望地区发生激烈战斗。起义军坚持了半年之久，最后失败。

荷兰殖民者为了镇压起义军，从巴达维亚、泗水、苏门答腊和苏拉威西等地调来大量正规军；在三宝垄组织荷兰侨民志愿队；还强迫梭罗和马都拉苏丹提供兵员组成雇佣军。之后，殖民军在范·兴上将的统领下，集中兵力围攻北加浪岸和三宝垄地区的起义军。接着，殖民军总司令德·科克带了一支配有大炮和几千名士兵的殖民军队，向斯拉朗进攻，妄图一举抓获蒂博尼哥罗，摧毁起义政权。但起义军早已转移，斯拉朗已是一座空城。德·科克几次寻找起义军作战主力无果，起义军采取游击战术，机动、灵活地打击敌人，使荷兰殖民军疲于奔命，伤亡惨重。

1828年年底，由于作战失利，范·德尔·卡勃仑总督被迫下台，德·科克临时负责处理相关事务（后由迪·贝斯任总督）。德·科克一面采用碉堡战术，在起义军控制地区，每隔20~30公里筑一碉堡，并组织14个流动部队与各碉堡据点互相配合，企图围歼起义军；一面在起义队伍领导上层进行诱降分裂活动，拉拢一些封建领主，允许他们在归附后可以占据“叛变者”的土地。殖民者的诱降分裂活动在某些封建领主身上产生了效果。1829年8月，蒂博尼哥罗的婶婶及其几个儿子向敌人投降了。9月，莽古布米也被迫投降。1829年10月，起义军主要领导人基阿伊·莫佐、芒库布米和青年将领申托特等人相继投降，雅贝伊亲王战死疆场，蒂博尼哥罗只得在荷军追击中孤军奋战。但是，蒂博尼哥罗在艰苦环境中，依靠农民群众的支持坚持战斗，表现出不屈不挠的英勇气概。他既不屈服于荷兰的军事压力，又断然拒绝殖民者的多次诱降，甚至当殖民军俘获其长子，以杀害逼降时，也不为所动。

1830年3月28日，蒂博尼哥罗及其随从应邀来到马吉冷，与荷兰人进行谈判。谈判中蒂博尼哥罗要求建立一个由苏丹领导的独立国家，并要求成为整个爪哇伊斯兰社会的最高领袖。德·科克拒绝了蒂博尼哥罗提出的要求，并将他逮捕。1830年5月30日，蒂博尼哥罗被流放到苏拉威西岛的万鸦老。1834年，蒂博尼哥罗又被押送到望加锡。蒂博尼哥罗在20多年的监禁生活中写下了700页的自传。1855年2月8日，蒂博尼哥罗在望加锡病逝，终年70岁。蒂博尼哥罗起义对印尼民族独立运动具有重要的影响。

蒂博尼哥罗领导的反荷起义在广大农民的支持下，以农村为根据地开展游击战争，坚持了5个年头，歼灭了15 000多名殖民军，使荷兰殖民当局消耗战费2 000万荷兰盾，[①]惩办了许多殖民官吏，烧毁了无数咖啡种植园，给荷兰殖民者以沉重打击。蒂博尼哥罗领导的爪哇人民大起义以捍卫伊斯兰教、驱逐荷兰殖民者为口号。蒂博尼哥罗所领导的斗争当时被认为是反对异教徒的圣战。蒂博尼哥罗是一名虔诚的伊斯兰教信徒，他的主要顾问是一位伊斯兰教学者，名叫基阿伊·莫佐（Kiai Mojo）。在蒂博尼哥罗写的自传中多次引用《古兰经》的条文、圣谕和《给国王的忠告》一类书的摘录来论证某一决断的对与否。蒂博尼哥罗主张按照伊斯兰教的法律审判欧洲人。

这次人民起义在印度尼西亚人民反殖民主义斗争的历史上写下了光辉的一页，揭开了19世纪中期亚洲民族解放斗争高潮的序幕。

第三节　强迫种植制（1830—1870）

1696年，东印度公司开始在爪哇的勃良安强迫农民试种咖啡，收获甚好，因此，决定大力推广，规定勃良安的农民必须种植咖啡，不得种植其他作物。此后，咖啡种植推广到整个爪哇岛以及外岛地区。1811—1816年，英国殖民统治时期废除了强迫种植制。荷兰从英国接手印度尼西亚后，为搜刮印度尼西亚资源，偿还债务，总督樊登（J.C.Van Den）于1830年在印度尼西亚再次实行强迫种植制，规定爪哇农民拿出五分之一的土地种植欧洲市场所需要的物产：咖啡、甘

① Sartono Kartodirdjo, Marwati Djoened Poesponegoro, Nugroho Notosusanto, "Sejarah Nasional Indonesia", Departemen Pendidikan dan Kebudayaan, Jilid IV, 1975, p.171.

蔗、蓝靛、烟草等，[①]以种植咖啡为主，收成后按规定的价格交售给政府，以牟取暴利。这种强迫供应制首先在马达兰推行，后又推广到万丹、勃良安和井里汶。利用这些制度，荷兰殖民者控制了印度尼西亚的香料和主要经济作物，并靠它们在欧洲市场上的销售获取了巨额利润。由于种植咖啡一般需4年才能结果，农民要等4年才能获得收入，生产出来的咖啡，东印度公司又常以最低价格收购，因此，农民对种咖啡不感兴趣。为了逃避咖啡种植，当时不少农民离乡逃亡他地。种植上述经济作物的土地，可免缴地税。不适于种植经济作物的地方，农民须缴纳人头税，或每年以五分之一的工作时间为殖民地政府服徭役。

为了有效推行强迫种植制（Tanam Paksa），荷兰殖民者还规定监督农民种植的封建领主和官吏可分享总收成的一部分，授予大片土地和种种特权。在这种制度下，农民所受的剥削大大加重。为从中获利，封建领主强迫农民种植经济作物的土地不是五分之一，而是三分之一、二分之一，甚至是全部。殖民政府规定的收购价格很低，往往不足以偿付劳动费用。被迫服徭役的农民远离家乡，一年的劳动时间长达100～200天。1858年，参与咖啡种植的劳动力为45万人，参与甘蔗种植的劳动力为30万人，参与蓝青种植的劳动力为11万人。[②]由于农民种粮的土地减少，若遇天灾歉收，则人民大批死亡，如1848—1850年，戈罗宝甘（Grobogan）地区居民由原来的89 500人降至9 000人。[③]这个制度给荷兰殖民者带来了神话般的利润。印度尼西亚的输出额由1830年的1 270万荷兰盾增长到1840年的7 420万荷兰盾[④]，即增长了近5倍。1832—1867年，荷兰从印度尼西亚强迫种植制中获利96 700万荷兰盾，[⑤]这些资金流入宗主国，加速了资本的积累，从根本上改善了荷兰本国的财政状况，推动了本国工业的发展。1841—1863年，荷印政府获利46 100万荷兰盾，偿还了荷兰的债务。[⑥]“道义政策”出台后，荷印政府

① Sartono Kartodirdjo, Marwati Djoened Poesponegoro, Nugroho Notosusanto, “Sejarah Nasional Indonesia”, Departemen Pendidikan dan Kebudayaan, Jilid IV, 1975, p.69.

② Sartono Kartodirdjo, Marwati Djoened Poesponegoro, Nugroho Notosusanto, “Sejarah Nasional Indonesia”, Departemen Pendidikan dan Kebudayaan, Jilid IV, 1975, p.78.

③ Sartono Kartodirdjo, Marwati Djoened Poesponegoro, Nugroho Notosusanto, “Sejarah Nasional Indonesia”, Departemen Pendidikan dan Kebudayaan, Jilid IV, 1975, p.83.

④ 王任叔:《印度尼西亚近代史》上册，周南京整理，北京大学出版社，1995年版，第425页。

⑤ Sartono Kartodirdjo, Marwati Djoened Poesponegoro, Nugroho Notosusanto, “Sejarah Nasional Indonesia”, Departemen Pendidikan dan Kebudayaan, Jilid IV, 1975, p.87.

⑥ Sartono Kartodirdjo, Marwati Djoened Poesponegoro, Nugroho Notosusanto, “Sejarah Nasional Indonesia”, Departemen Pendidikan dan Kebudayaan, Jilid V, 1975, p.10.

于1917年废除了强迫种植制，1920年完全消失。

第四节 道义政策

19世纪后期，经历了资本原始积累阶段的资本主义向垄断过渡，发达工业国家迫切需要新的商品市场和投资场所。这为荷兰改变其在印度尼西亚的殖民政策提供了可能。受西方自由与平等思潮影响的荷兰律师范·德芬特尔（C.Th.van Deventer）1899年在《响导报》上发表《道义的债务》一文，指出荷兰对长期遭到剥削的印度尼西亚人负有"道义上的债务"。他说从1867年荷兰国会通过《会计审查法案》（*Comotabiliteits*）之后，殖民地政府的财政已和宗主国政府的财政分家，殖民地政府的收支若有盈余，则不再寄往宗主国。然而事实上，殖民地政府每年仍然大笔汇款到宗主国。范·德芬特尔在的文章里呼吁荷兰政府为了国家的"荣誉"，应该承担这笔道义上的债务，拨出专款偿清殖民地政府债务和办些"好事"，为印度尼西亚人民谋"幸福"。德芬特尔提出了三项事业：大办教育、兴修水利、实行移民。[①]

范·德芬特尔的文章发表后，得到荷兰工业资产阶级的拥护，三宝垄《火车头日报》（*De Locomotief*）的总编辑勃鲁斯霍夫（Brooshooft）于1901年出版了一本小册子，题为《殖民政策的道义方向》。他说道义的光辉终于冲出了"自私"的阴霾，开始照耀着荷兰的殖民政策。他说荷兰政府从穷困的爪哇人身上搜括了四分之一的积蓄，但从来没有给他们做一些好事，只是把他们推入可怖的深渊。道义政策要求提高印度尼西亚人民精神方面和物质方面的"幸福"，要求议会严格控制政府和实行地方权制，《火车头日报》的后台老板是勃勒斯玛·范·哈塞尔（Bergama van Hassolt）律师事务所，这个律师事务所是荷兰大输入商的顾问、工业资产阶级利益的维护者。

范·德芬特尔是三宝垄勃勒斯玛·范·哈塞尔律师事务所的一名成员，曾为加里曼丹的荷兰采煤企业主在爪哇招募契约工人，实际上是贩卖人口。范·德芬特尔反对政府向欧洲人征税，因为欧洲人在印度尼西亚经商，开辟种植园或采矿，一向享受特权，不须纳税。范·德芬特尔的主张得到了同殖民地市场关系密切的荷兰资本家的支持。荷兰工业资产阶级和大输入商主张实行道义政策的目的

---

① 这三项事业，荷兰文的词尾都是"tis"，等于英文的tion，即educatiie , irrigatie，emigratie，故称"三tie运动"。

是要在印度尼西亚进一步推销工业品，获得更大的利润。

印度尼西亚当时有6 000万人口，是一个广大的市场，如果提高印度尼西亚人民的购买力，那么可以大量推销工业品，获得高额利润。但是由于殖民制度的残酷剥削，19世纪以来印度尼西亚人民的购买力低下，各种农产品的价格继续下跌，输出完全陷入停滞状态，荷兰输入印度尼西亚的商品日益减少，而亚齐战争使殖民者的开支愈来愈大，而收入却愈来愈少，若要增加新税，则必然引起更大的反抗。1900—1901年，爪哇粮食大歉收，牲畜发生瘟疫，引起了严重的经济危机，使荷兰资产阶级大为不安。荷兰政府在工业资产阶级和大输入商的压力下，于1901年，荷兰女王的演讲中宣称要在印度尼西亚实行道义政策（Politik Etis）。1901年，"道义政策"或称"伦理政策"出台，其主要内容是在印度尼西亚发展教育，兴修水利，从爪哇向外岛移民。政策的实施主要是为了提高印度尼西亚的农业生产水平，以掠夺更多的农业原料；提高土著居民的购买力，以扩大荷兰工业品的销售市场；培养一定数量受过西方教育的当地官员和技术人员，以提高殖民地管理效率，满足西方资本主义企业对初级技术力量的需求等。在新殖民主义政策中，教育政策的调整无疑对印度尼西亚具有最为重要的意义，一批受过西方现代文化教育和影响的知识分子阶层的出现促进了印尼民族的觉醒。

殖民地政府于1902年成立了由范·德芬特尔等三人组成的特别委员会，专门调研爪哇居民"繁荣衰退"的原因，特别委员会的调查表提出了700个问题，包括食物、田租、耕种方法、灌溉、债务、渔业、工商业、外国企业等项目。特别委员会的调查报告从1905年起陆续出版，到1914年共出版了33卷。从大量的资料中范·德芬特尔得出了荒谬的结论，认为爪哇居民的"繁荣的衰退"不是殖民剥削引起的，而是人口过剩所引起的。而生产的增加远跟不上人口的增加，殖民地政府对爪哇人口的迅速增加，不加限制，因此，繁荣衰退。1930年，爪哇和马都拉向外岛移民82.5万人。[①]道义政策以移民作为一个主要内容，将爪哇过剩人口移往地广人稀的苏门答腊和加里曼丹，一方面，掩盖殖民主义剥削的本质，把繁荣的衰退归根于人口过剩；另一方面，利用爪哇过剩的人口解决苏门答腊种植园劳动力不足的问题。这些移民分得的土地过少，终年辛勤耕耘不足以糊口，不得不到邻近的种植园出卖一部分劳动力。

道义政策推行的水利灌溉设施，从表面上看是要改进农田水利，扩大灌溉面

---

① Sartono Kartodirdjo, Marwati Djoened Poesponegoro, Nugroho Notosusanto, "Sejarah Nasional Indonesia", Departemen Pendidikan dan Kebudayaan, Jilid V, 1975, p.118.

积，提高农作物的产量，增加人民的收入，从而提高购买力。实际上，这些设施主要是为种植园服务，尤其是为外国垄断资本的甘蔗园服务，而不是为一般的小农经济服务。灌溉系统是围绕大种植园而设计的，不是为大多数农民的农田水利设计的。灌溉设施改进之后，反而给有些地区的农民带来灾害，因为种植园主控制着这些灌溉设施，有权优先使用这些水利，如规定沟渠的水白天由种植园使用，到了晚上才允许农民将水引进自己的田里。殖民地政府将爪哇的水利系统分为十四个灌溉区，如果区内的农民和种植园主争水，发生纠纷，那么殖民地政府总是站在种植园主一方，判决把水交给种植园主。

荷兰殖民者把兴办教育，设立各种学校，提高印度尼西亚人民的文化水平当成其"仁政"之一。其实，荷兰殖民政府办教育的目的，并不是要促进印度尼西亚文化的发展，而是实行奴化教育，灌输"亲荷、崇荷、恐荷"的思想，训练一些具有初级文化，能读、会写、会算的知识分子为其服务。因为到了20世纪，荷兰私人资本在印度尼西亚设立了不少企业和工厂，需要有一些文化的职工为其服务，而殖民地政府由于统治机构的扩大，亦需要受过一定训练的人员为其服务，因此，设立小学给予最起码的"读、写、算"训练，造就一些供它使用的"下级职员"。殖民地政府的教育制度主要实行双轨制：一种是为"平民"而设，念到小学毕业为止；另一种是为贵族和资产阶级的子女而设，以荷兰语为教学用语，小学毕业后可继续升学。可见，殖民地政府办教育是为殖民主义服务，并不是要使劳动人民掌握文化，而是在印度尼西亚培养一小批知识分子为其所用。另外，雇佣本地毕业生，其待遇比外国毕业生低得多。

殖民地政府为了进一步实行奴化教育，于1908年设立民众读物委员会（1910年开始工作），控制人民的思想。到了1917年，扩大组织，改组为图书出版局（Balai Pustaka），用印尼语和几种方言出版各种图书刊物，与进步刊物对抗，通过遍布全国各地的小型图书馆及政府办的学校，大肆宣传有利于殖民主义或不妨碍殖民者根本利益的思想，同时，以图书出版局作为培养买办文人的园地，出版了不少为其宣传的文艺作品，其中有些作品是以反封建为主题的，如反对旧式婚姻，但是这种反封建仅仅是反对"父母之命，媒妁之言"，宣传"自由恋爱"，而不是反对封建主义的剥削本质，并且往往把殖民者描写成反封建的"英雄"。

为了统治的便利，殖民者于20世纪初对印度尼西亚文字进行改革，推行拉丁化运动，废除用阿拉伯字母拼写印尼语而改用拉丁字母拼写印尼语，公布奥普赫森（ophuyaen）拼写法。上述文字改革对印尼语的发展在客观上起到了很好的效果。

在实行道义政策时，有些法律学者，如樊·佛伦荷芬（*Van Vollenhoven*）积极研究印度尼西亚习惯法（hukum adat），理由是印度尼西亚的司法制度要照顾印度尼西亚人民的风俗，实际上是利用习惯法中有利于殖民统治的成分进一步压制印度尼西亚人民。因为习惯法包括两部分：一部分是从古传下来的村公社的习惯法，其中含有一些民主成分；另一部分是封建社会有利于统治阶级的习惯法，其中有许多是不民主的成分，是封建领主压迫人民的不成文法。殖民主义御用学者大肆宣扬的正是这一部分遗产，那些具有民主成分的习惯法是被摒弃不用或加以歪曲的。

20世纪初，由于抗荷斗争的高涨，导致荷兰殖民者在实行道义政策时，不得不采取一些改良措施，改善印度尼西亚人民的生活，企图缓和印度尼西亚人民的抗荷斗争。在卫生方面，殖民地政府办了几所医院，做了一些公共卫生工作，防止传染病的蔓延，如1905年扑灭鼠疫等。

1900年，殖民地政府取消了典当业的承包制，将所有当铺收归国有，禁止私人经营。印度尼西亚劳苦大众生活异常贫困，有四分之一到二分之一的居民经常和当铺打交道。他们到当铺借贷时须以金银首饰或其他有价值的物品作抵押，到期往往无力赎回，被当铺没收。截至1929年，当品5 600万件，当资20 700万荷兰盾。①

1900年，殖民地政府开始在农村设立国民信贷银行，其利率虽然比高利贷者略低，但农民向银行借款手续繁杂，须以实物抵押，一般贫民不具备这些条件，因此，这种银行完全不能解决贫困农的经济困难。殖民者设立这种银行的目的是要培植农村中的地主、富农作为殖民统治的社会支柱，给予经济上的援助，通过他们搜刮更多的商品和作物。殖民地政府取消了鸦片承包制，改由政府自行经营，鸦片归政府专卖之后，吸食者人数不减反增，殖民地政府获得的利润更大。在实施道义政策期内，殖民地政府废除了繁重的徭役制，代之以货币赋税。同时政府又用法律形式把农民在农村中承担的各种义务劳动固定下来，如修建和护养桥梁道路等。可见，实际上徭役制并未取消，而赋税却越来越重。

荷兰殖民者在实施道义政策时在若干省、市、县设立地方议会，实行地方分权制。地方议会有立法权，其主要任务是计划修建道路，管理自来水、公共卫生和料理墓地等。议员包括欧洲人、印度尼西亚人和东方人，其中欧洲人占优势。

① Sartono Kartodirdjo, Marwati Djoened Poesponegoro, Nugroho Notosusanto, "Sejarah Nasional Indonesia", Departemen Pendidikan dan Kebudayaan, Jilid V, 1975, p.45.

议员有一部分由政府指派，另一部分由选举产生。选举权和被选举权有许多限制，如财产方面规定每年的收入必须在若干以上才有选举权。关于被选举权，限制更严，不仅要有一定的财富，而且要受过教育，能说荷兰语，能看懂荷兰文。

客观上，道义政策加速了传统社会的解体，促进了印度尼西亚社会中现代化因素的增长，为印尼民族主义运动的兴起和发展准备了客观条件。

第五节　亚齐战争（1873—1904）

亚齐战争自1873年始，1904年结束，成为印度尼西亚延续时间最长的一场反殖战争。亚齐是马六甲海峡的门户，在战略和经济上具有重要地位。19世纪，荷、英殖民势力为控制马六甲海峡，加剧了在亚齐的角逐。1871年，双方签约，荷兰承认英国在荷属东印度群岛有平等贸易的权利，英国则认可荷兰有权在苏门答腊“自由行动”。1873年3月26日，荷兰对亚齐宣战，亚齐战争爆发。1874年1月，荷军攻占苏丹王宫，占领首都班达亚齐。苏丹迈哈穆德·沙二世被迫撤往山区，不久患霍乱病逝。1874年，荷兰宣布亚齐并入荷属东印度领地。亚齐地方封建主拥立穆哈迈德·达乌德·沙二世（Muhhamad Dawud Syah II）为新的苏丹，领导亚齐人民继续开展抗荷斗争。亚齐是伊斯兰教影响很深的地区，抗荷伊斯兰教战士的口号是“不自由，宁为圣战死”。德古·齐克·迪·第罗（Teuku Tjik Di Tiro）领导亚齐人民武装队伍在1881年对荷兰殖民军发起“圣战”。他撰写了《圣战之书》这一名著，鼓舞了伊斯兰教信徒的抗荷精神。在战斗中，伊斯兰长老宣称：“杀死一个荷兰人，即能升天。”1894年后，荷兰殖民者采取了莱顿大学伊斯兰学者、亚齐问题专家斯努克·胡尔戈洛聂博士（Dr.Snoeck Hurgronje）的建议：采取固守防线，以游击战对付游击战，收买地方领主，孤立苏丹，打击伊斯兰教长老，建立基地，绑架抗荷领导人亲属，分裂抗荷力量等策略，致使抗荷势力遭到很大削弱。1903年，亚齐苏丹穆哈迈德·达乌德·沙二世在两位苏丹后、其子和母亲被荷兰人俘获的情况下放弃抵抗，向荷兰人投降，被迫承认亚齐王国的主权归属荷兰。1904年，荷兰占领亚齐全境。亚齐人民40余年的抗荷战争在印度尼西亚人民反抗荷兰斗争史上写下了光辉的一页。

第四编　现当代史

第五章　印度尼西亚民族解放运动

第一节　政党的建立

一、至善社（Budi Utomo）

1908年5月20日，印度尼西亚第一个有组织、有纲领、有领导的政治组织，即"至善社"（又称"崇知社"）在巴达维亚宣告成立。该社由爪哇日惹退休医生哇希丁·苏迪罗·胡索多（Wahidin Sudiro Husodo）创建，成员多为雅加达医学院学生。1908年10月5日，该社在日惹召开首次代表大会，大会语言为马来语，雅加达医学院学生苏托莫（Sutomo）当选该社首任主席。自代表大会后，至善社的领导权转移到老一代人手中，提尔托库苏莫（Tirtokusumo）县长接替主席职务。1912年，诺托·迪罗佐（Noto Dirodjo）取代提尔托库苏莫任主席，雅加达医学院学生们由于政治主张得不到满足而逐步退出。至善社主张爪哇族的团结和协调发展，复兴民族文化，发展民族工商业，扩大爪哇人在行政机构中的名额，通过合法斗争实现上述要求和目标。至善社发展迅速，到1909年年底已有40个分社、1万多名会员。[①]

这是一个提倡弘扬社会文化教育的社会组织。至善社的历史任务，是民族觉醒运动，也是启蒙运动。该社没有提出民族独立的明确目标，虽然是一个改良主义组织，但是它的活动对印尼民族的觉醒起了重要的推动作用。至善社是印尼民族运动兴起的重要标志，鉴于其在促进民族主义运动的兴起方面所起的积极作用，印度尼西亚独立后把5月20日定为民族觉醒日，每年加以纪念。

---

① Sartono Kartodirdjo, Marwati Djoened Poesponegoro, Nugroho Notosusanto, "Sejarah Nasional Indonesia", Departemen Pendidikan dan Kebudayaan, Jilid V, 1975, p.183.

这一时期出现的政治组织的宗旨是以弘扬文化教育和科学为目的，带有鲜明的社会政治和宗教政治色彩。他们都是在民族主义运动中成长和发展起来的。

二、印度尼西亚协会（Perhimpunan Indonesia）

1908年，在荷兰学校读书的印度尼西亚学生成立地区性学生组织，原名“东印度协会”，1922年更名为“印度尼西亚协会”。协会成立初期只是一个具有同学会性质的团体，以联络在荷的印度尼西亚留学生感情和维护自身权益为主要目的。由于印尼民族运动蓬勃发展的影响，该协会成员新的民族意识开始形成。1913年，该协会变成有鲜明色彩的政治团体，明确提出依靠自身力量争取印度尼西亚独立的口号，首次把“印度尼西亚”一词用于政治斗争，并把机关刊物《东印度之子》更名为《独立的印度尼西亚》。

三、伊斯兰教商业联合会（Serikat Dagang Islam）

第一个真正意义上的民族主义组织是1911年，由梭罗花裙商沙曼胡迪（H·Samanhudi）发起成立的“伊斯兰教商业联盟”，又称“伊斯兰教商业联合会”，简称“伊商联”（Serikat Dagang Islam）。该组织要求发展民族企业，维护伊斯兰商人的利益。伊商联比至善社更有名气，该联盟是在1910年中爪哇的腊染工业不景气时成立的，它给民族主义运动输入了宗教成分。起初这个团体的纲领是温和的，只是为印度尼西亚争取在荷兰殖民帝国范围内的自治，但随着时间的推移，它所表现的精神便激进起来了。伊商联由于内部不团结，加之地方主义色彩浓厚，采取排华行动，因此，该组织的积极作用受到很大限制。1912年9月10日，该组织更名为“伊斯兰联盟”，简称“伊联”（Sarekat Islam），它代表印度尼西亚新兴的工商业资产阶级利益，提出“伊斯兰教信徒团结起来实行互助合作”的口号，反对曲解伊斯兰教教义，维护伊斯兰教信徒的利益。其章程规定，以伊斯兰教信徒间的团结、互助谋求民众的进步。遵循伊斯兰教教义，促进农业、商业、卫生和教育事业的发展。按伊斯兰教教义生活，丢弃对伊斯兰教的一些错误观念，加强互助的情谊。进一步提出鼓励民族企业、经济互助，促进当地文化与福利的发展，以及振兴伊斯兰教等主张。伊斯兰联盟成立后，对社会产生了很大影响，参加这个组织的不仅有伊斯兰商人，而且有广大工农群众。1916年2月，伊联在万隆举行会议，选举沙曼胡迪为名誉主席，佐克罗阿米诺托（Oemar Said Tjokroaminoto）为主席。后者是荷兰殖民统治下的议会议员。1918年，佐克罗阿米诺托与阿卜杜尔·慕依斯在议会中提出动议，要求荷兰殖民当局建立民选的议会，政府应向议会负责，这就是著名的“佐克罗阿米诺托动议”。如果将伊联与伊商联相比较，两者都有排斥非土著居民的特点。参加这个联盟的一些激进派主张积极开展反对荷兰殖民者的斗争。

伊商联局限于爪哇人和商业范围，而伊联已突破这一点，发展到社会各阶层。伊联表现出印尼民族资产阶级的软弱性，在反对殖民主义的问题上态度不够坚决。佐克罗阿米诺托明确表示，伊联服从荷兰政府的指挥，忠诚地服从荷兰人的法律和规章。伊联的目标是建立民族主义，谋求真主赐于人们的各项权利，改善印度尼西亚人民的贫苦生活。1917年，伊联在巴达维亚召开第二次全国代表大会。代表们列举事实揭露荷兰殖民者对印度尼西亚的掠夺和蹂躏，抨击资本主义是罪恶制度，号召人民起来推翻它。大会提出争取民族独立的要求，还具体提出了下列要求：实行地方自治；人民享有选举权；在法律上印度尼西亚人与荷兰人一律平等；废除限制人身自由的通行证和迁居许可证制度；要求政府赎回私领地、减低税务、改进教育、扶助农业和民族工业等。

伊联发展迅速，至1919年，其成员达200万人。1920年，印度尼西亚共产党成立，由于印度尼西亚共产党对伊联的影响愈来愈大，1921年10月10日，伊联作出决定，禁止其成员同时成为印度尼西亚共产党党员。后伊联分裂成白色伊联和红色伊联两派，后者受印度尼西亚共产党影响深，对荷兰殖民当局采取不合作态度。1921年，伊联在梭罗举行全国代表大会，将红色伊联开除出该组织，共产党人被迫退出伊联中央。

1923年，伊联在茉莉芬举行全国代表大会，更名为“伊斯兰教联盟党”（Partai Sarikat Islam，简称PSI）。1930年，又更名为“印度尼西亚伊斯兰教联盟党”（Partai Serikat Islam Indonesia，简称PSII）。后来印度尼西亚伊斯兰教联盟党又分裂为以下几派：阿比古斯诺（Abikusno）为首的印度尼西亚伊斯兰教联盟党集团、卡托苏维里约（Kartosuwiryo）为首的印度尼西亚伊斯兰教联盟党集团、阿古斯·沙利姆（Agus Salim）为首的印度尼西亚伊斯兰教联盟党觉醒队和印度尼西亚伊斯兰教党（Partai Islam Indonesia）。

四、东印度党（Indische Partij）

1912年9月6日，荷兰进步知识分子陶威士·德克尔（Douwes Dekker）联合印欧人知识分子和土著知识分子在万隆共同创立了东印度党，并得到至善社和伊联的支持。该党成立初期已有30个分支，党员7300人。[①]该党宗旨如下：印度尼西亚各族人民团结起来，树立爱国主义精神，争取独立，反对种族和性别歧视。该党明确提出要争取印度尼西亚的独立，但它的成员主要是印欧人。1913年3月4日，荷印政府拒绝承认该党为合法政党，理由是“该党从事政治活动，破坏社会安定”。[②]1913年8月，该党主要领导人陶威士·德克尔、吉普托·芒文·库苏莫（Tjipto Mangun Kusumo）和苏瓦迪·苏亚宁拉特（Suwardi Suryaningrat）被捕，罪名是危害社会罪，被判流放，他们3人选择荷兰为流放地。之后，东印度党更名为“因苏林德党”（Partai Insulinde），影响变弱。1918年，陶威士·德克尔从荷兰返回印度尼西亚。1919年6月，因苏林德党更名为“民族印度党”（Nasional Indische Partij，简称NIP），政治影响越来越小，逐渐成为一般性知识分子团体。

五、穆罕默迪亚（Muhammadiyah）

1912年11月18日，基亚伊·哈吉·阿赫玛特·达赫安（Kiai Haji Ahmad Dahlan）在日惹创建穆罕默迪亚。他于1890年在麦加进修一年，期间研究过阿布杜关于伊斯兰教现代派的改革思想。他领导的穆罕默迪亚主张恢复《古兰经》和《圣训》的伊斯兰教教义，以实现真正的伊斯兰社会，其主要活动是取消与伊斯兰教教义相抵触的陋习，建立各级学校，开设医院和孤儿院等。穆罕默迪亚不介入政治，也不反对任何一方或其他宗教，并允许其成员以个人身份加入任何政党，属下有妇女组织（Aisyiah）、童子军（Hizbul Wathan）等。穆罕默迪亚作为一个主张改革的伊斯兰教社团，发展很快，先从爪哇和苏门答腊的城市起步，后发展至加里曼丹和苏拉威西。

六、东印度社会民主联盟（Indische Sociaal Democratisohe Vereniging）

1914年年初，荷兰社会民主党党员史尼弗立特等人到印度尼西亚宣传马克思主义。5月9日，他们联络在印度尼西亚的一些荷兰和印度尼西亚进步知识分子，在泗水建立了东印度社会民主联盟（Indische Sociaal Democratisohe Vereniging）。

---

① Sartono Kartodirdjo, Marwati Djoened Poesponegoro, Nugroho Notosusanto, “Sejarah Nasional Indonesia”, Departemen Pendidikan dan Kebudayaan, Jilid V, 1975, p.190.

② Sartono Kartodirdjo, Marwati Djoened Poesponegoro, Nugroho Notosusanto, “Sejarah Nasional Indonesia”, Departemen Pendidikan dan Kebudayaan, Jilid V, 1975, p.193.

这是印度尼西亚第一个宣传马克思主义的组织，积极致力把马克思主义同印度尼西亚人民的革命运动相结合，它的纲领中提出了以社会主义思想教育群众，建立工会和农民合作社，争取印度尼西亚独立等要求。其在开展工人运动方面起到积极作用，与技工学校教师联合会、土著典当职工联合会、鸦片专卖局工会、公共工程土著人员联合会等工会建立了广泛的联系。为进一步加强工人间的团结，东印度社会民主联盟为创建中央职工会做了大量的工作。东印度社会民主联盟所进行的马克思主义的宣传工作，在短时期内产生巨大的影响，培养了一大批掌握马克思主义理论的印度尼西亚革命领导人。其成员多为欧洲人和荷裔欧亚混血儿。1914年10月，东印度社会民主联盟创办荷兰文的《自由之声报》。1917年4月，出版该报的印度尼西亚文版，1918年3月停刊，改名为《人民之声报》(Suara Rakyat)。伊斯兰联盟激进派领导人司马温（Semaun）、达梭诺（Darsono）等于1915年加入东印度社会民主联盟。1920年，东印度社会民主联盟更名为东印度共产主义联盟。

20世纪初期出现的政党或协会都有一定程度的局限性，表现出地域性和阶层特征，多以谋求地区利益为主旨，大部分组织没有提出印度尼西亚独立的要求，甚至没有提出社会变革的主张，只能在殖民地法律许可的范围内从事活动。

七、伊斯兰教士联盟(Perserikatan Ulama)

伊斯兰教士联盟成立于1916年，是由西爪哇马查伦卡（Majalengka）伊斯兰教改革运动领导人哈吉·阿卜杜尔哈里姆（Haji Abdulhalim，1887—1962）等人创建的。哈吉·阿卜杜尔哈里姆在22岁时曾去麦加朝圣，读过阿富汗尼和阿布杜的著作，遵循的是伊斯兰教沙斐仪学派。1911年，他从麦加返回西爪哇后，建立一个名叫哈亚图尔·库鲁布（Hayatul Qulub）的组织，旨在帮助土著商人对华商开展竞争，并对农民进行文化教育。1916年，该组织改名为伊斯兰教士联盟。简称“伊教联”，1917年，被荷兰殖民当局正式承认。

第二节　印度尼西亚共产主义运动的兴起与发展

一、印度尼西亚共产党的诞生与工农运动

印度尼西亚历史上第一批近代产业工人和农业工人在20世纪初因近代工业

和种植园的发展而出现。1905年，在印度尼西亚诞生了第一个工会组织：全国铁路工会。此后，其他工会组织也相继成立。1908年，组成铁路电车工会。此后，在印度尼西亚又建立了典当业土著职工联合会、私营企业工会等组织。为了更好地领导工人的斗争，1919年12月25日，22个工会组织在日惹举行联合会议，决定成立工人运动联合会，司马温当选为主席。工人运动联合会拥有会员约7万人，它的建立促进了各地工人的罢工斗争。在俄国十月社会主义革命的影响下，东印度社会民主联盟第七次代表大会于1920年5月23日召开，会议以投票方式把东印度社会民主联盟更名为“东印度共产主义联盟”。在投票中，只有泗水、万隆和特尔纳特支部表示反对。①大会选举司马温为东印度共产主义联盟主席，达梭诺为副主席，波尔戈斯玛（Bergsma）为秘书长，德克尔（Dekker）为司库，并于同年年底加入共产国际。1924年，东印度共产主义联盟改称“印度尼西亚共产党”，但仍以1920年5月23日为建党日期，苏达索诺担任印度尼西亚共产党主席。

在纲领中，印度尼西亚共产党提出了印度尼西亚独立及工厂、矿山、银行、种植园、运输业国有化等要求和主张，促进了印度尼西亚工农运动的发展。印度尼西亚共产党当时主要出版物有《公报》(*Communique*)、《火光》(*Nyala*)、《鸣钟》(*Deklok*)、《火》(*Api*)、《无产者》(*Proletar*)、《火焰》(*Mowo*)、《警号》(*Titir*)、《我们的呼声》(*Suara Kita*)、《斗士》(*Jago-jago*)、《热》(*Panas*)、《警钟》(*Jam*)、《勇敢》(*Berani*)。

印度尼西亚共产党成立后，积极领导了罢工斗争。但是，在工人运动联合会领导机构中改良派占据主导地位，受他们的影响，罢工工人仅限于要求改善经济待遇，罢工斗争未能形成反对殖民统治的政治行动。

1920年9月，苏门答腊的荷兰企业日里铁路公司工人和巴达夫石油公司工人，为要求提高工资而举行罢工。11月，泗水船坞公司工人相继罢工，要求增加工资。1921年，爆发了粮业工人总罢工。同年，泗水码头工人罢工6个月，工人运动联合会中的激进派另在三宝垄成立革命中央职工会。组织上的分裂削弱了工人阶级的力量，工人群众要求建立统一的工人组织。

1922年1月，典当业土著职工联合会为了反对荷兰资方要求土著职工从事额外工作，发动日惹典当业土著职工进行罢工。这次罢工蔓延到爪哇其他地区。同年8月，三宝垄码头工人又为反对资方降低工资而举行罢工。1922年9月，革命

① Sartono Kartodirdjo, Marwati Djoened Poesponegoro, Nugroho Notosusanto, “Sejarah Nasional Indonesia”, Departemen Pendidikan dan Kebudayaan, Jilid V, 1975, p.207.

中央职工会和工人运动联合会合并为东印度职工联合会，由公共工程雇员工会领导人苏罗梭担任主席。印度尼西亚共产党领导的铁路电车工会在其中发挥核心作用，使联合会成为推动工人运动的有力组织。

1923年4月，全国铁路电车工会要求提高工人工资，酝酿新的罢工。5月，殖民地政府逮捕铁路电车工会领导人司马温，引发三宝垄铁路工人举行抗议罢工，此后，罢工扩展到井里汶、直葛、北加浪岸、茉莉芬和泗水，这次罢工由于殖民政府的镇压而失败。8月，司马温被殖民政府驱逐出境。

在工人运动兴起的同时，农民运动也有了新的发展。从19世纪末开始，爪哇和苏门答腊等地农民为拒缴人头税、土地税、屠宰税等曾不断进行斗争。根据荷兰殖民政府的规定，中爪哇梭罗王公领地内的农民须将一半土地租给甘蔗种植园，甘蔗收获季节为种植园无偿服役。1917年，东印度社会民主联盟组织农民与农业工人协会，要求提高种植园租用农民土地的租金。1919年，爪哇牙律县农民为抗拒按政府规定的价格出售谷物而举行暴动。

印度尼西亚共产党成立后，伊斯兰联盟内激进派领导人司马温等共产党人和改良派之间的矛盾日益突出。1921年10月，伊斯兰联盟中央通过决议，不准中央机构的盟员同时参加其他政党。1923年2月，伊斯兰联盟又通过决议，不准地方组织的盟员同时参加其他政党。于是，司马温等共产党人退出伊斯兰联盟，于同年12月建立红色伊斯兰联盟，并吸收农民参加。1924年，红色伊斯兰联盟改组为人民同盟，接受印度尼西亚共产党的领导，并派代表参加印尼共产党的代表大会。

在国际上，亚洲各国民族独立运动的高涨给印度尼西亚人民的斗争很大的推动力。特别是中国在1924年实现第一次国共两党合作，推动大革命节节胜利的形势，使印度尼西亚人民受到很大的鼓舞。1924年，在三室垄人民庆祝五一国际劳动节的大会上，第一次悬挂孙中山的画像。同年6月，太平洋交通运输工人代表会议在中国广州举行，印度尼西亚共产党领导人阿利敏等参加了会议。印度尼西亚共产党领导的红色工会书记处在泗水成立后，加入了国际劳联和设在广州的泛太平洋工联。1925年，上海五卅惨案爆发后，印度尼西亚共产党人和进步人士同当地华侨一起，捐款支持上海的罢工工人。

在工农运动日益高涨的情况下，1924年年底，在日惹举行的印度尼西亚共产党特别代表大会过高地估计革命力量，认为印度尼西亚可能已存在武装起义，并提出建立印度尼西亚苏维埃共和国，实行银行和工业国有化等口号。会议决定整顿党的组织，在工厂建立秘密小组，加强党的组织纪律，准备起义。1925年，三宝垄、泗水、棉兰等地的工人在印度尼西亚共产党领导下相继罢工，反对荷兰殖民统治，促成了1926—1927年的印尼民族大起义。

荷兰殖民当局对印度尼西亚的民族独立运动加强了镇压，开始逮捕印度尼西亚共产党和工会的领导人，颁布限制新闻自由的条例，封闭宣传民族独立的报刊，禁止共产党公开集会；同时，在各地扶植互助会、反共会等反动武装组织（这些组织后来统称为“绿色联盟”），袭击印度尼西亚共产党在各地的办事处，殴打拥护印尼共产党的群众。在西爪哇的勃良安州，荷兰殖民当局还强令居民交出印度尼西亚共产党党证和人民同盟的证件。

二、1926年民族大起义

第一次世界大战后，荷兰为摆脱经济危机而加强了对殖民地原住民的剥削，引发了更强烈的反抗，印度尼西亚工会组织纷纷举行罢工，殖民地民族矛盾空前尖锐。亚洲各国民族独立运动的高涨，以及印度尼西亚工农运动的发展使印度尼西亚共产党认为武装起义的时机已经来临，于是提出了建立苏维埃共和国的口号。

1926—1927年，印度尼西亚共产党领导了第一次反对荷兰殖民统治的武装起义，但由于领导人之间意见分歧，加之起义前夕领导人多数被捕，组织工作发生混乱。印度尼西亚共产党领导人之一、第三国际远东局书记丹·马拉卡（Tan Malaka）以准备不足为理由反对武装起义，而阿里敏（Alimin）则认为起义时机成熟。领导人的分歧在党中央起义委员会中造成混乱，起义日期推迟至1926年11月。在没有接到起义委员会命令的情况下，各地支部纷纷自行起义。1926年11月12日，印度尼西亚共产党巴达维亚起义委员会和西爪哇万丹起义委员会同时发动了巴达维亚郊区和万丹地区的农民起义。起义农民攻入市区，占领电话局，袭击监狱和警察署，斗争持续了3天。

巴达维亚和万丹人民点燃的起义烈火迅速扩大到勃良安、万隆、梭罗、北加浪岸和谏义里等地，几乎遍及整个爪哇岛。起义活动坚持了近1个月。苏门答腊按原计划本应与雅加达和万丹同时举行起义，但由于苏门答腊起义委员会一直未接到上级关于起义的指示而静止不动。1926年12月中旬，印度尼西亚共产党苏门答腊委员会开会，决定于1927年元旦起义。1927年1月1日，西苏门答腊在西龙岗首举义旗，沙哇仑多、翁比粦煤矿中心的工人和农民纷纷响应，起义坚持了1个月。起义者逮捕了殖民政府官员，切断交通，夺取电话局，占领火车站，伏击殖民军。西苏门答腊的起义也坚持了1个月，零散的战斗直到1927年3月才结束。

这次大起义沉重地打击了荷兰的殖民统治，是印度尼西亚第一次民族大起义，对印尼民族主义运动产生了深刻的影响。荷兰殖民当局实行“白色恐怖”，调动大批武装力量，残酷镇压起义，印度尼西亚共产党不少领导干部惨遭杀害，工农运动暂时走向低潮。起义被镇压后，印尼共产党被宣布为非法组织，其基层组织大多被破坏。由于起义失败，印度尼西亚共产党的力量遭到极大摧残，被迫转入地下，原来受印度尼西亚共产党影响的大批群众转向民族主义政党。起义的失败和伊斯兰联盟的衰落为印尼资产阶级民族主义者掌握民族解放运动的领导权创造了条件。

印度尼西亚共产党当时处于幼年时期，对印度尼西亚的社会性质和革命性质、革命动力和对象、农民问题，以及统一战线等一系列重大问题还缺乏正确的分析和认识。印度尼西亚共产党领导当时提出消灭富农、立即实现社会主义、建立印度尼西亚苏维埃政权等“左”倾口号。此外，殖民者的力量过于强大，也是其失败的原因之一。起义失败后，1927年6月，丹·马拉卡与他的追随者在曼谷另立了印度尼西亚共产党，此举分裂了党组织，削弱了印度尼西亚共产党的统一领导。

第三节　印度尼西亚民族党和民族政党联盟的建立

1926年，苏加诺在万隆创立青年研究俱乐部。1927年6月，在苏加诺的倡议下，于万隆成立了印尼民族主义者协会。7月，成立印尼民族主义联盟，苏加诺任主席。1927年12月，苏加诺又创建了“印尼民族政治团体协商会”，简称“印尼民族政党联盟”，苏加诺任主席。该联盟由印尼民族主义协会、伊斯兰联盟、至善社等7个政党团体组成，是一个统一战线组织。次年改称“印尼民族党”（PNI），苏加诺担任该党主席。印尼民族党提倡以非暴力不合作的方式合法地向殖民者施压，温和、渐进地寻求印度尼西亚政治、经济上的独立。苏加诺意识到，为了达到印尼独立的目的，代表民族主义、伊斯兰教和马克思主义的力量必须团结起来，于是他整合上述三种学说形成所谓的“贫民主义”，吸引了各阶层的印度尼西亚原住民。这个代表民族资产阶级利益的政党，明确提出了争取印度尼西亚独立的纲领，还出版了《印度尼西亚团结报》。

1929年12月29日，苏加诺等3名领导人被捕，印尼民族党被宣布为非法组织。1930年，苏加诺在殖民政府的法庭上发表了著名的辩护词——《印度尼西亚的控诉》(*Indonesia Menggugat*)，淋漓尽致地揭发和控诉了殖民主义的罪恶，并表达了印度尼西亚人民要求实现民族独立的坚强意志。苏加诺等人入狱后，由沙尔多诺领导的印尼民族党中央宣布在政府审讯该案期间，停止党的活动。1931年4月，印尼民族党自动解散。同年4月30日，沙尔多诺创立“印尼党”(Partai Indonesia)。反对沙尔多诺的人组织“独立集团”(Golongan Merdeka)，后来改为“印度尼西亚国民教育党”(Partai Pendidikan Nasional Indonesia)，哈达（Hatta）和沙里尔（Syahrir）为党的领导人。这个新党以教育人民了解民族主义和民主政治为宗旨，同时，宣传取得政权后，将实行经济民生。苏加诺出狱后曾调和哈达和沙尔多诺的分歧。调解失败后，苏加诺加入印度尼西亚党，被推为主席。印度尼西亚党迅速发展，至1933年已有两万名党员。1933年，苏加诺发表了长篇文章《争取印度尼西亚的独立》，继续抨击殖民主义。当年8月1日，荷兰殖民地政府禁止印度尼西亚党集会，苏加诺再次被捕，并被流放到弗罗列斯岛的恩德(Endeh)。1934年，哈达从日本回国后被捕，右翼的新民族党也随之瓦解。1937年，苏加诺被转移到苏门答腊的明古鲁，罪名是其著作《走向独立的印度尼西亚》中有违反荷兰殖民政府利益的地方。直到1942年日本侵占印度尼西亚后才获自由。

这一时期也曾出现旨在增强民族团结的多党联合体，如1937年建立的“印尼大伊斯兰理事会”(Madjelis Islam A’la Indonesia，简称MIAI)、1939年建立的“印尼政治联盟”(Gabungan Politik Indonesia，简称GAPI）等。

一、这一时期成立的伊斯兰教政党

伊斯兰教士联合会（Nahdlatul Ulama，简称NU）于1926年在泗水成立，其成员尊崇逊尼派和该派的教法学派。伊斯兰教士联合会创建时的主要领导成员有基亚伊·穆罕默德·哈希姆·阿夏里（Kiai Muhammad Hayim Asyari)、基亚伊·哈吉·达赫兰（Kiai Haji Dahlan）和基亚伊·哈吉·阿卜杜尔·瓦斯布拉（Kiai Haji Abdul Wahab Hasbullah)。伊斯兰教士联合会不介入政治。1937年，伊斯兰教士联合会与穆罕默迪亚共同发起成立“印尼大伊斯兰理事会”，旨在振兴伊斯兰教和加强对古兰经的研究。

白尔蒂伊斯教党（Partai Islam ，简称Perti）成立于1928年5月5日，主要代表富豪和商业资产阶级的利益。

印尼伊斯兰信教徒协会（Persatuan Muslimin Indonesia，简称PML或Permi）1930年成立于武吉丁宜。其前身是苏门答腊伊斯兰教组织达瓦利卜（Thawalib）。主要成员是学生和教师出身的各界人士，属于伊斯兰教现代派，在兴办教育、传布伊斯兰教方面发挥了一定作用。1936年，印度尼西亚伊斯兰教信徒协会被荷兰殖民当局解散，他们中还有不少人加入了1938年由苏基曼领导的印度尼西亚伊斯兰教党。

二、青年誓言（Sumpah Pemuda）

1926年4月30日至5月2日，在雅加达召开了第一届印度尼西亚全国青年代表大会。[①]1928年10月26～28日，印度尼西亚各地青年代表在雅加达召开第二届全国代表大会，会上一致通过了“青年誓言”：“我们印度尼西亚的儿女，承认一个民族——印尼民族；我们印度尼西亚儿女，承认一个祖国——印度尼西亚祖国；我们印度尼西亚儿女，承认一种语言——印尼语言。”[②]

这个青年誓言强烈表达了印度尼西亚人民为建立一个统一的民族国家及争取这个民族国家独立的坚强意志和决心，有力地推动了印尼民族主义运动的形成和发展。

在会上，身为记者的苏普拉特曼（Supratman）利用会议休息时间用小提琴演奏了大印度尼西亚歌，受到与会代表的欢迎，会后，该歌曲在印度尼西亚各地传唱，印度尼西亚独立后，被定为国歌。

印度尼西亚国歌译文：

印度尼西亚，我的祖国，生我养我的地方，我在这里昂首挺立，誓做母亲的卫士。

印度尼西亚，我的国家，我的民族和祖国，让我们振臂高呼：“印度尼西亚团结统一。”

万岁，我的祖国，万岁，我的国家，我的民族，我的人民，我所有的一切，让我们为伟大的印度尼西亚振奋精神，挺起胸膛。（重唱，略）

---

① 作者注：关于第一届印度尼西亚全国青年代表大会，相关资料甚少。

② 印度尼西亚文：Sumpah Pemuda

Pertama：Kami poetera dan poeteri Indonesia，mengakoe berbangsa jang satoe，bangsa Indonesia.

Kedoea：Kami poetera dan poeteri Indonesia，mengakoe bertoempah darah jang satoe，tanah Indonesia.

Ketiga：Kami poetera dan poeteri Indonesia，mendjoendjoeng bahasa persatoean，bahasa Indonesia.

伟大的印度尼西亚，独立，独立，我亲爱的土地，亲爱的国家，伟大的印度尼西亚，独立，独立，万岁，伟大的印度尼西亚。印度尼西亚，我们光荣、富饶的土地，我将在这里生活，直至永远。印度尼西亚，先辈的土地，我们共同的财产，让我们衷心祝愿："印度尼西亚幸福安康。"繁荣，您的土地，繁荣，您的精神，您的民族，您的人民，您所有的一切，让我们为伟大的印度尼西亚唤起心灵，唤起良知。(重唱，略)

印度尼西亚，纯洁的土地；我们神圣的土地，我在这里昂首挺立，忠诚捍卫祖国母亲。印度尼西亚，光荣的土地，我心爱的祖国，让我们对您宣誓："印度尼西亚万古永存。"平安，您的人民，平安，您的儿女，您的岛屿，您的海洋，您所有的一切。我们的勇士，为了伟大的印度尼西亚！前进，为了我们的国家，前进。

(重唱，略)

1938年，第三届印度尼西亚全国青年代表大会在日惹召开，决定合并青年组织，成立"印度尼西亚青年运动联合会"(Persatuan Pergerakan Pemuda Indonesia，简称Perbindo)，提出"争取国家和民族独立、提高国家和民族地位"的口号。[①]

三、七省号舰起义

1933年2月4日晚，"七省号舰"的印度尼西亚水兵起义。七省号舰是荷兰海军舰队的一艘巡洋舰，在这艘军舰上有不少印度尼西亚水兵。荷兰殖民者对印度尼西亚水兵存在种族歧视，军饷的不平等就是一种表现。印度尼西亚水兵和荷兰水兵干同样的工作，能力相等，但是待遇差别很大，给印度尼西亚水兵的军饷一般比荷兰水兵的少一半以上，印度尼西亚水兵的军饷一般是每月15荷兰盾，来自基督教区，如万鸦佬的士兵则为25荷兰盾，而荷兰士兵则以60荷兰盾为基薪。1929年经济危机爆发之后，殖民地政府不顾水兵的反对，将原本已很低的军饷一减再减，1931年减少5%，1932年再减5%，接着又宣布将于1933年再减7%，[②]泗水海员和码头工人坚决反对削减军饷，他们结队进行示威，向荷兰国防部长提出

① Sartono Kartodirdjo, Marwati Djoened Poesponegoro, Nugroho Notosusanto, "Sejarah Nasional Indonesia", Departemen Pendidikan dan Kebudayaan, Jilid V, 1975, p.198.

② http://baike.baidu.com/link?url=v-LSeoXV6jZscpOYOn2ybFL3VnZ9Ao91q5Rkn2zdF-8Mc0fot9oQ5pLnm-sfF3MiLQdOi8DoaGsfe9K5d8NPu32UPYTk_Aw8Wi-jcqI3XjpzzL14Xcd32SQZnxip_kvFXD_jIf3Wjp8Rxa7p59nRMq.

抗议，并且作出决定不为1932年1月2日从泗水开出的军舰服役。1932年12月，泗水海员工人召开大会，反对削减军饷，参加大会的有700余人之多。1933年元旦，印度尼西亚水兵联合会和荷兰水兵联合会举行联席会议，采取一致行动反对削减军饷，迫使殖民地政府不得不推迟实行削减军饷的计划。

殖民地政府知道七省号舰水兵反对削减军饷的态度最强烈，因此，实施削减军饷前采取调虎离山的策略，下令七省号舰驶离爪哇，开往苏门答腊。七省号舰开走之后，殖民地政府公布减饷条例，决定减饷4%（原定减7%）。条例公布之后，水兵们哗然。1933年1月27日，泗水海员召开大会，进行示威，反对削减军饷。游行队伍和警察发生冲突，一位工人领袖被无理逮捕。过了两天，海员和码头工人举行更大规模的游行示威，军警蛮横干涉，有10人被捕。荷兰军舰爪哇号、爱佛逊号、毕亨号、松巴号等的水兵300余人实行怠工，表示声援。接着，印度尼西亚水兵联合会亦参加行动，荷印潜艇基地武宗（Udjung）及若干军舰水兵实行怠工，被捕者总计530人。这时，七省号舰已开抵苏门答腊北端军港奥列列（Oleele）。2月4日晚，舰上的荷兰军官到哥打拉夜亚齐俱乐部参加舞会，纵情欢乐，就在这个时候，七省号舰的印度尼西亚籍军官及水兵巴拉吉（Paradji）、鲁满贝（Rumanbi）、亨得利（Hendrik）等在军舰上召开秘密会议，决定举行起义，将军舰开回泗水营救被捕战友。当天晚上九时，起义军打开舰上的军火库，取出300粒子弹分发给起义者。参加起义的有190名印度尼西亚水兵和50名荷兰水兵及下级军官，他们联合起来反对共同的敌人。起义军控制了军舰之后. 即于当晚11时起锚离开奥列列，沿着苏门答腊西岸向泗水驶去。军舰开走之后，舞罢归来的荷兰军官发现军舰已不辞而去，大惊失色。2月10日，七省号舰驶入苏门答腊和西瓜哇之间的巽他海峡，殖民地政府向七省号舰发出最后通牒，强迫他们无条件投降。水兵们坚持斗争，拒绝投降，因而遭到殖民地政府飞机的轰炸和舰队的围攻。七省号舰是一艘旧战舰，无高射炮设备，不能将高空的飞机打下来。飞机向七省号舰投下50千克的炸弹，起义军被炸死23人。最后，七省号舰英勇爱国的水兵被俘，被迫投降，起义领袖全部殉难。

第四节　印度尼西亚反法西斯统一战线的形成

1935年8月，共产国际在莫斯科召开第七次代表大会，通过了一项关于建立反法西斯统一战线的纲领。印度尼西亚共产党领导人慕梭参加了会议。同年，慕梭从国外秘密回国，恢复党的组织，建立了新的党中央委员会，向党的干部传达共产国际第七次代表大会的决议。为了躲避荷兰殖民政府的围捕，一年后，慕梭再次被迫出国。几名新的中央委员先后被捕，被流放到西巴布亚利辜集中营。在艰苦的条件下，印度尼西亚共产党中央委员会坚持工作，秘密发行党的刊物《红色灯塔》(*Menara Merah*)。1937年4月，印度尼西亚共产党与左翼民族主义者成立了“印度尼西亚人民运动党”(Partai Gerakan Rakyat Indonesia，简称Gerindo)，领导人是印度尼西亚共产党人阿米尔·沙利佛丁（Amir Sarifuddin）和印尼民族党人沙尔多诺（Sartono）等。印尼人民运动党的成立在一定程度上推动了印尼民族解放运动和反法西斯斗争向前发展。

1939年5月，印度尼西亚人民运动党和其他民主政党建立了统一战线，组成了“印度尼西亚政治联盟”。除印度尼西亚人民运动党外，加盟的政党和政治组织还有大印度尼西亚党、印度尼西亚伊斯兰教党、伊斯兰教联盟、米纳哈沙联合会和印度尼西亚天主教政治联合会等，联盟的目标是争取实现印度尼西亚的自决，产生由民主选举的议会，实现印度尼西亚与荷兰协调一致，建立反法西斯统一战线。1939年12月，该联盟在雅加达召开“印度尼西亚人民代表大会”，讨论成立议会和武装人民抗日相关问题。大会决议以印尼语为国语，红白旗为国旗，《大印度尼西亚》为国歌。大会提出的口号是“印度尼西亚要求成立一个由人民选举、代表民意的议会”。

1940年5月10日，荷兰被德国占领，流亡在英国的荷兰政府仍通过雅加达的殖民政府控制印度尼西亚。1941年9月，印度尼西亚人民代表大会的领袖们在日惹开会，决定将“大会”改名为“印度尼西亚人民会议”。印尼人民会议要求委派印度尼西亚人担任总督和各行政部门的副职长官，成立两院制议会，将荷属东印度改为“印度尼西亚”。当时的荷兰流亡政府拒绝了这些要求，不敢动员和武装印度尼西亚人民，幻想借助英美力量抑制日本侵略印度尼西亚。由于荷兰政府顽固地拒绝在印度尼西亚实行任何政治改革，加之印度尼西亚一些民族主义者轻信日本的宣传，幻想依靠日本人求得民族独立，因此，印度尼西亚反法西斯联盟没有发挥应有的作用。

第六章　日本统治时期

第一节　日本侵占印度尼西亚

1940年9月和1941年1月，日本先后派出小林一造和芳泽健吉到雅加达“访问”，要挟荷兰殖民当局让出印度尼西亚，遭到拒绝。1941年12月8日，日本偷袭珍珠港，发动了太平洋战争。12月17日，日军在北加里曼丹登陆，随即南下进军印度尼西亚。1942年1月，日本海军进入望加锡海峡，大败美、澳、荷海空联军。2月，日本在邦加岛登陆，同月占领巨港机场。3月1日，在爪哇登陆；5日，占领雅加达；8日，荷军向日军投降。

占领印度尼西亚后，日本军队推行了一整套法西斯政策：政治上实行军政统治；经济上大肆掠夺；文化教育方面实行日化和奴化教育。为了加强法西斯统治，日本人在印度尼西亚建立了军政府，设立三个管辖区：

陆军16军管辖爪哇和马都拉岛，总部设在雅加达。

陆军25军管辖苏门答腊岛，总部设在武吉丁宜。

南海第二舰队管辖加里曼丹、苏拉威西、努沙登加拉、马鲁古和西巴布亚岛，总部设在望加西。

日本军政府于1942年3月宣布禁止一切政治活动，解散印尼所有政党，禁止一切政治言论，禁止悬挂红白旗和唱大印尼歌，还规定当地居民必须每日清晨向东京“遥拜”。此外，日本军政府建立图书审查制度，将报纸、电台等一切宣传喉舌置于其控制之下。

日本军政府为了扩大侵略战争，疯狂地掠夺印度尼西亚的石油、橡胶和粮食等资源。他们强迫印度尼西亚农民以低价交售大米。在爪哇大规模征召青壮年充当“劳务者”，为日本侵略者修建各种军事工程。被派往缅甸、泰国等地的几十万名“劳务者”大都因劳累过度而亡或被活活打死，只有极少数人得以生还。

1943年春季以后，日本在东亚战场上逐渐转入防御态势，不得不有条件地同印度尼西亚的民族主义者和宗教领袖进行一定程度的合作。日本侵略者为了拉拢有影响力的民族主义者作为政治工具，寻求与苏加诺和哈达的合作。在日本军政府期间，多数印度尼西亚资产阶级民族主义者基本上采取与日本占领当局合作的立场，同时利用合法身份进行大量民族主义宣传工作。

1943年3月9日，日本军政府成立了由印度尼西亚政界和伊斯兰教人士组成的名为“民众力量动员中心”（Pusat Tenaga Rakyat，简称Putera，又称“民众力量总会”）的政治组织，苏加诺、哈达、曼苏尔和德万托罗担任了该组织的中央领导人。1943年6月，日本首相东条英机在日本帝国议会发表了允许印度尼西亚人参政的演说。7月，东条英机亲自访问爪哇，表示对印度尼西亚人民的“关怀”。9月，在爪哇成立了中央参议院和州参议会，苏加诺被选为中央参议院主席。中央参议院并没有立法权，其职责主要是向日本军政府提出相应建议。

由于印度尼西亚90%的居民信仰伊斯兰教，因此，日本军政府极力利用伊斯兰教进行统治。日本军政府设立宗教事务部，专门负责宗教事务。为了争取伊斯兰教领袖的支持，1942年12月，在纪念“大东亚战争”1周年之际，日本军政府将爪哇各地的32名伊斯兰教长老和学者召集到雅加达举行集会，表示对他们的友好。日本军政府专门举办“伊斯兰教长老讲习会”，讲习会每期持续1个月左右，主要学习日语、日本史和伊斯兰教教义等课程。这些长老学完后，被派往农村各地，进行亲日宣传，并帮助征调劳力和征集物资。在日军占领初期，日本军政府曾下令解散印尼一切旧的政党包括伊斯兰教政党。1943年11月，根据统治需要，则同意成立“印度尼西亚伊斯兰教联合会”，即马斯友美（Majelis Syura Muslimin Indonesia，简称Masumi）党。马斯友美党成立的目的是支持日本建立“大东亚共荣圈”、统一伊斯兰社会等。军政府通过马斯友美党控制印尼各地的伊斯兰教势力。

日本占领印度尼西亚后，用一切手段掠夺战略资源：大量掠夺石油、锡、橡胶、铝钒土等战略物质，甚至强迫当地居民收集废旧金属器具，用于制造武器；在农产品方面，食糖是日军掠夺的重要产品，其次是大米，在日本人统治的各个地区，都强制规定了征购大米的指标，完不成指标，就要遭到惩罚。日本人的大肆掠夺造成了印尼各种生活用品奇缺，粮食、糖、肥皂，甚至盐都要配给供应。物资的短缺使物价不断上涨，给印尼人民生活带来很大困难。一些地方还发生饥荒，造成大批人死亡。

1943年10月，由于局势对日本越来越不利，军政府成立了青年人和伊斯兰教信徒组成的“乡土防卫义勇军”（Pembela Tanah Air，简称Peta，以下统称“卫国军”），由印度尼西亚人担任军官，进行军训，以加强防御力量。该卫国军后来成为印度尼西亚共和国军队的核心力量，在印度尼西亚的独立战争中发挥了重要的作用。同时，组建了“兵补”（Heiho），招募印度尼西亚青年进行军训，作为战时预备队。

1944年3月1日，日本当局解散“民众力量动员中心”，成立“爪哇奉公会”（Djawa Hokokai），苏加诺出任顾问。①该会提出“动员一切力量以赢得战争”的口号。该组织由日本人组成中央管理局统一领导，再通过乡里协会对印尼城乡居民进行控制和调动。在思想方面，日本军政府大力宣传“大东亚共荣圈”的思想，宣传日本是亚洲的光明、亚洲的保护者、亚洲的领袖。在教育方面，日军侵占时期，印度尼西亚学校数量减少，小学数量由战前的21 500所减至13 500所，中学由850所减至20所，②高校仅剩4所，即：雅加达医学院、万隆工学院、雅加达政务管理学院和茂物兽医学院。③日军占领印度尼西亚后不久，就禁止使用荷兰语，只允许使用日语和印尼语，并规定在各类学校中，允许教学用语为印尼语，但日语为必修课，并对教师进行日语培训。为了刺激教师学习日语的积极性，培训后进行考试，合格者可提高工资待遇。日本军政府颁布《学校教育基本对策纲要》，规定教育必须围绕3个中心进行：皇道臣民化教育、强制性日语学习和技术教育。日化和奴化教育的目的是培养为日本军国主义效劳的人才。

第二节　印度尼西亚抗日活动

日本军政府实行的法西斯统治激起了印度尼西亚人民的愤怒，也促使那些受蒙骗者逐步认识了日本帝国主义的本质。各阶层人民展开了各种形式的抗日斗争：工人怠工，破坏日军的军火生产，捣毁铁路和公路，阻碍日军运送军需物资；农民隐藏粮食和其他农产品；市民逃避劳役；学生举行罢课，抵制奴化教育等。

印度尼西亚共产党和一些民族主义抗日组织在困难的条件下坚持抗日斗争。

① Sartono Kartodirdjo, Marwati Djoened Poesponegoro, Nugroho Notosusanto, “Sejarah Nasional Indonesia”, Departemen Pendidikan dan Kebudayaan, Jilid VI, 1975, p.15.

② Sartono Kartodirdjo, Marwati Djoened Poesponegoro, Nugroho Notosusanto, “Sejarah Nasional Indonesia”, Departemen Pendidikan dan Kebudayaan, Jilid VI, 1975, p.172.

③ Sartono Kartodirdjo, Marwati Djoened Poesponegoro, Nugroho Notosusanto, “Sejarah Nasional Indonesia”, Departemen Pendidikan dan Kebudayaan, Jilid VI, 1975, p.173.

从1943年起，艾地等人领导印度尼西亚独立运动党在爪哇、苏门答腊等地从事抗日活动。印尼共产党领导人沙利佛丁领导了最大的抗日地下组织，在中爪哇和东爪哇一带开展抗日活动。其中规模较大的有1942年苏门答腊东部农民的抗日斗争、1943年南安尤农民的反日抗粮斗争、1944年打横伊斯兰的抗日武装暴动和辛阿帕纳农民的反日抗粮斗争。日军对印度尼西亚共产党领导的抗日组织进行了残酷镇压。1943年11月，沙利佛丁等人被捕，在苏加诺和各界人士的营救下，沙利佛丁幸免于难，但一直被关押，直到日本投降才获释。

第三节 印尼独立准备调查委员会和印尼独立筹备委员会

1944年，太平洋战争形势的逆转迫使日本许诺将给予印度尼西亚“独立”地位，以换取印度尼西亚人的继续支持。1945年春，美军在菲律宾的同盟军在缅甸迅速推进，日本败局已定。在这种形势下，1945年3月1日，日本允许印度尼西亚独立，并为此成立了由63人组成的“印尼独立准备调查委员会”（BPUPKI：Badan Penyelidik Usaha Persiapan Kemerdekaan Indonesia），任命拉齐曼·维迪约迪宁格拉特博士为主席。5月28日，印尼独立准备调查委员会举行第一次会议。会议拒绝了联合国国际组织会议关于将印度尼西亚列为托管领土的意见，要求实现印度尼西亚独立。

印尼独立准备调查委员会所有成员由日本军政府当局指定，几乎包括了印尼民族主义团体、伊斯兰教及其他宗教界、封建土侯、贵族等方面的主要头面人物，其中较著名的有来自民族主义集团的民族主义领袖苏加诺和哈达等。日本军政府当局规定该委员会的任务是全面考虑印度尼西亚的政治和行政管理机构方面的问题。对如何实现独立，日本军政府当局并无具体计划。苏加诺等民族主义集团决定利用这一机构，促使日本军政府当局履行给予其独立的诺言，为建立一个合乎印尼民族资产阶级利益的共和国做好思想理论、体制和组织方面的准备工作。印尼独立准备调查委员会召开正式会议之前，争论最为激烈的是有关以何种意识形态作为独立后印度尼西亚的国家指导思想问题。主要有两种意见难以统一，以伊斯兰教为代表的一派主张以伊斯兰教作为印度尼西亚建国的思想基础；而以民族主义者为代表的一派要求建立一个世俗、具有民主的国家。

7月，印尼独立准备调查委员会第二次会议通过了宪法草案，其要点如下：

（1）独立后的印度尼西亚国家应实行中央集权制，反对实行联邦制；（2）总统由人民代表会议选举；（3）内阁由总统任命，向总统负责。8月7日，日本法西斯垮台前夕，又宣布成立“印尼独立筹备委员会”（PPKI：Panitia Persiapan Kemerdekaan Indonesia），苏加诺任主席，哈达任副主席。印尼独立筹备委员会共21名成员，其中12人来自爪哇、3人来自苏门答腊、2人来自苏拉威西、1人来自马鲁古、1人来自加里曼丹、1人来自小巽他、1人为华侨。[①②]第二天，苏加诺、哈达和维迪约迪宁格拉特应召飞往西贡，面见日本东南亚侵略军最高指挥官寺内寿一（Terauci），商讨独立问题。此时，日本战败已成定局。日本政府被迫表示同意尽快使印度尼西亚成为一个独立国家。8月17日，苏加诺和哈达签署《独立宣言》，宣告印度尼西亚共和国成立。8月18日，印度尼西亚独立筹备委员会举行第一次会议，会上，苏加诺和哈达分别被推举为即将独立的印度尼西亚共和国正、副总统。印度尼西亚的版图将只限于原荷属东印度的领土，由苏门答腊、加里曼丹（不含沙巴、沙捞越和文莱）、西爪哇、中爪哇、东爪哇、苏拉威西、马鲁古（含西巴布亚）和努沙登加拉8个省组成。

第四节　建国五项原则[③]的诞生

1945年6月1日，苏加诺在印度尼西亚独立准备调查委员会上发表了著名的《建国五项原则》演讲，认为民族离不开一定的地域，民族主义是要建立一个包括整个印度尼西亚领土的民族国家，并主张以民族主义、人道主义、民主主义、社会公正和信仰神道为建国的原则。该原则作为印度尼西亚立国基础被大会采纳，被列入印度尼西亚共和国宪法，其提法和顺序排列有所变动，即“信仰神道、人道主义、民族主义、民主主义和社会公正”。苏加诺在解释建国五项原则时，曾把它归结为三项原则，即由人道主义与民族主义合并而成的社会民族主义、由民主主义与社会繁荣合并而成的社会民主主义和信仰神道。最后，苏加诺把上述三项原则归结为一项，即互助合作。苏加诺把互助合作解释为“大家一起

---

① Sartono Kartodirdjo, Marwati Djoened Poesponegoro, Nugroho Notosusanto, “Sejarah Nasional Indonesia”, Departemen Pendidikan dan Kebudayaan, Jilid VI, 1975, p.23.

② 后又增补6人，未征求日军意见。

③ 又称作“潘查希拉”或“建国五基”。

拼搏，一道流汗，互帮互助，为共同的利益而奋斗”。[①]建国五项原则是苏加诺早期贫民主义和纳沙贡[②]思想的延续和发展，即在印度尼西亚各政治力量、派别之间进行调和，广泛团结印度尼西亚人民。苏加诺的贫民主义和纳沙贡思想在印尼民族解放和反抗殖民统治的斗争中起到了积极作用。印度尼西亚独立后，阶级矛盾日益尖锐，苏加诺在各政治力量之间继续平衡和调和，否认阶级斗争，建国五项原则的提出正是基于这种思想。

在苏加诺的政治理念中，政党不是议会的一种代表形式，议会更强调的是集团或阶层。政党只是争取独立斗争的工具，而集团则反映了社会劳动或职业分工的各种利益，因此，议会应该是为各个集团，而不是为政党的利益执言的场所。苏加诺认为议会、政党之间的关系准则不是凭选票，而是凭领导。进入20世纪60年代，他把纳沙贡思想付诸实践，进而将其发展为“有领导的民主”，以巩固自己的总统地位。

苏加诺之女拉赫玛娃蒂在《我的父母》一书中提到：“我的父亲确信，建国五项原则终归有一天会成为世界哲学。”[③]1960年9月，苏加诺在联合国第十五次大会上曾做过努力，他在发言中指出：“建国五项原则具有普遍意义，并适用于国际。”他确信：“如果联合国接受建国五项原则并把其写入宪章，那么，该组织将因此而更加强大。”[④]

孙中山的三民主义对苏加诺民族主义思想的形成有着重要的影响，苏加诺在提出建国五项原则的发言中回忆道：“我承认，16岁在泗水荷兰中学读书时，曾受到给我们讲课的社会主义者阿·巴尔斯的影响，他说‘不要有民族主义思想，要有世界人道主义意识，切勿存有民族主义意识！’那是1917年的事。而1918年，感谢真主！另外一个人提醒了我，那就是孙逸仙博士。我从其三民主义的著述中受到教育，使我认清了阿·巴尔斯灌输给我的世界主义的本质。从那时起，在三民主义影响下，我牢牢地树立了民族主义思想。”[⑤]

---

① “Tujuh Bahan Pokok Indonesia (The Seven Basic Datum of Indonesia)”, Propaganda Department of Indonesia, 1961, p.35.

② 纳沙贡是民族主义、宗教主义和共产主义的简称，即Nasakom ：Nasionalisme, Agamaisme dan Komunisme。

③ “My Father and My Mother”, Rakhmawati Sukarno, 1984, p.196.

④ “To Build the World A New-Sukarno’s Pancasila and Peace of World”, Yayasan Pendidikan Sukarno, Jakarta, 1985, p.67.

⑤ “Lahirnya Pancasila (The Birth of Pancasila)”, Sukarno, Jakarta, 1950, p.31.

苏加诺接受孙中山的三民主义思想并非偶然。20世纪初，印度尼西亚正处在民族觉醒期，至善社、东印度党、伊斯兰联盟相继成立，民族运动的浪潮一浪高过一浪。苏加诺在泗水荷兰中学读书时，曾寄宿在伊斯兰联盟主席佐克罗阿米诺托家里，该联盟当时成为传播伊斯兰教民族主义思想的基地和活动场所，各种思潮的代表人物经常在此聚会。苏加诺在那里结识了信奉世界主义的阿古斯·沙林、信仰共产主义的司马温和阿利明，以及其他民族主义者。苏加诺向他们请教，同他们探讨各种政治问题、交流看法。此外，苏加诺阅读了包括马克思主义著作在内的大量政治书籍，民族意识开始萌发。这一时期，接受了孙中山三民主义的思想，萌生了以民族主义统一印尼民族运动和团结印度尼西亚人民的愿望，进一步认识到："一个没有民族主义和民族精神的民族，正如孙逸仙博士所指出的那样，仅仅是'一盘散沙而已'，像松散互不相连的沙子一样，被风吹到各处，任人采挖。孙逸仙博士说'民族主义这个东西，是国家图发达、种族图生存的法宝'。"① 可见，苏加诺在泗水荷兰中学读书期间是他民族主义思想形成的重要时期，并不断得到巩固和发展。在万隆工学院毕业后，苏加诺放弃了成为工程师的优厚待遇，变科技救国为政治救国，选择了从政的艰难道路。

印度尼西亚当时的民族解放运动主要包括三种政治力量，即民族主义者、宗教信徒和共产党人。三者在意识形态方面存在分歧，斗争策略亦不同，分别采取了合作与不合作、合法与非法的斗争方式。面对上述局面，苏加诺于20世纪20年代提出以贫民主义，又称"马尔哈恩主义"② 作为印度尼西亚团结的理论，力图统一印尼民族主义运动。他认为，在印度尼西亚人中间只有贫富之分，"不存在人剥削人的现象"。③ 在他看来，马克思主义的阶级斗争学说不适用于印度尼西亚，贫民主义的概念更加符合印度尼西亚国情。什么是贫民主义呢？1933年，印度尼西亚党对此作了解释："贫民主义是社会民族主义和社会民主主义，是用来实现政治和社会制度的斗争形式，是消灭资本主义、帝国主义的方针。"④ 可见，苏加诺把贫民主义作为印尼民族主义者从事民族运动的指导思想和斗争纲领。

---

① "Indonesia Accuses", Sukarno, Collections of Sukarno's Speeches, 1956, p.431.

② 1924年，苏加诺某日在万隆郊外散步，遇见一位名叫马尔哈恩（Marhaen）的农民正在田间劳作。苏加诺同该农民攀谈起来，了解其生活和劳动情况。该农民有自己的农具，苏加诺认为农民有自己的农具就不能称其为无产阶级，只能称为贫民。此后，苏加诺以"马尔哈恩"称呼印度尼西亚所有贫民，把自己的贫民思想称为"马尔哈恩主义"。

③ "Bung Karno", Cindy Adams, Gunung Agung, 1966, p.84.

④ "Di Bawah Bendera Revolusi (Under the Banner of Revolution)", Sukarno, Volume I, 1964, p. 253.

针对印度尼西亚三种主要政治力量，当时，年仅25岁的苏加诺于1926年在《印度尼西亚火炬》刊物上发表了一篇题为《民族主义、伊斯兰教主义与共产主义》的文章，着重论述了三方团结的必要性和可能性。他指出："在人民运动中，民族感已成为我们共同的奋斗精神，这种精神同样存在于民族主义、伊斯兰教主义和共产主义之中，三方切勿互相敌视。事实上，三方能够互相合作，并能汇成一股势不可当的巨大洪流。"①苏加诺强调以民族感求团结，虽然不拘泥于任何形式，但是显而易见地把民族主义放到了首位。当民族矛盾为主要矛盾时，印度尼西亚人民应团结起来一致对外。苏加诺的上述民族主义思想在当时起到了积极作用。1926年，印度尼西亚共产党发动和领导的民族大起义失败，印尼民族主义运动转入低潮。1927年，苏加诺审时度势揭竿而起，倡议成立印尼民族党，该党以争取印度尼西亚独立为宗旨，奉行不合作政策。印尼民族主义力量聚集在苏加诺民族主义大旗下。苏加诺被荷兰殖民主义者视为危险人物，先后于1929年、1933年两次逮捕了苏加诺，并投入集中营，直至1942年，日军攻占印度尼西亚时才获自由。苏加诺的被关押在客观上提高了他在印尼民族解放运动和人民心目中的威望，从而树立了他的印尼民族主义运动领袖的形象，这也是日本统治印度尼西亚期间寻求其合作的主要原因。

苏加诺的民族主义思想旨在统一印度尼西亚各种政治力量和团结全体印度尼西亚人民，争取印度尼西亚独立和民族解放。他倡导统一的民族主义，反对地方主义，对此他提出："让我们确立国家的第一个基础，即印尼民族主义，统一的民族主义！不是爪哇民族主义，苏门答腊民族主义，婆罗州或西里伯斯、巴厘及其他民族主义，而是作为国家基础的民族主义。"②尽管后来建国五项原则的顺序有所变化，但民族主义，即印度尼西亚人民的团结仍然在苏加诺思想中占主导地位。

苏加诺的民主主义的目的是"建立一个大家为大家的国家"。③20世纪30年代初，他在提出"社会民主主义"时，指出欧美民主仅是议会民主和政治民主，是资本家横行的世界，在经济领域无民主和平等，更没有人民的民主。苏加诺要寻求能够解决国家、生计及政治和经济的民主。民主应为社会、人民利益服务是苏

---

① "Lahirnya Pancasila (The Birth of Pancasila)", Sukarno, Jakarta, 1950, p.9.

② "Lahirnya Pancasila (The Birth of Pancasila)", Sukarno, Jakarta, 1950, p.9.

③ "Tujuh Bahan Pokok Indonesia (The Seven Basic Datum of Indonesia)", Propaganda Department of Indonesia, 1961, p.35.

加诺把民主主义同社会繁荣合并成“社会民主主义”的思想基础。苏加诺在《建国五项原则之诞生》中曾提出“协商制或民主”，这反映了爪哇人固有的协商精神和他本人所受的熏陶。其本意是以协商求团结，实现民主主义目标。

印度尼西亚遭受荷兰殖民统治长达340年，遭受日本蹂躏达3年之久，其间伴随印度尼西亚劳动人民的只有贫穷、落后与非人的待遇，改善他们的生活是独立后印度尼西亚当权者的首要任务。苏加诺提出的社会公正（社会繁荣）的目的就是“建立一个没有贫困的国家”。[①]他还对社会公正作了进一步解释：“缺衣少食的人民需要繁荣，渴望创造一个充满公正的新世界。为此，如果我们真正了解、考虑和热爱人民，那么我们就应该接受这个社会公正原则。兄弟们！这就是说，不只是政治平等，而且必须实现经济平等，尽力保持共同繁荣。”[②]苏加诺提出的社会公正在一定程度上带有社会主义色彩，后期更加明显。

建国五项原则中的人道主义和信仰神道两项原则是苏加诺根据印度尼西亚当时社会特点和实际情况提出的。长期遭受殖民统治和封建压迫的印度尼西亚人民渴望自由和做人的权利，这种基本人权的获得必须以消灭殖民统治为前提。在印度尼西亚反对殖民统治的民族斗争中，人道主义符合印度尼西亚人民争取人权的心理，并成为印度尼西亚人民推翻殖民统治的思想武器和理论依据。苏加诺不失时机地提出“必须在世界上消灭不人道和不公正的殖民主义”[③]的口号，用以号召人民踊跃参加民族独立运动。苏加诺提出人道主义的另一用意是避免沙文主义，他说：“我们印度尼西亚共和国坚决拒绝沙文主义。因此，我们紧接着民族主义加上了人道主义原则。”[④]当时印度尼西亚有一幅宣传人道主义的漫画，即不同肤色的人手拉手围绕地球站一圈，用以形容世界各国人民相互支持、合作的愿望。苏加诺的人道主义的用意是谋求国际上的道义支持，在地球上铲除非人道的殖民主义。这也是苏加诺把人道主义解释为国际主义的主要原因。

印度尼西亚伊斯兰联盟是印度尼西亚早期政党之一，“它起了各部族间的联系作用，它在印度尼西亚反帝斗争中是统一民族感情的一个重要杠杆”。[⑤]苏加诺

---

① “The Seven Basic Datum of Indonesia”, Propaganda Department of Indonesia, 1961, p.35.

② “Lahirnya Pancasila (The Birth of Pancasila)”, Sukarno, Jakarta, 1950, p.27.

③ “Foreword of the Constitution of 1945”(印度尼西亚1945年宪法前言部分)。

④ “Pancasila Is the Foundation of A Nation——The Quotations From Bung Karno”, Muhammad Tito, 1979, p.10.

⑤ 王任叔：《印度尼西亚社会发展概观》，生活书店，1947年版，第217页。

是伊斯兰教信徒，对伊斯兰教的研究始于1933年，当时身在流放地的他以邮寄方式向万隆宗教学院的哈桑借阅了大量有关伊斯兰教方面的书籍，就书中问题通过书信方式同哈桑交换意见。在研究和探讨的基础上，苏加诺认识到伊斯兰教在民族解放运动中的积极作用，得出“伊斯兰教在印度尼西亚是影响巨大和进步的政治力量”①的结论。继伊斯兰联盟之后，先后出现了基督教、天主教和其他伊斯兰教政党，宗教在印度尼西亚逐渐成为强大的政治力量。苏加诺出于团结宗教力量的愿望，力图把其纳入自己的民族思想体系。他在建国五项原则中提出信仰神道，但又不希望诸宗教各自为战，他对信仰神道的解释：“把印度尼西亚变成人人都信神的国家，在信仰神道的前提下，人们方可自由地信奉各自的神。”②信仰神道的提出使印度尼西亚成为有神论国家，而印度尼西亚的长期宗教和睦有利于印度尼西亚的团结和统一。

苏加诺提出的建国五项原则反映了印度尼西亚人民要求团结的愿望。他的民族主义思想在反对殖民统治、争取民族独立和统一方面起到了重要作用。建国五项原则至今仍是印度尼西亚建国基础，并不断得到完善。

① “The People's Thoughts”, No.5, 27 July, 1932.

② “Tujuh Bahan Pokok Indonesia (The Seven Basic Datum of Indonesia)”, Propaganda Department of Indonesia, 1961, p.35.

第七章　印度尼西亚“八月革命”

第一节　独立过程及独立初期的政局

1945年7月和8月，日军驻西贡的寺内元帅根据东京的指示，两次召见苏加诺和哈达，商讨印度尼西亚独立问题。在印度尼西亚人民要求独立的热情高涨形势下，日本当局被迫同意印度尼西亚成为一个独立国家。苏加诺和哈达也想通过谈判从日本占领者手中获得独立。寺内宣称，将于8月24日宣布印度尼西亚独立。1945年8月14日，苏加诺与哈达在西贡参加完印尼独立筹备委员会成立仪式后返回雅加达。哈达回到家，见到了在那里等候的沙里尔，沙里尔告知哈达，日本已经投降，并劝哈达说服苏加诺自行宣布印度尼西亚独立，否则经印尼独立筹备委员会宣布的独立，盟军不会承认。哈达邀沙里尔立即去见苏加诺，苏加诺对日军投降的消息表示怀疑，他同意宣布独立，但须与印尼独立筹备委员会其他成员磋商。最后，三人决定次日到日本军政监部打探实情。8月15日15时许，苏加诺、哈达在苏巴佐的陪同下会见了日本海军在雅加达的代表前田（Maeda）海军少将。对日本投降一事，前田表示尚未得到东京正式通知，但证实盟国已广播此消息。苏加诺和哈达未获得日本投降的准确消息，担心单方面宣布独立会招致日军的干涉和镇压。鉴于事态紧急，两人商定将原计划18日举行的第一次印尼独立筹备委员会提前到16日召开。

日军投降后，摆在印度尼西亚人民面前的有两条道路：一条是靠人民的力量夺取抗日战争胜利果实，实现印度尼西亚真正的独立；另一条是任凭荷兰殖民者卷土重来，再次沦为帝国主义的殖民地。对此，进步的青年组织主张立即宣布独立，发动武装起义，从日军手中夺取武器，接管国家政权。由于印度尼西亚共产党当时处于地下秘密状态，青年组织受各种政治思潮的影响，没有统一的领导，在思想、政治、组织和策略上缺乏统一行动。

以苏加诺为代表的印尼民族资产阶级由于自身的软弱，虽然希望独立，但是对人民的力量缺乏信心，想以让步、妥协的消极方式取得独立，建立资产阶级国家，并希望和平移交政权。极少数亲荷的买办资产阶级和大封建主则盼望恢复荷兰殖民统治。

进步人士和革命青年迫切希望苏加诺和哈达等民族主义运动领袖摆脱日军的束缚，抛掉印尼独立筹备委员会，以印度尼西亚人民的名义宣布独立。当得知苏加诺、哈达等人下不了决心立即宣布独立时，他们感到不解和不满。经过串连，各青年组织领导人决定召开会议，研究当前局势对策。

日军无条件投降的消息通过无线电传播到印度尼西亚，1945年8月15日19时，各地下青年组织领导人在雅加达细菌研究所举行秘密会议，代表们分别来自“门登街31号”（Menteng31）、“印度尼西亚独立训练班”、“医学院派”等青年组织，主要人物有海鲁·沙勒（Chairul Saleh）、威卡纳（Wikana）、艾地（Aidi）、苏巴迪奥（Subadio）、苏比安托（Subianto）、马尔高诺（Margono）、佐哈尔·努尔（Djohar Nur）、库斯南达尔（Kusnandar）、阿尔曼沙（Armansjah）等。[①]会议由海鲁·沙勒主持，与会代表认为印度尼西亚独立的时机已经到来，独立是印度尼西亚人民的权力，不容外人干涉，并认为有必要对苏加诺、哈达施加压力，敦促他们立即宣布独立，会议决定派代表立即就独立事宜会晤苏加诺和哈达。当夜，威卡纳、艾地、苏巴迪奥等人受会议的指派前往苏加诺寓所会见苏加诺，要求他立即宣布印度尼西亚独立。苏加诺拒绝了青年代表的要求，坚持次日召集印尼独立筹备委员会就此问题先行讨论。青年代表坚决反对沿用日本人建立的“印尼独立筹备委员会并愤然离去。

同日午夜，青年代表们再次召开会议，听取会见苏加诺、哈达结果的报告。与会代表对苏加诺和哈达的拒绝和固执态度表示愤怒。会议决定再次派代表把苏加诺和哈达带往郊区宁阿斯登克洛（Renasd engklok）镇，继续做说服工作，并避免日本当局做相反的工作。16日清晨，苏卡尔尼（Sukarni）、尤素福·昆托（Jusuf Kunto）等人用汽车强行把苏加诺和哈达带到宁阿斯登克洛克镇“乡土防卫军团部”，再移到华侨义祥家。

与此同时，另一部分青年代表在雅加达动物园弹子房与卫国军代表举行秘密会议，商讨武装起义事宜。会议商定：起义于8月17日凌晨1时开始；以卫国军和兵补为主的起义队伍向雅加达日军发动进攻，起义行动由卫国军、兵补总部指挥；参加过军训的青年、学生到卫国军军械库领取武器、弹药，乘车到雅加达郊外作为预备队集中待命；并制订了联络暗号、口令和信号等。17日凌晨到了预定

① Sartono Kartodirdjo, Marwati Djoened Poesponegoro, Nugroho Notosusanto, “Sejarah Nasional Indonesia”, Departemen Pendidikan dan Kebudayaan, Jilid VI, 1975, p.25.

时间，集合在雅加达郊外的起义群众未收到卫国军的行动信号。原来，卫国军大团长卡斯曼·新哥迪楣佐（Kasman Singodimedjo）在起义前4小时突然派人通知："卫国军只有得到上级命令才能参与武装活动。"起义因此而夭折。从起义的流产来看，印尼民族独立斗争缺乏统一而坚强的领导核心。青年们没有广泛发动群众，而是过分依赖卫国军和兵补；民族主义者的领导人，担心日军干预，幻想和平移交政权的思想仍居主要地位。

苏加诺被带到宁阿斯登克洛克镇华侨义祥家中后，虽然意识到独立的迫切性，但仍担心日军干涉而不能下最后决心。苏加诺被带离雅加达后，前田从苏加诺的秘书梅莉克（Sajati Melik）处得知苏加诺和哈达"失踪"的消息，开始以为是陆军所采取的"预防性措施"，待得知陆军军政监也不知情时，意识到问题的严重性，使命令海军情报机构全力进行侦察，找到苏加诺和哈达。

雅加达日本海军武官府涉外部第三课调查员、前田的印度尼西亚文秘书西岛找到威卡纳，表示如果苏加诺能返回雅加达，那么前田在独立的问题上将予以合作。苏巴尔佐（Ahmad Subardjo）也作出支持于次日宣布独立的许诺。双方达成协议后，苏巴尔佐与前田办公室情报官前往宁阿斯登克洛克镇会见苏加诺。

此时，日本当局接到日军正式投降和在盟军到来之前维持地方治安的命令，但看到印度尼西亚人民强烈要求独立的决心和准备以武力争取独立的迹象，他们担心如强行干涉会危及自身安全。因此，在加强防卫措施的同时，派出与青年组织有联系的西岛等人劝说卫国军和青年组织不要起义，等候苏加诺返回雅加达谈判解决独立问题。

苏加诺和哈达于8月16日晚回到雅加达，在前田的陪同下，苏加诺会见了日本军政监总务部长西村。面对印度尼西亚人民的强大压力，西村口头上虽然拒绝同意印度尼西亚马上独立，但是暗示可在"他不知道"的情况下，由印度尼西亚方面发表独立宣言。

苏加诺得到"暗示"和得知前田等人愿通力合作后，召集印尼独立筹备委员会成员于8月17日凌晨在前田官邸举行会议，讨论独立宣言草案，青年代表和前田、西岛、吉住、陆军联络官三好俊吉郎参加了会议。独立宣言由苏加诺、哈达和苏巴尔佐起草，然后在前厅当众宣读，得到与会者一致通过。关于宣言签名问题，苏卡尔尼建议由苏加诺、哈达以印尼民族的名义签上他俩的名字，建议立即被采纳。草案由梅莉克打出，苏加诺、哈达当即在上面签上了各自的名字。会议决定，当天10时在苏加诺寓所庭院［Pegangsaan Timur No.56 Jakarta，现为独立大街（Jalan proklamasi）］由苏加诺正式宣读。会后，代表们分头通知相关人员和组织，苏加诺夫人法特玛娃蒂（Fatmawati）连夜赶制了一面印度尼西亚共和国红白国旗。

一、独立宣言

1945年8月17日10时，苏加诺在哈达等人的陪同下宣读了独立宣言，全文如下：

“我们印度尼西亚人民谨此宣布我们的独立！

有关政权移交及其他事项，将尽速及谨慎地予以执行。

雅加达，1945年8月17日

以印尼民族的名义

苏加诺、哈达”

然后举行了简短的升国旗仪式，与会者1 000余人。在日本国盟通讯社工作的印度尼西亚职员将《独立宣言》印发到全国各地，并通过电台向全世界广播。印度尼西亚独立的喜讯立即传遍万岛之国。

日本宣布投降之后，盟军命令不得将武器交给印度尼西亚独立派势力，但是急于得到武器的印度尼西亚独立军抢劫了日本的军火库，史称“5天战斗”，在冲突中约有850名日军战死，印度尼西亚独立军则获得了30 000把以上的三八式步枪及各式火炮。

当时，日本军政府根据盟军东南亚战区司令部的命令，仍在原地驻守。印度尼西亚人民的革命行动使日本军政府当局措手不及。日本军政府立即下令解散乡土防卫队和兵补，收缴他们的武器。但是，许多地方的乡土防卫队和兵补拒绝了日本军政府的命令，纷纷解除日军的武装。许多爱国青年不顾日本当局的禁令，在城市的大建筑物上升起了印度尼西亚共和国红白国旗。在雅加达、泗水、日惹、万隆、梭罗等地，人民群众纷纷举行集会和游行，高呼“独立”“一旦独立永远独立、我们誓为民主、自由而战”等口号。一些地区的革命群众勇敢地夺取日军的武器，甚至同日军发生战斗。革命群众占领了电台、机关、企业、车站、邮电局、码头等地方，升起了印度尼西亚共和国红白国旗，或者写上“印度尼西亚共和国所有”的字样。

印度尼西亚的独立是印度尼西亚人民长期反殖、反帝斗争的伟大胜利，是历史发展的必然。当人民群众在印度尼西亚共产党的领导和影响下奋起革命时，印度尼西亚资产阶级和被卷进独立斗争的封建贵族代表趁机瓜分独立斗争的胜利果实。8月18日，由日本当局建立的印度尼西亚各政党、各社团领袖参加的印度尼西亚独立筹备委员会举行第一次会议。苏加诺建议增加委员人数，并指派威卡纳、苏卡尔尼和海鲁·沙勒为青年代表。会上，青年代表们反对沿用由日本人建立的印尼独立筹备委员会，建议更名为“印度尼西亚全国委员会”，以消除日本时期的痕迹，但遭到以哈达为首的多数委员的反对。青年代表们愤然离开会场，印尼独立筹备委员会继续开会，选举苏加诺和哈达为印度尼西亚共和国正、副总统；成立包括正、副总统在内的7人委员会，对印尼独立准备调查委员会通过的宪法草案进行最后润色。会议决定，将成立国民委员会作为议会过渡机构，协助总统工作。随后组成了以右翼社会党人沙里尔为总理的国会制内阁。1945年8月29日，苏加诺宣布解散印尼独立筹备委员会，成立“中央国民委员会”，任命137名委员，其中包括所有原印尼独立筹备委员会成员。同日，“国民委员会”召开会议，选举卡斯曼（Kasman）为委员会主席。该委员会由各部族、各阶层及社团代表组成，是咨询机构。8月31日，政府发布命令，把“独立”定为国家民众打招呼用语，自9月1日实行。

二、苏加诺内阁（总统制，1945年9月2日至1945年11月14日）

1945年9月2日，印度尼西亚共和国第一届内阁（又称“总统制内阁”）宣告成立，内阁成员共16人，其中国务部长4人、部长12人。财政部、卫生部、教育部、公共工程内政与外交部部长均由原日本军政要人担任，当时尚在日军监狱被关押的印度尼西亚共产党秘密党员阿米尔·沙里佛丁（Amir Syarifuddin）被任命为宣传部部长兼国防部部长（10月1日由苏加诺保释出狱）。9月5日，决定日惹地区为特区。9月19日，在雅加达甘密广场（现为独立广场）举行了有几十万人参加的群众大会。苏加诺在会上发表了慷慨激昂的演说。10月5日，苏加诺宣布建立印度尼西亚人民治安军作为印度尼西亚共和国的武装部队。10月17日，中央国民委员会宣布成立以沙里尔为首的15人工作委员会，主持日常工作和参与制定国家的政策和法律。10月30日，工作委员会宣布在印度尼西亚实行多党制。由于日本统治期间实行党禁，一旦宣布开放建党活动，民族主义和爱国民义的情绪不可遏止，社会各界都想参与和建立各种组织和政党，在印尼实行多党制的决定的推动下，被取缔和受压制的政党纷纷冲出禁锢牢笼，重又恢复活动。自此，印度尼西亚共产党、社会党、印尼民族党和马斯友美党等宣告成立或恢复活动。

三、印度尼西亚独立初期的政局

1945年8月15日，蒙巴顿正式负责在印度尼西亚的受降工作。日本宣布投降后，蒙巴顿一时派不出军队到印度尼西亚，因此，以盟军的名义命令在印度尼西亚的日军不准将权力移交给印度尼西亚方面，继续维持地方秩序。印度尼西亚青年在盟丁街31号成立了“行动指挥部”，号召人民从日军手中夺取武器，接管厂矿机关，维护印度尼西亚的独立，一切权力必须置于印度尼西亚国家和人民手中。为达到上述目的，行动指挥部建立了“印度尼西亚青年队伍”（Angkatan Pemuda Indonesia），由威卡纳任主席，艾地和马立克等人任委员，号召各地工人和青年联合起来接管各地重要部门和企业。各种革命群众组织也纷纷成立。继“工人委员会”之后，“印度尼西亚工人阵线”和各产业工会相继成立。雅加达成立了“红色民兵”“大雅加达民兵”“工人武装队伍”等群众武装队伍。当盟军开始前来接受日本人的投降时，“八月革命”遇到了首次严重的挑战。印度尼西亚人所要面对的不仅仅是一个荷兰，而且还有美国和英国。1945年9月8日，7名英军军官在雅加达克马腰兰（Kemayoran）机场空降。他们是东南亚战区（自新加坡）盟军委员会成员，负责对印度尼西亚局势进行调研和评估，为一周后盟军代表团抵达印度尼西亚与日军联系做准备。英国政府不承认刚刚独立的印度尼西亚共和国，命令日军不要将权力移交给印度尼西亚的任何党派，继续维持社会治安，行使行政权力。9月10日，爪哇日军司令官宣布将政权移交给盟军，而不移交给印度尼西亚的任何党派。

早在1942年12月8日，流亡在伦敦的荷兰女王发表声明，计划在战后举行一个圆桌会议，讨论由荷兰与印度尼西亚等原有的3个直属殖民地共同组成荷兰联合王国。战后，荷兰并没有放弃这一梦想。荷兰企图靠5万多人的军队重建在印度尼西亚的殖民统治。1945年9月15日，第一批“远征军”从荷兰派往印度尼西亚。

1945年9月29日，负责“印度尼西亚安全事务”的英军在雅加达登陆，荷兰“远征军”尾随而来，组成了一个准殖民地管理机构，即“荷印人民管理委员会”，其目的是消灭刚宣布独立的印度尼西亚共和国，恢复荷兰殖民政权。英军释放了被日本军队关押的荷兰战俘，重新把他们编入荷印联军。英军的行径激起印度尼西亚人民的愤怒。各地群众纷纷集会，夺取日军武器，接管行政部门和厂矿的运动在印度尼西亚全国展开。在泗水，工人、青年和人民群众占领日军宪兵司令部、海军兵营、机场等重要机构和设施，10月2日，靠自身力量解放了泗水。10月5日，印度尼西亚共和国组建人民治安军，苏波里加迪（Soeprijadi）被任命为人民治安部部长。由于苏波里加迪未得到任命的消息，因此，1945年10月20日，重新任命穆哈马德·苏勒佐阿迪库苏莫（Muhamad Suljoadikusumo）为部长，任命苏波里加迪为人民治安军司令，任命乌利普·苏莫哈尔佐（Oerip Soemohardjo）为人民治安军总参谋长。在日惹，起义群众于10月5日逮捕了日本人州长，宣布成立印度尼西亚共和国日惹特区，经过激战，迫使日本驻军于10月7日投降。在万隆，起义群众于9月底占领了大部分政府建筑物，10月初夺取了飞机场和军工厂，在同日本驻军的激战中，起义队伍伤亡惨重。印度尼西亚其他城市人民群众也纷纷起义，解放自己的家园。印度尼西亚各地农民起而响应，夺取土地。印尼民族独立已成为不可阻挡的历史潮流。随着革命的进程，为壮大力量，各群众组织相继合并。印度尼西亚共产党的影响也越来越大，先后建立了自己的群众性组织。在工人运动中成立了"印度尼西亚总工会"（Sentral Organisasi Buruh Seluruh Indonesia，简称Soti，又称"印度尼西亚中央职工会"）；在农民运动中成立了"印度尼西亚农民阵线"（Barisan Tani Indonesia，简称B.T.I）；在青年中成立了"印度尼西亚社会主义青年团"（Pemuda Sosialis Indonesia，简称Pesindo），该团拥有2.5万人的武装部队。

10月10日，英军占领万隆。10月19日，几名刚刚获得自由的荷兰战俘在泗水市的"大和旅馆"房顶升起了荷兰国旗。目睹此景的印尼民族主义分子驱散了旅馆周围维持秩序的日本警察，扯下荷兰国旗，把蓝色部分撕掉，重新挂起变成印尼共和国红白国旗，并打死了一名前来质询的荷兰军官。10月25日，英军占领当局派出6 000名英印第二十三师四十九旅的步兵，在旅长马拉贝准将的指挥下前去占领泗水，在港口区遭到印度尼西亚武装力量的顽强抵抗。

早在"八月革命"爆发时，泗水市民奋起夺取日军武器，到10月初，泗水完全掌握在印度尼西亚共和国青年团、印度尼西亚共和国暴动队等武装力量手中。面对英军的进犯，印度尼西亚独立派号召发动武装抵抗，新成立的"人民治安军"拥有2万正规军和12万非正规人民武装，向泗水集结。10月27日，英军占领当局下令泗水市的印度尼西亚武装力量在48小时内交出全部武器。印度尼西亚武装力量拒绝了这一要求。10月28日，人民治安军率先对泗水城中的200名英军侦察部队发起进攻。

10月29日凌晨，苏加诺和哈达及沙利佛丁应英国占领当局的邀请到达泗水，进行调停，结果达成了一项停火协议。协议规定：英国军队撤回到港口区，印度尼西亚武装力量准许被日军监禁的欧洲人经泗水市的海口上船，双方交换战俘，联合组织巡逻部队巡视敏感地区。但是，协议并没有得到实施。

苏加诺等人返回雅加达以后，泗水的战斗又重新爆发。英军旅长马拉贝在前往英军前线宣布停战时被“不明情况”的人民治安军包围并枪杀。英军占领当局立即断定马拉贝是被印度尼西亚武装力量所谋杀，并利用这一事件准备扩大战争。英国派出曼塞尔少将接替马拉贝的指挥，并增派英印第五师到泗水。10月31日，苏加诺总统在广播讲话中呼吁立即停止同英军的一切战斗，用和平手段解决争端。泗水又暂时处于平静状态。

到11月初，英军占领当局等被日军监禁的8 000名欧洲人全部撤离泗水之后，立即对印度尼西亚武装力量展开新的进攻。11月9日，新任49旅旅长曼塞尔少将下令印度尼西亚武装力量必须在第二天清晨6时以前放下武器，并交出杀害马拉贝旅长的“凶手”。这一要求遭到印度尼西亚武装力量拒绝后，11月10日，英印第五师的24 000名步兵，在海空几十架飞机和7艘战舰轰炸的掩护下，向印度尼西亚武装力量发动总攻。泗水人民英勇抵抗，印度尼西亚独立运动中最血腥的一战爆发。接下来的10天内，双方发生了激烈的巷战。英国人在付出多达2 000人的伤亡后才攻占全市，随即开始了血腥的惩罚性扫荡，全城一片瓦砾。经过半个多月的激战，印度尼西亚武装力量撤离市区，转移到农村继续进行游击战。为纪念这次英勇抗击侵略军的斗争，11月10日这天后来被定为印度尼西亚英雄节。

1945年11月20日，盟军在三宝垄登陆。21日，与当地军民在阿姆巴拉瓦（Ambarawa）发生战斗。12月8日，英军进攻茂物，几天后占领全市。印度尼西亚独立的消息1945年8月27日才传到棉兰，是由印度尼西亚共和国任命的苏门答腊省省长特乌库·哈桑（Teuku M.Hassan）传至的，他的主要任务是组建苏门答腊地方国民委员会。该地青年在志愿军前军官塔黑尔（Achmad Tahir）的倡导下，于1945年9月13日组建印度尼西亚青年队（barisan pemuda Indonesia），从日军手中接管政府大楼，夺取日军武器。12月10日，棉兰地区发生抗击盟军的战斗。11月25、26日，万隆也发生反对英军占领的战斗。

由于战后经济凋敝、困难重重，英国不愿长期陷入印度尼西亚的战争，便策动荷兰政府于1946年3月13日开始同印度尼西亚进行谈判。谈判期间，荷兰，一方面，赶运大批增援部队到印度尼西亚接管英军占领区；另一方面，采取分而治之的老手法，在印度尼西亚各地扶植一批傀儡邦，如在东部地区成立包括苏拉威西、马鲁古和努沙登加拉等岛屿的所谓东印度尼西亚邦，在西爪哇成立所谓帕巽丹邦等，以分化印尼民族抗荷阵线。1945年12月30日，荷兰陆战队在丹戎不碌登陆。1946年1月4日，苏加诺总统和哈达副总统移居印度尼西亚共和国临时首都日惹。

1946年7月14日，盟军东南亚战区司令部决定把原荷印领土主权全部移交给荷兰政府，英军逐步撤出在印度尼西亚的占领区，交由荷兰军队接管。1946年7月，荷兰人在苏拉威西的马里诺召开亲荷派参加的会议，主张建立一个联邦国家，取名为“印度尼西亚合众国”，由4个成员国组成，即爪哇、苏门答腊、加里曼丹和大东（即西里伯斯、马鲁古群岛和小巽他群岛）。同年，荷兰人在巴厘岛的麻塘举行会议，决定建立“东印度尼西亚联邦”。因此，形成了联邦派同以苏加诺为首的共和派的对立。此时荷兰人没有足够的力量镇压共和派，共和派内部以沙里尔为首的内阁认为印度尼西亚尚不够强大，主张向荷兰人妥协。荷兰人积极拉拢亲荷势力，企图恢复对印度尼西亚的殖民统治，遭到印度尼西亚军民的坚决反对。

印度尼西亚独立初期，印度尼西亚内部各政治力量之间围绕独立后的政治方向也展开了激烈的角逐，其实质是争夺领导权。初期的斗争主要是在民族资产阶级领导人和沙里尔及丹·马拉卡集团之间进行。战前，民族资产阶级领导人在日本侵占时期采取了与日本合作的态度，在人民群众中有一定影响。“八月革命”开始时便夺取了政权，成立了总统制内阁，但根基不牢。一方面，面对盟军登陆，他们因自身在战时与日本合作而担心不被承认，因此，处处小心行事，怕得罪盟军。另一方面，面对印度尼西亚人民要求将革命深入下去的压力，左右为难，处境困难。

沙里尔在日本侵占时期未与民族资产阶级领导人合作，从事地下民族解放运动。日本投降后，沙里尔积极活动，利用总统制内阁面临的困境，提出反对亲日派，建立议会民主制，通过外交谈判争取国际承认的政治主张，其目的是争夺革命领导权。沙里尔的政治主张得到原地下抗日组织的支持。丹·马拉卡在战时就已潜返印度尼西亚，藏身于西爪哇巴牙（Baya）金矿，混迹在矿工之间。日本投降后，丹·马拉卡才公开露面，通过战前在荷兰留学时认识的苏巴尔佐结识了苏加诺等人，与原地下青年组织领导者苏卡尔尼、马立克等人恢复了联系，并成为青年们的领导人。丹·马拉卡积极活动，企图利用他在青年中的威望取苏加诺而代之。

1945年10月7日，中央国民委员会50名委员向苏加诺递交了一份请愿书，建议总统在人民协商会议和国会成立前授予中央国民委员会立法权。1945年10月16日，中央国民委员会召开全体会议。会上，宣读了由哈达签署的总统和副总统命令，又称“第十号副总统令”，即“授予中央国民委员会立法权”（Pemberian Kekuasaan Legislatif Kepada Komite Nasional Pusat），建议立即成立人民协商会议（Majelis Permusyawaratn Rakyat，简称MPR）和国会（Dewan Perwakilan Rakyat，简称DPR），决定中央国民委员会在人民协商会议和国会成立前被授予立法权，参与制定国家方针大计，并同意中央国民委员会的日常工作在非常时期由在其成员中选出的工作委员会负责，该工作委员会向中央国民委员会负责。1945年10月16日，由15人组成工作委员会，沙里尔和沙里佛丁分别当选为工作委员会正、副主席，另外13名成员由沙里尔在自己的支持者中选出。

第二节 沙里尔议会制内阁（1945年11月14日至1947年6月27日）

1945年11月11日，中央国民委员会工作委员会建议总统成立议会制内阁。苏加诺和哈达同意该建议，宣布解散总统制内阁，于11月14日成立了以沙里尔（Syahrir）为总理的新内阁，内阁向中央国民委员会负责。沙里尔任总理后，与丹·马拉卡之间的矛盾激化。丹·马拉卡反对沙里尔独揽大权，他与部分民族党人亚明（Yamin）、苏巴尔佐（Subardjo）等结成统一战线，同沙里尔进行对抗。1946年3月，在没收梭罗王室财产问题上，丹·马拉卡集团同沙里尔政府发生冲突，沙里尔借机下令逮捕了丹·马拉卡等人。6月27日，受丹·马拉卡影响的共和国军驻梭罗第三师师长苏达尔索诺（Sudarsono）少将释放了丹·马拉卡等人，并共同策划扣留了抵达梭罗视察工作的沙里尔。6月28日，政府宣布全国处在“危险状态”，在苏加诺总统的干预下，7月1日沙里尔获释。7月3日，苏巴尔佐、苏达尔索诺等人要求苏加诺总统解散内阁，将军权交给军队总司令，将政治、经济大权交给即将公布其成员的政治领导委员会（即以丹·马拉卡为首的10人委员会）。苏加诺拒绝了上述要求，并下令逮捕了他们，丹·马拉卡再次被捕入狱。丹·马拉卡集团与沙里尔政府的冲突以失败而告终。

沙里尔上台后表示，新政府的基本要求是荷兰承认印度尼西亚共和国。1946

年2月10日，荷兰政府提出愿与印尼共和国全权代表商谈成立印度尼西亚联邦。

1946年2月10日印度尼西亚共和国开始与荷兰谈判，范穆克和沙里尔在巴达维亚会晤。会谈要点：

（1）成立印度尼西亚联邦，作为王国的一个成员，由拥有不同程度的自治权的地区所组成。

（2）一切出生在印度尼西亚的人，将给予印度尼西亚公民权。荷兰和印度尼西亚公民有权在王国的任何地区行使公民权。

（3）印度尼西亚联邦的内政将由印尼联邦自己的机构独立处理。就整个印尼联邦而言，成立一个由印度尼西亚成员占多数的民主代表机构，进而成立一个在政治上与代表机构相协调的内阁，由女王的代表担任政府行政机构的首脑。为履行联合国宪章第七十三条王国所应承担的义务，女王的代表在对王国政府负责的情况下，将拥有某些特殊的权力，这些特殊权力只有在相关权利和利益受到侵犯时才能行使。成立联邦内阁，订立联邦宪法。该宪法生效后，荷兰政府将促使印度尼西亚联邦早日成为联合国的一员。

上述提议只字不提共和国，而且仍然保留女王的代表的权力，未提及印度尼西亚完全独立的时间表。所有这些引起共和派的疑虑，许多进步人士也不相信荷兰人会促使印度尼西亚自治。然而，沙里尔1946年3月4日返回巴达维亚时，范穆克提出了一个方案：承认印尼共和国在爪哇、马都拉和苏门答腊行使事实上存在的主权，而将东印度群岛其他部分的地位留待以后再解决，但荷兰国内意见分歧很大。一方面，工党政府支持范穆克的观点；另一方面，范穆克也遭到右翼的严厉批评。特别是议会两院的一个专门委员会的成员在范波尔主席的领导下，到印度尼西亚做了一次实地调查，他们强烈反对承认印尼共和国，认为那是日本炮制出来的，其领导人只能代表爪哇一部分人的意见。根据他们的看法，共和派人士的态度远不能代表整个印度尼西亚公众的意见。

沙里尔在与反对派进行斗争，巩固自己的统治地位的同时，转而寻求与荷兰人妥协的道路。沙里尔担任总理后，首先着手削弱苏加诺的权力和影响，他公开强调印度尼西亚革命不能由民族主义集团领导，而应由“革命民主”集团来领导。他认为要想深入革命民主斗争，必须反对亲日和消除日本侵占时期所遗留下来的痕迹。沙里尔主张实行西方式民主，建立多党制。早在11月初，工作委员会就曾向政府提出成立政党的建议，1946年11月3日公布了由哈达签署的关于成立政党的政府通告。全文如下：

关于成立政党的政府通告

鉴于中央国民委员会工作委员会建议政府给予人民成立政党的广泛机会，希望政党加强我们的斗争，捍卫独立和维护社会安定。政府强调已采取的立场：

出现政党，政府感到高兴，因为有了政党，社会上的各种思潮就会被引导到有秩序的道路上。政府希望各政党在1946年1月底，以前选举人民代表机构的组成。

雅加达，1945年11月3日

副总统　哈达

政府通告发布后，于1946年1月底以前成立了以下10个主要政党：

(1)1945年11月7日，马斯友美党成立，主席为苏基曼（Dr.Soekiman Wirjosandjojo）。

(2)1945年11月7日，[1]印度尼西亚共产党成立，主席尤素夫（Moh. Jusuf）。

(3)1945年11月8日，印度尼西亚工人党/印度尼西亚劳工党（Partai Buruh Indonesia，简称PBI）成立，主席为约诺（Njono）。

(4)1945年11月8日，平民党（Partai Rakyat Jelata）成立，主席为戴哇尼斯（Sutan Dewanis）。

(5)1945年11月8日，印度尼西亚社会党（Partai Sosialis Indonesia，简称PSI）成立，主席为阿米尔·沙利弗丁（Amir Sjarifuddin）。

(6)1945年11月10日，印度尼西亚基督教党（Partai Kristen Indonesia，简称Parkindo）成立，主席为普罗博威诺托（Ds.Probowinoto）。

(7)1945年11月20日，社会人民党（Partai Rakyat Sosialis，简称PRS）成立，主席为苏丹·沙里尔（Sutan Sjahrir）[2]。

(8)1945年12月8日，印度尼西亚共和国天主教党（Partai Kathotik Republik Indonesia，简称PKPI）成立，主席为卡西莫（I.J.Kasimo）。

(9)1945年12月17日，印度尼西亚马尔哈恩人民联盟（Persatuan Rakyat Marhaen Indonesia，简称Permai）成立，主席为阿萨（J.B.Assa）。

(10)1946年1月29日，印尼民族党（Partai Nasional Indonesia，简称PNI）成

① 在此之前于1945年10月21日已成立。

② 1945年12月与印度尼西亚社会党合并，称作社会党（PS：Partai Sosialis）。

立，主席为西迪克·佐约苏卡尔托（Sidik Djojosukarto）。[①]

苏加诺于1945年8月31日取消了成立印尼民族党的建议，即否定了一党制。印尼社会党成为政府的政治支柱，主要由沙里尔、沙里佛丁和阿卜杜尔马基德·佐约阿迪宁拉特（Abdutmadjid Djojoadiningrat）三股政治力量组成。佐约阿迪宁拉特主要代表受欧洲左翼社会主义影响的印度尼西亚知识分子，从事过地下反法西斯活动。该党当时由于没与日本占领当局发生联系而在人民群众中有很高威信和影响。

各政党纷纷成立时，印度尼西亚共产党仍处于地下和半公开及分散状态。1945年10月21日（获准于11月7日），在东爪哇一带影响较大的尤素夫宣布成立公开的印度尼西亚共产党，主张土地、大企业国有化，实行社会主义，并成立了军事组织，即“红色民兵”（Laskar Merah）。1946年2月，印度尼西亚共产党在井里汶召开第一次代表大会。在这期间，尤素夫的支持者与当地人民保安队发生冲突，并将保安队赶出城外，占领该城达一周之久。印度尼西亚共和国武装部队夺回了井里汶，并逮捕了尤素夫，由他组建的印度尼西亚共产党随之瓦解。

1946年3月，战前曾任印度尼西亚共产党主席的沙尔佐诺（Sardjono）从澳大利亚返回印度尼西亚，召集部分党员在日惹举行会议，谴责了尤素夫“冒进”的做法和活动。4月，沙尔佐诺重建公开的印度尼西亚共产党。8月，阿里敏（Alimin）也从国外回到印度尼西亚，参加了公开的印度尼西亚共产党。沙尔佐诺与阿里敏均主张与政府合作。此外，一些留居荷兰的印度尼西亚共产党人也回到印度尼西亚，分别参加了印尼社会党和印尼工人党。印度尼西亚独立初期，存在着三个由共产党领导的政党，力量分散，在人民群众中造成思想混乱，不利于宣传和发动群众。客观上，印度尼西亚共产党战前处于非法地位，战时处于地下状态，有的成员逃亡到国外，有的成员脱离组织关系，有的成员参加了其他进步组织，没有统一的领导机构，力量削弱。此外，没有对局势进行认真分析，对局势的变化估计不足，更没有在日本投降后变民主革命为社会主义革命，过分依赖政府，忽视武装斗争。

印度尼西亚独立后，苏加诺政府对伊斯兰教采取扶植、利用和限制政策。印度尼西亚独立后，苏加诺在建国五项原则中提出信仰神道的原则，以纳沙贡理论团结印度尼西亚各派政治力量。在制订宪法草案的过程中，民族主义集团与伊斯

① 印尼民族党是由1945年11月12日成立的印度尼西亚人民党（PRI）、印度尼西亚共和国运动（Gerakan RI）、印度尼西亚人民联盟（Serikat Rakyat Indonesia）合并而成。

兰教集团在伊斯兰教的地位这一问题上发生激烈的争论。伊斯兰教集团主张在宪法中列入伊斯兰教是国教的条款，即独立后的印度尼西亚应是伊斯兰国家，但代表民族资产阶级和受过西方教育的进步人士坚决反对。后经双方协商，于1945年6月22日达成妥协，制订了“雅加达宪章”，①它以前言的形式载入宪法草案。另外，信仰神道在苏加诺的演讲中原属第五项原则，写入宪法时则提前为第一项原则，但不把信奉真主作为必须奉行的义务，而是把宗教信仰自由作为神圣不可侵犯的原则。宪法明确规定印度尼西亚实行政教分离的制度，而印度尼西亚共和国总统须是伊斯兰教信徒成为不成文的规定。

从政治派别看，联合力量有民族主义营垒、伊斯兰营垒、共产主义营垒。民族主义营垒唱主角的政党是反对西方殖民主义的印尼民族党。该党历史悠久，分分合合。伊斯兰营垒唱主角的政党是马斯友美党和“伊教联”，马斯友美党是这个营垒中最大的伊斯兰政党。马斯友美党成立初期，被视为印度尼西亚伊斯兰统一体，它吸收个人和集团组织加入该党，集团组织被称为“非常会员”，如“伊教联”、穆罕默迪亚，以及西爪哇的一些伊斯兰组织。它拥有一批受过西方教育的知识分子，具有现代伊斯兰倾向，有明确的经济纲领，其声明和行动表明亲西方、反共、支持地方伊斯兰分离主义运动是马斯友美党的主要政治特征。马斯友美党内部分左翼、中间、右翼势力。左翼势力更关注现实政治和社会经济问题。被称为“宗教社会主义者”，以纳席尔为代表。右翼势力更关注宗教教育和宗教善事，被称为“保守势力”，多由伊斯兰教长老和学者组成，其代表是马斯友美党领导层中来自“伊教联”和穆罕默迪亚组织的年长人物。中间势力以苏基曼为代表，反对1958年马斯友美党参加地方武装叛乱，要求将马斯友美党主要领导人纳席尔开除出党。建于1926年的“伊教联”是伊斯兰营垒中的保守成分，初期由与农村村学有密切关系的宗教人士和神学家组成，他们从事布教和宗教教育

① 1945年6月22日，印度尼西亚独立准备调查委员会9人［苏加诺、哈达、马拉米斯（Maramis）、阿比库斯诺·佐克罗苏佐少（Abikoesno Tjokrosoejoso）、阿卜杜尔·卡哈尔·穆扎给尔（Abdul Kahar Muzakir）、阿古斯·萨利姆（Agus Salim）、苏巴尔佐（Subardjo）、瓦希德·哈斯伊姆（Wahid Hasyim）和穆哈马德·亚民（Muhammad Yamin）］起草了雅加达宪章，即印度尼西亚1945年宪法前言部分，其中心内容为苏加诺1945年6月1日提出的五项建国基础，只是第一条为“神道，伊斯兰教信徒有义务履行伊斯兰教教义”（Ketoehanan, dengan kewadjiban mendjalankan sjari'at Islam bagi pemeloek2-nja），这也是伊斯兰教方与民族主义方相互妥协的产物。1945年8月18日，印度尼西亚独立筹备委员会通过宪法时，把五项建国基础的第一条改为“信仰神道”（Ketuhanan Yang Maha Esa），即所有印度尼西亚公民所信奉的“神道”。

活动，以传播宽容、中庸、正统的伦理道德思想著称。因为村学出身的知识分子一般都是“伊教联”的忠实信徒，所以“伊教联”在印度尼西亚社会享有维护伊斯兰教义纯洁性、具有宽容精神的名气。“伊教联”的成员也以“正统派”（或“逊尼派”）自居。共产主义营垒唱主角的政党是印度尼西亚社会党和印度尼西亚共产党。1949年12月，苏加诺执政以后，印度尼西亚共产党总结历史教训，与苏加诺结成民族统一战线，支持和推动建立国内民主政治，反对帝国主义和殖民主义。

独立初期，印度尼西亚主要的伊斯兰教政党有伊斯兰教士联合会、马斯友美党、印度尼西亚伊斯兰教联盟党和白尔蒂伊斯兰教党。印度尼西亚大多数伊斯兰教政党主张以和平的方式建立一个以团结和统一为基础的国家，唯有马斯友美党的一些领导人积极参与旨在推翻共和国中央政府的“伊斯兰国运动”（DI）。该运动是1949—1962年由马斯友美党主要人物策动的恐怖活动，是在帝国主义支持下旨在推翻印度尼西亚合法政府建立伊斯兰国的武装叛乱。马斯友美党在日本统治印度尼西亚时期是唯一被允许活动的政党和宗教团体。1960年8月，马斯友美党因与叛乱活动关系密切而被政府宣布为非法政党，加以取缔。这一时期，除“伊斯兰国运动”外，还有包括马斯友美党人组织的“全亚齐伊斯兰教学者联合会”领导的叛乱在内的多起叛乱活动，均遭到政府的镇压。

一、荷兰拼凑的傀儡邦和叛乱活动

1. 傀儡邦

1946年7月15～25日和12月18～24日，荷兰总督樊·穆克（Van Mook）在望加锡以东的马力诺（Malino）镇和巴厘岛登巴萨（Denpasar）分别召开会议，拼凑了一个“联邦国家”（Negara Federasi）。

1946年12月，在望加锡组成“东印度尼西亚国”（Negara Indonesia Timur），总统为苏克瓦迪（Sukowati）。

1947年5月，组成“西加里曼丹特区”（Daerah Istimewa Kalimantan Barat）。

1947年12月25日，组成“东苏门答腊国”（Negara Sumatra Timur）。

1948年2月20日，组成马都拉国（Negara Madura），领导人为查克拉宁戈拉特（Tjakraningrat）。

1948年5月4日，在西爪哇组成“帕巽丹国”（Negara Pasundan），领导人为苏利亚·科尔塔勒嘎瓦（Soeria Kertalegawa）。

1948年11月26日，组成“东爪哇国”（Negara Jawa Timur）。

1948年12月18日，组成“南苏门答腊国”（Negara Sumatra Selatan）。

1950年4月25日，组成“南马鲁古共和国”（Negara Maluku Selatan），其头目为首莫吉尔（Dr.Soumokil）。

2. 叛乱组织

（1）“伊斯兰国”（Darul Islam，简称DI）。

1949年8月7日，马斯友美党领导人卡托苏维约（Kartoswwirjo）在第三次伊斯兰教会上宣布成立“印度尼西亚伊斯兰国”，自封“国家元首”，对“异教徒”实行“圣战”。

（2）“公正女王军”（Angkatan Perang Ratu Adil，简称APERA）。

1949年12月底，前荷兰殖民军上尉韦斯特林（Westerling）组成“公正女王军”，在东爪哇一带为非作歹，无恶不作，与印尼民族统一运动作对。1950年1月23日，进攻万隆被击退，并策划在雅加达发动政变。阴谋败露后，威斯特林乘荷兰飞机逃往新加坡。参与政变阴谋的联邦政府国务部部长、西加里曼丹傀儡邦头目哈密德二世（Suetan Hamid II）被捕，并被判刑10年。

联邦政府军对地方叛乱集团发动攻势，接管了部分邦区。在全国人民要求国家统一的强大压力下，各傀儡邦纷纷解体。1950年5月，哈达内阁与仅存的东苏门答腊邦和东印度尼西亚国达成协议，决定由“印度尼西亚联邦共和国”和“印度尼西亚共和国”建立一个统一的“印度尼西亚共和国”。议会由联邦共和国下院、参院、印度尼西亚共和国中央国民委员会工作委员会、最高顾问会议成员联合组成。

二、林牙椰蒂（Linggajati）协定

1946年10月7日，荷印谈判在巴达维亚重新举行。英国派遣基勒伦（Lord Killearn）勋爵作为特使和调解人，澳大利亚驻巴达维亚的代表巴拉德（Ballard）以观察员身份参加会谈。11月10日，在基勒伦勋爵的主持下，荷印谈判在井里汶附近的林牙椰蒂举行。10月14日，荷印双方达成了停火协议，把各自军队撤退至停火线以外。11月15日，谈判结束，双方正式签署协定，史称《林牙椰蒂协定》。其主要内容如下：

（1）荷兰承认印度尼西亚共和国是爪哇、马都拉和苏门答腊的事实上的政权，盟军或荷军占领的区域，必须于1949年1月1日以前并入印度尼西亚领土内。

（2）1949年1月1日以前成立印度尼西亚联邦合众国（Negara Indonesia serikat）。它须包括印度尼西亚共和国、“东印度尼西亚邦”、加里曼丹及其他荷兰扶植的联邦区，取名“印度尼西亚联邦共和国”（Republik Indonesia serikat）。

（3）印度尼西亚联邦共和国与荷兰王国及其直属殖民地苏里南、库拉索结成荷兰—印度尼西亚合众国（简称“印荷联邦”Uni Indonesia-Belanda），以荷兰女王为元首。

（4）荷兰在1949年1月1日前从印度尼西亚共和国领土撤军，但印度尼西亚共和国必须尊重外国在印度尼西亚的利益，归还在“八月革命”初期没收的外国资产或赔偿其损失。

（5）印度尼西亚领土划分为4个区，即印度尼西亚共和国、婆罗洲、东印度尼西亚和新几内亚（西巴布亚），其中新几内亚的前途未定。

（6）印度尼西亚合众国宪法将由代表各成员邦的立宪会议制是。

（7）双方立即着手裁减武装部队。

（8）因本协定产生的任何争端，将由以中立国为主席的联合委员会仲裁解决，若双方对选定主席意见不能一致，则由国际法庭庭长选定。

自此，盟军陆续将其占领地巨港、茂物、帝兰、巴东等城市移交给荷军。

《林牙椰蒂协定》中，荷兰承认印度尼西亚共和国在爪哇、苏门答腊和马都拉的主权；作为回报，印度尼西亚共和国则同意与荷兰组成一个联邦制国家，即印度尼西亚联邦合众国。这个国家包括印度尼西亚共和国、婆罗洲和东印度尼西亚，而印度尼西亚联邦合众国将以平等的身份与荷兰王国组成荷兰—印度尼西亚联邦，并以荷兰女王为元首。与此同时，沙里尔建议当遇到无法商议解决的争端时，印度尼西亚共和国与荷兰共和国将共同接受国际调停与仲裁。《林牙椰蒂协定》掩盖了许多敏感问题，也忽视了很多急待解决的问题。协定里面很多有争议的问题留待以后再讨论，或者是简单地忽略了，如印度尼西亚共和国的国际地位是什么？印度尼西亚共和国能否与其他国家建立独立的外交关系？未来的印度尼西亚联邦共和国的经济和财政如何分配？ 印度尼西亚联邦共和国建立前的过渡时期的内部权力如何分配等。

《林牙椰蒂协定》是印度尼西亚共和国向荷兰殖民者妥协退让的产物。当时，印尼共和国面临着严重的经济困难和国内各派政治势力的争斗，尤其是沙里尔总理被激进派部队绑架一事，使印尼共和国处于不利的地位，因此，印尼共和国不得不在谈判中对荷兰做出一些让步。在谈判期间，荷兰加紧运送军队到印度尼西亚接管英国占领区，准备对印度尼西亚共和国发动全面进攻。《林牙椰蒂协定》的签定使印度尼西亚共和国处于合众国中一个邦的地位，丧失了主权，同时也加剧了印尼共和国内部的矛盾：马斯友美党、印尼民族党结成统一战线，号称“印度尼西亚共和国堡垒”（Benteng RI），公开反对《林牙椰蒂协定》；印尼民族党和马斯友美党被排斥在内阁以外，借机进行倒阁活动；社会党和印度尼西亚党为了维持内阁而拥护《林牙椰蒂协定》；印度尼西亚共产党表示支持该协定，从而丢弃了原则。实质上，反对与支持都是围绕政权而引发的。

沙里尔为了保证协定在中央国民委员会得以通过，说服苏加诺和哈达于1946年12月29日发布总统令，将中央国民委员会成员由200名增加至514名，但中央民委员会于1947年2月28日召开会议，以投票形式拒绝了总统关于增加委员名额的总统建议。最后，哈达以总统、副总统辞职来要挟会议，迫使会议作出承认总统令的决定。1947年3月25日，荷印双方正式签署《林牙椰蒂协定》。英、美先后宣布承认印度尼西亚共和国在苏门答腊、爪哇、马都拉的主权。

1946年11月底，英军撤出印度尼西亚，荷军接管了原英军全部防务。荷兰方面没有执行《林牙椰蒂协定》，在对印度尼西亚共和国施加军事压力的同时，还实行经济封锁。与此同时，荷兰方面还策划各地成立自治邦、区，作为同印度尼西亚共和国讨价还价的筹码。1946年12月18日，荷兰殖民者在巴厘岛成立了所谓“东印尼邦”，其范围包括苏拉威西、马鲁古和努沙登加拉等岛屿。1947年5月4日，荷兰殖民者在西爪哇成立所谓“帕巽丹邦”。7月，荷兰殖民者相继成立西婆罗洲邦和东婆罗洲邦等。同时，荷兰军队继续蚕食印度尼西亚共和国领土，对反抗荷兰殖民统治的印度尼西亚人民实行烧杀抢掠。

荷兰利用签署《林牙椰蒂协定》的缓和期，大量增运部队，部署对印度尼西亚共和国的进攻。荷兰首相比尔到印度尼西亚与樊·穆克紧急磋商后，于1947年5月27日突然向印度尼西亚共和国发出最后通牒，强迫印度尼西亚接受下列要求，并限印度尼西亚共和国方面在14天之内给予答复：（1）印度尼西亚共和国应立即与荷兰及东印度尼西亚邦、西加里曼丹邦等合组临时联邦政府；（2）组织联合宪警部队，以维持包括印度尼西亚共和国在内的治安与秩序；（3）立即归还没收的外国产权，共同发行货币和建立外汇共管机构；（4）印度尼西亚共和国向荷兰占领区供应大米。

在美国的劝说下，迫于荷兰的战争威胁，沙里尔接受了除组织联合宪兵部队外，荷兰在照会中提出的全部无理要求。沙里尔的投降态度激怒了广大印度尼西亚人民和各政党，印尼社会党宣布不再支持沙里尔。在全国的一片声讨中，1947年6月27日，沙里尔内阁倒台。

三、沙里佛丁内阁（1947年7月8日至1948年1月29日）与荷兰第一次“警卫行动”

1947年7月3日，沙里佛丁联合民族党、劳工党和从马斯友美党分裂出来的伊斯兰联盟共同组阁，由他出任内阁总理。广大印度尼西亚人民希望沙里佛丁内阁顶住荷兰的压力，绝不屈服。此时，美国向印度尼西亚共和国递交了一份照会，以美国提供经济援助为诱饵，要印度尼西亚共和国同荷兰实现“合作”。7月8日，沙利佛丁内阁对荷兰作出让步，同意在过渡期间接受荷兰国王派驻的代表。荷兰方面坚持先组建联合宪警部队，要求印度尼西亚共和国再次下令停火。沙利佛丁内阁没有接受这些要求。

荷兰方面于7月15日向印度尼西亚共和国发出最后通牒，限对方在32小时内答复。7月17日，沙里佛丁发表广播讲话，斥责了荷兰的无理要求，号召人民团结一致共同对敌。荷兰没有达到既定目的，便在1947年7月21日，向印度尼西亚共和国发动全面殖民侵略战争，即所谓第一次“警卫行动”。荷兰军队从雅加达和泗水向印度尼西亚共和国进行两面夹攻，企图占领印尼共和国临时首都日惹；在苏门答腊，则扩大荷兰在棉兰、巨港和巴东的占领区，夺取种植园区和油田。沙利佛丁内阁领导印度尼西亚军民进行顽强抵抗，保卫印尼共和国。印度尼西亚武装力量在进行顽强的抵抗后，被迫放弃了一部分城市，在农村开展游击战争。他们不断袭击铁路和公路，使荷兰军队只能龟缩在一些大城市里。

四、斡旋（三国）委员会

印度尼西亚军民的斗争得到国际社会的支持，苏联在联合国安理会提出维护印度尼西亚人民的主权，要求荷兰军队撤退到进攻前的阵地。在国际舆论的压力下，荷兰军队被迫停止进攻。1947年7月30日，印度和澳大利亚把印度尼西亚问题提交联合国安理会。8月1日，安理会呼吁荷兰和印度尼西亚双方停战，并决定受理印度和澳大利亚关于讨论印度尼西亚问题的提案。8月4日，荷兰同意暂时停火。美国提出由它调停荷兰和印度尼西亚共和国军事冲突的建议。沙利佛丁内阁拒绝了美国的建议，要求由联合国进行仲裁。8月7日，安理会接受印度尼西亚共和国提出由联合国仲裁的要求，决定成立由三国代表组成的斡旋（三国）

委员会，荷兰和印度尼西亚共和国各提名一国担任委员，再由这两国提名第三国。结果，荷兰提名比利时，印度尼西亚共和国提名澳大利亚，比利时、澳大利亚两国共同提名美国。自此，美国、澳大利亚、比利时组成“斡旋（三国）委员会”进行斡旋。10月20日，斡旋（三国）委员会举行第一次会议。一周后，斡旋（三国）委员会的成员抵达雅加达。12月8日，斡旋（三国）委员会在停泊于雅加达港口的美国军舰伦维尔（Renvilie）号，即所谓中立地点召集荷兰和印度尼西亚两国代表开始正式谈判。

五、《伦维尔协定》

1948年1月17日，双方在伦维尔号舰上签订了《伦维尔协定》，共25项条款。主要内容如下：

规定双方就地停战，以荷方提出的“樊·穆克线”为界；印度尼西亚共和国军队从西爪哇的袋形阵地撤出3.5万人。所谓“樊·穆克线”是从荷兰军队插入印度尼西亚共和国境内最远的两点划一直线，这样就把印度尼西亚共和国的一些大米产区划入荷兰战领区。印度尼西亚合众国成立之前，荷兰在印度尼西亚行使主权；自《伦维尔协定》签定后，半年至一年内，在三国委员会的监督之下举行公民投票，决定爪哇、苏门答腊、马都拉“非共和区”的地位，即自愿归属印度尼西亚共和国还是另立一自治邦；在过渡时期内，荷兰在印度尼西亚领土上继续行使主权，并成立荷印临时联邦政府；若一方提出斡旋委员会继续存在，则另一方不得反对。

《伦维尔协定》使荷兰利用“樊·穆克线”夺取了在战争中未能占领的地区，使印度尼西亚共和国完全丧失主权。印度尼西亚共和国辖区仅局限于爪哇中、西部和苏门答腊部分地区，印度尼西亚重要港口也被荷兰侵占，一切进出口货物均须荷方查验，荷兰开始对印度尼西亚共和国实行经济封锁。

《伦维尔协定》在印度尼西亚内部引起一场政治危机，在如何对待《伦维尔协定》的问题上，各派政治力量进行了重新组合。1947年11月11日，在荷印举行谈判前夕，沙里佛丁内阁迫于内外压力进行改组。马斯友美党人担任第一副总理、内政部部长要职，该党领袖苏基曼担任印度尼西亚谈判代表团的成员。沙里佛丁内阁继续奉行投降、妥协政策，在马斯友美党和苏加诺的推动、认可下，沙里佛丁终于在《伦维尔协定》上签了字。《伦维尔协定》签定后，马斯友美党阁员一反常态，由赞成《伦维尔协定》改变成反对《伦维尔协定》，并退出内阁，造成沙里佛丁内阁危机。印尼民族党也不再支持沙利佛丁内阁，从而迫使沙利佛丁内阁倒台。1948年1月23日，执政仅仅6个多月的沙里佛丁被迫宣布辞职。哈达被委任为内阁总理。1月26日，沙里弗丁等“左翼”领导人成立了“人民民主阵线”（Front Demokrasi Rakyat，简称FDR），成员是印度尼西亚共产党、社会主义党、工人党、社会主义青年团、全国总工会和农民阵线。

第三节 哈达总统制内阁（1948年1月29日至1949年9月4日）

1948年1月29日，苏加诺宣布组成以副总统哈达为总理的总统制内阁。阁员以马斯友美党和印尼民族党右翼为主，排除了其左翼和“左翼阵线”。哈达内阁组成后，立即表示要切实执行《伦维尔协定》，并继续同荷兰谈判。与此同时，各傀儡邦纷纷宣告成立。印度尼西亚共和国就荷兰殖民者的分裂活动向联合国安理会提出了申诉，但是安理会除通过决议要求斡旋（三国）委员会注意事态的发展外，没有任何具体行动。

沙里尔宣布支持哈达政府。1948年2月13日，沙里尔的追随者退出社会党另组“印尼社会党”。丹·马拉卡集团的“共和堡垒”由于丹·马拉卡及其主要成员尚在狱中而实力大减。1948年6月6日，丹·马拉卡的追随者与人民党、野牛队组成“人民革命运动”（Gerakan Revolusi Rakyat），成员有9个政党和团体，对抗“人民民主阵线”。该组织继续反对与荷兰谈判，要求将荷兰在印度尼西亚的财产国有化。当时，印度尼西亚政治舞台上存在着左、中、右三大政府势力，即人民民主阵线、印尼民族党和马斯友美党。三种政治势力的角逐对印度尼西亚革命产生了重大影响。

沙里佛丁任总理期间被利用，目的在于迫使其下台，而沙里佛丁并未完全料到这一点，同意马斯友美党入阁，委以重任，派沙里尔参加联合国会议。沙里佛丁采取妥协政策，不敢公开自己的身份，丧失了一次继续掌权的机会。

哈达政府一上台就表示继续寻求与荷兰谈判，筹建印度尼西亚合众国，落实《伦维尔协定》，对内排除异己，整编部队，镇压人民的革命运动，禁止罢工、游行示威和集合，实行新闻检查制，登记各党派领导人姓名，监视、限制其活动。

根据《伦维尔协定》，荷兰占领了印度尼西亚大部分领土，包括雅加达、泗水、三宝垄、棉兰、巨港、巴东等城市。哈达内阁对外妥协和对内反共的政策引起广大人民的不满，加剧了印尼国内的阶级矛盾。哈达内阁一成立，日惹、茉莉芬和谏义里等城市就爆发了群众示威游行。5月21日，印度尼西亚共产党和其他进步党派团体召开会议，制订了民族纲领，要求改组哈达内阁。民族纲领提出最迟在1949年1月1日建立独立的印尼民族国家，但是未能提出所应采取的具体措施。

一、“茉莉芬事件”(Peristiwa Madiun，1948)

1948年年初，哈达政府与美国签订《福克斯（Fox）协定》，美国的目的是防止印度尼西亚被印度尼西亚共产党所统治，进而控制印度尼西亚。1948年8月17日，为了应对“人民民主阵线”强大的挑战，哈达释放了丹·马拉卡及牵涉“7月3日事件”的追随者，组成反慕梭集团；哈达政府依靠美国的军事援助，提出军队整编方案，意在清除共产党人和“左”派人员，建立嫡系部队。

1948年，印尼民族解放运动高涨，印度尼西亚国内社会主义革命的兴起和发展使印度尼西亚的大资产阶级和地主阶级感到恐惧。在这一形势下，哈达内阁不仅拒绝工农群众的要求，而且依靠美国的支持，策划消灭一切进步势力。哈达以内阁总理兼国防部部长的身份，提出了整编印尼共和国武装部队的方案，准备把印度尼西亚共产党人和具有激进思想的官兵从军队中清洗出去，并解散印度尼西亚共和国暴动队等非正规军。1948年5月20日，梭罗驻军第四师官兵为反对整编方案举行示威。结果，7月3日，第四师师长苏塔尔托在梭罗被暗杀。1948年7月21日，美国政府外交政策顾问霍普金斯和斡旋（三国）委员会成员柯契兰（Chritchley）在东爪哇的沙冷岸（Sarengan）同哈达以及马斯友美党领导人纳席尔、苏基曼和穆罕默德·罗姆等人秘密会谈，制定所谓“消灭赤色分子的建议”。

1948年8月11日，在印度尼西亚革命危急的关头，长期在莫斯科居住的印度尼西亚共产党领导人慕梭回到国内。慕梭化装成印度尼西亚共和国驻普拉哈代表处秘书，回到印度尼西亚一周后，与苏加诺总统会面。他们年轻时结识于泗水的佐克罗阿米诺托家中，当时苏加诺在那儿寄宿。印度尼西亚刚刚独立3年，政治混乱，政局动荡，各种问题交织在一起，错综复杂。各派在亲荷、亲日、签署《伦维尔协定》和军队整编中互相指责和攻击，伊斯兰组织、民族主义组织和共产主义组织分别拥有自己的武装，武装部队派别林立，内阁和总理更迭频繁。苏加诺希望慕梭帮助印度尼西亚革命，慕梭回答说：“我来这儿是建立秩序的”。[①]

---

① Rabu, 31 Desember 2008 Tempo, Peristiwa Madiun, 19 September, 1948.

1.《印度尼西亚共和国的新道路》

在慕梭的领导下，印度尼西亚共产党于8月13、14日在日惹召开中央政治局扩大会议，慕梭作了题为《印度尼西亚共和国的新道路》的报告。总结了“八月革命”的经验教训，作了自我批评，提出了新的路线和政策。会议通过了称为《印度尼西亚共和国的新道路》的决议：

（1）组织方面。三个政党分散了力量；沙里佛丁同沙里尔共同成立印尼社会党是一个错误，使得沙里尔有机会控制该党。有必要成立统一而公开的印度尼西亚共产党。

（2）政治方面。反帝不彻底，没有重视武装斗争，沙里佛丁自动辞职为买办资产阶级的上台提供了方便，是一大错误。今后反对两个协定，开展武装斗争，掌握土地革命领导权，重建国家政权。

（3）民族战线方面，建立以印度尼西亚共产党为首的印度尼西亚反帝统一战线。加强马列主义理论学习。

（4）加强统一战线、武装斗争和党的建设工作，又称作“三个法宝”。

《印尼共和国的新道路》为印度尼西亚革命指出了正确道路，是印度尼西亚革命的转折点，是印度尼西亚共产党从幼年跨入成年时期的转折点，促进印尼革命由低潮走向高潮。

此次会议，印度尼西亚共产党承认了过去赞同《林牙椰蒂协定》的错误，将继续努力为废除《伦维尔协定》及一切不是基于平等地位签订的协定而奋斗。要求进一步发动农民，为此提出了“土地归农民”的口号。会议决定10月召开印度尼西亚共产党代表大会。由于发生“茉莉芬事件”，这次代表大会未能举行。1948年8月26、27日，印度尼西亚共产党中央选举慕梭为中央委员会总书记。

8月27日、29日，印度尼西亚劳工党和印度尼西亚社会党先后宣布与印度尼西亚共产党合并，一些左翼组织、全印度尼西亚中央职工会（Sentral Organisasi Buruh Seluruh Indonesia，简称SOBSI）和印度尼西亚农民阵线（Barisan Tani Indonesia，简称BTI）等加入印度尼西亚共产党。一夜间，印度尼西亚共产党由3 000人发展到30 000人。沙利佛丁在29日公开了他自1935年以来便是共产党员的身份，劳工党领袖寨蒂阿吉特，以及社会党其他两名领袖阿布杜马基德和坦林吉（Tan Ling Djie）也相继公开了共产党员的身份。

1948年9月1日，印度尼西亚共产党宣布了由慕梭、沙利佛丁、坦林吉和威卡纳等10余人组成的中央政治局成员名单。印度尼西亚共产党领导人随即在各地召开群众大会阐明印度尼西亚共产党的新纲领。通过慕梭的改革，印度尼西亚共产党的规模不断扩大，武装力量空前壮大。

2. 事件过程

1948年9月1日，印度尼西亚军队中的反动军官在梭罗绑架了人民民主阵线秘书、印度尼西亚共产党党员斯拉马特维查雅（Slamatwidjaja）和共产党人巴尔蒂约（Pardio），转往日惹秘密监禁。受进步思想影响的官兵占优势的梭罗驻军第四师立即派5名军官前往营救，结果这5人又被扣留。9月7日起，以慕梭为首的印度尼西亚共产党领导人分赴全国各地，进行为期半个月的新纲领宣传和党的路线、方针及政策宣讲。9月9日，印度尼西亚共产党中央向马斯友美党和民族党发出正式邀请，邀请它们出席旨在“建立民族团结”的联合会议，但遭到拒绝。印度尼西亚共产党领导人在各地举行的群众集会上，号召大家起来反对投降卖国的哈达内阁，争取建立一个新的由各党派联合组成的政府。9月11日，第四师向西利旺仪师发出最后通牒，要求9月13日14时前释放这些军官，但是这些军倌却遭到杀害。9月15日，双方终于在梭罗爆发大规模武装冲突，人民军第四师连同印度尼西亚共产党控制的海军陆战队和社会主义青年军联合向梭罗城发起进攻，政府军被迫从附近的茉莉芬调来大量军队支持，并重新夺回梭罗。

正当各方的注意力全集中在梭罗战斗的时候，人民军、海军陆战队和亲共的政府军第二十九旅突然在18日凌晨3点，向茉莉芬展开全面的进攻。9月17日，驻梭罗的“左”派军队被右派军队赶出梭罗，退往茉莉芬。9月18日，茉莉芬驻军两派发生冲突，驻防茉莉芬市受进步思想影响的第二十九旅与反共武装西利万吉师机动警察部队发生冲突，击败后者并控制全市。当时州长出差在外，市长卧病不起，副州长又无力控制局势。在这种情况下，人民民主阵线各党派和群众团体建议由茉莉芬副市长、共产党人苏巴尔迪外面控制混乱局势，出任茉莉芬临时州长，并电告中央政府。这一决定获得茉莉芬军分区司令和茉莉芬市市长等当地军政官员的支持，但是中央政府没有批准这一任命。在日惹的哈达政府认为这是“推翻印度尼西亚共和国的叛乱行动”，出动大军围攻茉莉芬。人民军迅速占领茉莉芬市内所有政府机关、银行、广播电台等，并宣布茉莉芬成立了一个工人和农民领导的苏维埃政府。当日，哈达政府以“共产党在茉莉芬发动政变和建立苏维埃政权”为借口，用突然袭击的手段调动军队围攻茉莉芬，联合伊斯兰群体对印度尼西亚共产党实行“圣战”，在全国范围内对共产党人和革命人士进行逮捕和大屠杀。

9月19日，印度尼西亚共产党领导人慕梭和沙利佛丁来到茉莉芬，向哈达内阁提出两项建议：（1）停止内战，共同抗击荷兰侵略军；（2）以1948年20个政党和群众团体共同签署的民族纲领为基础，建立民族联合政府。上述建议遭到中央政府的拒绝。9月19日晚上，印度尼西亚中央政府迅速作出反应，苏加诺总统在印度尼西亚共和国电台发表讲话，指责印度尼西亚共产党企图夺取印尼共和国的权力，号召武装部队和全国人民采取坚决行动，希望人民在慕梭与苏加诺、哈达之间作出选择。马斯友美党领袖苏基曼也号召伊斯兰教信徒对印度尼西亚共产党人发动"圣战"。苏迪曼总司令受命平叛，西里旺仪部队担任剿共先锋。半小时后，慕梭通过茉莉芬电台对苏加诺的讲话进行回击，号召人民反对帝国主义奴仆苏加诺和哈达。美、荷支持哈达政府，苏加诺、马斯友美党、丹·马拉卡集团、右翼社会党、印尼民族党联合向印度尼西亚共产党和进步团体发动攻击。共产党人被迫拿起武器自卫。"印度尼西亚社会主义青年团"（Pemuda Sosialis Indonesia，简称Pesindo）主席苏马尔索诺（Soemarsono）于1948年9月19日夺取茉莉芬政权，宣布建立印度尼西亚共产党领导的国民阵线政府。其他几个城市，如泊诺罗高（Ponorogo）、马戈坦（Magetan）和帕芝坦（Pacitan）等地的政权也落入印度尼西亚共产党手中。那些被视为印度尼西亚共产党敌人的政府要员、马斯友美党成员被杀。在城外的慕梭与一些印度尼西亚共产党领导人匆忙与苏马尔索诺等人汇合，印度尼西亚共产党党旗在普尔沃达迪（Purwodadi）、布罗拉（Blora）、戈普（Cepu）、帕芝坦和特棱嘎勒克（Trenggalek）等印度尼西亚共产党占领区上空飘扬。

随后，反抗政府军镇压的进步力量成立了"茉莉芬地方民族阵线委员会"（Komite Front Nasional Daerah Madiun），1948年9月20日，茉莉芬《民族阵线》报刊登了"民族阵线委员会"名单和施政纲领。

3."民族阵线委员会"名单

主席：哈尔约诺（Sdr Harjono）

副主席：黄利华（Oei Dee Hwat）

伊斯塔姆（Istam）

秘书：沙哈尔佐（Saharjo）

普拉赛特尤（Prasetyo）

助理：索夫万哈迪（Moh·Sofwanhadi）

哈萨纳丁（Hasanadin）

苏基兰（Sukiran）

卡尔媞娅妮（Kartiani）

苏贡（Sugong）

威佐诺（Wijono）

伊纳姆（Inam）

穆罗法（Muroffa）

施瑞温（Sie Swie Oen）

4. 施政纲领

（1）取消旧政府，建立其公务员由人民选举的新政府。

（2）武装力量掌握在人民手中，实现军队、工农、人民的结合，成为真正保卫人民的力量。

（3）人民掌握政权后，一切部门、工厂、银行均由国家掌管，“实行国有化，生产分配由工人做主”，给工人以广泛的民主权利。

（4）革命必须由工人阶级领导，建立工农联盟，把土地分给贫农，口号是“耕者有其田”。

（5）没收荷兰人的一切企业，包括工厂、种植园、银行、运输部门等。在城市、乡村实行粮食管制，必要时实行配给制。

（6）把全国人民，包括工、农、男、女组织起来，作为新政府的后盾。人民政府为人民，各项工作均由人民来做，人民的力量可击退国内外一切敌人的进攻。

（7）成立公安部，逮捕敌人、间谍和奸细，保障人民安全。各单位成立行动委员会保卫本单位的安全，有必要武装工农。

沙里佛丁等人曾多次发表演说，指出茉莉芬政府是民主的印度尼西亚共和国的一部分，否认政变，不是试图推翻共和国，而仅仅是纠正哈达政府欲向荷兰屈服的政策。

哈达下令调集重兵收复茉莉芬。9月21日，由阿卜杜尔·哈里斯·纳苏蒂安（Abdul Haris Nasution）率领的西利旺仪部队受命进攻茉莉芬。人民军虽然在人数上占优势，但是装备差。随着战事的发展，政府军的援军不断增加，形势对人民军越来越不利。9月30日，人民军撤出茉莉芬，他们在向梭罗转移的途中受到西利旺仪部队的围剿，伤亡惨重。慕梭和阿米尔·沙利弗丁只得带领残余兵力坚持游击战。10月31日，幕梭在玻诺罗柯（Ponorogo）战斗中阵亡。12月1日，阿米尔·沙利弗丁及前印度尼西亚共产党主席沙尔佐诺、人民军总司令佐科苏佐诺等800百多人被政府军俘获。12月20日，梭罗军事首领噶托特·苏布罗托上校（Gubernur Militer Surakarta Kolonel Gatot Soebroto）下令，阿米尔·沙利佛丁、苏立诺、马鲁多·达鲁斯曼等和11位印度尼西亚共产党领导人将未经法庭审判的在梭罗雅利安村（Karanganyar）秘密处决。

在“茉莉芬事件”中，约有3.6万名共产党人和爱国民主人士被捕，其中约1万人被惨遭杀害，右派势力在全国掀起反共高潮。“茉莉芬事件”中印度尼西亚共产党虽然损失惨重，但是一些少壮派的成员，如艾地、诺多、鲁克曼、维卡纳等人脱险。

在“茉莉芬事件”中，印度尼西亚共产党、哈达政府，以及重返印度尼西亚的荷兰势力代表的三股不同力量进行了激烈的角逐。事件之后，各方的力量对比发生了变化。对印度尼西亚共产党而言，“茉莉芬事件”无疑是一次毁灭性的打击，印尼共产党核心领导层被摧毁，印度尼西亚共产党的活动从鼎盛时期跌入低谷；对哈达政府而言，“茉莉芬事件”清除了反对派，赢得了荷兰暂时的支持；对于荷兰方面而言，这无疑是一次绝好机会。樊·穆克认为：“发生事变不是坏事，它将使反对印度尼西亚和荷兰合作的人们围绕在共产党周围，赞成印度尼西亚、荷兰合作的人们将聚在一起，这样局势就澄清了。”[①]利用印度尼西亚进步力量受挫的机会，荷军于1948年12月17日发动第二次“警卫行动”，逮捕了苏加诺和哈达等政府要员。虽然印度尼西亚方面对荷兰的武装侵略进行了反抗，但是战争给印度尼西亚政府造成了巨大的损失。

“茉莉芬事件”之后，印度尼西亚的革命力量和革命环境都发生了巨大的变化。从革命力量来看，“茉莉芬事件”之前，印度尼西亚存在着民族主义和共产主义两个政治派别，他们分别希望通过资本主义革命和社会主义革命的道路谋求国家独立，在革命方式上，这一时期外交谈判和武装斗争同时存在。而“茉莉芬事件”之后，印度尼西亚共产党的势力被粉碎，革命单纯由民族主义阵营领导，斗争的方式也以外交谈判为主。国际社会的舆论倾向在“茉莉芬事件”前后也发生了巨大的转变。“茉莉芬事件”之前，绝大部分资本主义国家支持荷兰重新掌握对印度尼西亚的殖民权力，对荷印斗争的方式不做过多干预。而“茉莉芬事件”之后，资本主义社会普遍谴责荷兰，而对哈达政府平息镇压共产党的行为表示认可。此后，以美国为首的国际社会积极促成荷印双方进行谈判，通过和平方式实现印度尼西亚的独立。

“茉莉芬事件”极大地削弱了革命力量，印度尼西亚共产党各地组织均遭到

① 转引自孙福生：《印度尼西亚共产党关于茉莉芬挑衅事件的白皮书》，《印度尼西亚现代政治史纲》，厦门大学出版社，1989年版，第149页。

不同程度的破坏，刚刚建立起来的民族统一战线夭折，民族资产阶级倒向买办资产阶级，哈达政府全面倒向帝国主义。

5. 印度尼西亚共产党主要领导人

（1）丹·马拉卡（Tan Malaka，1897—1949）

印度尼西亚共产党前总书记，原名伊布拉欣（Ibrahim），1897年出生于苏门答腊苏力吉（Suliki）镇潘丹·嘎当（Pandan Gadang）村，获当地米南加保酋长封赐勋衔（Datuk Tan Malaka），全名是伊布拉欣·丹·马拉卡。其父是米南加保部落的一位长老。丹·马拉卡是一位富有争议和充满传奇的人物。年轻时赴荷兰留学6年。1921年6月，在教育救国思想的影响下，他来到伊联在三宝垄开办的学校任校长。后由于策动罢工被荷兰殖民当局逮捕，释放后被驱逐出印度尼西亚。他浪迹欧洲、中国和东南亚长达20年之久。

1949年2月，丹·马拉卡在此被逮捕。同年4月，在东爪哇被一支军队小分队秘密枪杀。

丹·马拉卡曾经是共产国际执委会远东局书记，在流亡国外和在国内牢狱期间写的大量著作大都在国内出版。荷兰学者哈里·布兹（Harry A · Poeze）著的《丹·马拉卡走向共和国的奋斗》（荷文版，1976年出版）完整地介绍了丹·马拉卡的活动。该著作的印度尼西亚文译文版本分二集：第一集为丹·马拉卡1897年出生至1925年期间的活动，于1988年出版；第二集为丹·马拉卡1925至1945年期间的活动，于1999年出版。哈里·布兹继而撰写了丹·马拉卡自1945年至1949年被处决期间的活动，荷文版2009年出版，未见印度尼西亚文译文版本。

（2）慕梭（Musso，1897—1948）

印度尼西亚共产党著名领导人，共产国际活动家。1897年出生于东爪哇谏义里州一农民家庭，毕业于茂物农业学院。青年时期投身民族民主革命运动。1920年，因参与组织西爪哇农民起义被捕。1923年获释后，加入印度尼西亚共产党。1924年，任印度尼西亚共产党中央理事会理事，并创办党报《无产者》。1926年，后流亡苏联。1927—1928年在列宁大学学习。1928年，出席共产国际第六次代表大会，并被当选为共产国际执行委员会委员。1935年，奉共产国际的指示秘密回国，重建印度尼西亚共产党领导机构。1936年，再次流亡苏联，直到第二次世界大战结束。1948年回国，与苏加诺政府合作，促进印度尼西亚的完全独立。同年8月，在印度尼西亚共产党中央全会上，当选为总书记。1948年9月18日，在东爪哇茉莉芬进行武装斗争。“茉莉芬事件”后，组织民族阵线政府领导争取民族独立的武装斗争。1948年10月31日在坡诺罗柯战役中牺牲。

二、荷兰第二次“警卫行动”

荷兰企图利用哈达政府妥协的软弱立场，以及印度尼西亚内部阶级矛盾、社会矛盾激化的时机一举毁灭印度尼西亚共和国，重新建立殖民统治。因此，荷兰在谈判中态度强硬，坚持要求印度尼西亚共和国政府承认荷兰在过渡期有否决权和紧急状态权。甚至连美国代表达博伊斯（Dabois）和澳大利亚代表科里茨莱（chritchley）的妥协、折中建议也被其拒绝。1948年12月13日，哈达向斡旋（三国）委员会提出愿意同荷兰再次进行谈判，并表示承认荷兰在成立印度尼西亚合众国之前的主权和统治权。荷兰方面当日表示拒绝。12月18日23:30，荷方代表比尔（Deel）突然通知印度尼西亚代表团和斡旋（三国）委员会，荷兰不再承认和履行《伦维尔协定》。19日凌晨6:00，荷兰动用15万兵力，在空军的配合下攻陷了印度尼西亚共和国临时首都日惹。当时印度尼西亚代表团驻地的电话线被切断，无法通知政府。总统苏加诺、副总统哈达、总理沙里尔和外交部部长阿古斯·沙林等印度尼西亚共和国要员被俘获，分别拘禁在苏门答腊岛的多巴湖畔和邦加岛。

荷军侵占日惹前，苏加诺召开内阁会议，作了如下安排：

（1）通过无线电台，委任正在苏门答腊的繁荣部部长沙弗鲁丁（Sjafruddin Prawiranegara）组成印度尼西亚共和国临时政府。

（2）若上述临时政府不能组成，则委任在印度的财政部部长马拉米斯（A. A. Maramis）组织流亡政府；

（3）内阁会议决定苏迪尔曼率部到山区开展游击战，总统等其他阁员继续留在日惹。

荷军攻占日惹后，世界舆论倒向印度尼西亚共和国。1948年12月24日，安理会通过决议，要求荷兰和印度尼西亚停止敌对行动，荷兰立即释放印度尼西亚共和国总统和副总统等领导人，荷兰政府未予理会。12月28日，安理会再次要求荷兰释放印度尼西亚共和国领导人。1949年1月7日，荷兰政府同意半年后在印度尼西亚举行大选，把印度尼西亚主权移交给民选政府。1949年1月20～23日，由印度总理尼赫鲁、缅甸总理吴努提议，在新德里召开了“亚洲会议”，邀请澳大利亚、新西兰和阿拉伯等部分国家参加，专门讨论印度尼西亚局势。23日，会议向安理会建议要求荷兰无条件释放印度尼西亚共和国领导人，荷军于3月15日前撤出印度尼西亚共和国领土，6月1日前举行大选，1950年1月1日前将印度尼西亚主权交给印度尼西亚联邦政府，并要求联合国安理会限期荷印双方解决争端。缅甸甚至建议组成亚洲志愿军支持印度尼西亚。1949年1月28日，安理会基本上同意这些建议，只是把大选日期推迟到10月10日前，1950年7月1日前移交主权。安理会还决定将原来的三国调处委员会改为印度尼西亚委员会，扩大其权力。三个成员国保持不变，但改为表决方式，少数服从多数，不需要三方取得一致意见。1949年2月，美国参议院通过决议停止对荷兰的一切经济援助。迫于各方压力，1949年2月26日，荷兰政府宣布同意与印度尼西亚共和国恢复谈判，并建议3月12日在荷兰海牙举行圆桌会议，讨论成立印度尼西亚—荷兰联邦和成立临时政府问题。但是，荷兰政府同时又提出，海牙圆桌会议将不在印度尼西亚委员会的监督下举行，该委员会成员只能作为观察员参加会议。3月1日，荷兰政府又宣布，即使印度尼西亚共和国拒绝参加海牙圆桌会议，荷兰政府也将同印度尼西亚各邦举行这一会议。

荷军侵占日惹后，印度尼西亚共和国军民并未屈服，他们仍然在各地开展游击斗争，英勇地捍卫共和国的独立。同时，印度尼西亚共和国在苏门答腊武吉丁宜成立了以沙弗鲁丁为首的临时政府。荷军只能占领印度尼西亚的大城市和主要交通线。印度尼西亚武装力量在广大农村展开游击战，使荷军疲于奔命，粮食供应短缺。因“茉莉芬事件”被监禁的共产党员纷纷逃出集中营，重新拿起武器，英勇抗击荷兰侵略者。印度尼西亚武装部队和游击队于1949年3月1日一度攻入日惹市，占领市区6小时。荷兰发动的第二次殖民战争遭到印度尼西亚军民的顽强抵抗，同时，也受到荷兰建立的印度尼西亚部分“自治邦”的谴责。

1949年4月17日，在雅加达举行首轮谈判，印度尼西亚代表团团长罗姆（Moh.Roem）、荷兰代表团团长罗延（Van Royen），由美方代表墨尔勒·柯克伦（Merle Cochran）主持。1949年5月7日，双方达成停战协议：

印度尼西亚方面：

命令印度尼西亚武装力量停止游击战；在恢复和平、维护治安方面予以合作；参加海牙圆桌会议。

荷兰方面：

无条件释放苏加诺和哈达等印度尼西亚共和国领导人，同意印度尼西亚共和国政府回到日惹；停止军事行动，释放战俘；不再建立或承认印度尼西亚共和国1948年12月19日前辖区内之“国家”，不再扩张和损害共和国；承认印度尼西亚共和国为“印度尼西亚联邦国家”一部分；印度尼西亚共和国政府回到日惹后，尽快召开圆桌会议。

1949年6月22日，印度尼西亚军队进入日惹。1949年6月24~29日，荷军陆续撤出日惹。7月6日，苏加诺、哈达等人获释回到日惹。1949年7月13日，沙佛鲁丁在雅加达向哈达副总统移交政府权力。

1949年7月20~22日和7月31日~8月2日，分别在日惹和雅加达举行印度尼西亚共和国和自治邦代表参加的“印度尼西亚内部会议”(Konferensi Inter-Indonesia)，为即将召开的海牙圆桌会议进行协商和准备。印度尼西亚共和国代表哈达、来自坤甸的自治邦代表苏丹·哈米德和阿纳克·阿贡等出席会议。与会各方达成了如下协议：(1）独立后的印度尼西亚将成为联邦制共和国，以红白旗为国旗，大印度尼西亚歌为国歌，印尼语为国语；(2）印度尼西亚共和国和各邦联合起草印度尼西亚联邦共和国临时宪法；(3）双方选举联邦共和国总统；(4）议会为两院制；(5）印度尼西亚共和国国民军为印度尼西亚联邦共和国武装部队的核心；(6）联邦成员不得拥有武器。

三、《圆桌会议协定》

经联合国的提议和调解，1949年8月23日至11月2日在荷兰海牙举行了有荷兰、印度尼西亚双方代表及印度尼西亚各邦代表、联合国调解委员会美国代表参加的圆桌会议。参加会议的有印度尼西亚共和国代表哈达（团长)、罗姆、苏波莫(Soepomo)、雷么纳（Leimena)、阿里·沙斯特罗阿米佐约（Ali Sastroamidjojo)、朱安达（Djuanda)、苏基曼（Soekiman)、苏约诺·哈迪诺托（Soeyono Hadinoto)、苏米特洛（Soemitro)、佐约哈迪库苏莫（Djojohadikusumo)、阿布杜尔·卡利姆·普灵·高迪格多（Abdul Karim Pring Godigdo)、西马图邦（Simatupang)、苏玛尔迪（Soemardi)；自治邦（BFO）代表哈米德苏丹一世（Sultan Hamid I，团长，来自坤甸)；荷兰代表团团长樊·马塞芬（Van Maarseveen）和印度尼西亚委员会代表柯契兰。会议由荷兰首相主持。1949年11月2日，签订了《圆桌会议协定》，包括《海牙圆桌会议总则》《移交政权宪章》《对外经济协定》《印度尼西亚—荷兰军事协定》《印度尼西亚联邦共和国宪法》等文件。其主要内容如下：

(1）由印度尼西亚共和国和15个联邦组成“印度尼西亚联邦共和国”，荷兰最迟在1949年年底将主权移交给印度尼西亚联邦共和国。

(2）印度尼西亚联邦共和国同荷兰、荷属苏里南、库拉索共同组成以荷兰女王为最高元首的荷印联邦。另由荷兰与印度尼西亚双方成立部长会议，处理双方有关事务。

（3）印度尼西亚联邦共和国的外交、国防、财经和文化方面必须与荷兰“永久合作”。未征得荷兰同意，印度尼西亚不得与外国缔结条约。

（4）荷兰派遣2 000人的军事代表团，负责印度尼西亚军队3年的训练和装备，一切费用由印度尼西亚负担，前荷兰殖民军并入印度尼西亚军队，必要时“荷印联邦”的一方可请求另一方，使用对方的武装力量。印度尼西亚海军基地主任要由印度尼西亚政府在荷兰海军提出的三人中指定一人。

（5）荷兰官吏继续在“印度尼西亚联邦共和国”任职，两年内不得变动。

（6）印度尼西亚领土西巴布亚继续由荷兰占领，其“地位”留待日后协商解决；

（7）印度尼西亚政府必须归还所有外国人（除日、德外）的企业和租让权，恢复外国人过去所享受的特权，不得侵犯外国在印度尼西亚的企业。印度尼西亚在贸易方面必须给荷兰以特惠特权，必须继续执行前荷印政府签订的贸易协定。印度尼西亚必须偿还荷印政府历年积欠、包括两次殖民战争军费在内的43亿荷兰盾（约合11.3亿美元）的债务，印度尼西亚财经政策若有变动，则事前必须与荷兰磋商。

据此协定荷兰把除西巴布亚外的荷印全部领土主权移交给印度尼西亚联邦共和国。《圆桌会议协定》没有使印度尼西亚实现完全独立，反而沦为半殖民地国家，为期3年的“八月革命”受挫。

《圆桌会议协定》签订以后，1949年12月14日，印度尼西亚共和国和14个邦组成印度尼西亚联邦共和国，其成员如下：印度尼西亚共和国、帕巽丹、马都拉、东爪哇、西加里曼丹、中爪哇、南苏门答腊、东加里曼丹（部分）、东南加里曼丹（部分）、班加尔（部分）、达雅克（部分）、邦加（部分）、勿里洞（部分）、廖内（部分）、东印度尼西亚（部分）。

第四节 哈达联邦内阁（1949年12月20日至1950年9月6日）

1949年12月19日，联合组成了印度尼西亚联邦政府，选举苏加诺和哈达为正、副总统，成立了以哈达为首的联邦政府内阁。[1] 12月27日，在荷兰，以及印

① 阿萨特（Assaat）出任印度尼西亚共和国代总统，阿卜杜尔·哈林（Abdul Halim）任内阁总理。

度尼西亚的雅加达和日惹，分别由荷兰政府、前荷印殖民地政府和印度尼西亚共和国政府举行仪式，正式将除西巴布亚外的全部前荷印领土的主权移交给了印度尼西亚联邦共和国。1949年12月28日，苏加诺从日惹回到雅加达。

印度尼西亚联邦共和国不得人心，遭到印度尼西亚各阶层爱国人士和人民的反对。一场强烈要求国家统一、声势浩大的运动在印度尼西亚全国兴起。人们要求废除《圆桌会议协定》，收复国土西巴布亚，完成“八月革命”的任务。在荷兰扶植的邦区内，人民纷纷集会，反对分裂，要求统一。1950年1月9日，东爪哇泗水7万人举行集会，要求取消东爪哇邦，其他邦区也相继提出合并要求。面对印度尼西亚人民的统一运动，荷兰，一方面，支持、策划地方封建贵族进行抵制和保持分而治亡的局面；另一方面，利用原荷印政府殖民军和傀儡邦反动头目进行武装颠覆和破坏活动。

印尼联邦政府成立后，在政治和军事方面出现了混乱，尤其是在爪哇和苏门答腊岛更为严重。由于原联邦区和共和国区没有明确的界线，因此，印尼联邦政府在行政管理上出现了混乱，有些地区出现了双重领导局面。在军事方面仍然存在着原印尼共和国军、联邦派军和荷印殖民军几种武装力量。这些都加剧了广大人民的不满和反对。苏加诺也认为，联邦制是荷兰控制印度尼西亚的政治工具，是印度尼西亚获得独立的障碍，他主张取消联邦制，建立统一的共和国。在广大人民的要求和压力下，荷兰扶植的联邦区纷纷宣布解散。1950年3月，苏加诺总统签署“改变各邦组织紧急法令”。不到两个月，就有13个联邦区合并到共和区。5月，剩下的东印度尼西亚邦和苏门答腊1个邦也同意解散，加入统一的共和国。1950年8月15日，颁布了统一的印度尼西亚共和国临时宪法，苏加诺总统正式宣布成立统一的印度尼西亚共和国，取代原来的印度尼西亚联邦共和国。“八月革命”取得阶段性胜利，结束了荷兰300多年的殖民统治，赢得了民族独立，这是“八月革命”显而易见的成果。

第五节 “八月革命”分期和领导权问题

一、分期

1. 革命的第一阶段

1945年8月17日，广大群众成立各种群众组织，夺取日军武器，占领电台、车站、铁路和矿山，解放了泗水、梭罗、三宝垄等城市。农民也纷纷夺取“私有地”。8月18日，印尼独立筹备委员会临时增加8名青年代表并召开会议，通过宪法，选举苏加诺和哈达分别为正、副总统。9月4日，第一届内阁——总统制内阁成立。11月，以右翼社会党人沙里尔为首的国会制内阁取代总统制内阁。由于印尼共产党人和广大革命群众积极参加，因此，印尼取得了民族独立的伟大胜利。

2. 革命的第二阶段

1945年9月29日，英军在爪哇登陆，很快占领雅加达等地，并把占领区移交给荷兰。1945年11月，爆发泗水保卫战，英勇的泗水人民为捍卫民族独立与英军展开了长达21天的殊死战斗。1946年11月15日，荷兰殖民者与沙里尔内阁签订《林芽椰蒂协定》，荷兰承认印度尼西亚共和国对爪哇、马都拉、苏门答腊行使“事实上的权力”，印度尼西亚同意建立以荷兰女王为首的“荷印（尼）联邦”。《林芽椰蒂协定》是印度尼西亚沙里尔内阁妥协路线的产物，严重损害印度尼西亚共和国的主权与领土完整。1947年7月，荷兰殖民者发动第一次“警卫行动”，遭到印度尼西亚人民的有力抵抗。1948年1月，美国利用联合国插手荷印冲突，迫使沙利佛丁政府签订《伦维尔协定》，规定印尼必须承认荷兰武装占领地区，并同意加入“印尼合众国”。1948年9月，印尼右派势力制造“茉莉芬事件”。同年12月，荷兰趁机发动了第二次“警卫行动”，攻占日惹，逮捕苏加诺、哈达等人。印度尼西亚共和国所辖国土和人口大为缩小，但是印度尼西亚人民依然坚持斗争。次年8月，双方在海牙召开圆桌会议。11月，在美国的压力下，荷兰与印度尼西亚双方在海牙签订《圆桌会议协定》，规定印度尼西亚共和国与印度尼西亚领土上由荷兰殖民者所建立的15个傀儡政权组成“印度尼西亚联邦共和国”，而后者再与荷兰、荷属苏里南和库拉索共同组成以荷兰女王为元首的荷印（尼）联邦。虽然规定除夕巴布亚外，荷兰应将主权移交给印度尼西亚联邦共和国，但荷兰保留了军事、外交、经济方面的许多特权。1949年12月，荷兰移交主权，印度尼西亚联邦共和国选举苏加诺为总统，哈达出任联邦政府总理。

3. 革命第三阶段

西巴布亚的主权问题得到解决。

二、“八月革命”的领导权问题

关于印度尼西亚“八月革命”的领导权，目前主要有4种观点：

第一种观点认为无产阶级和其他阶级共同掌握了领导权。持这种观点的主要是印度尼西亚共产党的领导人，如迪·努·艾地于1963年在论及“八月革命”领导权时指出：“工人阶级没有单独掌握革命的领导权，这并不意味着，当时革命的领导权掌握在资产阶级手中。”①

第二种观点认为资产阶级掌握了“八月革命”的领导权，如1948年印度尼西亚共产党文件《印度尼西亚共和国的新道路》决议指出：“工人阶级及其先锋队印度尼西亚共产党，尚未掌握我国革命的领导权。”

第三种观点认为不分阶级，是不同的力量派别掌握了领导权，如哈佛大学国际关系学迈克·亚达斯教授在《喧嚣时代——20世纪全球史》（*TURBULENT PASSAGE*）一书中指出：“亚洲的独立革命，包括印度尼西亚的‘八月革命’，是由受到西方教育的社会精英们掌握领导权的。”②印度尼西亚学者西蒂·克尔答巴蒂（Sidik Kertapati）在《1945年8月17日独立宣言》一文中指出：“革命的领导权掌握在青年手中。”③

第四种观点认为”八月革命的领导权势变化的，从无产阶级手中转移到资产阶级手中。

印度尼西亚“八月革命”是一场反帝反封建的民族民主革命。在当时的历史条件下，印尼民族资产阶级知识分子成为民族革命的领导力量。印度尼西亚无产阶级及其政党积极参加了这一革命，特别是在抗荷武装斗争中做出了重大牺牲。由于印度尼西亚共产党处于分裂的状态，主要领导人在1926年第一次民族起义失败后被荷兰殖民当局逮捕或杀害，因此，在1945年“八月革命”爆发时，在政治上和组织上都缺乏足够的准备，没有可能提出完整的正确的革命纲领、路线和斗争策略，也就不可能发挥领导革命的作用。

在海牙《圆桌会议协定》中，印度尼西亚共和国不得不向荷兰殖民者做出某些妥协和退让，特别是收回西伊里安主权的问题并未获得解决。因此，印度尼西亚“八月革命”并没有完全实现它的目标。这正是印尼民族资产阶级在政治上的软弱性的表现。“八月革命”爆发时，印度尼西亚各阶级对革命有着不同的态度。无产阶级富于革命的彻底性，要求印度尼西亚真正独立，坚持走社会主义道路。印度尼西亚共产党人虽然积极参加了革命，并起了巨大作用，但是在革命中没有提出自己的革命纲领，没有广泛发动农民进行土地革命。加之处于半公开状态，

① 江绍高：《试论印度尼西亚“八月革命”的领导权问题》，北京大学图书馆学位论文室，1983年，第2页。

② 参见《喧嚣时代——20世纪全球史》亚洲章节，第453-589页。

③ 江绍高：《试论印度尼西亚“八月革命”的领导权问题》，北京大学图书馆学位论文室，1983年，第3页。

不利于领导革命。因此，印度尼西亚共产党作为印度尼西亚工人阶级先锋队并没有能够成为印度尼西亚人民群众解放斗争的领导者。

尽管如此，印度尼西亚“八月革命”是战后蓬勃发展的东南亚民族独立运动的重要组成部分，具有重大的历史意义。它同东南亚各国的民族独立运动汇成了一股巨大的洪流，给帝国主义在东方的殖民体系以猛烈的冲击，有力地支持了世界殖民地半殖民地人民的解放斗争。印度尼西亚“八月革命”的精神是永存的，它鼓舞着印度尼西亚人民为完成“八月革命”的历史任务，为建立独立、统一、富强的印度尼西亚共和国而继续战斗。“八月革命”是全体印尼民族不畏艰难、争取独立与自由的革命。因此，无论是无产阶级，还是资产阶级掌握了革命的领导权，都有它的历史意义和积极作用。

第八章　苏加诺执政时期

第一节　历届内阁更迭及重大历史事件

一、内阁更迭频繁

1. 纳席尔（Natsir）议会制内阁（1950年8月15日至1951年3月21日）

1950年8月15日，统一的印度尼西亚共和国正式成立，苏加诺、哈达当选为正、副总统，组成了以马斯友美党人纳席尔为首的议会制内阁。纳席尔本人是亲荷分子，该内阁以马斯友美党和印度尼西亚社会党为主，并联合了部分小党派组成。印尼民族党被排斥在内阁之外，成为第一大反对党。纳席尔内阁主要施政纲领如下：

（1）筹备和选举制宪议会。

（2）加强和完善政府编制及国家机构。

（3）加强治安管理。

（4）发展和巩固人民经济单位，并以此作为实行国民经济的基础，建立工人与资本家之间的团结。

（5）帮助建造民居，努力提高人民健康和智力水平。

（6）完善军队组织，做好复员军人的社会安置工作。

（7）为解决当年西巴布亚问题而斗争。

纳席尔内阁执政期间出台了若干重要措施：拒绝美国提出的军事援助，但接受其经济援助和货款；1950年颁布的“组织地方议会”第三十九号政府法令规定，区立法议会成员由各乡在1950年6月30日前建立的政党、社团及宗教团体的代表组成选举团选举产生；省议会成员由省内各区、市议会成员组成选举团选举产生。该法令有利于马斯友美党，因为其他政党由于战乱而处于瓦解和混乱状况。而马斯友美党的组织比较健全，作为其特别组成部分的各宗教组织早已存在，而且有所发展，在农村和基层有较强的势力。因此，马斯友美党在1950年11月至12月进行的地方立法议会选举中获得优势。这种现象引起“左”派人士的不安，质疑和反对的呼声此起彼伏。1950年9月27日，印度尼西亚加入联合国。同年11月，纳席尔内阁以维护治安为名大肆逮捕民主人士。印尼统一共和国成立后，广大工人阶级要求废除《圆桌会议协定》，改善生活条件。为了镇压工人运动，纳席尔内阁于1951年2月13日颁布了《禁止重要企业罢工法》，规定在铁路、公路运输、港口、石油、电力煤气、医院、国营印刷厂、银行，以及军工单位一律禁止罢工，劳资纠纷由“国家调解委员会进行调解”，调解不成则行使“强迫仲裁权力”；非“重要企业”虽未明文禁止罢工，但规定不得在“调解”之前举行罢工。实际上，该法令剥夺了工人罢工的权利。因为《禁止重要企业罢工法》是国防部部长根据“战争和戒严状态”的规定颁布的，所以又称为“第1号军事法令”。

1951年3月，临时国会通过了印尼民族党人哈迪库苏莫（Hadikusumo）提出的废止第三十九号政府法令的议案。对此，内政部部长阿沙特（Asaat）代表内阁表示不能接受议案，并于1951年3月21日宣布集体辞职，将权力交还给临时国会。

2. 苏基曼（Sukiman）内阁（1951年4月27日至1952年2月23日）

1951年4月27日，组成了马斯友美党人苏基曼为总理的新内阁，印尼民族党被接纳入阁，该内阁主要施政纲领如下：

（1）作为法制国家，采取坚决措施维护治安，加强国家政权机构。

（2）制订和实行短期民族繁荣计划，提高人民社会经济生活水平，修改农业法以符合农民利益，尽快将退伍人员安置到建设中去。

（3）完成大选筹备工作，组成制宪议会，在短期内举行大选，加速自治区的实施。

（4）制订如下法令：承认工会；制订最低工资标准；解决劳工纠纷。

（5）推行自由、积极的和平外交政策，变印荷联邦关系为国际关系，重新审视《圆桌会议协定》，废除损害人民和国家的条约。

（6）尽快将西巴布亚纳入印度尼西亚共和国版图。

苏基曼内阁奉行亲美政策，1951年5月，追随美国参加对中国的禁运，禁止把橡胶卖给中国。同年8月，在各地进行大逮捕，即印尼人所称的“八月大逮捕”，先后逮捕了15 000余名印度尼西亚共产党领导干部，进步的工人、农民、青年、妇女团体领导人及民主人士和华侨。9月17日，颁布了限制工人罢工的第十六号紧急法令（又称“劳资纠纷调解紧急法令）。苏基曼内阁的上述做法在为进一步投靠美国铺设道路，此举引起民族资产阶级及马斯友美党内亲荷派的不满。

印尼民族党虽然参加内阁，但不占主导地位，为此它同马斯友美党展开了争夺权力的斗争。内阁初期，担任内政部部长的印尼民族党人伊斯卡特（Iskat）下令地方议会停止工作，马斯友美党极力反对，迫使伊斯卡特取消了命令，双方达成暂时妥协：在新条例产生前，已建立的议会仍继续保留，但不能再根据第三十九号政府法令建立新的地方议会。在中间力量与右派力量的权力较量中，"左"派与中间派站到一起，反对马斯友美党，在"左"派的支持下，印尼民族党夺得了西爪哇、南苏门答腊、加里曼丹、巽他等地行政长官的职位，加强了该党在地方上的实力。

1952年1月，苏基曼内阁与美国秘密签订了《共同安全法案》(Mutual Security Act，简称MSA)，这无疑表明印度尼西亚加入了美国的侵略军事集团。2月5日，消息泄露，全国哗然，各方起而反对，临时国会通过印尼民族党议案，规定与外国签订条约须经国会批准，反对"秘密外交"。印尼民族党等进步团体要求苏基曼下台。马斯友美党纳席尔集团趁机对苏基曼集团施加压力，2月12日，纳席尔以马斯友美党主席身份宣布，该党不对《共同安全法案》的签订负责。1952年2月23日，苏基曼内阁在全国的一片声讨中被迫下台。

3. 韦洛波(Wilopo)内阁(1952年4月3日至1953年6月3日)

1952年4月3日，组成了以印尼民族党人韦洛波为首的新内阁，该内阁由印尼民族党联合马斯友美党纳席尔派、社会党、天主教党、基督教党而组成。韦洛波是印尼民族党的右翼，在青年党员中较有影响。新内阁继续执行对外亲美和对内限制工农运动的右翼保守政策，其施政纲领与苏基曼内阁基本相同，仅增加了"精简中央政府机构"和"尽快改善教育和教学现状"等内容。

在人民的压力下，韦洛波内阁执政初期在一定程度上放宽了民主权利，陆续释放了"八月大逮捕"中被捕的民主人士，废除《共同安全法案》，代之以《经济与技术援助协定》，并首次派遣印度尼西亚驻中华人民共和国大使。在韦洛波执政期间发生了两大事件：

(1)"十·一七政变"(1952年10月17日)

军队中的"主流派"：印度尼西亚武装部队参谋长西马图邦（Simatupang）、陆军参谋长纳苏蒂安、西里旺仪师司令卡维拉朗（Alex Kawilarang）在国防部部长日惹丹布沃诺九世（Hamengku Bawono IX）的支持下决定推行军队整编计划，将20万人的军队裁减至12万人，以受过军事学院正规训练的军官取代未受过正规训练的军官。此计划遭到前卫国军军官的反对。反对的导火线为"主流派"在内阁的支持下解除反对整编的前万隆军事学院院长苏佩诺（Bamlang Supeno）的职位，围绕苏佩诺解职问题在国会引起一场大辩论。1952年10月16日，国会最后通过了索菲安（Manai Sophian）议案，决定成立由国会议员和政府代表参加的专门委员会调查此事，调整军部领导人。国会的决定遭到“主流派”的反对，他们认为国会无权插手陆军内部事务，要求解散国会。

10月17日，陆军上层人物中的印度尼西亚社会党人临时雇来2万余人在雅加达大街示威游行，要求解散临时国会，陆军副参谋长苏多柯带领若干军区司令和陆军高级军官要求面见苏加诺总统，并在总统府前架设大炮进行威胁。苏加诺在“左”派和民族主义力量的支持下拒绝了右派军人的要求。同时，陆军内部意见发生分歧，部分高级军官反对解散国会。1952年12月19日，陆军参谋长纳苏蒂安的辞呈获批准，把权力移交给巴姆邦·苏庚（Kolonel Bambang Sugeng），西马图邦、苏多柯等人也相继被解职。

“十·一七政变”在印度尼西亚产生了深远的影响。在军队内部，尤其在陆军，出现了拥护和反对“十·一七政变”两大派别，双方在本质上都属于右派集团，反对者有的是受民族主义政治力量的影响，有的是因派系之争担心政权落入对方之手。“十·一七政变”扩大了右派军人集团的影响，同时促进了军队与地方的合作关系。“十·一七政变”后，军队的中央集权被削弱，地方军人集团得到加强，在军费连年被削减的情况下，地方各军区与地方工商界加强了联系，军界势力逐渐向经济领域扩张，为日后地方军事叛乱准备了经济条件。“十·一七政变”在陆军内部引起的矛盾直至1955年2月25日举行陆军专门会议后方得到缓解。会上，29名高级军官签署了《印尼共和国陆军完整（Keutuhan）宪章》。在“十·一七政变”期间，印度尼西亚“左”派力量支持苏加诺拒绝右派军人集团解散国会的要求，加之右派军人集团在“茉莉芬事件”中残酷镇压印度尼西亚共产党和进步力量，两者的矛盾日益尖锐。因此，亲马斯友美党、印度尼西亚社会党的右派军人集团与印度尼西亚共产党的对抗一直持续到“9·30运动”。

中间力量在“十·一七政变”中巩固了自己的地位。苏加诺和民族主义力量一直试图削弱右翼政党的力量，几届内阁均在马斯友美党的控制之下，印尼民族党加入内阁后仍处于右翼政党的影响下。苏加诺无实权，虽然在“十·一七政变”中维持了自己的地位，但来自各方的威胁仍然存在。苏加诺深知，要巩固和加强自己的权力，必须掌握实权，利用矛盾保全和加强自己。当时的状况是国会无力解决政治危机，政党左右政府，某些政党不是通过国会而是通过军队来达到政治目的，军队对政治施加影响。与此同时，印尼民族党内部的力量对比发生了重大变化，大多数党员对依附于右翼政党的民族党的右翼韦洛波集团极为不满。1953年，代表中间力量的西迪克·佐佐苏卡拉派联合元老派萨尔托诺和苏维纳取得了印尼民族党的领导权，为建立以印尼民族党为主的内阁打下了基础。

“十·一七政变”期间，印度尼西亚共产党发表声明，谴责右翼社会党人的阴谋，支持苏加诺，反对解散国会。以印度尼西亚共产党为代表的左派力量在“茉莉芬事件”中受到严重打击，党的组织遭到破坏。关于今后的斗争方向，党内存在着分歧，出现了两种意见：一种意见主张进行武装斗争，反对签订《圆桌会议协定》的哈达政府；另一种意见主张统一思想和总结经验，重建组织，争取合法地位。结果，第二种意见占了上风。1950年年底至1951年年初，印度尼西亚共产党召开中央全会，会议批判了当时担任党中央主要领导的陈遴如的错误，即陈遴如在西巴布亚问题上发表声明主张“西巴布亚民主共和国”与统一的印度尼西亚共和国结成联盟，从而违背了人民收复西巴布亚的意愿。另外，陈遴如主张重建印尼社会党，并将其作为“收容政党”，即收容那些亲印尼共产党而不敢公开参加印度尼西亚共产党的人。陈遴如的主张否认了印度尼西亚共产党作为印度尼西亚工人阶级政党的地位。中央全会改组了中央领导，选举艾地、鲁克曼、约多等人组成新的中央政治局，决定在革命处于低潮时把工作重点放在重建党的组织、争取合法地位，以及与民族资产阶级重新建立民族统一战线上，以议会斗争为主。新政治局忽视了武装斗争，后来发展到把议会斗争作为唯一的斗争形式，从而忽略了无产阶级与民族资产阶级在宗旨、政策、思想、实践上的原则区别，在民族统一战线中丧失了自己的独立性，对民族资产阶级只讲联合不讲斗争，成了民族资产阶级的依附力量。

在重建组织的同时，印度尼西亚共产党在工人、农民、青年、妇女之中开展工作，建立外围组织，之后成立了“印度尼西亚总工会和农民阵线”。韦洛波内阁逐渐走向反动，印度尼西亚共产党对其态度也由合作变成敌对。

（2）棉兰丹绒摩拉哇（Tanjung Morawa）事件

内政部部长、马斯友美党人穆罕默德·罗姆（Mohamad Roem）忠实地执行《圆桌会议协定》，为荷兰侵略者服务，决定把第二次世界大战期间外国种植园主逃跑后已回到农民手中的土地奉还给外国种植园主，遭到农民的拒绝和反对。北苏门答腊省省长、马斯友美党人阿布杜尔·哈金在接受了日里种植公司60万荷兰盾的贿赂后，制订了一个土地分配计划，强迫农民由“好地”迁移到政府指定的

“坏地”，丹绒摩拉哇的农民拒绝搬迁。1953年3月16日，哈金派警察掩护拖拉机毁坏当地农作物和村舍，强迫农民迁移。愤怒的村民奋起反抗，他们横卧在拖拉机前阻止其行进，警察开枪进行镇压。印度尼西亚总工会和种植园工会发表声明抗议政府的暴行，农民阵线表示支持农民的反抗斗争。印尼民族党苏门答腊基层组织为扩大在农民中的影响，不得不在这一事件上谴责韦洛波内阁。印尼共产党人西迪克·格尔塔巴蒂（Sidik Kertapati）在议会提出一项议案，要求停止执行租赁地分配计划，成立由农民团体参加的“苏门答腊东部分配土地计划委员会”，重新核实日里种植公司种植园主联合会所测绘的租赁地图，要求政府立即释放被捕农民，并保证今后不再发生类似事件。印尼民族党表示支持议案，马斯友美党则表示反对。韦洛波急需马斯友美党的支持，以便保住自己在内阁中的地位，不同意印尼民族党领导机构的决定。印尼民族党与马斯友美党的矛盾更加激化。在此之前，两党就重大问题发生分歧，如国会讨论批准《旧金山片面对日和约》问题时，马斯友美党赞成，印尼民族党反对；关于北苏门答腊油田问题，马斯友美党主张交还给巴达夫石油公司，印尼民族党主张国有化。这次，印尼民族党领导阶层认为排斥马斯友美党，迫使韦洛波内阁下台代之以印尼民族党为主的新政府的时机已经成熟，所以不改变态度。在民主的压力下，韦洛波内阁于1953年6月3日被迫下台。

二、第一届阿里内阁（1953年8月1日至1955年7月25日）

经过58天的危机，1953年8月1日，组成了以印尼民族党人阿里·沙斯特罗阿米佐约和大印度尼西亚党人翁梭尼哥罗（Wongsonegoro）分别为正、副总理的新内阁，又称“阿里—翁梭内阁”，该内阁以印尼民族党为主，排除了马斯友美党和印尼社会党，伊斯兰教师联合会参加了内阁，这是自印度尼西亚独立后，第一次组成以民族资产阶级占主导地位的政府，其主要施政纲领如下：对内注重治安、财经、国家机构、劳工、筹备大选、制订条例等工作；

对外实行自由、积极的外交政策；收复西巴布亚。

第一届阿里内阁上台后于8月27日下令停止摧毁迁移地上的农作物。不久，撤除了北苏门答腊省省长哈金的职务，决定由政府、农民、外企代表共同协商解决农民占用土地问题。

第一届阿里内阁对外坚持和平中立、睦邻政策，反对美国在印度尼西亚建立军事基地；维护和发展印尼民族企业，废除“荷印联邦”，取消《圆桌会议协定》

中有关外交、军事、文化合作等条款；不顾美国的反对，把橡胶出售给中国；在人民群众的推动和支持下镇压了地方叛乱活动，宣布13个叛乱集团为非法组织：伊斯兰国运动、[①]公正女王军、[②]竹枪师、芝打隆旅、白鹰营、荷印游击队、墨拉比—麦巴布山区集团、复仇军、南马鲁古共和国、[③]全亚齐伊斯兰教学者联合会、[④]加里曼丹加哈尔·穆查加尔集团（又称“被压迫人民队伍”）等。

第一届阿里内阁采取了一系列措施，加强印度尼西亚与苏联、中国等社会主义国家的关系。从1953年开始，印度尼西亚相继与中国、捷克、波兰和匈牙利签订了贸易协定。阿里内阁对外日益凸显反对殖民主义的政策。1954年8月，印度尼西亚和荷兰政府签订议定书，正式废除了荷兰—印度尼西亚联邦，并对《圆桌会议协定》作了若干修正。1954年4月，阿里参加了科伦坡五国总理会议。在印度尼西亚的倡导下，会议发表了支持印度尼西亚对西巴布亚要求的声明，并决定在印度尼西亚召开亚非会议。1954年9月，第一届阿里内阁拒绝参加美国一手策划的东南亚条约组织。1955年4月，阿里在万隆主持召开了第一届亚非国家会议。5月，阿里首次对中国进行了访问。

1. 亚非（万隆）会议

1954年4月29日，印度尼西亚、缅甸、锡兰、印度、巴基斯坦五国总理在科伦坡举行会议，印度尼西亚首次提出召开亚非会议的倡议。同年12月，五国总理在印度尼西亚茂物再次举行会议，拟定亚非会议被邀请国名单，印度尼西亚、印度与缅甸作为主要邀请国邀请中华人民共和国参加会议。

1955年4月18日至25日，阿富汗、缅甸、日本、埃塞俄比亚、菲律宾、黄金海岸、印度、印度尼西亚、伊拉克、伊朗、柬埔寨、老挝、黎巴嫩、利比里亚、利比亚、泰国、埃及、尼泊尔、巴基斯坦、中华人民共和国、沙特阿拉伯、斯里兰卡、苏丹、叙利亚、土耳其、南越、北越、也门、约旦共29个亚非国家在万隆召开了具有重要历史意义的亚非会议。会议是在东西方军备竞赛有可能发生核战争的背景下召开的，是第一次没有帝国主义、殖民主义国家参加，由亚非国家当家作主自行召开的大型国际会议，旨在加强亚非人民之间的团结，反对帝国主义、殖民主义，维护世界和平。

---

① 1947年8月7日“伊斯兰国”（D I）宣布成立，头目为卡尔托苏维约（Kartosuwirjo）。

② “公正女王军”（Apra），1947年年底成立，头目为威斯特林（Westerling）。

③ 1950年4月25日成立，“总统”为约·赫·马努胡图。

④ 1953年9月20日成立，头目为道特派员贝鲁。

周恩来总理率中国代表团出席了万隆会议。代表团的其他成员有：陈毅、叶季壮、章汉夫、黄镇，顾问廖承志、杨奇清、乔冠华、陈家康、黄华、达浦生，秘书长王倬如。由于长期遭受殖民主义的统治，承受了殖民统治遗留下的一些历史争端和政治偏见的影响，因此，与会国家之间难以避免地存在着一些误解和隔阂。没有资格参加会议的帝国主义和殖民主义国家，也在会外希望这次会议发生争吵而一事无成。

周恩来总理以高瞻远瞩、胸怀博大的伟大政治家的风度，高举和平、团结、反帝、反殖、友好合作的旗帜，坚持求同存异、协商一致的原则，化解了矛盾，排除了障碍，赢得了朋友，为会议在极其复杂的形势下取得成功做出了重要贡献。

会议讨论了经济文化合作、人权、自决权、种族主义、北非及西巴布亚、世界和平及国际合作、和平共处、印度支那、裁军等问题。中国代表团首席代表周恩来提出的“求同存异”和“加强团结，一致对敌”的主张，为会议的成功做出了巨大的贡献。会议一致通过了一项《联合公报》(包括《经济合作》《文化合作》《人权和自决》《附属地人民问题》《促进世界和平与合作》《其他问题》六项决议）和《关于促进世界和平与合作宣言》。

会议一致通过了《亚非会议最后公报》，在《促进世界和平和合作宣言》中提出了著名的“万隆会议十项原则”，该原则是和平共处五项原则的引申和发展。几十年来，十项原则经受了国际风云变幻的考验，一直为妥善处理国与国之间关系的发挥着积极的影响。如今，万隆精神对指导当今世界国与国之间的关系、解决国际争端、维护世界和平仍然具有重要的现实意义。

亚非（万隆）会议是第一次由亚非国家发起召开和自己作主的国际会议。会议本着求同存异、平等协商的原则，为国际社会确立了处理国际关系的一系列准则。这次会议所体现的亚非人民团结一致、反帝反殖、争取民族独立、维护世界和平、发展各国间的友好合作的精神，被称为“万隆精神”而载入史册。亚非（万隆）会议标志着亚非人民的觉醒和团结，为不结盟运动的诞生铺平了道路，对发展中国家为改变不合理的国际经济秩序、推动“南南合作”所做的努力给予了极大的鼓舞。

印度尼西亚之所以热衷于倡议召开亚非（万隆）会议，不仅是因为此前它在新德里召开的一个亚洲会议上曾动员各国支持印度尼西亚的独立要求，证明了这样的会议对推动民族独立运动有积极作用，还因为当时的印度尼西亚总理沙斯特罗阿米佐约提出了“亚洲人必须自己决定自己的前途，不要西方世界来干涉”的主张。[①]这一具有明显反西方色彩的主张与中国的外交战略方向不谋而合。这一时期，中国亦有类似关于“亚洲是亚洲人的亚洲”的表述。1950年春，周恩来发表声明指出：“亚洲人民自己的事情，应该由亚洲人民自己处理。”[②]毛泽东亦在1950年6月召开的中央人民政府委员会第八次会议上指出：“亚洲的事务应由亚洲人民自己来管。”反对美国对亚洲国家内政的干涉。1955年10月15日，毛泽东在会见日本议员访华团时强调：“这里是我们的地方，这里的事情应当由我们来管。”[③]

2. 印度尼西亚华侨双重国籍问题的解决

战后东南亚新兴民族主义国家的纷纷独立和东西方冷战格局的严峻对峙使华侨成为了民族主义和意识形态的“双重”攻击目标。当时印度尼西亚右派散布的敌视中国的主要言论如下：华侨经济是“殖民主义经济的残余”、华侨是“第五纵队”，诬指中国政府“干涉印度尼西亚内政”。

1955年4月，中国和印度尼西亚政府正式签订了《中华人民共和国政府与印度尼西亚政府关于双重国籍问题的条约》。条约规定：凡属同时具有中国和印度尼西亚两国国籍的人，应在条约生效后两年的期限内，“根据本人自愿的原则，就中华人民共和国和印度尼西亚共和国国籍中选择一种国籍”。对具有双重国籍的已婚妇女，也作了同样选择一种国籍的规定：凡属具有双重国籍的人，保留其中一种国籍时，必须向有关当局宣告放弃另一种国籍。对在条约生效时尚未成年的具有双重国籍的人，以及在缔约双方任一国境出生的儿童选择国籍和取得国籍等方面都作了明确规定。[④]主持签订此约的周恩来总理曾在印度尼西亚华侨中广泛做工作：“这是一个涉及国与国之间关系的问题。”“过去中国弱，那时虽也存在着双重国籍问题，但没有人拿这个来制造国际间的纠纷。现在中国强起来了，有的国家就从中挑拨，说你们这样的大国，有一千多万华侨呆在海外，是不是想搞颠覆活动。”因此，“不论从我们国家的对外政策上，还是消除误会，解除怀

① 曲星：《中国外交50年》，南京：江苏人民出版社，2000年版，第158页。

② 中华人民共和国外交部、中共中央文献研究室编：《周恩来外交文选》，北京：中央文献出版社，1990年版，第10页。

③ 中华人民共和国外交部、中共中央文献研究室编：《毛泽东外交文选》，北京：中央文献出版社、世界知识出版社，1994年版，第137页。

④ 梁英明：《战后东南亚华人社会变化研究》，北京：昆仑出版社，2001年版，第46页。

疑，改善我们两国的关系上，都须解决这个问题。”①

华侨在第二次世界大战以后成为中国与东南亚国家关系中的突出“问题”，在某种程度上反映了华侨是所谓意识形态的最大牺牲品。在冷战的格局下，为解除东南亚国家担心华侨成为中国“第五纵队”的后顾之忧，中国政府试图通过放弃“双重国籍”来表明“不会利用人数众多的华侨来为自己谋利”。②中国签订《中华人民共和国政府与印尼政府关于双重国籍问题的条约》之后，在外交和侨务中提出的一些目标和方针，进一步表明了中国确有解决华侨问题的良好主观愿望。1957年，中国提出“10～15年解决华侨问题”，并动员和引导华侨更好地适应当地经济的发展。

中国放弃“双重国籍”，是第二次世界大战以后民族主义兴起、反帝反殖形势的需要。《中华人民共和国政府与印尼政府关于双重国籍问题的条约》在印度尼西亚的实施情况也从另一个方面说明了这一点。1955年6月，中国和印度尼西亚两国总理在北京签订了实施这个条约办法的换文。但直到1960年1月20日，两国才互换了条约批准书。条约虽于互换批准书的当日开始生效，但由于印度尼西亚国内出现反华、排华浪潮，迟至1960年12月24日才被两国同时公布。之后，该条约在印度尼西亚并未得到全面贯彻执行。1966年5月，印度尼西亚宣布暂停允许华侨加入印度尼西亚籍，冻结华侨入籍申请；11月，苏哈托政府宣布停止根据《中华人民共和国政府与印尼政府关于双重国籍问题的条约》办理1962年以前出生的人的入籍申请。1969年4月，苏哈托政府公布第四号法令，单方面废除该条约。

3.“陆军事件”与第一届阿里内阁的倒台

1955年5月1日，代理陆军参谋长班邦·苏根（Bambang Sugeng）因不满政府对陆军军官签署的《日惹宪章》采取漠视态度而辞职。陆军副参谋长朱基弗里·卢比斯（Zulkifli Lubis）被任命为陆军代理参谋长。1955年6月27日，政府正式任命曾参加抗荷武装斗争、时任室利佛逝第二军区司令的班邦·乌托约（Bam Bang Utojo）为陆军参谋长。朱基弗里·卢比斯拒不移交权力，并命令陆军其他高级军官不得参加班邦·乌托约的任命仪式，政府下令解除朱基弗里·卢比斯的职务，此命令被拒绝。右翼政党与右派军人集团联合行动，在国会提出对国防部

① 中华人民共和国外交部、中共中央文献研究室编：《周恩来外交文选》，北京：中央文献出版社，1990年版，第136页。

② 陈敦德：《周恩来飞往万隆》，北京：中国青年出版社，1998年版，第231-239页。

部长不信任案，以联合不出席国会会议为手段，使得关于废除“荷印联邦”的协议不能如期表决。参加内阁的大印度尼西亚党、伊斯兰教师联合会阁员陆续提出辞职。第一届阿里内阁在右派军人集团和右翼政党的压力下，第一届于1955年7月25日倒台。

“陆军事件”是右派集团夺权的行动，也是军人集团公开干预政治的重要事件，这意味着军队作为一支独立政治力量走上了印度尼西亚政治舞台。

三、哈拉哈普（Burhanuddin Harahap）内阁及印度尼西亚第一次全国大选

1. 哈拉哈普内阁（1955年8月12日至1956年3月24日）

1955年8月12日，组成了以马斯友美党人哈拉哈普为首的新内阁。该内阁以马斯友美党为主，联合其他小党而组成。印尼民族党被排斥在内阁之外，成为第一大反对党。

哈拉哈普内阁的主要施政纲领如下：重新树立政府的威信；开展反贪污运动；克服通货膨胀；收复西巴布亚；权力下放；在独立自主的外交政策基础上同亚非国家合作；举行全国大选。

哈拉哈普一上台便着手解决“陆军事件”，迫使班邦·乌托约“退职”，在陆军将领提出的6名侯选人中任命纳苏蒂安为陆军参谋长，并于1955年11月7日举行任命仪式，朱基弗里·卢比斯留任。在哈拉哈普执政期间，印尼政府与荷兰举行谈判，其鼓励外国资本投资等项政策遭到印度尼西亚部分政党团体的反对。1956年2月13日，印度尼西亚单方面断绝与荷兰的外交关系。

2. 印度尼西亚第一次全国大选

1955年9月29日，在哈拉哈普内阁筹备的基础上，印度尼西亚举行了第一次全国大选，选举国会议员。全国划分成16个选区，包括208个县、2 139个区、43 429个村。参加竞选的有29个政党及130余个社团。75%的选民投了票，印尼民族党获选票最多，约占总票数的22.3%（8 434 653张）；其次为马斯友美党，约占20.9%（7 903 886张）；1952年从马斯友美党分裂出来的伊斯兰教师联合会居第三，约占18.4%（6 955 141张）；印度尼西亚共产党居第四，约占16.4%（6 176 914张）；其余席位由印度尼西亚伊斯兰联盟党等24个较小的政党获得。

印尼第一次全国大选相对民主，军警参加了投票。在国会的257个席位中，印尼民族党和马斯友美党各获57个席位，伊斯兰教师联合会获得45个席位，印

度尼西亚共产党获得39个席位，其他政党仅获席位1～8个。1956年3月25日，国会议员宣誓就职。

1955年12月15日，举行制宪议会选举。无论是伊斯兰教政党，还是非伊斯兰教政党，都未能在议会中占2/3的席位。1956年11月10日，组成534位议员的制宪议会。印尼民族党获119个议席（约22.3%），马斯友美党获112席（约21.0%），伊斯兰教师联合会获91个议席（约17.0%），印度尼西亚共产党获80个议席（约15.0%）。

普选后三种力量的对比发生了巨大变化，各反对党和许多群众团体一直要求哈拉哈普内阁立即辞职。哈拉哈普内阁被迫下台。由于印尼民族党和马斯友美党都没有获得国会的多数，最终建立了由印尼民族党、马斯友美党和伊斯兰教师联合会联合组成的第二届阿里内阁。

1957年6月举行了地方议会选举。在竞选中，印度尼西亚共产党获得了3405万张选票中的600万张，远远超过马斯友美党。

由于1959年7月5日发布了解散制宪议会和恢复1945年宪法总统令，原计划1960年的大选没有如期举行。

四、第二届阿里内阁（1956年3月24日至1957年3月14日）

1956年3月24日，组成了全国大选后第一届内阁，即第二届阿里内阁，该内阁以印尼民族党为主，马斯友美党、伊斯兰教师联合会、基督教、天主教等一些小党参加了内阁，外交部部长及国防部部长均由印尼民族党人担任。印度尼西亚共产党再次被排斥在内阁之外。第二届阿里内阁坚持中立、独立自主的外交政策，继续与亚非国家合作，执行亚非（万隆）会议决议。

1956年5月3日，印度尼西亚共和国政府单方面取消了《圆桌会议协定》，取消积欠荷兰的36.61亿荷兰盾的债务。同时积极发展国民经济，制订了发展经济的五年计划。宣布成立西巴布亚省，9月23日任命苏丹·迪道特（Sultan Tidort，即Zainal Abidin Syah）为首任省长，省府暂时设在马鲁古岛梭阿休（Soa Siu）市。西巴布亚原是荷属东印度群岛的组成部分，在1949年荷兰同印度尼西亚签署的《圆桌会议协定》中，双方就这一问题未能达成共识。荷兰认为，巴布亚人在种族和文化上与印度尼西亚人不同，西巴布亚问题与印度尼西亚独立无关。印度尼西亚认为，荷兰继续占领西巴布亚既不合法，政治上也不能容忍。在建立有领导的民主之后，苏加诺改变了通过联合国以外交手段收复西巴布亚的政策，表示要通过

“外科手术式的行动”解决这一问题。①

第一届阿里内阁宣布自1956年6月6日起，印度尼西亚不再受联合国有关禁止将橡胶卖给中国的规定的约束，从而加强同亚非国家的友好合作。第一届阿里内阁在内政方面坚决镇压叛乱，清除从事颠覆活动的外国间谍，成立地方议会和地方政府。第一届阿里内阁的内外政策遭到国内右派势力的反对。

1.“苏加诺方案”与“有领导的民主”

一方面，进步力量在三次选举中获得了巨大胜利，使中间力量忐忑不安；另一方面，中间力量由于自身的软弱，在同顽固力量较量时，又不得不依靠进步力量的支持。因此，中间力量对进步力量采取又利用又限制的政策，力图稳定其在政治上和经济上的地位；顽固力量在选举中遭到失败之后，转而策划军事政变，企图实行军事独裁。民主和反民主的斗争由此进一步激化，第二届阿里内阁无力解决政治危机，政党重新左右国会，地方叛乱越演越烈，经济建设计划得不到实施。在政权之争中，三方政治力量中的任何一方都很难单独执政。作为民族资产阶级代表人物的苏加诺在各政党把注意力放在权力之争时，起而谋求实权。“苏加诺方案”和“有领导的民主”就是在这样的背景下产生的。

1956年12月1日，哈达辞去副总统职务，在印度尼西亚政界引起震动，右翼力量要求哈达继续留任，地方军人叛乱集团也把恢复哈达副总统职务作为同中央政府谈判的条件之一。然而对苏加诺而言，坚持认为印度尼西亚应实行真正西方式民主政治的哈达的辞职无疑让他在日后实行“有领导的民主”的道路上少了一大障碍。

（1）“苏加诺方案”

该方案是1957年2月21日由苏加诺在召见各党派领导人和社会名人时提出的，其主要内容包含两点：一是成立互助合作内阁；二是组织民族委员会。苏加诺认为，自从印度尼西亚共和国成立以来，内阁经常发生危机，政局动荡不定，其原因是由于内阁的组成不能反映社会上存在的三种思潮，即民族主义、宗教主义和共产主义，要使内阁稳定，必须由上述三种思潮的代表人物组成，这样组成的内阁称为“互助合作内阁”或纳沙贡内阁。三方面人物在内阁所占席位的多寡按照他们在议会中所占议席的此例而定。在议会中，如果是大党，那么在内阁中所占席位必多，否则就较少。由于印度尼西亚共产党在议会中是一大党，因此，

① “Foreign Relation of the United States，1961—1963”，Vol.XXIII，Southeast Asia，Washington DC：United States Goverment Printing Office，1995，P.444.

互助合作内阁必须包含印尼共产党人。苏加诺认为排斥印尼共产党人参加内阁，就不能反映共产主义思潮，就不能取得“民族合作”，不能发挥互助合作的精神，不能使印度尼西亚政局趋于稳定，也就不能解决印度尼西亚社会的基本问题。苏加诺方案中提出的民族委员会的地位与政府平行，是咨询机构，主动或被动地向政府提出咨询或建议。事实上，由于苏加诺将担任该委员会主席，因此，该机构对政府起着指导、决策、约束和监督的作用。苏加诺认为，除主要政党参加外，民族委员会还应包括工人、农民、知识分子、民族企业家、军人、青年、妇女和各地区的代表，使之成为一个广泛代表各部族、各阶层、各政党、各人民团体的机构，成为国会和政府之间的一座桥梁，充分反映社会人士的各种要求，促进民族团结。

印尼民族党和印度尼西亚共产党对苏加诺方案表示拥护和支持。印度尼西亚共产党认为苏加诺方案有利于建立民族统一战线，试图以此为跳板参加政府，并改变力量对比和政权性质。事实上，印尼共产党丧失了自己在民族统一战线中的独立性。印度尼西亚共产党主要领导人盲目追随苏加诺，在议会斗争的道路上越走越远。马斯友美党、印度尼西亚伊斯兰教联盟党、伊斯兰教师联合会、天主教党和印度尼西亚人民党反对苏加诺方案，认为苏加诺超越了总统权限，政府和国家体制问题应交由制宪议会解决。有的政党表示“同意苏加诺方案，但反对印度尼西亚共产党入阁”，或“同意苏加诺方案，但政府总理须由哈达出任”。拥护和反对苏加诺方案的斗争日趋激烈，政治空气异常紧张。地方叛乱集团反对苏加诺方案，并马上作出反应。1957年3月2日，驻守在苏拉威西的第七军区司令凡泽·苏穆阿尔（Vantje Sumual）通过望加锡电台发表了一项宣言，宣布整个军区处于紧急状态，成立非法“军事政府”，宣言是由第七军区司令、苏拉威西省省长、望加锡市警察厅长等50人联名签署的，并发布了《全面斗争约章》(*Piagam Semesta*，又称*Permesta*)，要求给予印度尼西亚东部4省以广泛的自治权，脱离中央政府，还主张“互助合作内阁”和“民族委员会”须由苏加诺和哈达共同领导。苏加诺方案得到印尼共产党等“左”派政党的支持，但遭到右派政党和军官的反对。

（2）“有领导的民主”

1955年，大选后，印度尼西亚国内的政治势力进行了重新排序，民族党和马斯友美党的地位受到冲击，“左”翼势力壮大，导致共和国内部政党政治局势发生变化。多党联合的内阁长期处于不稳定状态。苏加诺对政党政治给国家带来的困难深感失望，他在1956年10月30日的演讲中提出以“有领导的民主”取代“自由主义的民主”。之后他多次表示要解散政党，认为印度尼西亚不要一味地去复制西方的民主模式。1957年8月17日，苏加诺在印度尼西亚独立日发表了重要讲话，提出以“有领导的民主”代替“自由民主”，并由总统来领导这种民主。关于“有领导的民主”，朱安达内阁在1959年制宪会议上做过专门的书面解释：‘有领导的民主’是建国五项原则的第四项内容，它不是专政，也不同于西方的自由民主，它包含在国家和社会的全部事务中；它是工具而不是目的，是用以实现公正和繁荣的社会工具；它允许言论自由，但要有一定限度，局限在大多数人的利益、社会道德、国家安全和向上帝负责的范围之内。”①

这里所指的“有领导的民主”，由谁来领导呢？苏加诺1959年在制宪会议上讲得再清楚不过了：“有领导的民主的核心是协商，而不是辩论、倾轧和投票，经过协商产生的结果交由经过协商选出的总统来执行。”②他认为，没有领导的民主是自由和无政府；没有民主的领导是独裁。而有领导的民主是以协商求一致，解决不了的问题交由总统处理。显而易见，“有领导的民主”须由苏加诺来领导，从而实现其个人的绝对领导。

早在1955年大选前，苏加诺针对政党林立、各种思潮泛滥的局面，多次提出简化政党。1956年10月，在分别接见各党派领导人和印度尼西亚教师协会代表时甚至提出“埋葬政党”的建议。他的“有领导的民主”正是在这一背景下提出的，旨在反对西方式的自由民主，维护印尼民族团结。在这一思想的指导下，苏加诺于1957年提出成立纳沙贡政府。

“有领导的民主”的主要内容为制定政党法、简化政党、修改选举法，使专业集团和军队代表参加立法机构。在政党制度方面，苏加诺采取了简化政党的措施。1961年4月和7月，苏加诺签署法令，规定只允许存在10个政党，取缔参加和支持叛乱活动的马斯友美党和印尼社会党，并规定所有的政党都必须拥护1945年宪法，而且必须以苏加诺本人在1959年发表的《政治宣言》作为各政党活动的基础。实行“有领导的民主”后，中央集权得到加强，克服了过去那种内阁频繁更替的不稳定状况，镇压和清除了地方的叛乱活动，印尼国内政治形势趋于稳定。

---

① “The Documents on the Preparation of the Contitution of 1945”, Yamin, Yayasan Prapanca, 1959, Volume I, p.573.

② “Di Bawah Bedera Revolusi (Under the Banner of Revolution)”, Sukarno, Volume I, 1964, p.667.

从1959年7月苏加诺宣布恢复1945年宪法实行总统制内阁，到1967年3月苏加诺被迫下台，这一时期通称为“有领导的民主时期”。这一时期，苏加诺既是国家元首，又是政府首脑，内阁对总统负责，而不是对国会负责；内阁部部长由总统任免，内阁成员不代表任何政党。这一时期，先后成立了总统咨询机构“最高评议院”、立法机构“合作国会”及最高权力机构“人民协商会议”。在国家机构中，苏加诺贯彻了纳沙贡原则，吸收民族主义者、宗教界人士和共产党人参加，还大量吸收了各行各业专业集团的代表参加，以牵制和平衡政党势力。为了实现全民族的广泛团结与合作，苏加诺成立了民族阵线机构。

2. 地方叛乱活动

印度尼西亚是多部族、多宗教国家，由于荷兰殖民者长期采取分而治之和种族歧视政策，印尼民族、宗教矛盾比较突出。爪哇族同外族部存在着民族矛盾，加之印度尼西亚不少政党的组成是与宗教、地域联系在一起，使矛盾更加复杂化。此外，印度尼西亚独立后，中央政府对地方民族自治权利和地方经济重视不够，引发地方的不满。

1955年年底，纳苏蒂安再次担任陆军参谋长，在苏加诺的支持下进行新的改革。纳苏蒂安这次把矛头直接指向地方军队长官。印度尼西亚外岛走私猖獗，严重影响了中央税收，而大量地方军官都参与了走私。纳苏蒂安想打击走私以增加国库收入，同时借机清除地方异己分子。因此，他实施换防政策，大量调动地方军领导使其脱离本地势力的支持。纳苏蒂安的做法再次引起大部分军官的不满，特别是苏门答腊和苏拉威西等商贸发达地区的军官的不满。苏加诺试图通过简化政党来解决复杂的国内矛盾，然而他的主张并不为多数政党领导人所接受，反而使矛盾加剧，引发了哈达副总统辞职及一系列军事叛乱。

（1）卢比斯政变

首先发难的是卢比斯。1956年8月13日，卢比斯唆使第三军区（辖雅加达、西爪哇）司令卡维拉朗（Kawilarang）下令逮捕当日预定启程赴伦敦出席有关苏伊士运河问题会议的外长鲁斯兰·阿布杜加尼（Ruslan Abdulgani），理由为鲁斯兰·阿布杜加尼有“贪污行为”，目的是制造政府危机。鲁斯兰·阿布杜加尼闻讯躲开，阿里总理下令取消逮捕令，双方矛盾公开化。最后，卢比斯等人拿不出贪污证据，阴谋被挫败，卡维拉朗被解除职务。1956年11月16日，卢比斯调动其西爪哇亲信部队和陆军教导团袭击雅加达驻军，发动军事政变，但未得逞。卢比斯集团军事政变失败后，印度尼西亚右翼集团改变策略，转而利用殖民地遗留的民族和宗教矛盾及中央与地方的矛盾策划、支持地方军人集团进行武装叛乱，配合中央右翼政党的倒阁运动，颠覆阿里政府。

（2）雄牛委员会

1956年12月20日，驻苏门答腊前雄牛师成员在巴东召开“雄牛师重聚大会”，由退役上校伊斯迈尔·棱阿（Ismai Lengah）主持，746名曾在雄牛师任职的高中级军官参加了会议。与会者公开提出要求改组国家和军队领导，会议选出11人组成“雄牛委员会”，马斯友美党人，驻巴东第一军区第四团团长阿哈默德·侯赛因（Hussein）中校出任主席。雄牛委员会向中央提出地方自治的要求。1956年12月9日，陆军参谋长纳苏蒂安发布命令，禁止陆军军官从事政治活动，侯赛因置之不理。相反，同年12月20日，候赛因成立了“中苏门答腊临时政府”，冻结银行现金，同中央政府对抗。

（3）大象委员会

1956年12月22日，苏门答腊第一军区司令辛波伦（Simbolon）上校宣布成立“大象委员会”。同时，宣布北苏门答腊脱离中央政府，在棉兰地区实行军事戒严，切断了与雅加达的联系，声称不承认现内阁，除非内阁改组，否则不与雅加达来往。

（4）神鹰委员会

1957年1月15日，继大象委员会后，南苏门答腊第二军区司令巴尔利安（Barlian）中校成立了“神鹰委员会”，以“维护地方利益”为名，宣布“自治”，决定地方90%的税收归当地政府，冻结银行资金；要求中央任命亲荷分子哈查尹林（Hazairin）为南苏门答腊省省长。同年3月9日，巴尔利安接管了南苏门答腊政权。

苏门答腊各地的分裂活动使印度尼西亚共和国面临地方割据的威胁，叛乱活动大有蔓延之势。与此同时，参加政府的右翼政党纷纷从第二届阿里内阁撤回部长，要求第二届阿里内阁辞职，成立以哈达为首的新内阁。马斯友美党称哈达是唯一能解决苏门答腊问题的人物。面对反动势力的叛乱活动，第二届阿里内阁一再妥协、退让，把解决问题的希望寄予谈判和军队内的“安抚”政策上，暴露出民族资产阶级的软弱与妥协性。在谈判中，中央政府同意成立国家委员会专门研究地方自治问题，答应增加对叛乱地区的拨款，采取经济收买政策。在叛乱分子冻结银行资金、拒绝向中央上缴税收和当地外汇收入，中央政府财政困难的情况下，中央派代表专程前往叛乱区送款。政府的妥协和经济收买政策并未奏效。相反，叛乱分子的气焰更加嚣张。1957年1月29日，纳苏蒂安亲临苏门答腊进行“安抚”，在巨港召开南苏门答腊军事会议。纳苏蒂安对叛乱分子公然反对现政府的行径不加谴责，迁就叛乱头目，把苏门答腊原来的第一、二军区分为4个军区，这实际上等于承认叛乱。政府向各叛乱区派出“安抚”团，军队和国会也纷纷派团前往“安抚”，均未成功，甚至有的“安抚”代表也加入叛乱行列，如军方派往中苏门答腊的代表团团长达赫兰·查姆拜克（Dah Lan Djambek）中校，加入当地叛军。

为配合地方的武装叛乱，马斯友美党和印度尼西亚社会党对苏加诺方案进行攻击，马斯友美党、伊斯兰教师联合会和白尔蒂伊斯兰教党纷纷退出内阁并要求全面改组内阁。阿里总理无法克服内阁危机，于1957年3月14日宣布辞职，苏加诺总统宣布印度尼西亚处于全国战争紧急状态（Keadaan Darurat Perang）。

五、朱安达（Juanda）内阁（1957年4月9日至1959年7月6日）

第二届阿里内阁辞职后，苏加诺指定民族党主席苏维约（Soewirjo）组阁，苏维约两次组阁均失败。最后，苏加诺总统自己组阁。苏加诺于1957年4月7日任命无党派人士朱安达为总理兼国防部部长，负责组阁。作为备受尊重的无党派政治家，朱安达被认为是苏加诺安抚右翼和外岛分离主义者的选择。1957年4月9日组成“超国会非常事务内阁”，该内阁又称“专业内阁”（Kabinet Karya），之为“朱安达内阁”，共有23位阁员，他们均是无党派人士或以个人名义担任内阁职务。朱安达内阁的政治纲领（又称“五项工作”Pancakarya）如下：组建民族委员会；稳定印度尼西亚共和国政局，消除“圆桌会议”影响，使国家事务正常化；力争废除《圆桌会议协定》；进行收复西巴布亚的斗争；加快国家建设。

4月10日上午，苏加诺总统主持了新旧内阁移交仪式。新总理朱安达在讲话中表示，新内阁面临多种多样的问题，但他对这些问题的解决抱有希望。朱安达内阁起初试图通过和平方式解决地方分离主义问题。1957年4月9日，朱安达宣称，新内阁将关注和着手处理地方问题，中央政府将尽可能满足地方提出的进行地方建设的要求，继续对地方叛乱采取“安抚”政策。4月22日，朱安达亲往巴东与侯赛因谈判，侯赛因坚持要求恢复原苏加诺与哈达“两位一体”政权，中央政府正式承认雄牛委员会为中苏门答腊合法军政机构，以及地方税收80%归地方支配等条件，由于侯赛因毫无诚意，因此，双方没能达成协议。叛乱分子紧接着召开“苏门答腊伊斯兰教士大会”，公开要求朱安达内阁下台。

1957年5月，印度尼西亚财政部部长苏米特洛（Sumitro）由于同情苏门答腊的叛军，离开雅加达进入苏门答腊，成为叛乱分子的一个重要人物。苏米特洛成立了印尼民族委员会。6月15日，朱安达内阁一致通过了民族委员会名单。但是对于委员会的成立，一些人，尤其是右翼党派表示反对，他们还反对苏加诺总统和朱安达内阁的政策，认为委员会的成立进一步加强了苏加诺总统的权力，称朱安达内阁不是由朱安达总理控制的而是由苏加诺自己指定的，只不过是“苏加诺的橡皮图章”，主张由前副总统哈达组成新内阁代替朱安达内阁。

1957年7月18日，朱安达发表公报，称中央政府要同地方政府讨论行政、经济和地方建设方面的问题。7月19日，米安达前往印度尼西亚东部视察，与地方领导人进行协商。1957年8月，叛军在与中央政府的谈判中首次表示拒绝承认一个有共产党参与的政府。1957年9月2～8日，全国协商会议召开之前，地方叛乱头目侯赛因、苏穆阿尔、巴尔利安等人在巨港举行秘密会议，签署了一个“巨港宪章”，要求宣布印度尼西亚共产党为非法组织，哈达重新出任国家领导人，改组陆军领导班子，给予地方广泛自治权力，成立上议院等。

1957年9月10～14日，朱安达内阁召开了全国协商会议（Musyawarah Naional，简称Munas），寻求和平解决地方武装叛乱等问题，维护印度尼西亚共和国的中央集权制的方法，朱安达任会议主席，他还亲自邀请对现政府有异议的前副总统哈达参会。其“巨港宪章”所提出的政治要求在会上没有获得通过。会议商讨了政府事务、地方问题、财政问题、军队问题、政党问题，以及苏加诺与哈达“两位一体”的领导权问题。会议结束时，发表了一项由苏加诺总统和前副总统签名的共同声明，主要内容是维护1945年宪法和《印尼共和国独立宣言》。会后，侯赛因、巴尔利安、辛波伦等与印尼社会党头目苏米特洛及卢比斯、纳席尔密谋，决定由中、南苏门答腊与北苏拉威西共同建立所谓“全国民族阵线”，并以“巨港宪章”为阵线政治纲领。两个月后又召开了全国发展会议。但是两次会议都未能取得任何实质性成果。

朱安达任总理期间实行积极、独立自主的对外政策，反对帝国主义和殖民主义是政治大方向，故而他盛赞在印度尼西亚万隆举行的亚非会议所取得的成就，而收复西巴布亚是朱安达内阁的工作重点之一。1957年11月29日晚，朱安达内阁举行会议，通过了朱安达关于解放西巴布亚斗争的措施的指示，内阁还决定加强对解放西巴布亚行动委员会的领导，并作出具体实现废除荷印《圆桌会议协定》的计划。11月30日晚，朱安达总理向全国人民发表广播讲话，号召解放西巴布亚。当天发生了刺杀苏加诺总统未遂事件。伊斯兰教极端分子把苏加诺视为在印度尼西亚建立伊斯兰国的障碍，对其采取恐怖行动，企图除掉他。1957年11月30日，印度尼西亚宗教团体“伊斯兰国运动”对苏加诺行刺。当时苏加诺在两名儿童的陪同下离开他儿子贡图尔在芝基尼（Cikini）求学时的初级小学举行的周年纪念庆祝会时，一群青年向围着他的人群投掷了自制的5枚手榴弹，虽然苏加诺幸免于难，但是有11人死亡、48名儿童受伤。之后又发生了叛乱分子驾机从空中对总统府的扫射事件。苏加诺斥责已经加入外岛叛乱集团的前陆军副参谋长卢比斯，称他是幕后黑手，宣布封锁外岛海域，打击外岛叛乱集团的走私和军火交易。12月1日，朱安达总理就苏加诺总统遇刺事件向全国人民发表广播讲话，宣布政府将对事件采取坚决措施，还号召全国人民在参加反荷斗争时提高警惕，增强爱国决心。

1957年12月4日，朱安达内阁决定封闭荷兰驻印度尼西亚所有领事馆，并命令领事馆人员离开印度尼西亚。12月5日，朱安达内阁进一步决定通知那些印度尼西亚政府所不需要的荷兰人离开印度尼西亚，并禁止转移荷兰企业所赚取的利润和禁止转移荷兰在印度尼西亚的福利基金；决定把印度尼西亚工人已经接管的荷兰企业移交给专门管理委员会，规定这些企业在政府的监督下继续经营；决定接管荷兰皇家轮船公司，由管理委员会负责领导企业的日常工作；要求海运部把荷兰在印度尼西亚的码头和仓库收归国有。

1957年12月8日，朱安达宣布，印度尼西亚国内的所有荷兰种植园，以及种植园附属的工厂和农业试验站等一律由印度尼西亚政府实行管制。陆军参谋长纳苏蒂安和财政部部长斯拉梅特在9日发表联合声明，宣布对小公银行、安达银行和亦土公银行这三家荷兰银行的雅加达总行和在其他地方的分行实行军事管制。

1957年12月17日，苏加诺宣布全国战争紧急状态上升为战争危险状态（Keadaan Bahaya Perang）。12月21日，朱安达总理宣布，解散解放西巴布亚行动委员会，收复西巴布亚的斗争改由以他为首的印度尼西亚国家安全委员会领导。虽然朱安达作为总理兼国防部部长，名义上是全国军政最高首脑，但是实际军权掌握在军队将领，尤其是陆军参谋长纳苏蒂安手中。为了抑制“左”翼党派在反荷斗争中的作用，纳苏蒂安宣布陆军接管工会没收的荷兰企业。

1958年1月11日，纳苏蒂安决定成立陆军控制下的解放西巴布亚全国阵线，自任阵线主席，接替了以朱安达为首的国家安全委员会负责的解放西巴布亚工作。朱安达再次向国会表明，政府将继续奉行争取解放西巴布亚的现行政策。

1958年2月10日，苏门答腊巴东叛乱集团趁苏加诺访日之机向中央政府发出最后通牒，要求现任朱安达政府必须在5天内，辞职并组建一个由哈达或日惹苏丹组成的、没有印尼共产党或同情印尼共产党者参加的“民族事务内阁”，直到1959年下一次大选；同时要求苏加诺必须回到其原来的宪法位置上，取消其一些不符合宪法的权力。如果要求得不到满足，那么他们将依据采取进一步的行动。支持外岛叛乱分子的马斯友美党的领导人开始撤离雅加达进入苏门答腊。朱安达内阁拒绝了这些要求，并通过电台宣布将叛军领导人辛波伦和卢比斯等开除出军队。

1958年2月15日，苏门答腊叛乱集团头目侯赛因在西苏门答腊省的武吉丁宜市成立“印度尼西亚共和国革命政府”(Pemerintah Revolusioner Republik Indonek，简称PRRI)，公开反抗中央政府。马斯友美党沙佛鲁丁出任“总理”，印度尼西亚社会党人苏米特罗出任“交通部部长”，辛坡伦出任“外交部部长”，哈拉哈普出任“国防部部长”，但实权操纵在以侯赛因为首的雄牛委员会手里。苏拉威西的叛乱集团也在北苏拉威西省省会万鸦老起而响应。2月17日，苏拉威西叛军在萨穆艾尔的领导下宣布加入革命政府。苏加诺依靠军队的力量镇压叛乱；2月21日，中央政府对苏门答腊进行了首次空中打击；5月5日，陆军攻陷革命政府所在地武吉丁宜；印度尼西亚政府军在消灭巴东叛军后进攻苏拉威西；6月26日，收复万鸦老，平息了叛乱。由于美国、马来亚联合邦、菲律宾、澳大利亚和台湾地区都对叛乱集团表示同情或支持，导致印度尼西亚与这些国家和地区的关系恶化。1958年8月，朱安达内阁宣布取缔中国国民党在印度尼西亚的组织，陆军还没收了中国国民党在印度尼西亚开办的企业和报纸。

朱安达任内最具有战略意义的举措是他于1957年12月13日发表关于印度尼西亚领海问题的宣言，即《朱安达宣言》。朱安达向世界宣布，印度尼西亚共和国是一个群岛国家，所有围绕各岛、各岛之间和连接各岛的水域，无论面积大小、或宽或窄，都是印度尼西亚共和国天然的一部分，都是印度尼西亚国家的内陆水域或印度尼西亚主权范围管辖的水域。朱安达宣布，印度尼西亚的领海并不限于1939年《领海与海洋环境条例》规定的范围，印度尼西亚领海基线以外12海里内的水域都是印度尼西亚的领海。

1958年6月25日，苏加诺总统对朱安达内阁进行了改组，朱安达留任总理，其他内阁成员没有根本变化，内阁的政治纲领除第一点改为成立“国家计划委员会”外，其他与改组前的内阁政纲完全一致。朱安达总理在任期间，印度尼西亚共产党等“左”翼党派与陆军的力量得到了很大的增强，特别是陆军的权势在镇压各地叛乱过程中急剧膨胀。这令苏加诺总统感到自己的权力将被架空，并认为只有借助印度尼西亚共产党才能抗衡陆军。这使得印度尼西亚的政治发展方向不断左转，让军方和右翼党派深感不安。

1956年11月10日开始的制宪会议，由于在围绕政府体制和立国的思想基础等问题上民族主义集团和伊斯兰宗教集团之间出现严重分歧，意见无法统一，未能制订出一部新的宪法，人民群众对此极为不满，希望制宪工作能够顺利进行并尽快有个结果。

1959年2月21日，经苏加诺与各政党协商同意，朱安达内阁决定实行“有领导的民主”。4月22日，苏加诺在制宪会议上作了关于恢复1945年宪法的报告。4月25日，苏加诺以总统和政府名义指示制宪议会通过1945年宪法。制宪会议就总统指示进行辩论。最后于5月29日，制宪议会就伊斯兰教团体提出的“将伊斯兰教徒有义务遵守伊斯兰教教义写入宪法序言”的议案进行表决，结果201票同意，265票反对，议案未获通过。次日，与会474名议员就恢复1945年宪法的问题进行投票表决，结果同意恢复1945年宪法的为269票，反对的为199票，均未获三分之二的票数。6月1日和3日又举行了两次投票，分别为赞同票263张、反对票203张和赞同票264张、反对票204张，又均未获三分之二的票数。①6月3日，制宪议会宣布休会。陆军参谋长纳苏蒂安中将发布命令，自1959年6月3日起，禁止一切政治活动。印尼民族党主席苏维尔约致信在日本访问的苏加诺总统，建议苏加诺发布命令，恢复1945年宪法和解散制宪议会。印度尼西亚共产党主席艾地发表声明，印度尼西亚共产党制宪议员不再参加制宪会议，其他派系均表示不再参加制宪会议。制宪失败使得政局更加不稳。1959年7月5日，苏加诺总统在1945年宪法派的支持下发布命令，解散制宪议会，恢复1945年宪法。历时2年零7个月的制宪会议无果而终。

六、苏加诺第一届工作内阁（1959年7月10日至1962年3月6日）

苏加诺宣布解散制宪会议后，1950年临时宪法停止生效，同时1945年宪法恢复，临时宪法规定的议会制内阁恢复为1945年的总统制内阁。同日，朱安达内阁举行最后一次会议，决定辞职，因为内阁是根据临时宪法成立的，既然临时

① ［印尼］萨尔托诺·卡尔托迪尔佐等：《印度尼西亚民族史》（第六册），印度尼西亚文教部，1975年版，第102页。

宪法已经不复存在，内阁就失去了存在的合法性。1959年7月6日，苏加诺总统接受了朱安达内阁的辞呈，同时要求朱安达以看守内阁总理身份在新内阁成立以前继续工作。

1959年7月10日，成立了苏加诺兼任总理的新内阁。朱安达出任首席部长并兼任财政部部长，地位仅次于苏加诺，为内阁核心人物之一。内阁成员共有16人，其施政纲领共包括三个方面：衣食住行、治安和西巴布亚。新内阁成立后宣布限制政治性会议、集会、示威游行；禁止各政党成员担任政府官员；政府官员不得出任属于国家财产的公司企业和组织机构的董事会成员；一级行政区首长由总统委任，二级行政区首长由内政部部长任命。

根据1945年宪法，1959年7月22日成立了“临时人民协商会议”，由国会议员、地方和团体代表组成。临时人民协商会议包括了印尼民族党、伊教联、印度尼西亚共产党，形成纳沙贡雏形。此外，还建立了由40人组成的“全国委员会”，其中有一半的人来自工人、农民、企业家、青年、宗教人士等专业人士和地方及军队代表。苏加诺建立全国委员会的用意是广泛倾听社会各界的声音，为他们提供参政议政的机会，以抵消政党参政的消极影响。

制宪会议解散后，总统起主导作用，政党的政治作用开始削弱。7月23日重新任命了国会议员，根据1945年宪法重新确认了由选举产生的国会。7月24日，国会举行特别会议，听取苏加诺总统关于恢复1945年宪法和解散制宪会议的说明。7月31日，组成了以苏加诺为主席、有46名成员的“临时最高评议院”。8月15日，鲁斯兰·阿布杜尔卡尼（Roes lan Abdulgani）被任命为评议院副主席。亚明（Mohammad Yamin）出任国家计划委员会（Dewan Perancang Naional）主席，哈孟固布沃诺九世（Sultan Hamengkubuwno IX）出任政府机构监督委员会（Badan Penganas Kegiatan Aparatur Negara）主席。总统向临时人民协商会议负责，内阁向总统负责，总统与国会平级。临时人民协商会议成员由总统任命，议长由副总统担任，议员和最高法官可出任部长。实际上，苏加诺控制了临时人民协商会议，把政府机构、人民代表机构和执法机构置于他个人的领导之下，确立了所谓的“有领导的民主”。

1. 政治宣言

1959年8月17日，苏和诺在印度尼西亚国庆节发表了题为《重新发现我们的革命》的演说，后称之为《政治宣言》(Manifesto Politik，简称Manipol)。苏加诺在演讲中指出印度尼西亚革命的对象是帝国主义和封建主义，当前的敌人是荷兰及其他帝国主义国家；在反对帝国主义的政治和经济侵略的同时还要反对其文化侵略，抵制美国电影等，他认为印度尼西亚的革命任务不是建立某个阶级、阶层、政党的政权，不是建立像俄国“十月革命”所建立的无产阶级专政，而是建立“全民的政权”、“互助合作的政权”，反对军事独裁和个人专制。苏加诺在《政治宣言》中明确提出要在印度尼西亚实行“社会主义”，但附加了限定词，即“印度尼西亚式的社会主义”。1956年，苏加诺在制宪会议对此作了解释：“我们独立的国家不是阶级国家，不归某一集团所有，是全民所有，既不是封建国家、资本主义国家，也不是无产阶级国家，而是全民国家，其宗旨是使全体人民繁荣。”①苏加诺提出的“印度尼西亚式的社会主义”并非真正的社会主义，是马尔哈恩主义的延伸和发展。1959年9月23～25日的“临时最高评议院”会议将总统发表的《政治宣言》作为国家方针大计。1960年11月10日，临时人民协商会议举行首次会议，通过了以《政治宣言》作为国家方针大计的决议。

印度尼西亚是农业国家，农民是一支不可忽视的革命力。印度尼西亚独立后，为加速革命进程，苏加诺于1960年签署了印度尼西亚共和国《农业和土地改革基本法令》，其中有平均地权的内容，即政府根据人口密度和土地面积规定不同的人均土地限额，由有关部门丈量土地，超过限额的多余部分由政府依价收购，然后分给无地的农民。1965年3月，苏加诺在贫民干部培训班上提出“耕者要有其田”的口号。《政治宣言》是印度尼西亚资产阶级政治纲领，在反帝、反殖、反封建的民族民主革命阶段中，既有进步的一面，又有消极的一面，在反帝、反封建的斗争中存在着极大的阶级局限性。

2. 民族阵线（Front Nasional）

1959年12月31日，根据1959年第十三号总统令正式成立“民族阵线”。苏加诺出任主席，艾地任副主席。民族阵线约有3千万人，包括一切拥护《政治宣言》的政党、团体和部队。它以纳沙贡为思想基础，所有接受政府监督的政党和集团、军队都被包容在阵线之内。总统1959年第十三号令规定，民族阵线主要有三项目标，即“完成印尼民族革命，实施国家全面建设和收复西巴布亚”。根据1959年第十三号总统令，民族阵线制订了“五项纲领”作为斗争的方针：巩固在收复西巴布亚和治安方面所取得的胜利；提高生产，克服经济困难；加强革命、民族的互助合作精神，继续反对帝国主义和殖民主义；广泛宣传《政治宣

① “The Documents on the Preparation of the Contitution of 1945”, Yamin, Yayasan Prapanca, 1959, Volume I, p.643.

言》；“武斯德”。[①]

3. 互助合作国会

1960年3月5日，苏加诺发布1960年第三号总统令，宣布解散国会，理由是国会拒绝了政府提出的1961年国家收支预算草案。6月24日，根据1960年第四号总统令，成立了“互助合作国会”，国会议员和国会领导人均由总统任免。互助合作国会共有281名议员，其中政党代表130名、专业团体代表150名、西巴布亚代表1名；在政党代表中，印尼民族党44名，伊斯兰教师联合会36名，共产党30名，其余小党派20名。

苏加诺解散由群国第一次大选产生的国会时，曾遭到多数政党的反对。1960年3月，成立了以伊斯兰教师联合会成员罗沙迪（Rosyadi）为首的“民主同盟”（Liga Demokrasi），该同盟由来自马斯友美党、印度尼西亚基督教党（Parkindo）、天主教党、穆斯林同盟（Liga Muslim）、印度尼西亚社会党和印度尼西亚独立维护者协会（Ikatan Pendukung Kemerdekaan Indonesia，简称IPKI）等政党的代表人物组成。民主同盟发表声明，反对苏加诺解散国会和成立互助合作国会，认为成立该国会只会调高印度尼西亚共产党的地位，而削弱其他团体的地位，从而在社会上引起纠纷。对此，苏加诺解散了民主同盟，把其领导人投入监狱。接着，苏加诺试图解散所有政党，此举遭到亲近苏加诺总统的印尼民族党和印度尼西亚共产党的反对。结果，1960年8月17日，苏加诺解散了与地方叛乱有牵连的马斯友美党和印度尼西亚社会党。苏加诺发布的1960年第二百号和二百零一号令总统内容如下：

关于总统解散政党的权力，在1959年12月31日的1959年第七号总统令第九条款中就有明文规定：“在听取最高法官的意见后，总统有权解散如下政党：

（1）违背国家宗旨的。

（2）其纲领有破坏国家宗旨意图的。

（3）由于其领导人参加叛乱，或明显地提供帮助而进行叛乱，该党不正式指出其成员错误的。

（4）不符合总统决定中其他条件的。“

解散马斯友美党和印度尼西亚社会党是以上述第三条为依据的。在解散这

---

① Usdek：Undang-undang Dasar 1945，Sosialisme Indonesia，Demokrasi Terpimpin，Ekonomi Terpimpin dan Kepribadian Indonesia，即“1945年宪法、印度尼西亚式的社会主义、有领导的民主、有领导的经济和印度尼西亚特殊性”。

两个政党前，苏加诺于1960年7月24日召开了两党领导人会议，参加人员有马斯友美党的居南·纳苏蒂安·普拉沃托（Junan Nasution Prawoto）和社会党的沙里尔（St Syahrir）、穆拉德（Murad）和苏巴迪奥·沙斯特罗沙托莫（Subadio Satrosatomo）。

取缔马斯友美党和印度尼西亚社会党（PSI）的总统令获陆军、最高法官和国会先后确认及通过。

1960年11月10日至12月7日，举行了临时人民协商会议首次全体会议。会议上除决定把《政治宣言》作为国家方针大计外，还通过了1961—1969年全面国家建设蓝图，授予苏加诺“革命的伟大领袖”（Pemimpin Besar Revolusi）称号，并把苏加诺当作临时人民协商会议的代言人（Mandataris MPRS）。

1960年8月17日，印度尼西亚共和国与荷兰断绝外交关系。1961年4月和7月，苏加诺总统签署法令，规定只允许存在10个政党，即印度尼西亚共产党、印尼民族党、伊教联、天主教党、印度尼西亚党（Partindo）、印度尼西亚基督教党（Parkindo）、平民党、印度尼西亚伊斯兰联盟党（Partai Sarekat Islam Indonesia，简称PSII）、印度尼西亚独立支持者联盟党IPKI（Partai Ikatan Pendukung Kemerdekaan Idonesia，简称IPKI）、白尔蒂伊斯兰党（Persatuan Tarbiyah Islamiah，简称Perti）。并规定所有的政党都必须拥护1945年宪法，而且必须以苏加诺本人在1959年发表的《印度尼西亚政治宣言》作为各政党工作的基础。自此，苏加诺把纳沙贡政府、政党和军队有效地纳入其“有领导的民主”的轨道。

1950—1959年印度尼西亚内阁核心政党

内阁名称	内阁总理	入阁核心政党	时间
纳席尔内阁	纳席尔（马斯友美党）	马斯友美党、印度尼西亚社会党	1950年8月15日至1951年3月21日
苏基曼内阁	苏基曼（马斯友美党）	马斯友美党、印尼民族党	1951年4月27日至1952年2月23日
韦洛波内阁	韦洛波（印尼民族党）	印尼民族党、马斯友美党	1952年4月3日至1953年6月3日
第一届阿里内阁	阿里·沙斯特罗阿米佐约（印尼民族党）	印尼民族党、伊斯兰教师联合会	1953年8月至1955年7月25日
哈拉哈普内阁	哈拉哈普（马斯友美党）	马斯友美党、印度尼西亚社会党、伊斯兰教师联合会	1955年8月12日至1956年3月24日

（续表）

内阁名称	内阁总理	入阁核心政党	时间
第二届阿里内阁	阿里·沙斯特罗阿米佐约（印尼民族党）	印尼民族党、马斯友美党、伊斯兰教师联合会	1956年3月24日至1957年3月14日
朱安达内阁	朱安达	非党内阁	1957年4月9日至1959年7月6日

4.“单方面行动”（Aksi Sepihak）

独立后的印度尼西亚仍然保留着殖民时期的封建土地关系。在农村人口仅占10%的地主却占有全部耕地的90%，60%的农民没有土地，农民即使有地，也大都少于1公顷，不足以维持最低生活水平。农民们被迫成为雇工或佃农，占印度尼西亚人口70%的农民长期生活在债务的沉重负担之下。由于封建主义生产关系的束缚，印度尼西亚农业技术十分落后，生产发展缓慢，市场萎缩，封建地主与广大贫苦农民的矛盾日趋尖锐，并构成印度尼西亚社会的基本矛盾。

为缓和上述矛盾，印度尼西亚政府在广大农民的呼吁和进步力量及国会的压力下，于1960年陆续颁布了一些土地法令和有关条例。其中较重要的有1960年5月14日国会通过的《土地基本法令》、1960年12月29日生效的《关于耕地占有面积的政府条例》、1960年1月7日生效的《土地收成分配法令》和1961年公布的《土地分配与土地赔偿执行条例》。上述土地法令和条例是在不触动封建土地关系的前提下做了某些改良，不是取消封建土地占有制，而是进行一些限制。《土地收成分配法令》虽然禁止买卖青苗和收取额外地租，但未取消封建地租，反而在法律上固定了流行于农村的“对分制”；虽然规定取消外国人占有土地的特权，但租让权继续有效，直至租约期满为止。

以民族资产阶级为主的印度尼西亚政府不能也不可能进行彻底的土地改革，只能进行改良式的土地改革。1962年印度尼西亚开始实施“土地改革”，规定到1964年底为第一阶段，实施地区为爪哇、马都拉和巴厘岛。即使土地改革不触动封建土地关系，在实施中仍遭受了封建势力的破坏、阻挠，以及与封建地主有密切关系的政府官的有意拖延；加之政府规定的土地赎金过高，激怒了无钱赎地的大多数农民，土地改革陷入了停顿状态。

早在土地改革前，谏义里曾发生土地纠纷，农民与当地军警发生冲突。1961年11月15日，政府收回了一块几户农民共同开垦的荒地，将其划归国家种植园所有。附近农民闻讯后，多数是“农民阵线”“人民青年”“妇女运动”的成员赶来阻止。当地政府派军警进行镇压，愤怒的农民拿起竹枪、锄头、镰刀等原始武器进行反抗，双方各有伤亡。该事件发生后，当地驻军第十六团团长苏克尔帝约（Soekertijo）中校下令解散当地的印度尼西亚共产党、农民阵线、人民青年和妇女运动组织，苏克尔蒂约的命令继而被东爪哇地方战时掌权者（Penguasa Perang Daerah，简称Peperdn）用于整个东爪哇。印度尼西亚共产党领导的农民阵线等进步组织采取“单方面行动”，对不执行《土地基本法令》的地主采取对抗措施，拒绝缴纳地租。“单方面行动”逐渐从爪哇向外岛扩展，主要对象是那些拥有多余土地的地主。农民们采取选派代表团、送交请愿书、示威游行，甚至武力等方式单方面夺取土地或拒绝缴纳超过规定分成的地租。

与此同时，印度尼西亚共产党中央委员会主席艾地率40余名党的干部深入到西爪哇农村进行调查，用了4个星期的时间写了一份题为《农民粉碎农村恶魔》的调查报告。报告提到农民同地主、高利贷者、中间商、买青苗者、官僚资本家、贪官污吏和土匪的斗争，号召农民粉碎农村恶魔。

“单方面行动”很快与地主阶级及与之有联系的印尼民族党和伊斯兰教师联合会发生矛盾，由于行动触及到军人管理的田产，与军人集团也发生矛盾，农民同军警的冲突时有发生。1964年5月，政府出动军队镇压了中爪哇格拉登（Klaten）地区进行“单方面行动”的农民，逮捕了该县农民阵线领导人。自此，逮捕事件扩大到整个爪哇和苏门答腊，政府土地部部长和印尼民族党中爪哇委员会公开谴责“单方面行动”，称其为“反革命”行动。苏加诺于7月召开最高级会议，宣布加速土地改革，禁止对土地改革问题进行“争论”，在平息农民愤怒的同时，限制印度尼西亚共产党的活动。右派势力继续在土地改革问题上向农民阵线挑衅，他们利用宗教势力在爪哇掀起反共的恐怖活动。印度尼西亚共产党把“单方面行动”限制在政府规定的《土地基本法令》范围之内，不敢发动群众进行土地革命。当地主阶级反扑、资产阶级叫嚣反共时，印度尼西亚共产党领导人力图改变运动的方向，在农村开展“新文化运动”“千方百计增产运动”“灭鼠运动”等与“单方面行动”无关的活动。印度尼西亚共产党担心统一战线破裂而作出让步，要求农民的行动在政府土地改革委员会和民族阵线的协助下进行，其结果是印度尼西亚共产党放弃了对农民运动的领导权，轰轰烈烈的农民运动被镇压，印尼共产党在农村的威信下降，进步力量遭到削弱。

5.《经济宣言》

1963年3月28日，苏加诺发表了一篇《经济宣言》（Deklarasi Ekonomi，简称Dekon)，对“有领导的经济”作了详细的阐述。苏加诺认为印度尼西亚的经济建设分为两个阶段：当前阶段，即印尼民族民主革命阶段，其任务是肃清帝国主义和封建主义的残余；长远阶段，即社会主义阶段，其任务是建设没有剥削的公正、繁荣的社会。经济建设的方针以农业为基础，以工业为骨干：大力发展农业，解决粮食问题，提高种植园生产；发展工业，限制外国纺织品和奢侈品进口。在印度尼西亚的多种经济中，必须大力发展国营经济，使国营经济形式成为能与外资竞争的多种经济的指导力量，使国营经济成为国家财政收入最主要的来源；必须依靠自力更生开发印度尼西亚丰富的自然资源，而不是依靠外国贷款，更不是依靠外国投资；必须依靠以纳沙贡为核心的民族互助合作解决衣食问题。

1963年5月15～22日，临时人民协商会议在万隆召开第二次大会，作出授予苏加诺终身总统衔的决议。22日，苏加诺在会上作了提为“社会主义并非从天上掉下来的”的演讲，并表示接受终身总统衔。

6. 解放西巴布亚运动和对抗马来西亚运动

（1）解放西巴布亚运动

1959年，仍处于荷兰殖民统治下的西巴布亚举行选举，成立巴布亚议会，并筹备于1961年4月5日独立。当时议会已决定了新成立的国家的国号为“西巴布亚”，订立了新的国徽和国歌，以及以晨星为图案的新国旗。新国旗于1961年12月1日升起，并与荷兰国旗并排。1961年12月19日，苏加诺总统发布“三项人民令”（Tri Komando Rakyat，简称Trikora)：粉碎西巴布亚国；把红白旗插在西巴布亚；进行解放西巴布亚总动员。1962年1月2日，苏加诺发布1962年第一号总统令，成立“解放西巴布亚司令部”，派遣突击队在西巴布亚的外格奥（Waigeo）岛登陆。自此，印度尼西亚掀起了解放西巴布亚斗争的高潮，有3万多人报名参加志愿军。后经联合国的调停，荷兰与印度尼西亚于1962年8月达成协议，商定1962年10月至1963年5月期间，暂时由联合国代管西巴布亚，然后交给印度尼西亚，并于20世纪60年代末，由当地居民投票，决定西巴布亚的归属。1963年5月，印度尼西亚正式接管西巴布亚的全部行政权。

（2）对抗马来西亚运动（Konfrontasi Terhadap Malaysia）

1957年，马来亚联合邦（Persekutuan Tanah Melaya）首先摆脱了英国的殖民统治而取得独立，并开始酝酿以马来亚为主体，包含新加坡、沙巴、文莱、沙捞越在内的“大马来西亚”计划。正当印度尼西亚人民为收复西巴布亚而斗争之际，马来亚联合邦总理拉赫曼（Tengku Abdul Rachman）于1961年5月27日在新加坡外国记协会议上发表演说，正式提出建立马来西亚的计划。该计划得到了新加坡、沙巴、沙捞越的赞同，但被文莱拒绝。

印度尼西亚各种力量对成立马来西亚的计划反应不一，印度尼西亚共产党坚决反对，军方态度犹豫不定，而印尼政府在收复西巴布亚问题上，需要美国等力量的外部支持，担心公开反对马来西亚计划会失去上述国家的支持。另外，印尼政府认为不宜在收复西巴布亚的关键时刻分散力量对抗马来西亚。因此，印度尼西亚外长苏班德里约于1961年11月在联大表示不反对马来西亚联邦。1962年8月，关于西巴布亚的荷印谈判结束后，印度尼西亚政府对马来西亚计划的态度开始转变。1962年12月8日，文莱人民党发动起义，该党领袖阿扎里（A.M.Azhari）在马尼拉宣布成立包括文莱、沙捞越和北婆罗州在内的“北加里曼丹统一国”（Negara Kesatuan Kalimantan Utara），印度尼西亚政府发表声明给予承认和支持。印度尼西亚政府在处理马来西亚问题时仍处于犹豫不决和矛盾状态。虽然西巴布亚问题得到解决，但印度尼西亚经济陷于困境，物价上涨，财政发生危机，人民生活水平急剧下降。为解决经济危机，苏加诺不敢冒着切断美国经济援助的风险而公开对抗马来西亚计划。但是，反对马来西亚的计划有助于缓和国内矛盾，加强各政治力量之间的团结，有利于提高印度尼西亚在国际事务中的威望。苏加诺选择了一条比较平稳的道路，在发动群众、制造对反马来西亚气氛的同时，与反对马来西亚计划的菲律宾共同向马来亚施加外交压力，阻止马来西亚计划的实施，尽量避免发生武装冲突。

1963年7月9日，马来亚、新加坡、沙巴、沙捞越在伦敦签订了合并的协定，英国代表也在协定上签了字。合并后的联邦称为“马来西亚”，计划于8月31日正式成立。伦敦协定使已缓解的紧张关系再度紧张起来，印度尼西亚政府提出抗议，但仍寄希望于外交努力。1963年7月30日至8月5日，马来亚、菲律宾、印度尼西亚三国首脑在菲律宾举行最高级会议，通过了3个文件，即《马尼拉宣言》（Deklarasi Manila）、《马尼拉协定》（Persetujuan Manila）和《联合公报》（Komunike Bersama），三国同意马来西亚成立前，须得到联合国秘书长派调查团对沙巴、沙捞越人民是否愿意加入马来西亚联盟的确认。1963年8月，由联合国秘书长吴丹（UThan）任命的调查委员会在美国外交家米歇尔莫（Michelmor）的领导下开始调查工作。但是，在联合国正式公布调查结果前，马来西亚于1963年9月16日宣告成立。印度尼西亚人民对此无比愤怒，谴责马来亚违背《马尼拉协定》。9月17日，苏加诺宣布马来西亚为敌国，提出“粉碎马来西亚”的口号，断绝与吉隆坡的外交关系，吉隆坡迅速做出反应，当日断绝与印度尼西亚的外交关系。双方群众在对方国大使馆前示威游行。18日，印度尼西亚青年焚烧了英国大使馆，吉隆坡游行群众则占领了印度尼西亚大使馆。9月21日，印度尼西亚大使馆人员撤回雅加达。25日，苏加诺宣布"粉碎马来西亚"。11月，印度尼西亚中断了同马来西亚的贸易往来。

1964年5月3日，苏加诺在阅兵时发出"打倒马来西亚"的指示，又宣布："两项人民命令"（Dwi Komando Rakyat）：加强革命持久性（Perhebat Ketahanan revolusi）；支援马来亚、新加坡、沙巴、沙捞越、文莱人民的革命斗争，挫败马来西亚傀儡国家的建立。[①] 为了落实总统的两项人民命令，1964年5月16日组成了印度尼西亚西部联合指挥部，命名为"警戒指挥部"（Komando Siaga）。

自8月起，派小股部队进入马来西亚，自此，印度尼西亚对抗马来西亚的活动由外交、经济领域转入军事领域，两国边境军事冲突不断升级。右派军人集团在消极执行苏加诺两项人民命令的同时，设法削弱警戒指挥部的权力。半年后，在军方压力下，苏加诺将指挥部改成"区域警戒指挥部"其权力仅局限于苏门答腊和加里曼丹，苏哈托出任第一副司令。为了保存实力，军方不希望扩大军事冲突，其目的在于借机夺权，军人集团利用新局势部分恢复了军事管制，自1964年9月起，在印尼各地建立实施两项人民命令的地方战时掌权机构，各军区司令纷纷出任首脑。

七、苏加诺第二届工作内阁（1963年11月18日至1964年8月27日）

1962年3月6日，苏加诺改组工作内阁，临时人民协商会议主席、互助合作国会议长、最高评议院副主席出任内阁副首席部长，最高法官、临时人民协商会议副主席、互助合作国会副议长出任内阁部部长。1963年11月18日，成立苏加诺总统兼总理的新内阁，即苏加诺第二届工作内阁，废除了首席部长职位，改设三个副总理职位，分别由原第一副首席部长约翰内斯·莱梅纳（J.Leimena）、原第二副首席部长苏班德里约（Soebandrio）和基础工业与矿业部长海鲁·萨勒（Chairul Saleh）出任，并首次组成由三位副总理参加的内阁主席团（Presidium Kabinet）。施政纲领：（1）衣食住行；（2）粉碎马来西亚；（3）继续建设。马立克

① Sartono Kartodirdjo, Marwati Djoened Poesponegoro, Nugroho Notosusanto, "Sejarah Nasional Indonesia", Departemen Pendidikan dan Kebudayaan, Jilid VI, 1975, p.117.

等人于1964年9月组成“拥护苏加诺主义协会”(Badan Pendukung Sukarno，简称BPS)，企图以“苏加诺主义”代替马克思主义，逼迫印度尼西亚共产党就范，挑拨苏加诺与印度尼西亚共产党的关系。平民党提出解散现政党创建一党制的主张，遭到印度尼西亚共产党、印尼民族党、伊斯兰教师联合会等政党的反对。在推行“有领导的民主”制的过程中，苏加诺需要印度尼西亚共产党的支持，失去印度尼西亚共产党的支持，就会失去平衡，无法抵制右派军人集团的攻击。1964年12月，苏加诺权衡利弊后，下令禁止了“拥护苏加诺主义协会”。1965年2月，进而解散了平民党，其主要领导人被逮捕，与之有牵连的11家报社的许可证被吊销。1965年2月，印度尼西亚共产党继而要求更换马立克担任的外贸部部长和海鲁·沙勒担任的第三副总理。3月内阁改组，马立克和海鲁·沙勒虽然继续留任，但是权力缩小。这种局面引起反共势力的恐慌，把削弱印度尼西亚共产党力量的希望寄托于右派军人集团。

八、苏加诺“两项人民命令”内阁(1964年8月27日至1966年7月25日)

1964年8月27日，苏加诺组成了庞大的“两项人民命令”内阁，设立了47个部门，内阁成员不断增加，截至1965年9月，增加到99人，人称“百人内阁”，其中四分之一是军人。

第二节 “9·30运动(事件)”始末

1965年前后，印度尼西亚国内经济状况恶化，阶级矛盾激化，军方和印度尼西亚共产党紧张对峙。1965年9月30日，陆军和空军中一些拥护苏加诺总统的中下级军官，向被怀疑预谋推翻苏加诺总统的以纳苏蒂安为首的一批将领进行先发制人的打击，遭到镇压而失败。“9·30运动”的发生彻底改变了印度尼西亚国内的政治格局。以苏哈托为首的陆军当局把一场陆军内部事件描绘成印度尼西亚共产党在中国政府支持下发动的政变，并认为苏加诺总统也涉嫌支持“9·30运动”。在陆军的沉重打击下，印度尼西亚共产党的力量几乎被消灭。

为了维持军人政权的合法性，苏哈托把反对共产主义和克服印度尼西亚经济困难作为主要途径。新政权积极寻求西方国家的经济援助，为了获取美国的支持，苏哈托政府在1966年8月11日结束了与马来西亚的对抗，9月重返联合国。

从8月下旬起，约翰逊政府决定向印度尼西亚提供大规模经济援助。美国这一时期对印度尼西亚政策的总原则是阻止印度尼西亚落入印尼共产党手中或倒向共产主义阵营，为此不惜采取一切手段。1967年，印度尼西亚宣布与中国断交，印度尼西亚共产党的毁灭和印中两国的断交，表明了苏哈托政权的反共立场，扫除了阻碍印美两国关系发展的障碍。

一、事变前的印度尼西亚政局

1960年8月，苏加诺任命印度尼西亚共产党领导人艾地和约多为民族阵线的执行委员。9月，又任命艾地为印度尼西亚政府出席联合国大会的代表团团员。1962年3月，苏加诺正式把印尼共产党人吸收进内阁，艾地任统筹部部长，约多任国务部部长。印度尼西亚陆军由于接管荷、英、美在印度尼西亚的资产，其经济实力也强大起来。一些亲美而与苏加诺总统关系紧张的军方高级将领担心印度尼西亚共产党掌握印度尼西亚政权。他们在美国中央情报局的秘密支持下，暗地里企图将苏加诺赶下台，积极寻找打击印度尼西亚共产党的时机。

苏加诺意识到来自陆军的威胁，积极采取应对措施。1962年，苏加诺把印度尼西亚陆军参谋长纳苏蒂安将军晋升为武装部队参谋长，保留了其国防部部长职位，实际上是明升暗降，剥夺了他的兵权，同时任命与自己关系较好的雅尼（A Yani）为陆军参谋长。雅尼就任后，大量撤换纳苏蒂安的亲信，同苏班德里约结成“联盟”，排挤纳苏蒂安。雅尼和纳苏蒂安虽然为争夺权力互相争斗，但在本质上同是反共的。印度尼西亚共产党在军队中开展工作的效果不大后，提出建立第五军种武装训练工农，雅尼与纳苏蒂安同时表示反对。与此同时，雅尼与纳苏帝安反对在军队实行纳沙贡。

苏加诺在陆军推行了几项政策，如实行政治委员制；培植其他兵种，如空军、海军和警察部队；同时，建立工农民兵组成的“第五军种”。印度尼西亚共产党1950年不足1万党员，1965年已发展至300万党员，并在印度尼西亚政坛上起着举足轻重的作用。1965年5月，苏加诺在印度尼西亚共产党建党45周年庆祝会上的亲共演讲引起印度尼西亚右派和陆军的强烈不满。

1965年8月4日，苏加诺总统突然昏倒并且呕吐。雅加达的政治氛围更加紧张，从5月开始出现的关于陆军要谋反的消息到处流传。印度尼西亚共产党提出陆军中存在着一个秘密的“将领委员会”，并且向社会上公布了“吉尔克里斯文件”。该文件是从英国驻印度尼西亚大使的别墅中发现的，它证明了以纳苏蒂安为首的印度尼西亚陆军在英、美的支持下，共谋推翻和颠覆印度尼西亚政府。陆军要发动政变的消息也传到了苏加诺总统的耳朵里，他感到问题严重。苏加诺曾数次召见陆军领导人，询问此事，但纳苏蒂安和雅尼均矢口否认。此时，印度尼西亚军方内部一些拥护苏加诺，又与印度尼西亚共产党关系良好的少壮派军官也在关注局势。就在“9·30运动”前夕，印度尼西亚军方内的这些少壮派军官打听到了一个消息：亲美的军方高级将领有可能会在美国中央情报局的支持下发动军事政变。为此，这些少壮派军官经过周密策划，决定先发制人，抢在前面，用极端手段铲除这些高级军官。

1965年8月17日，正逢印度尼西亚国庆日，苏加诺总统发表讲话，在讲话中严厉谴责了陆军，明确提出建立“第五军种”，以雅尼为首的陆军高级将领坚决反对。倾向于印尼共产党的苏加诺与军队右翼势力的矛盾开始激化。右派军人集团和印度尼西亚共产党双方相互指责，冲突不可避免。

1965年9月21日，40名陆军将领在雅加达军事法学院大楼秘密集会，召开将领委员会会议，准备调遣雅加达以外的军队在10月5日建军节发动政变。其中会议通过了将领委员会组建的内阁成员名单。

二、事变过程

苏加诺总统警卫团三营营长翁东中校（Untung）[①]得知陆军高级将领的政变计划时，决定先下手为强。翁东中校与陆军战略后备司令部驻西加里曼丹司令苏帕尔佑（Supario）准将、陆军第五军区步兵旅旅长拉蒂夫（Latif）上校联手，冒险发动了先期政变。1965年9月30日深夜22时整，在从哈里姆空军基地到雅加达的公路上，出现了7辆装满武装士兵的卡车。这些卡车在次日凌晨到达雅加达后，立即兵分7路，直扑印度尼西亚陆军7位将军的私宅。这些将军是陆军司令雅尼中将、陆军副司令苏普拉普托少将、陆军司令第一助理帕尔曼（Suwondo

① 翁东思想进步，与印度尼西亚共产党关系密切，是印度尼西亚共产党重要人物阿育尼的养子。在印度尼西亚军队内，翁东是个出名的少壮派人物。早在“茉莉芬”事件中，翁东就与印度尼西亚共产党并肩战斗过。1965年，翁东出任精锐的总统卫队营长这一要职。在他的周围，渐渐地聚集起了一批与他志同道合的中青年少壮军官，如陆军战略后备指挥部驻西加里曼丹司令苏马尔佐准将，陆军第5军区步兵旅长拉蒂夫上校，哈利姆空军基地保卫团长苏约诺中校等人，这些人构成了发动“9·30”运动的核心。

Parman）少将、陆军副司令哈尔约诺（Harjono Mas Tirtodarmo）少将、潘贾伊坦（Donald Izacus Pandjaitan）准将、陆军检察长苏多约·西斯沃米哈尔佐（Soetojo Siswomihardjo）准将和国防部部长纳苏蒂安上将。结果，陆军部部长兼陆军参谋长雅尼将军等在自己家里被击毙，另外3位将军被绑架到了哈里姆空军基地，后来遭到杀害，尸体被投入井中。只有纳苏蒂安将军一人幸免，翻墙跳到了隔壁的伊拉克大使馆藏匿，但他15岁的女儿和长相酷似纳苏蒂安的国防部部长副官皮勒·安德烈斯·藤德安（Pierre Andreas Tendean）上校没有逃脱厄运，遭到杀害。同时遇害的还有卡勒尔·萨苏伊特·图本（Karel Sasuit Tubun）警察准将。

10月1日早晨6时左右，苏加诺总统听到有关雅加达出现"不正常事件"和纳苏蒂安等将领被袭击的消息，匆匆回到独立宫，途中因得知独立宫被来历不明的军队所包围的消息，便改道去他另一个妻子哈尔雅蒂夫人的家暂避。苏加诺总统在接受奥马尔·达尼空军司令的劝告后，决定去哈利姆空军基地。苏加诺总统没有谴责苏帕尔佐的所作所为，也没有命令要将被绑架的将领带到他的面前来。可是他强调要苏帕尔佐拿出实实在在的证据，证明将军委员会的存在和他们所说的要杀害总统的阴谋。最后苏加诺总统命令苏帕尔佐停止一切军事行动，所有部队必须回到自己的兵营待命。苏加诺总统还很严厉地对苏帕尔佐说，如果他不服从停止一切军事行动的命令，那么他将要受到非常严励的处分。苏帕尔佐准将完全从苏加诺的命令，停止了抵抗。空军司令奥马尔·达尼在苏加诺的命令下被迫将瞄准雅加达的空地的导弹撤下。可是苏哈托和纳苏蒂安却没有理睬总统要求双方都停火的命令，继续向政变部队发动进攻。

翁东中校占领印度尼西亚共和国广播电台和电讯局，10月1日7时，印度尼西亚广播电台播送了翁东中校领导的"9·30运动"的新闻公报，即"保卫苏加诺总统和印度尼西亚共和国"的宣言，谴责了将领委员会在美国中央情报局策划下的政变阴谋，宣称"9·30运动"是针对已干出玷污陆军名誉的勾当，对印度尼西亚和苏加诺总统抱有罪恶企图的将领委员会的。"鉴于陆军最高领导人将发动政变，我们特地采取了先发制人的行动。"关于"9·30运动"与苏加诺总统的关系，新闻公报只字未提。当天15时，印度尼西亚广播电台还播送了"关于成立印度尼西亚革命委员会的第一号命令"，宣布成立45人组成的"革命委员会"，翁东中校和苏帕尔佐准将分别出任主席和副主席。为了指挥的方便，翁东中校还把职位高于他的军官军衔降至中校以下，以便在军事行动中听从他的指挥。

10月1日6时整，苏哈托正在家中睡觉。突然，他接到一名部长的报告，说民族英雄纪念碑和独立宫附近出现了许多来历不明的部队。于是，苏哈托立即穿好野战服，驱车赶往陆军战略后备司令部。与此同时，他已知道7名陆军高级将领已遭绑架。抵达陆军战略后备司令部以后，苏哈托迅速了解到，苏加诺总统没有到独立宫，而是直奔哈里姆空军基地了。7时整，苏哈托打开收音机，第一次听到了翁东中校的声明。对于翁东中校，苏哈托并不陌生，早在他担任梭罗第十五团团长时，翁东是其部队的一个连长，同时他也清楚地知道，翁东曾是印度尼西亚共产党领导人阿育民的养子。这些使他得出结论："9·30运动"是印度尼西亚共产党策动的一个政变阴谋。苏哈托听完广播后，立即召开陆军战略司令部工作人员会议，认为翁东等人是"在印度尼西亚共产党支持下发动政变，企图暴力夺权"，遂宣布暂时接管陆军领导权，控制各个军区，在纳苏蒂安的协助下指挥军队迅速控制了雅加达的局势。

苏哈托立即召见了参加翁东冒险的2个营的指挥官，并对他们进行了策反工作。苏哈托紧接着召开了参谋部会议，对形势进行了分析，并拟定出对策。苏哈托首先驳斥了翁东中校的广播讲话，否认了将领委员会的存在，有的只是一个评委会，全称是"陆军高级军官职称评委会"。他明确指出翁东等人的行动不是针对所谓的将军委员会，而是企图用暴力手段夺取国家政权，是一次与印度尼西亚共产党有关的政变。会议决定对翁东中校进行反击，并由苏哈托统一指挥行动。

苏哈托向他的部下表示，要为被绑架、并遭惨杀的将领们伸张正义。会后，苏哈托马上动用陆军的内部通信系统与各军种司令和各地方军区司令进行了联系，并通知他们，他已暂时接管了陆军的指挥权和领导权，只有陆军战略后备司令部司令才有权调动部队。

中午11时左右，苏哈托与部下讨论了攻占印度尼西亚共和国广播电台和电信局的计划。为了避免过多的人员伤亡，并进一步了解"革命委员会"下一步的措施，同时，也让广大群众收听翁东的讲话及其颁布的各项命令，苏哈托决定等到傍晚才发起进攻，夺回电台和电报大楼。在这之前，翁东的革命委员会反复地回放有关对一些将领降职的决定和革命委员会成员的阵容。

下午，苏哈托又召开工作会议，商讨攻占哈利姆空军基地的问题。哈利姆空军基地当时已成为"9·30运动"的司令部，苏加诺总统和一些部长也在那里。苏哈托决定在午夜对哈利姆空军基地发起进攻。社会各界和广大人民群众都极为关心苏加诺总统的安全。因此，如何能让苏加诺总统离开哈利姆基地，并站在苏哈托这一边，起码能使总统呆在苏哈托管辖的地区，这是非常重要的。当时苏加诺总统在全国人民心目中仍享有极高的威望，苏哈托不会忽视这一点。12时30分，苏哈托召开了第二参谋会议。这次会议主要讨论了攻占哈里姆空军基地的作战计划。10月1日傍晚，苏哈托下令赫鲁上尉和乌利普上尉分别率兵攻打电台和电报大楼。这两支部队顺利地夺回电台和电报大楼。由于翁东的部下已经逃跑，因此，电报大楼是由印度尼西亚共产党的人民青年团守卫。他们错误地认为乌利普上尉率领的部队是自己人，进攻部队轻而易举地解除了他们的武装，未遇到反抗就控制了国家广播电台。

晚上7时整，印度尼西亚国家广播电台播出了苏哈托将军的录音讲话，这次讲话使全国都知道苏哈托是平定叛乱的英雄。在讲话中，苏哈托告诉全国听众，1965年10月1日，在雅加达爆发了一起反革命暴乱事件，他们自称“9·30运动”。这些人绑架了6名陆军高级将领，并非法占用了雅加达印度尼西亚共和国广播电台和电信总局。他还宣布：“陆军的领导权暂由我掌握。印度尼西亚共和国陆军、海军和警察部队之间互相理解、互相合作、团结一致，共同平息‘9·30运动’所发动的反革命活动。”印度尼西亚共和国电台同一天之内播放了截然不同的两种声音。

苏哈托的陆军战略司令部的部队夺回电台和电报大楼后。第二步便是攻打哈利姆空军基地。苏哈托通过总统副官班邦·维查纳尔科劝说苏加诺午夜之前离开哈利姆机场。苏加诺于23时30分离开哈利姆空军基地前往茂物。午夜，准备就绪的苏哈托部队开始向哈利姆空军基地挺进，在哈利姆基地同空军部队发生了短暂的小规模战斗，进行抵抗的部分空军部队抵抗了一阵后就投降了，而其余的部队逃离基地。哈利姆基地的战斗打响之前，印度尼西亚共产党领导人艾地也已乘空军的飞机飞往中爪哇日惹。空军司令奥马尔·达尼及其家属受到苏加诺总统的保护，在茂物总统行宫避难。攻占空军基地战斗的胜利标志着翁东发动的“9·30运动”的失败，提高了苏哈托在军中和人民中的威信。

10月2日中午11时左右，苏哈托接到苏加诺总统对他的无线电通知，要他立即去茂物总统行宫，苏哈托决定乘吉普车前往。当苏哈托进到茂物总统行宫大厅时，有些内阁成员和空军司令奥马尔·达尼都已在座。苏哈托早已怀疑奥马尔·达尼同“9·30运动”有关，因此，会议的气氛变得格外紧张。苏加诺总统要求苏哈托以政治方式解决危机，但遭到了苏哈托的拒绝。最后，苏加诺被迫任命苏哈托为负责恢复治安和公共秩序的陆军司令，普拉诺托少将负责主持日常事务。

10月4日，被杀害的6名将军和1名副官的尸体在哈里姆空军基地附近的鳄鱼洞的枯井里被发现。他们生前曾经遭受过拷打，尸体已残缺不全。在鳄鱼洞的枯井旁，苏哈托发表了引人注目的演说。他说："我现在正注视着面前被杀害的将军们的遗体。所谓'9·30运动'是假借革命名义的暴徒们发起的一次极其野蛮的行动。"

挖掘尸体的整个过程由印度尼西亚中央电视台和广播电台直接传播到首都和印度尼西亚各地。广大民众同情受害的陆军将领和他们的家属，仇恨印度尼西亚共产党。10月5日，原是印度尼西亚武装部队的建军节，却变成了6名陆军将领的出殡日。目送不幸遇难的军官的队伍将近100万人，站满了从武装部队的总部到卡利巴塔英雄墓地的两旁。在卡利巴塔英雄墓地，为被杀害的6名将军和1名副官举行了国葬。苏加诺总统即日宣布颁给遇难的军官"印度尼西亚革命英雄"的衔号，但没有参加葬礼。盲目的群众的愤怒情绪达到了高潮。在葬礼上，纳苏蒂安将军发表了极富蛊惑性的讲话。印度尼西亚首都雅加达响起了"粉碎印度尼西亚共产党""绞死艾地"的呼声。

10月8日，雅加达召开了50万人的大会，游行队伍焚烧了在克拉马的印度尼西亚共产党总部。学校学生会、妇女会和印度尼西亚科学工作者协会都纷纷出来上街游行，强烈要求解散印度尼西亚共产党。

1965年12月反对"9·30运动"和印度尼西亚共产党的行动，在苏哈托的怂恿和支持下，发展到新的高潮。印度尼西亚各大学，特别是雅加达大学各校学生，他们把斗争矛头由反对印度尼西亚共产党发展到反对苏加诺总统，他们喊出"审判苏加诺！""苏加诺辞职！"等口号，他们还提出"人民的三项要求"，即解散印度尼西亚共产党，改组两项人民命令内阁和降低物价。与此同时"苏哈托万岁！"的口号声也开始出现。

1966年2月21日，苏加诺总统被迫改组内阁，改组后的内阁仍然有不少旧面孔，尤其是解除纳蒂安国防部部长职务，引起群众的不满。当时游行示威的青年学生队伍试图冲进独立宫，警卫人员被迫开枪打死一名学生，引起学生们的强烈愤怒。

1966年3月，苏加诺总统再次被迫改组内阁，清除内阁中的印度尼西亚共产党成员，同时，由支持苏哈托的人物取代人民代表大会中的印度尼西亚共产党代表。苏加诺总统不同意解散或取缔印度尼西亚共产党。

1.《3月11日命令书》（Surat Perintah Sebelas Maret，简称Supersemar）

1966年3月10日，苏哈托呼吁雅加达、万隆及茂物的大学生们于次日在雅加达召开的内阁会议期间进行示威游行。结果，次日清早，会议召开之前，数以千计的大学生成群结队地涌向总统府，总统卫队设法把他们拦在总统府的围栏外，值勤人员不得不向空中鸣枪以示警告。苏哈托不仅发动学生，同时，也指使军队提供援助，军人穿着迷彩服，装备齐全，但没有身份标志。他们和学生一起分散在出席会议的部长们的必经之路，拦截部长们的汽车，放掉轮胎气。总统府也受到如此围攻，没有身份标志的部队与总统卫队近距离对峙。如果总统卫队在当时采取强硬措施驱赶学生们，那么一定会发生严重的流血事件。

此次内阁会议，苏哈托以咳嗽为由缺席。假如苏哈托出席内阁会议，那么苏哈托将面临三个风险：

第一，在总统府被大学生和军队包围的情况下，会上苏加诺总统必然会指责他恢复治安和秩序不利，督促他采取行动镇压外面的示威者。对苏哈托来说，意味着将自食其果，左右为难。

第二，如果苏哈托执行命令，那么他将在他亲自发动的示威者眼里威信扫地。对纳苏蒂安而言，是争夺总统职位的好时机。

第三，如果苏哈托在内阁会议上拒绝执行命令，那么苏加诺会当场命令总统卫队逮捕他。

为避免可能产生的后果，对苏哈托来说，最好的办法就是“装病”，不出席会议。3月11日，苏哈托在阿古斯·沙林街的家里会见了雅加达军区司令阿米尔·马赫穆德（Amir Machmud）准将、尤素夫（Yusuf）准将和东爪哇军区司令巴苏吉·拉赫玛德（Basuki Rachmat）少将，主要议题是苏哈托作为陆军司令，寻求将领们支持他获取苏加诺总统授权，以克服国家面临的困难。傍晚，三位将领来到总统府，当时苏班德里奥、雷门纳和海鲁·沙雷三位副总理在场。苏加诺接见了他们，进行了长时间谈话。几小时后，苏加诺把三位副总理叫到会客室。苏加诺把刚看完的文件递给苏班德里奥等人传阅。文件的主要内容有4项，苏加诺总统授权苏哈托：第一，维护雅加达地区及其周围的安全，为此，他必须和其他派别的势力建立互相协作关系；第二，有义务向总统汇报他将采取的一切措施；第三，有义务保护总统及其家庭成员的安全；第四，有义务维护和继承苏加诺的教导。现场气氛紧张，在征得三位副总理的同意后，苏加诺便签了字。三位将军拒绝了苏加诺共进晚餐的邀请，直接起程返回雅加达去向苏哈托复命。[①]

苏加诺总统签署《3月11日命令书》，标志着他大权旁落，总统、武装部队最高司令、伟大的革命领袖等职位已有名无实，而真正的实权却已紧紧地握在苏哈托的手中。苏哈托接到苏加诺总统的《3月11日命令书》之后，于第二天便迫不及待地做出解散印度尼西亚共产党的决定。

印度尼西亚共产党被解散后，苏哈托紧接着宣布不准其他政党或群众组织接受原印度尼西亚共产党成员，并要求印度尼西亚共产党成员向就近的政府机构报到。1966年印度尼西亚临时人民协商会议第二十五号规定书明确指出印度尼西亚共产党是被禁止的组织。临时人民协商会议当年通过禁止马列主义与共产主义思想的决议。

苏哈托决定逮捕与"9·30运动"有关的部长。6天后，15名在职的部长们被逮捕，理由是为了不让部长们成为失控的愤怒民众的牺牲品。部长们被抓后当即被关押，指控理由很简单：卷入印度尼西亚共产党"9·30运动"，这是苏哈托当政时期所有印度尼西亚人民最惧怕的指控。

2. 被逮捕的15位部长

（1）苏班德里奥（第一副总理兼外长和中央情报部部长）。

（2）第三副总理海鲁·沙雷。

（3）电力部部长斯迪阿地·雷克索普罗佐工程师（Setyadi Reksoprodjo）。

（4）基础教育和文化部部长苏玛尔佐（Sumardjo）。

（5）国务部部长黄祖德（Oey Tjoe Tat）。

（6）中央银行和印度尼西亚银行行长尤苏夫·穆达·达兰（Yusuf Muda Dalam）。

（7）矿业部部长阿尔穆南多（Armunanto）。

（8）水利和农村建设部部长苏拉赫曼（Surachman）。

---

① 《3月11日命令书》的复印件现存印度尼西亚陆军情报中心（Pusat Penerangan TNI AD）和国家秘书处（Sekretariat Negara），上面没有按惯例盖上总统府印章，仅有伽鲁达雄鹰图案的印章。2001年5月3日，时任副总统的梅加瓦蒂曾询问过《3月11日命令书》的原件，但无下文。国家档案馆曾多年联系当事人，寻求原件，均无果而终。2004年9月8日，除苏哈托外，见过原件的安迪·穆哈马德·尤素夫去世。作为2004年大选副总统候选人的尤素夫·卡拉（HM Jusuf Kalla）在出席尤素夫将军悼念会时证实《3月11日命令书》的原件在苏哈托手里。据他所知，尤素夫将军当晚就把原件交给了苏哈托。截至2016年，国家档案馆还在设法寻找原件，这关系到苏哈托接管国家政权的合法性问题。随着苏哈托的去世，一些关于"9·30运动"的秘密被带进坟墓，不被世人所知。

（9）劳工部部长苏多莫·玛尔多普罗佐（Sutomo Martoprodjo）。

（10）司法部部长阿斯特拉威纳达（Astrawinata）。

（11）宣传部部长阿芝玛迪（Achmadi）。

（12）安全事务部部长伊曼·夏飞中校（Imam Syafei）。

（13）民族阵线秘书部长杜玛卡卡法学士（Tumakaka）。

（14）移民和合作社部长阿查迪（Achadi）。

（15）内务部部长兼大雅加达市市长苏玛尔诺·沙斯特罗威佐约（Sumarno Sastrowidjojo）。

苏加诺对此出反应，命令雷门纳去责问苏哈托，但苏哈托不予理睬，更不解释超越《3月11日命令书》权限的做法。

三、印度尼西亚共产党被摧毁

1965年10月18日，军方开始大逮捕，据统计有50万人被捕、25万人被杀，其中包括“9·30运动”的领导人翁东中校，以及印尼共产党的领导人艾地、鲁克曼和约多等人。流经雅加达的梭罗河水面上漂浮着许多无头的尸体，河岸上浸染着血污。遇难的不仅有共产党员，也有华侨华人或与其有关系的人们。这是世界现代史上一次罕见的大屠杀。

到1967年3月，印度尼西亚共产党中央政治局5名常委中有4人遇难；10名政治局委员中有6人遇难。其他中央委员和各级党组织负责人，以及大批党员骨干纷纷被捕牺牲，全国各地的党组织陷于瘫痪。军方出于对印尼共产党的愤恨，对共产党员和进步人士采取了活埋、刺杀、枪决等手段，全国陷入一片恐怖之中。

1966年6月，临时人民协商会议召开全体会议推选纳苏蒂安将军为主席。同时，确认了《3月11日命令书》，这意味着苏哈托将军获得印尼临时人民协商会议的委托，其地位更加合法化。会议还批准通过解散印度尼西亚共产党，决定禁止马列主义和共产主义在印度尼西亚土地上存在的决议。会议撤销赋予苏加诺的“伟大的革命领袖”和“终身总统”的头衔，并责成苏加诺向临时人民协商会议报告他在“9·30运动”前后的所作所为。会上，苏哈托指责苏加诺违背国家和民族的利益，不仅不对“9·30运动”和印度尼西亚共产党的主要领导人采取措施，反而保护他们。当时在会场外有许多示威者，他们对苏加诺总统的谴责越来越激烈，要求苏加诺辞职。这次会议加强了苏哈托的地位和权力。会议虽然保留苏加诺的“总统”头衔，但已名存实亡。

四、苏哈托为内阁主席团主席的苏加诺内阁（1966年7月25日至1967年3月27日）

1967年元旦，掌握国家最高领导权的苏哈托将军以内阁主席团主席的身份向人民作了年终报告。报告着重谈经济问题，谈政府关于改善人民的生活状况。这与同过去苏加诺大谈政治或意识形态问题形成鲜明对比。苏哈托的报告使人耳目一新，受到群众的热烈欢迎。政界和军方许多人敦促苏哈托出来当总统。他们希望苏哈托能马上接管国家政权，但苏哈托拒绝采取简单的办法接管国家政权。当苏加诺决定交出领导权时，苏哈托却建议苏加诺保留“总统”的头衔，但不再掌握实权。苏加诺开始不接受，但在几位军区司令的说服和压力下，只好接受这个建议。

当时紧张的政治气氛仍未见缓和。支持和反对苏加诺的群众的对立日益白热化，政治冲突有一触即发的危险。这时一些政界和军方人士又向苏哈托重提总统的职务问题，他们说服苏哈托接受出任总统的建议。经过与军政人士的反复商讨，苏哈托终于表示可以“试一试”，先担任为期一年的“代总统”，看是否能够胜任这一职务，或者在这段时间去发现更为合适的人选。

1967年3月11日，临时人民协商会议召开特别会议，一致推选苏哈托为印度尼西亚代总统。苏哈托任代总统标志着苏加诺时代的结束、苏哈托时代的开始。自此，苏加诺不仅从权力顶峰一落千丈，成为平民，而且还成了被软禁的阶下囚。苏哈托代总统一年的任期即将结束之际，政界人士和各军种司令又向他表示，请他担任总统职务。在1968年3月27日临时人民协商会议会议上，苏哈托当选为总统，成为印度尼西亚共和国第二任总统。自此，苏哈托在无任何对手的情况下成功六度连任总统。凭借军队对社会的严密控制，苏哈托政权较为平稳地延续了32年之久。

第九章　苏哈托执政时期

第一节　简化政党

苏哈托上台后对遗留下来的政党采取严密监控、插足异党事务、干预党政的手腕，削弱其力量，逼其就范。1973年1月10日，政府发布《简化政党法》，将原有的9个政党按其政治思想基础合并为两个政党。以民族主义为政治思想基础合并的政党称为“印尼民主党”(PDI)，以伊斯兰教为政治思想基础合并的政党称为“建设团结党”。原“专业集团联合书记处”于1971年改组为“专业集团”(Golkar)，以政治力量面目出现，但事实上是苏哈托军政卵翼下的政党。于是形成苏哈托执政时期以伊斯兰和非伊斯兰政治联合体划分的的三大政党阵容。1982年8月，苏哈托提出以建国五项原则为政党的共同政治思想纲领。三大政党情况如下：

1. 印度尼西亚民主党（PDI）

1973年1月10日，由五个非伊斯兰政党合并而成。

（1）印尼民族党（PNI）

该党由苏加诺于1927年7月4日建立。党的思想基础是苏加诺所创的“贫民主义”。贫民主义被苏加诺解释为与印度尼西亚社会实际相结合的马克思主义。党的奋斗目标是消除资本主义、帝国主义、殖民主义，建立一种没有人压迫人、集团压迫集团的平等、幸福的贫民社会。该党正是以这种思想基础，再加上苏加诺个人的政治威望而赢得印度尼西亚社会的广泛同情与支持。该党支持者主要来自东爪哇、中爪哇和首都雅加达。

（2）平（贫）民党（Partai Murba）

该党由丹·马拉卡建于1948年10月3日。丹·马拉卡是印度尼西亚共产党的早期领导人之一。该党自称是无产阶级政党，由三个小党组成，即人民党、平民百姓党，印度尼西亚独立工人党。以马克思主义学说与印度尼西亚社会具体实际相结合的思想为其建党思想基础。

（3）印度尼西亚独立支持者联盟（IPKI）

（4）印度尼西亚基督教党（Parkindo）

该党建于1945年11月10日，由几个地区性的基督教党组成，如全国基督教党（PKN）、基督政治党（PPM）、印度尼西亚基督协会（PMI）、基督教徒联合会（PKK）、加威基督教联合会（P-CH-DJA）。

（5）天主教党（Partai Katolik）

该党建于1945年12月12日。其组织基础是第二次世界大战前的印度尼西亚天主教政治同盟会。

基督教党和天主教党的支持群众主要来自基督教多数信众地区，如北苏门答腊、北苏拉威西、东努山登加拉、马鲁古、西巴布亚等地。合并后的印尼民主党确立统一的思想基础：印度尼西亚民主、印度尼西亚宗教、社会正义，但党员仍保持各自的思想基础，全党的凝聚力客观上受到削弱。

2. 建设团结党（简称“团结党”）

建设团结党是以单一的伊斯兰宗教政治思想为基础的政党联合体。马斯友美党于1960年被取缔以后，伊斯兰政治势力大本营由马斯友美党转移到建设团结党。苏哈托执政时期，伊斯兰政治势力集团仍继续为维护其笃信的教义、政治思想与传统、经济利益而斗争，建设团结党是这个集团的一面旗帜。在涉及共同的宗教利益需要时，这个联合体可产生一致对外的巨大力量，并获得成功。原因在于它高举伊斯兰旗帜，宣扬参选即是履行宗教义务，要人们相信建设团结党就是全印度尼西亚伊斯兰教信徒的统一组织，而且是世界伊斯兰统一组织的一部分，是使人民摆脱贫穷、实现平等、建设民主的工具。全国大选来临时，建设团结党以麦加圣殿“天房”为参选标识，利用长老和神学家在信徒中的传统影响，以宗教情绪鼓动选民，因而产生很大吸引力。1984年，建设团结党召开中央会议，决定正式接受建国五项原则为立党基础，取消“天房”党徽标识。从1987年开始，改以“星”徽作为选举标识，实际被官方引向“政治非伊斯兰化”。由于该党党内传统源流各异。因此，领导权互相倾轧，组织涣散，成员流失，竞争实力日渐衰微。

建设团结党由4个伊斯兰政党组成。

（1）伊斯兰教士联合会（NU）

该党建于1926年，原属社会教育组织。在苏加诺“有领导的民主”时期，是第二大伊斯兰政党。1952年4月，与马斯友美党分裂，退出马斯友美党，直接原因是与马斯友美党争夺在韦洛波内阁中的宗教部部长位置，公开的理由是反对马斯友美党领导人实行“宗教社会主义”。在1955年大选中显露实力，与马斯友美党、印尼民族党并称“三强”。在苏哈托执政时期，是伊斯兰政党和组织中最有影响、实力最强的政治实体。成员几乎遍布全印度尼西亚特别是爪哇农村。该党一向以恪守宗教法的价值观念、宗教情绪强烈著称。在退出马斯友美党后的纲领中明确提出以伊斯兰教为基础，目标是确立伊斯兰教教法，在社会实践伊斯兰教教义。伊斯兰教长老和神学家是全党的精神支柱，是宗教传统的直接传播者。绝对服从长老和神学家是党内的戒律。由长老组成的教律委员会凌驾中央执行委员会之上，有权否定党的政治决议。宗教政治家们正是凭借这种传统博取信徒们的信任，争取大量选票。在人民协商会议议员名额分配上，该党依仗会员之众而稳居其他盟党之上，但常引起其他盟党的不满和指责。

（2）印度尼西亚穆斯林党（Parmusi）

该党建于1968年，是在前马斯友美党的追随者与同情者恢复马斯友美党的企图失败后组建的新党。由于政府和军方的干预，排除了前马斯友美党的成分，并安插进政府和军方的人担任该党的领导。该党在建设团结党内的实力仅次于伊斯兰教士联合会，是掌握统一党领导权的伊斯兰大党。

（3）伊斯兰教联盟党（PSII）

该党建于1911年，是老资格伊斯兰政党。该党曾于1947年退出马斯友美党，引起马斯友美党第一次大分裂。1973年，拒绝政府采取的合并政党措施。

（4）白尔蒂党（Perti）

该党建于1930年，是一个具有地方性、排他性色彩甚浓的弱势小党，属沙斐仪派。在印度尼西亚伊斯兰运动史上，该党从不加入别的伊斯兰政党。在苏加诺时代，该党亲苏加诺和印度尼西亚共产党。“9·30运动”以后，该党遭清洗，党内“赤化”领导人被更换。

3. 专业集团（Golkar）

20世纪50年代中期，当平息地方武装叛乱，特别是印度尼西亚共产党慢慢崛起的时候，军人集团开始参与政治。1957年，陆军开始组建专业集团，以迎合苏加诺抑制政党、增强专业集团的作用。1964年10月20日，“专业集团”联合书记处建立。为统一队伍与印度尼西亚共产党抗衡，初建时有97个非政治性职业团体。当1965年“9·30运动”前后，团体发展到220个。经过1965和1967年两次全国人民协商会议，合并为7大主体组织，人员组成包括国家公职人员、军人、知识分子、教师、艺术家、宗教神职人员、工人、农民、渔民、合作社社员、商人、青年、妇女等。当苏哈托政府开始实行简化政党的时候，专业集团联合书记处试图跻身政权机构。苏哈托在简化政党以前即已着手控制该联合书记处。1971年，苏哈托将其改造成御用政治工具。为了参加1971年选举，1971年7月17日，专业集团联合书记处正式改名为“专业集团”。专业集团表面上为非政治性的专业团体，实际上它仰仗军政统治集团的强大背景和政治特权而在历届（1971年、1977年、1982年、1987年、1992年、1997年）大选中赢得绝对多数选票，成为第一大党。1978年苏哈托出任专业集团的指导委员会主席。军队是专业集团的力量支柱，国防与安全部、内政部是专业集团的主体成员。

第二节　劫机和丹戎不碌事件

1. 1981年劫机事件

起因：1981年3月11日，一伙武装分子袭击了万隆兹申道8606警察分队司令部（Markas Kepolisian Seltpr 8606 Cicendo Bandung），3名值班警察被打死，1名受重伤。事后，警察拘捕了一些与该事件有关的瓦尔曼（Warman）组织的青年。

劫机过程：1981年3月28日，一架自雅加达飞往巨港和棉兰的印度尼西亚鹰记航空公司的飞机被5名武装青年劫持。该飞机航班号为“沃拉206”（Woyla），由机长亥尔曼·兰特（Herman Rante）驾驶。飞机离开巨港机场不久被劫持，当时机上有52名乘客，其中38人是从雅加达登机的、14人是从巨港登机的（包括劫机犯和1名英国籍乘客、1名日本籍乘客和4名美国籍乘客）。劫机犯胁迫飞行员掉转机头在马来西亚普朗·槟榔机场（Bandara Bayan Lepas，Pulang Pinang，Malaysia）降落。补充燃料和索要一份航空线路图后，飞机离开马来西亚飞往泰国的廊曼机场（Bandara Don Muang）。在泰国机场，劫机分子提出条件，要求印度尼西亚政府释放因万隆袭警事件被逮捕和关押的同伙，否则，枪杀人质和炸毁飞机。印度尼西亚总统指示情报局局长袄嘎·苏伽马（Yoga Sugama）直接着手解决劫机事件，并立即成立了行动指挥中心。经与泰方交涉后，双方决定采取联合行动。在泰方的配合下，印度尼西亚派遣了由75名反恐特种部队队员组成的突击队，向劫机犯发起突然攻击，击毙了5名劫机犯，战斗仅用了3分钟。在攻击中，突击队的艾哈迈德·吉朗（Letnan Ahmad Kirang）和机长丧生。[①] 1981年4月

① “50 th Indonesia Merdeka”，1965—1995，PT Citra Media Persada，1995，p.96.

15日，印度尼西亚国防部部长兼武装部队总司令尤素夫（M.Yusuf）将军专程到泰国，对泰方在解决劫机事件中所给予的支持当面表示感谢，泰国外交部部长西堤·沙卫西拉（Sidki Savetstila）将军出面接待。

2. 1984年丹戎不碌（Tanjung Priok）事件

1984年9月12日，数十名伊斯兰教青年在雅加达北部丹戎不碌洛隆第四大街的阿斯·萨阿达赫（Mushola As Saadah）清真寺集会，反对把建国五项原则作为各政党唯一宗旨。而后冲出清真寺到街上游行示威，游行队伍很快增加到几百人，在夭斯·苏达尔索大街与前来镇压的军警发生冲突，军警开枪镇压，当场打死十几人，数十人受伤。事件的组织者受到逮捕和审判，当地的印度尼西亚伊斯兰师范学院（Perguruan Tinggi Dakwah Islam Indonesia）因有学生参加丹戎不碌事件被当局关闭了9年。

2002年9月12日，印度尼西亚伊斯兰师范学院150余名学生来到1984年丹戎不碌事件事发地，即北雅加达警局前面，当众焚烧了前总统苏哈托、时任武装部队总司令穆尔达尼（LB. Moerdani）、时任军区司令特里·苏特里斯诺（Try Soetrisno）和时任行动队负责人斯里延脱（Sriyanto）的肖像。他们4人被指责为镇压丹戎不碌示威者的罪魁祸首。2003年9月，人道主义法庭对14名在1984年丹戎不碌事件中枪杀学生的疑犯进行了审判。

第三节　历次大选

苏哈托执政时期，印度尼西亚先后举行了6次大选，选举立法机构成员，即1971年、1977年、1982年、1987年、1992年和1997年。印度尼西亚大选，初期是选举国会、地方国会议员。

1971年7月5日，印尼举行了第二次大选，也是苏哈托执政时期举行的第一次大选，共有9个政党和1个社会团体参选，产生了五大政党和社团：专业集团、伊斯兰教士联盟、印度尼西亚穆斯林党、印尼民族党和印度尼西亚伊斯兰联盟党。1975年，出台了关于政党和专业集团的第三号法令，即简化政党，仅存两个政党：建设团结党和印度尼西亚民主党，一个社会团体：专业集团。

1977年5月2日，印度尼西亚举行了第三次大选。议席分配方案与1971年大选相同，即根据选举票数分配。专业集团获232席，比1971年大选减少了4席。以伊斯兰教政党组建的建设团结党在雅加达、亚齐等地区击败专业集团，共获得

99席，与1971年大选比较，增加了5席。该次大选，建设团结党在苏门答腊、雅加达、西爪哇和加里曼丹增加17席，但在中爪哇、日惹、东爪哇和南苏拉威西失去12席。印度尼西亚民主党获得29席，与1971年大选比较，减少了1席。

1982年5月4日，印度尼西亚举行了第四次大选。除亚齐外，专业集团在其他选区获胜，与1977年大选相比，增加了10席。建设团结党和印度尼西亚民主党分别失去了5席。

1987年4月23日，印度尼西亚举行了第五次大选。建设团结党在这次大选中遭受重创，与1982年大选比较，失去33席，仅获得61席。原因之一是印度尼西亚实行了新的政党法，即各政党和社团只能以1945年宪法和建国五项原则作为其宗旨，伊斯兰教教义不再成为其宗旨。专业集团获得299席，增加了53席。印度尼西亚民主党由1982年的30席增至40席。①

1992年6月9日，印度尼西亚举行第六次大选。与1987年大选相比，专业集团的选票减少。从1987年大选的299席降至282席，减少了17席。建设团结党虽然增加1席，但在爪哇以外选区失败惨重，在9个省份没有获得席位。印度尼西亚民主党获得56席，比1987年大选增加16席。

1997年5月29日，印度尼西亚举行第七次大选。专业集团，获得325席，增加了43席。与1992年大选相比，建设团结党获得89席，增加了27席，选票多来自爪哇。印度尼西亚民主党由于选前内部分裂而，仅获得11席。与1992年大选相比，丢失了45席。该次大选争议颇多，主要是抗议选举中出现的各种舞弊，在马都拉、萨姆邦（Sampang）县等地，选民焚毁了几十个投票箱，以示抗议统计选票舞弊。上述地区进行了重新投票，但建设团结党的支持者拒绝重新投票。②

第四节　苏哈托政权的瓦解

一、1998年5月暴乱

印度尼西亚国内政局动荡不安，在内斗之际，有人刻意挑拨族群对立，无辜牵连华人。1998年5月13～16日，印度尼西亚棉兰、巨港、楠榜、雅加达、梭罗

① Pemilihan umum 1987 Indonesia，Lembaga Pemilihan Umum，1988，密歇根大学。

② Centre for Strategic and International Studies，1997，p.185.

和泗水发生一系列针对华人的暴乱。依据印度尼西亚官方调查机构“联合实情调查团”发布的《五月骚乱真相调查报告》，印度尼西亚华人共计1 250人死亡，24人受伤，85名妇女遭到强奸、轮奸和性骚扰。总计毁损了2 479座商业建筑、1 026座民房、1 604座商店、384座私人办公室、65家银行、45家工厂、40家大型购物中心、13家市场和12套别墅。①

暴徒分成数组，每组4～7人，由警车及军用卡车载到现场，他们先带头抢掠，然后趁其他人加入抢掠期间，就地将商店里的华人妇女强暴，完事后顺手牵羊，将商店里值钱的东西掠走，再由接载他们的车辆送离。印度尼西亚这起严重的暴力事件受到国际社会的谴责。中国政府通过各种方式表示关切，希望印度尼西亚政府彻底查处有关事件，采取有效措施保护华人正当权益。

根据国际货币基金组织与印度尼西亚政府达成的50条援助细则，印度尼西亚政府必须废除家族垄断，取消地方政府的重重征税，把非国家收支预算的各种资金纳入国家预算收支等，这些要求明显触及苏哈托家族产业，苏哈托拒不执行与国际货币基金组织达成的协议，国际货币基金组织宣布冻结援助计划。截至1998年1月，印度尼西亚盾贬值达90%，成为全球跌幅最大的货币，在印度尼西亚投资的外商纷纷撤离，印度尼西亚国内企业相继倒闭，外债高达1 400亿美元，进出口贸易全面瘫痪，金融业一片混乱，整个国民经济处于崩溃边缘。在这种情况下，印度尼西亚全国开始发生动乱。2月下旬开始，数千名大学生在校园举行抗议示威活动，要求在全国范围内进行政治、经济、司法等社会各个领域的改革。到4月中旬，反苏哈托运动已遍及全国。5月1日，苏哈托强硬地表示，在他最后一任总统（1998—2003）期间，国家不会推行政治体制改革。他的讲话发表后，大规模的示威活动从苏哈托的家乡日惹迅速向首都雅加达和全国蔓延。5月12日，雅加达特里萨克蒂（Tri Sakti）大学学生不顾政府的警告在校园外举行反苏哈托示威活动，与军队发生冲突，军队开枪打死6名示威学生。第二天，学生运动迅速变成大规模的骚乱。市民们到处放火烧毁商店、抢劫银行，整个局势开始失控。

为了挽救危局，在埃及参加15国首脑会议的苏哈托提前一天于5月15日凌晨回国，在军方的严密戒备下，巡视弥漫恐惧气氛的雅加达市区。上午，苏哈托随即在官邸召集副总统哈比比、国防部部长兼三军总司令维兰托、政治安全协调部

① http://q.58.com/junqingguanchashi/topic_285680.shtml.

部长唐俊、内政部部长哈托诺、内阁秘书国务部部长穆西、新闻部长达兰，以及司法部部长和检察部部长举行会议商讨对策，宣布接受各界提出的政治、经济和司法改革建议，决定从16日起分别降低燃油和电费价格8.33%和20%；免费向市民分发一些生活必需品，以及疏通蔬菜供应渠道等；撤销了提高燃料和电力价格这两项总统命令。提高燃料和电力价格正是引发全国骚乱的导火索。调高油电价格是为配合履践国际货币基金解困贷款附带的经济改革条件，此举导致物价飙涨而生民怨，最后酿成全国性暴乱。会议决定加强对雅加达及周围地区采取的安全措施，禁止国内的私营电视台播放有关示威和政治集会的场面。考虑到印度尼西亚政局不稳，世界银行决定延迟发放两笔总值12亿美元的贷款给印度尼西亚。

正当局势趋于平缓之际，专业集团柯斯哥洛（KOSGORD）派系突然发表一项声明，要求苏哈托归还国会对他付托的总统职权，这是执政的专业集团内部首次发出了反对苏哈托的声音。过去长期支持苏哈托的国会领袖的态度也发生重大变化。1998年5月18日，国会议长哈尔莫克在召开国会领导人会议后发表声明，希望苏哈托为了国家的团结明应智地宣布辞职。维兰托则召开记者招待会，表示哈尔莫克的声明不代表军方的意见，军方支持苏哈托，反对议长的提议。在首都雅加达，5 000名学生进入国会大楼，要求苏哈托下台，在场军警并无阻止。5月印度尼西亚局势再次出现新变化，19日，苏哈托与社会知名人士及武装部队领导人举行了长达两个小时的协商，苏哈托再三声明他不会辞职，理由是此举既不负责任，又不能解决国家的经济问题，况且政治的传承必须依宪法而行，否则，流血事故必随之而来。苏哈托表示将成立一个改革委员会，由公众人物与学者组成，这个委员会将审查选举法、政党法，以及立法程序。苏哈托要求武装部队必须保持警觉，维持国家安全、治安，以及人民的生命安全。当日，学生们举行了通宵示威活动，15 000余名大学生包围了国会大厦。他们表示，除非苏哈托下台，否则，不会撤走。次日清晨，学生们爬上大厦的绿色圆形屋顶，高呼“苏哈托下台”的口号。学生组织计划于5月20日在全国范围内举行游行集会，试图迫使总统下台。5月20日，印度尼西亚主要城市爆发了反苏哈托示威游行，人数逾70万。随后几天，有关各方经过磋商后，执政党、国会、军队都抛弃了苏哈托。国会议长哈尔莫克限令苏哈托最迟在5月22日前宣布辞职，否则，将召开人民协商会议协特别会议，对他进行弹劾。5月21日，苏哈托被迫宣布辞职。

二、苏哈托辞职过程

1998年5月21日10时，苏哈托在雅加达独立宫宣布辞去总统职务。苏哈托用颤抖的声音透过电视说：

“应全能真主之名，全国同胞，大家好！

近日我一直非常仔细注意国家的局势发展，尤其是人民渴盼全国进行全面改革的热切期望。根据我对这些期望的深刻了解，深信改革必须循宪法规定、依和平方式按部就班进行，以维持国家的团结和谐与持续发展的理念，我先前已宣布计划成立改革委员会以推动改革事宜，并改组第七届内阁。但迄至今日的情势显示改革委员会一直无法落实，因为成立该委员会的计划一直未获适当回应。由于深切期盼改革能依最佳方式进行，我深深体会到目前根本无法筹组改革委员会，内阁改组也无必要。鉴于上述形势发展，我认为自己很难再继续领导国家，推动国家发展。因此，在参酌1945年宪法的有关规定和认真考虑人民代表会议及各党派领袖的意见后，我决定宣布辞去印度尼西亚共和国总统职务，自1998年5月21日此刻立即生效。

我向诸位、人民代表大会兼人民协商会议的领袖宣布这项辞职声明。根据1945年宪法的有关规定，集教授、医生、工程师于一身的现任副总统哈比比将继任总统职务，任期从1998年至2003年。

在我领导国家期间，社会各界对我提供的协助和支持，我衷心表示感谢，若有任何错误与缺失，则恳请原谅。

同时第七届内阁亦自今日起总辞，我也要对所有内阁部长表示感谢。我已决定，自我宣读此项声明之时起，停止印度尼西亚共和国总统的职务。由于形势不容许在人民代表会议前宣誓，为避免治理国事的领导阶层出现真空，副总统应即刻在印度尼西亚共和国最高法院监誓下宣誓就职。”①

哈比比即刻在最高法院法官的见证下，手举《可兰经》正式宣誓就职。消息传开，学生们纷纷撤离街头，持续3个月的抗议活动暂时停止。学生们与大部分印度尼西亚人民一样，并不接受由哈比比接掌政权，要求两人同时下台，并且要求两人为他们所犯的罪行接受审判。当天晚上，哈比比向全国发表电视讲话时表示，他将按照人民的愿望加快进行政治、经济和司法等方面的改革，并在最短的

---

① http://baike.baidu.com/link?url=ayH8kKr6KO9NwYJZnqquTVXG6ZIQU0ckko0MbG3IV2F8ypgjhZDVcOCOmgseOkpbB_sIomp8_JnDBcJ6QU-5ga.

时间内成立一个负责任、专业化的内阁。新政府将反对贪污腐败、裙带关系和垄断经营，并将修改和制定一系列法律法规。哈比比表示印度尼西亚将认真执行与所有外国签署的协议，包括与国际货币基金组织达成的一揽子改革协议。哈比比呼吁全国人民团结一致，共同努力克服目前面临的金融危机。

第十章　改革时期

第一节　哈比比执政时期（1998—1999）与印度尼西亚1999年大选

1998年5月23日，苏哈托执政时期终结后的“改革内阁”成立。哈比比表示新内阁的主要任务是推动改革进程，逐步实行政治、经济、司法各部门全面改革；建立廉洁政府，反对贪污腐败，消除经济垄断，尽快摆脱政治和经济危机；承诺履行与国际货币基金组织达成的经济改革一揽子意向书，推进民主化进程，修改宪法。在行动中，哈比比解除了苏哈托长女社会事务部部长的职务；吸收在野党成员入阁；特赦两名政治犯和著名左派作家阿南达杜尔，撤销所有对阿南达杜尔指控的罪名；释放了250名政治犯；新闻解禁，允许发表批评政府的言论；不再禁止华人办学；限定总统任期为两届；责令政府部门与前苏哈托总统所控制的商业机构脱钩；整顿执政党专业集团，取消苏哈托担任主席的专业集团指导委员会，解除苏哈托两个子女在专业集团内的领导职务；改选专业集团主席。

哈比比接任总统职务遭众多非议：一是无主政经验；二是在担任科研技术国务部部长期间，耗费外汇发展飞机制造业，忽略其他经济部门发展；三是热衷于在工业基础薄弱的条件下发展高科技产业；四是宣传反传统的经济理念，即所谓“哈比比经济悖论”，其外行话引起学界和专家的反感；五是没有军界背景，政治基础不稳。哈比比上台后，对政府以往的民族政策进行调整，对民族分离主义运动作出和解姿态。政府取消了军事行动区，计划从亚齐陆续撤军，并向亚齐人民道歉，但效果不佳。人们指责哈比比处理各地骚乱和东帝汶、亚齐、西巴布亚、廖内、马鲁古、苏拉威西等地的分离主义运动不力，导致全国治安恶化，国家和民族面临分裂的局面。

更重要的是哈比比与苏哈托的关系密切，身上有苏哈托的印记，大众普遍认为哈比比仍然是苏哈托旧势力的代表。另外一个重要因素是哈比比不是爪哇人，来自外岛苏拉威西，得不到大多数爪哇人的支持。5月31日，部分退休将军要求哈比比辞职，在其1年半的任期里，印度尼西亚各界的质疑声不绝于耳。最终，在社会舆论和反对派的压力下，哈比比下台。1998年5月22日至1999年10月19日，哈比比任总统共计516天。值得肯定的是，哈比比上台后实行了一系列改革，其中包括修改选举法、解除党禁、准许成立新政党等，这些为印度尼西亚1999年大选奠定了基础。

1999年大选

1999年1月28日，印度尼西亚政府公布了新政党法。该法规定，50名以上年满21周岁的公民只要遵循“不宣传共产主义、不接收外国资金援助、不向外国提供有损于本国利益的情报、不从事有损于印度尼西亚友好国家的行为”的原则，就可成立政党。大选前，出现148个政党报名参选，其中48个政党符合参选资格被批准参加大选。5月19日至6月4日为竞选日，6月7日投票。1.2亿选民登记，其中93%的选民参加了投票，选出462名国会议员。根据《印度尼西亚选举法》，年满17周岁的印度尼西亚公民有选举权和被选举权。选举前进行选民登记，主要项目为年龄、性别、职业等，被列入黑名单者无选举权和被选举权。国会议员候选人须由当地公安机关进行甄别，若与“9·30运动”有瓜葛，则取消其候选人资格。1945年宪法第六条第一款规定总统必须是印度尼西亚出生的印度尼西亚人；第二款规定总统与副总统由人民协商会议以多数票选出。此次大选采取直选议员的方法，通过大选直接产生国会议员，其中来自军方的38名国会议员由总统指定。总统、副总统由人民协商会议投票选举产生。印度尼西亚是总统内阁制国家，总统作为国家元首负责筹组政府。

1. 获准参加1999年大选的48个政党

（1）新印度尼西亚党（Partai Indonesia Baru，简称PIB）。

（2）印度尼西亚全国基督教党（Partai Kristen Nasional，简称Pkrisna）。

（3）印尼民族党苏佩尼派（Partai Nasional Indonesia-Supeni，简称PNI-Supeni）。

（4）印度尼西亚民主联盟党（Partai Aliansi Demokrasi Indonesia，简称PADI）。

（5）印度尼西亚穆斯林崛起党（Partai Kebangkitan Muslim Indonesia，简称PKAMI）。

（6）伊斯兰教徒党（Partai Umat Islam，简称PUI）。

（7）教徒崛起党（Partai Kebangkitan Umat，简称PKU）。

（8）新马斯友美党（Partai Masyumi Baru，简称PMB）。

（9）建设团结党（Partai Persatuan Pembangunan，简称PPP）。

（10）印度尼西亚伊斯兰协会党（Partai Syarikat Islam Indonesia，简称PSII）。

（11）印度尼西亚民主斗争党（Partai Demokrasi Indonesia Perjuangan，简称PDIP）。

（12）阿布亚塔马党（维护孤儿权益党，Partai Abul Yatama，简称PAY）。

（13）独立民族党（Partai Kebangsaan Merdeka，简称PKM）。

（14）热爱民族民主党（Partai Demokrasi Kasih Bangsa，简称PDKB）。

（15）国家使命党（Partai Amanat Nasional，简称PAN）。

（16）民主人民党（Partai Rakyat Demokratik，简称PRD）。

（17）印度尼西亚伊斯兰合众党（Partai PSII）。

（18）天主教民主党（Partai Katholik Demokrat，简称PKD）。

（19）人民抉择党（ Partai Pilihan Rakyat，简称PPR）。

（20）印度尼西亚人民党（Partai Rakyat Indonesia，简称PRI）。

（21）马斯友美伊斯兰政党（Partai Politik Islam Indonesia Masyumi，简称Pmasyumi）。

（22）星月党（Partai Bulan Bintang，简称PBB）。

（23）职工团结党（Partai Solidaritas Pekerja，简称PSP）。

（24）正义党（Partai Keadilan，简称PK）。

（25）伊斯兰教师联合会党（Partai Nahdlatul Umat，简称PNU）。

（26）印尼民族党贫民阵线（Partai Nasional Indonesia- Front Marhaenis，简称PNI-Front Marhaenis）。

（27）印度尼西亚独立支持者协会党（Partai Ikatan Pendukung Kemerdekaan Indonesia，简称PIPKI）。

（28）共和党（Partai Republik，简称PR）。

（29）伊斯兰教民主党（Partai Islam Demokrat，简称PID）。

（30）大众协商党（Partai Musyawarah Rakyat Banyak，简称P.Murba）。

（31）印度尼西亚民主党（Partai Demokrasi Indonesia，简称PDI）。

（32）专业集团党（Partai Golongan Karya，简称P.Golgar）。

（33）团结党（Partai Persatuan，简称PP）。

（35）印度尼西亚民主联盟党（Partai Uni Demokrasi Indonesia，简称PUDI）。

（36）全国工人党（Partai Buruh Nasional，简称PBN）。

（37）互助家庭协商党（Partai Musyawarah Kekeluargaan Gotong Royong，简称PMKGR）。

（38）人民主权党（Paartai Daulat Rakyat，简称PDR）。

（39）热爱和平党（Partai Cinta Damai，简称PCD）。

（40）正义团结党（Partai Keadilan dan Persatuan，简称PKP）。

（41）全印度尼西亚职工联盟党（Partai Serikat Pekerja Seluruh Indonesia，简称PSPSI）。

（42）印尼民族统一团结党（Partai nasional Bangsa Indonesia，简称PNBI）。

（43）大同党（Partai Bhineka Tunggal Ika，简称PBTI）。

（44）印尼民族联盟团结党（Partai SUNI，简称PSUNI）。

（45）印尼民族民主党（Partai Nasional Demokrat，简称PND）。

（46）印度尼西亚穆斯林信徒党（Partai Ummat Muslimin Indonesia，简称PUMI）。

（47）印度尼西亚职工党（Partai Pekerja Indonesia，简称PPI）。

（48）平民大众派印尼民族党（Partai Nasional Indonesia-Massa Marhaen，简称PNI-Massa Marhaen）。

为便于选民识别政党标志和投票，各政党除自己的党徽外，在竞选活动中使用各自特殊的颜色，包括宣传品、衣服、帽子、头巾、旗帜和汽车等。

1999年6月7日是印度尼西亚历史性的一天。政府宣布这一天为全国假日，以确保选民能够到全国各地设立的32万个投票站去投票。以往大选，除专业集团外，参选政党一般都得不到30%以上的选票。1999年大选首次打破这个纪录。

选举后出现五大政党：

政党名称	选票/%	国会席位
民主斗争党（PDI-P）	33.4	154
专业集团党（Golkar）	25.9	120
民族觉醒党（PKB）	11	51
建设团结党（PPP）	12.7	59
国家使命党（PN）	7.5	35

资料来源：http：//b2b.asean168.com/country/yn.html.

在人民协商会议选举总统前，政党政治出现戏剧性变化。1999年10月18日，就在哈比比的述职报告付诸表决的前夕，副总统候选人、国防部部长兼武装部队总司令维兰托面对反对军人干政的压力，同时，又预计哈比比的述职报告将被否决的情形下宣布放弃与哈比比的合作，退出副总统竞选。10月19日，国会投票否决了哈比比的述职报告。哈比比次日凌晨宣布退出总统竞选。专业集团党匆忙之中推出总主席阿克巴尔·丹戎出任总统候选人。10月20日选举投票开始前1小时，专业集团奉总主席阿克巴尔·丹戎之命，撤销对阿克巴尔·丹戎的提名，转而支持瓦希德竞选总统。为了争夺总统职位，国家使命党、建设团结党、民族觉醒党、新月党等伊斯兰政党结成伊斯兰轴心，达到以绝对多数的选票战胜获得相对多数选票的民主斗争党的目的，推举获票甚微的民族觉醒党领袖阿卜杜拉赫曼·瓦希德为总统竞选人。最后，阿卜杜拉赫曼·瓦希德以373票（60票之差）击败梅加瓦蒂，当选印度尼西亚第四任总统。拥有相对多数选票的民主斗争党领袖梅加瓦蒂落选，当选为副总统。

瓦希德是印度尼西亚第三大党民族觉醒党的创建者。瓦希德以伊斯兰教温和派的领袖闻名，曾当选为世界宗教及和平会议主席，在国际上享有盛誉。自1945年建国以来，印度尼西亚首次有一位以上的总统候选人角逐总统宝座，人民协上会议也开创了以不记名的民主方式投票选举总统的先例。瓦希德又是以印度尼西亚第一位以伊斯兰教长老身份当选的总统。

2. 选举特点

（1）打破了过去只允许3个政党参选的规定。然而，竞争主要在五大政党中进行。

（2）选民民主和参选意识增强。大多数登记选民积极参加投票，反映了人民对大选的厚望和对国家前途的关心。

（3）秩序良好。与历次大选相比，本次大选没有发生人们担心的暴力事件。

（4）作为苏哈托时代的统治工具，军队和警察改变了过去无条件支持执政党的做法，在大选中严守中立。这是大选成功的重要因素之一。

（5）参选的伊斯兰政党明显增多，在48个政党中占了20个。但是选举结果显示，绝大多数伊斯兰政党得票率不足2%。这表明在多元文化的印度尼西亚，宗教色彩浓厚的政党难以被接受。

大选规则的重大变化提高了印度尼西亚大选的民主化程度。印度尼西亚中央选举委员会称此次大选是印度尼西亚历史上最直接、普遍、自由、公正和保密的选举。

3. 选举中出现的一些问题

印度尼西亚许多政党的宗旨实际上并无区别，但却不能联合而只能各自组党。对此现象，印度尼西亚民众纷纷表示不满，认为大多数政党不是为民众利益和国家利益着想，而是为了小集团的利益。认为选举不会给人民带来任何好处，只是浪费钱财。一些青年和大学生多次上街示威游行，对大选表示失望，号召人民不要在大选中投票。

《总统选举法草案》中原来规定，总统和副总统候选人由政党提名推举，只有在国会中至少占有15%席位或在1999年大选中至少获得20%选票的政党或政党联合才有权推举。按照这个规定，只有民主斗争党和专业集团有权独立提名推举总统和副总统候选人。草案一出，社会哗然。加之该草案中存在其他各种各样的争议，致使该草案迟迟未被国会批准成为正式法令。

大选中也出现令人不愉快和违反相关规定的情况，如：在竞选期间有164人死亡、152人受重伤、183人轻伤；①大选前哈比比决定为国会议员每人发放1.5亿印度尼西亚盾②；个别地区把死人登记为选民；选举前选票流失，运送选票的卡车遭枪击；投票时，规定不得出现提示性语言或文字，但选民分别呼喊各自政党的名字等。

4. 选举的意义

此次大选对处于转型期的印度尼西亚政治是一个严峻的考验，对印度尼西亚未来的发展具有决定性的影响。由于此次大选中没有一个政党获得绝对多数，因此，主要政党争夺人民协商会议和国会多数席位使自己的总统候选人获胜便成为角逐的焦点。1999年大选表明印度尼西亚晋身成为世界民主大国之一。

1999年大选结果：梅加瓦蒂领导的民主斗争党得票34%，专业集团得票22%，瓦希德领导的国民觉醒党排名第三，得票11%。瓦希德在1999年10月20日总统选举中当选印度尼西亚共和国第四任总统，梅加瓦蒂任副总统，组成了团结内阁。

第二节 瓦希德执政时期（1999—2001）

上任仅两个月，瓦希德便频繁出访15个国家，寻求受访国对印度尼西亚新政府为维护印度尼西亚国家统一，领土完整所采取的政策的支持。瓦希德政府立

① Kompas 1999-06-05 h1.

② kompas 1999-06-07.

足于独立、积极的外交基石，坚持前任的平衡外交路线，以经济外交为战略重点，适当调整外交焦距。瓦希德提出“亚洲轴心”的外交新构架设想，但外部反应冷淡。

瓦希德主张分阶段改变军队的双重职能。以人事调整促进军队内部改革，重新改组军队高级指挥系统，突破军队极右势力对自己的威胁。瓦希德以总统的名义及时撤掉维兰托的职务，表明了与以维兰托为首的苏哈托旧势力较量的决心。实行军警分离制度，警察部队直属总统领导，这导致瓦希德与军方的关系紧张。

2000年8月，瓦希德发表责任报告书，阐述了改革计划，出台了政治安全、排除分离危险、经济增长、克服贫困四项国策。实施与经济恢复相适应的金融政策，以整顿银行体系为重点；稳定货币，控制通胀，加强经济部门管理，铲除贪污腐败。由于旧势力的阻碍和其个人执政能力的局限，瓦希德大部分时间用于与政治精英们周旋、人事变动方面，改革计划基本上未能实现。

瓦希德担任总统期间，致力推进民族和解和国家民主建设，取消了苏哈托时期制定的部分歧视华人的政策，如2000年废除不准华人公开庆祝传统节日的禁令、2001年允许华人再度沿用中文姓名等。瓦希德主张民族和睦、宗教团结、国家统一，赢得国际社会的好评。

瓦希德不断地改组内阁，以图继续扩充自己的势力，却触及了国会中大部分党团利益，包括其政治盟友。瓦希德最具争议性的举措就是在没有合理解释的前提下，解除内阁部长的职务，导致了一些开始支持他的政党后来转为反对他，执政基础遭到削弱。

瓦希德下台始末

2001年2月1日，印尼国会就指控瓦希德以替亚齐省募集人道援助资金为名，私下收下文莱苏丹所赠的200万美元，以及瓦希德旧日的一位生意伙伴2000年借瓦希德之名，从印尼国家粮食机构盗取了410万美元公款一事举行听证会。国会以瓦希德总统涉嫌丑闻而通过了向他发出第一份警告备忘录的决议。瓦希德当日在国会发言中指出，国会发出的警告备忘录不合法。4月30日，国会向瓦希德发出第二份警告备忘录。根据印度尼西亚相关法律，瓦希德必须在30天内做出答复，如果国会对答复不满意，可以要求印度尼西亚最高权力机构人民协商会议启动弹劾瓦希德的程序。当天夜里，印度尼西亚国会以363票赞成、52票反对、42

票弃权的表决结果通过了谴责总统瓦希德腐败无能的议案，[①]使瓦希德陷入被弹劾的境地。尽管印度尼西亚总检察长达鲁斯曼5月28日称，没有任何证据表明印度尼西亚总统瓦希德卷入了两起贪污丑闻，瓦希德在这两起丑闻中没有任何过错，但仍对其他两名嫌疑犯进行调查。[②]正是这两起丑闻导致印度尼西亚国会对瓦希德发出两份警示备忘录，从而使弹劾总统的议案提上了日程。5月11日，瓦希德表示，他不会对第二次警告备忘录做出答复，并表示他不准备把部分权力下放给副总统梅加瓦蒂。[③]

5月30日，印度尼西亚国会召开会议，多数议员建议促请总统瓦希德自动辞职，否则，要求人民协商会议召开特别大会弹劾总统，强迫他下台。会议以投票的方式决定是否继续召开全体会议，以讨论是否举行特别会议弹劾总统瓦希德，结果“426名议员支持继续召开全体会议，46名支持延期举行，另有5票弃权”[④]。当天夜里，国会在经过一整天的会议后，“最终以365票赞成、4票反对，以及39票弃权，通过要求总统瓦希德需要接受弹劾聆讯的动议”。[⑤]31日，印度尼西亚最高立法机构发言人雷斯宣布，人民协商会议将于8月1日举行特别会议，审议对总统瓦希德的弹劾。

6月1日，瓦希德宣布对内阁进行改组，6名政府部长被解职，其中包括政治、社会与安全统筹部部长苏西洛、司法部部长洛帕、总检察长达鲁斯曼（Darusman）、交通部部长古梅拉尔、海洋部部长萨尔沃诺等。被解职的政治、社会与安全统筹部部长苏西洛反对瓦希德宣布国家紧急状态的计划。6月2日，瓦希德任命新首席安全部部长古梅拉尔；宣布停止国家警察总长比曼托罗的职务，同时任命海尔丁·伊斯梅尔（Chaeruddin Ismail）为国家警察副总长，代理比曼托罗的职务。古梅拉尔与副总统梅加瓦蒂来往密切，瓦希德这样做是为了与梅加瓦蒂达成妥协。印尼国家警察总长因拒绝辞职而被瓦希德免去职务。6月3日，印度尼西亚102名高级警官公开违抗瓦希德的指示，全力支持被中止职务的比曼托罗，表明反对政治势力干预警察部队的专业运作。新任国家警察副总长也在联合声明中签名。比曼多罗在与各省警察厅长进行紧急会议后表明，他仍是警察总

① http://jczs.sina.com.cn 2001年4月30日22点55分，舰船知识网络版。

② 2001年5月29日，中国日报网站。

③ http://www.sina.com.cn 2001年5月14日，中国日报网站。

④ http://www.sina.com.cn 2001年5月30日，新华网。

⑤ 2001年5月31日，中新社。

长，并调升94名高级及中级警官。比曼托罗会后对记者说："我们并非要违抗总统的指令，总统有权撤换任何官员，但必须依照程序去做。"①比曼托罗表示，除非国会要撤换他，否则，他是不会离任的。7月1日，瓦希德任命前国家警察总长比曼托罗将军为印度尼西亚驻马来西亚大使，遭到拒绝。②得不到军方和警方的支持使瓦希德面对反对派的弹劾行动而迟迟不敢宣布国家进入紧急状态。

人民协商会议表示，即使总统瓦希德拒绝出席聆讯和提呈责任报告，人民协商会议仍将如期在8月1日开会，讨论弹劾总统事宜。人民协商会议议长赖斯表示，若有必要，人民协商会议则将以瓦希德缺席形式召开特别会议。印度尼西亚总检察院负责特别刑事案件工作的副院长纳苏蒂安证实，瓦希德总统已签署文件，同意调查国会议长、专业集团总主席阿克巴尔·丹戎涉嫌在1999年大选期间从国家后勤事务管理局挪用900亿印度尼西亚盾（约合900万美元）③公款用于他领导的专业集团党（1998年，专业集团正式成立更名为"专业集团党"）的竞选费用案件和印度尼西亚民主斗争党在国会的派系负责人帕尼戈罗涉嫌在一个石油工程项目中贪污案件。根据法律规定，国会议员只有获得总统的许可才能接受总检察院的调查。

倒瓦势力主要有三股：以人民协商会议主席莱斯为代表的伊斯兰组织构成的中左力量，该派主张弹劾瓦希德，支持梅加瓦蒂出任总统；以国会议长丹戎为首的专业集团党，主要由苏哈托时代的旧势力代表组成，该党希望瓦希德下台，但又不希望梅加瓦蒂上台；梅加瓦蒂领导的民主斗争党，带头人是该党国会议员团主席阿里芬。④

7月9日，瓦希德决定在茂物总统行宫与各政党负责人举行磋商会，遗憾的是仅民族觉醒党主席马托里·阿卜杜尔·加利尔（Matori Abdul Djalil）到场。副总统梅加瓦蒂拒绝出席，瓦希德旨在"媾和"的领导人会议未能如愿召开。同一天，来自西巴布亚14个二级行政区的50位酋长通过发言人大卫·戴达（David Deda）发表声明，支持瓦希德。瓦希德背水一战，再次对内阁进行改组，司法部部长玛尔西兰·西曼云塔接替因心脏病去世的巴哈尔丁·洛帕，担任检察总长一职；而玛尔西兰的职位由国防部部长马赫福兹接替；马赫福兹的工作暂时由安全

① Jakarta, Minggu Minggu, 03 Juni 2001.

② http://www.sina.com.cn.

③ http://www.sina.com.cn 2001年6月13日。

④ 因为瓦希德一直在调查阿里芬的贪污嫌疑，所以阿里芬希望瓦希德下台。

部部长阿戈穆·古梅拉接替。此次内阁重组将瓦希德的左膀右臂全都推到了最敏感的职位上。[①]瓦希德决定7月20日为各党放弃弹劾他的最后期限，否则，他将宣布进入紧急状态。届时，瓦希德将解散国会，提前举行大选。瓦希德不仅否认对他涉嫌贪污案件的指责，而且坚持认为，人民协商会议要他做责任报告是违宪行为。

7月17日，695名人民协商会议代表接到通知后从全国各地聚集雅加达待命，以备在瓦希德20日18时宣布印度尼西亚进入紧急状态时，可迅速地在1小时内参加弹劾听证会。

专业集团党和建设团结党等就如何解决政治危机提出政治妥协方案，这个有10项内容的妥协方案的核心内容是总统瓦希德把政府日常工作和组织内阁的权力移交给副总统梅加瓦蒂。瓦希德表示，让副总统组织内阁是不符合宪法的。瓦希德强调，他所希望的妥协方案是不违反宪法的方案。7月19日，瓦希德在东爪哇省发表谈话，拒绝把实权让给副总统梅加瓦蒂，重申将在20日实施紧急状态。

原本威胁在7月20日宣布实行紧急状态的瓦希德突然将宣布紧急状态的最后期限放宽到7月31日。[②]瓦希德要求国会中的敌对势力必须给他一份书面保证，表明不会弹劾他，否则，他将宣布国家进入紧急状态。“他要求这份保证最迟必须在7月31日搁到他的桌上。”[③]

人民协商会议宣布，于21日10时召开会议，正式启动对总统瓦希德的弹劾程序，较原定日期早了11天。虽然瓦希德取消在20日宣布紧急状态令的决定，但是同时威胁若对方不愿妥协，他将于人民协商会议原定举行弹劾听证前夕宣布国家进入紧急状态，并冻结国会及人民协商会议。人民协商会议要求瓦希德在23日出席会议，就其被指贪污、不称职和违宪等指控进行答辩，瓦希德表示不会出席会议。[④]

7月23日，瓦希德总统于当地时间凌晨1时10分通过电视流着泪发布总统令，宣布全国进入紧急状态，中止人民协商会议和国会，解散专业集团党，并在一年内提前举行大选。军方和警方倒向国会，拒绝执行瓦希德宣布的紧急状态。8时，人民协商会议特别会议举行弹劾听证会，以599票反对、2票弃权的表决结

① 2001年7月10日，中国日报网站。

② http://www.sina.com.cn 2001年7月20日，人民网。

③ http://www.sina.com.cn 2001年7月20日，中国新闻网。

④ http://www.sina.com.cn 2001年7月21日，中国新闻网。

果否决了瓦希德宣布的实施国家紧急状态令，通过了罢免总统瓦希德的决议，同时任命梅加瓦蒂为印度尼西亚第五任总统，总统任期至2004年。

第三节　梅加瓦蒂执政时期（2001—2004）

一、梅加瓦蒂执政时期的政局

2001年7月24日，梅加瓦蒂接替瓦希德成为印度尼西亚新总统。民众期待梅加瓦蒂能够给印度尼西亚带来民主和稳定。出于团结广大伊斯兰教信徒的目的，梅加瓦蒂选择了建设团结党领袖哈姆查·哈兹为副总统。梅加瓦蒂致力于党派团结和民族和解，组建了一个基础广泛的政府，即“互助合作内阁”，除政党要人外，军警派系、经济学家也被邀请入阁，缓和了政坛矛盾，稳定了社会。梅加瓦蒂对军队各领导层进行了调整，大胆启用新人。通过努力，军队的政治、经济功能淡化，职业功能加强，主要职能转向维护国家统一和社会安定方面。梅加瓦蒂上台后，进一步落实了地方自治法，国内政局相对稳定。

梅加瓦蒂任总统时，印度尼西亚经济不景气，社会矛盾尖锐，一些政客企图利用宗教，特别是伊斯兰教达到不可告人的目的。针对马鲁古等地区接连发生伊斯兰教信徒与基督教信徒冲突的事件，梅加瓦蒂号召不同宗教信徒和睦相处。对于民族分离运动，梅加瓦蒂主张维护国家领土完整和民族团结，强调国家统一和安定，反对分裂。梅加瓦蒂新政府逐步获得了民族主义、军队和广大伊斯兰教信徒的认可。

在军人的支持下，新政府在加强国家统一和防止民族分裂方面取得成效，印度尼西亚的经济和社会也趋于稳定。美国“9.11”恐怖事件后，梅加瓦蒂政府加强了反恐斗争。

二、印度尼西亚2004年全国大选

2004年印度尼西亚大选的选举程序是根据2003年选举委员会第一百号关于选举阶段、程序和日程的决定出台的，分为3个阶段：

选举准备阶段

2003年11月29日至12月3日，领取候选人表格。

2003年12月1～10号，政党或政党联合组织提名候选人。

2003年12月7～18号，确认总统候选人搭档以及副总统人选。

2003年12月19～31号，总统与副总统候选人名单整理。

2004年5月1日，国会选举结果。

2004年5月2～15号，递交候选人声明。

第一轮总统选举阶段

2004年5月14日至6月18日，总统与副总统竞选活动。

2004年5月25日至6月4日，印制和分发选票。

2004年6月1～27日，寄发候选人名单和选票。

2004年6月16日，确认候选人声明。

2004年6月17～23日，选举委员会对候选人姓名和声明再次确认，驳回不合格提议，公布确认结果。

2004年6月24～27日，宣布总统与副总统候选人搭档名单。

2004年5月25日至6月4日，印制和分发选票。

2004年7月5日，第一轮投票。

第二轮总统选举阶段

2004年8月2～12日，第二轮总统和副总统候选人登记及审查。

2004年8月2～22日，印制选票。

2004年8月16日至9月12日，寄发候选人名单、选票。

2004年8月26日至9月14日，第二轮总统与副总统竞选活动。

2004年9月16日，第二轮投票。

2004年10月4日，宣布投票结果。

2004年10月20日，当选总统与副总统宣誓就职。

2004年大选参选的政党，开始时有237个政党报名参加，后来重新登记时剩下112个政党，经过政府司法与人权部的鉴别，合乎条件参加竞选的政党只有50个。后来经过普选委员会的调查和筛选，于2003年12月7日公布只有24个政党符合条件参加竞选。按照普选法的规定，参选政党必须在全国三分之二的省设有分部，其中每个省必须有三分之二的市县设有分支机构，每个分部的党员不少于1 000人。

从24个政党的思想基础看，大致可分为五类。

第一类是改革派政党，有11个，建党原则是建国五项原则，其目标是清算苏哈托及其同伙的腐败行为、修改1945年宪法、废除军队双重职能、争取扩大地方自治、依法治国、建立廉洁的政府。

（1）印度尼西亚贫民主义民族党（PNI Marhaenisme）

该党建于2002年5月20日，领导人是梅加瓦蒂的小妹妹苏加瓦蒂（Sukmawati Soekarnoputri）。原为印度尼西亚民主党苏佩尼派（PNI Supeni），因为参加上届选举只获得0.36%的选票，没有资格参加2004年选举，所以更名。该党以苏加诺的贫民主义学说为建党思想基础，致力改善工人、农民和渔民的命运，建立没有贪污腐败和裙带关系的廉洁政府。

（2）独立党（PM）

该党建于2002年10月10日，领导人是前合作社国务部部长阿迪·萨梭诺（Adi Sasono），曾是专业集团中央委员会的主席之一。建立"人民经济"是该党关注的焦点。

（3）全民民主团结党（PDK）

该党建于2002年7月23日，领导人是前内政部部长里亚思·拉希德（M Ryaas Rasyid）。该党领导层知识分子居多。多关注政治领域和政府的伦理问题及妇女参加议会问题。

（4）新印度尼西亚团体党（PIB）

该党建于2002年9月23日，领导人是印度尼西亚大学经济学家沙赫里尔（Sjahrir）。该党原名"新印度尼西亚团体"，建党设想基础是正义、民主、多元化。该党多关注经济问题。

（5）独立雄牛民族党（PNBK）

该党建于2002年7月27日。原名"朋加诺民族主义党"，2003年1月17日改现名。领导人是伊若思·加洛特（Erros Djarot）。以苏加诺的贫民主义学说为建党思想基础。以实现苏加诺为之奋斗的贫民主义社会和社会主义社会为奋斗目标。

（6）民主党（PD）

该党建于2001年9月9日，领导人是印度尼西亚大学学者布迪散多梭（S Budhisantoso）。该党建国五项原则为国家意识形态基础，强调民族主义、宗教主义、多元化、人道主义，维护国家统一。

（7）印度尼西亚民主捍卫党（Partai PDI）

该党曾以"印度尼西亚民主党"（PDI）的名义参加1999年选举，获得0.62%的选票，占有国会2个席位，当时的领导人是苏尔加迪（Surjadi）。2003年1月10日改为现名，领导人是迪米·哈尔岩多（Dimmy Haryanto）。该党主张维护国家统一，反对国营企业私有化。

（8）印度尼西亚民主斗争党（PDI—P）

该党建于1998年10月，总主席梅加瓦蒂，系民族主义政党、印度尼西亚世俗政治力量代表。该党坚持以建国五项原则为国家意识形态基础，弘扬民族精神，反对宗教和种族歧视。

（9）印度尼西亚联盟党（PSI）

该党建于2002年12月20日，是未能获准参加1999年选举的9个小党的联盟。领导人是拉哈尔佐·扎格拉宁格拉特（H Rahardjo Tjakraningrat）。

（10）地方团结党（PPD）

该党建于2002年12月18日，领导人是萨普塔·乌当（Sapta Oedang）。鉴于2004年选举后人民协商会议中将取消地方代表派系，因此，人民协商会议地方派系领导人发起组织该党，以所谓"地方人的党"继续争取地方在人民协商会议中的权力。该党主张维护国家统一。

（11）先锋党（PP）

该党建于2002年11月29日，领导人是梅加瓦蒂的二妹拉玛瓦蒂。梅加瓦蒂是"苏加诺教育基金会"领导人、"贫民主义青年运动"成员，2001年建立"全国论坛"，开始跻身政治活动。该党主要依靠力量来自都市的贫民主义青年运动分子，主张取消军队的"双重职能"，反对依赖国际资金机构。

第二类是伊斯兰教政党，有7个，建党原则是伊斯兰教教义。强调反腐败、反贫穷。

（1）建设团结党（PPP）

该党建于1973年1月5日，领导人是2001年被选为副总统的罕姆扎·哈兹（Hamzah Haz）。该党1999年大选获10.71%的选票，是国会第三大党。苏哈托下台以后，重新恢复伊斯兰思想基础，重又以"天房"为其党徽。

（2）星月党（PBB）

该党建于1998年7月17日，领导人是尤斯里尔·依赫扎·玛亨德拉（Yusril Ihza Mahendra）。该党致力于现代伊斯兰运动，是1999年国会中伊斯兰轴心的重要成员，1999年选举获得1.9%的选票，在国会中占有13个席位。该党以"伊斯兰现代主义"为特征，支持者多为城市现代伊斯兰教信徒，强调伊斯兰政治作用。

（3）印度尼西亚伊斯兰教师团结党（Partai PNUI）

该党建于2003年5月3日。领导人是苏克隆·马克盟（Syukron Makmun）。该党曾以“伊斯兰教师党”（PNU）的名义参加1999年选举，获得0.64%的选票，占有国会5个席位。该党注重发展中下层伊斯兰教信徒。

（4）国家使命党（PAN）

该党建于1998年8月23日，领导人是阿敏·莱斯（Amien Rais），时任人民协商会议主席。该党前身是苏哈托执政时期的致力于伊斯兰改革运动的“人民使命理事会”，初建时名为“民族使命党”，后改成现名。党员多为第二大伊斯兰团体穆罕马迪亚成员，具有伊斯兰现代派特征。主张三权分立、人民主权、经济平等、种族宗教和睦等。1999年大选获7.12%选票，是国会第五大党。国会中“伊斯兰轴心”的重要成员。该党的宗旨是为人民的权利、正义，物质和精神进步而斗争。

（5）民族觉醒党（PKB）

该党建于1998年7月23日。领导人是阿尔维·阿卜杜拉赫曼·谢哈布（Alwi Abdurrahman Shihab）。被认为是以伊斯兰教师联合会（NU）为背景的政党。是伊教联的派生政党，被称为“伊教联人的党”。强调宗教和睦，反对宗教问题政治化和宗教歧视，反对建立伊斯兰国。该党1999年大选获12.61%的选票，是国会第四大党。2002年1月该党分裂为两派：一派拥戴马托利；另一派由前外长阿尔维·希哈布任总主席，前总统瓦希德任中央指导委员会主席。

（6）繁荣正义党（PK PK-Sejahtera）

该党建于1998年4月20日，领导人是黑达亚特·努尔·瓦希德（Dr Hidayat Nur Wahid）。该党曾以“正义党”（PK）的名义参加1999年选举，获得1.4%的选票，在国会中占有7个议席。2003年4月20日改为现名。该党伊斯兰知识分子居多。

（7）改革之星党（PBR）

该党由建设团结党分化而出。建于2002年1月20日，领导人是哉努鼎（Zainuddin）。该党原名“改革建设团结党”（PPP Reformasi），2003年4月8日改为现名。

第三类是前苏哈托政权派政党，有4个，虽然他们的建党原则也是建国五项原则，但是目标是按照苏哈托时代的方式管理国家，也被称作真达纳（Cendana）集团。

（1）专业集团党（PG）

该党建于1964年10月20日，总主席阿克巴尔·丹戎。该党原名“专业集团”，由61个群众组织联合组建，1970年12月扩大为包括291个群众组织的专业组织，

1967年至1999年6月为事实上的执政党，但一直自称为社会政治组织。1999年3月7日正式宣布为政党，以建国五项原则为国家意识形态基础，主张在民主和民权基础上进行政治体制改革，保障人权，改善民生。该党1999年大选获22.44%的选票，为国会第二大党。

（2）印度尼西亚团结正义党（PKP）

该党由专业集团党分化而出。领导人是前国防与安全部部长埃迪·苏德拉查特（Edy Sudrajat）。曾以"正义团结党"（PDP）的名义参加1999年选举，获得1.01%的选票，占有国会4个席位。2002年9月9日更为现名。

（3）潘查希拉爱国党（Partai Patriot Pancasila）

该党建于2001年6月1日，领导人是亚普托·苏利斯逖欧·苏尔佐苏玛尔诺（Yapto Sulistio Soerjosoemarno）。该党成员来自"潘查希拉青年"组织。

（4）关爱民族专业党（PKPB）

该党建于2002年9月10日，领导人是苏哈托执政时期的陆军参谋长、宣传部部长哈尔托洛将军。该党成员多来自前专业集团，一些退休将领是该党的重要成员。苏哈托的女儿西蒂·哈蒂扬多·努克玛拉（Siti Hardiyanti Rukmana）为该党第二号人物。

第四类是基督教政党，仅1个。

繁荣和平党（PDS）。

该党建于2001年10月1日，领导人是鲁岩迪·穆斯逖卡·胡达梭依（Ruyandi Mustika Hutasoit）。该党是基督教政党，关注民主化、非人道、人类制度净化等问题。

第五类是社会主义政党，仅1个。

社会民主工人党（PBSD）。

该党建于2001年5月1日，领导人是工人运动活动家穆赫塔尔·巴克巴汗（Muchtar Pakpahan）。该党曾以"民族工人党"（PBN）的名称参加1999年选举，获得0.13%的选票。该党主要成员来自"印度尼西亚福利工人协会"，致力于实现、公正、繁荣的社会。

2003年7月7日上午，只有255名议员出席的国会全会（共有497名议员）通过了这修改选举法的议案，而原来在专案特别委员会中引起争议的条款全部消失。修改过的法案中规定，只要在国会中占有3%的席位或在普选中获得5%的选票的政党就可以提名总统和副总统候选人。这样，即使在国会中拿不到席位的小政党只要在普选中所获选票达到5%，就可以联合其他政党提名总统和副总统候选人。还规定，总统候选人的最低学历须为高中毕业或同等学历，而此前专业集团和星月党提出学士学位为最低条件，民主斗争党坚决反对。民主斗争党和其他7个党派也曾经同意和支持草案规定：有犯罪嫌疑的被告人不得被提名为总统候选人，也由于专业集团的反对而作罢。

普选法规定，2004年大选采用“公开式比例分配制”，与1999年“封闭式比例分配制”相比，是一大进步。但是，普选法并没有把选民选举议员的权利贯彻到底，因为它为政党留了条后路。法令规定，选候选人不选政党的票为废票，而选政党不选候选人的票为有效票，等于把这种选票选择候选人的权力交给政党。这样，政党可以推动选民只选政党。普选法的这一规定实际上使“公开式比例分配制”大打折扣。

普选法还规定，国会议员共550席，各个选区分配若干席由24个政党争夺，但是该法令没有规定某选区的候选人必须是该地区的居民，因此，参选政党中央可以任意指定非当地居民成为该政党在该选区的候选人，这必然引起党中央和地区支部的矛盾。按程序规定，候选人由底层组织向中央推荐，由中央做出抉择。由于中央拥有最终决定权，因此，底层组织提出的候选人经常不为中央所接纳，而支部也往往针锋相对，拒绝中央指定的人选为当地候选人。

各政党提交的议员候选人名单引起许多政党内部的不满和抗议。提名过程不仅不透明、不民主，而且有贿赂、裙带的嫌疑。如建设团结党茂物支部也因中央更换地方提出的候选人以及总主席将其女婿安排为第一候选人提出抗议。其他，如民主斗争党、民族复兴党也发生下层群众的抗议活动。政党和议员的关系成了交易，甚至人品差的人也成了候选人。2003年12月底，虽然普选委员会结束了甄选工作，公布了国会议员候选人名单，但是直到大选前夕，还在不断发现有问题的候选人。对议员候选人作出更强烈反应的是民间、人权和大学生组织。他们发表联合宣言，号召民众在全国展开“不选坏政党的全国运动”。

印度尼西亚各政党为2004年大选展开了角逐，民主斗争党借助梅加瓦蒂任总统的便利条件发展新党员，扩大自己的势力；当时处于第二大党地位的专业集团党虽受其总主席、国会议长丹戎金融丑闻的影响，但是力争获得更多选票；第三大党建设团结党总主席哈兹凭借任副总统之机扩大在伊斯兰教界的影响；第四大党民族复兴党由于瓦希德下台和党内分裂而势力削弱；第五大党国家使命党总主席、人民协商会议主席赖斯宣布参加2004年总统竞选。从国会选举结果看，除民主党跃升第五位外，其他政党无变化，仅排序出现变动。

2004年5月国会选举结果，获得选票前五名的政党（如下表所示）。

排　名	政　党	得票数	所占份额	国会席位
1	专业集团党 Partai Golong Karya	24480757	21.58%	128
2	民主斗争党 Partai Demokrasi Indonesia Perjuangan	21026629	18.53%	109
3	民族觉醒党 Partai Kebangkitan Bangsa	11989564	10.57%	52
4	建设团结党 Partai Persatuan Pembangunan	9248764	8.15%	58
5	民主党 Partai Demokrat	8455225	7.45%	57

资料来源于印度尼西亚选举委员会官方网站，http：//www.kpu.go.id

三、印度尼西亚首次直选总统

2004年6月1日，为期一个月的印度尼西亚总统竞选拉开帷幕，这是印度尼西亚历史上首次由选民直接投票选举总统。

1. 共有5对候选人参选

（1）时任总统和印度尼西亚民主斗争党主席梅加瓦蒂和时任伊斯兰教师联合会主席哈希姆·穆扎迪（Hasyim Muzadi）。

（2）时任副总统、印度尼西亚建设团结党主席哈姆扎·哈兹（Hamzah Haz）和时任内阁交通部部长阿古姆·古梅拉尔（Agum Gumelar）。

（3）前国防部部长兼武装部队总司令维兰托（Wiranto）和来自民族觉醒党的萨拉胡丁·瓦希德（Salahuddin Wahid）。

（4）前内阁政治与安全统筹部部长苏西洛·班邦·尤多约诺（Susilo Bambang Yudhoyono）和前人民福利与扶贫事务统筹部部长尤素夫·卡拉（Jusuf Kalla）。

（5）人民协商会议主席、国家使命党主席阿敏·莱斯和前交通部部长、印度尼西亚农民和睦协会主席西斯沃诺·约多·胡索诺（Siswono Yudo Husono）。

2. 总统候选人健康条件

由印度尼西亚医学会几十名医生组成体检小组，集中在印度尼西亚陆军总医院对总统、副总统候选人进行体检。体检结果交选举委员会，有异议的候选人直接与选举委员会交涉。体检结果分为“合格”与“不合格”。

体检主要内容：精神方面，精神疾病或潜在的隐患；神经系统、心脏系统、呼吸系统、消化系统、肾脏系统、血管、耳喉鼻、视力、听力、平衡、癌症等。

3. 投票与计票

投票当日6时到7时进行准备工作，包括站内的选民登记处、领取选票处、秘密划票处、投票箱、监选处、选民排队处各自的位置和布局，最后全体工作人员宣誓，7时以前选票送达，在党派观察员的监督下清点选票数量，将票箱腾空并封闭等等。7时到13时开始接待选民投票，其程序如下：选民出示选民证并领取选票；投票站主席在选票上签名；选民持选票到秘密划票处划票，根据自己的意愿用钉子在选票上扎孔，并将选票折叠投入票箱；投票后由专人在选民的手指上涂上暂时不能洗掉的墨水；选民离开投票站。在选民的投票过程中，允许各候选人的见证人和国内外的选举观察员在站内观察。13时以后，关闭投票站，打开封闭的票箱，清理选票并计票、填写计票结果报告单，投票站主席及候选人见证人在计票结果报告单上签字。

将所有收回的选票和未发出的选票、计票结果报告单一并放入票箱，加锁、密封后，由警察押送至上一级计票站。

选举的计票方法如下：各投票站计算出各自的投票结果，包括登记选民人数、实际投票人数、领到选票数、剩余选票数、废票数、各组候选人的得票情况等，报送到分区计票站。

各分区计票站通过两种形式计票：一是一组工作人员用手工方式累计投票站的结果，完成后将统计结果电告和报送中央计票中心；二是另一组人员将每个投票站的结果直接输入电脑，通过网络直接传送到中央计票中心。

中央计票中心通过计算机统计结果，并通过大屏幕和电视直播随时公布相关结果。

4. 第一轮投票结果

7月5日进行第一轮投票，5组人选获选票情况如下（按得票多少排序）：

（1）苏西洛·班邦·尤多约诺和尤素夫·卡拉获35 870 244张选票，得票率33.57%。

（2）梅加瓦蒂和哈希姆·穆扎迪获28 075 304张选票，得票率26.27%。

（3）维兰托和萨拉胡丁·瓦希德获23 721 612张选票，得票率22.20%。

（4）阿敏·莱斯和西斯沃诺·约多·胡索诺获15 922 634张选票，得票率14.90%。

（5）哈姆扎·哈滋和阿古姆·古么拉尔获3 266 070张选票，得票率3.06%。

5. 第二轮总统选举结果

根据选举法，在第一轮投票中若无候选人获得超过半数的选票，则获选票多的前两组将进行第二轮竞选。苏西洛·班邦·尤多约诺、尤素夫·卡拉和梅加瓦蒂、哈希姆·穆扎迪进入第二轮竞选。2004年9月20日，举行印度尼西亚总统大选第二轮投票，约有1.16亿选民行使了自己的权利。按照原计划，印度尼西亚总统选举第二轮投票结果于10月5日10时正式公布。由于选票统计提前完成，因此，印度尼西亚全国选举委员会提前一天公布了选举结果：苏西洛获得了6927万张选票，梅加瓦蒂获得了4499万张选票。苏西洛胜出，于10月20日宣誓就职，成为印度尼西亚第六任总统。

四、关于卡特中心选举观察团的组成和运作

2004年，美国卡特中心组织的“印度尼西亚总统选举观察团”是由美国国际开发署（USAID）资助、卡特中心具体组织实施的。该观察团60名成员由两部分人员组成：一是卡特中心的长期雇员；二是卡特中心邀请的国际选举观察员。为了体现该观察团的“国际化”，卡特中心邀请了十几名美国之外的人员参团，涉及加拿大、中国、泰国、瑞典、菲律宾、澳大利亚、马来西亚、印度尼西亚8个国家。按照惯例，卡特中心依据印度尼西亚选举日程对观察团的工作日程做了对应安排：7月2—3日，进行观察选举前的培训。邀请印度尼西亚国家选举委员会，以及印度尼西亚问题专家到场介绍有关的选举法律、选前准备情况和相关的政治、社会背景；邀请印度尼西亚各主要党派的竞选机构的负责人介绍各自的竞选情况和所关注的问题；卡特中心有关人员介绍选举观察的具体做法、要求、紧急情况下的应对措施，以及后勤保障等相关事宜；把60人分为25个观察组，各组人员分别研究前往省份的情况，选择实施观察的具体地点。7月3日，各组分赴相关省份。7月4日，各组在各地了解情况，听取地方选举委员会，以及地方党派竞选机构、社会团体的介绍，选择并最后确定选举日所要直接观察的投票站和

计票站。7月5日，进行实地考察。7月6日，各组返回雅加达，向观察团领导小组和秘书处汇报观察情况、上交观察报告。7月7日，集体讨论观察团的观察报告，召开新闻发布会，向各界通报观察结果。

卡特中心组织的此次选举观察，基本遵循目前一些国际选举观察组织共同制定的《国际选举观察员行为规范》进行。其主要内容如下：尊重主权和国际人权规范，尊重邀请国的法律和选举管理机构的权威；保持观察团的统一性和完整性，不得随意发表评论；保持政治中立性，不得表现出任何对某一党派或某一候选人的偏爱或偏见；只能观察而不得妨碍选举进程，佩戴并出示证件，保持所起草的报告的准确性和专业性等。[①]

五、选举的意义

虽然苏西洛率领的民主党在4月的国会选举中只获得7%的选票，但是他在首轮总统选举中却获得了近34%的支持率，可见许多政党在投票中出现分化。根据抽样调查，最大政党专业集团党中有28%的选民、最大宗教团体伊斯兰教士联合会中有32%的选民在首轮投票中投了苏西洛的票。梅加瓦蒂在其所创立的民主斗争党中仅获得74%的支持率。印度尼西亚中央选举委员评价此次大选是印度尼西亚历史上最直接、公开、自由、公平、公正的选举。

六、大选的特点

这次总统大选的一个显著特点是选民投票受政党因素影响不大。根据印度尼西亚人民协商会议在2002年8月对1945年宪法做出的重大修改，国会对大选规则进行了如下修改：

第一，印度尼西亚以往的大选采用的是全国比例制，议员不是由居民直接选举产生。选民投票选举政党，根据政党在全国选举中得票的多少分配国会议员席位，各政党的议员由各政党任命。新规则规定，议员名额将按人口比例分配到各省的各选区，由各选区选民直接选举产生。国会议员名额的分配比例根据各省人口的密度不同而有所区别。在人口稠密的省，按最多不超过每42.5万人产生1名议员的比例分配；在人口稀少的省，按最少不少于每32.5万人产生1名议员的比例分配。各省再按比例将名额分配到各县市的选区，人口达不到比例的县市则须

① http://guancha.gmw.cn/2004-7/20/2160001.htm.

同其他县市的地区组成一个选区。根据这一比例，印度尼西亚全国共设550个选区，产生550名国会议员。

第二，人民协商会议的地区代表改由选区居民直接选举产生

过去在苏哈托统治时期，人协的地区代表都由省选举委员会推荐，中央政府和省政府在决定代表人选上拥有决定权，推举的代表基本上都是执政党的支持者。国会中的军人和各阶层代表也是政府指定的。现在人民协商会议中不再设军队和各阶层代表，而且规定地区代表不属于任何政党，由选民直接选举产生。

第三，总统由全国人民直接选举产生。过去历届大选，总统都是通过间接选举产生，选民只选举政党，总统候选人从选举中得票率最高的政党中产生，再由人民协商会议选举通过。新规则规定，公开进行总统选举，总统由选民直接选举产生，并规定了参加竞选的总统候选人的条件。若在第一轮选举中，某候选人在全国得票超过半数并在全国一半以上的省份得票率超过20%，则可当选；若在第一轮选举中没有候选人达到上述规定，则进行第二轮总统选举，由得票最多的两位总统候选人参加竞选。在第二轮总统选举中，候选人只要获得全国总票数一半以上便可当选。

第四，大幅度增加国会中妇女议员席位的比例。过去印度尼西亚国会中妇女议席的比例很少，在1987—1992届国会中，妇女议员席位占13%；在1999—2004届国会中，妇女议员席位只占总数的9%。为了提高妇女在国家政治生活中的地位，新规则规定，国会中的妇女议员的人数必须占议员总数的30%。

第五，严格监管竞选经费。选举资金的筹集和使用是转型期国家的民主制度存在问题最多的领域之一。根据印度尼西亚选举委员会的规定，所有参选者必须就竞选资金单独设立独立账号，详细记录所有的收入和支出，竞选活动结束后账目要交审计机构审计，并且向社会公布。法律规定个人的政治捐款不能超过1亿印度尼西亚盾（约合人民币10万元），企业的政治捐款不能超过7.5亿印度尼西亚盾（约合人民币75万元）。禁止政府机构、国营企业或国外资金充当竞选资金，收受者和捐献者将被刑事处罚。候选人自己也可以给自己的竞选账号捐款，但是同样不能超过上述限额。印度尼西亚法律还规定任何超过500万印度尼西亚盾[①]的捐款人，必须申报详细的个人资料。在规定日期，各候选人必须向选举委员会和社会公布其筹集到的竞选资金数额。

① 约合人民币5 000元。

第六，印度尼西亚历史上第一次政权更迭没有出现骚乱。

第七，印度尼西亚大选对处于转型期的印度尼西亚政治是一个严峻的考验，对印度尼西亚未来的发展产生决定性的影响。

七、存在的问题

第一，大选的准备工作面临诸多难题。投票箱和选票的制作与运输等技术问题突出，印度尼西亚全国共需要投票箱2 196 155个，印度尼西亚国内承做单位不能按时如数交货，普委会不得不从中国进口一部分，此举引起国内一些人的不满。

第二，投票站工作人员执法不严，表现出过度的灵活性。按规定，投票站必须在7时开始投票，13时正式关闭，但由于设定的每个投票站的选民少（300人左右），大部分投票站都提前完成了任务，一些投票站在11时左右便关闭并开始了计票工作。投票站备有选民登记本，但有的没有按规定使用。选民结束投票后应由工作人员在手指上涂上特制墨水，以防止选民再次投票，从第二位投票的选民开始，工作人员必须检查领取选票者的手指上是否涂有墨水，但大多数工作人员忽视检查手指的环节。个别投票站的票箱在投票期间未按规定上锁等。

第三，候选人见证人制度未能真正实施。按规定，所有的投票站和计票站都必须有候选人见证人的监督，但事实上，只有少数投票站有见证人出现，而且仅限一两个党派。其主要原因有两个：一是参选的多数党派缺乏财力向所有的投票站都派遣见证人；二是各党派的势力范围比较固定，不值得向不属于本党势力范围的选区派遣见证人。

第四，废票率奇高，且统计选票混乱。由于此次大选共有5对候选人的照片和名字出现在选票上，因此，造成选票过大，必须折叠成三层。在选民向照片上打孔时，如果不完全展开选票，那么容易在选票上出现2个以上的孔。当选举中工作人员发现此问题向全国选举委员会请示时，答复是这种选票属于废票，结果造成废票率奇高，有的投票站竟达到20%以上。在计票进行期间，全国选举委员会紧急通知，宣布上述选票属于有效票，于是各计票站又从废票中重新找出并统计这种选票，造成了一定的混乱。

印度尼西亚政府和选举管理机构对此次总统大选高度重视，在法律法规、选前培训、管理组织、物资保障、安全保证等方面都进行了精心的设计和安排。印度尼西亚社会各界和绝大多数选民已经接受了新的选举制度，并对此次大选抱有极高的期望。计算机网络技术在选票统计过程中的运用大大提高了统计效率。双重统计制度的制定大大提高了结果的可信度。选举中存在的各种问题大多属于技术性和经验性问题，对大选结果并不产生决定性影响。

八、印度尼西亚独立的选举委员会（KPU）

印度尼西亚的主要选举法律有宪法、政党法、选举机构法、议会选举法和总统选举法。印度尼西亚的选举机构与多数国家不同，不仅数量多，而且各个机构的职能也不相同，实行互相监督的机制。印度尼西亚选举委员会是独立的机构，中央选举委员会由7名委员组成，选举其中1人为主席，委员多来自高校，当选后须辞去原来的职位，任期5年，可连任。委员的产生方式以自我推荐为主，总统成立一个临时的委员会先对候选人的资格进行甄选，然后将14人的候选人名单提交给总统，由总统交给国会审批。如果任期内有委员离任，那么从原来的候选人名单中再选出一名继任。该委员会的委员均是受人尊敬的专家、学者，他们不偏不倚的公正立场和几乎透明的选举运作程序受到人们的尊重。省市选举委员会分别由5名委员组成，其委员的确定由上级选举委员会决定。各级选举委员会之间是从属关系。中央、省和市三级选举委员会是独立和中立的常设机构，各级选举委员会的委员必须是非政党人士。社区选举委员会由5名委员组成，他们来自社区领袖。村级选举组织由3名委员组成。中央选举委员会直接对宪法负责。

选举监督委员会（BAWASLU）是独立的选举监督机构，由非政党人士组成。中央选举监督委员会由5名委员组成，选举其中1人为主席，产生过程与选举委员会类似。省级选举监督委员会由3名委员组成，两级选举监督委员会之间是从属关系。市级和区级选举监督委员会（PANWASLU）各由3名委员组成，这两级机构均为临时机构，选前一个月成立，选后两个月内解散。每个村的村级选举监督员为1～5名。选举监督机构负责所有选举的监督工作，主要职能是监督选举委员会的程序运作。选举监督委员会的工作职能和方式由国会决定。

除上述两种机构外，印度尼西亚还有一个选举道德理事会（DKPP），该理事会包括选举委员会代表1名，选举监督委员会代表1名，社区代表4～5名，总统推荐代表2名，国会推荐代表2～3名。这个机构是常设机构，主要负责对选举和监督机构违法行为的处理，以及颁布选举行为准则。

印度尼西亚宪法法院是解决选举争端的终裁机构，但并非与选举相关案件都是由宪法法院处理，选举中的程序问题由选举委员会解决，一般涉及刑事的选举案件由警察局接管并向地方法院或高等法院提起诉讼。宪法法院一般只受理对选举结果争端的诉讼案件。宪法法院一旦做出判决即为最终判决，不得上诉。

以上机构综合在一起构成了印度尼西亚的选举体系。该体系建立了一个包括有执行、监督和行政权力的选举运行机构，以保证选举的顺利进行。为了选举的公正进行，选举委员会主动邀请相关国际组织对大选过程进行观摩和监督。政府性的组织，如联合国发展署，欧盟代表团，美国、澳大利亚、日本与荷兰等国家使馆组织的观摩团；非政府组织，如卡特中心、民主国际、亚洲基金会等。印度尼西亚选举委员会与这些机构建立了充分的合作。同时，上述国际上知名的非政府机构的介入使大选的可信度得到提高，有利于参选各方接受选举结果。

2004年总统大选，全国选举委员会设立了6级选举组织管理机构，分别是中央选举委员会、32个省级选举委员会、418个地区级选举委员会、5 110个分区选举委员会、村级选举委员会和585 218个投票站。省级以上选举委员会是常设机构，省级以下是临时机构。为成功举行2004年总统大选，全国选举委员会颁布了一系列相关法令，对选民登记、选举程序、投票站、计票方法、选举观察、组织管理等事宜都做了详细规定。

印度尼西亚的相关法律对竞选采取了高度的干预，规定了竞选起始时间，任何超时的竞选活动都是非法的。同样的规定也适用于议员选举。根据规定，竞选只能以会议、对话、辩论、集会等方式进行，很多在其他国家流行的自由竞选方式和竞选空间在印度尼西亚被限制。在竞选期间，禁止侮辱任何个人、宗教、种族团体；禁止侮辱其他参选对手；禁止破坏、移动其他竞选对手的宣传资料等，除非经过选举委员会批准；禁止利用政府，宗教和公共教育的设施进行竞选活动；禁止政府官员以任何方式介入竞选活动。选举法律特别强调公平。为了避免不同支持者之间面对面可能引发的潜在冲突，选举委员会对大型集会的日期和地点都进行了公平的分配，竞选人只能在指定的时间和地点举行大型集会。正式投票前三天是所谓的“静默期”，禁止任何候选人进行任何形式的竞选活动。媒体不再播放竞选有关的任何新闻，所有的标语、横幅、海报等都必须清理干净。因此，在长达一个月的竞选期间，社会治安相对平稳。

第四节 苏西洛执政时期（2004—2009—2014）

2004年10月20日10时20分，苏西洛在国会大厦前宣誓就职，成为印度尼西亚独立以来第六任总统，也是印度尼西亚历史上第一位由直接选举产生的总统。包括印度尼西亚人民协商会议和国会全体成员在内的611人参加了新总统的就职仪式，印度尼西亚选举委员会主席纳沙鲁丁宣读了选举委员会决定书。

苏西洛宣誓词："我以安拉的名义发誓，作为印度尼西亚共和国总统，我将拥护宪法和法律，为国家服务。"[①]就职仪式结束后，苏西洛在总统府发表了施政报告，强调了其内阁工作重点：推动经济增长，减少失业和贫困；增加教育预算和开支，推动教育事业的发展；整治贪污腐败，提升投资者的信心。

为赢得总统选举，苏西洛领导的民主党同星月党、繁荣正义党在第二轮投票前结成了有限联盟，此后又团结了民族觉醒党、民族使命党和建设团结党等结成了松散的政治联盟。

一、苏西洛第一届团结内阁

大选前，苏西洛确定了一项原则：选举中助选的政党将有代表入阁，由各党推荐名单，约占内阁成员的40%。苏西洛选择内阁成员的方式公开和透明：先进行广泛推荐，再从推荐信与自荐函中筛选候选人，随后苏西洛逐个与他们面谈，了解其施政方略，改变了过去只通过电话交谈就决定部长人选的惯例。决定录用的部长候选人还要同苏西洛签订协议书，保证忠于职守。

2004年10月20日深夜，苏西洛公布了第一届团结内阁名单，阁员36人，任期至2009年。新内阁不仅代表了各助选政党、主要民族和宗教的利益，而且专家颇多。与梅加瓦蒂内阁相比，苏西洛新内阁的特点鲜明，主要体现在以下6个方面：

第一，照顾了7个助选政党的利益，包括苏西洛创建的民主党在内，各党均有1～2名部长入阁，他们均由相关政党推荐。

第二，专家型部长在新内阁占了60%，如全国工商会主席巴克里被任命为经济统筹部部长，财政部部长由印度尼西亚前央行副行长、经济专家安瓦尔担任。

---

① http：//news.sina.com.cn/w/2004-10-21/14033993074s.shtml.

第三，照顾了各大部族、各大宗教、各大政治力量的代表性；

第四，保留了上届内阁中专家型或业绩突出、口碑较好的5名部长，如外交部部长哈桑·维拉尤达、能源和矿产资源部部长普尔诺莫和社会事务部部长巴赫蒂亚尔·哈姆夏等，最高法院原院长阿卜杜勒—拉赫曼出任最高检察院院长。

第五，吸纳了5名有影响的退役将军，给人以强化安全和反恐力量的感觉。国民军原总司令、退役海军上将维多多被任命为政治司法和安全统筹部部长，武装部队前社会政治参谋长马鲁夫出任内政部部长，印度尼西亚东部海军基地前司令弗勒迪·农贝里出任海洋和渔业部部长，布拉威加亚（Brawijaya）军区前司令苏迪·希拉拉黑出任部长级内阁秘书，警察退役将军陶菲克·埃芬迪出任提高国家机构效率国务部部长。

第六，加强了总统权力。其主要措施是成立国家政治安全委员会和国家经济委员会，聘用专家、政要专门向总统反映民意，并对重大问题提出政策建议。这一措施明显增强了总统统一决策的权力，有助于提高办事效率。

苏西洛政府把国家安全、经济建设及反腐倡廉确立为施政重点，致力解决地方分离主义问题，加强国际反恐合作；实行更为开放的经济政策，大力吸引外资刺激经济复苏；对政府官员的财产收入加强监督，努力创建廉洁政府。新内阁还面临诸多考验，其中包括经济萎靡带来的社会问题、宗教和种族纠纷、管理体制不健全造成的腐败等。

二、印度尼西亚2009年大选

2009年4月9日，印度尼西亚举行了自1998年民主改革后的第三次大选，选出国会议员、地方代表理事会议员等。报名参选的候选人超过万名。根据大选委员会的规定，政党的竞选活动从2009年3月16日起，4月5日止。各种彩旗挂满大街小巷，大小不一的肖像贴满沿街建筑物。为了扩大影响力，各参选政党在平面和电子媒体大打广告，政党领导人和参选候选人大张旗鼓地宣传各自的政治主张和执政理念，各种不公开动员拉票活动更是渗透到每一个角落。

印度尼西亚大选的竞选活动分为3个阶段，即室内活动，包括各类竞选会议，报纸、电视和广播等媒体宣传和广告；街头集会、游行和演讲等；深入城镇和村庄，走访、动员选民。自3月中旬开始，总统苏西洛每星期五可以请假参加政党竞选活动，各部部长等政府官员也可以每个星期请假1天为各自政党造势。

此次大选，共有44个政党获准参加选举，包括38个全国性政党和6个亚齐地方政党。这些政党大致可分为三类：一是以老牌大党专业集团党、民主斗争党，以及以总统苏西洛为指导委员会主席的民主党等为代表的民族主义政党；二是以伊斯兰政党为主流的宗教政党；三是具有社会民主主义倾向的政党。

1. 地方性政党简介

（1）亚齐党（Partai Aceh）

该党建立于2007年6月7日，主席是穆扎吉尔·马纳夫（Muzakkir Manaf），独立亚齐运动前军事首领。议员候选人81人，20%是女性。

（2）亚齐人民独立之声党（Partai Suara Independen Rakyat Aceh）

该党建立于2007年12月，主席是陶菲克·阿布达（M Taufiq Abda）。议员候选人43人，18.60%为女性。

（3）亚齐平安繁荣党（Partai Aceh Aman Sejahtera）

该党建立于2007年6月3日，主席是嘎扎里·阿巴斯·阿丹（Ghazali Abbas Adan），印度尼西亚建设团结党前国会议员。议员候选人31人，32.3%为女性。

（4）亚齐人民党（Partai Rakyat Aceh）

该党建立于2006年3月16日，主席是里德万·穆克塔尔（Ridwan H Mukhtar）。29位候选人，24.1%为女性。

（5）亚齐主权党（Partai Daulat Aceh）

该党建立于2008年2月1日，主席是努尔卡利斯（Tgk Nurkalis）。37位候选人，18.9%为女性。

（6）亚齐团结党（Partai Bersatu Aceh）

该党建立于2008年1月27日，主席是阿哈玛德·法尔汗哈密德（Dr. Ahmad Farhan Hamid）。30位候选人，30%为女性。

（7）工人党（Partai Buruh）

该党建立于2001年5月1日，当时名称为“社会民主工人党”，主席是穆赫塔尔·帕克帕汗（Muchtar Pakpahan），印度尼西亚繁荣工人联盟党前主席，2004年获0.58%的选票。

（8）印度尼西亚联盟党（Partai Sarikat Indonesia）

该党建立于2002年12月17日，主席是马尔丁沙（Mardinsyah）。2004年获0.7%的选票。

（9）主权党（Partai Kedaulatan）

该党建立于2006年10月4日，主席是伊布拉欣·巴士拉（Ibrahim Basrah），北马鲁古民主党地方委员会前主席、印度尼西亚建设团结党北马鲁古地方议会前议员。

（10）新印度尼西亚斗争党（Partai Perjuangan Indonesia Baru）

该党建立于2002年9月23日，原名为"新印尼党"。主席是努尔马拉·卡尔蒂妮·沙里尔（Nurmala Kartini Sjahrir），2004年获0.59%的选票。

2009年4月9日，印度尼西亚国会选举投票在和平、有序的气氛中顺利结束。这次国会选举是印度尼西亚自1998年民主改革以来的第三次选举，也是首次在总统完成5年任期之后举行的选举。印度尼西亚全国1.71亿合法选民在近52万个投票站投票，选出560名国会议员、132名地方理事会议员，以及1.5万名省、县、市议会议员。

在5年任期内，苏西洛使印度尼西亚长期动荡的政治局面得到稳定，经济开始复苏；反腐倡廉取得一定成效，不但惩治了大量的贪腐官员，而且大义灭亲地将自己的亲家也送入了监狱；贫困人口逐步减少。面对当时的世界金融危机，印度尼西亚政府采取多项积极措施稳定金融市场和扶助实体经济，把危机的影响降到最小。同时，苏西洛还成功地缓和国内安全局势，解决了亚齐特区和马鲁古地区的民族分离运动。

渴望改变和提高生活水平的大部分民众对苏西洛的执政表现比较满意。由于作为印度尼西亚第一大党的专业集团党和第二大党民主斗争党内部派系分裂，实力大为削弱，因此，民主党在民众中的威信不断上升，最终获得最多选票。

印度尼西亚选举委员会主席阿卜杜尔·哈菲兹·安沙利9日晚宣布2009年大选结果。获选票前5名的政党如下表所示。

排　名	政党名称	获选票比例
1	民主党	20.85%
2	专业集团党	14.45%
3	印度尼西亚民主斗争党	14.03%
4	公正繁荣党	7.88%
5	国家使命党	6.01%

资料来源：Mei 2009 11：43：30 WIB | Sumber：www.kpu.go.id.

印度尼西亚选举委员会2009年4月10日宣布，时任总统苏西洛领导的民主党在4月9日举行的国会选举中获得148个议席，时任副总统尤素夫·卡拉领导的前第一大党专业集团党获得108个议席，前总统梅加瓦蒂领导的印度尼西亚民主斗争党获得93个议席，公正福利党获得59个议席，国家使命党获得42个议席。

根据印度尼西亚相关法律，只有获得20%有效选票或拥有国会25%以上议席的政党或政党联盟才有资格提名总统候选人。未达到20%选票的政党可通过联合的方式提名总统候选人。经过活动和协商，产生了3对总统、副总统候选人。

2. 总统、副总统候选人

（1）苏西洛（民主党，时任总统）和布迪奥诺（Boediono无党派，印度尼西亚银行行长）。

（2）卡拉（专业集团党，时任副总统）和维兰托（民心党）；

（3）梅加瓦蒂（印尼民主斗争党）和普拉博沃（繁荣公正党，苏哈托前女婿）。

2009年5月30日，举行了用于总统选举排序的抽签仪式。根据登记顺序，卡拉、梅加瓦蒂和苏西洛分别在裹着蜡染布的箱子中抽取了号码。抽签结果：1号为梅加瓦蒂、2号为苏西洛、3号为卡拉。

3名总统候选人的竞选主轴均集中在经济政策上。受国际金融危机影响，印度尼西亚经济形势严峻，因此，候选人提出振兴经济方案，高举民族主义和爱国主义旗帜，提出建立廉洁政府，树立法治及铲除贪腐口号，为百姓福祉奋斗，以争取基层民众的支持。

为期一个多月的印度尼西亚总统大选竞选活动于2009年7月 4 日深夜结束，接下来3天为静休日。投票从8日8时开始，整个投票过程平静而有序。1.76亿选民在印度尼西亚全国33个省和特区参加投票。本次选举首次允许未在选民册上登记的选民凭身份证投票。在投票过程中，工作人员用麦克风喊出登记选民的名字，被喊到的选民拿着领到的选票在小隔间内填好，再走到一旁投票。选票比较简单，是一张方形卡片，上面印了3组候选人的照片和名字，你选择哪一组候选人，就在那一组下面画勾。选民在离开投票站前需要在手指上蘸上蓝色颜料，以作为完成投票的标记。印度尼西亚政府邀请了来自25个亚洲国家的50位高级官员作为观察员监督本次选举，同时，部署了超过24万名警察负责保证选举安全。本届大选投票率仅有61.3%，有6700万选民没有投票。

印度尼西亚大选委员会2009年7月25日正式公布了7月8日举行的印度尼西亚总统选举的投票结果，公布的数据显示，大选共计有效选票1.215亿张，占登记选民总数的70%左右。时任总统苏西洛和竞选搭档布迪奥诺的组合获得了73 874 562张有效选票，占全部有效选票的60.8%，远多于另外两对候选人组合；代表民主斗争党及其盟友的梅加瓦蒂和普拉博沃的得票率为26.79%；代表专业集团党及其盟友的卡拉和维兰托的得票率为12.41%。根据印度尼西亚选举法的有关规定，如果3对候选人中有一方在8日的选举中获得了50%以上的选票，就直接获胜，不必再举行第二轮投票。

苏西洛和布迪奥诺与卡拉和维兰托都出席了大选结果公布仪式，但梅加瓦蒂和普拉博沃只派了代表参加。另外，除苏西洛和布迪奥诺阵营外，其他两对候选人阵营都表示拒绝接受大选结果，未在投票结果上签字。卡拉和维兰托阵营于7月27日向印度尼西亚宪法法院报告了55项在大选中发现的违规行为。梅加瓦蒂7月28日在印度尼西亚宪法法院提出诉讼，对时任总统苏西洛取得连任的选举结果提出质疑，并要求废除这一选举结果。梅加瓦蒂的法律顾问当天代表梅加瓦蒂向宪法法院作了陈述，表示有充分证据表明印度尼西亚全国33个省和特区中有25个省存在选举违规问题，出现了大量的问题选票。认定合法的选票中有2 800万张存在被操纵嫌疑，就大选委员会撤销9.6万个投票站、中止电脑计票和外国机构介入计票程序等50多项违规行为向宪法法院提出指控并提交了证据。因此，梅加瓦蒂阵营提出，应取消总统选举委员会之前公布的选举结果，并在出现问题的省份举行重新选举。8月12日，宪法法院驳回了上述两对候选人的重选要求。

2009年8月18日，印度尼西亚大选委员会主席安沙利（Abdul Hafiz Anshari A.Z, M.A）宣布苏西洛正式当选总统。

2009年10月21日，苏西洛组成第二届团结内阁。该内阁把继续反恐、反腐和促进经济建设作为工作目标。在促进民族融合方面，政府做出很大努力。2014年大选前，苏西洛签署了2014年第十二号总统决定书，正式废除1967年第六号通告，把对中国的称谓由“支那”（Cina）改回到“中国”（Tiongkok）。[①]

四、印度尼西亚2014年全国大选

印度尼西亚中央普选委会于2013年9月21日召集国会议员、地方议会议员及地方代表理事会成员举行2014年大选选票格式设计会议，确保选票中的政党标

① 1967年第六号通告是印度尼西亚前总统苏哈多时代的产物，通告将中国和中国人、华人的称呼全部改为Cina（支那），其中有对华人的侮辱性含义。

志格式符合法令条例的规定。方案确定后，在印刷前和出样后提供给相关政党予以确认，然后正式印刷。印尼中央普选委员会决定，2014年3月16日，起开始竞选造势活动，为期21天，4月9日正式投票。总统选举于6月9日确定候选人，7月9日正式投票。新任总统10月20日宣誓就职。

1. 选民的条件

（1）居住在印度尼西亚境内或境外的印度尼西亚公民；（2）年满17周岁或未满17周岁已婚者；（3）非军人或警务人员；（4）精神正常；（5）未被剥夺选举权；（6）未在监狱服刑；（7）进行选民登记。

在投票点投票须携带身份证、家庭卡、护照等身份证件，以及选举委员会寄发的投票通知单。

2. 关于总统选举

总统和副总统候选人的条件：（1）信仰神道；（2）自出生起即为印度尼西亚公民，且从未改变国籍；（3）没有严重的刑事犯罪记录，没有腐败记录；（4）心理和身体健康，可以履行总统和副总统的职责；（5）居住在印度尼西亚境内；（6）向国家有关部门报告个人财产情况；（7）没有损害国家的行为；（8）未被法院宣布破产；（9）有选举资格；（10）在近5年内履行纳税义务，必须提供报税单；（11）未连续两次任总统或副总统职位；（12）拥护建国五项原则、四五宪法和独立宣言；（13）未受到5年或以上的有期徒刑的处罚；（14）年满35岁，无上限；（15）高中毕业或同等学历；（16）非印度尼西亚共产党成员或其群众组织成员，未直接涉嫌”9·30运动”；（17）具有履行执政的愿景、目标和措施等。

在职省长、市长参选总统、副总统候选人不需要辞职，但必须获得总统的批准。候选人由政党或政党联盟推荐，在选举委员会登记后，由选举委员会进行确认，合格后必须进行健康检查，通过后由选举委员会公布。候选人一旦登记并通过选举委员会确认，不得中途退出。政党中途不可撤销对其推荐候选人的支持。对计票结果有异议，可向宪法法院申诉。

通过审核的政党在印度尼西亚33个省均拥有合格分支、组织，符合选举委员会规定的其他条件，如拥有至少三成女性干部等。印度尼西亚全国选举委员会2014年1月10日正式公布了有资格参选的12个政党：

（1）民族民主党（Partai Nasional Demokrat，简称Nsadem）

该党于2011年7月26日建立于雅加达，该党是唯一一个通过大选审核的新成立的政党。2014年大选中被确定为1号。政党成立初期以年轻人居多。在2013年

1月25日的全国代表大会上，都市电视台（Metro TV）老板苏尔亚·巴洛（Surya Paloh）出任党的总主席，导致多位领导人因其辞职，同时引来其他党派新鲜血液的加入，如民心党前任政治家阿克巴尔·法伊扎尔（Akbar Faizal）、专业集团党前党员等。该党口号之一是重塑社会意识，振兴印度尼西亚。

总主席：苏尔亚·巴洛。

秘书长：帕特里斯·里奥·卡佩拉（Patrice Rio Capella）。

宗旨：建国五项原则。

（2）民族觉醒党（Partai Kebangkitan Bangsa，简称PKB）

该党于1998年7月23日建立于雅加达南部，由瓦希德等5位伊联长老共同创立。从1999年大选到2009年大选，该党的得票率一直呈下降趋势：1999年，推出瓦希德担任总统候选人时获得12.66%的选票，2004年降至10.57%，2009年大降至4.94%。该党一直与伊联保持密切关系，以维护宪法和独立为己任，实现公正与繁荣，实现民主、公开、廉洁的印度尼西亚政治制度。

总主席：穆海敏·伊斯甘达（H. A. Muhaimin Iskandar）。

秘书长：伊曼·纳拉维（H. Imam Nahrawi）。

宗旨：建国五项原则。

（3）繁荣公正党（Partai Keadilan Sejahtera，简称PKS）

该党建立于1998年7月20日。该党最初名称为公正党，首任主席为西爪哇人努尔·马哈穆迪·伊斯迈尔（Nur Mahmudi Ismail）。在1999年大选中，该党获得140万张选票，在国会拥有7个议席。根据1999年3号选举法，由于未达到2%的门槛，因此，该党被迫更名。瓦希德总统于2000年5月21日任命努尔出任林业园林部部长。2003年，努尔辞任党主席一职，公正党更名为“繁荣公正党”。在2004年大选中，该党得票率有所上升，获得7.34%的选票。时任党主席西达亚特·努尔·瓦希德（Hidayat Nur Wahid）出任2004—2009届人民协商会议主席，蒂发图尔在2005年5月26～29日的全国代表大会上被推选为新一任党主席。在任党主席时期，蒂发图尔推出了多项政治创新，包括使用前总统苏哈托、伊联创始人作为广告形象。在2009年大选中，该党获得7.88%的选票，比2004年大选微有上升。蒂发图尔被苏西洛任命为通信部部长后，总主席由鲁特菲·哈桑（Hassan）暂任。在2010年6月19日的党代会上哈桑正式当选该党总主席。2013年1月末，哈桑陷入了牛肉进口丑闻，被肃贪委员会（Komisi Pemberantasan Korupsi，简称KPK）定为嫌疑人。一天之后，哈桑宣布辞去国会议员和党主席职务。由于哈桑辞职，繁荣公正党于2013年1月31日在万隆召开代表大会。2013年2月，阿尼斯·玛塔（Muhammad Anis Matta）当选该党总主席。该党提倡政治制度、政府机构、司法、军事改革，增加农业、林业和渔业生产，减贫，降低失业率，提高人民生活水平，实现全民公平教育。

总主席：阿尼斯·玛塔。

秘书长：穆哈马德·陶菲克·里德洛（Muhamad Taufik Ridlo）。

宗旨：建国五项原则和伊斯兰教义。

（4）民主斗争党（Partai Demokrasi Indonesia Perjuangan，简称DPIP）

1998年民主改革后，1999年2月14日，梅加瓦蒂及其支持者决定树立起民主斗争党的大旗，单独成立政党。该党的标志及名称均与印度尼西亚民主党有所区别。在1999年大选中，该党以33.74%的选票赢得了大选。2004年得票率为18.53%，2009年得票率为14.03%。自该党建立起，总主席的位置一直由梅加瓦蒂担任。2004年，梅加瓦蒂与伊联主席哈希姆搭配竞选。2009年，与普拉博沃搭配竞选。两次大选都以失败告终。该党维护宪法和建国五项原则，为争取人民的政治、经济、社会、文化的民主权益而斗争。

总主席：梅加瓦蒂·苏加诺普特莉（Megawati Soekarnoputri）。

秘书长：库莫罗（Tjahjo Kumolo）。

宗旨：马尔哈恩主义（MARHAENISME）。

（5）专业集团党（Partai Golongan Karya，简称Golkar）

1964年10月20日，专业集团党起源于一个叫共同秘书处的组织，其背景是应对当时印度尼西亚共产党的扩张，目的是贯彻建国五项原则及1945年宪法。专业集团在苏哈托执政时期的历次大选中获选票最多。1998年，专业集团正式更名为“专业集团党”。在当年的全国大会上，阿克巴尔·丹戎当选为1998—2004年总主席。1999年大选，该党获得22%的选票，排在第三位。2004年大选，该党获得21.58%的选票。在2004年全党代表大会上，尤素夫·卡拉战胜阿克巴尔·丹戎担任党的总主席。2009年大选，该党得票率降至14.45%。在2009年全党代表大会上，阿布里扎尔·巴克利（H. Aburizal Bakrie）战胜苏里亚·巴洛担任总主席。该党号召加强社会专业集团的凝聚力，在政府机构和社会团体中争取更大的权益。

总主席：阿布里扎尔·巴克利。

秘书长：伊德鲁斯·玛尔汉姆（Idrus Marham）。

宗旨：建国五项原则。

（6）大印度尼西亚运动党（Partai Gerakan Indonesia Raya，简称Gerindra）

该党建立于2008年2月6日，其背景是印度尼西亚政策研究学院执行层哈希姆和法迪力发生意见分歧，最后同意成立新党派，12月底，数名该组织高层同意成立大印度尼西亚运动党并就党章达成一致。党章规定了该党的宗旨和目标，为实现独立、自主、统一、民主、繁荣的印度尼西亚社会而努力奋斗，并遵循建国五项原则和1945宪法的条款。2009年该党首次参加大选，通过了2.5%的国会门槛，一举夺得4.46%的选票，获得国会26个席位。2009年大选，大印度尼西亚运动党建设委员会主席普拉博沃与梅加瓦蒂搭档竞选。2012年3月17日，大印度尼西亚运动党召开特别党委会，确认推选普拉博沃为该党总统候选人。该党坚持建国五项原则和1945年宪法，捍卫印度尼西亚共和国的统一和主权，推动国家自主建设，加强法制建设，通过大选和总统选举依据宪法夺取政权，建立强有力的国家领导层。

总主席：苏哈尔迪（Suhardi）。

秘书长：艾罕麦德·姆扎尼（Ahmad Muzani）。

宗旨：建国五项原则。

（7）民主党（Partai Demokrat，简称PD）

该党建立于2001年9月9日，其背景是当时苏西洛在副总统争夺战中败选，在人民协商会议特别会议上，苏西洛获得122张选票，相比丹戎的177张与哈姆扎的238张选票远远落后，在第二轮选举中，哈姆扎胜出，当选副总统，取代梅加瓦蒂。当时的形势激发了苏西洛的支持者组建政党的想法。所以在败选后，民主党正式成立。2004年，该党首次参加大选，尽管资金缺乏，仍然赢得了7.45%的选票，在国会中赢得57个席位，直接跻身大党行列。该党的总统候选人苏西洛及副总统候选人卡拉组合战胜时任总统梅加瓦蒂及哈希姆组合，当选总统、副总统。2005—2010年，该党总主席由苏西洛的亲信哈迪（Hadi）担任。2009年大选，该党更加成功，赢得20.4%的选票，直接推举苏西洛和布迪约诺担任总统候选人和副总统候选人。在第二次全国党代会会上，阿纳斯（Anas Urbaningrum）当选党的总主席，苏西洛之子艾迪（Edhie Baskoro Yudhoyono）当选秘书长。2011年4月，民主党召开特别党的代表大会，决定由苏西洛亲任总主席。该党号召党员争做改革先锋，实现真正的和平、民主与繁荣，争取部族、宗教和经济平等。

总主席：苏西洛（Susilo Bambang Yudhoyono）。

秘书长：艾迪。

宗旨：建国五项原则。

（8）国家使命党（Partai Amanat Nasional，简称PAN）

该党的建立与1998年5月的改革密不可分，国家使命党的创始人阿敏·莱斯是发动1998年改革的核心人物。该党建立于1998年8月23日，由全国50位知名人士共同创立。建立之初由阿敏·莱斯和巴斯利担任领导层。1999年大选中，该党在首轮选举中获得7.1%的选票和34个国会议席。在2004年大选中，得票率降至6.4%，议席数升至53席。2009年大选，得票率为6%，获43个国会议席。1999年，国家使命党主席阿敏·莱斯当选人民协商会议主席，2004年该党推选阿敏·莱斯参选总统，获得14.94%的选票，名列第四。第二届全党代表大会选举苏特里斯诺为总主席，哈桑任秘书长，第三届全党代表大会选举哈达任2010—2015届总主席。在苏西洛和布迪约诺政府中，数位该党党首任职部长或国会议员。总主席哈达担任经济统筹部部长，中委会主席哈桑担任林业部部长，秘书长陶菲克担任国会副议长，人民协商会议副主席劳德也加入该党并参加2014年国会选举。该党注重干部培训和党的建设，实现民主、繁荣、进步、自主和强大的新印度尼西亚，依据独立、永久和平和社会公正参与建立国际秩序。

总主席：哈达（M. Hatta Rajasa）。

秘书长：陶菲克（Taufik Kurniawan）。

宗旨：建国五项原则。

（9）建设团结党（Partai Persatuan Pembangunan，简称PPP）

该党建立于1973年1月5日。该党自称为“伊斯兰大家庭”。首任建设团结党中央委员会总主席夏发特（Syafaat），任期从1973年到1978年。该党建立之初还设立了副主席的职位。1978年，夏发特辞职后由纳洛（Naro）担任两任总主席至1984。第三任总主席是哈桑（Hasan），第四任总主席是哈姆扎·哈兹，连任两届，第五任总主席苏利亚哈玛阿里（Suryadharma Ali），连任至2015年。1999年大选，获得10.71%的选票，58个议席。2004年大选，获得8.14%的选票，56个议席。2009年大选，获得3.2%的得票率，38个议席。

总主席：苏利亚哈玛·阿里。

秘书长：罗玛胡姆兹（Romahurmuziy）。

宗旨：伊斯兰教教义。

（10）民心党（Partai Hati Nurani Rakyat，简称HANURA）

该党的主要创立人是武装部队前总司令维兰托。2006年11月13、14日，由几位军政要人参加的会议在雅加达举行，会议达成了8条共识，包括建立名为“民心党”的新党派。2009年，该党首次参加大选，获得3.8%的选票，17个议席。2013年3月10日，其他10个未通过选举委员会遴选的小政党宣布加入民心党。

总主席：维兰托（Wiranto）。

秘书长：伊斯甘达（Dossy Iskandar Prasetyo）。

宗旨：建国五项原则。

（11）星月党（Partai Bulan Bintang，简称PBB）

该党是具有伊斯兰背景的政党，自认为是马斯友美党的继承者，建立于1998年7月17日。1999年、2004年、2009年3次参加大选，1999年，大选获13个议席；2004年大选获11个议席；2009年大选，得票率为1.7%，因低于2.5%的大选门槛而未能赢得议席。该党前总主席是马亨德拉，曾任苏西洛时期的内阁部长级秘书。2005年5月，时任林业部部长卡班（Kaban）当选该党总主席。2010年4月，在第三次全国大会上，卡班再次当选总主席。该党一直为把伊斯兰法写入印度尼西亚司法体系而努力。

总主席：卡班。

秘书长：韦伯沃（Wibowo）。

宗旨：伊斯兰教义。

（12）印度尼西亚公正团结党（Partai Keadilan dan Persatuan Indonesia，简称PKPI）

该党1999年1月15日建立于雅加达。原名“公正团结党”，前身为1998年成立的民族团结与公正行动组织，多数成员来自专业集团党。2002年因适应选举法相应规定改为现名。该党建立于民主改革时期，目的是回应当时民族团结与统一面临的多重危机，由时任副总统苏特里斯诺（Sutrisno）和前任国防部部长等发起。1999年大选，该党获得106万张选票。2004年改名后获得143万张选票，赢得1个议席。2009年大选获得93万张选票，0.9%的得票率，未通过国会政党门槛。2014年大选前，未通过选举委员会的遴选，后经过申诉最终获通过。

总主席：苏迪约梭（Sutiyoso）。

秘书长：陆克曼（Lukman）。

宗旨：建国五项原则。

除上述12个全国性政党外，亚齐特区3个地方性政党获准参选，亚齐是高度自治的特区，印度尼西亚政府特准其成立地方政党，但规定其他地区的政党都必须是全国性的。

按普选监督独立委员会要求，参加普选的政党须一起签署诚实、公正、平静和反贪污行为的普选公告书。该公告书是参选政党共同的承诺。

全国参选国会的各党候选人共计6 675人，参选地方理事会议员的各省代表共计940人，参选33省地方议员的各党候选人约25 680人，参选地方县市级议会议员的候选人约218 000人。全国参加议会竞选的候选人多达25万人。①

这次选举是对印度尼西亚民主体制是否能够得到进一步巩固的检验。2014年的总统选举是印度尼西亚民主体制下的第二次权力和平转移，这次权力转移能够平稳进行，就标志着印度尼西亚民主体制得到了进一步巩固。

根据选举委员会统计，2014年选举的登记选民达1.9亿人，比同年4月国会选举的选民多254万人。

印度尼西亚于2014年4月9日举行国会选举，共分77个选区，设置545 778个投票站。来自12个全国性政党和3个地方性政党的约6 600名候选人争夺560个国会议席。各省、县议会选举同期举行。政府调派23 450名军人、253 035名警察及100万民防人员为选举保驾护航。2014年5月9日深夜，印度尼西亚选举委员会公布了国会选举计票结果：印度尼西亚主要反对党民主斗争党获得18.95%的选票，位列第一；专业集团党获得14.75%的选票位列第二；大印度尼西亚行动党获得11.81%的选票位列第三；执政党民主党获得10.19%的选票位列第四。②

3. 2014年国会选举的特点

第一，参选政党数量减少。1999年大选有48个合格政党参选，2004年大选有24个政党参选，2009年大有34个政党参选，2014年大选减至12个政党。

第二，国会门槛加高，致使当选政党减少。按规定，只有取得3.5%选票的政党才有资格进入国会，否则，其候选人即使得票多也没有资格进入国会。1999年大选，规定取得2%以上选票方有资格进入国会，48个政党只有6个政党符合条件，42个政党被淘汰；2004年大选，24个政党仅7个政党达到2%的门槛；2009年大选，34个政党参选仅9个政党取得2.5%以上的选票而进入国会，25个政党无缘国会。2014年国会选举门槛提高到3.5%。③

---

① http://news.21cn.com/caiji/roll1/a/2014/0401/21/26863745.shtml.

② http://finance.qq.com/a/20140512/000939.htm.

③ http://news.21cn.com/caiji/roll1/a/2014/0401/21/26863745.shtml.

第三，高调反贪腐和走亲民道路的政党受到选民的广泛支持。

第四，伊斯兰政党选票明显下降。

第五，选举过程透明，投票井然有序。

第六，静默日有利于政治和社会安定。按照选举法规定，印度尼西亚选举的静默日多达7天，即选前3天、选举当天和选后3天。在投票日的后3天仍然是选举的静默日，对可能出现的冲突有避免的作用，这样的设计很实用。

4. 总统选举

根据规定，政党或其联盟要取得25%的选票或20个议席才可提名1组总统候选人，但是选举结果表明，没有任何单一政党的得票率和议席数达到推选总统候选人的法定规定。因此，只好以建立政党联盟来提出总统候选人。印度尼西亚宪法法院在选举前的6月25日进行裁决，当选总统必须获得50%以上的选票，以及在12个省获得20%的选票才能当选，如果没有达到这些要求，就必须进行第二轮投票。

最终出现两组总统、副总统组合，即民主斗争党提名雅加达特区区长佐科为总统候选人；大印度尼西亚运动党推举普拉博沃（Prabowo Subianto）为总统候选人。候选人抽签的结果：普拉博沃是1号，佐科是2号。两对组合的阵营如下：

1号正、副总统候选人普拉博沃（Prabowo Subianto）与拉查沙（Hatta Rajasa）阵营主要有6个政党：大印度尼西亚运动党、专业集团党、繁荣公正党、建设团结党和星月党。国会选举总得票率为48.93%，在国会有292席，占据了国会58%的席位。由时任总统领导的民主党获得10.19%的民众选票，拥有61席。在选战最后阶段宣布放弃中立，转而支持普拉博沃。

2号正、副总统候选人佐科（Joko Widodo）与卡拉（Jusuf Kalla）阵营主要有5个政党：民主斗争党、民族觉醒党、民族民主党、民心党与公正团结党。该阵营4月国会选举总得票率为40.88%，在国会有207席，占据了国会38%的席位。

6月1日，选举委员会公布正式候选人，总统选举进入竞选阶段。不同于议员选举，总统竞选宣传可以提前一年开始。总统提名取决于国会选举，只有国会选举结果出来后，政党才能推荐总统候选人。因此，真正的总统选举竞选只有一个月的时间。

2014年总统选举竞选活动主要采用媒体宣传的方式，集会竞选方式并不多见，尤其是大规模聚会和游行方式更不多见。其主要原因是成本过大，造成交通拥堵，破坏斋月的气氛。因此，竞选活动规模都不大，即便在选前的最后几天，选举造势活动也不多。为了使媒体在选举中保持中立，选举委员会规定，媒体对总统选举的报道必须是中立的，不得倾向于某一候选人，更不得在媒体上散布流言蜚语，中伤候选人。虽然出台了相应的规定，但是没有制订对违规者的具体处罚措施，因此，不同的媒体仍然带有明显的倾向性，甚至公开支持不同的候选人。总体而言，支持普拉博沃的媒体主要是电视传媒，支持佐科的媒体主要是报纸。两种媒体相比，电视宣传的效果更好一些。

由印度尼西亚全国普选委员会举办的普拉博沃—哈达·拉查沙组合与佐科—卡拉组合之间进行的电视辩论自2014年6月8日起每个星期日晚上连续举行，共举行了5轮，最后一轮于7月5日进行，这一天也是竞选活动的最后一天。该辩论成了全国竞选活动的最后一场活动，对投票影响很大。

辩论会的主持人是相关领域的著名学者，每轮辩论的主题由选举委员会决定。电视辩论会的组织方式与国际上通行的基本相同，主持人严格保持中立立场。所不同的是印度尼西亚的选举辩论现场安排了各自的拉拉队，为各自候选人的精彩发言大声叫好，现场气氛活跃。一般情况下，辩论会开始后，先由候选人分别阐述自己的观点，然后依次由主持人提问，候选人分别回答，候选人互相提问，进行辩论，结束前由候选人分别就相关问题进行总结。发言或回答问题时间由主持人根据内容而定，1～4分钟不等。电视台直播辩论会全过程，现场和电视观众可了解候选人对国民关心的重大问题的态度和观点，从而决定把票投给谁。

首场电视辩论会于6月8日举行，两对组合分别阐述各自的施政纲领，就经济、法制、安全、社会和政治稳定等问题进行辩论。普拉博沃—哈达组合甚至认同佐科—卡拉组合的施政方针，现场不能第一时间回答对方的提问，体现了该组合准备不充分和遇事慌乱的特征。尤其当普拉博沃被卡拉追问在担任特种部队司令期间涉侵犯人权一事时，普拉博沃显得沉不住气，乱了阵脚。在第一回合的正面交锋中普拉博沃—哈达组合明显处于下风。

第二场电视辩论会于6月15日举行，两名总统候选人单独对决，内容聚焦印度尼西亚经济与社会福利问题，双方的论述都充满浓厚的民族主义色彩。佐科着眼于微观层面，普拉博沃则着眼于宏观层面。佐科提出自下而上的方式来改善印度尼西亚的经济，建议加强对人力资源的投入，以便提升生产力和竞争力；普拉博沃则主张自上而下，政府须在为民众创造就业机会和主导经济政策方面扮演更重要的角色。

第三场电视辩论会于6月22日举行，双方辩论的焦点集中在外交和国防主题上，普拉博沃称要与邻国建立友好关系，把友谊放在第一位。在辩论中，普拉博沃最常提到的一句话是“1000个朋友都不够，一个敌人就太多了”，至少重复了3遍，说明他倾向于通过和平途径解决外交纠纷，少树敌，或不树敌；佐科则表现了强势的一面，在谈到边境纠纷及领土问题时，他说：“如果有人侵犯我们的土地，我会尽一切所能去阻止，作为一国之首，我敢于冒险。”他还表示，如果当选总统，那么他将在印度尼西亚这个东南亚最大经济体推行更多的保护主义措施。

第四场电视辩论会于6月29日举行，副总统候选人单独对决，辩论题目为“人力资源与科学技术”。内容含教育、家庭、社交等问题。1号副总统候选人哈达对经济政策非常熟悉，在辩论中略占上风。2号副总统候选人卡拉对经济政策了解不够，处于下风。

最后一场电视辩论会于7月5日举行，两对组合不约而同地避谈当选后将如何削减燃油补贴这个敏感议题。佐科—卡拉组合主张增加耕地，并以科技手段提高稻米产量，同时尽量减少稻米进口以节省外汇及避免过度依赖进口粮食，以确保印度尼西亚的粮食安全；普拉博沃当即表示，当他还是专业集团党成员时，就在政府内部主张减少进口稻米。在减少粮食进口、增加石油产量等问题上，双方唇枪舌战，互相攻击。辩论中，佐科—卡拉组合表现得较自信，也能比对手更具体的提出自己的主张，其中包括增加100万公顷耕地、每年植林200万公顷、以3年时间发展各项配套措施以鼓励各类车辆少用汽油而多用较环保的天然气等。针对佐科增加100万公顷耕地的主张，普拉博沃则加码为200万公顷，主张检讨外资在印度尼西亚能源领域的作用。双方均强调会遵守现有相关合约。在最后一次电视辩论中，2号副总统候选人卡拉一改在上一场辩论中的被动做法，处处强劲主动，采取攻击的方式把电视辩论的主动权掌握在自己一方。

在5次电视辩论中，佐科—卡拉组合表现得温和与谦逊，普拉博沃—哈达组合展现了一位大国政治强人和主张强化伊斯兰宗教作用的保守派候选人的形象，而这也得到了许多怀念前总统苏哈托的选民和倾向于比较保守和富裕的社会阶层的认可；佐科展现的是一位主张民主、人权、世俗化、社会福利政策的自由派候选人，其清廉、务实的风格赢得了对贪腐和官僚主义深恶痛绝的中下层民众及知识分子们的支持。因此，印度尼西亚2014年总统选举从根本上说既是印度尼西亚回归强权与继续改革之争，也是既得利益阶层和中下阶层选民的权利之争。

两对正、副总统候选人组合均获民族主义和伊斯兰选民的支持，区别是支持佐科组合的是持传统观念的伊斯兰教民众，而支持普拉博沃组合的是伊斯兰政治人士。佐科组合从一开始就反对把政治交易作为结盟条件，而支持普拉博沃组合的联盟阵营却以部长席位作为结盟条件，其中专业集团党加盟时，大印度尼西亚运动党阵营就答应给予主要部长席位，通过政治交易结成的联盟只是政党领导层的行为，很难得到基层干部和普通党员的认同。

在总统选举正式投票前，普选委员会雅加达办事处根据印尼肃贪委员会审核的数据公布总统、副总统候选人2014年财富报告：

普拉博沃的财产位列第一，总财富约1.48亿美元，包括26家公司的股份、数块地皮、4栋房子、8辆汽车、艺术品、古董与存款等。

卡拉的财产位列第二，总财富为4 020万美元，包括地皮、房产、交通工具、企业、黄金、宝石、有价证券与存款等。

哈达的财产位列第三，总财富为260万美元，包括14栋房屋、证券、艺术品和古董。

佐科的财产位列第四，总财富为250万美元，包括24栋房屋、12辆车、企业、黄金、古董、有价证券与存款等。①

印尼总统选举的投票时间是7月9日当天7时②至13时，全国近1.9亿选民在33个省和特区的47.8万个投票站投票。具有投票资格的204万③侨民在海外以现场和邮寄方式投了票。这是印度尼西亚自1999年实行政治改革以来第三次直接选举总统。与3个月前的国会选举相同，总统选举当天确定为法定假日。

选举投票站设置比较合理，大都在选民易于到达和出入方便的场所。每个投票站有7名工作人员，其中1名为主任，每个投票站的选民数量不超过800人，各站点设置3～4个秘密写票处，能够满足投票高峰期选民所需。除7名工作人员外，每个投票站还配有2名安保人员，每5个投票站配有1名警察，但规定警察不得进入投票站内。2014年大选，全国选举工作人员多达500万人。每个投票站都有2名政党代表进行现场观察，政党代表可以进入投票站内部。2014年大选，选举委员会规定除政党代表外，其他选举观察员不得进入投票站，只能在投票站外进行观察。

投票前工作人员张贴选民名单、候选人简介和投票流程。投票开始前，工作

① 印度尼西亚《雅加达环球报》，2014年7月3日。

② 北京时间8时。

③ 印度尼西亚中选会统计，在台湾的印度尼西亚合格选民约有18万人，马来西亚有40万人，新加坡约有13万人，香港约10万人。

人员选按照规定当众打开票箱，取出里面的选举材料，包括选票、登记册、墨水、海绵等，然后工作人员向在场的人展示空票箱并加以密封，取出选票后工作人员清点选票数量，按照规定选票数量应是登记选民数量的102%，即有2%的备用选票。投票正式开始后，选民提交选民证或异地投票证明，在等候区等待工作人员审核与登记，之后，选民才能领取选票进行填写，并将选票投入票箱，投票后用任一手指染上一定时间内不易清洗的墨水，表明已投票。投票站工作人员在中午12时以后方可投票。投票结束后当场在政党代表和选举监督员的见证下统计投票人数、点票和唱票。结果出来后，投票站所有工作人员和政党代表在计票纸上进行签字确认，选举资料和选票装入票箱后在安保人员和警察的陪同下送往指定地点。

选举投票结果正式公布前，双方的支持者和歌星于7月20日在雅加达联合举行晚会，寻求和解与和谐，表示不论选举委员会公布的结果如何，双方都会接受。

2014年7月22日晚，印度尼西亚中央选举委员会通过电视直播宣布了选举正式结果：佐科得票率53.15%，得到选票数量是70 997 833张；普拉博沃得票率46.85%，得到选票的数量是62 576 444票。佐科当选印度尼西亚新任总统。

按照印度尼西亚选举法的规定，在选举结果公布后的3天之内，可以申诉。普拉博沃以选举存在大规模舞弊为由，要求宪法法院裁定选举结果无效。印度尼西亚宪法法院2014年8月6日开庭审理普拉博沃阵营提出的选举诉讼。法官认为普拉博沃阵营提交的诉讼文件存在诸多漏洞，要求普拉博沃阵营于次日重新提交修改后的诉讼文件，8日再度开庭审理此案。宪法法院8月21日晚宣布，9名法官一致驳回普拉博沃阵营的所有诉求。宣判当天，印度尼西亚政府出动5.2万名军警维持秩序，数千名普拉博沃的支持者在宪法法院外示威并与防暴警察发生冲突，警方使用高压水枪和催泪瓦斯驱散了抗议示威者。根据印度尼西亚法律，宪法法院的判决为终审结果。普拉博沃团队当晚表态接受这一判决。①

2014年印度尼西亚总统选举，印度尼西亚选民表现的政治热情非常高，进行了和平的民主投票，没有发生大的冲突。通过第二次政权和平转移，印度尼西亚的民主制度得到了进一步巩固。

---

① http：//www.world-china.org/newsdetail.asp?newsid=3819.

第五节 佐科执政至今

佐科·维多多与尤素夫·卡拉于2014年10月20日在首都雅加达宣誓正式就任印度尼西亚共和国第七任总统、副总统。

佐科在就职演说中号召全体印尼人民团结协作，将印尼建设成一个主权完整、经济发达自主、文化独特的海洋国家。

佐科在正式公布内阁名单前，草拟了43名人选，先行提交给肃贪委员会与印度尼西亚财务报告分析中心进行审查。肃贪委员会按照要求分别在名字前用红色和黄色做了记号，分别表示有问题和稍微有问题。肃贪委员会是根据候选人是否涉及贪污案件，以及是否据实申报个人财富和收到的赠品来进行评估。有问题者多达25人。

2014年10月26日，佐科公布了其工作内阁成员名单，共计34名部长，其中8名女性、19名专业人士。

2014年10月组阁执政以来，其“海洋强国”的执政理念和执政措施备受世界关注。其执政绩效初显，主要表现在执政联盟扩大，国内政局逐步稳定，民生得到改善，经济措施不断完善，海洋外交确立，以区域大国的身份在国际事务上发挥作用。佐科总统提出从一下5个方面建设海洋强国，打造世界海洋轴心：重建印度尼西亚海洋文化、维护和管理海洋资源、构建海上高速公路、发展海洋外交、加强海上防卫力量。[①]

印度尼西亚的通货膨胀率从2014年的8.36%降为3.3%，处于印度尼西亚央行对2015和2016年通胀目标区域3%～5%之内，为近六年以来最低。[②]2015年第二季度的国内经济增长率为4.67%，涨幅为六年来的最低点。[③]2015年8月12日，佐科改组了工作内阁，任命6名新部长，分别是经济统筹部、海洋事务统筹部、贸易部、国家发展计划局、政治法律与安全事务统筹部及内阁秘书，目的是解决经济下滑等问题。经济建设由“爪哇中心”改为“印度尼西亚中心”，推进区域经济平衡发展。印度尼西亚政府制定了2016—2017年12项优先建设纲领，其中前8项重点领域如下：粮食防御系统、海洋轴心、巴布亚建设、能源防御系统、

① 李皖南：《2014年印度尼西亚总统大选的新变化及其影响》，《东南亚研究》，2015年第5期。

② 李皖南：《2014年印度尼西亚总统大选的新变化及其影响》，《东南亚研究》，2015年第5期。

③ 印度尼西亚中央统计局网，http：//wwwbpsgoid/，2016年3月1日。

基础设施建设、工业化建设、乡村发展建设、土地改革。[1]此外，较顺利地解决了长期困扰国家财政的燃油补贴问题，将削减下的巨大补贴用于解决民生问题，加大基础设施建设。

印度尼西亚政府希望通过这些措施的实施带动印度尼西亚经济增长模式从消费驱动型向投资驱动型转变。自2014年起，印度尼西亚政府将旅游业、基建、海洋、能源、食品列为五大优先发展的支柱产业。2016年6月，佐科签署总统令，放宽包括旅游、电影、交通等近50个行业的外商投资限制，以进一步吸引外国投资、振兴经济。政府为高速公路、餐饮、电影、冷藏、废物处理、大中型电子商务等行业全面“松绑”。在通信服务、会展、卫生保健、机场服务等行业，外资占股上限由之前的49%调高至67%。外国企业若在印度尼西亚购物中心内开设面积超过400平方米的百货商店，则能持有最多达67%的股份。新条例也对外资做出了一些限制，如小型电商的外资持股不得高于49%、外国企业不允许建设及运营电信设施等。为保护当地中小企业，规定500亿印度尼西亚盾以下的建筑项目必须由本地企业承建。[2]自2015年9月以来，佐科政府陆续公布11套经济刺激政策，内容包括简化投资手续、调低能源价格、改革税收政策、扶助小微企业等。外商投资是印度尼西亚经济增长的主要动力，改善投资环境、开放投资管理体制是印度尼西亚政府的工作重心。

在东南亚地区事务上，印度尼西亚努力在“大国平衡”中作为一个积极的调停者，维护地区和平与安全，同时与各种多边组织保持联系和沟通，发挥其新兴发展中大国的作用。

2016年4月18日，印度尼西亚政府在雅加达召开了为期两天的题为“剖析1965年悲剧”的研讨会。这是1965年“9·30事件”后，印度尼西亚政府首次举办关于1965年大屠杀的研讨会。研讨会由印度尼西亚总统顾问委员会、国家人权委员会，以及国民团结论坛主办，政法安全统筹部部长、印度尼西亚检察总长、警察首长、司法部部长等政府高级官员参加了会议。参会的政治家、人权积极分子与历史学家要求政府彻底调查1965—1966年的大屠杀，总统应代表国家向受害者及其家属道歉，并撤销羞辱与歧视1965年大屠杀受害者的一切形式的法律条文。但是在研讨会开幕式上，印度尼西亚政法安全统筹部部长鲁胡特却明确表示：“政府不会就1965年暴力事件做出道歉。”此次关于1965年大屠杀的研

① “今明两年政府优先发展12项建设纲领”，印度尼西亚《国际日报》，2016年3月4日。

② 2016-06-07 印度尼西亚中华俱乐部。

讨会，本着“真相、对话、和解”的宗旨，参会人员除政府官员、政党代表、人权积极分子、学者外，还包括当年参与大屠杀的军事或宗教组织成员。这可以说是印度尼西亚历史上首次加害方与受害者家属面对面的对话，发出自己的解释或诉求。作为1965年大屠杀的最大受害者，印度尼西亚华人社会却对政府召开的这次研讨会保持集体沉默。这种刻意的沉寂令人沉思与不安，折射出华人遭受的深刻创伤，以及华人社会对这段历史有意或无意的回避和淡忘，但更多的恐怕还是印度尼西亚华人今天仍然无法磨灭的恐惧、不安与无助。华人对1965年排华屠杀的集体沉默无疑是一种无奈的自我保护。

2012年，印度尼西亚国内的人权组织——印度尼西亚国家人权委员会就曾经发表过长达850页的调查报告，披露了大屠杀完全是严重侵犯人权的暴行，并要求政府展开犯罪调查，设立专门的人权法庭来审判1965年参与屠杀的人员，但政府以多数参与者已经过世、证人难以寻找、案件已过法定追溯时效期限等理由拒绝了该组织的要求。此后，印度尼西亚政府对1965年大屠杀仍然讳莫如深，拒绝讨论与质疑。2015年10月，国际作家大会在印度尼西亚巴厘岛举行，其中关于1965年大屠杀的讨论环节，以及由美国著名导演约书亚·奥本海默导演的关于1965大屠杀的纪录片《杀戮演绎》(*The Act of Killing*)与《沉默之像》(*The Look of Silence*)[①]也被印度尼西亚政府审查叫停。这两部纪录片反思了“9·30运动”，记述印度尼西亚共产党成员被杀戮的情节与杀人者的叙述。

① 中文译名还有《沉默的镜像》《沉默的眼睛》《沉默的眼镜》等。

第十一章　印度尼西亚面临的民族、政治、社会重大问题

第一节　现代民族分离主义运动

印度尼西亚现代民族分离主义运动产生于20世纪中期，其间伴随着政治制度的交替和变革。印度尼西亚独立初期，部分地区出现了民族分离活动。印尼民族分离主义运动及其在国内引发的政治、社会、经济与人道主义危机引起国际社会的极大关注，印尼民族分离活动主要集中在亚齐、伊里安查亚、寥内、南马鲁古和苏拉威西等地。从历史上看，上述地区的民族分离主义运动有历史根源。

一、亚齐独立运动

1942年，日军侵占亚齐。1945年印度尼西亚独立，亚齐拥护印度尼西亚共和国的独立；1949年《圆桌会议》协定使亚齐成为印度尼西亚的一个邦，1950年，并入统一的印度尼西亚共和国。随着世界冷战的结束，民族分离主义思潮开始泛滥。

亚齐是印度尼西亚的一个特区，1959—2001年称作“亚齐特区”（Daerah Istimewa Aceh）。2001年，更名为“囊戈鲁亚齐达鲁萨兰省”（Prov. Nanggroe Aceh Darussalam），位于印度尼西亚的最西部，面积5.5万余平方千米，人口约430万，其中98%的居民信奉伊斯兰教。亚齐拥有十分丰富的石油、天然气、金银矿、橡胶和木材等自然资源，但连年的战争使当地居民的生活长期处于贫困状态。1953年9月，以达乌德·贝鲁赫（Daud Beureueh）为首的全亚齐伊斯兰教学者联合会（All-Arch Union of Ulamas，简称PUSA）在亚齐发动旨在分裂国家的叛乱活动，遭到苏加诺政府的坚决镇压。后期亚齐独立运动组织宣告成立，并于1976年12月4日单方面宣布亚齐独立，成立“亚齐伊斯兰国”。后来，分离势力与流亡海外的亚齐贵族联合起来，在瑞士成立总部，有组织地与中央政府对抗，展开游击战争，有3 000～5 000名武装人员。多年来，该组织以资源分配不均和

宗教文化差异为由，要求独立，并在一些地区从事暴力活动。在印度尼西亚军队展开大规模清剿行动后，亚齐独立运动领导人哈桑·迪·蒂罗（Hasan Muhammad di Tiro）被迫流亡海外，1976年和1989年分别发动过两次武装起义，均被印度尼西亚军队镇压。苏哈托政府垮台后，军方在亚齐的镇压遭到舆论的谴责。"万人坑""集中营"等镇压证据不断被揭露，在亚齐激发了新一轮分离情绪。"亚齐独立运动"除了继续与印度尼西亚政府军打游击，从事暴力活动外，还不断展开政治攻势，鼓动全区公决，组织大规模示威游行，以达到独立的目的。瓦希德总统于1999年执政后，大力倡导民族和解，在解决分离问题上态度明确，即在不破坏国家统一的前提下，通过谈判，以和平方式解决问题，给予对方最大限度的自主权，对印度尼西亚分离主义运动采取安抚政策，同意让亚齐享有广泛自治，地方政府可管理75%的财政来源，但坚决反对亚齐独立。为此，瓦希德命令军队从亚齐特区撤军，同时，组建特别行动队，主要由防暴警察组成，对付亚齐的武装分离主义者，减少大规模军事行动造成的平民伤亡。

1999年11月4日，在印度尼西亚国会拒绝让亚齐特区举行关于自治的全民公决投票后，亚齐特区发生万人焚烧地方议会大楼的暴力事件。1999年11月8日，在亚齐公决信息中心的发起和组织下，约150万独立支持者在亚齐特区进行大规模示威活动，要求举行公决，以决定是否脱离印度尼西亚独立。此次示威活动规模之大、人数之多、组织之严密，在印度尼西亚历史上也是少见的。1999年12月4日，为纪念该省独立运动成立23周年，成千上万的示威者在亚齐特区升起叛乱组织的旗帜。

2000年5月12日，印度尼西亚政府和亚齐独立运动代表在日内瓦正式签署了为期3个月的人道停火协议。双方表示遵守《日内瓦协议》，恢复亚齐的治安问题，在国家法律范围内解决亚齐问题。同年9月，该停火协议再次延长至当年12月15日，但因协议没有得到很好的执行，双方冲突仍不时发生。2000年11月14日，班达亚齐的达鲁撒拉姆高校的纪念碑广场上传出"亚齐是一个民族，亚齐的主权必须归还""公民投票是亚齐问题的最好抉择""独立是每一个民族的权利"[①]等口号。这一天，约10万人在班达亚齐举行"亚齐人民争取和平大会"，会后举行环市游行。亚齐公决信息中心负责人纳扎尔（Nazar）在和平集会上宣读了七点宣言，要求印度尼西亚政府恢复亚齐作为一个独立国家的主权；要求军队立

① 《印度尼西亚与东协》，香港，2000年12月15日。

即撤出亚齐；要求政府必须对亚齐地区的暴政负责，使亚齐各方面事务尽快正常化。

为了缓解亚齐的紧张局势和当地人民不满的情绪，瓦希德批准了亚齐特区民选区长阿卜杜拉·普太（Abdullah Puteh）的任命，结束了非亚齐人担任区长的历史。在解决民族分离主义的问题上，瓦希德与国会、军队的意见发生矛盾。瓦希德主张以对话、公决等和平方式解决亚齐问题，国会反对举行公决，军方则主张以武力和战争解决问题。军队的目的是以武装镇压来掩盖其在亚齐所犯下的违反人权的罪行，甚至在进行军事行动前，呼吁日后不可追究军人的责任。瓦希德上台后全面否定了苏哈托政府在解决民族分离问题上所采取的措施，这是作为印度尼西亚第二大党的专业集团党所不能接受的，也给瓦希德与国会的合作埋下了隐患，以致矛盾不断激化。

为了实现民族和解，2000年12月19日，瓦希德亲自到亚齐视察，呼吁亚齐人民在国家统一的框架内通过对话解决分歧。瓦希德把亚齐同政府的对立局面归咎于军警，指责军事行动把无辜者也当成敌人。瓦希德强调不支持武装镇压亚齐独立运动，不应把亚齐独立运动当成敌人，应当成兄弟和朋友，共同建设国家。[①]瓦希德答应让亚齐享有自治权，在印度尼西亚共和国内获得自由。2001年2月16日，亚齐首府数十万人集会要求独立。2001年3月，瓦希德政府宣布该组织为分离主义组织，并对其采取打击行动。

瓦希德在国会、军方的压力下，态度有所转变。2001年3月28日，瓦希德政府与国会在解决亚齐问题的方式上达成共识，国会支持政府解决亚齐问题的一揽子计划，包括开展有限的安全行动，同时，在西巴布亚展开肃清民族分离主义分子的军事行动。为了缓解国会、政府双方的矛盾，印度尼西亚国会还成立了亚齐问题特别委员会，专门处理亚齐问题。印度尼西亚政府也开始与该组织领导人谈判。

2002年5月，在国际社会的调解下，印度尼西亚政府和亚齐独立运动在日内瓦达成协议，后者同意与政府签署和平协议后交出手中的武器。同年12月9日，经总部设在日内瓦的国际调解机构亨利·杜南中心多方斡旋，印度尼西亚政府和亚齐独立运动双方在日内瓦签订了一项停止敌对的和平协议。当和平进程进行到2003年1月9日，印度尼西亚政府开始解除亚齐独立运动武装时，对峙和不信任

① Kompas，2000-12-20，网络版。

再度显现，流血冲突频频发生，原定于4月25日在东京举行的联合委员会会议被迫宣告中止，国际和平监察机构的近50名成员也被迫撤离。印度尼西亚政府向亚齐独立运动下了最后通牒，要视亚齐独立运动5月12日前的态度决定是否采取军事行动，亚齐再度滑向战乱边缘。

为了挽救和平，日本、欧盟、美国和世界银行2003年5月9日发表声明，表示支持印度尼西亚的领土完整和统一，并要求亚齐独立运动接受政府的3项先决条件，即：不再坚持独立、在亚齐实行特别自治、解除武装。在上述各方的斡旋下，印度尼西亚政府同亚齐独立运动在东京的和谈得以举行。①2003年5月18日，印度尼西亚政府同亚齐独立运动在东京和谈破裂后，印度尼西亚总统梅加瓦蒂签署总统令，决定从19日零时起在亚齐特区实施为期6个月的军事管制，并对该组织占据的地区进行空中打击。对亚齐独立运动采取军事行动长达1年。2004年5月19日，政府把紧急军事状态降为民事紧急状态。

2004年，印度洋海啸导致亚齐遭受严重灾害，死亡和失踪人数超过16万。在这种情况下，政府和亚齐独立运动同意停止敌对行动，并在芬兰一国际和平机构的调解下进行了3轮谈判，并签署了和平协议。12月27日，亚齐独立运动宣布解散其军事组织——亚齐国民军，向政府上缴了840件武器，以落实与印度尼西亚政府签署的和平协议。印度尼西亚政府于29日前把2.3万名政府军和7 000名警察全部撤出亚齐。

2005年5月18日，印度尼西亚政府取消实施1年之久的民事紧急状态，恢复到原先的正常状态，目的是为印度洋海啸灾后亚齐重建营造良好环境。2005年7月12～17日，由印度尼西亚司法部部长哈米德·阿瓦勒丁率领的印度尼西亚政府代表团和以亚齐分离主义组织——亚齐独立运动领导人马利克·马哈茂德为首的谈判小组在芬兰首都赫尔辛基进行的第5轮和谈取得重大突破。17日，双方签署了《亚齐和平协议草案》。这一和平协议草案大致包括以下内容：亚齐的治理、人权、特赦、亚齐独立运动成员回归社会、安全安排、建立亚齐监督使团等。印度尼西亚政府已邀请欧盟和一些东盟国家执行亚齐监督使团的任务。双方将尽一切努力建立相互信任关系，并对以和平方式全面解决亚齐冲突承担义务。双方深信，只有以和平手段解决亚齐冲突，才能确保亚齐在2004年12月26日遭受印度洋海啸后的重建工作得以顺利进行。

① http：//news.xinhuanet.com/zilia./2002-12/10/content_655031.htm.

2005年8月15日，印度尼西亚政府代表和亚齐独立运动的代表在赫尔辛基正式签署了结束亚齐长达30年战乱状态的和平协议。根据协议，亚齐独立运动不再从事分离主义活动，放弃亚齐独立的立场，并解除武装。印度尼西亚政府将撤除编制需要以外的军队和警察，对没有刑事罪行的亚齐独立运动成员实行特赦，并允许他们成立地方政党，并入国家政治进程。树欲静而风不止。2016年11月4日在雅加达反钟万学大游行的队伍中出现了亚齐独立运动的旗帜。[①]可见，彻底解决亚齐独立运动问题是印度尼西亚政府的长期任务。

二、印度尼西亚其他地区的分离运动

西巴布亚、苏拉威西、马鲁古等地出现的民族分离主义运动，与印度尼西亚独立初期荷兰操纵成立的“南马鲁古共和国”[②]、苏拉威西的“全面斗争约章”，以及由军人建立的各种“私设委员会”等有着历史渊源。

1945年，印度尼西亚独立后，西巴布亚控制在盟军手里。1946年1月25日移交给荷兰。1952年2月荷兰议会通过修改宪法的决议，把西巴布亚划入荷兰版图。后在印度尼西亚政府巨大的外交压力和军事入侵的威胁下，西巴布亚于1963年5月1日正式回归印度尼西亚。1964年，西巴布亚分离组织秘密成立了“巴布亚独立运动游击队”，从事民族分离主义活动，以有限的游击战形式与印度尼西亚政府对抗。2000年5月29日至6月4日，巴布亚独运动立组织在该省省会查亚普拉策划召开了由来自巴布亚14个县和世界各地2 000多名巴布亚人代表参加的所谓“巴布亚全国代表大会”，瓦希德曾向大会资助10亿印度尼西亚盾，并同意于2000年12月1日在查亚普拉小范围内悬挂启明星旗帜，条件是该旗悬挂在同一旗杆上的红白旗下面。总统表态后，地方政府和安全部门也表示同意，条件是不影响社会公共秩序，不造成伤亡；地方警长派出安全部队维护大会内外秩序；出席开幕式的有地方议会议长、地方政府代表，伊里安查亚省省长出席了闭幕式并讲话。结果，会议结束时通过的一项决议草案，声明该省决心脱离印度尼西亚，成

① http://megapolitan.kompas.com/read/2016/11/04/13453011/polisi.temukan.bendera.gam.kapolda.metro.hubungi.rizieq.

② 1950年，一批效忠荷兰殖民主义者的安汶人组建了“南马鲁古共和国”，试图同新生的印度尼西亚共和国对抗，被镇压后又在荷兰继续开展活动。1998年，印度尼西亚苏哈托政权垮台后，马鲁古地区的伊斯兰教信徒和基督教信徒陷入了长达3年的教派冲突，分裂分子也趁乱积极活动。在中央政府调解下，马鲁古敌对双方达成和解协议，整个地区的局势逐渐走向平稳。

为一个独立的国家。

国家的稳定和实力对国家的团结和统一起着重要作用，反之，民族分离主义运动加剧。1997年爆发的东南亚金融危机对印度尼西亚的经济和政治产生巨大冲击。1998年5月21日，苏哈托被迫辞职，哈比比、瓦希德相继上台后，政局动荡，经济状况没有得到明显改善，2001年印度尼西亚外债增至1400亿美元。①金融危机无疑是雪上加霜，印度尼西亚综合国力大大下降，所面临的问题更加复杂化，加之民族隔阂加剧，由不满发展到要求从印度尼西亚分离出去的情绪与日俱增。

1999年10月22日，南苏拉威西上万名学生在省会望加锡曼达拉纪念碑广场集会，许多人挥舞着有苏拉威西地图图案的绿色旗帜，要求成立独立的苏拉威西国。②

2000年，在廖内第二次人民代表大会上有人提议廖内独立，原因是对中央政府在利用自然资源方面对待廖内是不公正的，③但没有形成决议。

马鲁古独立阵线于2000年12月8日在马鲁古省会安汶成立，2001年4月25日，这个组织宣布成立“南马鲁古共和国”，并升起南马鲁古共和国旗帜。该组织成员一直在瓦伊萨里萨和附近其他地区从事地下活动，旨在反对中央政府。

三、以分离相要挟，谋求地方最大经济利益

亚齐、伊里安查亚和廖内要求分离的原因之一就是对中央政府垄断资源和收益分配不满，致使上述地区的民族离心倾向和分离意识加剧。在苏哈托统治时期，1974年，公布了政府关于自治问题的第五号法令。地方政府财政收入的85%必须上缴中央，致使地方建设受到严重影响。人民的生活水平长期得不到改善导致了中央同地方间的矛盾加剧和分离主义活动严重。为此，1997年，印度尼西亚政府在68个县开始实行有限财政自治示范。

亚齐的石油、天然气、金矿、木材等自然资源丰富，是印度尼西亚的主要财源。其天然气厂每年生产约1200万吨液化天然气，占印度尼西亚液化天然气出口的三分之一。亚齐北部的阿伦（Arun）小城镇的天然气储量约10万亿立方米，是东南亚最大的气田。1979—1997年，亚齐的液化天然气收入为45223448美元，

③　中华网，2001-08-27。

②　新浪网，1999-10-23，华声报。

③　www.kompas.co.id，2001-06-08，网络版。

返还亚齐的数额仅为其0.05%，[①] 亚齐人均收入低于全国水平。

伊里安查亚盛产石油、黄铜、银、铅、木材和铀，1936年发现铜矿，储量约3 300万吨，1973年开采，年产铜18万吨。

廖内省有30余个港湾\近80个岛屿，盛产石油、铁矾土、橡胶、丁香，成衣业和造船业较发达.油田分布于廖内省全境和纳图纳大陆架，其中杜迈和宋爱帕克宁油田日产原油10万余桶。中央与地方收入分配不均，促使上述地区以分离相要挟，以争取更大利益。

为了安抚不满者，孤立民族分离主义分子，印度尼西亚国会自2001年4月7日开始讨论亚齐特别自治问题。截至7月底共举行了23次会议，先后13次听取亚齐特区区长、当地驻军负责人，法律学、社会学和人类学专家的意见。[②] 2001年7月19日，印尼国会通过了亚齐特别自治法案，在亚齐建立囊戈鲁亚齐达鲁萨兰省。未来8年，亚齐可获得当地石油和天然气收入的70%。自第九年起，35%的石油和20%的天然气收入归亚齐，其中总收入的30%要用于亚齐社会教育。1998年，亚齐石油、矿产收入是9.6兆印度尼西亚盾，建立囊戈鲁亚齐达鲁萨兰省后，亚齐每年可从石油、天然气收入中获得6兆印度尼西亚盾。

2001年4月16日，伊里安查亚省省长梭罗沙（Solossa）亲自率团将修改了14稿的伊里安查亚省特别自治方案交到国会议长阿克巴尔·丹戎手中，希望印尼国会立即讨论该方案。2001年9月27日，印度尼西亚国会正式讨论伊里安查亚特别省自治方案，方案起草委员会主席沙巴姆·希拉伊特明确提出80%的石油、天然气和税收归地方，其余20%归中央。[③]巴布亚有250个部族分支，落后的伊里安查亚省的建设需要大量资金，因此，伊里安查亚省特别自治方案中明确提出地方获得80%的收入，要求中央政府出台涉及伊里安查亚省税收草案时应事先征得该地方政府的同意。

亚齐和伊里安查亚地方政府通过特别自治，已达到了获取最大经济利益的目的，这无疑缓解了当地人民的不满情绪，但在印度尼西亚引起连锁反应：在芝勒贡发生地方政府强行接管万丹地区领航权事件；[④]在文登（唐格朗），地方政府与中央政府争夺苏加诺—哈达机场收费权；港口城市争夺港口控制权；地方政府受

---

① "Warta Ekonomi", PT.Data Aladi Primantara 2000-07-31.

② www.kompas.co.id, 2001-07-02，网络版。

③ www.kompas.co.id, 2001-09-27，网络版。

④ www.kompas.co.id, 2001-09-02，网络版。

利益驱动，借助当地自然资源，利用各种手段扩大地方权限。

四、武装与暴力冲突不断升级

民族分离的目标是限制国家权力，民族分离主义运动对国家领土完整性的破坏使得该问题很难以和平方式加以解决，更容易导致暴力冲突。暴力行为必然引发暴力镇压，武力是制止民族分裂的重要手段，但如果不注重人心的向背，那么暴力镇压会引发更大的暴力反抗。20世纪80年代末，亚齐独立运动在国际舞台上从事反印度尼西亚政府活动，在亚齐境内各大村镇建立民兵武装，不断向印度尼西亚军警发起攻击。1989年，苏哈托政府在亚齐开展“红网行动”，把亚齐定为军事行动区，扫荡亚齐民族分离主义分子。当地的社会生活受到极大限制，人们相互猜疑、践踏人权的事件屡屡发生，如绑架、非法拘捕、掠夺、用刑、强奸、屠杀等。历时10年的军事行动给亚齐造成了严重的创伤。

苏哈托下台后，长期受压抑的不满情绪得到释放，地方民族分离主义运动开始蔓延。亚齐独立运动有所抬头，并利用当地人民对中央政府不满的情绪煽动民众举行各种规模的示威游行，在乡村开展小规模游击战，对当地警察、军队哨所和巡逻队进行武装袭击，攻占村公所，枪杀反对分离的人士，制造事端。亚齐的6 000名驻军随即展开了代号为“权威行动”的镇压，四处搜寻失踪的士兵，打击袭击政府军的亚亚齐独立运动分子，双方冲突不断。据亚齐人权组织统计，自1998年至2000年，亚齐冲突各方共计死亡1 800余人，[①]平民百姓，包括妇女、儿童也成为冲突的牺牲品。据警方统计，2000年8月中至11月初，警员中98人殉职、316人受伤、25人失踪，军方75人阵亡、218人受伤、18人失踪，平民中660人丧生、307人受伤和残废、159人失踪。[②] 2001年1月至10月又有数百人被打死，其中大多数是平民。亚齐独立运动在2001年8月制造了2起绑架事件，先后绑架了印度尼西亚电视台亚齐站的3名技术人员和1艘洪都拉斯注册的“海银号”货船上的6名印度尼西亚船员。

由于凶杀、抢劫、绑架、恐怖活动频频发生，人身安全得不到保障，加之房屋被焚烧，近两年成千上万的村民背井离乡，成为难民。截至2001年3月，逃往北苏门答腊省的亚齐难民就有34 278人。[③] 2001年8月，亚齐有52所学校被焚烧，

---

① www.kompas.co.id，2001-02-26，网络版。

② www.kompas.co.ei，2001-02-26，网络版。

③ www.Kompas.co.id，2001-02-26，网络版。

被迫停课，损失150亿印度尼西亚盾。[①]暴力和恐怖事件使得亚齐居民人心惶惶，影响了他们的正常生活。同时也给地方和国家带来极大的经济损失。

亚齐暴力活动由人道问题向种族问题演变，许多外来移民被赶出亚齐。该地移民由于安全因素而被迫返回老家，仅返回中爪哇的就有771个家庭（2 943人）。[②]这些移民在亚齐已经定居20余年，与当地人民和睦相处，并融入当地社会。亚齐暴乱后，他们不敢出门，不能过正常的生活。2001年8月以后，除军队和警察外，几乎所有的爪哇人都离开了亚齐。

2001年8月17日，正值印度尼西亚庆祝建国56周年之际，亚齐发生了30起手榴弹和炸弹爆炸事件。2001年9月6日，班达亚齐的西亚库阿拉大学校长达延·达乌德（Dayan Dawood）教授在回家的路上遭到不知身份的2名摩托车手的枪击，中弹身亡。遭枪杀和绑架的有地方议员、伊斯兰教长老、地方官员等，而更多的牺牲者是那些手无寸铁的平民百姓。2003年5月17日，印度尼西亚政府与亚齐独立运动代表在日本东京的谈判破裂，印度尼西亚政府随即于19日对亚齐独立运动展开大规模军事行动，在印度尼西亚实行军事紧急状态。在双方军事冲突中有“200多所学校被焚毁”。[③] 2004年5月19日，印度尼西亚政府宣布在亚齐改行民事紧急状态，由地方政府实施。

在西巴布亚，巴布亚独立运动的游击队员携带着矛、弓箭，在与巴布亚新几内亚接壤的边境建立了基地。他们在边境地区制造绑架案，在最大的黄金进出口自由港麦莫兰港蓄意搞破坏。2001年9月，巴布亚独立运动的武装组织——民族解放阵线连续三次对政府控制区发动袭击，规模较大的一次是在28日，当日400多名民族分离主义组织成员袭击并占领了位于省会查亚普拉以南700公里的伊拉加市。他们焚烧市内的清真寺、警察局、银行办事处和地方官员的住宅。在武装冲突中，印度尼西亚军队的2名士兵受伤，民族解放阵线2名成员被击毙。伊里安查亚省军区司令马希丁少将因此而下令当地驻军对当地的民族分离主义者采取果断措施，对民族分离主义武装分子格杀勿论。在这种情况下，平民百姓成为暴力活动的目标。随着军事镇压的加剧，武装冲突和暴力活动也随之升级。

---

① www.kompas.co.id，2001-08-21，网络版。

② www.kompas.co.id，2001-02-26，网络版。

③ www.news.sohu.com，中国新闻网，2003-05-21。

五、国际化与反国际化斗争加剧

在当今世界，任何地区的独立如果得不到国际上的承认和支持，就不会成功或长久。印度尼西亚政府和印尼民族分离主义运动都意识到这一点，双方做出不同的努力。

瓦希德上台后率团首先对美国进行非正式访问，克林顿政府表态，美国政府不支持亚齐独立，将继续维护统一的印度尼西亚。对瓦希德而言，这无疑等于吃了一颗定心丸。2001年3月，印度尼西亚外长阿尔维·希哈布访美期间，美国国务卿鲍威尔向他传递了布什政府支持印度尼西亚政府解决亚齐问题的态度和立场。[①]2001年4月5日，美国驻印度尼西亚大使罗伯特·戈尔巴德（Robert Gelbard）访问亚齐，会晤了当地政要和亚齐独立运动代表。他在接受记者采访时表示："美国政府确信，亚齐问题最终会以对话和人道方式加以解决。美国无意插手印度尼西亚内部事务，美国支持印度尼西亚政府为捍卫国家完整所采取的措施，而不支持把亚齐从印度尼西亚分离出去的任何企图。"[②] 排除外界对亚齐独立运动的支持，也是瓦希德2001年2月23日在国内局势不稳、种族冲突加剧和副总统不在国内的情况下，坚持出访中东的主要原因之一，以寻求中东伊斯兰国家对印度尼西亚政府的承诺和支持。目前，伊斯兰国家也都不支持亚齐的独立要求。梅加瓦蒂上台后先后出访东盟各国和美国，继续寻求支持和援助。

印尼民族分离主义运动也意识到上述问题，千方百计地把民族分离活动国际化。2000年8月17日，在印度尼西亚庆祝独立55周年之际，亚齐独立运动分子既不挂印度尼西亚共和国国旗，也不挂亚齐独立运动的星月旗，而是悬挂联合国旗帜，并要求联合国在亚齐建立观察站。2000年11月14日，约10万人在班达亚齐举行亚齐人民争取和平大会，呼吁国际社会和联合国干预、协助解决亚齐政治、治安和人权问题，要求荷兰撤销其1873年3月26日对亚齐的战争宣言，并对在1949年12月27日海牙圆桌会议上把亚齐管制权"非法"移交印度尼西亚政府负责。亚齐独立运动领导人多次呼吁国际组织参与解决亚齐的暴力冲突。

2000年5月，巴布亚第二次全国代表大会的组织者没有履行他们向政府作出的承诺，即所有巴布亚人均可以参加会议，不允许外国人参加。但事实上，反对独立的巴布亚人被拒之门外并遭到恐吓，而某些外国的非政府组织则应邀与会。

① www.kompas.co.id，2001-03-24，网络版。

② www.sina.com.cn，2000-11-18，新闻页。

巴布亚代表大会特意邀请荷兰人参加，企图让荷兰介入巴布亚事务。会议作出决议，呼吁联合国重新调查伊里安查亚省并入印度尼西亚的公决结果，认为当时的公决是在印度尼西亚方面的武力威胁下举行的，在解决西巴布亚问题时，不曾邀请当地人参加。2000年12月1日，数百名伊里安查亚省学生前往首都雅加达，在美国驻印度尼西亚大使馆门前举行示威游行，谴责美国政府当年担任调停人时帮助印度尼西亚吞并西巴布亚。

印尼民族分离势力寄希望于美国等西方国家的干涉行动，以达到成功实现民族分离的目的。为此不惜以暴力手段、恐怖活动来扩大事态，引起国际社会的注意，以图将国内民族问题“国际化”，达到自己独立的目的。2002年5月16日，欧洲议会讨论印度尼西亚马鲁古、亚齐、巴布亚地区人权问题，并作出决议，敦促印度尼西亚政府尽快出台和平解决上述地区动乱的办法，同时，强调欧洲议会支持印尼民族统一。2002年5月24日，印度尼西亚外交部就欧洲议会的决议举行新闻发布会，外交部行政事务司司长马尔迪·纳塔勒戈瓦（Marty Natalegawa）以发言人的身份再次重申：“马鲁古、亚齐和巴布亚问题纯属印度尼西亚内部事务。”①

印度尼西亚民族分离主义的活动引起国际社会的极大关注，但没有获得国际社会的支持。

印尼民族问题比较复杂，它包含政治、经济、社会与安全等问题。印尼民族分离主义运动主要由在经济上对中央政府不满者和在政治上要求独立者构成。

第二节　恐怖活动与反恐

2001年，美国“9.11”恐怖袭击事件后，印度尼西亚伊斯兰教反美情绪日渐高涨，恐怖活动加剧，爆炸案接二连三地发生，印度尼西亚社会治安、经济生活受到严重影响。时任总统梅加瓦蒂表示支持反恐斗争，同时，考虑到国内伊斯兰教信徒有强烈的反美情绪，政府在反恐的行动上十分谨慎。印度尼西亚伊斯兰教极端集团中的4个派系已倾向恐怖主义体制，如参与马鲁古宗教冲突的圣战队、参与策划教堂爆炸事件的达鲁伊斯兰集团、组织民兵参与塔利班战争的伊斯兰青年阵线等，还有同菲律宾南部绑架集团进行非法武器买卖、在苏拉威西地区活跃

① www.kompas.co.id，2002-05-22，网络版。

的黑帮，这些都是极端组织的成员。[①]在印度尼西亚民间，由伊斯兰教极端分子领导的军事组织中最大和最有影响的是圣战军（Laskar Jihad）。该组织以本·拉登和塔利班所追崇的激进的瓦哈比教义和政治伊斯兰为指导思想，并宣称他们已发展为一支拥有1万名战士、献身于捍卫伊斯兰教信仰的军事力量。其领导人贾法尔·乌玛尔·撒利布（Jafar Umar Thalib）参加过反对苏联入侵阿富汗的战争，建立的圣战军在马鲁古的宗教冲突中造成9 000人丧生，打着捍卫伊斯兰教的旗子对苏拉威西岛的基督教信徒进行大屠杀。圣战军是印度尼西亚最令人望而生畏的伊斯兰军事组织。

2000年9月4日，雅加达一处证券交易所发生爆炸，导致10人当场死亡、46人受伤。

2000年12月24日，15枚炸弹在印度尼西亚国内多处基督教堂发生爆炸，致使19名正在欢度平安夜的印度尼西亚人死亡，数十人受伤。

2001年7月22日，雅加达市内多处基督教堂发生连环爆炸，导致64人受伤。

2001年8月1日，1枚炸弹在雅加达市中心的商业区发生爆炸，导致5人受伤。

2002年6月6日，印度尼西亚中苏拉威西省一辆公共汽车发生爆炸，导致4人死亡、17人受伤。

2002年7月27日，印度尼西亚东部马鲁古省省会安汶发生爆炸事件，造成54人受伤。

2002年9月5日，安汶一处体育馆发生爆炸，造成4人死亡、10多人受伤。

2002年10月12日，印度尼西亚著名的旅游胜地巴厘岛发生爆炸，死亡达202人，其中88人是澳大利亚人，另有300多人受伤。印度尼西亚巴厘岛的爆炸案发生在美国攻打伊拉克前夕，几乎在同一时间，美国驻巴厘领事馆也发生了类似的爆炸事件。

2002年10月18日，印度尼西亚总统梅加瓦蒂签署一项反恐法令，使政府有更大的权力镇压涉嫌的恐怖分子，包括可以不经审讯即拘留疑犯，拘留时间最长可达1年。该法令还允许对进行恐怖活动的罪犯处以死刑。印度尼西亚时任警察总监达伊·巴赫蒂亚尔11月22日宣布，21日被捕的巴厘岛爆炸案主犯伊马姆·萨姆德拉（Imam Samudra）爆炸袭击前一周到巴厘岛实地指挥袭击行动，两年前就

① 《印度尼西亚焦点》，2002年3月30日，第12页。

因系列爆炸案被印度尼西亚警方通缉。萨姆德拉对其所犯罪行供认不讳，并交代了许多实施爆炸的具体细节。萨姆德拉是印度尼西亚巽他族人，有6个化名，会讲英语和阿拉伯语。萨姆德拉是被联合国列入国际恐怖组织黑名单的伊斯兰祈祷团（Jamaah Islamiah）的领导人之一。另外被逮捕的还有阿姆罗兹（Amrozi）、阿敏（Amin）、拉乌夫（ Rauf）和尤迪（Yudi），其中阿姆罗兹参与了爆炸案全过程。另一名巴厘爆炸案参与者穆赫拉斯（阿姆罗兹的哥哥）于12月3日在爪哇中部城镇梭罗附近被捕，同时落网的还有8人，其中包括穆赫拉斯的妻子。穆赫拉斯承认自己是伊斯兰祈祷团成员，并于2002年8月参加了一系列会议，策划在巴厘岛度假胜地制造爆炸案。[①]

印度尼西亚伊斯兰祈祷团与制造“9.11”恐怖袭击事件的基地组织有牵连。伊斯兰祈祷团建立于20世纪40年代，其宗旨是在印度尼西亚、菲律宾、马来西亚等东南亚国家建立伊斯兰国。印度尼西亚独立初期，该组织受到苏加诺政府的镇压，元气大伤。伊斯兰祈祷团军事化程度高、组织严密，一般情况下以4人小组为行动单位，各小组分工明确，主要从事恐怖活动，其主要打击目标是美国人。伊斯兰祈祷团的精神领袖阿布·巴卡尔·巴希尔（Abu Bakar Ba’syir）是也门裔，原是印度尼西亚中爪哇一所教会学校的创始人。巴希尔出生于印度尼西亚东爪哇，苏哈托时代，由于他反对建国五项原则，被判入狱7年。1985年移居马来西亚，并成为该国永久居民。苏哈托下台后，巴希尔于1999年回到印度尼西亚，在日惹创办了印度尼西亚伊斯兰教圣战理事会，自任会长，同时，担任中爪哇额鲁基村阿尔·穆基敏古兰经教学馆的长老，他在当地伊斯兰教界有很大的影响，成为“伊斯兰教的精神领袖”。2002年3月初，印度尼西亚开始调查巴希尔，但两天后因证据不足而停止调查。2002年10月28日，因涉嫌恐怖活动而在医院被逮捕，由于证据不足，其关押期一再延长。2003年3月10日，巴希尔向法庭提起上诉，要求无罪释放，[②]上诉被驳回。2003年8月5日在接受法庭调查时，他否认自己是伊斯兰祈祷团领导人。最后，由于证据不足，法院以伪造证件和违反移民法规等罪名判处他4年监禁，后减刑至3年，2003年12月再次减至18个月，后因证据不足和身体欠佳而提前获释。2004年，巴希尔因涉嫌参与巴厘岛和万豪酒店爆炸事件等恐怖活动再次被捕，4月18日，印度尼西亚警方再次以恐怖活动罪对巴希尔提起公诉，2005年3月3日被判两年半监禁，2006年6月14日提前出狱。

---

① 中国日报网站，2002年12月5日。

② www.tempo.co.id, 10 Maret 2003.

巴希尔获释后不久，组建了“唯一真主游击队”（Jamaah Ansharut Tauhid，简称JAT）组织。该组织吸收了许多原伊斯兰祈祷团成员。自此，巴希尔便受到警方严密监控。警方获得一个视频录像，里面显示巴希尔在亚齐的训练营中观看军事训练。2010年8月9日，因与涉嫌策划袭击苏西洛总统的武装组织有关，印度尼西亚警方反恐部队在西爪哇省尖米士地区再次逮捕了巴希尔。2010年12月13日，印度尼西亚警方指控巴希尔为恐怖主义活动提供资金，煽动他人制造恐怖行动和与武装训练营有牵连。巴希尔否认所受指控，拒绝在起诉书上签字。根据印度尼西亚法律，这项罪名可判死刑。印度尼西亚检察官当庭宣布，因为证据不足，所以取消针对巴希尔的两项恐怖罪名指控。巴希尔可以据此免于死刑。巴希尔仅受控向恐怖主义活动提供资金，被判入狱15年。①

2002年12月5日，印度尼西亚东部城市望加锡的麦当劳快餐店发生恐怖爆炸事件，造成3人死亡、11人受伤。警方事后逮捕了20多名嫌疑人，认为他们与巴厘岛爆炸案有牵连。

2003年4月27日，雅加达国际机场发生爆炸事件，11人受伤。

2003年6月，印度尼西亚警方在雅加达、伯卡西、三宝垄三城市搜查伊斯兰祈祷团成员住所时发现了一份文件，文件列出4位印度尼西亚民主斗争党政治家为其暗杀对象，即民主斗争党领导委员会主席洛伊·加尼斯（Roy B.Janis）、人民协商会议议员加考·托丙（Jacob Tobing）、人民协商会议副秘书长普拉莫诺·阿农（Pramono Anung）和国会议员沙赫塔皮（J.E. Sahetapy）。另企业家林绍良（Liem Sioe Liong）的名字也在暗杀名单上。“暗杀政治家的理由是去年在讨论修改宪法时反对将雅加达宪章列入宪法，反对在印度尼西亚实行伊斯兰法。而暗杀林绍良的理由是林绍良是非伊斯兰教的代表，阻碍了伊斯兰斗争”。②

2003年8月5日，雅加达中区南部的万豪（Marriot）大酒店遭炸弹袭击。导致14人死亡、150人受伤。遇难者中有1名美国人、1名澳大利亚人和1名马来西亚人。该酒店由美国人经营，周边是中国、挪威、瑞典、芬兰和丹麦驻印度尼西亚大使馆。爆炸是由停在酒店大堂前面的汽车炸弹引起的，使用的爆炸物与2002年炸毁巴厘岛夜总会的炸弹相似。雅加达万豪大酒店共有333间客房，4日的入

① “ISIS印度尼西亚建分支引发忧虑 印度尼西亚国家安全受到威胁”，http://news.163.com/14/0721/01/A1L0LF9H00014JB6.html.

② No.21/XXXII/21 - 27 Juli 2003，tempo.

住率为77%。伊斯兰祈祷团表示对这起爆炸案负责。①

雅加达酒店爆炸事件恰好发生在巴厘法庭两天后将宣布对巴厘岛爆炸案嫌疑犯之一阿姆罗兹（Amrozi）的判决结果之际。在此之前，梅加瓦蒂总统于8月1日发表全国讲话时表示，她要在印度尼西亚将恐怖组织网络连根拔除。该爆炸事件是印度尼西亚伊斯兰教极端分子对梅加瓦蒂总统讲话的一种回应，同时，警告当局不要对巴厘爆炸案嫌疑分子判重刑。印度尼西亚政府没有手软，2003年8月7日，法院对巴厘岛爆炸案主犯阿姆罗兹进行了审理，阿姆罗兹原来是一名爪哇岛的机械工，他缺少同情心，举止诙谐，被人称为“微笑杀手”。此次审理证实阿姆罗兹策划并参与了巴厘岛爆炸案的全过程，并判处他死刑。尽管印度尼西亚的法律允许对诸如谋杀、恐怖活动这样的罪犯判处死刑，但真正得以执行的却很少。可见，印度尼西亚政府反恐的决心很大。

2003年8月14日，基地组织东南亚负责人、伊斯兰祈祷团前领导人哈姆巴里（Hambali）在泰国被抓获，20世纪80年代，他曾在阿富汗与前苏联军队作战。此人为马来西亚、新加坡、菲律宾、印度尼西亚政府通缉。哈姆巴里的被捕，在一定程度上打击了东南亚的恐怖活动，印度尼西亚的恐怖活动有所减弱，但并没有停止。

2004年9月9日，澳大利亚驻印度尼西亚大使馆外再次发生爆炸事件，近百人在爆炸中伤亡。恐怖活动严重影响印度尼西亚国内治安和人民的正常生活，外国游客人数巨减，印度尼西亚旅游业受到重创，投资额下降，经济发展受到影响。爆炸发生后，印度尼西亚在反恐事务中开始表现出积极的姿态。总统梅加瓦蒂召开紧急会议，随后飞往巴厘岛视察。梅加瓦蒂指出，爆炸是恐怖主义对印度尼西亚国家安全发出的警告，并表示印度尼西亚政府在反恐斗争中将继续加强与国际社会的合作。

2004年9月23日，一辆装有炸药的汽车在美国驻印度尼西亚首都雅加达的外交人员住宅外爆炸。

2005年10月1日，巴厘岛金巴兰海滩咖啡厅发生连环爆炸案，26人死亡、150多人受伤。

2005年10月29日，中苏拉威西省波索县郊区几名基督教学校的女生在上学途中遭歹徒袭击。其中3人被斩首，人头分别被丢弃到10多公里外的警察局附

① “Jamaah Islamiyah Mengaku Bertanggungjawab Bom di JW Marriott” ,6 Aug 2003, tempo.

近和基督教堂门口。另1人被砍成重伤。波索是印度尼西亚宗教冲突激烈地区。2000—2002年爆发的伊斯兰教信徒和基督教信徒冲突，导致1 000多人死亡。苏西洛总统要求警方缉拿凶手，恢复波索地区的治安。

2009年7月17日，雅加达万豪酒店（JW Marriott）、丽思卡尔顿酒店（Ritz-Carlton）发生爆炸，造成9人丧生、50余人受伤。目击者说，是万豪酒店先爆炸，过了5分钟听见了才丽思卡尔顿酒店的爆炸。丽思卡尔顿酒店预定18日接待抵达雅加达的英国曼联球员。印度尼西亚警方于2009年9月16日夜到17日在中爪哇省淡满光地区贝吉村展开反恐突袭行动，4名恐怖嫌疑人在突袭行动中丧生，其中1人是涉嫌策划雅加达豪华酒店爆炸案嫌犯努尔丁·穆罕默德·托普（Noor Din M Top）。努尔丁系引爆炸弹自杀身亡，躯体被严重炸坏，但头部几乎无损伤。

2009年8月8日，印度尼西亚警方在西爪哇省勿加泗地区粉碎了一起企图在未来两周内制造汽车爆炸案件的阴谋，并击毙了被认为参与了2004年澳大利亚驻雅加达大使馆爆炸案的两名嫌疑人。

2010年3月3日，印度尼西亚警方在亚齐省搜剿伊斯兰激进分子据点的行动中，逮捕了13名可疑武装分子，查获了3把突击步枪、9 000余枚子弹、数本宣传圣战的书籍，以及有关2002年巴厘岛爆炸案的光盘。

2010年3月12日，印度尼西亚亚齐省警方在当地展开行动搜捕恐怖组织——伊斯兰团成员时，于一个安全检查站击毙2名嫌犯，同时逮捕6人，缴获5把突击步枪。

2016年1月14日，雅加达发生多起爆炸，在位于雅加达中心的萨丽娜（Sarinah）购物中心大门外和联合国代表处建筑外发生爆炸，距离购物中心不远处的交警岗亭遭到枪击。包括5名恐怖分子在内的8人死亡，其中2人是平民、1人为荷兰人、17人受伤。上述连环爆炸是印度尼西亚伊斯兰国成员巴伦·纳依姆（Bahrum Naim）策划的。印度尼西亚警方逮捕了3名与爆炸和袭击有关的嫌疑人。[①] 7月5日，印度尼西亚中爪哇省梭罗市发生自杀性袭击，袭击者骑摩托车袭击了警局总部，导致1名警察受伤、袭击者当场身亡。8月29日，一名17岁的伊斯兰青年伊凡·阿尔玛迪·哈苏吉安（Ivan Armadi Hasugian）在棉兰圣若瑟天主教堂（Gereja Katolik Stasi Santo Yosep）用刀子割伤了讲坛上的一位神父，随身携带的背包内冒出烟雾、火花和噼啪声。伊凡·阿尔玛迪·哈苏吉安被信徒们当场

① http://world.huanqiu.com/hot/2016-01/8383080.html.

制服，交给警方。[①]

2017年5月8日，印度尼西亚政治安全统筹部部长维兰托与司法人权部部长亚松纳、内政部部长查约古摩罗和总警长迪托将军会谈后，举行新闻发布会，宣布解散伊斯兰解放阵线（Hizbut Tahir Indonesia，简称HTI）的决定。维兰托说明解散该组织有三点理由："第一，该组织作为一个法人社会团体，不发挥参与实现国家发展目标的积极作用；第二，有强烈迹象显示，该组织开展的活动与建国五项原则和1945年宪法的目标背道而驰，已违反2013年第十七号社团法令；第三，该组织开展的活动已引起社会冲突，这可能威胁到社会安全、公共秩序和国家的完整统一。"[②]

根据印度尼西亚2013年第十七号社团法令，解散一个社团须经过说服、书面警告、暂停活动三个程序。如果无效，那么经法院批准，政府才能解散社团，因此，印度尼西亚政府没有立即采取解散"伊斯兰解放阵线"的实际行动。在政府宣布解散伊斯兰解放阵线不久，2017年5月24日晚，雅加达东区一公交车站发生两起针对警察的爆炸袭击，造成3名警察和2名袭击者死亡，另有6名警察和5名平民受伤。[③]2017年7月10日，印度尼西亚总统佐科签署有关社会组织管理的2017年第二号法令，以替代2013年颁布的相关法令。依据新法令，印度尼西亚司法人权部将有权解散违反建国五项原则和宪法的民间激进组织，无需法院批准。[④]该法令为打击印度尼西亚国内极端势力铺平道路。7月19日，印度尼西亚政府宣布正式取缔"伊斯兰解放阵线"，印度尼西亚绝大部分伊斯兰社团纷纷表态支持政府的决定。印度尼西亚警方搜集了一些激进和极端社会组织的资料，提交给政治安全统筹部部长维兰托，这些违反印度尼西亚建国原则和宪法的激进组织将被陆续取缔。

印度尼西亚政府不断加大反恐力度，相关部门开始强化网络监管。2017年7月14日，政府查封了宣传极端主义思想，传播仇恨与指导炸弹制作方法，破坏国家社会稳定的网络社交平台——电报（Telegram）。政府要求国内社交网站经营者与政府职能部门保持密切合作，以防网站被不法分子用来从事恐怖活动。

---

① http://nasional.kompas.com/read/2016/08/29/07054941/teror.bom.gereja.di.medan.menunjukkan.lemahnya.program.deradikalisasi.

② http://finance.sina.com.cn/roll/2017-05-25/doc-ifyfqqyh8245879.shtml.

③ http://finance.sina.com.cn/roll/2017-05-25/doc-ifyfqqyh8245879.shtml.

④ http://www.jiemengbk.com/guojixinwen/43910.html.

印度尼西亚虽然是伊斯兰教信徒最多的国家，但是政府对激进的伊斯兰组织及其恐怖活动历来采取严打政策，以维护国家和人民安全。

第三节　民主改革时期的贪腐与肃贪

自1998年苏哈托下台后，印度尼西亚进入民主改革时代，建立了多党制。历届政府在制度、措施、廉政教育方面开展了不同程度的反腐败工作，其成效成为民众评价水平的重要参考依据。因此，反腐败成为印度尼西亚官方改革进程的主要组成部分，政府先后出台了肃贪法令和相关举措，成立了肃贪委员会，虽然印度尼西亚的腐败得到一定遏制，但效果并不显著，究其原因，主要是腐败根基较深，加之其传统的文化、政治制度，以及国家内部社会不稳定等因素，这对该国的反腐败工作产生了一定的消极影响。在印度尼西亚，腐败已成为一种生活方式，几乎渗透到了社会的各个层面，成为一种社会病。面对日益蔓延的腐败现象，印度尼西亚各界人士纷纷呼吁政府加大打击力度，一些腐败分子因此而受到了法律的惩处。但是，印度尼西亚反腐形势依然严峻。2010年，印度尼西亚肃贪委员会前主席安塔沙里·阿兹哈尔（Antasari Azhar）不得不承认，要将印度尼西亚国家公共部门的贪污现象彻底消除，可能还需要20多年的时间。[①]

国际反贪组织——透明国际组织自1995年开始发布各国贪腐印象指数，评比的依据是独立调查机构过去两年的资料。贪腐印象指数2012年前满分为10分，自2012起年满分为100分，分数越高表明越清廉。据透明国际组织公布的贪腐印象指数排行榜，1995年，印度尼西亚的贪污印象指数排行榜上居最底层，仅得1.94分。[②]自苏哈托下台后，印度尼西亚历届政府加大肃贪力度。印度尼西亚在各个国家和地区中排名也有所上升，但速度缓慢，且有反复。2015年印度尼西亚在168个国家及地区中名列第88位，贪腐印象指数为36分。[③]

一、政府出台反贪腐条例和措施

1998年哈比比上台后，人民协商会议发布了1998第一百一十一号肃贪决定（XI/MPR/1998），指令行政、司法、立法部门建立一个没有贪污、裙带关系、相

① http://news.sohu.com/20100902/n274660344.shtml.

② http://fanfu.people.com.cn/GB/10278915.html.

③ http://www.xcar.com.cn/bbs/viewthread.php?tid=26096049.

互勾结的清廉政府。哈比比执政期间，苏哈托的腐败案件没有得到解决。瓦希德上台后，在推进民主化改革的同时惩治腐败。印度尼西亚在反腐败工作中建立了较为完整的制度体系，也借助社会组织参与反腐败，同时建立起公务人员财产申报等预防制度。

1. 相关法令

（1）关于开展整治贪污受贿、相互勾结、裙带关系，建设廉洁、自由国家的印度尼西亚共和国1999年第二十八号法令”（UU RI No.28 Tahun 1999 Tentang Penyelenggaraan Negara Yang Bersih dan Bebas Dari KKN）。

该法令共10章24款，于1999年5月19日通过。其中第五款规定了国家管理人员的义务：任前结合各自宗教信仰宣誓，时刻准备接受任职前后的财产调查，上报和公布任职前后财产，不从事贪腐、勾结、裙带关系方面的活动，不分族群、宗教和派别地履行职责，以很强的责任心履行职责，不妄为，无私对待个人、家庭、伙伴和群体利益，不接受各种形式的违反法律规定的回报，依据现行法律法规时刻准备在腐败、勾结、裙带关系等案件中作证。

（2）印度尼西亚共和国关于肃贪联合小组的2000年第十九号规定（PP RI No. 19 Tahun 2000 Tentang Tim Gabungan Pemberantasan Tindak Pidana Korupsi）。

该规定共7章20款，2000年4月5日通过。

（3）肃贪委员会的2002年第30号印度尼西亚共和国法令”（UU RI nomor 30 Tahun 2002 Tentang Komisi Pemberantasan Tindak Pidana Korupsi）。

该法令共12章72款，2002年12月27日通过。该法令对肃贪委员会的义务、职责、办案程序、领导机构、处罚等做了详细规定，如第9章第65款规定：每位肃贪委员会成员如果有违反第36款[①]的规定，那么将会被判处5年以下有期徒刑。第67款规定：肃贪委员会成员或职员如果有腐败行为，那么所受处罚将在正常处罚的基础上加重三分之一。

2. 肃贪机构

印度尼西亚肃贪委员会于2003年成立，是独立机构。肃贪委员会的成立，目的是加强检察官和警察的相关作用，转变全国停滞不前的反腐败工作。早在20世纪50年代，印度尼西亚已设有反腐败机构，但未能取得成效。其中一个重要

① 第36款：肃贪委员会领导禁止：a.以任何借口与肃贪委员会所受理案件的当事人或相关人员有直接或间接联系；b.侦办案件当事人系自己直系亲属或与自己有上下三代血缘关系；c.兼任公司、基金会、合作社董事或经理，以及一切与上述职务有关的活动。

原因是只注重反腐败策略的惩治性措施，而缺乏其他的预防措施。因此，印度尼西亚肃贪委员会的成立是一个新的开始，并以新的角度审视腐败问题，确立了惩治与预防并重的策略。

肃贪委员会的职能及权力如下：协调及监管其他相关反腐败职能机构；对腐败行为进行预查、调查及检控工作；推行预防工作和监察政府管理。通过检察官办公室、警方，以及多个金融监管机构协调相关活动，向有关机构索取反腐败工作的调查材料；与具有反腐败职能的机构进行座谈或召开会议，以及向有关机构索取预防腐败的报告。在预防腐败工作方面，肃贪委员会负责的范围如下：核查国家官员的财产和举报腐败；指挥警方和检察机关查办案件，不需申请庭令便可获取情报、充公嫌犯资产、禁止嫌犯出境；在各级学校推行反腐败教育计划；设计及推广社会性消除腐败计划；为民众举办反腐败宣传活动；研究所有国家和政府机关的管理制度，旨在改善有关制度以减低潜在的腐败风险。①

政府鼓励那些富有正义感、有激情的年轻人加入到反腐败队伍中，着力建设由高素质年轻人才组成的反腐败队伍。

在被印度尼西亚地方法院判决有罪但最高法院的判决还没有下达之前，一些腐败官员能够利用各种途径携带大量赃款逃往国外，仅这一项就给印度尼西亚带来了数万亿印度尼西亚盾的损失。2004年，政府成立国外贪腐追逃小组（Tim Pemburu Koruptor ke Luar Negeri）。主要任务是追踪贪腐逃犯和赃款，协助检察官审理要案。国外贪腐追逃小组任务繁重，必须与外交部、情报机构、金融机构、国际刑警组织等密切合作，通过追逃和追赃震慑贪腐分子，尽可能地为国家挽回损失。

3. 政府首脑肃贪决心

2004年，苏西洛当选印度尼西亚总统后，不仅重新组建肃贪委员会的领导班子，还在民间设立“印度尼西亚贪污监察组织”，把打击贪污腐败和恐怖主义活动列为政府首要任务。苏西洛要求各部部长制订打击贪腐的具体措施。苏西洛在2004年12月9日国际反贪日②颁布总统令，宣布印度尼西亚进入反贪年。印度尼西亚外交部、国家发展计划委员会、国家审核局等政府部门也相继开展有关活动。此后，印度尼西亚在国际反贪日均开展反贪活动。2009年12月9日，雅加达

---

① http://fanfu.people.com.cn/GB/140330/10545897.html.

② 2003年10月31日，第58届联合国大会通过了《联合国反腐败公约》，并决定将每年12月9日确定为国际反贪日，http://www.sina.com.cn.

近万名民众举行了主题为“别让腐败毁掉发展”的大规模反腐败游行，游行者还表演了情景剧。2014年，印度尼西亚肃贪委员会在国际反贪日到来之际，举办了反贪节，在电视、网络、机场、重要政府机关大规模投放反贪广告。此外，政府在全国的小学、初中和高中开设反腐败课程，[①]将反腐败意识传给下一代。

2014年10月17日，新任总统佐科向印度尼西亚肃贪委员会和金融交易报告与分析中心提交了一份43人的内阁部长推荐名单，要求上述机构进行审查。肃贪委员会表示，上述机构只是按照总统团队的要求提供参考意见，对那些有很多问题的人选以红色做记号，稍微有问题的以黄色做记号，评估的依据是候选人是否涉及贪污案件，以及是否据实申报个人财富和收到的赠品来进行。肃贪委员会对佐科提交的内阁部长推荐名单进行了评估，结果有8名部长候选人资格被取消及替换，25人有问题，佐科因此而决定推迟宣布内阁名单。印度尼西亚官员腐败的原因之一是配偶的虚荣心和要求过多，因此，肃贪委员会建议佐科规定新部长及他们的配偶必须签署不索贿、不受贿、廉洁自律“保证书”。[②]

2014年10月20日，佐科在雅加达独立宫主持了34名部长与2名副部长宣誓就职仪式，6条誓言中有2条与反贪有关：“我发誓，当我被委任这个职位时，我不会以任何名义或借口，直接或间接送别人物品或承诺某种物品给别人；我发誓，在我担任这个职位时，我不会接受任何人直接或间接送的物品或承诺。”[③]

内阁部长宣誓就职后必须向肃贪委员会提交个人财富报表。此外，印度尼西亚国民军司令、人民协商会议主席、各省省长及国会议员均须向肃贪委员会提交财产报告，并由肃贪委员会向社会公示。

二、肃贪委查处的重大贪腐案件

根据印度尼西亚1999年第三十一号法令和2001年第二十号法令，主要有7种贪腐形式：致使国家财政亏损、行贿、受贿、侵吞公款、勒索、舞弊、贪污。[④]在长达十几年的肃贪斗争中，印度尼西亚的贪腐丑闻从未间断过。

2004—2009年6月间，印度尼西亚肃贪委员会查处、定罪的腐败案件共有

① http://difang.gmw.cn/newspaper/2014-12/12/content_102812083.htm.

② http://www.360doc.com/content/14/1222/14/2369606_434827395.shtml.

③ http://www.360doc.com/content/14/1222/14/2369606_434827395.shtml.

④ http://nasional.kompas.com/read/2016/08/29/08355371/korupsi.yang.menimbulkan.kerugian.negara.paling.banyak.terjadi.pada.semester.i.2016.

88起，其中仅2009年上半年就达24起。涉案者包括12名国会议员、3名部长和部长级官员、1名央行行长、4名副行长，以及多名省长、市长、县长，还有一部分检察官和外交官等。该委员会2008年的年报还显示，通过查处腐败案件，2007年收回国有资产达4 000多亿印度尼西亚盾（约合4 000万美元）。①

2007年9月17日，为帮助发展中国家追回被贪污的国家资产，联合国和世界银行发表了一份被称为“全球贪腐榜”的追回被盗资产倡议，其中将苏哈托列为全球首贪，称其非法所得高达150亿至350亿美元。②苏哈托于2008年1月27日13时10分在雅加达国家石油和天然气公司中央医院（Rumah Sakit Pusat Pertamina, Jakarta）病逝，享年86岁。随着他的去世，对他本人的继续指控也化为泡影。但是，对其家族的指控并没有终止。2010年，在印度尼西亚最高法院公布的最新判决中，要求苏哈托家族归还通过苏帕斯马基金会挪用的巨额国有款项。然而雷声大、雨点小，最终不了了之。对苏哈托家族贪腐行为处理不彻底的状况，严重地削弱了民众对政府肃贪的信心，成为民众对几任国家领导人支持率下降的原因之一。

2016年2月21日，印度尼西亚肃贪委员会主席阿古斯·拉哈尔佐在泗水1945年8月17日大学（Untag）毕业典礼上作辅导讲话时提到：肃贪委员会已经逮捕涉嫌贪污的国会议员81人、省长14人、县市长148人，以及相当于第一梯队和第二梯队的官员118人。③从肃贪和查处的案件情况看，权权、权钱、权色交易与官商勾结等形式的贪腐主要集中在立法和执法机构、政府行政管理部门、金融业、企业和教育等部门。

印度尼西亚立法机构是腐败的重灾区，从已破获的贪腐案看，国会和地方议会议员利用手中立法、立项、审批的权力受贿，甚至发展到集体受贿，在社会造成负面影响。

26名国会财政委员会前议员，涉嫌2004年分别接受价值1.5亿印度尼西亚盾和14.5亿印度尼西亚盾的旅行支票，以换取提名米兰达（Miranda Goeltom）出任

① 1998年10月19日，印度尼西亚盾和美元的汇率：1美元＝8 000盾。2016年8月为1美元=12 925盾。

② http://baike.baidu.com/link?url=ayH8kKr6KO9NwYJZnqquTVXG6ZIQU0ckko0MbG3IV2F8ypgjhZDVcOCOmgseOkpbB_sIomp8_JnDBcJ6QU-5ga.

③ http://www.shangbaoindonesia.com/indonesia-berita/%E8%82%83%E8%B4%AA%E4%BC%9A%E5%BB%BA%E8%AE%AE%E5%AE%A1%E6%9F%A5%E7%A7%81%E4%BC%81%E6%96%B9%E9%9D%A2%E7%9A%84%E8%B4%AA%E6%B1%A1.html.

印度尼西亚中央银行副总裁。据肃贪委员会调查，这笔钱出自印度尼西亚商界。肃贪委员会经过3年的侦查后，把26名前议员列为嫌犯，有1人已经去世。2010年，4名参与这一案件的国会议员被收监，印度尼西亚民主斗争党派副主席潘达·纳巴班（Panda Nababan）也遭收押，被指受贿14.5亿印度尼西亚盾。①

2004年5月，印度尼西亚西苏门答腊省省会巴东市宣判了一起特大集体贪污案，该省议会55名议员中包括议长、两名副议长在内的43人涉案。经过调查，检察机关认定该省共有43名省议员贪污了2002年省议会年度预算中的64亿印度尼西亚盾（约合72万美元）资金，该资金包括保险津贴、政府部门租房补助、移动电话费补助及其他津贴。经过法庭辩论，巴东地方法院最后作出判决，分别判处该省议长阿尔宛·卡斯利（Arwan Kasri）和两名副议长马斯法·拉西德（Masfar Rasyid）、迪地·纳齐夫·鲁布克（Titi Nazif Lubuk）两年零三个月的有期徒刑。其余40名议员则分别被判处两年有期徒刑。此外，法院还判处他们分别交出1亿印度尼西亚盾到1.8亿印度尼西亚盾不等的赃款，并对每人处罚金1亿印度尼西亚盾。除上述43名省议员外，另有7名来自军警界的该省议员也被指控参与了这起集体贪污公款的丑闻。该省55名议员中竟有50人牵涉此案。②

印度尼西亚东南苏拉威西省检察机关于2004年8月20日以贪污罪的名义宣布逮捕当地22名地方议员。另外3人有军队和警察背景，交由军警当局处理。这些议员涉嫌贪污省立法机关预算12亿印度尼西亚盾（约合10.63万美元）。此外，印度尼西亚其他地区也有不少类似案件，其中西爪哇省井里汶市地方议会的全部30名议员被控非法挪用2001年市财政预算中的国有资金，均因贪污罪被送上审判台。③

2016年9月14日，雅加达法庭开庭审理西苏门答腊省公路设施、室内设计、住宅管理局局长苏普拉普托（Suprapto）向国会第三委员会议员、民主党副司库伊·普图·苏迪阿尔塔纳（I Putu Sudiartana）行贿一案。苏普拉普托被控与企业家尧甘·阿斯坎（Yogan Askan）贿赂普图5亿印度尼西亚盾，目的是促使普图设法帮助增加西苏门答腊2016年基础设施专项分配资金。该案件涉及西苏门答腊

① http://www.xjkunlun.cn/xinwen/szyw/guojiyw/2011/2070276.htm.

② http://news.sina.com.cn/w/2004-08-23/08503467316s.shtml.

③ http://news.sina.com.cn/w/2004-08-23/08503467316s.shtml.

12个路段的建设，资金3 000亿印度尼西亚盾。[①] 2017年3月8日，伊·普图·苏迪阿尔塔纳被判入狱6年，罚款2亿印度尼西亚盾。[②]

2016年，北马鲁古省，包括色拉姆（Seram）岛有19个配套工程，包括14条公路和5座桥梁。为了获得上述多项建设工程项目及国民住宅建设工程，维度·通噶尔·乌塔玛（Windhu Tunggal Utama）有限公司执行总裁阿卜杜勒·科伊尔（Abdul Khoir）被曝花了40.4万新元贿赂国会专业集团党议员布迪·苏普利延托（Budi Supriyanto）。通过民主斗争党议员达玛研蒂·毗湿奴·普特兰蒂（Damayanti Wisnu Putranti）的两位秘书尤利娅·普拉瑟特亚丽妮（Julia Prasetyarini）和德西·艾德维（Dessy A Edwin）送给达玛研蒂9.9万新元。[③]行贿的目的是促使布迪提出维修预算为500亿印度尼西亚盾的马鲁古威利纳玛—莱姆（Werinama-Laimu）公路的动议，促使达玛研蒂·毗湿奴·普特兰蒂在国会提出扩建预算为410亿印度尼西亚盾的特浩鲁—莱姆（Tehoru-Laimu）公路的动议。在该案件中，肃贪委员会确定国会第五委员会达玛研蒂、布迪和国家使命党议员安迪·陶梵·蒂洛（Andi Taufan Tiro）为嫌疑人。[④]2016年9月26日，达玛研蒂被控受贿81亿印度尼西亚盾获刑4年半，处罚金5亿印度尼西亚盾。德西·艾德维和尤利娅·普拉瑟特亚丽妮分别获刑4年。[⑤]

2011年1月17日，印度尼西亚内政部部长贾马万·法乌兹（Gamawan Fauzi）在雅加达同地方代表议会举行会议时指出，共有155名地方政府领导人被认定为贪污嫌犯，他们当中有17人是省长。[⑥]2013年，印度尼西亚法庭共审理了141起涉及政府官员的贪污案件。[⑦]

1999年哈比比执政时期担任贸易部部长并主管后勤服务署（Bulog）的拉哈迪·拉莫兰（Rahardi Ramelan）因盗用公款于2002年12月24日被判处两年监禁，

---

① KPK Amankan Enam Orang Terkait Suap Proyek Jalan di Sumbar, http://nasional.kompas. com/read/2016/06/29/ 21193511/kronologi.penangkapan. politisi. demokrat.i.putu. sudiartana. oleh.kpk.

② http://nasional.kompas.com/read/2017/03/08/20493551/putu.sudiartana.divonis.enam.tahun.penjara.

③ http://nasional.kompas.com/read/2016/09/26/07182461/mantan.anggota.komisi.v.dpr.damayanti.hadapi.vonis.hakim.

④ http://nasional.kompas.com/read/2016/09/13/11373311/kpk.periksa.anggota.komisi.v.dpr.dari.fraksi.pdi-p.

⑤ http://nasional.kompas.com/read/2016/04/11/20004691/Damayanti.Wisnu.Jatah.Suap.Anggota.DPR.Seperti.Ban.Berjalan.

⑥ 中新网2011年1月19日电，据新加坡《联合早报》报道。

⑦ www.360doc.com/content/14/1222/14/2369606_43482.

同时处以5 000万印度尼西亚盾的罚款，另行赔偿政府4亿印度尼西亚盾的损失，并负责支付案件审理费用。①

2005年4月11日，印度尼西亚特别肃贪法庭以贪污罪判处亚齐特区区长阿卜杜拉·普狄（Abdullah Puteh）10年监禁，并处以41亿印度尼西亚盾（约合43.1万美元）的罚金。印度尼西亚肃贪部门指控普狄在2002年7月把地方财政中用于支付地方公务员薪水的公款挪作购买俄制直升机之用。在此过程中，普狄还虚报直升机价格，将7.5亿印度尼西亚盾存入私人银行账户，并将这些钱付给了经手购买直升机的私人公司。检方指控普狄给国家造成108亿至136亿印度尼西亚盾的损失。但普狄否认检方的指控。②

2008年6月19日，印度尼西亚肃贪委员会调派30人对高等法院展开突击行动，没收了高院的一些文件，目的是搜查其官员挪用行政费用的证据。印度尼西亚最高法院院长巴基尔·马南（Bagir Manan）和两名法官被指贪污，此事涉及9～12名司法人员。案件主角是前总统苏哈托同母异父的弟弟普罗博苏特佐（Probosutedjo），他被控挪用政府的重新造林基金造成国家损失1 000亿印度尼西亚盾，罪名成立后被判坐牢4年。不过，法院后来把刑罚减半，并允许暂缓执行。③

2009年11月25日，印度尼西亚警方总探长杜亚基（Duadji）因卷入监禁反腐调查员一案而被调职，杜亚基因受贿及滥用职权罪被判处三年半监禁。④

交警前总长佐科·苏西洛（Djoko Susilo）因涉嫌在采购驾驶模拟器时贪污了320亿印度尼西亚盾而被判刑10年。⑤

宪法法院前院长阿基尔·莫赫塔尔（Akil Mochtar）在地方选举中涉及受贿案件多达15起。案情显示，自从出任国会议员以来，阿基尔接受贿金高达570亿印度尼西亚盾（约610万新元），此外涉及洗钱案件。2010年10月22日至2013年10月2日期间，阿基尔涉及洗钱金额共计1610.8亿印度尼西亚盾。⑥阿基尔不能证实资产的合法性。2013年10月，肃贪委员会对阿基尔提起诉讼，指控其在任期间收受地方领导人巨额贿赂，对地方选举施加影响，贪污赃款达578亿印度尼西亚

① http://news.sohu.com/71/47/news205204771.shtml.
② http://news.sohu.com/20050411/n225131052.shtml.
③ http://news.QQ.com.
④ 中国广播网，2009年11月25日。
⑤ http://www.antaranews.com/en/news/90590/kpk-likely-to-appeal-djoko-susilos-light-sentence.
⑥ http://www.zaobao.com/sea/politic/story20140224-313600.

盾。由于牵涉案件众多，阿基尔腐败案的判决听证会足足持续了8小时。2014年6月，印度尼西亚雅加达肃贪法庭判处阿基尔终身监禁，这是该法庭自2003年成立以来最重的量刑。

2015年6月24日，廖内省前省长阿纳斯·马门（Annas Maamun）在万隆肃贪法庭获刑6年，罚金2亿印度尼西亚盾。[①]

印度尼西亚检察长办公室前资深检察官古纳万（Gunawan）被定罪，获20年有期徒刑。古纳万被判从女商人阿尔塔莉塔（Artalyta Suryani）那里接受了66万美元的贿赂，这笔钱是作为他帮助停止对银行大亨林德祥调查的酬劳。林德祥因在10年前亚洲金融危机期间贪污央行30亿美元而受到查处。[②]

自2014年4月22日起，肃贪委员会着手公开调查印度尼西亚内政部2011—2012年电子身份证项目贪污案。当时，负责上述6万亿印度尼西亚盾项目的内政部人口登记司人口信息管理处处长苏给哈托（Sugiharto）被指控为嫌疑人，他是该工程合同的草拟者。肃贪委员会的调查显示，该项目在技术领域不符合招标合同要求。2017年1月，肃贪委员会已查获赃款2470亿印度尼西亚盾。[③]上述赃款主要是在电子身份证项目实施过程中，个人及企业贪污的现金和存款，涉案人员多达280人。[④]内政部人口登记司前司长伊尔曼（Irman）被列为嫌疑人，他涉嫌利用职务便利抬高电子身份证价格。财政与建设监督局（BPKP）的数据显示，电子身份证贪污案中因人为加价高达6万亿印度尼西亚盾，使国家蒙受损失2.3万亿印度尼西亚盾。[⑤]

2016年12月13日，肃贪委员会传唤国会议长、时任国会专业集团党总主席诺凡多（Novanto），询问有关涉嫌电子身份证贪污案。电子身份证贪污案与国会有密切关系，特别是在批准预算方面，当时诺凡多兼任专业集团党司库，因此，肃贪委员会质疑诺凡多或涉嫌电子身份证贪污案。民主党前司库纳扎鲁丁（Nazaruddin）、国会前议员在接受调查时曾提到诺凡多牵涉此案，从珊迪帕拉·阿塔普特拉（Sandipala Arthaputra）印刷公司老板帕乌鲁斯·塔诺斯（Paulus Tannos）处分得10%的报酬。[⑥]诺凡多否认涉案。纳扎鲁丁提到的名字还有内政部原部长卡

---

① TEMPO/Prima Mulia, RABU, 24 JUNI 2015 | 17:23 WIB.

② http://news.qq.com/a/20080619/002125.htm.

③ http://www.qiandaoribao.com/news/90360.

④ http://nasional.kompas.com/read/2017/02/14/19063791/dua.tersangka.kasus.korupsi.e-ktp.segera.diadili.

⑤ http://www.qiandaoribao.com/news/88932.

⑥ http://nasional.kompas.com/read/2017/01/11/12034261/pejabat.kemendagri.dipanggil.kpk.untuk.kasus.e-ktp.

马万和民主原党主席阿纳斯·乌巴宁鲁姆（Anas Urbaningrum）。随着案件审理的深入，涉案人员不断增加。2017年4月，国会议长诺凡多作为电子身份证贪污案中的证人被肃贪委员会禁止在6个月内出国。肃贪委员会曾11次传唤他到庭，但他8次以患病、须总统批准、交通事故、质疑肃贪委员会法规等理由缺席，逃避审查。2018年4月24日，诺凡托因在电子身份证项目中涉及贪污、受贿、利用职权之便从事非法交易，被雅加达惩治腐败犯罪法庭法官小组判监禁15年，罚金5亿印度尼西亚盾。[①]在电子身份证案后期审理中，肃贪委员会收到涉案的部分企业家、国会议员退还的贿赂金,总额2800亿印度尼西亚盾。[②]

在印度尼西亚，有一个突出现象，即党务人员涉腐现象严重。印度尼西亚肃贪委员会宣布增加肃贪措施，强制要求所有俸禄与个人财产不相称的政党领袖和公务员必须给予合理解释。[③]所有政党须上报竞选筹集的资金数额。2008年第二号法令和2011年第二号法令（UU Nomor 2 Tahun 2008 dan UU Nomor 2 Tahun 2011）规定政党只有3种进项：党费、赞助和政府补贴（APBN/APBD alias belas kasih negara），个人赞助每年不超过10亿印度尼西亚盾，公司或事业单位每年不超过75亿印度尼西亚盾。政府补贴非常有限，即根据各政党在大选中所获选票数量拨付，每个政党4～23亿印度尼西亚盾不等。[④]

2013年1月，肃贪人员突袭了雅加达一家酒店的房间，查到了一名叫艾哈迈德·法萨纳（Ahmad Fathanah）的男子与一名19岁的裸体女学生和一个装了10亿印度尼西亚盾（约合63.2万元人民币）的手提箱。[⑤]艾哈迈德是繁荣公正党主席鲁特非·哈桑·伊萨（Luthfi Hasan Ishaaq）的私人助理，在2009年举行的上一届全国选举中，该党以提倡个人品德，以及对腐败零容忍的竞选纲领，在国会赢得了排名第四的席位数。据艾哈迈德交代，他是替自己的上司收下这笔钱的，那是当地一家公司的行贿款，为的是确保公司在政府发放的进口牛肉配额中得到更大的份额，这些进口牛肉大部分来自澳大利亚。鲁特非随即辞职，并作为贪腐嫌疑人被捕。2013年12月，鲁特非因贪污和洗钱被判入狱16年。肃贪委员会调查时起

① htps:/m,weixin..com/0eauw0w387280.

② http://nasional.kompas.com/read/2017/03/09/07444071/kamis.pagi.pengadilan.tipikor.gelar.sidang perdana korupsi. e-ktp.

③ http://www.therocket.com.my/cn/.

④ http://www.therocket.com.my/cn/.

⑤ http://www.guancha.cn/NiuYueShiBao/2013_05_22_146282.shtml.

获了13亿印度尼西亚盾贿款和6辆名贵轿车。鲁特非还将巨额贿金通过馈赠方式转移给几十名女士，包括1名成人杂志模特。[①]

2012年共有52名政党要人卷入腐败案件。其贪污腐败的主要动机是募集资金以准备2014年大选。同日，印度尼西亚腐败观察组织研究员阿贡·维达迪（Agung Widadi）召开年终记者会指出："经统计，14名专业集团党官员涉嫌腐败，占比最大，其次是执政党民主党，该党派有10名官员涉及腐败案件。"[②]

鉴于政党经费不足和贪腐的实际情况，肃贪委员会建议政府承担政党50%的经费，[③]以缓解政党的经费需求，避免政党要人贪腐落人口实。

印度尼西亚在肃贪工作中虽然建立了较为完整的制度体系，也借助社会组织参与反腐败，同时建立起公务人员财产申报等预防制度，但是印度尼西亚的反腐败工作并没有迅速取得成效。肃贪面临的主要问题表现在几个方面：

1. 执法机构内部相互指责和报复

印度尼西亚肃贪委员会先后逮捕了印度尼西亚前部长、最高法院前法官、交警前总长，被其检举和审查的人几乎都被定罪，肃贪委员会成为印度尼西亚最成功及最受欢迎的执法机构。这却导致该委员会频频遭受政治攻击，国会和警方设法制止肃贪委员会扩大其权力。在印度尼西亚，肃贪委员会触碰到权贵人物时也遭遇到强大阻力，频遭攻击。

2012年，肃贪委员会指控交警前总长佐科·苏西洛受贿，2013年4月开庭，佐科·苏西洛面临多项指控，包括洗钱、滥用职权和渎职。在雅加达特别法庭上，检方用了4小时读完长达135页的起诉书。经过近5个月的审理后，肃贪法庭的5名法官一致裁定佐科·苏西洛贪污和洗钱罪名成立，没收了他的财产，判处其10年监禁。警方起初反对把案子交给肃贪委员会处理，坚持自行调查，不仅拒交证据，还将20名借调肃贪委员会的调查员召回，甚至冲入肃贪委员会总部，要求交出佐科·苏西洛案件主要调查人员，最终，因民众反对作罢。[④]对此，佐科总统出面调停，敦促警方按照法律程序和相关制度办案，避免双方发生摩擦。

2015年1月，佐科总统提名唯一候选人布迪·古纳万（Budi Gunawan）出任

---

① http://gb.cri.cn/27824/2013/02/01/3245s4010720.htm.

② http://news.sohu.com/20121228/n361942625.shtml.

③ http://nasional.kompas.com/read/2017/01/19/09372171/saat.pdi-p.dan.demokrat.saling.sindir.soal.kasus.korupsi.

④ http://www.chinanews.com/gj/2013/04-24/4761578.shtml.

警察总长，提名次日，肃贪委员会指证布迪·古纳万涉嫌受贿，被列为贪污嫌犯。调查证据表明古纳万多个银行账户中430万美元与刑事犯罪贿赂有关。布迪·古纳万曾在梅加瓦蒂担任副总统和总统期间担任其副官，提名前任警方培训机构主管。尽管古纳万因涉嫌腐败被调查，但国会没有撤销对他的提名，佐科总统仅宣布推迟上述任命。在肃贪委员会调查期间，古纳万不甘示弱，展开反击：一方面，要求南雅加达市地方法院预审该案，宣布肃贪委员会对他的指控无效；另一方面，说服国家警察总部刑探司追查肃贪委员会领导层过去记录在案的刑事行为。印度尼西亚警方随即宣布肃贪委员会主席阿布拉哈姆·萨玛德（Abraham Samad）、副主席班邦·维焦延托（Bambang Wijoyanto）为刑事案嫌疑人，并威胁调查这个委员会的其他高级官员。佐科总统于23日召见肃贪委员会主席和国家警察署代理署长巴德鲁丁·海迪（Badroddin Haiti），敦促他们避免两个部门之间发生摩擦，要求两部门确保法律程序客观、合法。[①]2015年2月24日，南雅加达市地方法院裁定，同意被提名为下届警察总长的布迪·古纳万中将的申诉，肃贪委员会把他列为贪污嫌犯为不合法，对古纳万展开的调查和指控无法律依据。刚上任的警察总部刑探司司长瓦塞索（Waseso）也下令逮捕肃贪委员会副主席维焦延托，罪名是涉嫌4年前中加里曼丹省某县长选举纷纷中作假证案。尽管警方在民众的抗议下未把维焦延托拘押，但仍列为刑事犯候审，待进一步侦讯。警方还指证肃贪委员会主席萨玛德曾于2007年在南苏拉威西省当律师期间，伪造证件协助一名林姓华裔女子办理护照，虽然他已否认，但警方最终仍把他列为刑事罪嫌犯。佐科总统在南雅加达市地方法院宣判后48小时做出决定，取消对古纳万的提名，由现任副警察总长巴德罗丁·海迪接任警察总长职位。[②]

最终，佐科总统宣布暂停肃贪委员会主席萨玛德和副主席维焦延托的职务，理由是二人已被警方定为刑事案嫌犯，同时任命肃贪委员会前任主席陶菲库拉曼（Taufiequrrahman Ruki）取代萨玛德。印度尼西亚肃贪委员会和警察局之间摩擦不断，从长远利益来看，反腐败机构之间产生摩擦必定会为印度尼西亚反腐败工作造成不利影响，产生内耗，降低民众对反腐败的信心。

肃贪委员会调查员和来自民间相关组织人员甚至受到人身伤害。2010年7月，印度尼西亚贪污监察组织成员塔马·朗昆（Tama Langkun）清晨看完电视转播的世界杯足球赛后，在骑电动车回家途中被一辆汽车与摩托车逼停，4名凶徒对其

① http://world.huanqiu.com/hot/2015-01/5497280.html.

② http://www.qikan.com.cn/article/hwxy20150609.html.

拳打脚踢，并使用利器击伤其头部，致使塔马·朗昆身受重伤。此前，塔马曾经参与调查几名警察高官贪污案件。[①]事件发生后，总统敦促警方彻查。2017年4月11日，肃贪委员会资深探员诺菲尔·巴斯瓦丹（Novel Baswedan）在雅加达北部椰风新城的住家附近进行晨练时遭到两名不明身份歹徒的袭击，歹徒向其眼部和脸部泼洒了硫酸，致使其脸部严重烧伤。当日，警方成立了联合调查小组，全力侦破案件，但案件迟迟未侦破。此前，诺菲尔·巴斯瓦丹曾遭到6次人身攻击。[②]

为了消除执法部门间在肃贪方面的“隔阂”，肃贪委员会与警方定期或不定期地互访和交流。2016年8月20日，国家警察总长狄托·卡纳维安（Tito Karnavian）上将率领多名国家警察将领拜访国家肃贪委员会总部，协商合作事宜，并与肃贪委员会主席阿古斯·拉哈尔佐共同会见媒体。国家警察刑事与侦探局局长阿里·多诺（Ari Dono）中将、国家警察刑事与侦探局副局长阿里艾弗·苏力斯坦托（Arief Sulistyanto）少将以及国家警察发言人波伊·拉佛里·阿玛尔（Boy Rafli Amar）少将，和其他中下级警官参加了活动。[③]

2. 立法机构介入司法程序

一直以来，印度尼西亚立法机构试图限制和削减肃贪委员会的权力，甚至有意修改肃贪法令，如“把原贪污救灾款的贪污犯可被判死刑的法令撤销；贪污2 500万印度尼西亚盾以下的贪污犯，若归还贪污款，则可免于刑罚。[④]2017年4月28日，印度尼西亚国会全会在党团意见不统一的情况下，通过了由8个党团26名国会议员联名提出的对肃贪委员会行使调查权的动议，[⑤]从而确立国会对肃贪委员会的监督权。当日，主持全会的国会副议长法赫利（Fahri Hamzah）在会上询问与会的283名议员，是否同意批准运用调查权的提案，一些议员同声回答

---

① http://www.shangbaoindonesia.com/fokus/%e6%80%bb%e7%bb%9f%e6%8c%87%e4%bb%a4%e6%80%bb%e8%ad%a6%e5%af%9f%e9%95%bf-%e5%bd%bb%e6%9f%a5icw%e6%88%90%e5%91%98%e9%81%ad%e8%99%90%e5%be%85%e6%a1%88.html.

② http://mp.weixin.qq.com/s/Sj7JGlB2jUGS9AutrX8dHg.

③ http://www.shangbaoindonesia.com/indonesia-berita/%E8%82%83%E8%B4%AA%E4%BC%9A%E5%B0%86%E4%B8%8E%E5%9B%BD%E5%AE%B6%E8%AD%A6%E5%AF%9F%E5%90%88%E4%BD%9C%E8%81%94%E5%90%88%E8%B0%83%E6%9F%A5%E5%A4%84%E7%90%86%E5%A4%A7%E5%9E%8B%E6%A1%88%E4%BB%B6.html.

④ http://ido.3mt.com.cn/Article/201105/show2217154c30p1.html.

⑤ http://nasional.kompas.com/read/2017/04/29/07121971/ini.daftar.26.anggota.dpr.pengusul.hak.angket.kpk.

"同意"。法赫利即刻举起和落下木槌，表示通过。[①]尽管有一些派系反对，但国会仍然通过了这项提案。反对运用调查权的是民主党派系、民族复兴党派系和大印度尼西亚行动党派系。支持国会举行调查权的政党代表来自专业集团党、大印度尼西亚行动党、民主党、民主斗争党、国民民主党、建设团结党、民族复兴党。人民良心党、公义福利党派系则表示先请示党的领导人后再表态。

2017年5月5日，佐科总统由国务秘书普拉迪克诺和总统发言人约翰·布迪陪同，在独立宫会见肃贪委员会领导人：主席阿古斯·拉哈尔佐（Agus Rahardjo）、副主席巴沙里亚·盘查一坦（Basaria Pandjaitan）、沙乌特·希图莫朗（Saut Situmorang）和阿勒贤德尔·马尔瓦塔（Alexander Marwata），听取肃贪委员会关于改进政府管理系统，以实现诚信、廉洁政府的反馈意见，并明确表示支持肃贪委员会采取的各种措施。

对肃贪委员会行使调查权的提案是国会第三委员会于4月18、19日与肃贪委员会举行听证会时提出的。当时第三委员会要求肃贪委员会公开披露对第二委员会人民良心党（Hanura）国会原议员蜜尔艳·哈里亚妮（Miryam S Haryani）的审讯录音，该录音记录了蜜尔艳·哈里亚妮作为证人时，表示曾经遭到其他国会议员的威胁。后来，蜜尔艳·哈里亚妮在接受肃贪委员会贪腐法庭庭审作证过程中翻供。肃贪委员会以蜜尔艳·哈里亚妮提供了不确实或虚假的供词，将其列为电子身份证贪污案新的犯罪嫌疑人。[②]国会第三委员会决定，将成立特别调查委员会调查该案件，以便获得该录音。肃贪委员会菲比利·帝安沙（Febri Diansyah）表示，肃贪委员会尊重国会的调查权，但不会将正在接受调查的嫌犯蜜尔艳·哈利亚妮或另一位嫌疑犯安迪·阿古斯帝努斯（Andi Agustinus）交给国会进行调查，认为国会是立法机构，希望国会不要插手司法工作。

3. 国民对肃贪的认知

1998年，苏哈托下台后，政府加大了反腐力度，受到民众的欢迎，但印度尼西亚普通民众的反腐意识有待加强。去印度尼西亚政府机构办事送红包的观念已经渗透到国家的各个阶层，民众已习以为常。印度尼西亚民众通常把腐败分成好

---

① "Saya ingin menanyakan kepada seluruh anggota, apakah usul menggunakan hak angket terhadap tugas dan kewenangan Komisi Pemberantasan Korupsi dapat disetujui menjadi hak angket DPR? Setuju?" tanya Fahri Hamzah.Satu detik kemudian, Fahri langsung mengetok palu yang ada di depannya.http://nasional.kompas.com/read/2017/04/29/10095821/drama.rapat.paripurna.dpr.loloskan.hak.angket.kpk.

② http://news.news-com.cn/a/20170421/10294118.shtml.

和坏两类。坏腐败是指当官员应该做某事而没有做时，你被迫给他钱；好腐败是指当你想要做一些不被允许做的事情时，你可以向官员行贿，从而达到目的。印度尼西亚中央统计局2014年发布的上年度反腐败行为指数显示，2013年的反腐败行为指数属“对腐败非常宽容”一级。该局随机调查了33个省的1万个家庭，其中43%的人认为在办理身份证等民事文件时给官员额外的钱属正常情况，37%的人认为贿赂交警以求办理驾照或加快办理程序属正常情况。①

官员腐败成为日常生活的组成部分，很多情况下公众和受害者会觉得腐败是不可避免的，甚至民众在一定程度上认同腐败，容忍官员、政治家和司法人员的腐败行为，致使公众利益受损。

三、结语

印度尼西亚有着悠久的历史，是人类发源地之一，远古时期已有人在此繁衍生息。早在公元前2世纪后半期，在印度尼西亚出现了最早的奴隶制国家叶调。3～7世纪出现了古戴、达鲁玛、耶婆提、干陀利等分散的小王国。

印度尼西亚历史上，世界四大文化，而印度文化、欧洲文化、伊斯兰文化、中国文化在这里碰撞、交融，逐步形成了现今带有本土特征的多元文化。婆罗门教、印度教、佛教、伊斯兰教、基督教、天主教先后传入印度尼西亚，对印度尼西亚人民的社会生活产生巨大影响。

印度尼西亚古代国家，早期从部落演变为小国，中期再通过不断的战争扩张形成大国，大国之间的制衡、王国内部王权的争夺、大国的兴衰导致了王国和王朝的更替。王族复杂的家庭关系加剧了王位的争夺，甚至为了解决王位继承问题，将王国一分为二，此举不仅破坏了封建专制王国的完整性，也为后来王国间的战争埋下了祸根。印度尼西亚古代王国的社会基础主要是农业和海上贸易，肥沃的土壤、充足的水源、便利的港口是一个国家变得强大而必不可缺的要素，也成为各王国争夺的主要对象。城市商品经济的发展破坏了农村公社的生产关系，中央集权制的高度集中引发地方领主与中央政权之间的矛盾，地方叛乱频发。

在印度尼西亚，王国更替过程中自然灭亡的较少，大多是地方领主借领地强大的领主及王国的衰弱摆脱其依附的王国，另建国家，如苏门答腊的亚齐王国，原先为依附帕迪尔（Pedir）王国的小国，后来随着国力的增强，亚齐王国征服了

① http://www.chinatimes.com/cn/realtimenews/20141203004332-260408.

帕迪尔王国，使其成为了自己的属国，正式建立了强大的亚齐伊斯兰王国。有的是借助地方叛乱取代国王，更改国名，如13世纪初，杜马坡（Tumapel）领主庚·阿洛（Ken Arok）利用农民起义推翻谏义里王朝建立新柯沙里王国。有的是一国被另一更加强大的国家吞并，成为其附属国，如室利佛逝王国战败后成为麻喏巴歇王国的属国，拉登·巴塔（Raden Patah）联合泗水、杜班、马杜拉等地的地方领主，推翻了麻喏巴歇中央政权，建立了爪哇第一个伊斯兰教国淡目王国，而麻喏巴歇当时并没有灭亡，成为其属国，领地变小。上述史实构成印度尼西亚古代王国更替的主要特点。

1596年，荷兰人进入印度尼西亚群岛。1602年，荷兰在印度尼西亚成立东印度公司，行使殖民主义政府职权，在印度尼西亚实行强征暴敛，强迫种植和垄断制度，不断引起印度尼西亚人民的反抗。1800年，荷印殖民政府取代破产的东印度公司，这标志着荷兰殖民政策由先前的与当地封建王国妥协转变为更加积极的渗透和扩张。

1811—1816年，英国在印度尼西亚建立了殖民地政府，副总督莱佛士在爪哇推行自由竞争政策，以代替具有高利贷和掠夺性质的荷兰经济和政治制度，但以失败告终。后根据《伦敦条约》，荷兰于1816年逐渐恢复对印度尼西亚的殖民统治。1895年以后，荷兰改变在印度尼西亚的殖民政策，推行所谓的“道义政策”等。19世纪末至20世纪初，荷兰发动多次大规模殖民战争，直至1903年征服亚齐，才完全征服全印度尼西亚。

1908年，以至善社的成立为标志，印尼民族主义运动兴起。1912年，伊斯兰教联盟成立，印尼民族主义运动成为广泛的群众运动。1920年5月23日，印度尼西亚共产党成立。1926年，印尼爆发反抗荷兰殖民主义统治的第一次全国性民族大起义，起义被镇压。1927年7月4日，在苏加诺的领导下成立印尼民族党，反对殖民主义，要求印度尼西亚独立。在荷兰殖民主义政府的严厉打击下，20世纪30年代民族主义运动转入低潮。

1942年，日军侵占印度尼西亚，印尼民族解放运动遭受严重打击。1945年，日本投降后爆发争取民族独立的八月革命。8月17日，苏加诺宣告印度尼西亚独立，成立印度尼西亚共和国，颁布了1945年宪法，苏加诺和哈达分别出任总统、副总统。

在苏加诺担任总统时期，政党、总统和军队的政治力量交织在一起，导致了内阁的频繁更替。自1945年8月17日苏加诺宣布印度尼西亚共和国成立至1967

年3月11日苏哈托任代总统，22年间印度尼西亚内阁更迭达18次之多。在恢复1945宪法前的自由民主时期，各党分歧较大，争斗不断，内阁成为各政治力量角逐的中心地带。在恢复1945年宪法后的有领导的民主时期，总统权力扩大，政党的政治作用被削弱，总统力量在内阁更替中起到主导作用。

独立初期，印度尼西亚军人集团一直作为一支不可忽视的政治力量活跃在政治舞台上，右派军人集团作为一支反共的右翼势力影响印度尼西亚政局。军队利用紧急状态法所赋予的权力，分别接管了一部分外国企业，很快控制了大部分国家资本。军队上层逐渐转变为官僚资产阶级，为了维护其既得利益，必然寻求政治上的支持。因此，他们对内阁的更替施加越来越大的影响。1959年，纳苏蒂安支持苏加诺总统用武力强行解散制宪会议，恢复1945年宪法，此举为右派军人集团以专业集团的身份直接干预政治铺平了道路。1964年，苏加诺总统组建了“两项人民命令”内阁，其中四分之一是军人。可见，印度尼西亚右派军人集团在内阁的更替中发挥着举足轻重的作用。随着与政党的紧密合作，军队参政能力不断增强，却也逐渐陷入与政党类似的党派之争。军队与总统、政党的关系变得更加复杂，使得军队不仅直接影响政治，也间接地改变了内阁中不同政治势力的力量对比。

印度尼西亚独立初期面临着荷兰的政治分裂和经济封锁，政府没有采取有力的反抗措施，而是奉行妥协的对外政策，这不仅成为反对党抨击执政政府、进行倒阁运动的主要原因，也引发了广大印度尼西亚人民的强烈不满，导致几届内阁被迫下台。内阁更替中，资产阶级占主导地位，在处理对外关系方面，均表现出资产阶级具有的妥协性和软弱性特征，而内阁也往往因失去核心政党的支持而倒台。

苏加诺认为内阁更迭频繁、政局动荡不定的主要原因是内阁的组成不能反映社会上存在的民族主义、宗教主义和共产主义三种思潮。为使内阁稳定，苏加诺提出建立互助合作内阁或纳沙贡[①]内阁，实行“有领导的民主”。实质上，“有领导的民主”的提出，其目的是把社会主要矛盾转移到共和国政治体制的改变上。尽管苏加诺已经意识到只有改变政治体制，才能改变政治状况，但是权力的分散、政治的动荡使得苏加诺无力完成政治体制的转型。苏加诺的权威是在左翼政党与右翼军队的平衡中获得的，同时，受制于上述平衡。表面上看“有领导的民

① 纳沙贡是民族主义、宗教主义和共产主义的印度尼西亚文缩写，即Nasakom：Nasionalisme，Agamaisme dan Komunisme。

主”时期政局较为平稳，实际上，1959—1966年，内阁更替了4次，主要动因是调整内阁中各政治力量的对比，引入新的政治力量来制衡原有的政治力量，尤其是军队的力量。

军队的实力日益增长最终使得苏加诺维持的平衡因“9·30运动”的爆发被打破。1965年9月30日，以苏加诺警卫团第三营营长翁东为首发动“9·30运动”。陆军战略后备部队司令苏哈托利用苏加诺发布的《3月11日命令书》之机掌握了恢复印度尼西亚社会治安的权力，于3月12日宣布解散印度尼西亚共产党。1966年3月12日，苏哈托被选为代总统。1968年3月21日，临时人民协商会议正式任命苏哈托为总统，任期5年。1973年、1978年、1983年、1988年、1993年、1998年连任总统。在苏哈托统治时期，实行反共和寻求西方援助的政策，与东南亚邻国修好并共同组建东盟。1973年，简化政党，只保留专业集团、印度尼西亚建设团结党和印度尼西亚民主党。1975年，吞并东帝汶为印度尼西亚第二十七个省。1997年，下半年在泰国金融危机的引发下，印度尼西亚出现金融危机，政局严重动荡。1998年3月，苏哈托第七次蝉连总统后并没有采取得力措施解决问题，从而使各种矛盾日益激化，种族和宗教骚乱不断。在社会矛盾激化和发生经济危机时，反华、排华现象严重，华人多成为牺牲品。5月13、14日，印度尼西亚雅加达等地发生几十年来最严重的针对华人的骚乱事件，印度尼西亚出现了政局的全面动荡和政治、经济、社会的空前危机。5月20日，苏哈托在人民示威和众叛亲离中被迫交权给哈比比副总统，哈比比出任印度尼西亚共和国第三任总统。哈比比上台后，虽然采取了一些改革措施，但效果不佳。

1999年6月，印度尼西亚举行30多年来第一次自由、民主的全国大选，前总统苏加诺女儿梅加瓦蒂领导的民主斗争党获选票最多，成为国会第一大党。同年10月，举行总统选举，伊斯兰教士联合会主席瓦希德当选印度尼西亚共和国第四任总统、梅加瓦蒂为副总统。2001年7月23日，瓦希德总统被弹劾下台，时任副总统的梅加瓦蒂出任第五任总统。2004年，苏西洛在首次直选总统中当选第五任总统，2009年连任。2014年，佐科当选第七任总统。

佐科总统上台后积极推行海洋强国战略，践行全球海洋支点理念，构筑海洋外交框架，树立印度尼西亚作为区域大国、中等强国和海洋强国的形象。印度尼西亚正朝着建立团结向上、政治上有尊严、经济上富足的多元文化国家迈进。

附录　印度尼西亚大事记

400年：达鲁玛（多罗摩）王国。

358—669年：古戴王国。

6世纪：诃陵王国。

752—1115年：前马达兰王国（又称“墨棠王国”）。

860年：室利佛逝王国。

932—1579年：巽他—牙路/帕查查兰王国。

1045—1222年：谏义里王国。

1222—1294年：新柯沙里王国。

1257年：特尔纳特苏丹国。

1267—1521年：巴赛苏丹国。

1275年：庚·安洛派出远征船队进攻室利佛逝王国，争夺海上贸易控制权。

1293—1500年：拉登·威查亚在爪哇建立麻喏巴歇王国。

1478—1568年：淡目苏丹国。

1496—1903年：亚齐苏丹国。

1500—1792年：因德拉普拉王国。

1500—1825年：帕嘎鲁邕王国。

1527—1599年：卡里輂马特苏丹国。

1527—1813年：万丹苏丹国。

1552—1677年：井里汶苏丹国。

1570年：特尔纳特发生反对葡萄牙人的暴动。

1586—1755年：后马达兰苏丹国。

1596年：第一支荷兰船队在万丹靠岸。

1600—1904年：拉兰图卡王国。

1602年：荷属东印度公司建立。

1605年：荷兰抢占安汶。

1621年：荷兰占领班达群岛。

1641年：荷兰人从葡萄牙人手中夺取马六甲。

1659—1823年：巨港苏丹国。

1666—1669年：爆发望加锡战争。

1674—1679年：杜鲁诺佐约抗荷斗争。

1683—1706年：苏拉巴迪领导的奴隶起义。

1723—1945年：西亚克苏丹国。

1725—1946年：帕拉拉万苏丹国。

1740—1743年，红溪惨案。

1755—1946年：梭罗大公国、日惹大公国。

1799年：荷兰东印度公司破产。

1800年：荷印政府成立。

1806—1811年：法国对印度尼西亚的短期统治。

1811—1816年：英国对印度尼西亚的短期统治。

1817年：巴迪慕拉起义。

1821—1838年：巴特里战争。

1825—1830年：蒂博尼哥罗领导的爪哇人民大起义。

1873—1904年：亚齐战争。

1908年：至善社成立。

1910年：东印度民主联盟成立。

1920年：印度尼西亚共产党成立。

1926年：印尼民族大起义。

1927年：苏加诺成立印尼民族党。

1928年：第二届全印度尼西亚青年代表大会召开，提出“一个祖国、一个民族、一种语言”的口号。

1942年：日本侵占印度尼西亚。

1945年：印度尼西亚宣布独立。

1946年：荷兰与印度尼西亚签订《林牙椰蒂协定》。

1947年：荷兰发动第一次“警卫行动”。

1948年：荷兰与印度尼西亚签订《伦维尔协定》；发生“茉莉芬事件”；荷兰发动第二次“警卫行动”。

1949年：荷兰与印度尼西亚在海牙签订《荷兰—印度尼西亚协定》。

1950年：印度尼西亚成为联合国第六十个成员国。

1955年：亚非（万隆）会议在印度尼西亚万隆举行；举行印度尼西亚首次全国大选。

1960年：苏加诺解散国会。

1963年：印度尼西亚收复西巴布亚。

1965年：印度尼西亚发生“9·30运动（事件）。

1974年：印度尼西亚发生“马拉里”（Malari）反日示威事件。

1976年：印度尼西亚吞并东帝汶。

1998年：印度尼西亚发生排华骚乱；苏哈托下台，副总统哈比比接任总统职务。

1999年：全国大选，瓦希德、梅加瓦蒂当选正、副总统。

2001年：瓦希德总统被弹劾，副总统梅加瓦蒂出任印度尼西亚第五任总统。

2002年：东帝汶脱离印度尼西亚正式独立。

2004年：举行历史上首次总统直选，苏西洛胜出，就任印尼第六任总统。

2005年：印度尼西亚政府与亚齐独立运动分离组织达成和平协议。

2009年：苏西洛再次当选总统。

2014年：苏西洛总统签署第十二号总统决定书，正式废除1967年第六号通告，把“支那”（cina）重新改为“中国、中华”（Tiongkok，Tionghoa）；佐科当选印度尼西亚第七任总统。

2016年：印度尼西亚政府在雅加达召开了为期两天的题为“剖析1965年悲剧”研讨会。

2017年：爆发反对钟万学参选雅加达区区长示威游行。

参考文献

一、中文

1. 著作

[1] 蔡仁龙.印度尼西亚华侨与华人概论.香港：南岛出版社，2000.

[2] 陈里特.中国海外移民史.北京：中华书局，1946.

[3] 东瑞.象国、狮城、椰岛.广州：花城出版社，1985.

[4] 冯承钧.崑崙及南海古代航行考.上海:商务印书馆，1930.

[5] 冯承钧.中国南海交通史.上海:商务印书馆，1937.

[6] 冯承钧.诸蕃志校注.长沙:商务印书馆，1940.

[7] 傅绍曾.南洋见闻录.求知学社，1923.

[8] 何健民.中国南海古代交通丛考，上海：商务印书馆，1936.

[9] 贺圣达.战后东南亚历史发展.昆明：云南大学出版社，1995.

[10] 贺圣达.东南亚文化发展史.昆明：云南人民出版社，1996.

[11] 孔远志.印度尼西亚马来西亚文化探析.香港：南岛出版社，2000.

[12] 孔远志.中国与印度尼西亚文化交流.北京：北京大学出版社，1999.

[13] 李北昌.赢得清风飘两袖 漫夸桃李遍南天，华中文苑，1988.

[14] 李学民，黄昆章.印度尼西亚华侨史，广州：广东高等教育出版社，1987.

[15] 梁立基，李谋.世界四大文化与东南亚文学，北京：经济日报出版社，2000.

[16] 梁立基.印度尼西亚文学史.上、下册.北京：昆仑出版社，2003.

[17] 梁敏和，孔远志.印度尼西亚文化与社会.北京：北京大学出版社，2002.

[18] 梁英明，周南京.近现代东南亚 (1511—1992).北京：北京大学出版社，1994.

[19] 梁英明.东南亚史.北京：人民出版社，2010.

[20] 梁志明，梁英明，周南京，赵敬.近现代东南亚.北京：北京大学出版社，1994.

[21] 廖小健.战后各国华侨华人政策.广州：暨南大学出版社,1996.

[22] 孙福生，李一平，吴小安.印度尼西亚.南宁：广西人民出版社，1995.

[23] 孙福生.印尼现代政治史纲.厦门：厦门大学出版社，1989.

[24]谭宏庆. 民族、民主主义与民族分离. 现代国际关系. 2001.
[25]汤平山，马汝骏. 发展中的印度尼西亚经济. 厦门：鹭江出版社，1995.
[26]汤平山. 印度尼西亚. 北京：当代世界出版社，1998.
[27]汪慕恒. 当代印度尼西亚. 成都：四川人民出版社，1997.
[28]王任叔. 印度尼西亚古代史. 上、下册，周南京、丘立本整理. 北京：中国社会科学出版社，1987.
[29]王任叔. 印度尼西亚近代史. 上、下册. 周南京整理. 北京：北京大学出版社，1995.
[30]王受业，梁敏和，刘新生. 列国志——印度尼西亚. 北京：社会科学出版社，2006.
[31]吴世璜. 印度尼西亚. 北京：世界知识出版社，1956.
[32]孙福生等. 印度尼西亚. 南宁：广西人民出版社，1995.
[33]温广益等. 印度尼西亚华侨史. 北京：海洋出版社，1985.
[34]萧玉灿. 殊途同归. 黄书海译. 香港：地平线出版社，1981.
[35]许云樵. 南洋史年代表. 新加坡：世界书局，1960.
[36]义净. 南海寄归内法传校注. 王邦维，校注. 北京：中华书局，1995.
[37]余定邦. 东南亚近代史. 贵阳：贵州人民出版社，2003.
[38]张锡镇. 当代东南亚政治. 南宁：广西人民出版社，1994.
[39]张玉安，裴晓睿. 罗摩故事与东南亚文学. 北京：昆仑出版社，2005.
[40]张肇强. 战后印尼的政治和经济. 北京：世界知识出版社，1956.
[41]周南京等. 印度尼西亚排华资料汇编. 北京大学亚太研究中心，1998.
[42]周南京. 华侨华人百科全书. 北京：中国华侨出版社，1999—2002.
[43]周南京，孔远志. 苏加诺、中国、印度尼西亚华人. 香港：社会科学出版社有限公司，2003.

2. 译著

[1]［澳］史蒂文·德拉雷克. 印度尼西亚史. 郭子林，译. 北京：商务印书馆，2009.
[2]［法］G. 赛代斯. 东南亚的印度化国家. 蔡华，杨保筠，译. 北京：商务印书馆，2008.
[3]［英］D. E. G. 霍尔. 东南亚史. 北京：商务印书馆，1982.
[4]［美］约翰. F. 卡迪. 战后东南亚史. 姚楠，等，译. 上海：上海译文出版社，

1984.
[5] [印尼]苏哈托. 苏哈托自传——我的思想、言论和行动. 居三元，译. 北京：世界知识出版社，1991.
[6] [澳]梅·加·李克莱弗斯. 印度尼西亚历史. 周南京，译. 北京：商务印书馆，1993.
[7] [澳]J·D·莱格. 苏加诺政治传记. 上海：上海人民出版社，1977.
[8] [印尼]萨努西·巴尼. 印度尼西亚史. 上册. 吴世璜，译. 北京：商务印书馆，1972.
[9] [印尼]阿里. 沙斯特罗阿米佐约. 我的历程. 周高塔，等，译. 北京：世界知识出版社，1983.
[10][法]克劳婷·苏尔梦，德尼斯·隆巴. 雅加达华人. 美国密歇根，1980.
[11][印度]D. D. 高善必. 印度古代文化与文明史纲. 王树英，等，译. 北京：商务印书馆，1998.
[12][新]尼古拉斯·塔林. 剑桥东南亚史. 上册. 昆明：云南人民出版社，2003.
[13][澳]安东尼·瑞德. 东南亚的贸易时代. 孙来臣，等，译. 北京：商务印书馆，2010.
[14][美]辛迪·亚当斯. 苏加诺自传. 施永康，译. 雅加达：阿贡出版社，1966.
[15][印尼]迪·努·艾地. 印度尼西亚社会和印度尼西亚革命. 伍汉，译. 北京：世界知识出版社，1958.
[16][印尼]迪·努·艾地. 艾地选集. 第一、二卷. 人民出版社，译. 北京：人民出版社，1963.
[17][澳]李克莱弗斯(Merle Calvin Ricklefs). 印度尼西亚历史. 北京：商务印书馆，1998.
[18][美]约翰·F. 卡迪. 战后东南亚史. 上海：上海人民出版社，1984.

3. 相关文章

[1] 韩真. 略论太平洋战争时期的苏加诺. 东南亚纵横，1995(2).
[2] 骆莉. 神秘而迷人的巴厘宗教文化. 东南亚研究，2003(3).
[3] 林家劲. 两宋与三佛齐友好关系略述. 中山大学学报，1962(4).
[4] 吴长春. 海上帝国室利佛逝及其与中国南海贸易的关系. 社科系中国革命史教研室. 大连海运学院学报，1988，14(2).
[5] 武文侠. 印度尼西亚人的传统心态和现代化建设. 北京外语学院亚非研究，

1991.
[6] 许友年. 论印度尼西亚土生华人马来语文学. 华侨华人历史研究，1991.
[7] 杨启光. 印度尼西亚土生华人文学初探. 东南亚研究，1987(3).
[8] 郑民. 印度尼西亚华人与国家认同. 华侨华人历史研究，1991.
[9] 忠保. 茉莉芬挑衅事件. 世界知识，1966(9).
[10] 和平. 印度尼西亚群岛古代社会的演进与特点. 东南亚，2004(2).
[11] [英]里奥·胡. 用比较法看巴厘岛和印度半岛的等级制度. 李平凡，译. 贵州民族研究，2000(2).

4. 相关史料

[1]《册府元龟》
[2]《大唐西域求法高僧传》
[3]《岛夷志略》
[4]《法显行传》
[5]《扶南异物志》
[6]《高僧传》
[7]《汉书·地理志》
[8]《后汉书·梁书·天竺传》
[9]《旧唐书》
[10]《梁书·扶南传》
[11]《明史》
[12]《南海寄归内法传》
[13]《南史·诸蕃志》
[14]《南州异物志》
[15]《水经注》
[16]《宋书》
[17]《隋书·真腊传》
[18]《太平御览》
[19]《唐会要》
[20]《通典》
[21]《吴时外国传》
[22]《新唐书·地理志》

[23]《星槎胜览》
[24]《瀛涯胜览》
[25]《元史》

5. 相关刊物

[1] 厦门大学. 南洋问题资料译丛.
[2] 印度尼西亚. 新报. 半月刊.
[3] 印度尼西亚. 印度尼西亚日报.
[4] 印度尼西亚. 国际日报.
[5] 印度尼西亚. 千岛日报.
[6] 香港. 亚洲周刊.
[7] 香港. 印度尼西亚焦点.
[8] 香港. 地平线.
[9] 香港. 印度尼西亚与东协.
[10]广西社科院. 东南亚纵横.
[11]暨南大学. 东南亚研究.
[12]厦门大学. 南洋问题研究.
[13]云南社科院. 东南亚.
[14]中国社会科学院亚太所. 当代亚太.
[15]上海社会科学院亚洲太平洋研究所. 亚太论坛.

二、印度尼西亚文资料

1. 著作

[1] Adam Malik, “Riwayat Proklamasi 17 Agustus 1945”, Penerbit Widjaya Djakarta, 1956.亚当·马利克:《1945年8月17日独立始末》, 威查亚, 雅加达, 1956年。
[2] Departemen Pendidikan dan Kebudayaan, “Sejarah Nasiaonal Indonesia”, Balai Pustaka, 1977, jilid I.印度尼西亚文教部:《印度尼西亚民族史》, 图书出版局, 第一册, 1977年。
[3] Kompas, “1000 Tahun Nusantara”, Penerbit Harian Kompas, 2000.罗盘报:《努山塔拉1000年》, 罗盘报, 2000年。

[4] Muhammad Yamin,“6000 Tahun Sang Merah Putih”, Balai Pustaka, Jakarta, 1958.穆哈马德·亚明:《祖国6000年》,图书出版局,雅加达,1958年。

[5] Sanusi Pane,“Sejarah Indonesia I”, cetakan ke-4, Jakarta, Balai Pustaka, 1950. 萨努西·巴奈:《印度尼西亚历史》,第一册,第四版,图书出版局,雅加达,1950年。

[6] Sanusi Pane,“Sejarah Indonesia II”, cetakan ke-7, Jakarta, Balai Pustaka, 1965.萨努西·巴奈:《印度尼西亚历史》,第二册,第七版,图书出版局,雅加达,1965年。

[7] Poesponegoro, Marwati Djoened & Nugroho Notosusanto,“Sejarah Nasional Indonesia”, Jakarta, Balai Pustaka, edisi ke-4, 1993.普斯婆奈戈罗、玛瓦蒂·佐奈德、努戈罗浩·诺托苏山托:《印度尼西亚民族史》,图书出版局,第四版,1993年。

[8] Sartono Kartodirdjo,“Pengantar Sejarah Indonesia Baru-1500—1900”, Cramedia, Jakarta1988.萨尔托诺·卡尔托迪尔佐:《1500—1900年,新印度尼西亚史序》,戈拉美迪亚出版社,雅加达,1988年。

[9] Sartono Kartodirdjo, Marwati Djoened Poesponegoro, Nugroho Notosusanto,“Sejarah Nasional Indonesia”, Departemen Pendidikan dan Kebudayaan, Jilid II, 1975.萨尔托诺·卡尔托迪尔佐等:《印度尼西亚民族史》,印度尼西亚文教部,第二册,1975年。

[10] Soeroto,“Indonesia Di Tengah-tengah Dunia Dari Abat ke Abat”, Djambatan, 1954.苏罗托:《数世纪中的印度尼西亚》,加姆巴丹出版社,1954年。

[11] Sartono Kartodirdjo dll,“Sejarah Nasional Indonesia II”, Departemen Pendidikan dan Kebudayaan, 1975. 萨尔托诺·卡尔托迪尔佐等:《印度尼西亚民族史》,第二册,印度尼西亚文教部,1975年。

[12] Marwati Notosusanto,“Sejarah Nasional Indonesia”, PN Balai Pustaka, 1984, jilid II.玛尔娃蒂·诺托苏珊托:《印度尼西亚民族史》,图书出版局,第二册,1984年。

[13] Widjiono Wasis,“Ensiklopedi Nusantara”, Mawar Gempita, Jakarta, 1989.威基奥诺·瓦希斯:《努山塔拉百科全书》,玛瓦尔·格姆比塔出版社,1989年。

[14] Wojowasito,“Sejarah Kebudayaan Indonesia”, Jakarta, Penerbit Siliwangi, jilid kedua, cetakan ke-3, 1953.沃佐瓦西托:《印度尼西亚文化史》,西里旺义,

第二册，第三版，1953年。
[15] Yusmar Basri, “Sejarah Nasional Indonesia”, Utk SMP II, Departemen Pendidikan dan Kebudayaan, Balai Pustaka, 1976.尤斯玛尔·巴斯利：《印度尼西亚民族史》，中学教科书，文教部，图书出版局，1976年。
[16] “50 Tahun Kemerdekaan Indonesia”, Citra Media Persada, 1955.《印度尼西亚齐独立运动立50周年》，芝特拉·麦迪亚·泊萨达出版社，1995年。
[17] sundoro, “Sejarah Indonesia” , Yayasan Pembangunan Jakarta, 1953.顺多罗：《印度尼西亚历史》，雅加达，建设基金会，1953年。
[18] Arif Zulkifli, “PDI Di Mata Golongan Menengah Indonesia”, Studi Komunikasi Politik PT Pustaka Utama Grafiti 1996.阿里夫·朱勒给夫里：《印度尼西亚中间阶层眼中的印度尼西亚民主党》，格拉非蒂图书出版有限公司，1996年。
[19] Arifin Rahman, “Sistem Politik Indonesia—Dalam Perspektif Struktural Fungsional” Penerbit : SIC, Cetakan ketiga, 2002.阿里芬·拉赫曼：《印度尼西亚政治制度》，SIC，第二版，2002年。
[20] Nasution, “Sejarah Pendidikan Indonesia”, Bumi aksara, 1994.纳苏蒂安：《印度尼西亚教育史》，布米阿克萨拉，1994年。
[21] Rusli Karim, “Perjalanan Partai Politik Di Indonesia”, Rajawali, Jakarta, 1983.鲁斯里·卡里姆：《印度尼西亚政党路程》，拉亚瓦里，雅加达，1983年。
[22] Shadily, Hasan, “Ensiklopedi Indonesia”, Jakarta, PT Ichtiar Baru Van Hoeve, 1985.萨迪里、哈桑：《印度尼西亚百科全书》，雅加达，伊赫提亚尔，1985年。
[23] Slametmuliana, Kuntala, “Sriwijaya dan Suwamabhumi”, Jakarta, Yayasan Idayu, 1981.斯拉莫特木利亚纳、坤塔拉：《室利佛逝与苏瓦马布米》，雅加达，伊达约基金会，1981年。
[24] M.C.Ricklefs, “Sejarah Modern Indonesia”, Gadjah Mada University, 1998.里克勒夫斯：《印度尼西亚现代历史》，卡查玛达大学，1998年。
[25] “Rencana Pembangunan Lima Tahun Kelima 1989/90—1993/94”，Ⅰ、Ⅱ、Ⅲ、Ⅳ, DEPPEN RI, 1989.《第五个五年建设计划》，一、二、三、四卷，印度尼西亚共和国新闻部，1989年。
[26] Alfian, “Komunikasi Politik dan sistem Politik Indonesia”, Jakarta, 1991.阿尔菲安：《政治交流和印度尼西亚政治制度》，雅加达，1991年。
[27] Prapantja, “Nggara Krtagama”, 1365.普拉班查：《哈俺武禄颂》(梵体诗)，

1365年。

2. 相关文章

[1] “Konflik Aceh, Jalan Panjang Menuju Perdamaian”,《亚齐冲突，漫长的和平之路》(http: // www. sinarharapan. com, 2003年5月7—10日).
[2] “Operasi Pemulihan Keamanan Belum Selesaikan Separatisme”,《恢复治安行动没有解决分离主义》, Kompas, 2004年11月10日.
[3] “Darurat Sipil di Aceh Diperpanjang Lagi”,《亚齐民事紧急状态再次被延长》, Kompas, 2004年11月18日 .
[4] “Pernyataan Papua Merdeka Tergolong Tindakan Makar”,《巴布亚齐独立运动立生命属于阴谋范畴》, Kompas, 2000年6月5日.
[5] “Gerakan Separatis di Papua Semakin Meresahkan”,《巴布亚分离运动越来越令人担忧》, Kompas, 2000年6月18日.
[6] “Situasi Jayapura Memanas”,《贾亚普拉局势恶化》, Tempo, 2001年11月12日.
[7] “Separatis Papua Minta Dukungan Forum Pasifik Selatan”,《巴布亚分离主义者寻求南太平洋论坛的支持》, Kompas, 2002年8月2日.
[8] “Undang-Undang dan Peraturan Lain Berhubungan dengan Papua”,《与巴布亚有关的其他法令和规定》(http: // www. papusweb.org, 2004 年3月26日).
[9] “Sejarah Maluku”,《马鲁古历史》(http: // www. mulukuprov.go.id.).
[10] “Ambon Rusuh Lagi”,《安汶再次骚乱》(Tempo interaktif, 2004年4月25日).
[11] “Inilah Isi Perjanjian Damai Maluku di Malino”,《马里诺马鲁古和平协议内容》(http: // www. Detik. com, 2002年2月12日).

三、印度尼西亚文相关刊物及网站

[1] 印度尼西亚 “Horizon”《地平线》月刊
[2] 印度尼西亚 “Selecta”《精选》
[3] 印度尼西亚 “Kompas”《罗盘报》
[4] 印度尼西亚 “Tempo”《时代》周刊
[5] 印度尼西亚 “Berita Pers”《新闻导报》
[6] 印度尼西亚 “Berita Buana”《宇宙报》
[7] 印度尼西亚 “Gatra”《卡特拉》杂志

[8] 印度尼西亚 “Pertiwi”《祖国大地》
[9] 印度尼西亚 “Mutiara”《珍珠》杂志
[10] 印度尼西亚 “Sinergi”《写作》杂志
[11] 印度尼西亚 “Pancawarna”《五彩》周刊
[12] 印度尼西亚 “Star Weekly”《星星》周刊
[13] 印度尼西亚 “Senang”《欢愉》杂志
[14] 印度尼西亚 “Merdeka”《独立报》
[15] 印度尼西亚 “Sinar”《光线》周刊
[16] 印度尼西亚 “Sinar Harapan”《希望之光报》
[17] 印度尼西亚 “Angkatan Bersenjata”《武装部队报》
[18] 印度尼西亚 “Berita Yuda”《战斗报》
[19] 印度尼西亚 “Jakarta Pos”《雅加达邮报》
[20] www.tempo.co.id 印度尼西亚时代周刊网站
[21] www.kompas.co.id 印度尼西亚罗盘报网站
[22] www.ri.go.id 印度尼西亚政府网站
[23] www.indonesianembassy.org.uk/indonesia 印度尼西亚大使馆网站
[24] www.kejaksaan.go.id/indonesia_versi.html 印度尼西亚检察院网站

四、英文资料

[1] Paul Michel Munoz, “Early Kingdoms of the Indonesian Archipelago and the Malay Peninsula”, Editions Didier Millet Pte Lid, 2006.
[2] T.S.Raffles, “History of Java”, 1817.
[3] K · A · Nilakanta · Sastri, “History of Sri Vijaya”, University of Madras, 1949.
[4] “Van Leur”, Indonesian Trade and Society”.
[5] David Reeve, “Golkar of Indonesia”, New York, 1985.
[6] Richard Rosison, “Indonesia—The Riseof Capital”, Australia,1986.
[7] Ramage, Douglas E., “Politics in Indonesia”(democracy, Islam and the ideology of tolerance), London, Routledge, 1995 .
[8] Dilemmas of Third World communism, “the destruction of the PKI in Indonesia”/ Olle T. rnquist. London, Zed Books, 1984.
[9] Deliar Noer, “The Modernist Muslim Movement in Indonesia 1900—1942”,

Oxford University Press, London, 1978.

[10] Vickers, Adrian, "Hinduism and Islam in Indonesia, Bali and the Pasisir World", Indonesia, 1987.

[11] Kenji Tsuchiya;translated by Peter Hawkes, "Democracy and leadership, the rise of the Taman Siswa movement in Indonesia", Honolulu, University of Hawaii Press, 1987.

[12] Ann Swift, "The road to Madiun: the Indonesian Communist uprising of 1948".

[13] Ithaca, N.Y., "Cornell Modern Indonesia Project", Southeast Asia Program, Cornell University, 1989.

[14] Robert Cribb, North Sydney, Allen & Unwin, "Gangsters and revolutionaries: the Jakarta People's Militia and the Indonesian revolution, 1945—1949", 1991.

PREFACE
前言

《现代营销心理学》于2010年1月正式出版。由于本书从营销变革与思维创新的视角出发,通过引入认知决策、行为博弈等分析工具,对市场营销过程中消费者的心理特征与行为规律进行了全面分析,因而一经面世,即受到广大读者的欢迎与喜爱。

当前,我国消费市场的营销实践表明,由于消费行为是消费实现的过程,而消费行为源于消费者的心理诉求,所以只有通过深入了解消费者的心理诉求及其背后所蕴含的行为规律,从而采取具有针对性的营销策略,才能满足以“精细化营销”为目标的现代企业经营者的需求。然而,由于传统营销学理论是从“理性人”的人性假设出发,对企业的营销策略进行阐述与分析,因而其在对现实消费市场的认知与把握上难免出现偏差,无法适应和满足现代企业的发展要求。

据此,在保持本书写作特色的基础上,笔者对《现代营销心理学》一书进行全新的结构调整、内容修订、专栏改版与案例升级。本书的第二版将从“感性人”的人性假设出发,基于现代企业的营销对象——消费者心智的“有限理性”,以认知心理与行为决策为研究视角,深入研究个体的行为决策与需要、动机、认知、态度、人格等诸多心理因素之间的内在关系。

因此,本书的第二版是对之前第一版所进行的一次“吐故纳新”式的全面升级与深度解读。作为一门研究在市场环境中消费者的心理活动现象及其行为规律的新兴学科,本书第二版将通过深入研究消费者的行为特征及其心智模式之间的内在联系,从而为现代企业提供基于现代心理学视角的、精准化的市场营销方案。

总之,本书第二版将深入分析在外界条件刺激下消费者作出行为决策的心理过程及其影响因素,并详尽阐述与之相宜的营销策略。同时,为了满足现代人的审美情趣,适应“浅阅读时代”的读者习惯,本书的第二版中还穿插了“启示实验”“延伸阅读”“拍案惊奇”“理论视野”“知识链接”“情境案例”等诸多特色专栏,以期能对广大读者起到传道、答疑、解惑的作用。这其中,尤其是一系列独具匠心、别具特色的“情境案例”,由于表述形式图文并茂,更为贴近现实生活,因而会使读者有身临其境之感,引导读者在轻松阅读的过程中,能更好地理解知识、掌握原理、领会方法,进而达到“接地气”的体验式学习效果。

PREFACE

前言

本书第二版的具体内容包括：第一章“营销心理学导论”；第二章“消费需要与市场定位”；第三章“消费认知与顾客满意”；第四章“消费态度与维系顾客”；第五章“消费人格和品牌形象”；第六章“消费学习与广告促销”；第七章“消费决策与购买行为”；第八章“消费文化与营销传播”。

同时，为了便于读者深入理解与掌握，笔者还在各章内容前设置了“章前箴言”“本章要点”以及“引例”，在各章结尾处则配以“本章复习题”，以供读者思考和回味，因而具有极强的学习指导性。

笔者在写作过程中秉持“理论新颖、视角前沿；语境生动、图文并茂；案例鲜活、独出心裁；文笔清新、别具一格”的理念，以期达到“好看、好懂、好学、好用”的学习效果，充分体现了营销心理学“与时俱进”的学科特色。

总之，本书理论严谨、文献详实、分析透彻、案例生动，是一部既好看更耐读的著作，其在保证学术严谨性与规范性的同时，真正达到了“专业性与趣味性相融合，学术性与可读性相统一”。

因此，本书既可作为高等院校工商管理、市场营销以及心理学专业的课程教材，又可作为营销实务操作的指导与培训手册，更可作为新兴学科知识的普及读本，从而有效满足社会各层次读者的广泛需求。此外，本书的出版得到了首都经济贸易大学出版社编辑赵侠老师的大力支持，在此深表谢意！

陆剑清

2013 年 10 月

CONTENTS

目录

CONTENTS

目录

第一章　营销心理学导论

章前箴言

营销心理学理论以人为本，其人性假设为有限理性，认为营销是没有专家的，唯一的专家是消费者，你只要能打动消费者的心就行了！

本章要点

- ◆ 营销心理与营销心理学的基本含义。
- ◆ 营销心理学的兴起及其历史溯源。
- ◆ 传统营销学中“理性人假设”的应用。
- ◆ 传统营销学中“理性人假设”的颠覆现象。
- ◆ 营销心理学对“理性人假设”的质疑。
- ◆ 营销心理学的研究框架与方法。

【引例】

同样机型为何价格不同？

2006 年 7 月 1 日，苹果公司的网站上公布了该公司 13 寸苹果笔记本电脑的价格。传统的白色机型卖 1 299 美元，但同一型号的黑色机型则卖 1 499 美元。仔细一看，用户便会发现：黑色机型配备的是 80G 硬盘，要比白色机型大 20G。情况似乎并无神秘之处：配置较好的机器价格自然较高。

然而，再仔细一看，白色机型也可以配 80G 硬盘。加价多少呢？仅仅 50 美元。这样一来，谜题就出现了：为什么生产成本一样，但黑色机型却要比白色机型贵150美元呢？通过本章内容的学习后再来看看这一例子，你会有怎样的理解和领悟呢？

第一节　源远流长——营销心理学的发展概述

一、营销心理与营销心理学的基本含义

“营销心理”是指市场营销活动中的客观现实在广大消费者以及营销人员头脑中的主观反映。这一定义包含了下面两个核心概念：“客观现实”“主观反映”。市场营销活动中的“客观现实”主要包括三类因素：第一类是营销企业所提供的产品、服务以及对产品的说明、定价、广告、分销、人员推销等，这类因素就是营销因素；第二类是消费者本身的社会地位、经济状况、消费需求和购买动机，以及其他的一些因素，如消费者的性别、年龄、偏好等，这类因素就是个人因素；第三类因素就是由社会文化背景、政治经济发展状况等构成的外部影响因素。这就是说，上述三类因素就是影响市场营销活动成效的“客观现实”。这些客观现实必将在与营销有关的人们身上产生一定的认知的、情绪的和意志的反应，并且会导致人们一定的行为反应，如对产品信息或广告的注意、知觉、了解、偏好、欲望和购买行为等就是一些具体的反应。这些反应不同于人们照镜子时镜子所产生的那种机械的反应。因为照镜子时出现的反应是人或物体原有形象的复制，而人头脑里产生的对那些客观现实的反应已经具有了一定的创造性的加工性质，它并非客观现实的、原封不动的“形象复制”，而是一种创造和复制的有机结合，因此把它们叫作“主观反映”。

营销心理是制约和左右营销绩效的一种特别重要的因素。如果说在卖方市场上因为不存在产品销售问题，可以不考虑甚至可以完全忽略营销心理的存在，那么在买方市场上我们就没有任何理由不按照营销心理规律去开展市场营销活动。尤其消费心理与行为规律更是现代市场营销活动的理论依据，如果不对其进行深入的研究和理解，我们就没有办法进行任何有效的生产活动和产品促销活动。因此，一切新产品的设计和生产，一切人员销售活动和非人员销售活动，都必须以现代营销心理规律作

为自己的理论基础。

据此可见，营销心理学是研究市场营销活动中广大消费者以及营销人员心理活动特征和行为规律的一门科学。这一学科通过对消费者的心理特征与行为规律进行有效解读，从而便于人们深入理解消费行为的内在规律性。

营销心理学所研究的基本主题可以概括为以下四个方面：①消费者的特征辨析（Who）；②消费者的心理行为（What）；③如何解释消费者的行为（Why）；④如何影响消费者（How）。

二、营销心理学的兴起及其历史溯源

营销心理学是心理学与市场营销学之间派生出来的一门边缘性的应用学科。其理论基础为心理学、经济学、社会学和文化人类学。营销心理学产生于20世纪60年代的美国，至今仅有30多年的历史，因此它还是一门很年轻的学科。但就其历史渊源来说则可追溯到19世纪末。这门学科有一个极为短暂的历史，却有一个漫长的过去。纵观营销心理学的发展史，我们可以大致把它划分为如下五个阶段。

（一）第一阶段：营销心理学萌芽期（19世纪末至20世纪初）

这一时期市场的基本特征是，资本主义经济迅速发展，消费需求极度膨胀，市场基本上为求大于供的卖方市场。因此，在企业管理中生产观念占据主导地位，企业经理奉行“我能够生产什么就卖什么”的经营观念，完全忽视了消费需求研究和其他营销手段的配合。不过后来由于竞争的加剧和劳动生产率的迅速提高，致使某些企业出现了一定程度的产品销路问题，因此迫使一些经济学家和企业经理着手研究产品的销售问题，而其中的重点又是广告术，希望通过有效的广告宣传解决产品的销售问题。

1895年，美国明尼苏达大学的盖尔首先采用问卷调查法就消费者对广告及其所宣传的商品的态度与看法进行了研究。1901年，美国心理学家斯科特在西北大学建立了一个心理学实验室开始着手对广告心理学进行实证研究。此后，他陆续发表了19篇文章，论述广告心理学问题，并于1903年把这些论文汇编成《广告理论》一书出版，强调心理学应该而且确实可以在广告科学的发展中发挥重要的作用。他还提出心理学不仅可应用于广告方面，还可以应用于各种产业问题的研究上。学术界一般认为，《广告理论》一书的问世标志着广告心理学的诞生，同时它也被看作是营销心理学的雏形。

此后,斯科特又发表了一系列的文章,论述在工商业中应用心理学原理解决动机激励和劳动生产率的提高问题,并于1908年出版了《广告心理学》一书,这在建立系统的广告心理学的道路上又迈出了一大步。同一时期,美国哈佛大学的闵斯特伯格也开展了广告心理学方面的实证研究,对广告的面积、色彩、文字运用和广告编排技巧等因素与广告效果之间的关系进行了系统的实验研究。

随后,越来越多的心理学家和市场营销专家开始注意研究心理学知识在市场营销中的应用问题,并出版了世界上第一本以“Marketing”命名的教科书。这一时期的研究重点是广告心理学,这是营销心理学的初创期。这一时期营销心理学的主要特点是:研究范围比较单一,主要局限于广告心理学的研究;学科自身没有明确的理论原则和体系,也还没有出现现代市场营销的一些基本观念和原则;实践运用上仅限于大学课堂,尚未得到社会和企业的认可。

(二)第二阶段:营销心理学成长期(20世纪20年代至40年代末)

进入20世纪20年代以后,随着垄断的资本主义商品经济的飞速发展和市场竞争的日益加剧,商品销售出现了前所未有的困难。于是,商品推销工作和推销技术受到了人们的特别重视,销售第一次被看作是与生产同等重要的环节;“推销观念”成为企业经理的管理理念,信奉“我卖什么人们就会买什么”的营销观念;推销机构和推销人员成为企业最受重视的一个重要部分。这种局面极大地促进了营销心理学的分支之一——销售心理学的发展。

美国西北大学的贝克伦在其《实用心理学》一书中分两章专门论述了销售心理学问题,指出了解消费者的消费需要是搞好推销工作的核心环节。这一时期的特点是:研究范围有所扩大,但重点是销售心理学的研究,尤其是推销术备受重视;理论上仍然局限于推销观念的范围之内;实践应用范围已扩大到企业界,但主要局限于流通领域,尚未对潜在的市场需求和生产领域进行研究。

(三)第三阶段:营销心理学发展期(20世纪50年代至80年代初)

这一时期营销心理学的研究特别繁荣。由于第二次世界大战后西方各国经济由战时经济转为民用经济,加上科学技术的飞速发展,极大地促进了市场经济的发展。西方各国社会生产力得到了前所未有的提高,买方市场全面形成，市场消费需求变得异常复杂，企业面临着更为严峻的考验，于是形成了"以消费者为中心"的营销心理学观念，并以此为核心形成了营销心理学的概念、原则和理论体系。应该指出的是，这段时期出版了大量的营销心理学专著，发表的学术论文更是汗牛充栋。据统计，仅1967—1976年这10年间，美国就发表了一万多篇消费心理学方面的文章。

此外，专门研究营销心理学问题的各类刊物陆续创刊，如《广告研究》《市场研究》《消费者研究》《市场》《市场调查》等杂志。这一时期的主要特点是：营销心理学的研究范围从流通领域向前拓展，进入了生产领域，消费者的消费动机、态度、消费人格和购买习惯等一系列问题都成为营销心理学家的研究对象；营销心理学因此也由专门指导流通流域中的销售过程的参谋，发展成为参与指导企业经营决策的一门学科；在研究方法上也更强调动态的整体研究，实验法受到了人们的推崇。

（四）第四阶段：营销心理学整合期（20世纪80年代至21世纪初）

进入20世纪80年代以后，随着市场竞争更趋激烈、营销环境的不断变化，以往的市场营销观念、理论和方法已逐渐无法适应营销实践的发展变化，由此产生了"大市场营销观念"和"全球市场营销观念"。

所谓的"大市场营销观念"，其核心思想是强调企业不仅要适应外部环境，同时还要有意识地利用"经济的、心理的、政治的和公共关系的"等营销手段主动去改变和营造外部经营环境，使之朝着有利于企业的方向发展。所谓的"全球市场营销观念"，其主要观点是强调企业要适应经济全球化的趋势，要求企业从整个世界的角度去安排自己的全部营销活动，打破原有的国界概念，抛弃落后的本国企业与外国企业、本国市场与外国市场的概念，按照最优化的原则，把不同国家中的不同企业组织起来，通过适当的分工合作重新配置有限资源，以最低的成本、最优化的市场营销去满足全球市场需求，从而达到大幅度地降低成本、提高整体营销效益的目的。

在上述崭新的市场营销观念的指导下，市场营销实践及其相关的理论研究工作都得到了突飞猛进的发展。这一时期营销心理学的主要特点是：理论体系日趋成熟，研究方法更加精确和数量化，更注重因果关系的分析和探讨；多学科综合研究的方针逐渐深入人心，尤其是与社会心理学、跨文化心理学、社会学和人类学的联系越来越密切；研究范围向前延伸到了消费者对产品的潜在需求领域，向后延伸到了产品的售后服务阶段；研究成果得到了社会的广泛承认，并成为企业进行营销活动的理论依据。

（五）第五阶段：营销心理学变革期（21 世纪初至今）

进入 21 世纪后，营销心理学的发展趋向表现为：第一，研究角度趋向多元化，即从宏观经济、自然资源保护、消费者利益、生活方式等多角度开展研究；第二，研究参数趋向多样化，即涵盖了心理因素、社会心理因素、文化、历史、地域、民族、道德传统、价值观念、信息化程度等诸多变量；第三，研究方法趋向于定量化，即充分运用统计分析技术、信息处理技术以及运筹学、动态分析等现代科学方法和技术手段开展相关研究，以深入揭示各变量之间的内在联系；第四，研究范围趋向全球化，即日益突破了国家、民族的界限，跨文化研究特征日益显现。

三、营销心理学的研究对象及其意义

营销心理学的研究对象，应该着重研究与分析在市场营销全过程中人的心理与行为活动的规律性。这里所指的人，应局限于营销过程的各方面的参与者，其中包括营销者个人和群体，也包括消费者个人和消费者群体。从现象上看，营销过程的关键是商品，而实质上从深层次看则是营销者与消费者之间心理与行为上的沟通，及其相互作用的结果，因而只有深入研究营销过程中人的心理与行为活动的规律性，才能找到促进营销的最有效的方法与策略。总之，作为一门研究在市场环境中消费者的心理活动现象及其行为规律的新兴学科，营销心理学通过深入研究消费者的行为特征及其心智模式之间的内在联系，从而为现代企业提供了基于现代心理学视角的精准化的市场营销方案。

营销心理学自 20 世纪 80 年代中期从西方引入我国，已经过了近 30 年的发展历程，实践表明在我国发展社会主义市场经济的过程中，深入开展营销心理学的研究具有重要的理论与现实意义。这具体表现为以下四个方面。

（1）有助于加强与提高宏观经济决策水平，改善宏观调控效果，促进国民经济协调发展。

（2）有助于企业根据消费需求的变化组织生产经营活动，提高市场营销活动效果，增强市场竞争力。

(3)有助于消费者提高自身素质,科学地进行个人消费决策,改善消费行为,实现文明消费。

(4)有助于推动我国尽快融入国际经济体系,不断开拓国际市场,增强企业及其产品的市场竞争力。

第二节　有限理性——营销心理学的理论基石

一、人性之惑——传统营销学的"理性人假设"

【启示实验】

《财富》的抉择

情景 A:征订《财富》杂志(中文版)

1. 单订电子版 118 元/年

2. 合订电子版与印刷版 256 元/年

请问,你会选择哪一种呢?

情景 B:征订《财富》杂志(中文版)

1. 单订电子版 118 元/年

2. 单订印刷版 256 元/年

3. 合订电子版与印刷版 256 元/年

请问,你又会选择哪一种呢?

【启示实验】

"必胜宅"的诱惑

情景 A:必胜宅急送推出以下两款比萨饼,价格分别为:

1. 9 寸超级至尊:52 元/款

2. 9 寸美式风味:39 元/款

请问,你会选择哪一款呢?

情景 B:必胜宅急送对上述两款比萨饼进行对折促销活动,价格分别为:

1. 9 寸超级至尊:52 元/款 ×50%

2.9 寸美式风味:39 元/款×50%

请问,你又会选择哪一款呢?

实验启示

可见,消费者不只是要买便宜的商品,更是要买占便宜的商品!

因此,在消费者看似非理性的行为背后,其实有其“人性”的思维逻辑。

人们是如何认识世界、理解世界的呢?美国心理学家 E. Aronson 在其著作《社会性动物》(The Social Animal)中指出,人类的大脑“不尽完美之处如同它们奇妙之处一样多,这种不完美的结果就是,许多人自以为最终能搞清楚的事情也许并不正确”。

“理性人”假设是传统营销学赖以建立的最重要的理论基石。“理性人”假设源于“经济人”假设,而“经济人”假设则是现代经济学思想体系中的前提性和基础性假设,并被作为其全部理论构架的逻辑起点以及方法论原则。

(一)关于理性人假设的由来

1. 经济人假设

早在 200 多年前,亚当·斯密(Adam Smith)提出了“经济人”的原始含义,他撰写了以下一段著名的言论:“每个人都在力图应用他的资本来使其生产的产品得到最大的价值。一般地说,他并不企图增进公共福利,他也不知道他所增进的公共福利是多少。他所追求的仅仅是他个人的安乐,仅仅是他个人的利益。”显然,古典经济学家认为个人利益是唯一不变的、普遍的人性动机。所以,经济人的理性体现在个体是否出于利己的动机,是否力图以最小的经济代价获取最大的经济利益。“经济人”假设主张:

(1)人是有理性的。每个人都是自己利益的最好判断者,并在各项利益的比较过程中选择自我的最大利益。

(2)利己是人的本性,人们在从事经济活动中,追求的是个人利益,通常没有促进社会利益的动机。

(3)个人利益的最大化,通常只有在与他人利益的协调中才能得以实现。交换是在“经济人”的本性驱使下自然而然地发生的,人类的交换倾向是利己本性的外在形式和作用方式。

这种意义上的“经济人”假设一问世便受到了不少人的指责，其理由是人并非在任何时候、任何条件下都是自私自利的。针对这种指责，“经济人”假设逐渐演化成为“理性人”假设，强调经济主体总是追求其目标值或效用函数的最大化，至于这种目标是利己的还是利他的则不作具体地界定。追求自身欲望的满足或追求快乐，作为人类从事各种活动的基本动机，并不意味着人必然是损人利己的。这种基本动机既可以表现为利己动机，通过利己但不损人的方式或者损人利己的方式来实现；也可以表现为利他动机，通过利他不损己的方式或舍己为人的方式来实现（即人们在某些特定场合中的舍己为人行为同样是源于行为者追求欲望的满足）。基于基本动机的行为逻辑，通常可以把经济人分为两种表现类型：利他主导型和利己主导型，但在具体分析经济问题时则一般假设经济主体的目标或效用函数的主要内容是自私自利。因此，经济学的经济人假设事实上有两层含义，其根本的含义是理性人，其通常的含义则是自利人。

2. 理性人假设

“理性人”包含了两层含义：其一是消费者在进行消费决策时都是以效用最大化作为目标；其二是消费者能够对已知信息作出正确的加工处理，从而对市场趋势作出无偏估计。效用最大化是经济学家对于人类天性的抽象和概括，使得理性人假设具体化为一整套以效用最大化为原则的现代经济理论体系，完全理性的经济人几乎成为标准理论的分析基础。效用最大化原则构成了营销心理学理论中最基础、最重要的前提假设，是微观经济学中各种经济主体的目标函数。据此，经济学中的“理性人”假设进入到营销心理学的各个领域，即消费者是理性人。

（二）关于理性人假设的质疑

英国经济学家霍奇勋（Hodgson）从哲学、心理学角度论证了人的行为决策不可能达到全知全能的理性程度。他认为，经济学家在理性与非理性问题理解上的偏见是源于其对于人脑信息加工处理原理缺乏认识和了解。“经济学家们常常在口头上对‘信息问题’给予关注……但是，它是对信息本身的一次容易引起误解的、错误的处理，最终导致了错误和混乱”①。

事实上，市场信息的获取和加工，一是要感觉材料，它由大量杂乱的听觉、视觉材料所组成；二是要理性分析框架，对信息进行有价值的筛选

① G. M. 霍奇勋. 现代制度主义经济学宣言[M]. 向以斌，等，译. 北京：北京大学出版社，1993.

和提炼；三是要有“约定俗成的知识加以补充和整合”。

在消费者的行为决策机制中，由于其认识和思维过程是一种复杂的多层系统，而行为决策本身又往往是在不同思维层次发生的，有的是经过深思熟虑后的理性行为决策，有的则是由无意识或潜意识状态所激发的非理性行为决策。因此，消费者的行为决策并非如古典经济学家所主张的那样是完全理性的。

二、传统营销学中“理性人假设”的应用

传统营销学与经济学的联系非常紧密，由于传统营销学中运用了大量的经济学原理，因而经济学中的理性人假设也一度被认为是传统营销学中不可缺少的基本理论假设之一。经济学是研究人与经济社会如何有效利用稀缺资源进行产品生产，以及消费者是如何选择产品进行消费的。在经济学的视野中，消费者的消费行为是建立在对各种产品的边际效用相等以及最终与货币的边际效用相等的消费者均衡的基础之上，并根据消费者均衡条件来构建消费者的需求曲线和函数，从而指导生产的行为。

消费者的理性人假设为传统营销学中的基本概念“交换”奠定了理论基础，在消费过程中任何消费行为的发生都是消费者与生产者的一个交换关系。当然，在这个交换关系中，消费者是交换行为的主动决策人；消费者为了寻求其效用的最大化，在完全信息的条件下，以理性经济的方式来选择和决策自己的消费行为。

消费者的这种选择行为受到“边际效用递减规律”法则的影响。即消费者从商品消费中获得的边际效用随着商品消费量的增加而减少，因此，消费者不会一直消费同一种商品，他们往往在其自身有限预算的条件下，通过对各种商品品种与商品数量的选择，寻求一个效用最大化的商品组合。同时，消费者选择商品组合的同时，存在着机会成本，即消费者必须要放弃其未选商品所能带来的效用满足。只有当消费者所选择的商品组合的机会成本不大于其他所能选择的商品组合所带来的效用总和时，消费行为才达到了消费者均衡状态。

三、传统营销学中“理性人假设”的颠覆

（一）“购物狂”现象对边际效用递减规律的颠覆

理性人假设认为，消费者在消费活动过程中遵循边际效用递减规律，

即消费者在选择商品时会选择效用最大化的商品组合，消费者对同一类型的商品选择会随着商品数量的增加而效用递减。因此，在现实的消费行为中，消费者在其实际需要获得满足后，通常不会再大量购买同一类具有替代性的产品。然而，“购物狂”现象就表现出与边际效用递减规律完全相反的行为特点，在解释“购物狂”的消费行为时，理性人假设以及边际效用递减规律则显得十分的苍白无力。

“购物狂”现象往往表现为购物消费行为的强迫性，其主要特征就是消费者的消费行为容易上瘾，这不仅表现在抽烟、喝酒、赌博等方面，也表现在一般性商品消费情景之中。“购物狂”在面临消费决策时，往往会表现出极强的占有欲，通常把购物作为调节自己情绪和心境的一种手段和方式。对于消费者的这种非常态的消费行为只能基于消费者的人格因素角度来作解释，从而颠覆了理性人假设以及边际效用递减规律。

（二）品牌效应对市场信息对称论的颠覆

理性人假设认为消费者能够获得其决策所需的全部信息，即消费者在其消费决策过程中，应能获得其所消费的产品和服务的全部信息。但是，信息经济学研究认为产品信息在真实市场中是不对称的，即消费者与生产者对于产品信息的了解和掌握是不对称的，当消费者无法获得其所需产品的全部信息时，势必会影响交易的过程，从而发生“二手车”市场问题。因此，品牌效应的本质是针对信息不对称给予消费者以信息补偿，产品通过品牌能够向消费者传递其品质、属性以及特点，消费者对于品牌的认知就是其获取产品信息的过程，而消费者也愿意为品牌付出额外的费用，可见，品牌溢价正是消费者与生产者信息不对称的产物，品牌效应充分反映了理性人假设对于现实市场规律的解释力不足。

（三）感性消费观对理性消费观的颠覆

感性消费观是指消费者在对具体的消费品进行选择时，其是基于感性原则，而非理性的效用原则，即消费者是将产品的直观感觉、情感偏好和象征意义作为消费选择依据。尽管传统的理性消费观仅注重产品的功能价值及其实际效用，但是在现实的消费活动中，消费者的消费视野则不仅限于产品的实际效用，而且也关注感性消费给消费者所带来的虚拟效用，这是对理性人假设的颠覆，因为消费者在产品选择过程中，出于情感效应，其对自己消费行为的效用函数没有有序性与可比性的准确估计。感性消费观说明消费者对于产品的选择依据不再是其优劣，而是基于消费者自身的好恶。由于消费者的感性消费过程不仅注重产品给消费者所带来的感官愉悦，而且强调产品的形式是否符合消费者的价值理念、品位偏好，因而感性消费本质上是心理消费。

“吉芬效应”（亦称“吉芬之谜”）是感性消费的经典案例：19 世纪，英国经济学家吉芬对爱尔兰土豆的销售情况作观察统计时发现，当土豆价格上升时，市场对土豆的需求量就上升；而当土豆价格下降时，市场对土豆的需求量也随之下降，两者成正比关系。该现象显然有悖于经济学常识，因为在其他经济参数不变的情况下，产品价格下降，市场需求量就增大，产品价格上升，市场需求量就下降，这两者成反比关系，亦称为“消费品价格与消费品需求量之间的常规性函数关系”。而“吉芬效应”表明，在消费品价格和消费品需求量之间还存在着“非常规性函数关系”。“吉芬效应”在我国也同样存在，例如在我国的黄金销售中：当黄金价格上升至高位时，人们争相购买，销售量亦上升；当黄金价格下降至低位时，反而乏人问津，销售量锐减，从而形成了“追涨杀跌”现象。“吉芬效应”提醒我们注意这样一个事实：薄利并不一定多销，人们相信“一分价钱，一分货”；更有少数人专挑高价商品购买以显示其社会地位和经济实力，此时，产品主要体现其炫耀性功能，其性价比则处于次要位置。

此外，在日常生活中感性消费的例子亦比比皆是。例如，就过冬御寒而言，普通的棉大衣与昂贵的羊绒大衣对于人们的理性效用大体一致，两者价格却差距极大，然而人们却愿意竞相攀比去购买羊绒大衣而不考虑其性价比；又如，经济车型与高档车型相比，前者具有更优的性价比，然而，消费者总是在自己经济条件许可的前提下，依据自己的好恶来决定其购买决策。此外，不少的女士在自己心情不好的时候，往往通过疯狂购物来调节自己的情绪与心境，因为购物消费能够给消费者带来感性满足。

伴随着时代的发展，感性消费观正引领着现代体验经济的兴起，而传统的理性消费观对于日常消费活动的影响则越来越小。在体验经济中，生产者不是提供具体产品和服务给消费者，而是为消费者提供身临其境的体验，即在消费过程中充斥了消费者的感性体验，体验经济是通过提供每个人能个性化参与其中的事件给消费者带来难以忘怀的记忆体验。例如美国的迪斯尼乐园、俄罗斯的失重旅游项目、日韩的动漫游戏产业都是体验经济的成功典型，在体验经济中消费者的效用函数变得更不可预测。

四、营销心理学对“理性人假设”的质疑

理性人假设主要有以下三方面的含义。第一，行为人具有完全的意志能力，能够保证其效用函数具有有序性和单调性。有序性保证行为人在不同的决策方案下获得的效用是可比较的；单调性则保证行为人在不同的效用之间能判断出效用的差异，并能进行排序。第二，行为人具有充分的计算能力，即使在不确定性的条件下，行为人也能够通过概率来判断各种可能性的预期结果，并能比较其大小。第三，行为人具有完全记忆能力，对于影响其决策的一切因素具有完全充分的信息。

行为主义对理性人假设所提出的质疑就是通过上述几个方面对理性人假设提出了否定的依据。

第一，有限理性。行为人并不总是追求效用最大化甚至也不刻意去追求效用最大化，他们并不总是根据成本和收益进行比较，而是根据其他一些因素来作出决策判断。当现实过于复杂或者事物的实际表象意义模糊时，人们则会采取不同的理性方式进行决策，而启示和偏见往往是这些决策方式的基础。行为人对于未来事件的判断必须要建立在获得未来事件发生概率的基础之上，但是行为人在特定环境下利用特定信息对事件作出概率估计时，往往会出现误差。启示是指直接影响行为人决策的对于事件发生概率的判断性认识；而偏见则是指行为人在概率判断上出现的、有偏差的认知特征。例如，过于自信的偏见主要表现为行为人总是认为自己的幸运概率要高于平均的幸运概率水平；而自己倒霉的概率则会低于平均的概率水平。同时，人的偏见一旦形成，就会具有自我加强的性质，使得行为人只按照自己的兴趣和已经产生的偏见来解读信息，不能够客观地对事件的发生作出正确的概率预测。启示和偏见虽然使得人们作出了错误的决策判断，但是却大大简化了行为人的决策过程，并且降低了行为人的决策成本。这说明人们在复杂的事件面前不是一筹莫展的，而是能够有所作为的。

第二，有限意志。理性人假设认为人们对于自己的效用函数有着正确的认识，并且行为个体能够并总是使得自己的效用达到最大化，即行为人具有完全的意志能力。但是，行为人的效用有时候并非是社会所认可的效用价值，也不一定符合其长期效用特征。往往某些短期效用会通过习惯、传统、嗜好等对长期效用形式进行控制，即短期效用通常不符合长

期的最大化的原则,但是又被人们所经常选择,这就是所谓的“感性战胜理性”。因此,行为人是具有有限意志的。

第三,有限自利。人是生活在一定的社会行为规范和情感原则的环境之下,人并非时刻都追求个人利益最大化,其还会追求个人利益以外的事物,例如公平、道德等。

第四,相关环境。环境条件是影响人们决策的重要因素。根据偏好反转理论,当人们面对收益时,其是风险规避的;而面对损失时,则是风险偏好的。理性人假设则认为只要给人们带来相同效用的方案,人们的选择会是相同的、无差异的。但是,人们在选择时通常会有“敝帚自珍”效应,即人们对于自己已经拥有的事物总是比没有拥有的有着更高的效用评价,这就是人们所处的环境现状对于其决策的影响,又称为“现状偏见”。

第三节 营销心理学的研究框架与方法

一、营销心理学的研究框架

由于消费行为是消费实现的过程,而营销策略必须针对消费者的行为诉求,因此,通过了解掌握消费大众的行为诉求及其背后所蕴含的心理规律,从而采取具有针对性的营销策略已成为以“精细化营销”为追求目标的现代企业经营者的迫切需求。然而,鉴于传统营销学理论是基于从理性人假设出发对企业的营销策略进行阐述与分析,因而其在对现实市场的认知与把握上难免出现偏差,无法适应和满足现代企业的发展要求。

营销心理学则是基于“感性人”的人性假设,以认知心理与行为决策为研究视角,通过将心理学原理全面系统地应用于营销心理学理论研究,从而有效重构了消费行为理论体系架构,弥补了传统营销学科的理论缺位与方法不足,为21世纪营销心理学科成功实现新的跨越——理论创新与方法转型提供了良好的契机与有力的支持。

可见,营销心理学是对传统营销学理论及其应用的一次“吐故纳新”般的全面升级与深度解读,其是基于消费者的心理与行为规律分析,通过深入研究消费者的行为特征及其心智模式之间的内在联系,从而为现代企业提供基于营销心理视角的精准化的营销方案。因此,营销心理学的研究对象是消费者在市场环境中的心理活动现象及其行为规律,其是通过研究在外界条件刺激下消费者作出行为决策的心理过程及其影响因素,从而制定出相应的营销策略组合。

营销心理学的主要研究框架如图 1－1 所示。

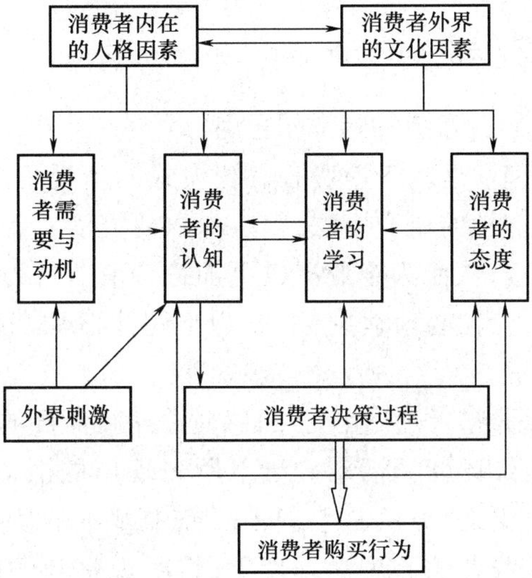

图 1－1　营销心理学的主要研究框架

当消费者面临一个外界刺激时,首先激发起消费者的需要和动机,随后引发其对于产品和品牌的认知,当其认知过程完成后,消费者会形成相应的态度;在消费者形成消费决策的过程中,其通过学习不断调整消费态度,并最终作出消费决策;在此过程中,内在的人格因素以及外界的文化因素则持续地影响着消费者的心理活动过程。因此,营销心理学的研究内容主要包括:

第一,消费者在消费过程中的心理活动和思维意识。即具体研究消费者内在的需要、动机、感觉、知觉、学习、记忆、个性、态度、人格等与消费行为相关的心理活动现象。

第二,消费者在消费过程中心理活动的各类影响因素。即研究分析消费者的消费习俗和消费文化对于消费活动的影响规律。

第三,基于消费者的心理与行为规律分析,通过深入研究消费者的行为特征及其心智模式之间的内在联系，从而为现代企业提供基于营销心理视角的精准化的营销方案。这主要包括：基于消费需要视角的市场定位，基于消费认知视角的顾客满意，基于消费态度视角的维系顾客，基于消费人格视角的品牌形象，基于消费学习视角的广告促销，以及基于消费文化视角的整合营销传播等。

第四，结合案例分析，对于消费行为作出更贴近现实的合理诠释。

二、营销心理学的研究方法

（一）心理学研究方法的借鉴和应用

由于营销心理学是基于消费者心智模式的新视角，因而通过充分借鉴和应用现代心理学的研究方法，得以深入研究消费者的心理活动规律及其外界影响因素，从而为企业提供更加符合消费行为规律的市场营销策略。一般而言，营销心理学主要应用以下四种心理学的研究方法。

1. 现象观察法

观察法是指研究者通过自己的感觉器官，有目的、有计划并主动地观察消费者在市场营销活动刺激下所表现出的语言、行动和情感变化等心理活动现象，该方法是心理学研究中基本的研究方法之一。研究者通过观察消费者的心理活动现象，将所观察到的内容按照时间的顺序记录下来并分析其原因和结果，从而达到揭示消费者心理活动规律的目的。

观察法既可以是通过研究者的感觉器官直接对事物和现象进行感知和描述，也可以是通过现代技术手段和仪器间接地进行观察分析。这一研究方法的优点是直观可信，所观察到的内容真实可靠，是在外界市场营销环境中消费者心理活动的自然生动的写照。但是，这一研究方法的不足之处在于其具有一定的片面性、局限性和被动性，所观察到的内容具有一定的主观性和偶然性。

2. 实验法

实验法是指通过对研究对象进行人为地刺激和干预，从而有效地揭示出消费者的心理活动特性及规律。即通过人为地控制研究对象，创造必要的环境刺激条件，排除不相关因素的干扰，从而达到凸现出心理因素的影响与作用的目的。实验法可以分为实验室实验法与自然实验法两类。

实验室实验法是指通过人为地控制外界条件，在实验室环境中借助各种仪器设备开展研究的方法。该方法的优点在于研究结果科学准确，但缺点在于仅能研究市场营销活动中较为简单的、共性化的心理活动规律，例如商业广告对于消费者心理影响效应的测定。

自然实验法则是在现实的市场营销环境中，通过有目的地创造某些变化条件，给予消费者以一定的外界刺激和诱导，从而观察分析消费者心理活动变化规律的研究方法。由于这一方法既可以研究普遍人群的消费心理现象，也可以研究特定个体的消费心理特征，因而其应用范围较为广泛。例如，让被试扮演某一特定的角色，被试则以这一特定角色的身份表明其对于某些产品和服务的态度并作出相应的评价；又如，给予被试某些意义不明的图景，要求其讲述图景的内在含义，由于被试没有预先的框定效应，因而其会表达出内心的真实想法，这对于广告画面的选择确定具有很大的帮助。

与观察法相比较，实验法的研究设计和操作难度比较大，其对于仪器设备的要求比较高，所需要的实验成本也比较高。

3. 访谈法

访谈法是指研究者通过与研究对象进行直接的口头交谈，在信息沟通过程中研究消费者的心理状态以及心理活动的研究方法。该方法按照研究者与被试接触方式的不同可以分为面对面访谈与电话访谈两种。

面对面访谈具体可以分为结构式访谈与无结构式访谈两种。结构式访谈又称为控制式访谈，是指研究者根据预定目标，事先准备好谈话提纲，谈话时依次向被试提出问题。该方法的优点在于所获得的信息资料比较系统完整，同时由于这种访谈方式组织严谨、条理清楚，因而访谈者对于整个访谈过程易于掌控；不足在于被访谈者易于拘束，双方不易在短时间内进行充分沟通。无结构式访谈也称为自由式访谈，研究者和被试可以进行充分自由地交谈，虽然访谈有一定的目标，但是谈话过程没有固定的程序和结构，所涉及的问题也不受范围限制，被试可以根据自己的意愿自由回答问题。这种方式的优点是访谈不受拘束，气氛比较活跃，容易沟通感情，彼此沟通能够达到一定的深度，但是谈话进程不容易掌控，对于研究者的谈话技巧要求也比较高。

电话访谈是指借助电话这一通信工具与受访者进行沟通的访谈方法。该方法的优点在于成本小，但是研究者不能够与研究对象进行直接接触,不能直接观察受访者的心理活动表现,同时由于访谈内容是预先设计好的,因而在一定程度上影响了访谈效果。

4. 问卷调查法

问卷调查法是指研究者事先进行调查问卷的设计,并通过调查问卷的形式向受访者提出问题,要求其给予答复,研究者能够依据调查问卷的分析结果了解掌握消费者的心理活动。问卷调查法是心理学中经常运用的基本研究方法之一。该方法根据操作方式的差异,可以具体分为邮寄问卷法、入户问卷法、拦截问卷法以及团体问卷法等。

问卷调查方法不是通过口头语言,而是通过文字语言的方式搜集受访者的信息。其最大的优点是可以较小的成本获取大样本被试的数据信息,有利于研究者对于特定群体开展调研。然而问卷调查法也有其局限性,由于是采取书面文字的研究形式,因而研究者不能够与受访者进行直接地面对面交流,不能够直接观察受访者的反应,从而影响其调研结果的准确性。

(二)营销心理学借鉴和应用心理学研究方法的作用与意义

第一,营销心理学需要研究消费者的需要和动机,在对消费者需要和动机的研究过程中通过应用心理学的研究方法,以充分了解消费者的内在需要,从而为目标市场细分以及营销策略制定提供有效依据。

第二,营销心理学需要研究消费者的认知和态度。现代企业需要掌握消费者对于产品与品牌的认知和态度,以及其对于产品与服务的满意度,由于传统营销学研究方法对此力所不及,因而必须借助于心理学研究方法以达到目的。

第三,营销心理学需要研究消费者的人格、学习以及决策思维。任何消费行为发生的背后必然是对应于消费者的人格、学习以及决策思维过程,只有通过心理学的研究方法才能够深入洞察消费者的人格、学习以及决策思维的心理影响因素,从而为企业实施相应的营销策略提供理论依据。

第四,营销心理学不仅要研究消费者内在的心智模式,更要研究消费沟通以及消费文化传播等外界环境刺激对于消费行为的影响。因此,只有充分借鉴和应用心理学的研究方法以揭示消费者的心理影响因素及其活动规律,才能有效制定适当的营销策略以激发消费行为的发生,这才是营销心理学的现实意义所在。

第三节　情境案例

你的名牌，我的毒药！
——白领丽人的手袋情结

你的名牌，我的毒药！

是美丽夺目的，还是优雅低调的？

是整齐洁净的，还是杂乱无章的？

手袋的内外都会泄漏女性的秘密，并且绝对真实。

2003 年 6 月的一天，在北京某大学附中的高中入学考场外，我偶遇了好友艾琳，她刚刚 30 出头，但已是地产界一位业绩非凡的企业家，她是陪一位朋友的小孩来考试的。从外表上看，艾琳是一位既漂亮又令人喜爱的女孩子，但从她的谈吐中又能感受到她作为企业家的智慧和品位。

在考试开始后，我和艾琳的目光也开始集中到身边来来往往的女性家长身上，她们的服饰成为我们的观察重点。

艾琳突然问我："陈老师，你猜我的手袋值多少钱？"

我知道艾琳的财产很多，我自己也曾经购买过 300 元的手袋，从艾琳的手袋外观上看，除了感觉质量很好，我再也看不出有什么特别的地方，因此回答说："大约有 1 000 多吧。"

艾琳略显严肃地告诉我："这个手袋值 8 000 多元，是在新光天地买的。我还有一只 8 000 多元的手袋，我只用过一次，后来感到颜色不太喜欢，就不用了。如果你不介意，改天我送给你。"

我突然意识到诸如艾琳这样的女性消费者一定会有自己独特的行为特征，因此，我接着问："你观察一下，我们周围的女性中，还有什么人的手袋如此昂贵吗？"不到 5 分钟，艾琳就指着不远处的一位女性说，她的手袋应该是上万元，因为她的手袋品牌是著名的路易·威登。

“我亲眼看到北京一家著名房地产公司的销售经理的手袋，其价格应该在30 000元左右，据这位经理自己说手袋是别人送的。我的手袋牌子是香奈儿，也是法国著名的手袋品牌，它的标志正是著名的‘双C标志’。”说到这里，艾琳将其手袋上的标志指给我看。

看了看我手中200多元的手袋，艾琳有点内疚地说：“陈老师，你是不是认为我太奢侈了？”

本来我对她的报价吃惊不小，而且正在心里计算着8 000元可能是许多下岗工人月收入或农民年收入的几十倍，可当她问我时，我突然理解了为什么平时见到的许多品牌专卖店里通常一个购买者都没有，而商店照样经营。于是，我安慰她说：“如果没有你这样的消费者，很多名牌的商店就得关门了。你代表了一种生活方式。”

据了解，在北京，像艾琳这样身为企业家的女性、高级写字楼中的白领丽人或非常有钱的家庭主妇都以购买世界名牌手袋作为一种象征，作为代表高贵身份、富有和成功的符号。每个女性都希望购买类似的名牌手袋，有时候，一些男士也会购买，赠送女朋友以显示诚意。

艾琳曾告诉我，她购买服饰的首要影响因素就是品牌，而款式并不十分重要。

实际上，也只有如此贵重的品牌（也称为高尚品牌），才能使像艾琳这样的真正追求时尚的富人有别于一般的时尚女性，因为当今社会，拥有名牌并不难，但拥有只有少数人消费得起的名牌却不容易。

如果问女性有几只手袋，就像问一个女人有几双鞋一样，答案会令人想上半天。正式社交场合中，手袋会反映出一个人的地位与品位，于是便有了这样一句话，“男人看表，女人看包”。手袋已成为女人的时尚道具。

在法国，为了购买香奈儿手袋，艾琳足足排了2个小时的队。据说，专门定做手袋也是时尚女性拥有独一无二手袋的常见方式。

到过欧洲的人都知道，路易·威登的产品每个人凭护照只能买两件，这在位于法国香榭丽舍大道上的路易·威登专卖店门口写得很清楚，并且东西贵得惊人，小钱包有可能在1 000欧元以下，手袋就没有少于1 000欧元的。因此，有人说："卖东西的人比买东西的人牛。"

正是这些世界著名手袋品牌经营者（奢侈品产业巨头）塑造出的高贵品牌形象，使这些手袋甚至具有了收藏价值，在网上还可以看到转让二手名牌手袋的专门网站。

例如，爱马仕的Kelly手袋因为摩洛哥王妃格雷斯·凯莉的钟爱而得名，售价奇高，一只二手Kelly手袋也要3 000美元左右。此外，手袋搭扣上的小锁和摩纳哥王妃的芳名（凯莉）给了拥有它的女性一份神秘感。这样的经典手袋永远不过时。

几百年来，时装配件的潮流犹如时装一般，日新月异，变个不停。手袋的兴起与服装的演变有密切的联系。自18世纪末，附有衣袋的波浪形裙子被修身的衣服取代后，女士们便纷纷去寻找可以装载个人物品的袋子。第一个鱼网状的小袋乘势而起，这种束上长绳的小袋便于拿在手上，成为名副其实的手袋。基于不同的潮流文化、不同的时代状况、不同的场合，女人的手袋已演变成变幻无穷的形式。

作为女性必不可少的服装配饰，一个选料上乘、设计时尚、做工精细的名牌手袋配衬任何服装，都能产生画龙点睛之效。服装设计师们说，手袋不仅有装日用品的实用性，它还反映了人类追求美的欲望。

从心理上说，女性的手袋还装着一份属于自己的秘密。一个手袋就是她的一个小世界，想了解她，看看她的手袋也许就会知道。时刻伴随主人的手袋也是女性化的、隐秘的，代表着女性心中浪漫、柔情的部分，也收藏着她的思考、追求和情趣。

一般来说，化妆镜、唇膏、面巾纸、手机、钱包是必不可少的，因此，保持手袋里面的洁净、整齐成为衡量一个女人优雅指数的指标。装满杂乱无章小东西的手袋也许会引起别人的轻视，好像它的主人是懒惰的、随便的、消极的，也是没有女人味的。手袋就这样在无声无息中泄漏了主人的秘密，并且绝对真实。自傲与自恋的女人会尤其迷恋手袋，当内在的优雅气质与手中迷人的手袋完美出

境时,女人的品位、修养与风韵才会像花朵一样绽放。

此外,有一种说法,假如你喜欢用大袋子,又爱把它塞得满满的,那可能意味着你是一个缺乏安全感的人。职业女性,尤其年龄日长的职业女性大多如此,而那些刚20出头的女孩子,背只小小的短肩袋或背囊,一派青春无悔状。

手袋的颜色也是一种语言。如你常用的手袋是鲜红色,说明你活泼自信且具野心;暗红色会给人一种神秘感;偏爱绿色的性格可能有些古怪;喜欢白色手袋的比较注重物质享受;黑色的手袋给人大方稳重的感觉。

你常会发现,当你的手袋用旧了而想买只新的,选择的往往是一只与旧款相同甚至颜色也相同的手袋。这是女人的恋旧。或许你已备有数只手袋作替换及陪衬用,但总有一只是你经常携带的,而这只手袋最能代表你的个性。

【讨论题】

1. 为什么在当今中国社会,世界名牌手袋成为职场白领丽人们的情结?

2. 作为奢侈品的名牌手袋满足了中国女性消费者的哪些欲望?

本章复习题

1. 营销心理与营销心理学的基本含义是什么?
2. 试述营销心理学的兴起及其历史溯源。
3. 试述传统营销学中“理性人假设”的应用。
4. 试述传统营销学中“理性人假设”的颠覆现象。
5. 试述营销心理学对“理性人假设”的质疑。
6. 为什么说“有限理性”是营销心理学的理论基石?
7. 试述营销心理学的研究框架。
8. 试述营销心理学的研究方法。

第二章　消费需要与市场定位

章前箴言

如果你想要消费者表现出你所预期的消费行为，那么你就必须有效地激发其内心的需要与动机！

本章要点

- ◆ 需要和动机的含义。
- ◆ 马斯洛的需要层次论。
- ◆ 消费者的购买动机。
- ◆ 市场细分与定位的含义。

【引例】

宜家公司为何碰壁？

在素有“蜀南竹海”之称的四川宜宾等地，竹制品加工极为普及。2002年末，世界著名家具经销商瑞典宜家公司派业务员专程入川订货，他们带来了所需的竹椅、花架、书架、竹帘等实样，要求按样加工，价值数百万美元，然而寻遍全川，竟无一家企业接受订单。

宜家公司技术顾问比昂先生曾问某加工企业负责人：“你们能按照我们的要求进行加工吗？”该负责人回答：“我们是代代相传的工艺，只能编自己设计的图案，不是客户想加工什么就编什么的。”

就这样，眼看着数百万美元的商机送到了家门口，却失之交臂。通过学习本章内容后再来看这一例子，你觉得该如何解释这一现象呢？

第一节　消费需要与动机的理论概述

一、需要与动机的基本含义

法国作家拉·封丹曾写有这样一则寓言故事:北风和南风比试威力大小,看谁能把行人的衣服脱掉。北风首先施展威力,顿时狂风骤起,寒气袭人,吹得行人的衣服敞开飘起,行人则把衣服裹得越来越紧;而南风不然,徐徐吹动,暖意融融,行人周身发热,开始解开纽扣,继而脱掉衣服。可见,如果你想要消费者表现出你所预期的消费行为,那么你就必须有效地激发其内心的需要与动机!

事实上,个体的需要与动机既是构建市场营销理念的出发点,也是个体从事市场营销活动的出发点。需要是指个体因生理因素或者社会因素所导致的某种未满足的主观感受状态。它是个体对于客观现实的需求在其头脑中的反映。个体的需要是如何产生的呢?心理学研究认为,在正常条件下,个体的生理和心理处于平衡状态。一旦生理或心理的某个方面出现“缺乏”时,便会导致失衡状态的出现。这时,人的生理或心理便会出现一种不舒服的“紧张”状态,而只有减少或消除这种紧张状态,人体才能恢复原先正常的平衡状态。例如,由于长时间未进食而感到饥饿,人们只有通过进食才能缓解肠胃的不适感。因此,需要是个体减少或消除其紧张状态的自然反应。据此,个体需要的激发过程可以表示为图 2－1。

图 2－1　个体需要的激发过程

可见,需要不是市场营销活动所能创造和改变的,其具有固有性,市场营销活动所能激发和影响的仅仅是人们的欲望。欲望是指个体希望得到能够满足其某种基本需要的产品或服务的愿望,而欲望才是市场营销活动的对象。同一需要可以引发个体不同的欲望,而同一欲望也可以通过不同的产品或服务来加以满足。例如,人们既可以用土豆充饥,也可以用汉堡包来填饱肚子。可见,虽然市场营销活动不能创造个体的需要,但是它能激发消费者的潜在欲望而使之成为现实需求。

动机是指个体推动其实际活动以满足其需要和欲望的内驱力。这种内驱力是由个体未满足的需要所造成的紧张状态所产生的。它是导致个体行为产生的根本动因。动机具有以下特征。

(1)动机是一种内部刺激,是引发个体行为的直接原因;

(2)动机为个体的行为提出目标;

(3)动机为个体行为提供力量以恢复身心平衡;

(3)动机使得个体明确其行为的意义。

动机与需要这两者是有区别的。动机是推动个体行为发生的直接原因,而个体的动机又是由某种未满足的需要所引起的。然而,并非所有的需要都能转化为动机,需要转化为动机必须满足以下两个条件:第一,需要必须具有一定的强度,即某种需要必须成为个体意识到的迫切要满足的强烈愿望,如果需要不迫切,就不足以促使个体通过采取行动以满足这一需要;第二,需要转化为动机还要具备适当的客观条件(即所谓"诱因的刺激"),这种诱因既包括生理刺激也包括心理刺激。

可见,动机是由个体的主观需要以及客观环境所共同决定的,当个体产生某种需要时,其心理上便会产生不安与紧张的情绪,成为一种内在的驱动力(即动机),它驱使个体选择目标,并进行实现目标的活动,以满足这一需要。一旦个体的需要满足后,其心理紧张状态便会消除;之后,又会有新的需要产生,引起个体新的行为,这样周而复始、循环往复。动机产生的具体过程如图 2－2 所示。

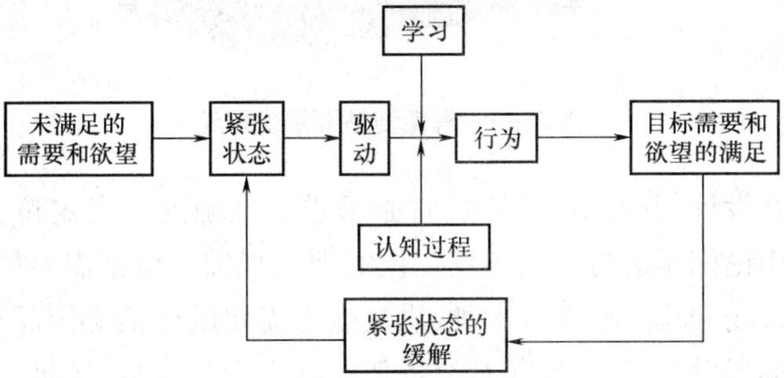

图 2－2　个体动机过程

由图 2－2 可见,消费者的一切行为都是由其一定的需要、欲望所导致的，换言之，个体所有的消费行为都是为了满足或者缓解自己某种特定的需要和欲望。因此，市场营销的任务就是激发消费需求，并协助消费者满足自己的需要。

二、需要层次论与市场定位

美国心理学家马斯洛（A. Maslow）于1943年提出了需要层次论（Hierarchy of Needs），该理论把人的基本需要分为五个层次，按其重要性依次分为：①生理需要，即包括食物、水、住所等基本的生存需要；②安全需要，即保护自己免受伤痛、失业以及年老无保障等危害；③归属和爱的需要，即获得家庭、朋友、社会团体的接纳以及友谊和爱情等；④尊重需要，即获得尊敬、名誉、地位、权力等；⑤自我实现需要，即充分发展自我和实现自我的能力（详见图2－3）。马斯洛认为，这五个层次的需要由低到高依次递升，只有当低层次的需要得到基本满足之后，才能产生较高层次的需要，并激励个体不断追求更高层次需要的满足。

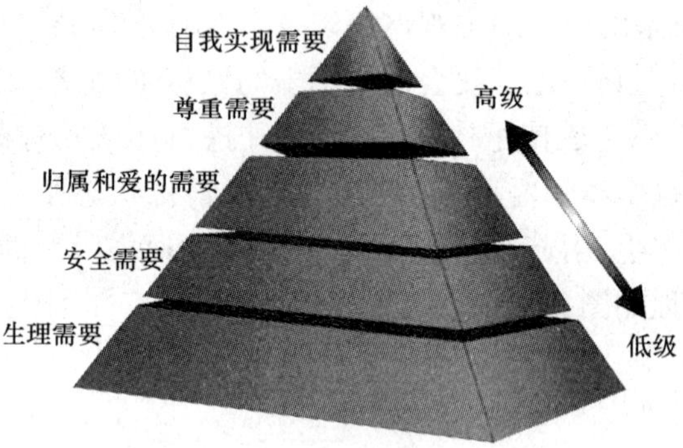

图2－3　马斯洛需要层次理论

我们在设计、开发新产品之前，必须进行准确的市场定位，而马斯洛的需要层次论则是进行产品市场定位的理论基础。根据需要层次论我们可把产品市场定位为以下五大类：满足生理需要的生活必需品市场、满足安全需要的保健品市场、满足社交需要的社交用品市场、满足尊重需要的享受类用品市场与满足自我实现需要的发展类用品市场。具体如下。

（一）生活必需品市场

生活必需品市场主要包括基本食品、普通衣着等一般生活日用品。

当商品经济还不发达的时候，人们的需求不论是在形式上还是在实质上都表现为这一层次。例如吃饭是为了果腹，穿衣是为了保暖，即所谓的“温饱型”需求。当经济发展到一定程度之后，人们对食品的需求不仅仅是充饥，而对于食品的营养、口感以及安全卫生要求会更高。

当前，我国的生活必需品市场正由数量型向质量型转变，由原料型向半成品、成品型转变，由大包装、散装型向小包装、多包装型转变。例如人们对能够节省时间、适应快节奏生活方式的速冻食品、快餐等有着很大的需求。肯德基、麦当劳等连锁快餐店的火爆正是迎合了人们的需求。因此，市场营销活动只有适应这一趋势，才能使消费者获得满足。

（二）保健品市场

保健品市场主要是由药品、卫生用品、保健食品和保健器械等产品构成。随着社会经济的稳步发展和人民生活水平的日益提高，消费者的自我安全保护意识越来越强，产品的安全性已成为影响人们选择商品的重要因素之一，那些能够去病强身、延年益寿的产品将越来越受到消费者的青睐。

（三）社交用品市场

社交用品市场主要包括烟酒、化妆品、饮料以及各类礼品等产品。随着人民生活水平的不断提高，人们的社交需要会越来越强烈，因此，包装精美、质量上乘、体现个性、富有时代感的社交用品将具有良好的市场前景。

（四）享受类产品市场

消费者对于时装、旅游、文化娱乐、工艺品、家用轿车等方面的市场消费需求构成了享受类产品市场。这一产品市场的内涵和外延会伴随着社会的发展而不断变化，设计这类产品时必须首先考虑人们的消费水平和文化传统，其次还应使产品符合当前的流行时尚和人们的求美心理，以满足消费者的优越感和同步性，即在消费中超越他人并与时尚保持同步。

（五）发展类产品市场

学习用品、书报杂志、智力开发和个性发展等方面的消费需求构成了发展类产品市场。这类产品主要用于满足人们发展个性并最终达到自我实现的需要，其产品范围十分广泛，以精神类和教育类产品为主。因此，设计和开发教育类产品的市场前景十分宽广，而设计这类产品应注重开发智力与表现个性，产品要具有独特性和新颖性。

可见，马斯洛的需要层次论对于市场营销活动具有现实指导意义。在消费市场上，尚未解决温饱问题的低收入者不可能经常去购买那些显示身份地位的奢侈品，也不会过分考虑产品的外观包装，购买时以求廉、求实动机为导向；而衣食无虑的高收入者则会去购买与自己身份相称的名贵产品，购买时以求美、求新、求名动机为导向。因此，企业在开展市场营销活动中，必须深入分析目标顾客的需求层次，开发出符合消费者实际需求的产品，制定出相应的营销战略。

知识链接

马斯洛与需求层次论

亚伯拉罕·哈罗德·马斯洛（Abraham Harold Maslow，1908—1970），美国社会心理学家、比较心理学家，人本主义心理学（Humanistic Psychology）的主要创建者之一，智商高达194的天才，第三代心理学的开创者，提出了融合精神分析心理学和行为主义心理学的人本主义心理学，于其中融合了其美学思想。

【延伸阅读】

江南春的“电梯灵感”

很多等电梯的人抱怨电梯很慢，这让苦苦寻找广告媒体空白点的江南春产生了灵感。“如果有电视，人们坐电梯的时候就不会感到慢”，等电梯的“无聊”让江南春发现了商机，经过6个多月的努力，他的“无聊”创意开始初步实现：2002年12月，商务楼宇液晶电视广告网在上海初步成形，包括上海浦项大厦等片内的50幢楼宇开始试播置于电梯中的液晶屏幕广告。

2003年5月，江南春创立了分众传媒，决定绕开竞争惨烈的传统媒体，走“分众”之路，专攻楼宇液晶媒体。分众传媒借这一新媒体和新的商业模式飞速成长，不到3年，2005年7月分众传媒在美国纳斯达克上市。2005年分众传媒净利润达到2 350万美元，比2004年的40万美元增长了5 775%；2006年净利润为8 320万美元，比2005年增长254%，市值约45亿美元。分众传媒总营业收入和总利润的年增长率都高达三位数。2007年，分众传媒的净利润为1.44亿美元。

江南春认为："消费者无论多忙，都会有一些空隙，处在一个特别茫然、无聊、发呆的状态中，这个时候如果有信息的进入，很容易引发他们的兴趣、激起他们的思维。"事实上，商务楼宇液晶电视联播网能实现对中高端目标消费者的重度覆盖，具有针对性强和反复刺激性等特点，因此，新媒体的广告效应立竿见影，广告接踵而至。

结果，通用、福特、丰田和广州本田等汽车制造商、中国移动、中国联通和中国网通、诺基亚、西门子、LG、索尼和摩托罗拉等大品牌都纷纷利用分众传媒投放广告。在短短的两年内，分众传媒的覆盖扩展到全国52个城市的3万多栋楼宇。

三、消费者的购买动机分析

（一）购买动机的含义

消费者的购买动机是指个体在消费过程中推动其实际购买行为以满足其欲望和需求的内驱力，也就是引起消费者购买某种商品的原因。消费者的购买动机直接影响并制约着人们的购买行为，即消费者的购买行为都包含有一定的购买动机，一般是先产生购买动机，然后再付诸购买行为。例如，人们为了解渴就会去购买饮料，饥饿了便会去购买食品等。在消费者的各种购买决策中，其动机与行为的关系较为复杂。一种动机会导致多种行为，例如，为了解决上下班的交通工具问题，人们便会购买自行车、助动车、摩托车或者汽车；而一种行为也可以是由多种动机所引起的，例如，购买金饰品的动机可以是为了装饰、保值甚至炫耀。可见，消费者的购买动机多种多样。

消费者的购买行为通常是由多种动机共同作用的结果，这些动机包括物质性动机与社会性动机、近期动机与远期动机、集体主义的动机与利己主义的动机等，而多种动机以一定的相互关系形成了消费者的动机体系。在同一动机体系中，不同动机所占的地位、所起的作用是不同的。其中，消费者最强烈、最稳定的动机是引发购买行为的主导动机，其相比非主导动机具有更大的激励作用。

由于人们的价值观念不同，其主导动机也会以不同的方式表现出来。例如，在同等经济条件下，有的消费者注重体面、讲究排场与摆设，以满足自己的优越感，其宁可缩食，也要衣着漂亮、家居布置富丽堂皇；而有的消费者则讲究营养与保健，宁可衣着和家居摆设简朴，也要把大部分收入用于购买食品和保健用品。

（二）购买动机的分类

营销心理学研究表明，消费者购买商品的动机是复杂多变的，具体分析如下。

1. 购买动机的本能分析模式

基于人们的饥、渴、寒、暖、行止、作息、性等生理本能所引起的购买动机进行分类，称之为本能分析模式。这一模式可分为以下四种购买动机。

（1）维持生命的动机，即人们在饥思食、渴思饮、乏思息的动机驱使下，所产生的购买食品、饮料、家具、卧具等行为。

（2）保护生命的动机，即消费者为御寒而购买衣服鞋袜、为居住而购买建筑材料，为治病而购买药品等的购买动机。

（3）延续生命的动机，即消费者为结婚、组织家庭、养儿育女而购买儿童用品的购买动机。

（4）发展生命的动机，即人们为了使生活更加方便、舒适和愉快，购买享受类商品的动机，以及为了掌握和提高劳动技能和知识而去购买图书、计算机等发展类商品的动机。

可见，在本能动机驱使下的购买行为，具有经常性、反复性和习惯性的特点，购买的大多是日常生活中的必需品。

2. 购买动机的心理分析模式

基于人们的认识过程、情感过程和意志过程所引起的购买动机进行分类，称之为心理分析模式。这一模式可分为以下三种购买动机。

（1）感情动机。其包括情绪、情感两个方面。凡是由于满意、快乐、好奇、嫉妒、好胜等情绪而引起的购买行为，属于情绪动机，一般具有冲动性、即景性和不稳定性的特点。例如，人们因好奇而买新产品和品尝美食等。情感动机则是由人们的道德、理智、审美等高级情感所引起的购买动机，其具有较大的稳定性和深刻性。例如，人们为了友谊而购买礼品、为了荣誉而认购国库券等。

（2）理智动机。其通常是人们在对产品充分认识的基础上，经过分析比较后所产生的购买动机，其具有客观性、周密性和控制性的特点。例如，消费者购买高档耐用的家用电器，诸如彩电、冰箱、摄像机等，通常是经过深思熟虑、权衡利弊之后才作出购买决定的。

(3)惠顾动机。其通常是基于以往的购买经验,消费者对于特定的产品、商标、厂商等产生特殊的信任和偏好,促使其不断重复地进行购买的消费动机。这类消费者往往是某品牌的忠实支持者,他们不仅自己经常购买,而且对潜在的消费者有着很大的宣传影响作用,甚至当该品牌的产品和服务出现某种过失时,也能给予充分的谅解。一旦企业能在消费者中激发其惠顾动机,其经济效益和社会效益是相当可观的。企业要激发人们的惠顾动机,就应注重产品质量、花色品种、产品包装、广告宣传以及人员服务等因素,从而使得产品在消费者心目中留下独特的印象。这样,不仅为企业形成了一支稳固的消费者队伍,而且还可以通过这支队伍的口碑宣传,不断扩大产品的知名度,从而占据更广阔的市场。

3. 消费者的具体购买动机

消费者的具体购买动机主要包括求实、求新、求美、求名、求廉、好胜、嗜好等七个方面的购买动机。

(1)求实购买动机。以追求产品的实际使用价值为主要目的,其核心功能是“实用”和“实惠”。具有求实购买动机的消费者,通常是经济收入不高、消费需要从长计议的人群,其在年龄层次上,以中老年人居多,他们比较保守、注重传统、不爱幻想,不易受产品的包装、商标以及广告宣传的影响,多为中低档商品的购买者。

(2)求新购买动机。以追求产品的时髦与新颖为主要目的,其核心功能是“前卫”和“时尚”。这类动机在经济条件较好的城乡青年中较为多见。他们富于幻想、渴望变化、蔑视传统、喜欢新潮,易受商品的广告和包装等因素的影响,通常是各类时尚商品的主要消费者。

(3)求美购买动机。以追求产品的观赏价值为主要目的,其核心功能是“美观”和“装饰”。在青年妇女和文化层次较高的人士中较多见。这类消费者注重产品的造型美、色彩美和装饰美,重视产品对人体的美化作用、对环境的装饰作用以及对人们精神生活的陶冶作用,通常是高级化妆品、首饰、工艺品以及家庭陈设用品的主要消费人群。

(4)求名购买动机。以显示自己的地位和身份为主要目的,其核心功能是“炫耀”。在具有一定政治地位和社会地位的人群中较为多见。这类消费者特别注重产品的象征意义,喜欢购买名贵商品和高于一般消费水平的商品,以显示其生活之富裕、地位之特殊,或表现其能力之超群,从而获得心理上的满足感。

(5)求廉购买动机。以追求商品廉价为主要目的,以经济收入较低的人居多,也有经济收入较高而节俭成习的人。通常喜欢购买特价、折价、优惠价的商品,其对商品质量要求不高。这类消费者是低档商品、废旧物品以及残次、积压处理商品的主要消费人群。

(6)好胜购买动机。以争赢斗胜为主要目的,有此动机的消费者购买某种商品不是出于实际的需要,而是为了赶超他人,因而表现出“优越欲”和“同调性”的消费心理现象,他们通过购买炫耀性商品,以满足其好胜心理。这种购买行为往往具有偶然性的特点和浓厚的感情色彩。例如,为了购买新型组合式家具而廉价出售原有的较新家具;或为了购买双门冰箱而廉价出售原有的单门冰箱。

(7)嗜好购买动机。以满足个人特殊嗜好为目的。例如,有人喜欢花木盆景、有人喜好古玩字画、有人喜欢集邮摄影、有人喜欢读书看报等。这种嗜好动机往往与某种专业特长、专门知识和生活情趣相关,因而其购买行为比较理智,指向性也比较明确,具有经常性和持续性的特点。例如,有人宁可节衣缩食,将省下的钱购买其喜欢的图书,或购买其心仪已久的邮票等。

(三)购买动机的影响因素

消费者购买动机的影响因素主要包括以下九种。

(1)产品的品质,这是影响购买动机的重要因素。例如,电视机图像清晰;电冰箱制冷力强、省电以及低噪音;钟表走时准确等。

(2)产品的功能,即产品的效用,一要耐用,二要多功能。例如旅游鞋在设计上,既要耐穿耐磨,又要晴雨两用、平地登山两用。只有功能多,才能满足人们多方面的需要。

(3)产品的造型,指产品的图案和美术设计。例如电视机的外观要美观,要求它不仅可以收看电视节目,也可以做家中的摆设,以增加居室环境的华美。

(4)产品的规格,即产品的大小、重量等。例如产品能否放进手提包或口袋、使用时其重量是否适宜、是否便于携带等,这些因素都影响消费者的购买动机。“随身听”就是一个很好的例子,由于其体积仅比香烟盒稍大,重量又轻,因而极受消费者的欢迎。

(5)产品的包装。美国宝洁公司曾做过这样一个实验:将品质相同的洗衣粉以不同的色彩分别包装，然后让家庭主妇们比较，调查其对洗衣粉质量的评价。调查结果显示，主妇们认为青色和黄色组合包装的洗衣粉“洗净效果甚佳”，而红色和黄色组合包装的洗衣粉，则被认为“会损伤布料”。可见，产品的包装对于消费者的评价具有很大的影响力。

(6)产品的商标。惠顾型消费者在购买商品时，通常会以产品商标作为其购买依据。例如，上海的“凤凰”“永久”自行车，“华生”“长城”电扇等名牌优质产品，均受到消费大众的欢迎。

(7)产品的广告。广告不仅是传播产品信息的工具，也是激发消费者购买动机的诱因。在现代市场营销活动中，广告的作用日趋重要。在广告的设计过程中应当把握消费者购买动机的内容，进行有针对性的宣传，才能取得理想的促销效果。

(8)产品的保修。通常各种家用电器或日用品购置后，在其使用阶段发生故障时，厂商要给予一定时期的保修或保养的服务承诺，以使消费者放心，这也是促成消费者购买动机的重要因素之一。例如，家电厂商销售电视机、电冰箱等耐用消费品都会承诺保修一年或者一年以上，以解除消费者的后顾之忧。

(9)产品的价格。产品定价除了遵循产品价值规律之外，还需要遵循消费心理规律。例如，产品的降价幅度越大，消费者的疑惑心理就会越重，不愿问津。这是因为消费者通常将产品价格的高低作为衡量产品价值的标准，从价格上来推断产品品质的优劣。“一分价钱一分货”“便宜无好货，好货不便宜”，即是这种消费心理活动的生动反映。可见，所谓“薄利多销”的销售观念，并不适用于所有商品。因为对日常生活用品而言，廉价可能会促成消费者的购买动机；但对于耐用消费品而言，消费者则宁可多花钱以买高档产品。例如，顾客通常愿意选购价格较昂贵、质量有保证的家电产品，这是因为彩电、冰箱等耐用消费品的使用时间长，所以消费者对于产品质量有着更高的要求。

（四）购买动机的相关理论

关于消费者购买动机的理论，主要包括内驱力理论、期望理论以及双因素理论。上述理论着眼于分析消费者购买动机的根源，即解释消费者购买行为的动机问题。例如，消费者为何购买这种品牌的产品而不购买那种品牌的产品；为何在此时此地购买而不在彼时彼地购买等。

1. 内驱力理论

行为科学家希尔加德等人认为,消费者现在所作的消费决策与其过去的行为结果或者报酬之间存在着密切的相关。如果过去的购买行为导致了令人满意的结果,人们就会有反复进行这一行为的倾向;如果过去的购买行为导致了令人不满意的结果,人们就会产生对这一行为的规避倾向。因此,消费者的购买动机是其对过去购买行为的满意感的函数。用公式表示就是:

$$SE_R = SH_R \times D \times V \times K$$

式中:SE_R 为消费者的购买行为;SH_R 为习惯强度(消费者对其过去购买行为满意感的大小);D 为内驱力;V 为刺激强度(广告宣传等);K 为诱因。

上述公式表明,人们的消费行为是其习惯强度、内驱力、刺激强度以及诱因累计乘数的结果。当人们面对某种品牌的产品时,如果上述各因素值都很高,那么人们购买这种产品的可能性就很大;而如果其中的某一因素值为零,则购买行为就不会发生。

2. 期望理论

心理学家佛隆认为,人们的消费行为主要是由以下两个因素所决定的:其一是人们对于产品价值大小所作的估价;其二是人们对于获得该产品的可能性大小的预期。换言之,购买动机是效价与期望值的乘积的函数。其中,效价就是人们对于所要购买产品的价值大小的估计,期望值就是人们对于获得某种产品的概率大小的估计。用公式表示就是:

$$M = \sum V \times E$$

式中:M 为购买动机强度;V 为效价;E 为期望值。

上述公式表明,当消费者将某种产品的价值看得很高,并且认为自己获得该产品的可能性也很大时,那么其购买动机便会十分强烈。

3. 双因素理论

心理学家赫茨伯格认为,激发个体动机的因素有两类:一类为保健因素,这类因素没有激励人的作用,但具有预防不满、保持人们的积极性、维持工作现状的作用;另一类为激励因素,这类因素是影响人们工作积极性的内在因素,如工作本身所具有成就感、责任意识和自身发展等因素可以促进人们的进取心,激发人们做出最好的工作表现。

日本学者小岛外弘根据这个理论，在消费者心理研究中提出了MH理论。小岛认为，M指动机作用因素，是魅力条件；H指卫生因素，是必要条件。这里动机作用因素的含义是指商品的情调、设计等，它是满足消费者需求的魅力条件；而卫生因素的含义是指商品的质量、性能、价格等，它是满足消费者需求的必要条件。MH理论认为，当商品的卫生因素不能令人满意时，消费者便会感到不满，例如，当商品的质量差、价格高时，消费者便会不满意。然而，仅仅满足消费者的必要条件并不能使消费者获得真正的满足，而只有当该商品的魅力条件也得到满足时，消费者才会对某种商品感到真正满意。

需要强调的是，魅力条件和必要条件的内涵会伴随着时代消费潮流的变迁以及产品生命周期的变化而有所不同。例如，当黑白电视机刚刚问世时，出现图像就很有魅力，足以令消费者赏心悦目；然而进入普及阶段后，伴音音色、外形设计等便迅速成为影响消费者购买的重要因素。

知识链接

赫茨伯格与双因素理论

弗雷德里克·赫茨伯格（Frederick Herzberg），美国心理学家、管理理论家、行为科学家，双因素理论的创始人。赫茨伯格曾获得纽约市立学院的学士学位和匹兹堡大学的博士学位，以后在美国和其他30多个国家从事管理教育和管理咨询工作，是犹他大学的特级管理教授，曾任美国凯斯大学心理系主任。

【延伸阅读】

西南航空公司：始终关注顾客的心

美国西南航空公司于1971年以少量资金进入美国航空行业，但是它独具个性。该公司将其营销定位为“爱”的航空，它的第一个标识是一颗闪亮的红心。20世纪70年代，它的乘务员身穿红—橘色的热裤，机上提供Love Bites(花生)和Love Potions(饮品)。西南航空早期因为缺乏广告资金,采用了惊人的搞怪方式来制造口碑广告。后来的广告展示了西南航空的低票价、频繁班次、准时到达和名列前茅的安全记录。在所有的广告中都充满娱乐精神。例如,一则电视广告画面展示了一小袋花生,伴有字幕:“西南航空的餐食看起来就像这样……西南航空的票价也是如此”。西南航空在广告中拿自己作为幽默的对象,同时也传达了它的个性。

西南航空的低票价是因为它的流水线运作。例如,它只用一种机型——波音737,节省了时间和金钱:飞行员、乘务员和工程师的培训简化了;可以快速地替换飞机、改换机组人员或者调任工程师。西南航空也放弃了传统的中心辐射系统,只提供点对点服务;它选择飞往更小的机场,因为其费用更低也更少拥塞,加快了航班的往返。西南航空的15—20分钟的从飞机着陆到起飞的往返时间是行业均值的一半,这让它拥有更高的资产利用率(每架飞机每天可以飞更多的航班,搭载更多的乘客)。

通过进入定价过高并供给不足的新市场,西南航空获得了成长。公司认为无论何时进入一个新市场之后,它都能将票价降低1/3或一半,而且它会扩大每个城市的航空市场,因为之前负担不起机票的乘客可以坐飞机了。西南航空目前在30个城市提供飞往65个城市的服务。

尽管西南航空公司是低成本航空公司,它也首创了许多附加服务和项目,如当日货运服务、老年人折扣、优惠机票和优惠托运。尽管西南航空的名声是低票价和不提供不必要的服务,但是它也赢得了顾客的心。它持续地在航空公司的顾客服务方面名列榜首,而平均的票价才87美元。从1997年起,西南航空一直被美国《财富》杂志评为最受尊敬的公司,以及五大最佳的工作场所之一。西南航空的财务结果同样耀眼:公司持续34年营利。2001年“9·11”事件之后,它是唯一每个季度都有营利的航空公司,也是受经济低迷和恐怖主义威胁影响的航空业少数没有裁员的公司之一。

公司在纽约股票交易所的股票标志是爱(LUV),红心图标也在公司随处可见。这些标志包含了西南航空员工的精神“关心自己、他人和顾客”。“我们的票价可以被超越,我们的飞机和路线可以被模仿,但是我们为我们的顾客服务而感到骄傲”,公司的人事经理谢里·菲尔普斯(Sherry Phelps)这样说道。这也就是为什么西南航空寻找并雇用有热情的人,就像一位员工所言："我们可以培训你做任何工作，但是我们不可能给你适合的精神状态。"

第二节　市场定位的需要心理与行为

一、市场细分与定位的概述

（一）市场细分的含义

从人类经济活动的历史来看，"市场"这一概念主要有三种含义。最早的"市场"是指买卖双方聚集在一起进行产品交换的场所，这一概念一直沿用至今。现代经济学则用这一概念泛指对某一产品进行交易的买主和卖主的集合，是各种供求关系的总和。因此，市场不仅是指具体的交易场所，而且是买卖双方进行产品让渡的交换关系的总和，是供给与需求的有机统一，这是"市场"的第二种含义。从市场营销的角度而言，"市场"是指由产品的买主所构成的集合，而产品的卖主则构成"行业"。因此，市场就是由那些具有特定的需要或欲望，而且愿意并能通过交换来满足这种需要或欲望的全部潜在顾客所构成，即市场是指那些有一定的消费需求，有一定的购买能力，愿意通过交换从而满足自己需要的人口所构成的集合体。这就是"市场"的第三种含义，用公式表示为：

$$市场 = 人口 \times 购买力 \times 购买需要或欲望$$

任何市场都存在着差异性和多样化。因为市场由不同的场所、消费需求和消费者所构成，并且消费者的文化背景和生活习惯也各不相同，如果不加以区分，就像早期的"大规模营销"（Mass Marketing）那样，把相同的产品和统一的营销策略用在所有的消费者身上。这虽然可以降低营销成本，但却不能有效地为最具吸引力的消费者群体服务，从而丧失了获利机会。因此，企业要更好地识别营销机会，并开展有效的营销活动，目标市场营销（STP 营销）就成为最有力的工具之一。目标市场营销主要包括三个步骤：市场细分（Segmenting）、选择目标市场（Targeting）和市场定位（Positioning）。开展目标市场营销，首先必须进行"市场细分"，即按照消费者不同的需求特征把一个市场划分为若干不同的购买者群体。因此，市场细分就是指企业按照一定的方法把一个潜在市场或者消费者群体划分为若干部分，其中的每一个部分都具有相同的消费需求特征，企业从中选择一个或者多个部分进行相应的营销活动。市场细分这一概念自从20世纪50年代由美国营销学家温德尔·斯密（Wendell R. Smith）提出后，受到了广泛重视和普遍应用。

市场细分的目的在于确定目标市场（即选择对企业最具吸引力的消费者群体），然后据此进行市场定位（设计和开发相应产品）和营销定位（运用营销方法和手段影响目标消费者）。如果市场细分的原理和方法应用得当，那么会给企业创造无限商机。由于市场细分具有很大的优越性，因而近年来越来越多的企业采用各种方法进行市场细分。根据马斯洛的观点，一个人会同时存在多种需要，包括物质需要和精神需要。一般来说，人类需要的变化趋势是从较低层次到较高层次，从基本的需要到发展的需要。需求层次理论对于促进商品销售、分析购买行为提供了一个有效的方法。例如，根据消费者不同的需求层次，将市场细分为若干市场，生产和出售不同的产品。在生产力水平低的地方，大部分消费者为获得基本的生存条件而劳动，因此他们的主要需求是基本的食物、衣着、住房和其他与生存有关的商品。在这种市场上，消费者对商品的选择不很复杂，因而要求的销售技术也比较简单。随着生产力的提高和生活条件的改善，消费者的需求会不断变化，市场也会越来越复杂。在发达国家，支配人们购买行为的心理需求往往占据重要地位。

（二）市场细分的程序

市场细分的程序主要有以下三个步骤。

（1）营销调研，即在确定研究目标的基础上，制定调研计划并通过各种方法收集诸如产品的使用方式、消费者的态度和人数等相关资料。

（2）资料分析，对所收集的资料进行统计处理，在此基础上划分出差异性最大的细分市场。

（3）具体细分，根据消费者的态度、行为及其他常用变量划分出每个群体，并依据主要的差异性特征给每个细分市场命名。

厂商在进行市场细分时必须注意，随着消费市场的不断变化，上述三个步骤也必须定期进行调整以适应变化中的市场，从而适时作出新的细分。

（三）市场细分的依据

在市场细分的操作过程中，一般依据以下八个变量对市场进行细分，分别是:地理因素、人口统计因素、心理因素、社会文化因素、与使用相关的因素、情景因素、寻求利益因素、混合因素。这八个细分变量在具体应用时都各有自己的条件与要求,也各有自己的优势与不足。其中按照消费者的心理特征进行市场细分即为"心理细分"。市场细分的心理因素十分复杂,非常广泛,涉及消费者一系列的心理和行为特征。其主要包括消费者的个性、生活方式、价格反应的灵敏程度以及对企业促销活动的反应等。现分析个性和生活方式这两个因素如下。

1. 个性

每个人都有影响其购买行为的独特个性。个性是指个体独特的心理特征,这种心理特征会使得个体与其环境保持相对一致和持久的反应。个性通常可以用自信心、控制欲、自主意识、顺从、交际性、防守性以及适应性等心理特征来描述。如果企业能够区分出不同的个性,并且个性与产品或品牌的选择之间存在着明确的相关性,那么消费者的个性就可以成为细分市场的心理变量。

现在许多消费者购买商品不仅仅是为了满足其物质上的需要,更是为了张扬其个性特征,因此,越来越多的企业根据消费者的个性进行市场细分。例如,某钟表眼镜公司把市场细分为传统型消费人群、新潮型消费人群、节俭型消费人群、活泼型消费人群等,并在经营中努力迎合目标消费人群的个性,以使所经营的商品适合消费者的心理需求,树立起"品牌个性"和"品牌形象",从而保持和扩大本企业产品的市场份额。

2. 生活方式

在经济较为发达的条件下,消费者的生活方式日趋多样化,不同的生活方式往往会产生不同的消费需求和购买行为,即使是对同一种商品,人们也会在质量、外观、规格、型号等方面产生不同的需求。如今的许多消费者购买商品不仅仅是为了满足物质方面的需要,更重要的是为了表现他们的生活方式,满足其心理需要(诸如显示其身份地位或追求时尚等)。因此,企业就应按照这些"心理变量"来细分市场,设计不同的产品或服务,安排不同的市场营销组合。例如,美国某服装公司把妇女分成"朴素型妇女""时髦妇女""有男子气的妇女"三种类型,分别设计和生产不同的妇女服装。对于这些生活方式不同的消费人群,不仅产品的设计不同,而且产品价格、经销渠道、广告宣传活动等也应有所不同。许多企业便是通过生活方式的细分发现了具有吸引力的市场机会。

事实上,即使亚文化、社会阶层和职业都相同的个体,其生活方式也有可能不同。因此,营销人员需要研究自己的产品品牌与具有不同生活方式的人群之间的相互关系。例如,计算机制造商发现许多目标客户具有成就型导向。对于这类顾客,营销人员就应该为其提供所向往的成功生活方式的品牌暗示,广告文稿应该体现出与这类人生活方式的行为特征相称的广告创意。诸如,瑞士帝豪手表(Tag - Heuer)定位于高速运动中精确计时的手表,因而这家手表商的全球广告口号是“压力之下,毫不屈服”,并赞助了澳门汽车大奖赛、澳大利亚帆船大奖赛和香港赛马会等。然而,并非所有亚洲国家的消费者都有着这种热爱运动的生活方式情结。这家手表商发现中国的企业家不如其他亚洲人那么爱好体育运动,感觉到这一广告创意对中国客户而言过于体育化、太隐晦了,于是这家手表商为中国制作了专门的广告,淡化了体育感,主题表达更为直接。

生活方式的内涵丰富、广泛,它不仅与消费者的收入水平有关,而且与消费者的文化素养、社会地位、价值观念、工作职业等因素密切相关。生活方式调查可以用来帮助制定有效的营销策略。以下内容是在部分亚洲国家开展生活方式调查的结果。①

(1)日本。日本东京的RDI调查公司(Research&Development Inc.)根据日本人的四种主要社会因素(即“混乱与秩序”和“外向与内向”)区分出四种生活方式。另一项日本人生活方式调查则将日本人划分为如下五类。

a. 温和派:占28%,主要是女性,即传统角色的妻子。她们渐渐厌烦了自己的角色和强加给她们的期望。

b. 古典派:占22%,代表着日本社会与统治阶层的精英。相比日本典型的保守派要灵活,男性稍多,接受过良好的教育,往往出身于旧式传统家庭。

c. 保守派:占19%,这些人很保守,不善社交,对于消费没有兴趣。他们是老年人,大多数是男性。

d. 现代派:占15%,是一类新派日本人。他们是新潮的、年轻的、自立的个人主义者,在日本人中很具革命性,并且是所有类型中最年轻的人群,接受过最好的教育,其中60%以上大学毕业。

---

① 菲利普·科特勒.市场营销管理(亚洲版).北京:中国人民大学出版社,1998.

e. 开放派：占 16%，也是一类新派日本人。他们崇尚高消费，会购买和尝试任何新东西，在五类人中收入最高，是很重要的新式日本人，也生活得最开心。

(2)新加坡。新加坡的华人可以分成四类：坏小子、暴发户、小康的职业人士与传统的华人。而新加坡的马来人可以分为：现代派、有钱人、不满现状者、家庭负担沉重者、无业游民、受赡养的老妇人。从价值观的角度来看，一端是坏小子，其大部分是 20—34 岁的单身，崇尚个人主义的西方观念，富有朝气；另一端则是受赡养的老妇人，有着从容不迫、随遇而安的典型东方人生态度。从学历的高低程度来看，一端是小康的职业人士，都是高级专业人才，承认教育的重要性，喜欢购买新潮的高性能产品；另一端则是不同年龄的无业游民，对于社会价值要求漠不关心。

(3)泰国。现代泰国人可以分为九类，其中忠于品牌且易受广告影响的人包括：成功者(12%)、奋斗者(20%)、主流派(17%)以及年轻的成就者(11%)。小康的中产阶级(11%)通常因循守旧，既没有野心也不爱冒险。现代女性(3%)也循规蹈矩，热衷于家庭生活，以家庭为中心并且爱看电视。而心理年轻者(8%)很忙碌，爱社交，但不会冲动购物。蓝领(11%)所受的教育少。其他人(7%)则是位于城市下层的、低收入的家庭。

【延伸阅读】

杨幂效应与粉丝电影

粉丝电影是指主打粉丝群体，用偶像明星作为票房保障的新类型影片。粉丝电影具有以下的特点：①主打粉丝群体，重点消费粉丝的购买能力；②主演多为偶像明星，尤其是人气明星；③制作成本较低；④票房收入高。

可见，粉丝电影对“粉丝”人群有着非看不可的特殊心理意义。因此，即使制作低廉，也能有很好的票房收入。这从周杰伦的《不能说的秘密》到王力宏的《恋爱通告》，都得到了验证。

随着越来越多电影以主打青春偶像明星为卖点，粉丝电影逐渐形成气候，成为电影票房的制胜法宝。粉丝电影通常会有很高的投资回报率，它让小成本电影取得高票房不再是昙花一现的奇迹。

事实上,人们走进电影院的原因不再是单纯地“欣赏一部好电影”,而有可能是各种理由:看明星,看故事,甚至仅仅是看热闹。总之,电影是商品,有着商品所有的属性。有的卖故事,有的卖情节,有的卖特技,有的卖偶像。而明星的崛起,本质是粉丝的崛起。粉丝将感情投射于心中偶像在银幕中的遭际,主导电影类型片的衍变。可见,正是粉丝推动了电影娱乐业的发展,没有粉丝,则没有今日的电影。

《孤岛惊魂》是粉丝电影的代表作。作为一部投资成本仅400万元的国产惊悚片,在上映前并没有受到业内的重视。然而,首映当日,该片预售票在一小时内便宣告售罄,上映一周即收获5 000万票房。在上映初始阶段,为满足超预期的观影需求,不少影院只得临时加排放映场次。《孤岛惊魂》成为2011年暑期档的最大一匹黑马。同时,该片亦创造了国产惊悚片的最高票房纪录。其中,女主角杨幂的粉丝起到了不可忽视的推动作用。有一位杨幂粉丝称,自己三天一共看了六遍《孤岛惊魂》,为的就是支持杨幂。

可见,杨幂背后庞大的粉丝团起到了拉动票房走高的作用。有人说,如果这部电影没有杨幂,大概票房也就只能到2 000万。而杨幂无疑是首个成功将人气转换成票房的偶像。仔细端详杨幂的粉丝群,大多集中在90后的青少年。他们许多都是低幼学生,喜欢看轻松搞笑的娱乐片,并沉浸在古装剧《宫》《仙剑3》的世界里。因此只要《孤岛惊魂》有杨幂,他们就很容易失去理智。而《孤岛惊魂》主打杨幂这张偶像牌,就是利用她多年积累的电视剧粉丝,赢得了成功,从而证明了“杨幂效应”已成为娱乐电影成功营销的新模式。

其实,这在港台地区早已屡见不鲜。例如,台湾歌手周杰伦红了,他首部主演的《头文字D》顿时成为香港票房冠军;而著名歌星王力宏自导自演的《恋爱通告》内地票房高达5 455万。

(四)市场细分的有效条件

虽然市场细分有许多方法,但是并非所有的细分都有效。例如,雀巢公司曾根据消费者的生活方式将其细分为“熬夜人群”“早起人群”“正常起居人群”等,并试图向“熬夜人群”推销一种特制的不含咖啡因的产品,结果遭到失败。可见,只有具备可操作性,才能使市场细分有效。有效的市场细分必须具备以下六个特征。

1. 区分性

区分性指细分市场之间可以识别其差异性，并且对于不同的市场营销组合具有不同的反应。即细分市场必须在某个重要特征上存在着显著性差异，而且能够对不同的营销组合方案产生显著不同的反应。换言之，如果市场营销人员是根据消费者的某种可观察的显著特征对某个市场作出了细分，那么细分市场之间应该具有某些易于识别的客观性差异。否则，所进行的市场细分就没有任何实际应用价值。比如，中年男性与青年男性对洗发精销售的反应基本上没有差别，这就不构成两个相互独立的细分市场。在市场细分常用的八类变量中，有些变量易于辨别（如人口统计变量），而有些需要通过问卷调查才能识别（如经济收入），还有一些则难以识别（如希望寻求的利益）。

2. 营利性

营利性指细分市场规模充分大，有足够的利润吸引企业为之服务，即细分市场应是现实中最大的同质市场，值得企业为之制订营销计划。换言之，只有足够规模的消费者群体构成一个细分市场，企业才值得对其进行专门的产品设计与营销活动，从而给企业带来营利机会。否则，细分市场容量太小、消费者人数太少会使所进行的市场细分无效。为了正确估计细分市场的容量，营销人员应根据现有的人口统计学资料预先对市场进行必要的分析。

3. 稳定性

企业总是希望在进行市场细分后，细分市场能够在较长一段时期内保持稳定，并随着时间发展而不断扩大。这是因为从市场细分到产品销售要经过一个周期不短的过程，在这一过程中如果细分市场发生了显著变化，那么不仅会使市场细分无效，而且会给企业造成损失。

4. 测量性

市场细分变量必须具有客观操作性，能用一定的数量标准进行测量，即细分市场的规模、购买潜力与大致轮廓可以测量，否则，细分市场会因缺乏准确性而丧失其使用价值。例如，在烟草市场上，为了与父母抗争而采取吸烟这一反叛行为的青少年这一细分市场就难以测量。

5. 接触性

接触性指企业能有效地接近细分市场并为之服务。市场细分之后，企业应能以经济的方式或在可接受成本的范围内与其目标细分市场进行接触，并开展有效的市场营销活动。例如，某个目标细分市场虽然具有一定的消费潜力，但由于没有合适的传媒对其发生影响，使企业无法对其施加影响，这样的细分市场就不具有可接触性。假设某化妆品公司发现自己品牌的使用者是喜欢深夜外出购物的单身女性，除非她们在一定地区居住或购物，并受一定传媒的影响，否则，企业就难以接近这一细分市场。

6. 运作性

运作性指企业能系统地制定有效的营销计划以吸引细分市场，并为之服务。市场细分之后，企业应有能力、有条件对细分市场进行各种营销运作。如果企业规模太小、财力有限，或者由于竞争对手太强而无力对细分市场实施有效的营销计划，这样的市场细分也是无效的。

（五）细分市场的评估

市场细分之后，企业要想选择最佳的细分市场作为目标市场，必须详细评估每一细分市场的营利潜力。即分析细分市场的规模和发展潜力、细分市场的结构吸引力以及企业的目标和资源三个因素。

1. 细分市场的规模和发展潜力

细分市场的规模和发展潜力即企业在评估细分市场时，首先要判断潜在的细分市场是否具有与企业自身的规模和条件相适应的适度规模和发展潜力。具有适度规模和发展潜力是企业选择目标细分市场的重要条件之一。“适度”是个相对概念，它意味着量力而行、量体裁衣。如大企业一般重视销售量大的细分市场，而避免进入销售量小的细分市场；相反，小企业则避免进入规模较大的细分市场，因为它需要较多的资源投入。

细分市场的发展潜力通常是一种期望特征，因为企业总是希望销售额与利润能不断上升，但竞争对手则会迅速抢占正在发展中的细分市场，从而抑制本企业的赢利水平上升。

2. 细分市场的结构吸引力

细分市场的结构吸引力即细分市场是否具有可观的消费能力；是否存在激烈的竞争以及竞争者的实力如何；未来是否会出现强有力的竞争者；未来是否会出现替代产品；供应商是否能不断地提供产品与服务。上述四个方面将直接影响细分市场的选择。如果在这四个因素中出现了不利于企业的变化，那么细分市场也就丧失了吸引力。

虽然有些细分市场具备了企业所期望的规模与发展前景，但是缺乏营利潜力，因此营销学者迈克尔·波特认为，必须评估以下五种群体对企业长期营利的影响，分别为：同行竞争者、潜在的竞争加入者、替代产品、购买者与供应商。它们会产生下列五种威胁。

第一，细分市场内竞争对手的威胁。如果细分市场已经存在众多的实力雄厚或侵略性的竞争对手，那么该市场则不具有吸引力，即进入企业可能面临的挑战具体如下。

(1)细分市场日趋萎缩；

(2)市场内产量大幅度上升；

(3)固定成本过高；

(4)退出市场的壁垒过多；

(5)竞争对手在细分市场上投入大量资本。

上述五种情况将导致广告战、价格战的出现，使得企业的竞争成本上升。例如，中国联通除了面临中国电信的挑战外，还面临入世后境外电信企业的竞争。

第二，新的竞争加入者的威胁。如果新的竞争者进入后大幅提高市场的生产能力，增加生产资源，并迅速扩大自己的市场份额，那么该细分市场就会丧失吸引力。关键在于新的竞争者能否轻易进入这个细分市场。

如果新的竞争者进入这个市场时受到严重阻挠以及市场内现有企业的强烈报复，那么它们就很难进入。即进入细分市场的壁垒越低，受到现有企业报复的力量越弱，则该细分市场的吸引力就越小。可见，细分市场吸引力是随着进退壁垒的高低而变化的。具体如下。

(1)最具吸引力的细分市场的进入壁垒高，而退出壁垒低。这时，市场外的企业很难进入该市场，而市场内经营不佳的企业却很容易退出(见表2－1)。

表2－1　进入/退出壁垒与企业回报/风险的对应关系

进入壁垒＼退出壁垒	高	低
高	高回报，高风险	高回报，低风险
低	低回报，高风险	低回报，低风险

(2)如果细分市场的进入与退出壁垒都高，则潜在利润高，但风险也大，因为经营状况不佳的企业很难退出该细分市场，例如房地产业。

(3)如果细分市场的进入与退出壁垒都低,则企业可以进退自如,但收益一般稳定且相对偏低。

(4)最劣的情况是市场的进入壁垒低而退出壁垒高,致使企业在市场景气时蜂拥而入,但当市场萧条时却难以退出。

第三,替代产品的威胁。当细分市场存在现实或潜在的替代产品时,就会失去吸引力,因为替代产品会抑制该细分市场产品价格和利润的上升。企业必须密切关注替代产品的价格趋势,如果生产替代产品行业的技术发展很快或者竞争加剧,则该细分市场的价格和利润就会下降。例如,传统眼镜厂商会面临隐形眼镜厂商的竞争,玻璃容器厂商会面临塑料容器厂商的竞争。如果某一类产品没有替代品,那么消费者对于该产品的价格便会变得不敏感;而当某一类产品存在着替代品时,消费者便有了更多的选择空间,而这一选择空间的出现对于传统产品生产厂商便构成了生存威胁,形成了竞争压力。

第四,购买者议价能力提高形成的威胁。细分市场上的购买者如果具有很强的或不断提高的议价能力(即讨价还价能力),那么该细分市场的吸引力将会丧失。因为购买者会通过尽力压价,或要求更高的产品质量、服务标准,或引发竞争者之间的价格战,使企业的利润蒙受损失。一般出现下列情况时,购买者的议价能力将会提高。

(1)购买者集中起来形成一定的组织;

(2)产品之间的差别不明显;

(3)购买者改变购买渠道的成本很低;

(4)购买者对价格很敏感。

企业保护自身利益的最好方法是提供购买者无法拒绝的优质产品和服务,真正做到"一分价钱一分货"。

第五,供应商议价能力提高形成的威胁。如果企业的供应商能够提高产品的价格或减少供应的数量,那么企业所在的细分市场就不具有吸引力。当出现下列情况时,供应商的议价能力将会提高。

(1) 供应商集中起来形成一定的组织;

(2) 替代产品少;

(3) 供应商提供的产品是企业的重要生产要素;

(4) 企业转换供应商的成本很高。

企业保护自身利益的最好方法是与供应商建立"双赢"的良好关系或

建立多条供应渠道。

3. 企业的目标和资源

企业的目标和资源即企业是否具有有效占据细分市场或者战胜竞争对手的竞争优势，以及细分市场是否符合企业的长远发展目标。如果细分市场既有吸引力，也有相当的规模和发展潜力，然而却不符合本企业的长远发展目标，或者本企业没有能力占据该细分市场，那么在此情况下，企业就必须放弃该细分市场。换言之，即使某一细分市场具有较大的规模、良好的发展前景和富有吸引力的结构，企业仍需结合自己的目标和资源进行综合考虑。具体如下。

（1）当细分市场不符合企业发展的长远目标时，企业应主动放弃；

（2）即使细分市场符合企业的长远目标，企业还应考虑是否具备获得成功的必要条件和资源，否则也应放弃；

（3）企业除了具备必要的能力外，还需发展自己的独特优势，即只有当企业能提供优质的产品与服务时，它才能进入这一细分市场。

（六）目标市场的选择

经过评估之后，企业就必须选择是进入还是放弃细分市场，即选择一个或几个细分市场作为自己的目标市场。

（七）市场定位的实施

企业选择好细分市场，并明确了相应的目标市场策略之后，还需要在目标市场上为产品谋划一个有利的市场地位，以便在消费者心目中形成鲜明的产品个性特征，从而提高产品的市场竞争力。

1. 市场定位的基本含义

市场定位是指针对竞争者现有产品在市场上所处的位置，根据消费者对产品某一属性或特征的重视程度，为产品设计和塑造一定的个性形象，并通过一系列的营销策略把这一个性形象强有力地传递给消费者，从而确定该产品在市场上的竞争地位。我们对市场定位的理解应着眼于以下三点。

（1）市场定位的基点是竞争。市场定位是一种帮助企业确认竞争地位、寻找竞争策略的有效方法。通过实施市场定位，企业可以进一步明确竞争对手和竞争目标，发现竞争双方各自的优势与劣势。

（2）市场定位的目的在于吸引更多的目标消费者。消费者的产品偏好与其价值取向相关，企业要想在目标市场上取得竞争优势，就必须在了解购买者和竞争者情况的基础上，确定其市场地位，明确其服务对象。即企业只有通过市场定位，才能确立其形象，为产品赋予特色，从而以特色吸引目标消费者，这是当代企业的成功经营之道。

（3）市场定位的实质在于塑造产品的个性特色。产品的个性特色有着多种表现：可以是通过产品实体本身来表现，诸如功能、结构、成分、款式、颜色等；也可以是通过消费者对产品的心理感受来表现，例如，产品可以使人感到豪华、朴素、时髦、典雅、别致、通俗、活泼、庄重等；还可以是通过价格、质量、服务、促销方式等形式来表现。可见，由于产品的差异，其个性特色的表现形式也会有所不同。产品的某一特色往往是由多个方面的因素所构成，如电视机的高质量这一特色是由电视的画面清晰度、使用寿命等多种因素所构成。

知识链接

定位——杰克·特劳特的神奇发现

杰克·特劳特是定位之父。1969 年，他在《定位：同质化时代的竞争之道》一文中首次提出了“定位（Positioning）”观念。1972 年，他以《定位时代》一文开创了定位理论。1981 年，他出版了学术专著《定位》。1996 年，他又推出《新定位》一书。2001 年，定位理论压倒菲利普·科特勒、迈克尔·波特，被美国营销协会评为“有史以来对美国营销影响最大的观念”。

【延伸阅读】

心智阶梯与市场定位

21 世纪的企业竞争是品牌之争，因为除此之外，企业一无所有。由于消费者只购买符合自己心智认知的产品与服务，因而如何占据消费者的心智头脑便成为企业的一项重任。

——彼得·德鲁克（Peter F. Drucker）

1969年，杰克·特劳特发现了"心智阶梯"原理，即在我们消费者的头脑（潜意识）中对于每一种产品品类都隐含着一个认知记忆的序列阶梯。杰克·特劳特据此提出定位（Positioning）的概念，即在你客户的头脑中，区隔出你的产品和服务的差异性，从而让自己在客户的心目中占有一个独特的、不可替代的位置。

传统营销学关注"市场占有率"，以产品为抓手，重在"圈地"；营销心理学关注"心智占有率"，以品牌为抓手，重在"圈心"。可见，现代企业不仅要通过"圈地运动"打造消费者都知道的"名牌"产品，更要通过"圈心运动"打造消费者都喜欢、都认可的"民牌"产品。因此，市场竞争的本质就是对消费者心智资源的争夺。

2. 市场定位的基本策略

市场定位的实质是竞争定位，因此可以采用三种基本定位策略来应对竞争，即对抗定位、避强定位、再定位。这三种定位均需要通过差异化手段来实现，包括产品差异化、人员差异化、形象差异化、服务差异化等。

（1）对抗定位。对抗定位是指采取与细分市场上最强大的竞争对手同样的定位策略，通过与最强大竞争对手进行直接较量以提高自己的竞争力，赢得消费者的认同。如百事可乐与可口可乐间的竞争，"汉堡王"与麦当劳的争斗，就是直接对抗定位的典型例子。由于竞争对手实力很强，且在消费者心目中处于强势地位，因此实施直接对抗定位策略具有相当的市场风险性。这不仅需要企业拥有足够的资源和能力，而且需要在知己知彼的基础上，实施差异化竞争；否则将无法化解市场风险，更难以取得市场竞争的胜利。

（2）避强定位。避强定位是指避开细分市场上的强大竞争对手，避免与之展开直接竞争的定位策略。例如，七喜将自己定位为"非可乐饮料"，从而避免了与可口可乐和百事可乐的正面交锋。这种定位策略为大多数企业所采用，由于市场竞争风险相对较小，因而其成功的可能性也较大，但要找到能被市场所接受的独特定位并非易事。

（3）再定位。此即对产品的原有定位进行调整，为产品进行重新定位，以改变其被动局面或寻求新的市场增长点。对产品进行再定位的原因在于：一是原先的定位不准确，不被消费者所接受；二是遭受到竞争对手的严厉打击，致使产品陷入市场困境；三是产品销售范围意外扩大，例如原先定位于青年人的服装产品，意外获得了中老年人的青睐，就有必要对产品进行重新定位。

【延伸阅读】

精准定位与定位步骤

定位不是在厂家的计划里，而是在消费者的心里；它是消费者承认你，并在其内心的某一个位置长期占据。

——大卫·奥格威

现代消费者每天要遭受3 700次的广告轰炸，而要选出自己想要的产品感觉真的很困难，因为产品和服务已经高度同质化，所以顾客心智已成为企业竞争的终极战场。谁能够抢先占据消费者的心智，谁就能够赢得最终的胜利，而产品与服务的精准定位则是成功引爆的关键所在。

事实上，定位并不是在产品的身上动手脚，而是在消费者的心中动脑筋，把产品内在最独特的部分放进消费者的心灵深处，并使之感受与认同。精准定位有三步法：第一步，“找位”，即满足谁的需要（Who）；第二步，“定位”，即满足什么需要（What）；第三步，“到位”，即如何满足需要（How）。

可见，定位是指你的产品（服务）在顾客心中的位置，请记住：

第一，不管你在市场象限中如何一相情愿地进行设计，但最终你的产品定位是由顾客所决定的。

第二，定位成功的关键在于能否实现产品的差异化，从而使得顾客对于你的产品有感觉！

第三，一旦发现定位失误，就必须进行定位转移！

3. 市场定位的决策过程

企业可以选择三种市场定位策略中的一种来为自己的产品谋求一个有利的市场位置，并通过差异化手段加以实现，最终在消费者心中创造出与竞争对手产品之间的心理差异，从而促进产品的销售。而要使得市场定位达到上述目的，关键是通过企业相对于竞争者的比较优势来实现产品差异化。因此，市场定位的决策过程必须围绕着企业竞争优势展开，其有三个主要步骤：一是辨析市场定位的竞争优势；二是选择恰当的竞争优势；三是传递定位。

（1）辨析市场定位的竞争优势。所谓竞争优势，就是企业在市场竞争过程中相对于竞争者所表现出的优势地位，而其具备竞争优势的产品或服务则会受到目标消费者的欢迎。可见，市场定位必须以竞争优势为基础，否则这种定位就失去了市场意义。具体而言，企业应从四个方面着手构建竞争优势，即产品、服务、人员和形象。企业通过在其中某一个或者某几个方面与竞争者形成差异性，就可以为企业赢得竞争优势，从而为其市场定位奠定基础。

第一，产品差异。对那些易于实现高度差异化的产品，诸如汽车、服装、手表等，应力求在产品形式、风格、质量、特色等方面形成产品差异，为企业赢得竞争优势地位。比如德国大众汽车，因精良的生产制造技术、高质量的产品、稳定一致性的产品表现，赢得了世界性的声誉；而对标准化程度较高的产品，诸如钢材、农副产品等，因产品差异不大，则可以从服务、人员、形象上着手寻找竞争优势，还可以通过一些对消费者有意义的差别形成产品的个性特征。

第二，服务差异。服务已经成为赢得市场竞争的有力武器。企业不仅要树立服务意识，更要从服务上寻求差异性，如可以从订货、交货、安装、客户培训、客户咨询、维修、特种服务等方面寻求服务方式的不同，创造服务差异。例如，上海大众遍布各大城市的维修服务网点，打造了大众的服务品牌，成为竞争利器。

第三，人员差异。产品和服务方面的差异可以形成企业的竞争优势，而创造出产品和服务差异的是企业员工。消费者既可以通过产品和服务认识企业，也可以通过与企业员工的接触认识企业。因此，人员差异是企业寻求差异化的重要途径之一，其有助于企业获得市场竞争优势。而形成人员差异的重要途径是把好招聘和培训关，通过招聘和培训使得企业人员在专业技能和知识、责任心、沟通能力、态度等方面形成差异，从而为企业创造出具有价值的差异化产品，并能更好地服务于消费者。

第四，形象差异。借助特定的辨识工具，如品牌、标志、媒体、事件等，向外界宣传企业及其产品的个性特征，以在消费者心目中形成深刻的企业形象，塑造企业形象，赢得差异化优势。

（2）选择恰当的竞争优势。尽管企业掌握了多种差异化手段，但是并非每一种差异化手段都能形成其竞争优势，而应按照如下标准进行衡量：第一，价值性，即该差异要能给目标顾客带来利益价值；第二，独有性，即竞争者不能提供这种差异；第三，卓越性，即没有可提供同样利益的其他差异化手段；第四，可沟通性，即消费者能够感知这种差异；第五，不可复制性，即竞争者难以模仿复制这种差异；第六，可支付性，即消费者有能力为这种差异支付溢价；第七，可获利性，即该差异可以为企业带来经济利益。

选择恰当竞争优势的实施路径既可以是定位于一种差异，也可以是定位于多重差异。定位于一种差异的观点认为：消费者倾向于记住"第一位"的品牌，每一种品牌应被赋予唯一的差异化特征，否则将无法清晰地表达其市场定位。例如，沃尔沃汽车追求"安全第一"；佳洁士牙膏具有防蛀功能等。这些品牌的成功都很好地证明了这一观点。而定位于多重差异的观点则认为，如果多个企业宣称拥有同一差异化竞争优势，就会使得彼此之间难以区别，无法为消费者作出购买决策提供更多有价值的信息，因此，企业应该赋予品牌更多的内涵，定位基础应该更加宽泛。例如，三星手机因其"时尚、高科技、创新"的多重定位差异而成为世界手机业的领导品牌之一。

(3)传递市场定位。企业确定了市场定位后，还需要通过市场工具向目标市场传递该定位，而围绕定位所设计的营销组合则可以有效地传递定位。例如，沃尔玛的口号是"天天低价"，被誉为"低成本"零售商，这一市场定位使其不能选址于昂贵的商业地段，而应以连锁形式经营大众化商品，并积极开展低价促销活动等。

【延伸阅读】

消费心智与定位实质

企业成功的关键在于你能否掌握消费者的心智。因为只有掌握了消费者的心智，你才能控制住市场。

——沃伦·巴菲特（Warren Buffett）

定位的实质是经营者将与众相同的智慧和资源用在了与众不同的地方，即所谓"不走寻常路！"因此经营者必须关注以下两点。

第一，你能不能比竞争对手多走一步，

即在竞争对手已经做到的地方，再多做一点；

第二，你能不能比客户想要的多走一步，即当客户有要求的时候，替客户多想一点。

总之，你应该想客户所未想到的，做竞争对手所未做到的！只有这样，才能走到客户与竞争对手的前面，从而赢得市场。因此，企业要想实现产品(服务)的成功定位，就需要比别人多走一步。而定位成功与否则取决于要做对以下两件事。

第一，要明确产品(服务)在顾客心中的位置是什么、在哪里；

第二，顾客想要的买点是否能顺利转换成顾客价值，从而成功设计出卖点。如果上述两件事情做好了，那么定位也就成功了！

二、市场细分与定位的动因分析

市场细分的动因主要取决于企业资源的有限性以及消费者需求的差异性这两个方面，具体分析如下。

(一)企业资源的有限性

一个企业所拥有的资源是有限的，这就决定了没有一个企业能够满足整个市场。因此，只有细分市场，寻找自己的目标客户群体，才能够使得企业用最少的资源取得最大的经营效益，有效提高资源的使用效率。

(二)消费者需求的差异性

由于人是不同的，其需求也是不同的，因而世界上没有哪一种商品能够满足所有顾客的需要。既然只能满足一部分顾客的需要，那么企业针对整个市场开展营销活动就是浪费其有限的资源。因此，企业必须了解哪些顾客群体对自己来说是最有价值的，他们的特征是什么，他们需要什么，怎样才能让他们购买自己的产品。所以企业必须进行市场细分。由于没有任何单一的产品能够满足所有消费者的不同需求，因而市场细分就是区分出一群具有相似需求的消费者，并以赢利的方式生产出能够满足其消费需求的产品的过程。

在大规模生产时代到来之前，人们对于基本产品存在着被抑制的需求。这意味着生产商可以用较长的生产周期来生产标准化的产品，从而使得生产成本尽可能地降低。在此情况下，无差别的标准化营销非常有效，因为与手工生产相比，大生产的产品成本是如此之低，以至于与同类手工产品相比其价格都更显便宜。因此,如果让消费者在大生产商品与同类的手工制品之间作出选择,其通常更愿意选择标准化的大生产商品而非完美昂贵的手工制品。例如,在工业革命之前,布料通常是在家庭或在小作坊里手工生产的,并且布料是依据裁缝所要求的尺寸来定制的。然而,伴随着蒸汽纺织机、缝纫机以及生产流水线的出现,生产布料的成本下降到原先手工生产成本的1/10左右。尽管布料是根据标准规格统一生产的,但由于成本是如此之低,以至于人们可以自由地选择多种不同的布料。在此情况下,商业制胜的法宝是确保生产成本尽可能低,因为购买商品的消费者人越多,规模化生产与标准化营销的动力就越强,产品利润也就越大。

可见,19世纪蒸汽机的发明既宣告了大工业时代的开始,同时也揭开了一个以规模化生产为基础的标准化营销时代的序幕。然而,美国心理学家马斯洛认为人的基本需要由低到高可依次分为五个层次,分别为:生理需要、安全需要、社交需要、尊重需要以及自我实现的需要。当人们较低层次的需要获得满足后,就会产生较高层次的需要,即当外部条件成熟时,每个消费个体都有不断追求更高层次需要满足的心理动机。例如,当人们的消费需要处于低层次时,其需要的仅仅是一件保暖的衣服,此时,市场需要的就是以大规模生产为基础的低成本产品;然而,当人们的消费需要步入高层次时,人们需要的就不仅仅是衣服本身,而是一种身份、地位的象征,这时市场需要的就是以高个性化为依托的差异化产品。因此,消费者需要的不断提升正是市场细分产生的直接动因。同时,就一个国家的整体市场而言,其消费需要层次的变更是与其国民经济的发展水平密不可分的,因为只有以一定的经济水平为基础的消费需要才是现实的市场需求。所以,国民经济水平的提高正是市场细分产生的根本动因。调查显示,目前我国居民的消费需求已基本完成由温饱型向小康型的转变,而在沿海部分发达省市,则正向富裕社会迈进。总之,消费需求层次与国民经济水平的不断提升必将有力地促进市场细分的发展。

【延伸阅读】

康师傅快速崛起的奥秘

"康师傅"品牌所有者的前身是中国台湾的一家小公司,20世纪90年代初选择中国内地为其发展的主要市场，从而飞跃成为一家国际级公司。成为中国消费者家喻户晓的品牌之一。

AC尼尔森公司2007年9月的报告显示，康师傅控股有限公司在方便面、包装茶饮品及矿物质水销售额方面的中国市场占有率分别为46.0%，51.0%及18.6%，均处于第一领导地位。

“康师傅”的崛起被业界视作一个传奇，但“康师傅”的成功绝不是一个偶然，其中，对目标市场的选择是其关键因素之一。1992年，当这家生产食用油的台湾公司进入内地时，市场决策首要的问题是“做什么”。在调研的基础上，它决定生产方便面，当时在人口众多的中国，吃的基本需求很大而又存在种种的不便利。它首先选择华北地区为目标市场，这是一个以面食为主、拥有约3亿人口的市场。

在迅速取得成功后，它将方便面市场延伸扩大至其他区域，并以不同的区域口味习惯推出地方风味产品，如华东区的江南美食系列、西南地区的麻辣系列、东北地区的炖系列。又以“福满多”品牌占据广大农村和平价市场，从而在中国的方便面市场稳居份额第一的领导地位。

在方便面领域成功之后，它又选择食品中的茶饮料、水饮料和糕点为新的市场开拓目标，并一一获得成功。在食品制造业颇具实力之后，它又将发展的目标投向物流和终端，在主业快速发展的同时，强化物流与销售系统，力图打造成全球最大的中式方便食品及饮品集团。

三、我国消费市场的细分与定位

由于影响我国消费市场的主要因素是消费者的年龄、性别、家庭等，因而我们在此作一初步的市场细分，并提出相应的营销策略。

（一）年龄细分与营销策略

年龄是影响消费行为的一个主要因素，不同年龄阶段的消费者因其生理机能和社会经历的差异而具有不同的消费行为特征，从而在市场上形成了不同的消费者群体。根据这种差异，企业进行市场细分时一般把消费市场划分为儿童消费市场、青年消费市场、中年消费市场和老年消费市场。

1. 儿童消费市场

（1）儿童消费市场的定位。儿童消费市场由14岁以下消费者所构成，在我国有近4亿少年儿童，这是一个极为庞大的消费市场。受中国传统观念的影响,家长及其祖辈们怀着复杂的心态整天围着“小太阳”转,尽力满足其各种需要(如在城市中,儿童的消费支出约占家庭总支出的40%),这使得儿童消费市场不仅极富吸引力,而且也形成了自身特有的消费规律及其行为特点。

(2)儿童消费行为的特点。儿童在其成长过程中,随着社会化程度地提高,其消费行为也会产生很大变化。一般具有如下特点。

第一,消费能力逐渐提高。这主要表现在四个方面:①在本能性消费逐渐趋于成熟的同时,社会性消费也获得了很大发展。儿童在婴幼儿时期主要满足自己的生理性需要,进入学龄前时期则出现了攀比和炫耀等社会性需要,而学龄儿童的社会性需要就更为丰富。②由单纯模仿性消费逐步转变为个性化独立消费,学龄前儿童在吃、穿、用、玩等方面只是进行单纯的模仿性消费,而进入小学阶段后,儿童则有了自主意识,不仅要求“别人有的,我也要有”,而且要求“有最好的、最漂亮的”。③依赖性消费逐步减弱,而自主性消费则迅速发展。在婴幼儿时期,儿童的消费完全依赖于父母,其消费内容与消费时机都由父母决定。而进入学龄期后,凡是关系到个人消费的问题,儿童会不断地提出自己的观点和要求,从而影响家长的消费决策,有时甚至左右家长乃至家庭的购买意愿。④由幼稚、不成熟的消费方式逐渐向稳定、成熟的消费方式演变。即冲动性、即景性消费方式趋于减少,而深思熟虑、规范稳定的消费方式则显著增长。

第二,消费需求日趋复杂。这主要表现在以下三个方面:①消费内容和范围迅速扩展,由单一的生活必需品消费逐渐向成人的消费内容趋同。②对消费品的质量、外观、颜色和性能提出了更高的要求,希望所购买的产品既要好玩又要好用。儿童进入小学阶段之后,对产品质量等属性的评价标准和要求已明显不同于婴幼儿时期。③消费动机日趋多样化。随着年龄的增长,求同、求美、好胜等消费动机逐渐居于主导地位,而生理性消费动机则退居次要地位。

(3)儿童消费市场的营销策略。企业要开拓潜力巨大的儿童消费市场,就必须根据儿童各年龄阶段的特点才能设计出其喜爱的产品。此外,儿童消费市场开发时还必须注意以下四点。

第一,儿童用品的造型要生动有趣,装潢要有童话色彩,整个产品要富有想象力。因为独生子女在家里都是“小太阳”,儿童购买自己的用品时一般是由其自己“拍板定案”,所以造型和包装富有“童趣”的产品极易唤起儿童的注意，诱发其购买动机并促成实际购买。

第二，儿童用品的广告设计要富有情趣、生动活泼。那些能给儿童带来欢乐和愉悦的广告宣传往往就是成功促销的契机，因而请动画明星做广告要比常人更具诱惑力。

第三，儿童用品的开发必须满足家长的需要。随着社会竞争的加剧和未来社会人才标准的提高，父母会越来越重视儿童智力的开发，因此凡是有助于开发儿童智力的玩具和用品必将受到青睐。

第四，儿童用品的设计必须符合安全标准。安全性是儿童用品市场的第一要则，企业在营销中必须满足这一需求。

2. 青年消费市场

(1)青年消费市场的定位。青年消费市场由年龄15—30岁的消费者所构成。目前我国大约有3亿多青年消费者，约占全国总人口的1/4。人生的青年阶段是富有创造性和追求独立性的阶段。青年人一般敢作敢为、勇于追赶时代潮流，同时，也具有可观的经济收入，因而是一个富有消费能力的巨大市场。研究青年消费者的消费行为特点及其规律，对于企业的市场营销将具有十分重要的意义。

(2)青年消费行为的特点。青年人的消费行为主要具有以下五个特点。

第一，消费能力强，市场潜力大。随着科学技术在社会发展中起着日益重要的作用，青年人的创新能力和知识优势给他们带来了日益丰厚的经济收入，加上家庭负担轻、消费观念新潮、注重享受和娱乐，各种商品，不论高档、低档、一般、特殊，都是他们购买的对象。随着人们消费观念由保守型向开放型转变，青年人消费的时代感也愈加强烈，表现在追求衣、食、住、行、学各方面现代化的生活方式。凡是能够满足他们这方面消费的商品，都能引起他们的兴趣、需求，促发其购买动机。所以青年消费市场是所有消费市场中消费能力最强、市场潜力最大的。

第二，消费意愿强烈，具有时代感和自我意识。即青年消费者经常表现出标新立异、追求美好事物、争强好胜、求多求全、表现自我的消费倾向，这体现出青年消费者强烈的消费欲望和追求时尚、领导时代新潮流的消费特征。

第三，消费行为富于冲动性与情感性。由于青年人个性丰富、热情奔放，所以情感往往比理智更占上风，冲动性消费会明显多于计划性消费。

例如,产品的款式、颜色、形状、广告、包装等外在因素常是影响青年消费者是否购买该产品的主要要素,而产品质量、功能等内在因素则会退居次要地位。另外,许多青年人凭对商品的感情与直觉判断商品的好坏、优劣,形成对商品的好恶倾向,所以青年消费者的消费行为具有很大的随机性和波动性,这都是冲动性和情感性消费的充分表现。

第四,购买动机具有时代感。青年消费者内心丰富、感觉敏锐、富于幻想、勇于创新,敢于冲破旧的传统观念与世俗偏见,易于接受新鲜事物,追随时代潮流。他们的购买行为中趋向求新求美,喜欢购买富有时代特色的商品来装饰自己和家庭,展现其现代化的生活方式,以博得他人的赞许和羡慕。因此,投放市场的新产品,社会流行的某一商品,都会引起他们极大的兴趣和购买欲望,购买动机也会随之形成。

第五,购买动机易受社会因素的影响。商品的社会流行性,直接决定了青年人的购买行为。如流行穿西装时,青年人首当其冲,成了西装消费的带头人。影视明星、体育明星的发型、服装乃至鞋帽,都会成为他们模仿消费的对象,形成旋风式的购买热潮。如20世纪80年代的“简爱”帽、“大岛茂”风衣以及“幸子”式连衣裙等,都曾在社会上风行一时,备受青年消费者的青睐。

(3)青年消费市场的营销策略。在青年消费市场上开展营销活动,一是要把握青年人的消费内容,二是要符合青年的消费行为方式和特点。因此,开发青年消费市场的企业必须实行以下三种营销策略。

第一,新产品开发、设计及其营销活动必须做到标新立异且符合流行时尚。这是因为青年人具有求新求奇的消费倾向和表现自我的消费动机。营销实践表明,凡是符合流行时尚或者能够激发青年人求新求奇消费倾向的产品一般都具有良好的市场前景。

第二,新产品开发和设计必须注重产品的审美功能。因为青年人具有强烈的求美求名的消费动机,所以设计青年用品时,产品的造型与包装必须具有审美情趣。

第三,广告设计必须富有青春活力、节奏简洁明快,并具有很强的情绪感染力。例如,企业在对青年消费市场进行广告宣传时,让年轻活泼的青年明星主演,往往能取得显著的效果。

3. 中年消费市场

(1)中年消费市场的定位。中年消费市场一般由年龄30—60岁的消费者构成。这一人数庞大的消费市场,既有极强的消费能力但又有自我压抑的消费特征。在我国,通常中年人上有老下有小,经济负担较重,虽然收入较高,但直接用于自己的支出并不多,在消费中表现出明显的自我压抑倾向。同时,由于中年消费者往往子女尚未自立,而父母已步入老年,因而中年消费者在家庭消费活动中起着举足轻重的作用,一般是家庭各类产品购买的决策者和主要实施者。

(2)中年消费行为的特点。中年人的消费行为有两个特点。

第一,注重产品的实用性、价格与外观的统一。丰富的社会经验和不宽余的经济条件使得中年人购物时主要关注产品的实际效用、合理的价格和简洁大方的外观。

第二,以理性消费与计划消费为主。因为中年人要全面安排一家老少的生活,并且要考虑住房、医疗、子女的升学和就业等,所以在消费倾向上趋于理智、慎重、成熟和老练,一般是有计划、有目的、有步骤地安排消费活动。

第三,尊重传统,行为保守,对新产品缺乏热情。由于生活阅历丰富,中年人一般尊重传统,比较顾及他人和社会对自己的评价,不免对新产品缺乏充分的热情。

第四,注重产品使用的便利性。由于中年人承担着人生的繁重负担,无论是工作事业,还是家庭生活中都充满着沉重的压力,因而凡是能够减少家务劳动时间或提高工作效率的产品,都容易激起中年消费者的购买欲望。

第五,消费需求稳定而集中,自我消费呈压抑状态。中年人的消费主要集中在家庭建设、子女教育等方面,用于享受和娱乐方面的消费支出并不多,而用于中年人自己的消费支出则更少。

(3)中年消费市场的营销策略。针对中年人的消费行为特点,企业在进行市场营销时,应实施以下三种营销策略:第一,中年用品的设计和开发要讲求实用,可靠的质量和先进的功能是营销工作的基点。同时,产品的造型和装潢要适中。第二,在广告的设计和宣传中最好请该产品的普通用户现身说法,给人以真实可信的感觉。第三,营销工作要注意适时引导和转变中年人自我压抑的消费倾向。

4. 老年消费市场

(1)老年消费市场的定位。老年消费市场由年龄在60岁以上的消费者所构成。随着社会经济水平的持续发展、人民文化素质的不断提高以及少生优育观念的不断普及，人口老龄化将成为未来日益突出的社会问题，老年人在社会总人口中所占比例会越来越大。此外，由于子女都已成家立业，老年人的家庭经济负担大为减轻，他们有一定的储蓄可供消费支出，因而老年消费市场开发潜力巨大。

(2)老年消费行为的特点。老年人的消费行为有以下特点。

第一，消费内容主要集中在饮食、医疗保健和文化娱乐方面，其购买动机是在追求舒适与方便的心理状态下形成的。由于生理机能的退化，老年人最关心的问题是如何能够延年益寿，为社会奉献自己的余热。这种状况使得老年人迫切需要有益于身体健康的低糖、低盐、低胆固醇、高蛋白质的饮食与医疗保健产品。老年人视觉、听觉、味觉、嗅觉、触觉等能力较年轻时明显下降，反应迟缓，记忆力减退，睡眠减少，对冷暖等外界刺激较为敏感，容易疲劳、厌倦等，这使得他们对消费品的需求，从范围广泛、品种繁多渐渐集中到他们最需要、最感兴趣的商品上。而这些商品主要是指能够弥补老年人身体方面的某些缺陷与不足，有助于老年人身体健康，给老年人的生活带来更多的方便与舒适的各种商品，如有营养、易消化的食品，各种滋补品，家用治疗保健器械，以及各种消遣性的商品。购买动机形成与否常取决于这些商品给他们带来的方便与舒适的程度。同时，随着现代生活观念的逐步确立，老年人又迫切希望自己的晚年生活能够丰富多彩，因而在文化娱乐方面也愿意消费。

第二，消费购买动机具有较强的理智性与稳定性，对产品的品牌忠诚度很高。由于以往丰富的购买经验和长期养成的消费习惯，不易受外界因素的干扰，也不为商品的某一特点所动，而是全面评价、综合分析商品的各种利弊因素，再作出购买决策。动机一旦形成，不轻易改变，或迟或早总会导致购买行动。老年人对老字号的产品往往情有独钟。

第三，强调方便实用，注重产品的质量和功能。老年人购买产品时会极为理智地衡量其质量是否可靠，功能是否实用，服务是否周到，手续是否简便。

第四，购买动机形成的经济基础雄厚，具有一定的权威性。现代的老年人大多数是退休之后又重新工作，这使他们的经济收入大为提高。另外，中国人有储蓄的习惯，到退休时已积蓄了一笔钱财，所以经济并不困难。这使得他们有能力购买任何社会产品。

(3)老年消费市场的营销策略。营销实践表明,在老年消费市场上开展营销活动,必须实施以下三种营销策略。

第一,产品设计和开发要做到质量可靠、性能安全、一物多用、功能齐全。由于老年人行动不便,因而非常希望产品能够有多种用途。

第二,注重售前与售后服务,即要做到营销服务热情周到,购物环境方便舒适,诸如开设方便快捷的送货上门、邮购以及网上购物等服务项目,必然受到老年消费者的热忱欢迎。

第三,大力开发有利于健康的集医疗保健和文化娱乐为一体的新产品。

(二)性别细分与营销策略

在市场营销活动中,一般把性别作为市场细分的一个重要变量,因为性别是导致消费行为差异的一个主要因素。例如,人们通常认为男性富有攻击性、竞争性、独立性和自信心,而女性则具有温柔、细心、整洁、谨慎等个性特征。基于此,企业在市场营销实践中通常把产品分为男性产品与女性产品。例如,像剃须刀、雪茄、领带等产品就被人们认为是"男性产品";而像首饰、化妆品、电吹风等产品则被认为是"女性产品"。尽管在社会发展过程中两性消费行为模式已发生了许多变化,"男性产品"与"女性产品"之间的界限也已模糊不清,但是仍然有许多企业在市场营销过程中以此作为市场细分的理论依据之一。事实上,我们不仅应该考虑传统的性别消费角色,而且也应注意到性别消费角色的变迁及其对市场营销的影响。因此,我们必须了解和把握男女消费者各自的消费行为规律及其特点,这对于新产品的设计和开发以及广告策略的制定等都具有十分重要的意义。

1. 不同性别消费行为的特点

市场营销研究表明,男性与女性的消费行为特点具有很大的差异性。这主要表现在以下四个方面。

第一,女性的购买能力和消费意愿远远高于男性。尽管男性的经济收入一般高于女性,但男性直接用于购买产品的消费支出并不多,往往是借女性之手进行消费。因此,女性所购买的产品可以分为两部分:一部分是为自己所用,另一部分则是为男性代购。这与我国社会传统的性别角色分工有关,即所谓"男主外,女主内",是指男性把更多的精力和时间用于工作和事业,而女性则把其主要精力用于家政事务。

第二,女性的购买动机与消费需求远比男性更为丰富多彩和积极主动。据研究,女性所购日用消费品占家庭全部消费品的54%,而男性所购数量不到20%,其余则为夫妻两人共同购买。女性之所以具有旺盛的、远高于男性的消费需求和积极主动的购买动机,主要原因在于女性在其潜意识中希望通过购物而实现对自我价值的肯定,满足自我成就感。男性则主要通过在工作和事业上取得成功从而达到自我价值的肯定,满足自我成就感。有的女性把买商品作为一种乐趣或消遣等,所以购买动机具有较强的主动性、灵活性。动机的灵活性也时常体现在购买的具体商品上,如原打算购买某种商品,但商店无货,这时男性往往放弃购买行为,而女性会寻找其他适合的替代品,实现购买行为。

第三,在购买决策上,男性更富有理智、自主、决策迅速等特点。由于男性的逻辑思维能力普遍强于女性,喜欢通过传媒等途径广泛收集有关产品的信息,并且注意产品的质量和功能,而对产品的外观和包装则不太在意,因此其购买行为不易被周围环境氛围所左右,冲动性购买要少于女性。男性善于控制自己的情绪,处理问题时能够冷静地权衡各种利弊因素,从大局着想。具有较强的独立性和自尊心的特点直接影响他们在购买过程中的心理活动。因此,动机形成果断迅速,并能立即导致购买行为,即使是处在比较复杂的情况下,也能够果断处理,迅速作出决策。女性的心理特征之一是感情丰富、细腻,心境变化剧烈,富于幻想、联想,因此购买动机带有强烈的感情色彩。如看到某种儿童服装新颖漂亮,马上会联想到自己孩子穿上这套服装会是什么样子,从而引起积极的心理活动,产生喜欢、偏爱等感情,促发购买动机。女性购买动机的起伏波动较大。这是因为女性心理活动易受各种外界因素的影响,如商品广告宣传,购买现场的状况,营业员的服务,其他消费者的意见等。例如,许多商店为了招徕顾客,用耀眼的大字标明“减价商品”“处理商品”“出口转内销”等,这些往往对女性具有特别吸引力。

第四,男性消费者购物时一般不太注意价格。由于男性具有较强的成就欲,因而购物时喜欢选购高档气派的产品,不太愿意在价格上斤斤计较。这就使得男性在购物时往往出手大方,忌讳别人说自己小气或者所购产品“不上档次”。表2-2简要介绍了不同性别在消费行为上的主要特点。

2. 职业女性消费行为的特点

近年来,市场营销人员日益对职业女性这一细分市场产生了浓厚兴趣。研究表明,从20世纪70年代到21世纪初,男性消费者阅读杂志广告的人数基本上没有变化,而同一时期职业女性阅读杂志广告的人数却增长了近两倍。这一事实说明,职业女性人群是一个潜力巨大的消费市场,因为职业女性人数众多,且拥有可观的经济收入,其购买意愿非常积极,购买力十分旺盛。职业女性的消费行为特点如下。

表2-2　不同性别在消费行为上的主要特点

影响因素	男性	女性
消费需求	较少	强烈
消费动机	被动、好胜、求名、求实用	主动、个性化、方便、舒适、情感购买量多
消费时尚	不太关注	追逐时尚
购买决策	时间短、迅速、理智、自主	时间长、易冲动、易受暗示
购买过程	速度快、不挑剔、爽快	速度慢、挑剔、细致、谨慎
购买时机	需要时	平时

第一,职业女性由于工作压力和竞争环境,使得她们花费在购物上的时间和精力远少于家庭主妇。由于职业女性日常工作繁重,因而只能把十分有限的个人时间进行再分配,结果用于购物的时间就很少。为了能买到称心如意的产品并尽量降低购买风险,职业女性就只能通过较强的品牌忠诚来实现,因此其品牌忠诚度远高于其他女性消费者。

第二,职业女性的购物时间一般是选择在周末或者夜间,并且喜欢送货上门、邮购或者网上购物等省时、省力的方式。

第三,中年职业女性在购物时喜欢带着自己的孩子一起前往,一方面是为了与孩子交流感情,另一方面也是为了使孩子学会购买产品。因此,孩子的兴趣和爱好将直接影响中年职业女性的消费倾向。

3. 职业女性消费市场的营销策略

第一,改变传统的市场定位战略,将市场营销重点集中在职业女性消费市场上,因为职业女性的购买潜力远大于普通妇女。据研究,美国汽车市场上购买新款轿车的消费者中以白领职业女性的增长速度最快。

第二,广告策略和诉求手法必须适应市场的新变化,以有效地与职业女性进行沟通。例如,尊重妇女的地位和成就,摒弃过去那种把女性作为产品附属与陪衬的广告策略。

第三,产品的设计和开发要注重妇女的成就感,做到方便实用。

第四,产品的销售渠道和营销网络要快捷、便利、高效,以强化职业女性的品牌忠诚。目前,职业女性消费市场已受到人们的普遍重视。

(三)家庭细分与营销策略

家庭是每个消费者学习、掌握购买产品或服务的最早的“学校”,在个体从依赖成人消费逐步成长为自主消费者的过程中,家庭扮演了一个非常重要的角色,即家庭是儿童消费行为社会化的第一个场所,儿童通过观察和模仿成人的消费活动,从中学会了作为一个消费者所必须具备的技能、知识和态度。同时,家庭的收入水平也直接影响消费者的购买力。因此,了解和掌握家庭与消费行为之间的关系,对于企业有针对性地实施营销策略具有非常重要的意义。

1. 家庭结构与消费行为特点

家庭结构是影响消费行为的一个主要因素。家庭结构是指家庭成员的组合及其相互作用而形成的关系模式。据研究,中国家庭的结构主要分为三种类型:夫妻家庭、核心家庭、主干家庭。

(1)夫妻家庭。夫妻家庭仅由夫妻两人组成。这种家庭或是夫妻婚后尚未生育,或是因子女成家立业而形成“空巢”家庭。这种家庭由于经济负担轻而具有很强的购买力,是住房、家具和旅游的主要消费者。如果是年轻且未生育的夫妻家庭,在购物时容易受其他已婚夫妻的劝告和影响,而生活类杂志是其重要的消费信息来源。空巢家庭的夫妻,往往喜欢购买新家具或者度假旅游,年龄较大的夫妻则把电视作为重要的消费信息来源。

(2)核心家庭。核心家庭是由父母及其未婚子女构成,子女是影响核心家庭消费活动的重要成员。这主要表现在两个方面:一是子女的日常开支和教育投资成为整个家庭消费支出的重点;二是子女在家庭消费决策中发挥着越来越重要的作用。尤其是实行计划生育政策之后,独生子女日益成为家庭生活中的“小太阳”,其喜怒哀乐极大地影响着整个家庭的消费活动。

(3)主干家庭。主干家庭是由父母和已婚子女所构成,这类家庭有时还包括其他亲属,例如未婚的子女等。由于这类家庭成员较多,因而家庭消费决策的过程常因意见分歧而较漫长。在我国的广大农村中,这类家庭结构比较普遍。

家庭结构的类型存在着跨文化的差异性,不仅国家之间存在着差异性，而且同一国家不同地区之间也存在着很大差异。例如，在我国城市中以核心家庭为主，而广大农村则以主干家庭居多。

2. 家庭成员与购买决策

研究表明，家庭成员在购买决策的制定与实施过程中发挥着很重要的作用。这种作用具体体现在两个方面：其一，不同的家庭成员在购买决策中扮演着不同的角色；其二，不同的家庭成员对购买决策的影响不同。具体如下。

（1）家庭成员的购买角色。在消费者的购买决策过程中，不同的家庭成员所扮演的角色具有一定的差异性，即家庭成员在购买决策过程中存在着分工。家庭成员通常分别承担以下角色：影响者（给家庭其他成员提供信息）、信息过滤者（对流入家庭的消费信息进行控制和筛选）、决策者（有权对某个产品作出是否购买的最终决策）、购买者（对产品实施实际的购买）、准备者（把所购买的产品转化成家庭成员都能使用的工具）、使用者（实际使用某种产品或服务）、维护者（保证产品功能的正常运行）、处理者（提出或执行某项过时产品的淘汰与处理任务）。当然，上述八种角色是在典型的购买决策过程中存在的分工。实际上，有些购买决策过程并不需要上述所有这些角色，例如在简单的日常消费或日常用品购买中，每个家庭成员都同时承担着多个角色，如丈夫可能既是购买彩电的影响者，又是汽车的购买者和维护者；在另外一些购买决策过程中，则会有多个家庭成员共同承担同一种角色，如丈夫与妻子共同作出购买住宅的最终决策。

（2）家庭成员解决购买冲突的方式。在制定购买决策的过程中，由于信息和经验等因素的影响，家庭成员之间会存在着意见分歧，因而彼此想通过一定的方式影响对方，说服对方同意自己的观点，以便作出有利于自己的购买决策。例如，在哪家餐厅共进晚餐，然后去哪家影院观看哪部影片等就是人们经常产生分歧的问题。以下即是家庭成员在解决此类问题时常用的方式。

- 专家式。家庭成员中的某一方利用自己掌握的大量信息和优势经验劝导、说服另一方同意自己的消费选择。
- 合法式。家庭成员中的某一方利用自己在某项家务劳动中所占据的主要地位影响或说服另一方同意、服从自己的消费选择。
- 契约式。通过讨价还价、双方约定或者其他条件逐步实现各自的消费选择。

- 奖励式。家庭成员中的某一方利用奖酬的方法影响或说服对方同意自己的消费选择。

- 情感式。家庭成员中的某一方利用感情手段打动对方,使之同意自己的消费选择。

- 强迫式。家庭成员中的某一方利用自己的优势地位强迫对方同意自己的消费选择。

(3)家庭成员对购买决策的影响。在家庭购买决策过程中,是丈夫具有较大的影响力还是妻子享有较大的影响力呢?研究表明,家庭购买决策可以分为四种类型:①丈夫支配型,即丈夫在家庭购买决策中起着决定性作用;②妻子支配型,即妻子在家庭购买决策中起着决定性作用;③共同决策型,即夫妻双方共同协商购买产品;④自主决策型,即家庭成员尤其是夫妻双方中的任何一方都可以根据自己的想法自行决定购买有关产品。

当然,上述四种购买决策类型在现实生活中会随着所购买的产品不同、家庭性别角色不同、购买决策阶段不同等因素而出现各种变化,即家庭购买决策类型取决于以下因素的影响。

第一,随着所要购买的产品或者服务不同,各家庭成员在购买决策中所起的地位与作用不尽相同。例如,购买汽车、人身保险、家用电器等产品时,丈夫所起的作用更大;购买服装、食品、厨房用具等家庭日常用品时,妻子则更有影响力;而购买诸如住房、室内装潢、旅游等产品或服务时夫妻双方则拥有同等的决策权。总之,随着产品的用途、价格、功能等因素不同,家庭成员在购买决策中所起的作用也将有所变化。就目前的发展趋势而言,随着女性社会地位和经济收入的日益提高,其在各种家用产品和服务的购买决策中所起的作用正日益突出,而许多产品的购买决策表面上似乎是丈夫作出的,但实际上却是妻子在幕后发挥着决定性的影响。

第二,随着性别角色的不同,家庭成员在购买决策中所起的作用也不尽相同。在男女享有平等的社会经济地位的现代家庭中,凡是购买大件产品一般都是由夫妻双方通过平等协商作出决策,而购买小件产品则一般是由家庭成员自主决定。在传统家庭中,由于丈夫享有比妻子高的社会经济地位,因而大件产品的购买一般由丈夫作出决定,妻子则只能起建议和咨询的作用。

第三，随着文化背景的不同，家庭购买决策类型也存在着很大差异。例如，在亚裔美国人家庭中，丈夫是主要的购买决策者，而在欧裔美国人家庭中，夫妻双方共同协商作出购买决策；在发展中国家，丈夫一般扮演着购买决策者的角色，而在发达国家，一般是由夫妻双方共同协商决策。

第四，在购买决策的不同阶段，各家庭成员所起的作用也不相同。一般而言，丈夫在收集信息阶段扮演着极为重要的角色，而妻子则在最终决策阶段起着越来越大的影响。

第五，各家庭成员在家务分工中的地位也会影响其在购买决策中的权重。如果该成员在某项家务劳动中居于支配地位或是某项家务劳动的主要承担者，那么他（她）在与此类家务相关的购买决策中会起到主要决策作用，而其他家庭成员则居次要地位。

3. 家庭生命周期与营销策略

家庭生命周期是指一个家庭从建立、发展、成熟直至解体的整个过程。在市场营销学中通常运用人口统计学的四个变量，即家庭婚姻状况、家庭规模大小、家庭成员的年龄和家庭成员的职业把家庭生命周期划分为单身期、新婚期、满巢期、空巢期与解体期五个阶段。我们将分别阐述并提出相应的营销策略。

（1）单身期，是指离开父母而单独生活的且已成年的青年人。在这一阶段，由于经济上已经独立，但尚未成家，所以其消费内容除基本的日常花费以外，主要集中在娱乐、时装、化妆品、旅游和社交上，是房屋租赁、基本家具、交通工具与学习用品的主要消费者。这是一个比较容易接触和影响的细分市场，因为单身期的消费者喜欢阅读大量的报纸杂志，从中寻求自己喜欢的产品信息。

（2）新婚期，是指从结婚开始直至第一个孩子出生前的一段时期。这一时期的消费者大量购买家具、床上用品、室内装饰、家用电器、厨房餐具等家庭用品。由于尚无子女拖累，并拥有大量业余时间，所以对于娱乐性消费非常钟情。这一阶段的消费者会把其他已婚夫妇的消费建议与劝告作为自己的重要信息来源，同时也特别重视生活类杂志并从中寻求消费信息。

（3）满巢期，是指从第一个子女出生直至所有子女完全离家各自独立生活为止的一段时期，这是一个时间跨度最长的阶段，一般为 20—30 年时间。随着孩子的出生,家庭生活方式也随之发生很大变化,孩子开始成为整个家庭消费的核心,以前投向娱乐和旅游的消费支出完全转向了儿童食品、衣物、玩具、医疗和教育等方面。尽管这一时期也是人身保险、家用电器的消费高峰期,但是该阶段最大的消费支出还是在子女教育与智力投资上。

(4)空巢期,是指从所有子女都离家开始独立生活到父母一方或双方进入退休的一段时期。这一阶段也是家庭的"第二次诞生",因为父母又重新获得了生活的自由,他们又可以自由支配自己的时间和经济收入,但由于身体健康状况的原因,这一时期家庭的主要消费集中在旅游、文化娱乐、保健用品、医疗等。此外,有些家庭因为经济条件和身体状况都较好,希望能够舒适安逸地重新享受生活,所以对新家具、高档家用电器的消费支出相当可观。在这一阶段,电视逐渐成为消费信息的主要来源,书报杂志则退居其次。

(5)解体期,是指从夫妻中的一方因年老体衰而去世开始直至另一方也去世为止的一段时期。这是一个"纯消费需要"阶段,衣、食、住、行等方面的消费需求迅速衰退,而医疗保健与精神安慰则成为主要的消费内容。因此,这一阶段是医疗保健和精神服务的最大消费市场。

【延伸阅读】

中国引领全球奢侈品消费潮

2004年年底,《第一财经日报》上如此描述中国的奢侈消费:"她们月收入不过2 000—3 000元,但是她们会攒下半年的工资去专卖店买一个路易·威登的包,然后拎着这个包去挤公共汽车,走路上下班。"

2005年前后,中国网民从互联网上看到越来越多的"品位女人拥有的25件奢侈品"之类的令人心动的奢侈品照片、消息和评论。

在欧美也只有少数人问津的单价超过100万美元的宾利车(Bentley),在中国连创销售纪录。宾利2002年进入中国，不到3年的时间已经在中国售出了133辆轿车，其中19辆车的单价超过100万美元。2003年上海汽车博览会期间，一辆价值1 188万元的宾利被一位不愿意透露身份的买家订购。2004年宾利在中国销售了56辆，销售额约为2.24亿元。宾利在中国创造了三项纪录：总销售量亚太地区第一、销售增幅全球第一、旗舰版728的销售量全球第一。中国内地市场宾利的销售额已超过德国，中国内地成为继美国、日本之后的第三大市场。

1998年中国社会科学出版社出版的保罗·福塞尔所著《格调》一书曾成为全国畅销书。该书让中国人大开眼界，发现在国外社会地位是通过消费的细节显示和界定的，消费行为可以对号入座划分自己的社会阶层地位等级，即消费是体现地位的一个重要方面，消费品具有界定地位的象征作用。

2003年中国内地的奢侈品市场约20亿美元，仅占全球奢侈品市场650亿美元的3%，上升幅度却是全球之最。而高盛投资银行最近的一份研究报告显示，2004年中国奢侈品消费额约占全球销售额的12%，已成为世界第三大奢侈品消费国。预计中国将在2010年超过日本，成为全球奢侈品市场的最大买家。正如万宝龙亚太地区总裁詹兆安所说："虽然目前奢侈品最大的消费国家是美国、日本，但5—10年后，中国将成为全球最大的奢侈品消费市场。"现在，中国人是路易·威登的第四大顾客群，是古奇的第五大客户群。分析表明，2003年全球奢侈品11%销往中国，25%销往美国；而10年以后，中国将以30%的份额成为世界奢侈品第一消费大国，而届时在美国销售的奢侈品只占17%。

根据《新财富》对路易·威登、历峰、斯沃琪等旗下的奢侈品牌进行的调查显示，它们在中国近3年的增长几乎都高达80%以上；并且这些奢侈品都预期其未来几年的增长速度将保持在50%左右。

全球各大奢侈品公司已一改过去几年在中国小规模、试探性的投资，迅速加快了扩张的步伐，路易·威登、卡地亚的旗舰店相继在上海开业，迪奥在上海梅陇镇广场推出了全球顶级的旗舰专柜；乔治·阿玛尼、卡地亚等众多奢侈品公司的总裁、总经理相继访问中国，并带来了越来越奢侈的商品。未来一年内打算在中国增加开店数量的奢侈品品牌有卡地亚、普拉达(Prada)、杰尼亚(Zegna)和路易·威登等。

全球第二大奢侈品公司瑞士历峰集团的战略观点是，奢侈品进入一个国家或地区要经历三个阶段。首先是试探性小规模销售，打开知名度；第二阶段是消费者再教育；最后达到消费者对品牌深度关系和定向选择。该集团认为，中国的奢侈品消费正处于第二阶段。

中国市场的特点之一是差异极大，一方面人均 GDP 刚刚超过 1 000 美元；另一方面富翁和中产阶层涌现最快。中国的奢侈品市场并非大众市场而是小众市场，但却是含金量最高、人数并不少且仍在显著增长的细分市场，所以不可忽视。

第三节　情境案例

ZARA：阿玉和阿紫们的时装新宠

一、引子

阿玉发现，同寝室的大学同学阿紫最近穿着打扮越来越时尚了。阿紫的衣着打扮让即使是阿玉这样一直在大城市里长大的女生，也不免眼前一亮。阿紫是从经济较为落后的外地来北京念书的，刚开学的一阵子与周围的女同学总有点格格不入，显得土气。

然而，近些日子阿紫的穿着打扮突然发生了 180 度的转变，阿玉虽说不是那般“毒苹果皇后”的性格，却终究感到匪夷所思，于是便婉转地套问阿紫最近在看哪本时尚杂志，阿紫笑笑说读书很忙，自己完全没时间看那些。阿玉更觉惊奇，不看时尚杂志怎么可能一直穿着这些走在时尚前沿的服饰，她觉得阿紫一定在糊弄自己。阿紫笑一笑接着说，她只不过是偶尔去 ZARA 购买一些衣服罢了。

"就这样？不会吧？"阿玉不觉惊问道。"是啊，我有一次路过 ZARA，发现里面的衣服不多，而且面料质量也很一般，但价格低廉，而且非常时尚。我每次去，都不会是相同的衣服挂在那儿，货品一直在换。"

听完阿紫这番话语，阿玉虽说有些不信，但也只好作罢，便找了一个空闲的下午，了解一下 ZARA，发现阿紫说的确实不错。

原来 ZARA 独辟蹊径，开创了快速时尚模式。在 ZARA 你总能找到新品，并且是限量供应的。这些商品大多数会被放在特殊的货架上面。

阿玉心想，这种一直断货的销售方法也未免太前卫了，不过阿玉觉得如果自己看到的话，也会不顾一切地买下来，成为这独一无二的拥有人。

此后，阿玉也成为 ZARA 品牌忠实的购买者。虽然 ZARA 没有做一个广告，但时尚本身就自己在宣传着自己，在消费者群体里时尚自己本身不断地流动着，可以说掌握了时尚，就拥有了最多的宣传广度。

ZARA 并没有自己做广告，就把阿玉从原本的不知道 ZARA 变成了潜在消费者，再成为一个忠实的客户，仅仅只是通过了阿紫这么一个"媒介"，时尚真是一个魔咒！

二、ZARA 的传奇

ZARA 是西班牙 Inditex 集团旗下的一个子公司，它既是服装品牌，也是专营 ZARA 品牌服饰的连锁零售品牌。

1975 年设立于西班牙的 ZARA，隶属于 Inditex 集团，为全球排名第三(西班牙排名第一)的服装商，在世界 56 个国家内，设立了 2 000 多家的服装连锁店。

ZARA 深受全球时尚青年的喜爱，设计师品牌的优异设计，价格却更为低廉，简单来说就是让平民拥抱的 High Fashion。在中国的服饰消费市场，ZARA 同样运用着这些营销策略，开展差异化竞争，难怪在青年人的市场占有很大的比例。而ZARA的诞生本身即是一个传奇!

三、ZARA的起源

1936年3月28日,阿曼西奥·奥尔特加出生于西班牙西北部贫困的加利西亚地区,是一个铁路工人和家庭妇女的儿子。奥尔特加最初是在拉科鲁尼亚的一家服饰店里打工,随后开了自己的裁缝铺子,向服饰店出售女式上衣。

1975年,学徒出身的阿曼西奥·奥尔特加在西班牙西北部的偏远市镇开设了一个叫ZARA的小服饰店。随着奥尔特加出色的运营技巧,店面越做越大。

后来这家小店发展起来,并更名为Inditex,成为世界第二大服装公司,在西班牙有几十个制造车间,专卖店遍布美国、日本等34个国家,这就是今天的ZARA的母公司Inditex集团的原型。而奥尔特加,也从当年的学徒,跻身今天福布斯富豪排行榜的第七名,身价320亿美元。

四、ZARA的定位

奥尔特加深刻地感受到了ZARA要成功的话,需要做出自己的品牌差异性。他虽然性格低调,但做事大胆、创意十足。他感到当时的服饰从设计到制造到销售,中间时间太长,他要压缩这之间的时间,把设计带来的增值物"时尚"的价值最大化。

奥尔特加于是决定必须让新款策划到生产出场,最快要在一周内完成。中国的服装业,前导时间一般为6—9个月,国际品牌为120天,而ZARA只有12天。这种供应链创新,一方面让服装推陈出新的速度非常快,另一方面其本身也不可能批量生产,使其"制造短缺",这种限量短缺更是让粉丝们成为忠实的消费者。

就这样,ZARA不依靠广告,也不打折,服装品质不好但品味很好,价格非常低廉,带来的是低价的消费、高价的享受。

五、ZARA的风行

奥尔特加在低价竞争的风潮里一路走了过来,他向世人证明了市场机动力和必要的少量缺货比廉价劳动力更为重要。想当然的认识,只会使得原有的产业市场渐渐萎缩。

如今,从哈佛、沃顿到西班牙的 IESE 学院等知名商学院,奥尔特加的公司都被视为研究未来制造业的案例。IESE 学院的朱丝·露伊丝·纽诺认为奥尔特加的策略打破了所谓“第一世界的时装在第三世界的工厂”的俗调,通过时装制造与销售的双轨并行,领先了竞争对手好几年。

【讨论题】

1. ZARA 通过什么样的营销方式,牢牢地掌握了潜在消费者?

2. 为什么别的厂商都在低价营销的时候,ZARA 却没有跟随这个浪潮,反而获得了成功?

3. 为何中国服装企业无法做到 ZARA 的营销策略?

本章复习题

1. 需要和动机的含义是什么?其二者之间的关系如何?

2. 马斯洛的需要层次论的内容是什么?从马斯洛的理论出发可以将市场定位为哪几个具体的消费市场?

3. 消费者的购买动机有哪些?你在购买一种商品时的动机是否也对应于其中的一种呢?分别是哪种购买动机?

4. 什么是市场细分与定位?进行市场细分与定位的具体动因有哪些?

5. 通过对本章内容的学习,试自行分析一家公司开展市场细分和市场定位的合理性。

第三章　消费认知与顾客满意

章前箴言

没有最好，只有更好；没有最糟，只有更糟！……消费者的优劣判断皆来源于对于自己记忆中同类感觉的“比较”；而那些始终无法忘却的美好感觉则成为记忆中永恒的经典！

本章要点

- ◆ 消费认知的含义。
- ◆ 消费认知深化的步骤。
- ◆ 消费者自我认知的含义。
- ◆ 顾客满意的标准。
- ◆ 顾客满意战略的内涵。
- ◆ 顾客满意度的测评。
- ◆ 建立顾客满意系统。

【引例】

顾客永远是对的！

在美国纽约，一名妇女每周都会到同一家杂货店购买价值200美元左右的日用品，有一次店里的营业员对她态度不好，于是她一怒之下便转到其他店购买。

一年后，她再度来到这家杂货店，告诉了店老板曾经发生的事情。老板很专心地倾听了她的讲述，并真诚地向她赔礼道歉。等这位妇女走后，店老板估算了一下损失，结果发现：由于这名妇女每周到该店购买200美元的东西，那么一年下来她将花费1万美元左右。换言之，仅仅是因为一年前店里营业员的一个小小疏忽，结果导致了杂货店少做了1万美元的生意。不仅如此，她还至少影响了其周围人对于该杂货店的消费印象和购买意愿。可见，消费认知与顾客满意对于企业经营是何等重要！

第一节　消费认知的理论概述

一、消费认知的基本含义

(一)认知的概念

认知是指人们获得知识或应用知识的信息加工过程。换言之,人脑接受外界输入的信息,经过加工处理后,转换成内在的心理活动,进而支配人的行为,这个过程就是认知。人的认知活动是一个非常复杂的心理活动过程,由感觉、直觉、注意、表象、记忆、想象与思维等认知要素组成。

其中,感觉是认知的第一步,一般的对外界信息的认知主要是通过视觉(87%)、听觉(7%)、嗅觉(3.5%)、味觉(1%)、触觉(1.5%)等感官进行的,其中以视觉、听觉、嗅觉最为重要。这几种感觉的一般规律如下。

(1)相应性。每一种感觉器官只能反应特定性质的刺激,完成自己特定的反应任务和反应内容,具体如下。

视觉:由波长为380—780纳米的电磁波作用于视网膜上的视锥细胞和视杆细胞所引起。人的视觉主要感受对象的亮度、色彩等。

听觉:由振动频率为16—20 000Hz的声波作用于人的内耳柯蒂氏器官的毛细胞所引起。包括三种听觉形式:言语听觉、乐音听觉、噪音听觉。听觉主要能分辨出声音的四种属性:音调、响度、音色和持续性。

味觉:由溶解于口内液体的化学物质作用于舌头和软腭上的味蕾所引起。味觉主要有四种类型:酸、甜、苦、咸。其他味觉都是在这四类基础上产生的,是这四种味觉的综合性或复杂化的结果。比如,辣是在温度觉、痛觉和部分咸的基础上综合形成的;酸辣则是在酸和辣的基础上产生的。

嗅觉:由各种可挥发的物质微粒作用于鼻腔上部的嗅细胞所引起。嗅觉的类型称为气味的种类,主要有香味、臭味及由此混合而成的各种怪味。香味的类型一般有花香、醇香、芬香和人工香型。花香是天然的鲜花所散发出的香气;醇香是美酒、水果等物质所产生的甘醇的香气;芬香是含有芬香性化学物质的一类东西所散发出的气味,如油香及各种调味品发出的香味等;人工香型是指以人工方式所合成的其他各种各样带有香味的一类香气，既可代替花香和醇香，又可合成独特的香气。

触觉：由外物直接刺激人的皮肤外表相应的感觉系统而引起。皮肤是一个最大的，也是一个比较复杂的感觉器官。主要包括温度觉、冷觉、触觉、痛觉四大类。温度觉是皮肤中的神经系统对热的东西和热的能量的感觉；冷觉是皮肤对冷的东西所产生的一类感觉。冷、热是相对而言的，以人的体温为标准。人体的温度是摄氏 37 度，皮肤的温度略低。当高于体温的东西作用于人的肌肤时就产生热感；反之，则为冷感。当周围环境的温度超过 40 度时，人会感到非常热；当环境的温度低于 12 度时，人会感觉非常冷。触觉是手摸物体时形成的感觉，即所谓的手感。手感好坏对消费活动有很大的影响。痛觉则是在人们防御伤害时形成的一种体验。

（2）感受性。感受性指人对刺激强度及其变化的感觉能力。研究表明：引起感觉不仅要有相应性，而且要有一定的强度要求。衡量感受性一般采用感觉阈限，在心理学上把能引起感觉的最小刺激强度称为绝对感觉阈限，而对这种能觉察出最小刺激强度的能力称为绝对感受性。绝对感受性与绝对感觉阈限成反比关系，即绝对阈限越小，能引起感觉的刺激强度越弱，绝对感受性就越大，这说明人的感觉器官越灵敏。然而，有时刺激强度发生了变化，人们的感觉并不一定能立即有所感觉，例如，2 500 元的冰箱涨价 10 元，消费者并不一定能立即有所感觉，这是由于差别阈限在起作用。心理学上把能够引起感觉差别的最小变化量称为差别阈限，例如当冰箱价格提高到 2 600 元时，人们就会有明显的感觉，其中 100 元就是原来 2 500 元的差别阈限。相应地，心理学上把能够区别出同种刺激最小差别的能力称为差别感受性。

19 世纪德国科学家韦伯（E. Weber）发现，这种差别阈限不是一个绝对数值，而是与第一种刺激相对应的相对数值。最初刺激越强，感觉第二种刺激就越不容易，例如冰箱涨价 10 元无人察觉，涨价 100 元会引人注意，而肥皂涨价 0.20 元就会引起人们的关注。一般来说，在感觉阈限以内都能引起人的感觉，如声波在 16—20 000Hs 以内都会有感觉，超过此限则无感觉。感觉本身的强度会直接影响感觉的舒适度，例如中等大小的音量会使人产生舒适的听觉享受，中等强度的音响也具有同等特点；中等强度的低音会使人有荡气回肠之感，轻盈的高音在心头缭绕会使人产生强烈的愉悦感；而超强度的重型低音会震痛人们的耳膜和其他器官，心脏不好的人还会有五脏翻滚、天旋地转之感;高强度的高音(如重金属摇滚音乐等)会使人出现针刺般的强烈感觉。触觉同样如此,适度的温度和按摩会使人产生舒适感,而过高或过低都会使人感到不适,甚至使人产生痛感。因此,刺激强度对人的感觉非常重要。

(3)适应性。适应性指刺激对感觉器官的持续作用会使得感受性发生变化。这种作用可能增强,也可能降低。一般来说,随着时间的延长,感觉的敏感性会逐渐降低,常言说"入疱鱼之肆久而不闻其臭,入芝兰之室久而不闻其香"就是如此。适应性是人们应付环境时心理自动调节的一种机能。接触初期的好奇心、新鲜感需要人们付出相应的心理能量,同时也会分散人们的精力和对其他事物的注意力,而适应性则会使人的心理活动趋于平稳。对于消费活动来讲,适应既有有利的一面,可以把消费者的精力和注意力从高度的新鲜感和好奇心中解脱出来。但好奇心的满足,新鲜感的降低,敏感性的消失,又会使人产生失落感和空虚感,甚至会使人产生枯燥和麻木的体验,从而使人厌弃某一商品。

(4)相互性。相互性指各种感觉器官的感受性在一定条件下会出现此消彼长的现象。例如,听觉在黑暗中会加强,在光亮中则会减弱;微弱的声响能提高人辨别颜色的感受性,而强烈的声响则会降低人对色彩的感受性。这表明,对人的某一器官刺激的加强,会相应地降低另一器官的感受性,反过来亦是如此。

知觉是认知的第二步。知觉是人脑对直接作用于感觉器官的客观事物的整体反映。它是个体在综合了多种感觉的基础上形成的对事物的整体印象。感觉与知觉的一致性在于两者都是对事物的直接反映,区别则在于感觉是对认知对象的个别属性、颜色、气味、形状等的反映,而知觉是对认知对象的整体形象的反映。两者关系是知觉必须以各种形式感觉的存在为条件,且与感觉同步进行。而知觉并不是感觉的简单相加,因为知觉的发生依赖于人们过去的知识和经验,也依赖于人们的兴趣和情绪等。人们正是依靠过去的经验和此刻的心境来把所感觉出的个别属性综合为整体形象,从而把当前的对象物知觉为某个确定的事物。知觉的产生是人的多种感觉器官联合活动的结果,许多感觉器官的共同参与能反映出对象的多种多样的属性,这样就产生了综合的、完整的知觉。例如看电影、听音乐都是视觉器官和听觉器官联合活动的结果,不过是以其中一部分感觉器官的活动为主。在许多知觉活动中,视觉器官和运动器官起着主导作用。

记忆是认知的第三步。记忆是过去经验在头脑中的重现或者是人脑对过去经历过的事物的反映。记忆研究表明是先记忆、再回忆,人们过去经历过的一切都有可能成为记忆的内容。人脑对过去经验具有反映机能是因为主体接受到客体的刺激以后,会在大脑皮层上留下兴奋过程的痕迹,这些痕迹在日后遇到一定的条件就会被重新"激活",从而在人脑中重现已经消失的刺激物的映象。可见,记忆是人脑的一种机能,其生理基础是大脑神经中枢对某种痕迹的建立和巩固。现代信息论认为,可以把记忆看作是人脑对所输入的信息进行编码、储存,以后在一定条件下再提取的过程。记忆具体包括识记、保持、回忆与认知四个环节。

(1)识记是人们为获得对客观事物的深刻印象而反复进行感知觉的过程,即记住。在购买过程中,消费者就是运用视觉、听觉和触觉去认识商品,在人脑皮层上建立起商品诸要素之间的联系,从而留下商品痕迹,识记商品。

(2)保持就是巩固已经识记的知识和经验的过程,使识记的材料较长时间地保留在头脑中。消费者把在识记过程中所建立的商品诸要素之间的联系作为经验储存在头脑中,这就是保持的过程。

(3)回忆(再现)是指以前感知过的事物不在眼前,但头脑能把对它的反映重新呈现出来的过程。消费者在购买各种商品时,为了进行比较往往在脑海中重现曾经见过或者自己使用过的商品,这就是回忆的过程。

(4)认知(再认)是指过去感知过的事物重新出现时感觉到熟悉,从而确知是以前感知过的过程。例如曾经听过的乐曲,再听时能听出是以前听过的过程就是再认。

上述四个环节是紧密联系、相互制约的,其关系是:识记和保持是回忆和认知的基础,回忆和认知既是识记和保持的结果,也是巩固和强化识记和保持的催化剂。

注意是认知的第四步。注意是人的心理活动对一定事物或活动的指向与集中。它是心理活动的一种积极状态,使得心理活动具有一定的方向性。注意本身不是一个独立的心理过程,而是伴随人的识记、情感意志活动过程所表现出来的。注意的生理基础是肌体的一种定向反射,定向反射是由周围环境的变化引起的,刺激物的出现、消失、增强、减弱以及性质上的变化等都会引起定向反射。而注意的中枢机制则是神经过程的诱导规律。在大脑皮层上发生的每一个兴奋中心都会引起周围区域的抑制,从而使人能够清晰地反映一部分事物而远离其他部分事物。

注意的特性主要是指记忆的指向性和集中性:①注意的指向性显示了人类记忆活动的选择性,就是人对于记忆的客体进行选择。人在每一个瞬间的心理活动都是有选择性地指向一定的对象,同时离开其他对象。②注意的集中性是指把心理活动贯注于某一事物,个体有选择性地指向一定事物,并对局外干扰进行抑制,集中全部精力以获得所注意对象的鲜明、清晰的反映。

注意的功能具体包括:①选样功能。注意会使人们选择那些对行为活动有意义的、符合活动需要的外界影响,而避开和抑制那些与当前活动不一致、与注意对象有竞争的各种外界影响。②保持功能。注意对象的映象或内容会在主体意识中保持、延续直至达到目的为止。③监督功能。注意点能对活动进行监督,使得人在同一时间内把注意力分配到不同的事物上。人们做事出错、马虎、走神就是监督功能不够完善的表现。

想象是认知的第五步。想象是指用过去所感知的材料来创造新的形象,或者在头脑中改造记忆中的表象而创造新形象的过程。客观事物作用于人脑后,人脑产生的关于这一事物的形象称为表象。而表象经过人脑的加工、改造并创造出没有感知过的事物的新形象的过程称为想象。想象的产生必须具备以下三个条件:①想象要有过去感知过的经验,不一定是感知者个人的经验,也可以是前人或他人的。②想象依赖于人脑的创造力,需要对表象进行加工,而不是表象本身。③想象的结果是新形象,是主体没有感知过的事物。

【启示实验】

消费认知与比例偏见

情境 A:假设你在 A 商店看见了一个式样和功能都不错的售价 100 元的闹钟,而你也正好缺一个闹钟。当你正打算掏钱购买时,一个好友碰巧路过,并告诉你他刚从不远处的 B 商店过来,在 B 商店这款闹钟正在搞促销活动,售价仅为 50 元,而从 A 商店到 B 商店骑自行车需要 15 分钟时间。

请问,你会不会去 B 商店购买呢?

情境 B:假设你在 C 商店看见了一款心仪已久的售价 49 900 元的名

表，当你正打算掏钱购买时，一个好友碰巧路过，并告诉你他刚从不远处的D商店过来，在D商店这款名表售价为49 850元，而从C商店到D商店骑自行车需要15分钟时间。

请问：你会不会去D商店购买呢？

实验启示

决策者通常更加关注价格下降的比例而非下降的绝对值。

理性的决策者应当更关注价格下降的绝对值以及相关的交易成本。

【延伸阅读】

"韦伯定律"与消费认知

韦伯（E. H. Weber，1795—1878）出生于德国萨克森的威登堡，父亲是一名神学教授。有意思的是他没有继承父亲的衣钵，而是选择了几乎与其背离的一条道路，他成了一名解剖学家、生理学家，并且是感觉生理学和心理物理学的创始人之一。他于1815年在莱比锡大学获得博士学位，两年后在该大学医学院讲授解剖学与生理学。他主要从事触觉的研究，颇有造诣。

韦伯对实验心理学的建立有两大贡献：一是用实验系统证明了差别阈限的概念；二是发现了心理学上的第一个定量法则——韦伯定律。阈限的概念早在赫尔巴特时就已经提出了，但是他没有通过实验去证明，从而失去了成为一代大师的机会。阈限顾名思义就是一种界限，人们在生活中也经常会使用到这个词语，比如"一个人的忍耐是有限度的"，我们可以理解为忍耐的"阈限"。

韦伯创造性地用实验证明了这一概念，他用简单、科学、有效的方法完成了实验，堪称经典，而且这一概念从实验心理学创立的那天起沿用至今。在心理学上把能引起感觉的最小刺激强度称为绝对感觉阈限，而对这种能觉察出最小刺激强度的能力称为绝对感受性。绝对感受性与绝对感觉阈限成反比关系，即绝对阈限越小，能引起感觉的刺激强度越弱，绝对感受性就越大，说明人的感觉器官越灵敏。

然而，有时刺激强度发生了变化，人们的感觉并不一定能立即有所感觉，例如，2 500元的冰箱涨价10元，消费者并不一定能立即有所感觉，这是由于差别阈限在起作用。心理学上把能够引起感觉差别的最小变化量称为差别阈限。例如，当冰箱价格提高到 2 600 元时，人们就会有明显的感觉，其中 100 元就是原来2500 元的差别阈限。相应地，心理学上把能够区别出同种刺激最小差别的能力称为差别感受性。

韦伯研究发现，这种差别阈限不是一个绝对数值，而是与第一种刺激相对应的相对数值。最初刺激越强，感觉第二种刺激就越不容易。例如，冰箱涨价 10 元无人察觉，涨价 100 元会引人注意，而肥皂涨价 0.20 元就会引起人们的关注。

韦伯通过实验证明：刺激量 A 和人们能够将其区分开的最小可知觉差 ΔA 的比例是固定的。即如果以重量为例，那么人类所能够辨识的重量比值是个固定值！

韦伯曾经做过这样一个有趣的实验：让参加实验的人，分别拿起两个重物，一个是标准重物（即以它作为比较基准，进行比较），一个为比较重物，让其报告比较重物是否比标准重物重。如果两者之间的差别很小，人们会判定两者一样重，随着两者之间的差别增大到某一特定的值，人们开始判定其有差别，此时两者之间的重量之差称为最小可觉差。

通过大量的实验，韦伯发现，两个重物之间的最小可觉差为一个恒定的比率：1:40。我们用面包打比方，比如一块 41 克的面包可以与 40 克的面包相区别开来，而一块 80 克的面包则需要与 82 克的面包才能刚刚区别开来。他用了一个数学公式来表示这种关系——$K = \triangle I/I$（I 是原来的刺激量；$\triangle I$ 指刚能引起较强感觉的刺激增加量；K 是一个常数），这就是著名的韦伯定律了。可见，根据韦伯定律，购买者对价格变化的感受更多地取决于变化的百分比，而非变化的绝对值；并且在产品价格之上之下各有一个界限。将价格调整至界限之外容易被购买者觉察到，而在界限之内调整却往往被购买者所忽视。韦伯定律表明物理刺激同它引起的知觉之间不存在直接的对应联系，却显示出身体与心理之间、刺激与感觉之间有相互依存的关系。

总之，韦伯提出了心理学上的第一个定量的法则——韦伯定律。它虽然不像牛顿定律那样众人皆知，也没有相对论那样的惊世骇俗，但是对于刚刚从哲学思辨中走出来的、即将诞生的科学——心理学来讲，意义非凡。

（二）消费认知及其对消费行为的影响

消费者为满足自身需求而产生购买动机后，在决定是否购买和购买什么产品时，还存在影响这一决策的对于产品的认知，它是指消费者通过感官对产品及其相关刺激物所形成的感觉或印象。消费者对产品的认知,包括对产品的质量、功能、效用、价格、外观等方面的感觉。个体一般通过五种感官功能形成对产品及其相关刺激物的认知:一是视觉,如看到产品实物或产品广告;二是听觉,如听到对产品的介绍或评议;三是嗅觉,闻到产品的气味;四是味觉,品尝到产品的滋味;五是触觉,如触摸产品的质地。企业在市场营销中,一般采取各种产品促销策略使广大消费者对其产品的质量、功能、效用、价格、外观等形成良好的认知,以树立品牌形象,扩大产品销售。

不同的消费者对同一刺激物会形成不同的认知,也就是说人们对产品的认知会存在差异性。因为人们对刺激物的认知,除了受到诸如产品实物、广告宣传等刺激因素的影响之外,还取决于认知者的需求、动机、知识、经验等个人因素的影响。国外学者认为,影响消费者认知差异的因素有三个:①选择性注意。消费者每天会受到数以千计的产品广告信息的刺激,他们不可能注意所有信息,而只能注意那些与自己需求有关、自己感兴趣或特别引人注目的信息。②选择性曲解。消费者对于注意到的产品信息,会以自己的思维方式进行理解,其主观认知有可能会偏离刺激信息的本来意义。③选择性记忆。消费者不可能记住所有注意到的信息,而是根据自己的需要或兴趣,记住某些产品信息或某些产品的部分信息。依据上述分析,厂商在进行产品促销、广告宣传时,应力求使产品信息引起更多消费者的注意,避免消费者对产品信息形成曲解,并设法使产品信息印入消费者的记忆中。

(三)消费认知的规律及其在市场营销中的应用

由于消费者认知商品是从感觉开始的,因而营销人员应设法满足消费者获取有关商品信息的感觉需要。有些营销人员在某些高档商品上挂有这样的警示牌:“不许触摸”,这不仅是对消费者的不信任,而且还直接堵塞了消费者对于商品的认知通道。因此,超市、便利店、大卖场中广泛实行的开架式售货,便是符合了消费者的认知特点。

同时,企业开展营销活动,无论是广告设计、调整价格以及介绍商品,向消费者发出的刺激信号强度都需要适合消费者的感觉阈限。因此,有经验的厂商在设计、宣传自己的产品时,总是千方百计地突出其与众不同的特点,以增强商品的吸引力,刺激消费者的感觉,加深消费者对于商品的第一印象,使得消费者产生“先入为主”“一见钟情”的感觉。同时,还要尽可能使得所发出信号的强弱程度适合消费者的感觉阈限。信号强度过弱不易引起消费者的感觉,达不到诱发其购买行为的目的。然而,如果刺激信号过强,又会使得消费者无法承受、适得其反。例如,商品促销降价的幅度大小应考虑消费者的购买心理,因为降价幅度过小、刺激不够,消费者便不会积极购买;而降价幅度过大,消费者则会怀疑商品质量,因而对此必须有一个准确的把握。

感觉的灵敏度对于营销人员的影响很大,优秀营销人员最佳的感觉灵敏度是具备高度的上限阈限和中等的下限阈限。因为如果感觉器官过于灵敏会容易伤感或者激动,便难以控制自己的情绪;而感觉器官迟钝则会麻木不仁、无动于衷。因此,营销人员必须具备一定的感觉灵敏度,但又不能过于敏感,还要具有一定的心理承受能力,以克服由于各种感觉所带来的心理负担。

(四)消费认知的改变策略

消费者对于某一认知商品会在其心理上产生大量与之相关的认识和信念。这些认识和信念有可能是该商品的特点或属性,也有可能是该商品与其他事物的关系,而每种认识和信念在重要性以及效价强度上是有差异的,它们的综合就会形成消费者对于某一商品的独特态度。因此,厂商可以通过多种方法改变消费者对产品或品牌的认知以改变消费者的态度,致使消费者对特定产品或品牌形成积极态度,这就是消费认知的改变策略。消费者对于某产品或品牌的认知改变可以导致其对于该产品或品牌的喜爱,进而引发其购买行为。根据多属性态度模型,消费认知改变策略的具体方法包括如下几个。

(1)改变信念。该方法就是改变消费者对于特定品牌或产品一个或多个属性的信念。例如,许多消费者认为进口化妆品要比国内产品好。为了改变消费者的这一信念,国内厂商可以通过持续的广告宣传,不断提醒消费者国内产品在某些重要属性上相比进口化妆品要“更好”,例如“国产化妆品更适合中国人的肌肤”等。改变信念的关键是要向消费者提供关于产品表现的“客观事实”描述。

(2)改变权重。该方法就是改变消费者对于产品不同属性重要性的认识程度。例如,消费者在认知某产品或品牌时,通常会看重产品或品牌的某种或某些属性,认为产品的某种或某些属性相比其他一些属性更为重要,而营销人员则可以通过广告宣传,向消费者说明自己产品的优势属性正是该产品最重要的属性。例如,由于克莱斯勒是最先将安全气囊作为标准配备的汽车制造商之一,因而其在广告宣传中大力强调这一点,以使消费者感到安全气囊是汽车不可或缺的重要组成部分。

(3)增加新信念。该方法就是在消费者的认知结构中添加新的信念。具体而言,既可以增加一个以前被消费者所忽视的属性,例如,宣传经常喝绿茶可以减肥,这对关心自己体重的消费者而言,就是提升了其对于绿茶的积极态度;也可以增加反映实际产品变化或者技术创新的属性,例如,潘婷喷雾护发水强调由于增加了新的成分原料,其产品可以使头发没有僵硬感或黏稠感的同时实现定型。这样,宝洁公司通过增加了一种新成分就顺利地改变了消费者对潘婷喷雾护发水的态度。可见,增加一个代表某种技术提高或者技术创新的新属性,相比强调先前被忽视的属性更容易促成人们消费态度的改变。例如,某些产品强调采用纳米技术以增强消费者对于该产品的认同。

(4)改变理想点。该方法就是改变消费者对于理想产品的认识。例如,传统的漱口水中含有大量酒精,因为酒精可以提高漱口水的效果,它能杀死口腔中的细菌。某漱口水广告却与这一传统看法相反,该广告宣称:虽然酒精能杀死细菌,但也会在人的口腔中引起不良反应。如果这一广告宣传得到广泛认同,就会改变消费认知的理想点。

【延伸阅读】

视网膜效应:你真的认为追求的东西很热门吗?

一个刚怀孕的女人发现自己身边有很多孕妇,然后认为这个月份的孕妇人数激增。一个戴着红色围巾的人发现街上很多人都戴着红色围巾,然后认为红色围巾是这一季的流行饰品。这就是视网膜效应带来的奇妙现象。

有一个奇怪的现象,婚姻不幸的人看到的满眼都是悲惨的家庭,婚姻幸福的人看到的遍地都是甜蜜的小夫妻。因此,不幸的人更加不幸,幸福的人更加幸福。

很多人认为这是一种积极的心理产生积极的暗示,消极的心理产生消极的暗示的结果。事实上,这不是心理情绪在捣鬼,而是人的眼睛。

当人们拥有某件东西或者某项特征的时候,就会不自觉的搜索身边的人，观察别人是否跟自己具备同样的特征。因此，婚姻不幸的人会看到越来越多同样不幸的家庭，婚姻幸福的人会看到越来越多的模范夫妻。心理学家将这种注意力集中在与自己类似特征的现象称为视网膜效应。

视网膜效应是一种注意力的特殊指向性。当人关注某个点时，人的注意力也会随之转移到这个点上，以配合心理上的关注。换句话说，人的注意力和心理关注点具有同步的特征，这就好比同步直播的卫星信号和视频信号一样。

当人们心理上的关注点和注意力重叠的时候，即表示人们陷入了视网膜效应。这个时候，人只会关注到一定的对象，而不会顾及其他的对象。

这是由于人的意识焦点锁定在某个点上的时候，人们对这个对象就会变得全神贯注起来，从而对其他事物视而不见。这就造成了人们感觉自己关注的事物变得很热门、很抢手的假象。

举个例子，想买宝蓝色汽车的人，走在路上会关注有多少人开宝蓝色的车子。这个时候，他只会去关注宝蓝色的车子，而不会去看其他颜色，比如白色、黑色的车子。不久，路上开过去一辆、二辆、三辆……宝蓝色的汽车就会在他的视觉上沉淀下来，造成今天看到很多车子都是宝蓝色的假象。事实上，很可能在这个时间里，这条街上一共开过去三辆宝蓝色车子和五辆白色车子，可是，他看到的只有三辆宝蓝色车子，所以便认定宝蓝色车子很热门。

同样的道理，一个女人穿上一双新皮靴，她就会不自觉地在楼道里、电梯里、公车里观察大家穿的鞋子。由于对靴子的关注力，她的眼睛跳过其他鞋子的种类，直接搜索靴子，最后得出结论：今年秋季很流行靴子。事实上，你追求的东西并没有想象的热门！

二、消费者的自我认知与消费行为

（一）自我认知的概念

自我认知（亦称自我观念或自我印象）是指个体对自我的知觉与评价。一般而言，自我认知由三个自我部分所构成：其一是镜中自我，是指自认为他人对自己的评价，个体会部分地承认别人对其评价的正确性；其二是理想自我，即自己希望成为什么样的人，个体通常并不认为完全实现了理想的自我；其三是真实自我，也就是指自己实际是个什么样的人，个体对自己的评价总会包含真实的部分。自我认知包含多方面的自我评价,例如认为自己胖或瘦的体形自我认知,认为自己内向或外向的性格自我认知。在社会生活中,人们总是以积极的态度对待自我认知,希望在他人心目中留下好的印象,力求不断地完善自己,追求良好的自我感觉,并在生活方式、衣着打扮、言行举止等方面表现出自己所欣赏的自我。

(二)消费者自我认知对消费行为的影响

消费者的消费行为与自我认知密切相关。消费者通常购买与自我认知相一致或有助于维护和完善自我认知的产品,排斥与自我认知不一致或有损于自我认知的产品。因此,企业在市场营销中,应使由产品品质、品牌包装、外形、价格等要素构成的产品形象,与目标顾客的自我认知相吻合,以使产品能被目标顾客普遍接受。

营销研究表明,每个消费者都有多个自我认知,这意味着消费者在不同的营销情景中会采取不同的消费行为方式。例如,一个消费者在超市的消费行为就明显不同于在零售商店的消费行为,白天的消费行为就明显不同于夜晚的消费行为。由于每个消费者都具有多个自我认知,因此消费者一般是根据营销人员所提供的产品或服务与其自我认知之间的一致性程度进行评价的。有些产品与消费者的某种自我认知或者多种自我认知之间是相矛盾的,有些则是完全一致的。一般而言,消费者会通过选择那些与其自我认知相一致的产品以维护或增进自身的自我认知,而尽力避免购买与其自我认知相矛盾的产品或服务。

(三)消费者自我认知的分类

消费者的自我认知一般包括以下五种类型:①现实自我(消费者实际上是如何看待自己的);②理想自我(消费者希望自己是什么样的);③社会自我(消费者觉得他人是如何看待自己的);④理想的社会自我(消费者希望他人如何看待自己);⑤期望自我(消费者期望在未来的某个时间段内自己应该是什么样的,其介于现实自我与理想自我之间,是现实自我与理想自我之间的一种以未来为取向的结合)。

(四)消费者自我认知在市场营销中的应用

在不同的消费情景中或者面对不同的产品时,消费者会选择不同的自我认知以指导自己的消费行为。例如,当消费者需要购买日常生活用品时,其消费行为主要受其现实自我的指导;当他们需要购买社交用品或者购买有助于提高其社会地位的产品时,其消费行为主要受社会自我的指导。此外,消费者所购买的产品常被消费者本人看作是自我认知的扩展和验证。例如,拥有一辆奔驰轿车的消费者会把自己看作是“成功的、富裕的和充满竞争力的”。

消费者不仅借助于某种产品以扩展自我认知,而且也通过产品的购买和使用以改变自我认知,使自己变得更有个性、与众不同。例如,消费者购买时装首饰、进行美容甚至整容以修饰自己的外表,从而达到改变自我认知的目的。

(五)消费者自我认知对于市场营销的意义

自我认知对于市场营销具有实际应用价值。营销人员可以根据消费者的自我认知对产品或服务进行市场细分,在此基础上以相应的产品或服务作为自我认知的载体,从而达到促销的目的。因此,营销人员应该根据消费者的某种自我认知设计营销策略,有针对性地提供产品或服务。

【理论视野】

沉锚效应与消费认知

请你闭上眼睛想象一下,某天你乘坐着与泰坦尼克号一样华丽的大邮轮在海上畅游,天气很好,周围的景色也很美丽。这个时候,如果船长拿出一个奇怪的大锚,重重地往水里抛下去,你会联想到什么?

停船!这艘豪华大油轮停在这个天蓝海蓝的地方,船长这么做是为了让我们好停留在这里看美丽的风景。如果你确实这么想。那么你就错了。

试想一下,如果这个锚的另外一端没有连接到船,又会有怎样的效果呢?那么很可能是船长只是想把这个坏掉的锚抛掉而已,而你之所以会认为这个船会停下来,会联想到船长想让你欣赏美丽的风景,是因为受到了我介绍的影响。我告诉你这是一个锚,并且告诉你周围的景色很美丽,于是你就有了一个美丽的联想。

在心理学上,这种思维被第一信息左右,像沉入海底的锚一样,把人的思维固定在某一处的现象称为沉锚效应。所谓的沉锚效应(Anchoring Effect),是指人们在平时生活与消费决策中,习惯于根据某一个初步的资料来预测评估事件。也就是说,要对某一特定对象做出评估或预测就倾向于选定一个起始点或者参考点,并由此开始去考虑进一步的信息,通过可能获得的反馈来调整自己初始时刻的决策,从而获得事件的最终解决办法。

例如,两家卖粥的小店,每天顾客的数量和粥店的服务质量都差不多,但结算的时候,总是一家粥店的销售额高于另一家。探其究竟,原来效益好的那家粥店的服务员为客人盛好粥后,总问:“加一个鸡蛋还是两个?”而另一家粥店的服务员总问:“加不加鸡蛋?”接收到第一个问题的客人考虑的是加几个鸡蛋的问题,而接收到第二个问题的客人考虑的是加不加鸡蛋的问题。考虑的问题不同,答案自然也不同。通过不同的提问方式,第一家粥店不知不觉地多卖了鸡蛋,增加了销售。

又如,当一种新饮料面世,如果它被放在货架上与我们目光平视的高度上,它的左边是可口可乐,右边是百事可乐,那么,它的高价策略就容易被消费者所接受。相反,如果它被放在一个不起眼的位置,与价格低廉的饮品摆在一起,则即使其质量超群、功能强大,也很难被消费者认定为一个好产品。

国际品牌欧莱雅就成功进行了这样的尝试,它不断地在机场和高端百货商店拓展自己的零售终端体系,与名牌们比邻而居。这样一来,一方面,它在消费者的心目中建立起了一个高端品牌的形象;另一方面,它与邻居品牌相比又具有一定的价格优势。

研究表明,在实际生活与决策过程中,人们习惯于用这种先沉锚、后调整的策略来解决那些需要被估计和猜测的问题。早在20世纪70年代,心理学家阿莫斯·特维斯基(Amos Tversky)和丹尼尔·卡尼曼(Daniel Kahneman)就在该领域进行了有关于沉锚效应的一系列研究,发现其在经济领域的一系列偏差①。卡尼曼也正是由于将这种心理学的研究成果与经济学融合在一起,因而获得了2002年的诺贝尔经济

① Tversky A, Kahneman D. Judgment under Uncertainty: Heuristics and Biases[J]. Science, 1974.

学奖①。

上述两位专家是在1974年通过经典的“幸运轮”实验发现了著名的“沉锚效应”②。当时的受试者们都被要求对各种数字进行估计，典型问题如：非洲国家在联合国中占多大比重？当标有0到100的幸运轮转动后，指针会随机地停在某一个数字处。不同的受试者得到不同的数字，然后受试者被要求首先回答轮盘上的数字是高于还是低于他们估计的数字，然后说出确切答案。实验发现：估计值受到幸运轮产生的随机数的深刻影响——当幸运轮停在65处，受试者给出的平均估计值是45%；而当幸运轮停在10处，受试者给出的平均估计值则为25%。

可见，不同的初始值会对以后的数值估计产生影响，且估计值将偏向于初始值，高初始值将使估计值偏高，低初始值将使估计值偏低。而更科学的说法即是：个体的判断是以初始值，或者说是以“锚”为依据，然后进行不充分的向上或向下调整，并最终在此基础上得到最后的结论。特维斯基与卡尼曼这两位心理学家则将“沉锚效应”简单概括为一个估测的过程，也就是：“通过调整已有的、可得的参考数值来获得最终的结果，但有趣的是，通常这样的调整，并不太正确。”如果我们从心理学层面上来分析“沉锚效应”的产生过程，则可以配合下图来进行如下解释。

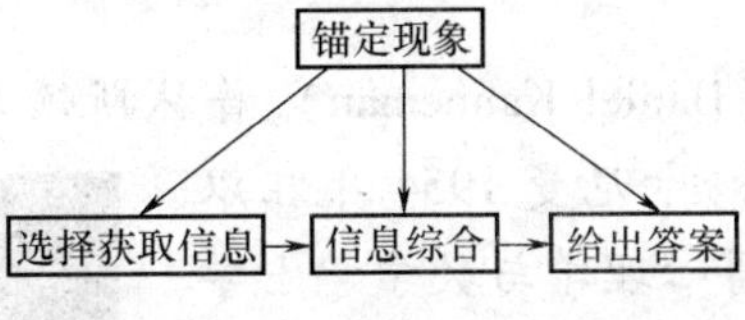

由上可见，沉锚效应的产生具有深刻的心理机制，当同一信息进入人的大脑的时候，大脑会优先处理最先到达的信息。这个时候，先进入或者第一时间进入的信息会给大脑造成强烈的刺激，留下深刻的印象。当大脑正在对这种深刻印象的图像或者信息处理的时候，就会对其他信息采

① 2002年10月9日，瑞典皇家科学院决定将本年度的诺贝尔经济学奖，授予美国普林斯顿大学的丹尼尔·卡尼曼教授（Daniel Kahneman）和美国乔治梅森大学的弗农·史密斯教授（Vernon Smith），以表彰他们对心理经济学和实验经济学作出的开创性贡献。诺奖公告指出，卡尼曼“把心理学研究的成果与经济学融合到了一起，特别是在有关不确定情形下人们如何作出判断和进行决策方面”。

② Tversky A, Kahneman D. Judgment under Uncertainty: Heuristics and Biases[J]. Science, 1974.

取滞后的处理手段。

当人们看到这样的画面:一个人倒在血泊中,一个人手里惊恐地拿着刀,根据以往的印象,人们会第一时间认定拿刀的人就是凶手。这是以往"沉锚效应"在大脑里的印象,第一时间作出的反应。当人的大脑接收到后续的信息(拿着刀的人哭喊着:"妈,你怎么了,究竟是谁杀死了你"),就会随之处理后续的信息。这个时候,人们就会认为拿刀的人是倒在血泊中的人的孩子,他拿着刀,表情惊恐,是因为他不肯接受眼前的现实。

这就是沉锚效应给人带来的直观反应效果,就像我们常说的"上有天堂,下有苏杭",等到别人问中国哪里最美的时候,就会习惯性地把这句话说出来。事实上,说这句话的人很多都是没有去过苏州和杭州的人。瞧,沉锚效应就是这么奇妙。

总之,沉锚效应作为一种心理状态,其通常是潜意识的。而我们研究其产生的轨迹,主要也是为了更好地了解,并希望因此而有助于找到相应的方法来减弱这种效应,从而最终减小偏差。

知识链接

丹尼尔·卡尼曼——"沉锚效应"理论之父

丹尼尔·卡尼曼(Daniel Kahneman),普林斯顿大学教授,2002 年诺贝尔经济学奖获得者。卡尼曼 1954 年在以色列的希伯来大学获得心理学与数学学士学位,1961 年获得美国加利福尼亚大学伯克利分校心理学博士学位。1993 年起,卡尼曼担任美国普林斯顿大学心理学和公共事务教授。他也是美国科学院和美国人文与科学院院士、国际数量经济学会会员、实验心理学家学会会员等。

2002 年 10 月,瑞典皇家科学院诺贝尔经济学奖公告指出,卡尼曼"把心理学研究的成果与经济学融合到了一起,特别是在有关不确定情形下人们如何作出判断和进行决策方面"。

知识链接

沉锚效应的生理学基础

——康拉德·洛伦茨与幼鹅局限

康拉德·洛伦兹是奥地利比较心理学家，动物习性学的创始人，也是1973年诺贝尔生理学或医学奖得主。他是经典比较行为研究的代表人物。在1949年以前他一直称该研究领域为“动物心理学”，即后来的本能理论。1973年他和卡尔·冯·费舍尔和尼古拉斯·廷伯格共享了诺贝尔生理学或医学奖，因为他在个体和社会行为的构成和激发方面作出了重大的贡献。

动物习性学（Ethology）是20世纪40年代由洛伦茨所创始的一门科学，旨在研究动物在其生长的自然环境中表现的习性，从而了解其自出生到长大的行为变化的特征，并分析探讨遗传与环境这两大因素对动物行为发展的交互影响。

根据对动物的观察所见，洛伦茨在1937年发表《鸟类世界的伙伴》一书，首次报告他所发现的雏鸭印记现象。所谓印记（Imprinting），是指某些动物在初生婴幼期间对环境刺激所表现的一种原始而快速的学习方式。洛伦茨发现，刚孵出的雏鸭对最早注意到的环境中会移动的客体，随即表现出跟随依附的行为，如在它面前出现的是母鸭，雏鸭会跟随，如出现的是母鸡或人甚至是移动的玩偶，它也会跟随。

从表面看，动物此种原始性特殊反应与其生存本能有关，但就雏鸭也跟随其他客体的现象看，显然不是动物的种族遗传，而是后天学习。洛伦茨进一步发现，动物的印记现象有三个特征。

一、印记只在出生后某段时间内发生，刚孵出的雏鸭、雏鸡等禽类的印记现象，只能在一天之内发生，超过30小时印记将不会发生。同理，小狗出生后如在一个半月之内不与人接近，以后将无法与人建立亲密关系。洛伦茨称可能产生印记的有效期间为关键期（Critical Period），亦称“窗口期”。

二、印记一旦形成，即长期不变。

三、印记虽属学习，但此种学习并不需要像行为主义所说的强化作用。

【延伸阅读】

配套效应会让你身不由己!

如果你想当精明的消费者,那么就千万不要掉进导购员的陷阱里。因为他们会在你只是想吃面的时候,问你加一个卤鸡蛋还是两个卤鸡蛋;他们会在你只想随便逛逛服装店的时候,问你想要大码的还是小码的。他们会利用心理上的沉锚效应来把你兜里的钱掏出来。

我们知道沉锚效应会让人的思维固定在某个点上逃脱不出来,形成对后续信息的滞后处理。那么,我们来看看这个有趣的现象在商店里又会产生什么奇妙的效果呢?

我们都有这样的经验,明明只是想去逛街,随便看看,或者说原本只是想去看看电饭锅的价格,对比一下再回家讨论一下要不要买一个新的电饭锅。这个时候,我们并没有强烈的要买电饭锅的欲望,我们对电饭锅还停留在买或者不买的选择上。

我们走进商店,美丽的服务小姐对我们绽开微笑,说:“先生,小姐,您是要买带定时煮饭的,还是要有电脑微煮软化米粒功能的呢?”这个时候,我们就会开始讨论到底是定时煮饭的功能好,还是软化米粒的功能好。想到早上可以贪睡,我们就会想买有定时煮饭功能的;想到家里有老人,就会想买软化米粒功能的。

不论我们是出于哪种考虑,最后我们都会乖乖地把电饭锅买回家。等到后续信息开始来临的时候,我们会疑惑:明明只是去看一下电饭锅价格,怎么就把电饭锅给买回家了呢?事实上,当人们在作决策的时候,思维会受到前期向导性信息的影响,从而作出与之前想到信息相关的选择。这是沉锚效应发生作用的另外一个表现。

当你走进一家店,明明只想喝杯豆浆,可老板问你要一根油条还是两根油条,你就会莫名其妙地产生二选一的做法。因为老板给了你一个定势印象,是一根油条还是两根油条。所以,聪明的售货员会问你是买这种功能还是买那种功能,他们会狡猾地先将你带入已经确定要购买的思路上,只是剩下样式、功能的选择,所以,消费者常常会被牵着鼻子走。

如果这个时候,沉锚效应遇上了配套效应,那么你真的要捂紧自己的钱包了。因为狡猾的导购员不但会询问你“是想买条纹的被单还是想买花样的被单”,他们还会在你成交之后告诉你“枕头也要配套才好看”。于是你觉得也有道理，要凑成一套才好看，于是就买下了原本不需要的枕头。这就是心理学上的配套效应。

早在18世纪的时候，法国著名哲学家丹尼斯狄德罗就曾陷入了这样的困扰。为此，他还专门撰写了一篇名为“与旧睡袍别离之后的烦恼”的文章，并在当时引起了人们广泛的关注。当时，有位朋友从国外带回了一件质地精良、做工考究的睡袍送给丹尼斯狄德罗。丹尼斯狄德罗非常喜欢，就将原来的旧睡袍塞在了衣橱的角落，每天把新睡袍穿在身上。每次，丹尼斯狄德罗穿上睡袍的时候，都有变身贵族的感觉。于是，他穿着奢华精美的睡袍在房间里有模有样地走来走去，心里美滋滋的。突然，他发现脚下的地毯质地非常粗糙，针脚粗得吓人，衬不起这件华贵的睡袍。第二天，丹尼斯狄德罗立刻换了一张质地柔软做工精良的地毯。结果，过了不久，丹尼斯狄德罗又觉得房间里的书柜怎么看怎么不顺眼，好像对不起这件美丽的睡袍和昂贵的地毯。于是又换了书柜。接下来，丹尼斯狄德罗还有更多的困扰，换了书柜又想换书桌，换了书桌又想换椅子。结果是没完没了的困扰下去，这就是丹尼斯狄德罗与旧睡袍离别之后的烦恼。

可见，你在商店里一旦遇上这样的销售高手，要不捂紧自己的钱包，或许直接逃离他的视线范围会来得更干脆哦！

【拍案惊奇】

“黑珍珠”的身价之谜

1973年有一天，“珍珠大王”萨尔瓦多·阿萨尔的游艇停靠在法国圣特罗佩。一位潇洒的法国年轻人让·布鲁耶从邻近的游艇上过来拜访。布鲁耶刚卖掉了他的空运公司，用这笔钱为自己在法属波利尼西亚买下了一座小岛——珊瑚礁环绕着蔚蓝海水，堪称人间天堂。

布鲁耶对萨尔瓦多介绍说当地莹碧的海水中盛产一种黑边牡蛎——珠母贝。这些黑边牡蛎的壳里出产一种罕见之宝：黑珍珠。那时候，黑珍珠还没有什么市场，买的人也不多。但是布鲁耶说服了萨尔瓦多合伙开发这一产品，合作采集黑珍珠到世界市场上销售。

然而，萨尔瓦多首战失利：珍珠的色泽不

佳,又灰又暗;大小也不行,就像早期步枪使用的小弹丸。结果,萨尔瓦多连一颗黑珍珠都没有卖掉,无功而返,回到了波利尼西亚。

事情到了这种地步,萨尔瓦多本可以放弃黑珍珠,把库存低价卖给折扣商店;或者搭配上一些白珍珠做首饰,推销出去。但是萨尔瓦多并没这样做,他又等了一年。他们努力改良出一些上好的品种,然后带着样品去见一个老朋友哈利·温斯顿——一位具有传奇色彩的珠宝商人。

结果,温斯顿同意把这些珍珠放到他在美国纽约第五大道的珠宝店橱窗里展示,并且标上令人难以置信的高价。同时,萨尔瓦多在数家影响力广泛、印刷华丽的杂志上连续登载了整版的广告。广告里,一串大溪地黑珍珠,在钻石、红宝石、绿宝石的映衬下,熠熠生辉。

事实上不久前,黑珍珠还含在一簇簇黑边牡蛎壳里,吊在波利尼西亚海水中的绳子上,正所谓"养在深海人未识"……但如今,黑珍珠来到了繁华的世界大都会——纽约,环绕在最当红的歌剧女明星的粉颈上,在曼哈顿招摇过市。

就这样,原本不知价值几何的东西,现在被萨尔瓦多捧成了稀世珍宝。这正如马克·吐温曾经在《汤姆·索亚历险记》中所描写的那样:"汤姆无意中发现了人类行为的一个重要定律,那就是要让人们渴望做一件事,只需使做这件事的机会难以获得即可。"

可见,人们一旦以某一价格购买了某一产品,其消费认知就会为这一价格所"锚定",而成为其"记忆"锚,并习惯于该价格,为其所牵引,这便是问题的关键所在。

【拍案惊奇】

"维多利亚的秘密"背后

"维多利亚的秘密"(Victoria's Secret)是美国最著名的内衣品牌,拥有一件"维多利亚的秘密",是不少女性的愿望。从1996年起,该公司每年圣诞节前都会由超级模特代言,高调发布一款价值数百万美元的镶钻文胸。此举不仅能吸引媒体注意,收到广告效果,更能促进相关产品的销售。

当巴西超模阿德瑞娜·利玛穿着价值500万美元(约合3 400万元人民币)的“维多利亚的秘密”新款胸衣亮相时,才让人真正体会到所谓的“贵”能贵到什么地步。该款胸衣上共有3 575颗黑钻石、117颗1克拉圆钻石、34颗红宝石等共大约3 900颗宝石,价格更是达到了令人咂舌的500万美元。

人类对于新鲜事物总是津津乐道,尤其是对于奢侈品的“价格”。虚荣心驱使我们去关注这个其实对大多数人都没什么关系的“价格数字”。因为500万美元的天价商品,我想大多数人不可能买得起。然而,当你先看过了500万美元的天价文胸,再看看“维多利亚的秘密”的其他千元左右甚至几百元的产品时,会不会让你怦然心动呢?

事实上,当这款文胸出现在公司产品目录上时,其实已经悄悄塞给了顾客一个价格参照点。不难想象,一位男士准备买一件内衣送给自己的妻子时,当他先看到一款标价数百万元的文胸,会是什么心情;再看到一款标价才298美元,样式、质地也很好的同一品牌商品时,又会是怎样的心情。

其实,对于企业来说,就算钻石文胸卖不掉也没关系嘛,因为上面的钻石可以拆下来明年继续用,几乎没有什么损失。由于人类天生爱听故事,所以做市场就要学会“讲故事”,越是传奇,越是有效。而价格往往是“故事”中最容易记住的桥段。把一件普通商品做成天价,本身就是一种商业广告行为。

此外,虚荣是人类的天性,天价商品对于追求炫耀性消费的有闲阶级来说,也具有一种虚拟价值。虚拟价值是商品对消费者炫耀、归属感等情感诉求的满足。一个女人买“维多利亚的秘密”,其实是冲着它的虚拟价值去的。可见,锚定效应可以极大地提升商品,尤其是炫耀性商品的虚拟价值。

第二节 顾客满意的认知心理与行为

一、顾客满意概述

今天,对于现代企业而言,真正利害攸关的是顾客满意。[①] 如果你的

① 陆剑清.顾客满意——现代企业的生存之道[J].上海商业,2008(11).

客户没有得到令其满意的产品或服务,他或她将不再与你做生意。换言之,如果你不能使你的顾客满意,你所做的一切努力都将付诸东流、徒劳无功!

那么,什么是顾客满意呢?顾客满意是一种心理活动,是目标顾客的需求被满足后的愉悦感。菲利普·科特勒指出:“满意是指一个人通过对一个产品和服务的可感知的效果与他的期望值相比较后所形成的感觉状态。”因此,满意水平是可感知绩效和期望值之间的差异函数。顾客可以经历三种不同的满意度中的一种。如果绩效低于期望值,顾客就会不满意。如果可感知绩效与期望值相匹配,顾客就会满意。如果可感知绩效超过期望值,顾客就会极其满意或喜出望外。但是,顾客是如何形成其期望值的呢?期望值是在顾客以往的购买经验、朋友们的各种言谈以及厂商的信息和许诺等基础上综合形成的。如果厂商将期望值提得太高,顾客很可能会失望;然而,如果厂商将期望值定得过低,则无法吸引足够多的顾客。

顾客满意与否是一种心理评价过程,这一过程具有以下特性。

(1)客观性。顾客满意与否,对企业而言是一种客观存在。换言之,顾客一旦接受了企业所提供的产品或服务之后,就有了一个满意与否的问题。不论企业对此是否加以关注、是否进行调查,顾客的评价总是客观存在的。

(2)主观性。对顾客而言,满意与否又会受到自身各种主观因素的影响。同样的产品,甲顾客满意,乙顾客可能就不满意。顾客是否满意以及满意的程度,则取决于他们的经济地位、文化背景、需求动机,甚至包括个人好恶、性格情绪等非理性因素的影响。由于这种主观性,针对某一个顾客的调查结果,并不能真实地反映产品的实际质量。

(3)变化性。顾客的期望值是随着客观条件,特别是社会经济文化的发展而逐步变化的,因此,顾客满意也会随之而变化。一般而言,随着社会经济文化的发展,顾客的期望值也会相应提高,顾客的满意程度亦会发生变化,甚至从原先的满意转变为不满意。在现代社会中,经济和文化的发展速度很快,如果企业的产品质量没能跟上这种发展趋势,就会使得顾客的满意程度下降。企业要把顾客满意程度维持在一个既定的水平上,只有持续不断地提高自己的产品质量水平。否则,顾客就会从原先的满意迅速转变为不满意,从而使企业失去顾客,在市场竞争中失败。这就是为什么要制定和实施顾客满意战略的原因所在。

(4)全面性。顾客满意是顾客对于企业及其所提供产品的全面心理评价,而不仅仅是针对某一种质量特性。首先,顾客满意是针对产品质量的各个特性。以硬件产品为例,其不仅包括产品的性能、使用寿命、安全性、经济性和审美性等,还包括与此相关的广告、服务、产品介绍、使用说明、送货以及售后服务等,而任何一个质量特性或者服务环节出现问题,都会引起顾客的不满意。其次,顾客满意又是针对企业的。企业的性质、形象、所承担的社会义务或社会责任,乃至企业所在的国家或地区、内部员工的生存状况、与所在社区、政府或其他组织的关系等,都会直接或间接地影响顾客的满意状况。

二、顾客满意战略

顾客满意对企业而言至关重要。而良好的服务,最大限度地使顾客满意,已成为企业在激烈竞争中独占市场、赢得优势的制胜法宝。只有让顾客满意,他们才有可能持续购买,成为忠诚顾客,企业也才能永远生存、财源滚滚。因此,顾客满意战略是企业战胜竞争对手的最好手段,是企业取得长期成功的必要条件。没有什么其他的方法能像顾客满意战略一样在激烈的竞争中提供长期的、起决定性作用的优势。菲利普·科特勒认为,保持顾客的关键是顾客满意。一个满意的顾客会:

(1)购买的更多和对产品“忠诚”更持久。

(2)听从公司介绍购买附加产品以及对产品进行升级换代。

(3)为公司和产品说好话。

(4)忽视竞争品牌和广告,对低价也不敏感。

(5)向公司提出产品或服务的建议。

(6)由于交易规范化,因而与新顾客相比降低了服务成本。

今天大多数成功的企业正在全面实施顾客满意战略。例如,施乐公司保证“全面满意”,它保证在顾客购后三年内,如有任何不满意,公司将为其更换相同或类似产品,一切费用由公司承担,其广告称:“在你也满意之前,我们将永远不会达到100%的满意。”本田公司的广告称:“我们顾客之所以这样满意的理由之一是我们不满意。”日本丰田公司的经理在描绘旗下雷克萨斯汽车的成功时说:“我们公司的目标是超越满足顾客,我们的目标是使顾客愉悦。”而这是更高层次的探索和成功营销者的秘密,因为取悦顾客要比在媒体上做广告更有效果。企业的成功之举是经常性地测试顾客的满意程度。企业可以通过电话向最近的买主询问他们的满意度是多少,测试要求为:高度满意,一般满意,无意见,有些不满意,极不满意。这是发现顾客满意与不满意的主要方法,而企业将利用这些信息以改进其下一阶段的工作。可见,一个忠诚的顾客是企业的可持续利润之源。因此,任何忽视顾客的言行,例如在小事上使顾客遭受委屈或者与顾客争吵,从而得罪甚至失去顾客的举动是愚蠢的。正是基于这一认识,国际商用机器公司规定每个销售人员一旦失去顾客,需要撰写一份详细的分析报告并采取一切办法以使顾客恢复满意。

以顾客为导向的企业会追踪顾客在每一时期的满意水平并确定其改进目标。例如,花旗银行的目标是使90%的顾客达到满意水平。花旗银行认为如果继续增加顾客满意水平,它就是走在正确的轨道上;相反,它的利润水平虽然增长但顾客的满意程度却在持续下降,它就是走在错误的轨道上。可见,一个健康发展企业的主要标志是它的顾客满意程度高,并且持续上升,而顾客满意程度正是企业未来利润水平的最好指标。因为满意的顾客会更频繁地和你做更大的生意,他们会一次比一次买的多,买的更频繁,并且他们还会向家人和朋友推荐你的产品和服务。所以通过提供优质的产品与服务以使顾客满意,从而培养其忠诚度已成为现代企业的主要经营目标之一。这也是进入20世纪90年代以来,顾客满意战略蓬勃兴起的原因所在。

【延伸阅读】

细节决定成败

——罗伦兹与蝴蝶效应

蝴蝶效应(The Butterfly Effect)是指在一个动力系统中,初始条件下微小的变化能带动整个系统长期的巨大的连锁反应。这是一种混沌现象,即蝴蝶在热带轻轻扇动一下翅膀,遥远的国家就可能造成一场飓风。

1961年冬季的一天,美国气象学家罗伦兹在计算机上进行关于天气预报的计算。为了考察一个很长的序列,他走了一条捷径,没有令计算机从头运行,而是从中途开始。他把上次的输出直接打入作为计算的初值,然后他穿过大厅下楼,去喝咖啡。

一小时后他回来时，发生了出乎意料的事，他发现天气变化同上一次的模式迅速偏离，在短时间内，相似性完全消失了。进一步的计算表明，输入的细微差异可能很快成为输出的巨大差别。

罗伦兹最初使用的是“海鸥效应”来形容这种现象，但在1979年于华盛顿的美国科学促进会的演讲上却问道：“一只蝴蝶在巴西扇动翅膀会在得克萨斯引起龙卷风吗？”“蝴蝶效应”因此而得名。

事实上，之所以出现所谓：“一只蝴蝶在巴西轻拍翅膀，会使更多蝴蝶跟着一起振翅。最后将有数千只的蝴蝶都跟着那只蝴蝶一同挥动翅膀，其所产生的飓风可以导致一个月后在美国得州发生一场龙卷风。”其原因就是蝴蝶扇动翅膀的运动，导致其身边的空气系统发生变化，并产生微弱气流，而微弱气流的产生又会引起四周空气或其他系统产生相应的变化，由此引起一个连锁反应，最终导致其他系统的极大变化。

蝴蝶效应源于气象学家罗伦兹制作了一个电脑程序，这个程序可以模拟气候的变化，并用图像来表示。最后他发现，图像是混沌的，而且十分像一只张开双翅的蝴蝶，因而他形象地将这一图形以“蝴蝶扇动翅膀”的方式进行阐释，于是便有了上述的说法。

蝴蝶效应通常用于天气、股市等在一定时段难以预测的比较复杂的混沌系统中。因为在混沌系统中，初始条件的十分微小的变化经过不断放大，对其未来状态会造成极其巨大的差别。

西方曾有一首民谣这样说：

丢失一个钉子，坏了一只蹄铁；
坏了一只蹄铁，折了一匹战马；
折了一匹战马，伤了一位骑士；
伤了一位骑士，输了一场战斗；
输了一场战斗，亡了一个帝国。

可见，事物发展的结果对于初始条件具有极为敏感的依赖性，初始条件的极小偏差，将会引起结果的极大差异。马蹄铁上一个钉子是否会丢失，本是初始条件的十分微小的变化，但其“长期”效应却是一个帝国存与亡的根本差别。这就是社会生活领域中的所谓“蝴蝶效应”。“蝴蝶效应”

之所以令人着迷、令人激动、发人深省，不但在于其大胆的想象力和迷人的美学色彩，更在于其深刻的科学内涵和哲学魅力。

总之，细节决定成败！顾客满意与否取决于细节管理的成败，正所谓"魔鬼隐身于细节之中！"因为没有完美的细节便没有壮观的整体，产品品质或服务过程中的小小疏漏与瑕疵会彻底颠覆人们的认知判断！

三、顾客满意度

顾客满意度(Customer Satisfaction)这一概念的基本内涵可以从个人和企业两个方面来理解。就个人层面而言，顾客满意度是顾客对产品或服务的消费体验的情感反映状态。在整个消费过程中，顾客不仅追求对物质性效用的满足(例如在购买金融产品过程中体现在其对最高货币增值率等利益的追求)，而且追求对精神性效用的满足(例如通过购买奔驰汽车以获得身份和地位的满足)。就企业层面而言，顾客满意度是现代企业以提升经营业绩为目的、以顾客满意为导向的一整套评价指标，它是企业经营"质量"的衡量方式。

顾客对某项产品或服务是否满意受到诸多因素的影响。例如，产品质量就是一个关键性的影响因素，通常品质优良是顾客首选的评价标准。而良好沟通(包括广告宣传和店堂环境布置等)在满足顾客预期、使顾客满意方面也起着很重要的作用。此外，售后服务、零部件的可用性以及培训服务等也影响着顾客的满意度。但在上述影响因素中，任何一个因素都无法单独决定顾客满意度。例如，高质量的产品并不能保证令顾客满意，而没有好的产品质量作保障则再出色的广告宣传也不能吸引住顾客。

通常，决定顾客满意度主要有以下三个因素，即经历质量、感知价值和预期质量。

第一，经历质量。顾客所经历的产品或服务质量是通过顾客对其消费经验的评价来表示，其对顾客满意度具有直接的影响。通过顾客对其所经历的产品或服务的质量评价来预测顾客满意度，其结果依赖于顾客的主观直觉。通常，顾客的消费经验是由以下两大要素构成的。

首先，顾客化程度，指企业向各类不同的顾客提供的个性化的产品或服务的程度。比如美国花旗银行向全球不同地区、不同阶层、不同消费习惯的顾客所提供的金融产品中仅存款一项就达上百种之多。丰富的金融产品组合为顾客提供了按个人需求选择相应服务的充分自由，而这本身就是高品质的重要特征。

其次,可信度,指企业向顾客提供可靠产品或服务的充分程度。而可信度对于顾客的消费经验影响极大。

第二,预期质量。预期质量代表了顾客对产品或服务提供者其未来的产品或服务质量的预测。顾客对产品或服务质量的预期既包含了以往各时间阶段内所有的质量经验和信息,是企业产品或服务表现的累积评价,同时在某个时刻又能预测一个企业在未来的若干时期的满足其市场需求的能力。在经历质量一定的前提下,预期质量的高低决定了顾客满意程度的大小。

第三,感知价值。感知价值是指顾客所感受到的相对于其所付出价格的产品或服务质量水平。这一概念的提出使得相对于所付出价格的产品或服务质量水平在不同企业之间和不同价位之间具有了可比性。对顾客而言,经历质量、感知价值与顾客满意度之间成正相关。营销人员必须在详细研究感知价值构成的基础上,寻找出感知价值的增值点,从而提升顾客满意度。

以上的三个因素决定了顾客满意水平。由于顾客满意水平的不同,因而导致了顾客对于某一产品或服务的不同反映,即顾客满意评价的两个结果变量:顾客抱怨和顾客忠诚度。

其一,顾客抱怨。根据赫肯曼 1970 年提出的“退出—呼声”理论,增强顾客满意度的直接后果是降低顾客抱怨和增强顾客的忠诚度。当顾客失望时,他们有退出该企业的产品或服务市场的选择权(如转向竞争对手),或者希望通过表达他们的不满以获得补偿的权利。通过增强企业产品或服务的总体顾客满意度将有效降低抱怨的发生频率。

其二,顾客忠诚度。增强顾客满意度的最终目的是提高顾客忠诚。顾客满意是一种态度,而顾客忠诚是一种购买行为,代表了企业的营利能力,顾客满意并不等同于顾客忠诚。因此,企业要尽可能推动满意的顾客向忠诚的顾客转化,以实现企业长期营利。

顾客满意度是指顾客通过对某一产品或服务的全面感知结果与其期望或需求相比较后,所形成的愉悦或者失望的感觉状态。通过特定的因果关系模型对顾客满意程度进行测评得到的指标结果通常称之为顾客满意指数。顾客满意指数(Customer Satisfaction Index,简称 CSI)是目前许多国家积极开展研究和使用的一种质量评价指标。以下是关于美国利用该指数的研究内容。

1987 年,美国设立马尔科姆·波多里奇国家质量奖,该奖项的设立使顾客满意度的衡量向前迈出了重要一步。波多里奇奖评分制的 1 000 分中,有 1/4 属于顾客中心与满意类别,具体包括:顾客及市场知识、顾客联系管理、顾客满意程度的确定以及顾客满意程度的比较等。美国国民经济研究协会(NERA)委托美国质量协会和国家质量研究中心等机构,从 1990 年开始进行了关于建立美国顾客满意指数的调查和研究,并逐步建立了一个全国性的、跨行业的美国顾客满意指数 ACSI(America Customer Satisfaction Index)模型(见图 3-1)。

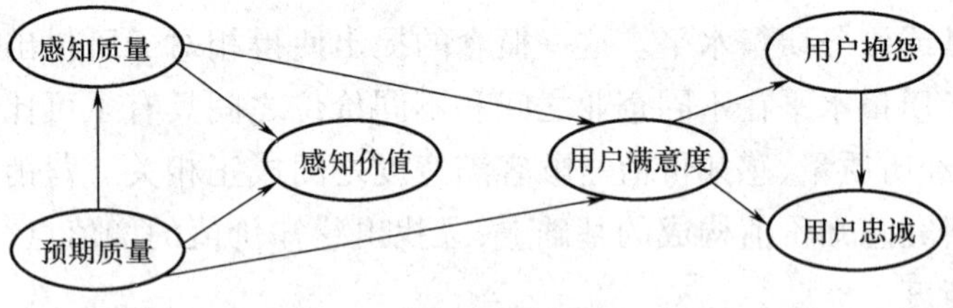

图 3-1　美国顾客满意指数模型

美国于 1994 年利用 ACSI 模型调查和分析了 40 个行业中的 200 多家公司的产品或服务,对每家公司随机抽取了大约 250 个样本。由于所选择的企业都是各行业中的龙头企业,因而调查结果涵盖了美国国内生产总值的 40%。自 1994 年起,美国质量协会每季度在《华尔街日报》上公布一次 ACSI 调查结果。顾客满意的评价现已成为现代质量管理关注的焦点。美国 30 个重要的联邦政府机构确定用 ACSI 作为测量其顾客满意度的工具。

美国密歇根大学的研究发现,在很多领域诸如公司财务资产回报率、公司长期财务表现等均与 ACSI 值有着正面且显著的关联性,ACSI 值较高的公司在股票市场上表现得更为优越,并且在市场竞争中占据着更有利的地位。此外,ACSI 值与道琼斯指数的涨落关系密切,美国顾客满意指数(ACSI)自 1994 年开始每季度在《华尔街日报》发表以来,已经成为美国经济的晴雨表。

四、顾客满意系统

企业要实现顾客满意,就必须构建顾客满意系统,以推动顾客满意战略的实施。具体如下。

第一步:管理层的参与。

如果没有全体管理层的参与,那么顾客满意战略便难以实施,而且这种参与必须从最高决策层开始。换言之,总裁、首席执行官、董事会主席等必须设计并晓谕一幅清晰的顾客满意远景:如何实现它;在实现过程中,员工应该做什么;如何将它用于满足顾客、留住顾客;如何在相当长的时间内持续不断地维系顾客。这一切,最高决策层必须了然于心。而全体管理层的参与过程应该从与顾客满意相关的远景勾画和使命传达开始。

第二步:熟知你的顾客。

你必须尽一切所能以熟知你的顾客,并最终完全了解他们。即你了解你的顾客应该甚于他们了解自己。这就意味着:他们有关你生意的好恶是什么;他们期望你作出什么样的变化;他们的需求、想法、期望是什么;他们为何购买你的商品或者另寻他主,其内在动机是什么;要想满足他们,留住他们,使他们对你忠诚如一,你应该做什么。这一切,你都应该了如指掌,胸有成竹。要做到这一切,其实易如反掌,你只需要去问问他们!

当你已经了解了顾客,并且你认为你对他们已经了如指掌的时候,你必须再次了解他们。道理很简单,他们的需求每时每刻都在发生变化,而你却要随时准备满足这些变化了的需求。同样,他们的需要和期望也是每时每刻都在发生变化,而你却必须符合甚至超越他们的期望。由此可见,如果要想熟知你的顾客,并且使之建立在一个动态调整的基础之上,这就需要与你的顾客进行持续不断的接触:给他们经常打电话;邀请他们共进午餐、参观你的办公室或工厂设施;发现他们正在干什么、需要什么和有求于你什么。这种持续不断的接触,对于建设一套维系顾客、赢得忠诚的顾客满意系统将大有裨益。

第三步:设计顾客满意的操作标准。

顾客满意看起来不可捉摸,因为它是基于感知。然而,事实上却有章可循并有可操作性。例如,顾客不喜欢长时间的电话等待。电话铃响多少次你才应答?你让顾客拿着电话等多久才告诉他究竟发生了什么事?回答一个疑问或解决一个投诉,顾客需要通过多少个电话自动转接程序或步骤?处理或传达一项命令,要花费多长时间?它能第一次就得到正确妥善的处理吗?“包退、包修、包换”的服务承诺落实得如何?

所有这些方面都是既有可操作性又可以衡量。如果你在衡量的内容方面心存疑虑的话,最好去问问你的顾客,他们会告诉你(也许不是以一种直接和明确的方式)他们在寻找什么,他们如何判断产品或服务质量。因为所谓的顾客满意存在于顾客的心目中,你所要做的就是设计一套顾客满意的衡量体系以符合他们心目中的标准。

第四步:聘用、训练和激励优秀员工。

优质的服务和上佳的产品质量将使顾客满意,促使顾客回头;而要使顾客满意、促使顾客回头就离不开才干强、素质高的员工。在当今的商业环境中,这已成为商场上旗开得胜的必要条件。

一旦你雇用了他们,你就得全面训练他们,使他们提供优质的产品和服务。你得确信他们已掌握了公司的质量标准,弄清了顾客对于质量的期望。你既要让他们从事本职岗位训练,还要让他们从事其他岗位的训练。你得让他们体验作为一个顾客的感受,然后让他们提出改进质量的合理化建议。

一旦你训练了他们,你就得激励他们。你已明白失去一个顾客并重新获得的成本之大。这也同样适用于招募、雇用和培训员工。由此可见,获得一个优秀员工的代价是惊人的,你必须对他们精心训练、勤加鼓励。因为他们是公司中与广大顾客的最初接触者,在顾客的心目中,你的员工就是公司本身。如果他们提供的是劣质产品与服务,那么顾客就会推断认为整个公司所提供的全都是劣质产品与服务。

最后,你得给你的员工授权,使得他们有权作出令顾客满意的决定。这样,当顾客提问之时、退货之时、投诉之时,作为经理的你就用不着事无巨细、事必躬亲了。向员工授权的结果有助于顾客满意度和顾客回头率上升,最终使公司和顾客双双受益、皆大欢喜的事例不胜枚举。

第五步:奖励成绩。

时刻关注、奖励质量方面所取得的成绩——这既是为了你的员工,也是为了你的顾客,更是为了你自己。你得为你的员工提供心理上的、物质上的激励,帮助他们自我鼓励,从而百尺竿头、更进一步。对各种各样的成绩应大张旗鼓进行宣传,这样会使你得到更多满意的顾客。当然,对于顾客中表现出来的良好行为,你也应给予奖励。请记住,每个人都希望被人赏识,被人看作非比寻常,尤其是你的顾客。就像关注和赏识你的员工一样关注和赏识你的顾客吧！这将会激发他们给你带来更多的生意，并回报以顾客忠诚。

第六步：接近你的顾客。

即便在第二步中你已熟知顾客，但你仍须尽一切所能接近你的顾客：邀请他们到现场参观；拜访他们；给他们写信；送他们贺卡；给他们邮寄一些感兴趣的时事通讯和发表出来的文章——总之，你必须尽一切所能接近你的顾客。为了掌握他们随时变化的需求和期望，你还必须持续不断地从事这方面的调查研究。

这方面的调查研究可以形式灵活多样、不拘一格。例如，在他们购买之时询问一些相关的问题；在他们不愿购买之时询问其中的原因；寄给他们调查问卷；给他们打电话询问如何服务得更好；请他们加入到公司的顾客理事会、顾问董事、专题小组……如此等等，不一而足。总之，你想方设法地接近你的顾客，并始终不渝地确立和维系这种有益的关系。

当顾客购买了你的产品或服务之后，你与顾客之间的关系才真正得到了巩固。此时，你得让顾客知道你很在乎他们，并时刻支持他们。当你确信顾客已得到了满意之后，你就应该想方设法维持这种满意和忠诚，从而让你的名字在顾客的心目中牢牢生根，让你的形象在他们的头脑中经久不灭。

第七步：为持续改进而努力。

尽管已经雇用、训练了适合专项工作的最好的员工，尽你所能地了解了你的顾客，但是至此为止，你仍不可高枕无忧，因为没有任何方案是完美无缺的，尤其当这种方案是以个人感知（Person's Perception）为出发点时（例如服务质量就是以顾客所感知的质量为出发点）。因此，你必须不断努力以改进你的产品和服务质量。对第一次购买经历感到满意的顾客，会认为持续改进产品和服务质量的努力是理所当然的事，他们甚至会向你寻求帮助。此时，你应该张开双臂欢迎他们，因为要把顾客心目中的产品和服务质量做得更好，他们的意见便是最佳的信息来源。此外，当你采纳了他们的设想和建议时，他们会认为你对他们意见的珍视程度远甚于他们自己，其结果是他们会与你做更多的生意，而这一切又会带来更多满意的顾客、更积极的员工和更丰厚的利润。

上述七个步骤有助于企业设计一套顾客满意系统，其关键之处在于应从顾客的立场（Customer's Perspective）出发来设计这一系统。对顾客而言，这一系统应该是便于接近、易于使用的，而建设这一系统的目的是为了使顾客满意，而不是为员工提供便利。因此，如果员工为了让顾客方便而使自己麻烦的话，那么，为了这个系统的正常运转，公司就应该这样做。这样做的结果将是更满意的顾客和更火爆的生意。

第三节　情境案例

肯德基消费体验日志

“借过借过，哎，谢谢！”刚下火车的王杰和爸妈拎着大包小包，出站了。

王杰出生在一个普通的农村家庭，是家族第一个大学生，可谓是给父母亲友增光添彩啊！这不，一辈子没走出过小镇的王杰父母，今天也送孩子来校报道了。

“这大城市就是大啊，全是高楼、汽车，不过，人也有点忒多了。”王爸爸放下手中的行李，用袖口抹了一把汗，皱着眉头说。

王杰笑了：“老爸，瞧您说的，虽然没来过大城市，那电视上难道没见过嘛！”

王妈妈也笑了，拿出水壶喝了口水，没有说什么。

“对了，爸妈，我在网上查过，学校的班车下午 1 点才到呢，现在才 11 点，要不我们找个地方吃点东西垫垫肚子？”老两口对视了一下，再瞅瞅自己的穿着，王爸爸说：“算了孩子，我们临走时不是带了点吃的吗？凑合吃点吧！爸妈把你送到学校安排好之后，就直接赶回家了，家里还有农活呢！”

王杰似乎看出了爸妈的心思：“哎呀，爸妈，听我一次，我带你们去个好地方，绝对不需要顾虑那么多！”说着，王杰背起行李，拉着爸妈就走……

“好了，你们看，就是这儿了！”顺着王杰手指的方向，王爸爸不由自主的读起来："肯德基。哎，这不是电视里经常打广告的嘛！""哈哈，走了，我们进去。"王杰没等爸妈反映，就推着二老进门了。

"欢迎光临！"刚进门，就见正在门口拖地的服务员，停止手中的活，站好，微笑着冲他们打招呼。王爸爸、王妈妈乐呵呵的直点头："你好你好！这闺女真是好啊！"惹得服务员也跟着直点头。

店堂里人很多，一家三口找到一个靠窗户的安静角落，放下大大小小的包。王妈妈显得很开心，嘴里直念叨："这里面可真凉快啊！"

王杰接过话："是啊，这里面一年四季都开空调，冬暖夏凉，就餐环境很不错。我在县城读高中的时候，夏天太热，周末的时候我们几个要好的哥们儿就拿着书去学校旁边的肯德基看书，那个爽啊！"

"这孩子，还挺会享受！对了，别愣着，走，我们点餐去！"王妈妈留下看管行李，王爸爸和王杰去排队点餐。

王爸爸眉头又皱起来了："这么多人，什么时候能排到我们啊？"王杰倒是很淡定："爸，您甭着急，等等您就知道了。"正聊着呢，只听一句"先生您好！请问您需要点什么？"。王爸爸正吃惊这速度呢，王杰开始点餐了。

王杰："你好，三个鸡腿堡，一份大薯，三份烤鸡翅，外加一份海星吧！"

收银员："好的，请问需要饮料吗？"

王杰："噢，对！来三杯中可！"

收银员："好的，最近我店奥尔良鸡腿正搞活动，买二送一，请问您需要来一份吗？"

王杰："不需要了，就这些。"

收银员："好的先生，您稍等！"

收银员："先生，您点的餐！"

王杰："谢谢！"

就这样，餐点好了。站在一旁的王爸爸看的一愣一愣的，整个过程居然不到一分钟！两个人端着餐盘，来到座位上，三个人美滋滋地吃起来。

吃着，王妈妈站起身说："你们先吃，我去下洗手间。"

"嗯嗯，去吧！"父子俩边吃边回答。

王妈妈回来后，对聊得正欢的父子俩说："人家这里的服务员洗手可真仔细，手心手背正反搓好几遍，哎，就连胳膊小臂也要冲洗呢！"

"所以啊，吃这里的食物才放心嘛！"王杰擦擦嘴，笑着说。爸妈直点头:“对对,这里服务态度好、环境好,卫生又有保障,不怪这里生意这么好啊!”

就这样,一家三口享用了午餐,很满足地跟随学校班车前往学校报道了……

【讨论题】

1. 案例中一家三口的满足感从何而来?

2. 试从消费认知与顾客满意视角出发分析上述案例。

本章复习题

1. 什么是消费认知?消费认知逐步深化的几个步骤分别是什么?

2. 如果你是某个公司的老总,你该如何从消费认知的角度分析并采取相应的营销策略?具体可以参考本章中的相关案例。

3. 消费者自我认知的含义是什么,其对营销策略的实施有什么借鉴意义?

4. 你认为顾客满意的标准是什么?顾客满意战略具体包括哪些?

5. 通常可以用什么来进行顾客满意度的测评?

6. 为什么要建立顾客满意系统呢?具体包括哪些内容?

7. 结合本章的内容,你认为一个公司应该如何做才能令顾客满意?

第四章　消费态度与维系顾客

章前箴言

传统营销学认为供求双方是相互对立的；营销心理学则认为供求双方是相互依存的。事实上，供求关系并不是基于消费者的偏好，而是基于消费者的记忆。因此，消费者的购买意愿可以被巧妙操控！

本章要点

- ◆ 消费态度的含义、特征及其功能。
- ◆ 态度结构的理论模型。
- ◆ 维系顾客和消费态度之间的关系。
- ◆ 信息源与维系顾客之间的内在联系。
- ◆ 维系顾客需要注意的信息要素。
- ◆ 情景的不同对于顾客的态度所产生的影响。
- ◆ 广告说服在维系顾客方面所起的作用。

【引例】

乳制品的“三聚氰胺事件”

2008 年 2 月，中国发生了震惊海内外的乳制品三聚氰胺事件，广大消费者对于乳制品乃至国产食品安全的态度随之发生了急剧的变化，人们的关注度迅速提高，警惕性显著增强。时至今日，仍有不少消费者对于国产乳制品表现出了强烈排斥的消极态度，消费者对于乳制品持消极态度的关键在于其对国产食品质量缺乏信任感。伴随着政府对乳制品免检制度的取消以及问题奶粉的集中销毁处理，广大消费者的态度开始逐渐发生转变，然而该事件的发生仍给许多消费者留下了长期的心理阴影。因此，如何重建消费者的信心对于企业而言显得尤为重要。通过本章内容的学习，你将会了解到消费者态度的内涵以及企业如何据以维系顾客。

【启示实验】

冰淇淋的选择

情景一：炎炎夏日，当你逛街，路过冰淇淋售卖亭时，看见有两种冰淇淋，分别为：

1. 哈根达斯冰淇淋：5元/盎司；

2. 和路雪冰淇淋：3元/盎司。

请问，你会选择哪一种？

情景二：炎炎夏日，当你逛街，路过冰淇淋售卖亭时，看见有两种冰淇淋，分别为：

1. 哈根达斯冰淇淋：2元/盎司；

2. 和路雪冰淇淋：0元/盎司（即免费品尝）。

请问，你会选择哪一种？

实验启示

消费者的购买不是基于偏好，而是基于记忆，因而会无视内心真正的需求，疯抢自己并不需要的东西。因为人类本能地惧怕损失，损失厌恶的心理犹如“地心引力”一般充满诱惑，令人难以抗拒！

【启示实验】

半空与半满的对决

山近月远觉月小，便道此山大于月。
若人有眼大如天，当见山高月更阔。
——《蔽月山房》（明·王阳明）

情境一：如果从装满水的4盎司玻璃杯中倒出2盎司的水，请问，你认为玻璃杯是“半空”还是“半满”呢？

情境二：如果往一只4盎司的空玻璃杯中倒进2盎司的水，请问，你认为玻璃杯是“半空”还是“半满”呢？

实验启示

事实上，尽管两者之间并没有任何区别，但是情境的变化会改变人们的看法。装一半水的玻璃杯到底是半满，还是半空，取决于人们自己的感受。

由于看问题的角度不同，态度便会迥然不同。

第一节　消费态度的理论概述

一、态度的含义

现代消费者每天会受到大量信息的轰炸，既有理性的说教，也有感性的诉求，甚至还有伦理道德的引导；既有文字的，也有声音和图形的；既可能是商家或其代言人的劝告，也可能是亲朋好友的经意与不经意的评论。总之，这些信息会劝说我们做什么或不做什么，从而改变着我们的态度。

态度被认为是当代社会心理学中最有特色的概念之一，它也是营销人员用以研究消费行为的最重要的概念之一。多年来，研究人员尝试运用多种方法研究态度问题，以便对消费行为有一个更全面完整的了解。

最早的态度概念由 Thurstone 在 1931 年提出，他给态度所下的简单定义是：一个人对事物喜欢或厌恶的程度。几年之后，Allport 提出了一个更为宽泛的定义：态度是一种精神的和神经的待反应状态，通过经验得以建立，并对行为产生直接的或动态的影响。

Triandis 则将三种反应类型（思想、感觉和行动）组织到态度的三分模型中。在这个模型中，态度由三个相关的部分所组成：认知（有关对象的知识）、感知（对对象的积极或消极评价）和意动（对对象的实际行为和倾向）。而 Fishbein 认为将态度视为一个简单的、无结构的概念是最优的，即态度是人们对一个对象的感知程度。

现在，大多数研究者认为 Thurstone 和 Fishbein 所提出的关于态度的简单定义是最优的，即态度是人们对于认知对象的好的或不好的感觉。信念（认知）和对行为的倾向（意动）被视作与态度有关、但却是独立的认知概念，而非态度的一部分。态度可以通过简单地、直接地咨询消费者对有关对象的评价来加以测度。例如，营销研究人员可以让消费者按三个标准对麦当劳的法式油炸食品表明其态度，消费者对此食品的态度可以通过他们在三个评价标准上选择的平均数值来衡量，态度变化可以从（-3，-2，-1）到中性的（0）然后再到积极的（+1，+2，+3），而许多消费者对于不太重要或者与已关系不大的产品通常持中性态度。

二、态度的特征

(一)态度的习得性

心理学研究认为态度是后天习得的。这意味着与购买行为相关的消费态度的形成是个体从他人处所获得的口传信息或所接触到的大众媒体广告、互联网以及各种直销形式(例如零售商的价目表)等直接经验作用影响的结果。不管态度是否是行为的结果,其都不是行为的同义词,而是反映了消费者对态度对象的喜欢或不喜欢的评价。作为习得倾向,态度具有动机作用,即态度可以将消费者推向一个特定的行为或者将消费者拉离一个特定的行为。

(二)态度的一致性

态度的另一个特征是其与所反映的行为具有相对的一致性。换言之,态度并不一定是永久的,而是会发生变化的。一般而言,营销人员期望消费者的购买行为与其消费态度相符合。例如,当一个荷兰的消费者报告说他喜欢德国产的汽车胜过日本产的汽车时,我们可以预期其到市场上购买一辆新车时会更倾向于购买一辆德国产的汽车。虽然营销人员期望消费者的购买行为与其消费态度相一致,然而情境会影响消费者的态度与其购买行为之间的一致性。例如,荷兰消费者的购买能力会促使其最终购买日本产汽车而非德国产汽车。因此,营销人员必须考虑对人们的消费态度及其购买行为产生影响的情境因素。

(三)态度的情境性

态度发生在一定的情境中并受其影响,而所谓的情境是指事件和环境。在某一特定的时刻,情境会影响人们的消费态度与购买行为之间的关系。一个特定的情境可以促使消费者以一种与其消费态度并不一致的方式产生相应的消费行为。例如,消费个体对某一特定的消费行为会有着多种考虑,每一个消费行为对应着一个特殊的情境。消费者可能认为在麦当劳吃午饭很好,但并不认为在麦当劳适合吃晚餐。

可见,理解人们的消费态度怎样伴随着情境的变化而发生相应变化是非常重要的。例如,消费者会随着用餐情境的不同(诸如午餐或夜宵、赶时间的晚餐或不赶时间时与家人共进的晚餐)而偏爱不同的西式快餐连锁店(诸如肯德基、麦当劳或必胜客),消费者对于不同西式快餐厅的偏爱则依赖于他们所期待的用餐情境。例如,必胜客被消费者认为是与家人共进晚餐的好地方，这显示必胜客的管理层将餐厅定位在消费者携家人吃一顿轻松晚餐的好地方。显然，当我们测量消费态度时，考虑消费行为发生的情境是很重要的，否则就会误解消费态度与购买行为之间的关系。

【启示实验】

消费态度与比较偏见

假设超市现销售同一品牌三种不同规格的消毒液，具体如下：

第一种消毒液 330 毫升，32 元；

第二种消毒液 330 毫升，32 元附赠一瓶 120 毫升的非卖品；

第三种消毒液 450 毫升，42 元。

请问，你会选择购买那一种？

结果分析：第二种消毒液与第三种消毒液相比，尽管两者的净含量是一样的，但前者却便宜了 10 元钱。第二种消毒液与第一种消毒液相比，虽然两者的价格一致，但前者却多出了 120 毫升，消费者可以明显地感受到这一优惠。因此，消费者最终会选择第二种消毒液，事实上，第一种消毒液与第三种消毒液只是作为陪衬品而存在的，其目的是为消费者尽快购买第二种消毒液提供一个有说服力的决策理由。

知识链接

艾宾浩斯与比较实验

赫尔曼·艾宾浩斯（Hermann Ebbinghaus，1850—1909），德国实验心理学家，实验学习心理学的创始人，也是最早采用实验方法研究人类高级心理过程的心理学家。他生于德国普鲁士莱茵省巴门市（Barmen）的一个富商家庭，因肺炎病逝于德国哈雷注。比较实验详见下图。

三、态度的功能

丹尼尔·凯茨(Daniel Katz)率先提出了态度的功能观点,他认为个体之间之所以持有一定的态度,是因为态度可以满足个体的某些心理需要,它可以简化人类的社会生活。换言之,态度之所以存在,是因为它对人类具有某些特定功能。凯茨区分了四种态度功能,分别为:效用功能、价值表现功能、自我防御功能以及知识功能。

(一)效用功能(Utilitarian Function)

效用功能亦称工具性功能、适应功能或功利功能。它是指态度能使人们更好地适应环境和趋利避害。例如,消费者对于某个品牌的态度,通常是依据其给消费者所提供的效用。消费者会因为食品的“口味”而形成某种态度。有人对奶油面包持肯定态度(喜欢吃这种面包),因为奶油面包很符合他的口味。如果某品牌产品过去曾给消费者有所帮助,消费者将倾向于对它形成积极的态度;反之,如果该品牌产品未能给消费者带来预期的效用,则会对它产生消极的态度。消费者对一些经常购买的日用品品牌的偏好或忠诚,就是建立在效用功能之上的。不少企业费尽心机地增加产品的功能、提供附加利益或增值服务,都是为了培养和强化消费者的良好态度,使之有利于品牌忠诚的建立。

(二)价值表现功能(Value-expressive Function)

消费态度反映了消费者的价值观,这就是消费态度的价值表现功能。

生活在社会中的人们，一个根本性的需要是界定自我，并向他人显示他们赞同什么或反对什么，看重什么或轻视什么，也就是说，他们需要表明自己是怎样的一个人。由于这种需要的存在，诸如在服装、汽车、家具、首饰等产品的消费过程中，其被赋予了这种价值表现的功能。此时，产品具有了某种象征意义的符号价值，人们对产品的态度并不取决于产品的功能性利益，而是取决于该产品所代表的是哪一类消费人群，或者说取决于产品所表现的价值取向与消费者个人的价值观是否一致。价值表现功能与人们的生活方式有着密切的关系，例如，消费者参加时尚活动往往是为了表现自己的地位和身份。

（三）自我防御功能（Ego-defensive Function）

消费者形成一定的态度也是为了自我保护的需要，使自己免受人格和自我形象的伤害。在外来威胁的状态下能起到保护作用的态度，就具有了自我保护功能。20 世纪 50 年代，大多数的美国家庭主妇抵制速溶咖啡，对于该产品持消极抵制的态度，其原因在于速溶咖啡在当时被看成是懒惰、浪费、不善持家的主妇们的选择（显然，谁也不愿承认自己就是这样的主妇）。

（四）知识功能（Knowledge Function）

人们形成某种态度，更有利于其对事物的认知和理解。事实上，态度可以为人们理解新事物或新刺激提供一个参照标准。如果消费者对某个品牌具有了明确的态度，也有利于其简化购买决策。例如，消费者对“海尔”这个品牌形成了偏好之后（这种偏好是其在过去购买和使用海尔冰箱、空调的消费过程中建立的），当他发现市场上新推出了海尔手机或热水器时，他便会参照有关海尔冰箱或空调的知识和经验，很快形成对海尔手机或热水器的积极态度，从而继续选购“海尔”品牌产品。在大多数情况下，当营销传播信息到达消费者的时候，往往并非消费者正在考虑购买的时候，而这些信息则通过消费者的认知以态度的形式储存在其记忆中。因此，广告通常并不直接导致消费者的购买行为，但它却可以改变或强化人们的消费态度，当其需要被唤醒或作出实际购买决策时，便会参照这种态度采取行动。

态度一般具有多种功能，但其中通常只有一种功能起着支配性的作用。营销人员只要能识别出产品对于目标消费者的关键意义所在，就可以在广告中对此加以突出。这类广告能帮助消费者建立起更清晰的产品认知,消费者也更容易接受此类广告及其所宣传的产品品牌。例如,人们对咖啡这种产品的态度主要是具有效用功能而不是价值表现功能。因此,一则咖啡广告说:“美妙浓郁、令人陶醉的口味和芳香来自于最鲜美的名牌咖啡豆”(基于效用功能的诉求),相比另一则广告所说的:“你喝的咖啡表明你的身份,它具有独特高贵的品位”(基于价值表现功能的诉求)而言,前者的效果要好得多。

四、态度的结构模型

为了深入理解态度与行为的关系,心理学家们建构起关于态度的内部维度模型,以更好地理解和预测消费行为。主要包括:三成分态度模型、多属性态度模型以及指向广告的态度模型。具体如下。

(一)三成分态度模型

三成分态度模型认为,态度是由三个主要成分构成,分别为:认知成分、情感成分以及意动成分(见图 4-1)。

图 4-1 三成分态度模型图

1. 认知成分

三成分态度模型的第一个成分包含了一个人的认知,它是由态度对象以及与各种资源相关的信息的直接经验组合中获得的知识与知觉。这种知识以及由此产生的知觉通常表现为信念,即消费者相信态度对象拥有不同的特征,并且特定的行为将会导致特定的结果。认知是构成消费态度的基石,它表现为消费者对有关商品质量、商标、品牌、包装、价格、厂店服务与信誉等的印象、观点、意见等。消费者只有在对上述事物有所认知的基础上,才有可能形成对某类商品或服务的具体态度。而认知是否全面、正确,是否存在偏见或误解,将直接决定消费态度的倾向。因此,保持全面、公正、准确的认知是端正人们的消费态度的前提。

2. 情感成分

一个消费者对某一特定产品或品牌的感情或感受组成了态度的情感成分。这些感情或感受通常被认为是可以评价的，其反映了个体对态度对象的直接全面的评价（即当消费个体评价一个态度对象时，其“喜欢”或“不喜欢”、“好”或“坏”的程度）。情感是构成消费态度的动力。它表现为消费者对有关商品质量、商标、信誉等喜欢或厌恶、欣赏或反感的各种情绪反应。如果说认知是以消费者的理性为前提，那么情感则带有非理性倾向，它往往更多地受消费者生理本能和气质、性格等心理素质的影响和制约。情感对于个体消费态度的形成具有特殊作用。在态度的基本倾向或方向性已定的条件下，情感决定消费态度的持久性和强度。

3. 意动成分

意动成分是指使得消费者对于消费态度对象采取特定消费行为或举动的倾向性。营销心理学研究表明，意动成分通常被认为是对消费者购买意图的表达，而购买者意图量表则被用来评估一个消费者购买一件产品的可能性。意动成分也被称为行为倾向。行为倾向是构成消费态度的准备状态，它表现为消费者对有关商品或服务采取的反应倾向，其中包括表达态度的语言和非语言的行动表现。例如，消费者向朋友抱怨某商品质量低劣、购买失误等。行为倾向是消费态度的外在显示，也是态度的最终体现。只有通过行为倾向，态度才能成为具有完整功能的有机动态系统。此外，行为倾向还是态度系统与外部环境进行交流和沟通的媒介。通过语言和非语言行为倾向，消费者可以向外界表明自己的态度，其他社会成员、群体、生产厂商及营销人员也可以从行为倾向中了解到消费者的真实态度。

一般情况下，认知、情感、意动倾向的作用方向是相互协调一致的。消费态度表现为三者的统一。然而，在特殊的情景中，上述三要素亦有可能发生背离，呈反向作用，致使人们的消费态度呈现出矛盾状态。例如，消费者预先了解到某种商品在使用寿命或功能上存在不足，但由于对商品外观具有强烈的偏好，欲罢不能，而促成其“明知故买”。又如，对某些高档耐用消费品（诸如家用轿车等），消费者认为有必要且愿意购买，但在行动上却会因某种原因一再拖延。可见，在态度的构成三要素中，任何一个要素发生偏离，都会导致消费态度的失调和作用的不完整，而其中尤以情感定势和行为习惯对完整态度的形成具有特殊作用。

（二）多属性态度模型

多属性态度模型是指通过构建模型以预测消费者对产品或品牌的多种属性整合过程中产生的相关态度。可见，多属性态度模型是集中研究消费者对产品或品牌的多种属性的信念，而其中 Martin Fishbein 模型的影响最大。

Fishbein 模型的主要理论观点是，显著信念的评价引发整体的态度。换言之，人们喜欢有“好的属性”的对象，而厌恶有“坏的属性”的对象。在 Fishbein 模型中，消费者对消费对象的整体态度是由以下两个因素促成的：显著信念与消费对象的联系程度以及对于显著信念的评价。其公式如下：

$$A_0 = \sum_{i=1}^{n} b_i e_i$$

式中：A_0 为对消费对象的整体态度；b_i 为对有属性 i 的消费对象的信念强度；e_i 为对属性 i 的评价；n 为与此消费对象相关的显著信念的数量。

上述模型表明，Fishbein 多属性模型的两个主要组成部分是显著信念的评价及其强度，在产品或品牌的多种属性整合过程中有关产品的知识（显著信念的评价及其强度）被整合起来而构成了消费者的整体态度或评价。这一模型意味着消费者在形成对消费对象的态度时将其信念的评价和强度进行累加，从而试图预测在产品或品牌的多种属性整合过程中即将产生的消费态度，而非描绘知识被整合的现实认知过程。

可见，消费者对产品或品牌的信念强度会受其过去经历的影响。消费者实际使用某产品后对该产品属性结果的信念强度会趋于更高，而直接通过大量广告宣传或与售货人员交谈而形成的信念强度趋于更低。例如，如果消费者确实喝过七喜，亲自品尝过它的味道认为“七喜的味道不错”，这种信念会很强烈。因为建立在亲身经历基础上的信念更容易被激活，从而对其态度产生更大的影响。因此，营销人员会分发免费的小袋装试用品或者提供打折的优惠券等。

Fishbein 认为关于一个对象的消费态度的显著信念，其数量不会超过 7 个到 9 个。如果消费者整合和解释消费信息的能力有限，那么其所能获得的显著信念就会更少。如果消费者对于产品或品牌了解不多，其品牌态度就会建立在极少数显著信念的基础之上；反之，消费者对于比较熟悉的产品或品牌，其态度则会基于更多的显著信念。由于每一个显著信念都有其相关的信念评价 e,它反映了消费者是怎样看待某一属性的,因而营销人员通过让消费者对显著信念作出评价来测量 e,如下所示:

"七喜不含咖啡因"

很坏　　–3　　–2　　–1　　0　　+1　　+2　　+3　　很好

"七喜由纯天然成分制成"

很坏　　–3　　–2　　–1　　0　　+1　　+2　　+3　　很好

由上可见,对于显著信念的评价是按每一个显著信念的强度成比例地对整个对象的消费态度产生影响。因此,消费者对积极属性的强的信念要比同等积极属性的弱的信念对消费对象的态度产生更大的影响。同样,消极的信念评价也是按照其信念强度成比例地影响消费者对于消费对象的态度,从而减弱其对于消费对象的态度的积极性。

(三)指向广告的态度模型

指向广告的态度模型是通过研究广告活动对于消费者对特定产品或品牌态度的影响过程中发展起来的。图 4 – 2 简单描述了指向广告的态度模型中各变量之间的基本关系。如图 4 – 2 所示,消费者在广告的作用下,其形成了各种不同的情感(感情)和判断(认知),这些情感和判断会影响到消费者对于广告的态度及其从广告中获得的对于品牌的信念,最终,消费者对广告的态度和对品牌的信念影响其对于品牌的态度。

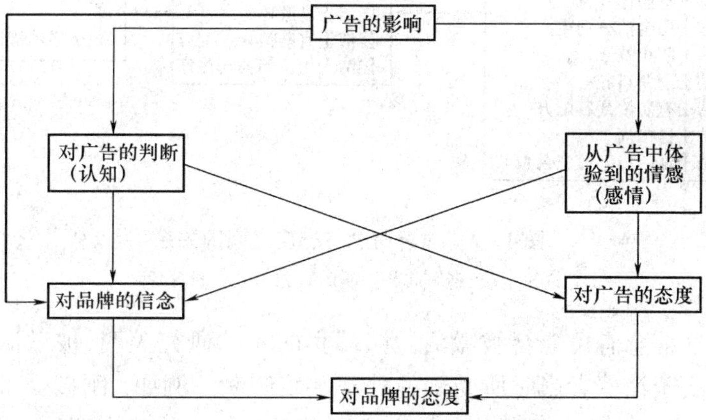

图 4 – 2　指向广告的态度模型图

研究显示,与熟悉的产品相比,消费者对新产品广告的态度对于其品牌态度和购买意图有着更强烈的影响。研究还发现消费者通过广告展示活动所获得的品牌信念(品牌认知)在决定其对熟悉产品品牌的态度中有着更为显著的作用。这一研究指出了在评估广告展示的潜在影响时,必须考虑态度对象性质的重要性。

(四)显著信念的态度模型

在营销心理学中,消费信念是指消费者对于某一事物的属性及其利益所持的基本看法。在现实生活中,消费者通过广告、相关群体、零售商、企业营销人员等多种途径,获得了多种相关信息,形成了对某一产品或者品牌的许多信念,这些信念一般是由消费者储存在其记忆中的许多相互联系的信息所组成(如图4-3所示)。由于人的认知能力是有限的,因而在通常情况下,大部分信念都处于"休眠"状态,只有很少一部分信念会被激活并被消费者有意识地加以运用。这些被激活的信念在心理学上被称为显著信念,显著信念对于人们的消费态度具有决定性的影响作用。因此,显著信念就成为认识和把握消费态度的关键因素。

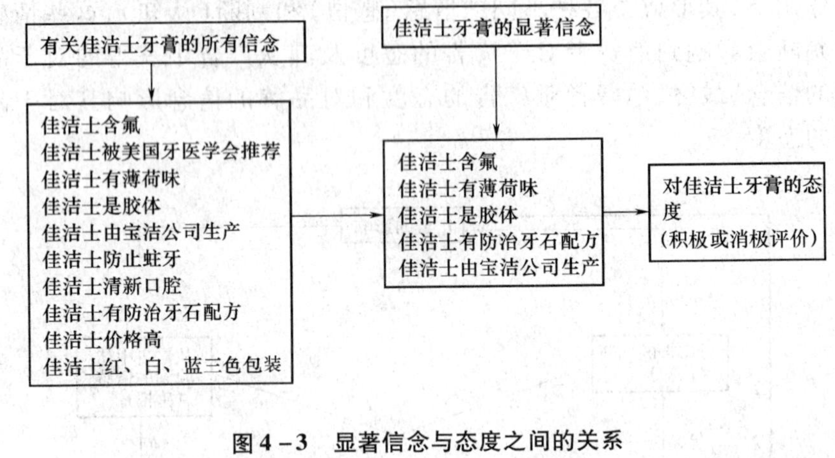

图4-3 显著信念与态度之间的关系

资料来源:据厂商和产品的有关信息资料综合。

哪些信念有可能会被激活?弗瑞宾的相关研究表明,被激活信念的选择取决于消费者当时所受到的外部环境刺激。例如,刚接受了牙医治疗的消费者在购买牙膏时,有关预防牙病的信念就最有可能会被激活。通常,环境的刺激(产品的包装、陈列、标签、广告等)、最近经历的事件、消费者的情绪状态以及在特定状态下被激活的消费者的价值目标等都会影响显著信念的形成,并对人们的消费态度产生决定性的影响。

消费者的购买过程通常是首先在内外两方面信息的刺激下，对某一产品或服务形成一定的态度，然后才据以决定是否购买该种产品或服务。在某些情况下,消费者由于受到促销的引诱或者参照群体等特定情境的影响,会首先采取尝试性购买行为,然后再形成对其所购产品或服务的态度，并进而影响其后续购买行为。大量研究表明,人们的消费态度与其购买动机、购买行为之间存在着紧密的关联性。例如,以上海大学生为调查对象(样本数1 500,调查方式为随机抽样)的“移动电话品牌态度及购买行为”的研究结果表明,样本中95.67%(1 435 人)的大学生认为国外品牌比国内品牌好;打算未来使用诺基亚和三星手机的比率分别达47%和31.33%,这种态度直接影响了大学生的购买意向和购买行为,在大学生已经购买以及今后打算购买的手机品牌中,诺基亚和三星仍然占有最大比重,致使上海松江大学城中外国品牌手机的市场占有率达95.67%。

第二节　维系顾客的态度心理与行为

事实上,人们的消费态度在一定条件下可以发生强度和方向的变化。例如,消费者对某个品牌由喜欢到非常喜欢的变化,这就是态度强度的变化;而由喜欢到不喜欢的变化,则是态度方向的改变。态度强度变化和方向变化往往是彼此关联和互相影响的。消费态度的改变,一般是在某种信息或意见的刺激和影响下发生的。从企业角度看,这种改变可以看作是宣传、说服和劝导的过程。下面基于消费态度视角就维系顾客原理进行分析。

营销的目的在于影响人们的消费态度,营销人员可以通过调查消费态度来表明其维系顾客策略是否成功。例如,许多公司经常进行大规模的跟踪调查来了解消费者不同时期对品牌的态度。当研究表明人们的消费态度已发生改变时,营销人员就应该适时调整其营销策略。换言之,维系顾客应着眼于以下四个方面。

一、信息源与维系顾客

当信息是由具有较高信誉的信息源进行传播时,会更具有说服力。

就广告而言,企业可以选择名人、专家或“典型”的消费者作为自己的形象代言人。研究发现,同一广告信息经由不同的形象代言人说出,对受众的态度会产生不同的影响。一般而言,信息源的作用及其大小,依赖于其在专业知识、可靠性和魅力三个方面所具有的特质。

(一)信息源的专业性

信息源需要具备支持其观点的专业知识(Expertise)。医生、科学家、教授、会计师、职业运动员等专业人士,在各自的专业领域内所发表的评论或言论对消费者都有举足轻重的影响。如果消费者认为形象代言人所从事的专业与他所推荐的产品相关,其说服力就会增加。这种关联性能够有效克服大众对于产品的抵触情绪。例如,迈克尔·乔丹为耐克运动鞋所做的广告,显然更易为人们所接受。但是,如果消费者怀疑形象代言人被企业所“收买”,那么其对信息内容的信任度就会大大降低。这也是消费者对现代商业广告的信任度普遍不高的一个重要原因。例如,当专家型的名人所代言的品牌太多、太滥时,大众便会理所当然地怀疑其在广告中的意见或主张。此外,如果形象代言人被怀疑缺乏专业知识,其广告也不会具有说服力。

(二)信息源的可靠性

可靠性是指信息源在受众的心目中具有何种程度的客观性和诚实性。在大多数消费者心目中,朋友、同事和邻居要比陌生人、广告和推销员具有更高的可靠性,原因在于他们认为后者在宣传中难以做到客观、公正。从信息源的角度来说,不同类型的代言人各有其特色,其说服消费者的方式也不尽相同。学术界和实务界一般将广告代言人大致分为四类:名人(Celebrity)、专家(Expert)、企业首席执行官(CEO,Chief Executive Officer)、典型消费者(Typical Consumer)(Freiden,1984)。代言人被消费者所认同的原因,即可信度来源因素(Creditability Source Factors)可以归纳为可靠性(Trustworthiness)、专业性(Expertise)、吸引力(Attractiveness)等几个影响因素(Ohanian,1990)[①]。其中,可靠性是指信息接受者认为某一信息来源所具有的客观、公正、诚信程度;专业性则是由专业的知识、训练、经验所得;吸引力尤其是外表吸引力的研究结果支持“长得好看的人

---

① Ohanian R1. Construction and Validation of a Scale to Measure Celebrity [J]. Journal of Advertising, Provo, 1990 - 119(13):39 - 531.

普遍得到较高的评价”的假设(即使这些评价是与相貌无关的,诸如办事能力、诚实等)。不同的因素影响着不同类型的消费者对代言人形成好感,进而对于所代言产品的购买意愿产生影响。

某些企业在选择形象代言人时,片面地追求代言人的名气,往往名气越大,请其做广告的人越多。这种“一窝蜂”的做法,不仅不利于借助名人塑造品牌的个性,而且该名人自身也会给广大受众留下一个“什么广告都做”或者“谁出钱为谁说话”的负面印象,进而损害企业的品牌形象。例如,中国足球在2002年打入世界杯后,洋教练米卢身价百倍,许多企业便一窝蜂地请他做广告,米卢本人虽然日进斗金,但又有多少中国人记住了他所代言的产品或品牌呢?

(三)信息源的魅力性

魅力性是指信息源对目标消费人群的吸引力。例如,坦率、幽默和自然的品质会使得信息源更加令人喜爱。形象代言人的这种品质源于其外表、个性、社会地位及其与信息接受者之间的相似之处。

1. 外表魅力

如果形象代言人的外表或形体魅力能够引人注目并引起好感,那么自然会大大增强说服的效果。心理学家邱肯(S. Chaiken)研究发现,在改变人们的信念方面,外表富有魅力的传递者更容易获得成功。此外,人们倾向于将外表有魅力的人想象得更加智慧、敏感、热忱、谦虚和幸福。这种想象就是所谓的“光环效应”(Halo Effect),即当人们看到某人在某个方面很优秀时,便会认为这个人在其他方面也很出色。光环效应可以用“一致性原则”来进行解释,即人们一般倾向于把他们对一个人的全部评价统一起来,从而形成一种“美而优”的思维定式。广告研究表明,越是有吸引力的模特,其所宣传的产品就越是能够获得良好评价和积极反应。

为什么富有形体魅力的代言人有助于改变人们的消费态度呢?研究认为,形体魅力的作用在于它能使代言人起到榜样的作用,吸引消费者注意到相关的营销刺激,并对信息进行接受和一定的处理。然而,虽然漂亮的模特更容易引起观众的注意,但在引导观众认真理解广告信息时作用并不大。相反,观众会因为欣赏广告中的人物而忽视了对广告信息内容的关注和理解,没有对产品态度转变成购买倾向产生预期的影响。此外,要使形体魅力在广告中发挥应有的作用,还必须与其他因素进行有机地结合。例如,当产品与消费者的外表魅力(如香水、洗发剂、护肤品、珠宝等）有关时，有魅力的代言人才会更有说服效果；否则，如果广告宣传的是咖啡、无绳电话等与魅力无关的产品，其效果就会受到影响。

2. 名人魅力

知名人士经常被选作形象代言人。知名人士的魅力可能源于他的外表，也可能源于他的其他品质，如专业成就、气质、社会地位等。名人代言人如果运用得当，会产生非常明显的态度说服效果。名人在吸引观众的眼球、提升品牌形象以及改善消费者对产品的评价等方面具有很大的影响力。其中，以名人做形象代言人的重要价值在于它是一种把自己的产品或品牌从同类产品或竞争品牌中区别开来的有效办法。当产品进入刺激辨识阶段（即新产品投入市场一段时期以后，消费者仍不能区别这种新产品与其他竞争产品之间的差异性），或者当产品已经进入产品生命周期的成熟阶段时，往往就需要通过名人广告来丰富消费者的产品认知和品牌内涵，并以此建立起品牌的独有形象及其个性特征。

然而，启用名人做广告也是有风险的，主要体现在：①同一个名人不能在同一时期作太多广告。即使像迈克尔·乔丹这样的人物，也应该注意广告不要做的太多。当名人凭借其名声推荐的产品越来越多时，其广告效果以及自身的受欢迎程度都将受到负面影响。②所选择的名人并不受目标群体的欢迎，尽管其可能是其他人群喜爱的名人。③名人在做代言人期间的声誉和形象正在由好变坏。例如百事可乐支付给迈克尔·杰克逊的广告报酬以及制作花费高达5 000万美元，但在这位歌星因骚扰儿童事件被起诉之后，该公司不得不放弃这一广告。减少这类风险的方法是放弃名人广告，而启用其他类型的形象代言人，比如具有“典型消费者形象”的公众形象代言人。此外，另一种常用的方法则是在与名人的合同中明确规定道德条款，约束名人在担任形象代言人期间的个人言论和行为。

3. “典型消费者”魅力

信息源的魅力也可以来自于目标消费者之间的相似性，因为人们一般更喜欢与自己相似的人接触和相处，从而更容易受其影响。如果形象代言人给人的印象就像邻居（邻家女孩、男孩）一样普通、亲切，其便很容易赢得观众的信任和好感。布罗克（T. Brock）曾于20世纪60年代做过一个有趣的实验。他让一些卖化妆品的营业员劝说顾客购买一种化妆品，其中一部分营业员扮演有专长但与顾客无相似之处的角色，另一部分营业员则扮演与顾客身份相似但无专长的角色。结果发现，没有专长但与顾客有相似性的劝说者要比有专长却与顾客无相似性的劝说者对顾客的劝说更为有效。

总之，企业可以选择名人、专家或“典型消费者”作为自己的形象代言人。然而，形象代言人所需要的优秀品质是不一样的。企业应根据其产品的性质和定位以及目标消费者的行为特征来选择适合自己的形象代言人。例如，从产品特点来看，专家型代言人对影响消费者选择实用产品（如吸尘器、治疗顽固性疾病的药品）的态度会非常有效；名人作为珠宝、家具之类社会风险较高产品的代言人，其效果会更好；当推荐食品、饮料、家用洗涤剂、普通化妆品时，“典型消费者”则是很能打动人心的一类形象代言人。从消费行为的特点来看，有些消费者对社会的认同度非常重视和敏感，他们更容易受到富有魅力的名人型的形象代言人的影响；另一些人则具有较强的自我中心倾向，其更容易被专家型的形象代言人所说服。

二、信息要素与维系顾客

在营销信息传播过程中，信息的内容、结构和表达形式等都对人们消费态度的改变有着重要影响。因此，在以说服为目的的信息传播过程中，营销者必须精心设计说些什么（信息内容），如何合乎逻辑地叙述或讨论（信息结构）以及用什么符号表达（信息的形式）所要传播的主题。为此，营销者必须首先了解这些信息要素与人们消费态度改变之间的关系，然后才能作出合理的选择。

（一）信息内容

信息内容也称为诉求、主题、创意或独具特色的销售说辞（USP）。信息传递者必须决定向目标听众说什么，以获得其所期望的态度反应。这实际上就是要向消费者提出建立某种信念，形成某种态度，或者采取某种行为的理由。营销者通常可以采取理性诉求、情感诉求、性诉求、幽默诉求、恐惧诉求等诉求主题来影响和改变人们的消费态度。

1. 理性诉求

理性诉求主要是展示或告知产品所能带给消费者的功能利益。例如，展示产品的质量、性能、经济性、可靠性或其他实用结果的广告等。丰田汽车公司首次在美国推出它的豪华轿车时，就采取了理性诉求的广告。该广告集中展示了该车的先进技术与设计理念。一般来说，当目标消费者对于产品了解不多、基本信念尚未建立之时,适合采用理性诉求。而当消费者对产品的参与程度较高时,采用理性诉求会更有效果。总之,当营销者希望通过增加消费者的认知程度,进而影响和改变其消费态度时,理性诉求便是一个好的选择。

2. 情感诉求

情感诉求是旨在激发消费者的某种肯定或否定的情感,以影响消费态度和行为意向的一种诉求。与丰田汽车公司不同,日产汽车公司最初在美国市场推出豪华汽车英菲尼迪(Infiniti)时所做的广告就是采取了情感诉求的方式。该新款轿车的介绍是通过一系列与汽车毫不相干的印刷品和电视广告完成的,这些广告展示的重点是特殊的驾驶体验和户外宁静的风景。该项广告活动的一位执行者解释说:"我们不是在出售汽车的外壳,而是在出售它的灵魂。"尽管这些广告极富创意,但大多数美国消费者却很难把握日本人对豪华的定义。由于广告效果不佳,英菲尼迪的汽车广告转而强调了汽车的功能特性,以降低受众心中的迷惑感。可见,情感诉求有利于提高消费者对产品的关注程度,容易给人留下深刻的印象,而且对于那些追求享乐消费的目标群体或者为消费者创造特殊体验的产品来说,情感诉求会有很好的效果。但同时,情感诉求存在着不能传递足够信息的风险,当消费者存在着认知的需要(消费者还未形成有效的认知),并且其产品参与度较高时,情感诉求的效果就会受到限制。

3. 性诉求

许多促销活动——从香水到汽车、从隐约的暗示到公开地展示肌肤,都大量采用了性诉求。这一类诉求对于吸引人们的注意力和增加消费者对广告的认知确实有效。它之所以有效,有以下三方面的原因:①性的诉求可以使男性有"男子汉气概"的感觉,而女性则有"女人味"感觉;②对于中年男女而言,可以重温年轻有活力的感觉;③性驱力(Sex Drive)是人类的本能中所固有的。作为信息传达的一种手段,性诉求十分有效。当产品本身与性有关时,诸如香水之类的产品,性诉求会非常有效。

然而,对于多数企业而言,性诉求的效果则被高估了,原因在于:①引起人们兴趣的画面往往吸引了过多的注意力,以致削弱了人们对广告内容的理解和记忆。②人们对于性诉求的反应会褒贬不一。通常,印刷广告中全裸或半裸的女模特会引起女性读者消极紧张的情绪反应,对于男性则能引起积极的情绪反应。③如果极端地强调性的诉求,或者仅仅把性感形象当作吸引受众注意力的“圈套”,这种极端诉求则会为企业形象带来负面影响。例如研究发现,汽车广告中半裸而富有魅力的女模特的出现,影响和改善了该产品的形象。但同时,该研究结果也表明,如果广告中色情味太浓,实际上会影响受众对于广告内容的准确回忆。

4. 幽默诉求

良好的幽默表现不但能提高广告的注目度,而且也有良好的信息传递效果。例如,赢得第30届莫比广告奖的一则预防心脑血管疾病的药品广告,采用反传统的幽默手法,没有任何承诺,甚至也不讲疗效,只是通过画面展现了一对老夫少妻的婚礼场面,略带调侃的广告语说道:“他现在比她所期望的要活的长得多!”(He can now live a lot longer than she expected)。轻松的广告画面传达出品牌的理念——珍惜健康、珍惜生命,它帮助受众从女士高昂自信的头和小老头狡黠的笑容中感受和领悟到了生活的真谛。

幽默诉求的广告效果很微妙,个体差别(诸如受教育程度、年龄、性别、社会文化背景的差异等)会影响人们对幽默诉求的反应。因此,同一件事情对于一个人来说会很有趣,而对另一个人来说则会感到难以理解甚至产生厌恶感。总之,幽默诉求广告确实能引起观众的注意。一项研究发现,在酒类广告中,观众对于幽默诉求广告的识别率要显著高于平均水平。但是,幽默诉求广告一方面增大了消费者接受信息的可能性;另一方面又阻碍了消费者对于产品信息作进一步的深入理解与思考。同时,幽默诉求广告相比其他类型广告会更容易变得“过时”,因为消费者对于不断重复看到同一则笑料会感到厌烦。此外,幽默诉求广告也应与其产品形象相吻合,例如商业银行的广告就需要回避幽默,因为消费者通常都不会拿自己的钱去开玩笑。

5. 恐惧诉求

恐惧诉求向公众展示和表现的是一种不利结果,即如果消费者不改变某种消费行为或态度,这种不利结果就会产生。这种策略在现实中有着非常广泛的应用,例如在美国有15%以上的电视广告采用了恐惧诉求策略,诸如头皮屑带来的烦恼、蛀牙所带来的严重后果、脚气患者的不安表情、由于长时间不洗头导致仰慕者扭头而去、保险广告中以车祸为背景的诉求等,无一不是采用恐惧诉求策略来说服消费者。通常,当女性的尖叫声、黑暗中晃动的白色物体、血的颜色等在广告中出现时,消费者很快便会有所反应，而反应的理由是自我防卫、好奇心等。对于信息传递而言，这类诉求将有利于提高受众的注目度。但必须注意的是，激发受众紧张感的结果并不一定导致对广告内容的更多注意。如果广告中没有提出令人满意的解决方案，消费者会由于他们无法解决所提出的问题而不去思考广告内容，因而使得消费者选择性认知阶段的效果大大降低。

通常，只有当恐惧诉求所引起的恐惧感适度时，它才是最有效的。恐惧感的强弱与态度改变之间的关系并非是固定不变的。如图 4-4 所示，恐惧感的强度与态度改变这两者之间的关系表现为一个倒 U 形的曲线，如果恐惧强度过大，为了取得心理平衡与自我保护，受众将否定其存在的可能性。

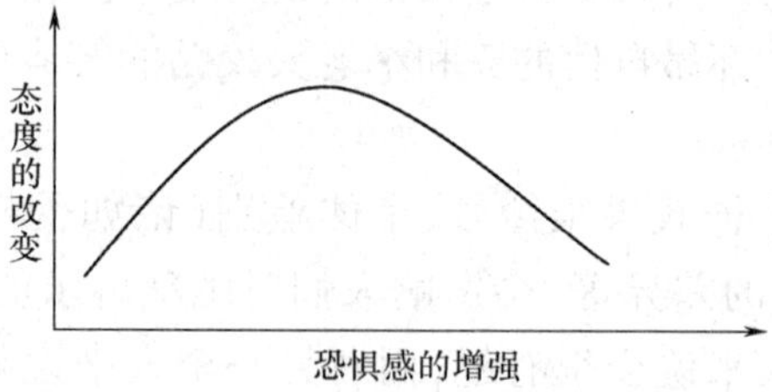

图 4-4　恐惧强度与态度改变之间的关系图

(二)信息结构

在营销说服过程中，是仅仅陈述产品的优点，即告知消费者购买理由好呢，还是既指出产品的优点或购买理由，又指出产品的某些不足好呢？前者被称为单面讨论，后者被称为双面讨论。大多数广告采用单面讨论，然而研究表明，尽管双面讨论没有得到广泛应用，但是这种同时提供正、反两方面信息的广告还是相当有效的。

为何企业要在广告中揭示其产品的“缺陷”呢？因为在一定的条件下，采用驳斥性论述，即先提出某个对产品不利的问题，然后把它解决掉，这种策略非常有效，这种广告更容易赢得消费者的信任。即使是那些对产品不太信任的消费者，也愿意接受双面的讨论，而不是经过“漂白过滤”的信息。营销实践中经常运用的双面讨论策略是在广告中把自己的产品与竞争对手的产品作比较，指出自身的某些小缺点，但这些不足与其在重要属性上的优势相比却显得微不足道，从而给人们留下一种瑕不掩瑜的深刻印象。例如，美国租车业的艾飞斯（Avis）公司宣传自己是租车行业的“老二”,向消费者暗示自己会继续努力,而不是停滞不前。

霍夫兰德等人的研究表明:当受众与劝说者的观点一致,或者前者对其所接触的问题不太熟悉时,单面论证效果较好;如果受众与劝说者观点不一致,并且前者对其所接触的问题又比较熟悉时,采用双面论证效果将更好。在具体运用双面论证时,劝说者应格外小心,因为双面论证既可以取信于人,使得受众对于信息以及信息源产生信任感,但同时其也会降低信息的冲击力,从而影响营销传播效果。因此,当企业在营销信息传播过程中决定是否运用双面论证时,应事先通过市场调查以了解消费者的反应,然后再作出决定。

一个相关问题是在讨论中要给出明确答案(例如雕牌洗衣粉:“只选对的,不买贵的”),还是仅仅提供支持性的论据,而由消费者自己得出结论。一方面,那些经由消费者自己思考而得出的结论,会使其态度更坚定;另一方面,如果不给出明确答案,消费者的推断可能会与信息发送者的期望发生偏离。因此,一则广告是否给出明确结论应取决于消费者对于该广告产品的认知参与程度及广告内容的信息复杂程度。一般而言,如果广告产品信息与消费者个人的关联性强,消费者就会关注广告产品信息,并自然而然地产生出推论;如果广告内容复杂而不易被人理解,或者消费者缺乏广告产品信息的认知积极性,那么在广告中给出明确结论会更有效。

(三)信息形式

信息传播者必须为信息设计具有吸引力的表达形式。例如,在一则印刷广告中,传播者需要决定标题、文稿、插图和色彩;在一则电视广告中,传播者需要设计它的背景,形象代言人的发型、服装、脸部表情、姿态、举止,以及品牌和包装的颜色、外形、尺寸等。其中,一项基本的决策是对文字和图像这两种符号的选择和设计。

图像的刺激可以产生巨大的冲击力,尤其是当传播者希望引起接受者感性的反应时,生动而富有创意的图像画面能发挥很好的效果。但是,在传递实质性的信息内容上,画面的效果却并不理想。研究发现,当内容信息相同的广告采用不同的表现形式,即分别采用图像形式或文字形式进行表达时,消费者会有不同的反应。文字形式有助于影响消费者对产品效用、功能方面的评价,而图像形式则在审美评价方面具有较大的影响力。而当文字与图像表述结合在一起,特别是当图像与文字表述相吻合时(即画面中的广告语言与图像紧密联系),文字表述会更加有效。

文字信息需要接受者付出更大的认知努力,它更适合高度参与的情况。当消费者的参与程度较高时,他们才会更多地注意和阅读文字材料。文字信息也更容易被遗忘,因此需要有更多的信息接触,方可获得理想的效果。相比之下,图像则可以使接受者在解释信息时对信息的印象更加深刻,加深印象的结果是在人们的记忆中留下深刻的痕迹,不至于随时间的推移而被遗忘。

图像形式的信息可以通过两种途径影响人们对产品或品牌的态度:第一,消费者会因为广告中的图像画面所形成的意象而建立或改变对该产品或品牌的信念。例如,在面巾纸印刷广告中,插入一张日落的照片,会使得消费者联想到这种产品具有迷人的色彩。第二,由图像所引起的某种强烈的正面或负面的情感反应,将影响消费者对广告的态度,进而影响其对品牌的态度。实际上,文字(或语言)形式的信息也是通过这两种途径从而最终影响消费者对于品牌的态度。图 4 -5 中的双因素模型描述了这一过程。总之,文字和图像形式的信息在影响和改变人们的消费态度方面各有利弊,因而需要将这两种形式充分结合起来加以运用。

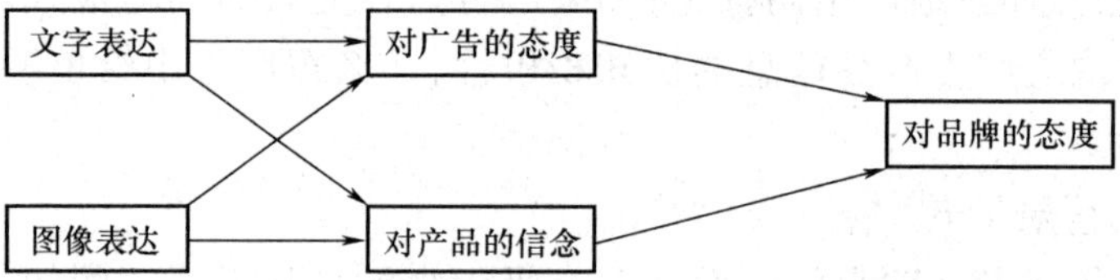

图 4 -5 广告影响品牌态度的双因素模型

【延伸阅读】

可口可乐公司的维系顾客之路

"可口可乐"作为世界上最大的软饮料制造商,消费态度对其而言是至关重要的,这正如可口可乐最大的股东 Warren Buffet 所言:"它是全球规模最大的生意,价格适中并被广泛接受。每年每个国家的人均消费量都在上升,没有其他任何一种产品能与之媲美。"

可口可乐 80% 的营业收入是从海外市场获得的,可口可乐既是拥有巨大国外市场的美国公司，又是拥有巨大国内市场的国际公司。海外市场的消费者对于可口可乐的态度如何呢？尽管文化差异巨大，世界各地人们的首选软饮料产品仍是可口可乐。在许多国家，可口可乐已成为美国文化的标志以及市场经济的象征（当可口可乐进入波兰的大街小巷时，人们自发地聚集在一起发出阵阵掌声）。这样的品牌效应使得可口可乐在2005年全球软饮料市场中占据了55%的份额（虽然可口可乐与百事可乐在国内市场竞争激烈，但可口可乐在海外市场的销售量是百事可乐的四倍）。世界各地的消费者都喜欢这个品牌，积极的品牌态度也影响了人们的消费行为。在美国，可口可乐的人均年消费量是296瓶，这意味着每个人每年喝下296瓶8盎司装的可口可乐！

过去25年间，可口可乐有许多机会去关注人们的消费态度。1982年7月，可口可乐未经考虑就推出了一个全新的品牌概念——低热可乐。当时，人们担心这将影响可口可乐的品牌号召力，然而这种情况并未发生，低热饮料成为20世纪80年代最成功的软饮料新产品之一（1984年，低热饮料成功取代了七喜而成为继可口可乐和百事可乐之后的全球第三大软饮料产品）。其后，可口可乐公司又成功推出了无咖啡因型的可口可乐。1985年春，可口可乐公司总裁Robert Goizueta宣布一种改进了口味的全新产品问世，取名为“coke”，他紧接着宣布传统的可口可乐品牌将永久性地退出市场，传统配方和神秘配料将被锁入亚特兰大一家银行的保险柜中，永不再使用。全新的coke将永久性地取代有着99年历史的可口可乐，Goizueta强调该新产品是可口可乐公司历史上最有意义的进步。美国人在1985年4月末开始尝试新的coke，但到7月份可口可乐公司就迫于市场的强烈反应而改变其原先的决定，宣布传统的可口可乐配方将被冠以“经典可口可乐”的品牌名称而重新启用。新coke的失败源于可口可乐公司没有深刻理解消费者对于传统可口可乐品牌所持有的强烈的积极态度，也正是这种积极态度促使消费者一次又一次地重复购买，从而成为维系顾客的重要基石。

通常，当消费者获得基于产品属性和功能利益（例如可口可乐是甜的、碳酸型饮料是清爽的）的积极态度之后，其品牌忠诚就开始形成了。品牌推出一段时间后，它能通过消费者的使用经验积累“额外”的信念，促使产品品牌与消费者的生活模式以及自我形象相联系，从而产生维系顾客的效果。

在可口可乐事件中,传统可口可乐的忠实购买者们将可口可乐与其过去的美好记忆联系在一起,因此,当可口可乐公司宣布将取消传统的可口可乐产品时,这些人顿时觉得好像失去了一位老朋友,他们蜂拥至可口可乐公司总部抗议,西雅图一团体甚至威胁说要起诉可口可乐公司。面对新 coke 产品的销售困境,可口可乐公司迅速改弦易辙,取回原先的传统配方,更名为"经典可口可乐"后重新上市。

可见,让可口可乐老配方"退休"的错误决策根源于可口可乐公司对于人们的消费态度没有进行深入研究。可口可乐公司自认为作了所有的前期调查测试(特别是在口味方面,可口可乐公司花费了 400 万美元进行了诸多不同口味的实验,涉及了 25 个城市的 20 多万消费者)。尽管调查测试表明大多数人喜欢新的更甜味的可乐,但是这些调查测试内容中并未包含消费态度测试。这正如可口可乐公司主席 Donald Keough 后来所言:"所有投入消费者研究的金钱、时间与技术都不能准确反映出人们对于老可口可乐的深厚持久的感情。"公司发言人这样描述道:"我们带走的不仅是可口可乐,还有人们的过去。人们说'你们没有权力这样做,快把它拿回来!'所以可口可乐公司就照人们的心愿去做了。"

三、情景与维系顾客

消费者说服过程是在一定的情景条件下进行的,情景(Situation)因素对于说服顾客(改变其消费态度)能否达到预期效果有着重要影响。

(一)预先警告

如果某一消费者在接触说服信息前,对劝说企图有所了解,就会增强其抵御说服的能力。弗里德曼(J. L. Freedman)和西尔斯(D. O. Sears)于 1965 年作过一项关于警告、分心及其对传播影响抵制的研究。研究人员在一场报告开始前 10 分钟告诉一部分青少年被试,他们将去听一个关于为什么不允许青少年开汽车的报告,而另外一部分被试则在报告开始时才听到这一主题。结果得到预先警告的一组被试受报告影响的程度相比未受到预先警告的被试要小得多。预先警告并不总是对信息接受者起着抵制说服的作用。研究表明,如果一个人不十分信服警告者的观点,预先警告会起相反的作用,即能促进态度的转变。此外,警告的作用与其内容是否涉及个人利益有着紧密联系,预先警告对于没有个人利益介入的人,能促进其态度的转变;而对于有着利益牵连的人,则会阻碍其态度的改变。

(二)分心

分心是指由于内外因素干扰而分散受众注意力或者使得注意力不能集中的现象。在劝说过程中,若情景中存在"背景噪音"而使得受众分心,就会影响劝说的效果。如果引起受众分心的"背景噪音"太大,致使目标靶听不到信息,那么劝说等于没有发生。例如在广告节目中,若背景信息太过吸引人,反而会淹没主旨,影响受众对于广告主题内容的回忆。研究还表明,如果情景中某些"噪音"适当地分散了受众的注意力,不让受众集中精力去思考和组织反驳理由,劝说效果则会更好。可见,分心对受众态度转变的影响,实际上应视分心程度而定,适度的分心有助于态度的转变,过度的分心则会降低劝说效果,从而阻碍态度的转变。

(三)重复

广告信息的重复具有双重作用。一方面,信息的重复会增强消费者的认知程度。随着认知程度的增加,人们心中的不确定性(知觉风险)就会减少,因此,人们更倾向于认知其熟悉的事物。另一方面,伴随着重复次数的增加,人们会逐渐适应,并产生对于广告的厌烦感。当不断增加的厌烦感开始超越逐渐减少的不确定性时,广告的总体效果就会随之下降。因此,在其他条件不变的情况下,最佳的广告效果有着一个与之对应的重复次数(如图 4 -6 所示)。为了减少广告厌烦感所产生的负面影响,营销传播者可以限制一则广告的重复播放次数(如在同一个电视节目中的插播次数);或者在一段时期内围绕某一广告主题,在其表现内容或形式上稍加修改,持续不断地推出不同的广告版本。

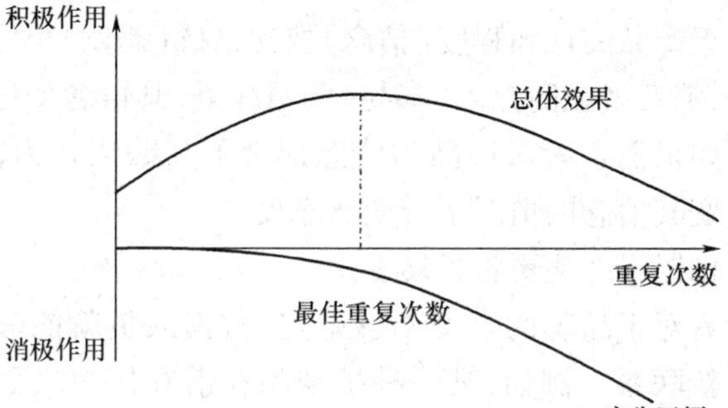

图 4 -6　广告重复的效果图

四、广告说服与维系顾客

广告策略的实质就是说服顾客。因此,广告说服也是一种相互沟通,即通过有效的广告信息改变消费者头脑中已形成的对某一产品或品牌的认知态度,形成其新的认知态度,从而影响人们购买决策及其行为的过程。因此,研究消费态度的改变特点对于制定有效广告说服策略乃至维系顾客具有十分重要的意义。

(一)消费态度改变的特点

1. 品牌信念相比利益诉求更容易转变

心理学研究表明,营销人员可以通过寻求转变消费者对某一品牌的信念,进而实现其消费行为的转变。此外,营销人员也可以通过转变消费者对于品牌的价值观进而转变其对产品的利益诉求,因为消费者的利益诉求相比品牌信念更为持久和内在,其与消费者的价值观联系也更为紧密。例如,一家止痛剂生产厂商生产一种被消费者认为药效更强、见效更快的品牌药品。然而,由于消费者更为看重的是该药品的温和性和安全性,因而该生产厂家应努力使消费者确信,该止痛剂是一种非处方药品,无须得到医生推荐,其安全性也无需顾虑,并且它是一种药效更为持久的药品,完全可以被人们所接受。此外,该生产厂家也可以调整其广告宣传重点,在继续强调见效快的同时,指出其完全符合国家医药安全质量标准。并且这后一种策略相比前者更为有效,因为广告说服是依据消费者现有的价值体系来转变其对该品牌的信念。

2. 品牌信念相比品牌态度更容易转变

消费者对于产品的认知程度(信念)要比情感(态度)更容易转变。心理学研究表明:消费者在高介入(参与)的情况下,其信念变化要先于品牌态度的变化。如果消费者对产品的信念抑制了其购买行为,广告策划就要试图在不转变其信念的情况下转变其态度。

3. 弱态度相比强态度更容易转变

如果消费者对于品牌的态度不够坚定,营销人员就能够更容易地建立起与产品的新联系。例如,某一种护肤品在潜在用户人群中形成了一种稠密油腻的印象,潜在用户倾向于把它看作是治疗严重皮肤病的药品,而不是普通的化妆品,营销人员要扩大该产品的销路,就必须转变潜在用户的态度。于是,该公司开始在广告中将其宣传成一种柔润皮肤的日常用品，并把尽可能多的免费样品涂抹在潜在用户们的手上以表明该产品并不油腻。潜在用户之所以认可这场广告宣传活动，就是因为他们对于该产品态度的形成并非是建立在其直接使用的经验基础之上，而只是一种微弱的主观印象，但即使是这种微弱的主观态度也会使竞争者轻易地将潜在用户吸引过去，而一旦当消费者对于产品的态度变得牢固时，营销人员再想改变这种态度就很困难了。

4. 对品牌评价缺乏信心的消费者其态度更容易转变

对品牌评价缺乏信心的消费者更容易接受广告中的相关信息，其消费态度也更容易转变。当消费者在评价某一品牌产品时会对其所采用的质量标准产生困惑，这将使得消费者在作出相应的购买决策时缺乏信心。例如，美国地毯协会曾经雇佣了一家调研公司对地毯类制品的购买过程进行研究，所得出的研究结论表明：人们对于地毯类制品的特性在认识上存在着许多偏见和误解。在这种情况下，消费者将会接受那些能够提供产品关键属性的广告信息，从而转变其对于产品的态度。

（二）广告有效说服的策略分析

针对上述消费态度改变过程中的特点，广告说服策略也应作出相应调整。具体如下。

1. 以理服人的呈递方式

消费态度的组成结构中有认知成分，而不同的消费者其认知能力是不同的，对于知识水平较高、理解判断能力较强的消费者，采用双向式呈递效果较好。双向式呈递是把产品优劣两方面的信息都告诉消费者，让他们感受到广告的客观公正，具体结论由他们自己得出。因为这个层次的消费者普遍对自己的判断能力非常自信，不喜欢别人替自己作出判断。如果产品广告试图左右他们的态度，则会引起其逆反心理，致使其拒绝接受广告内容。然而，对于理解判断能力较差、知识面狭窄、依赖性较强的消费者，则采用单向式呈递信息的方式较为适宜，因为这一层次的消费者喜欢听信别人、自信心较差。所以针对上述特点，广告应明确指出产品的优势，它会给消费者带来何种益处，并直接劝告他们应该购买此产品。当然，选用哪种方式呈递信息的关键之处在于应明确识别广告对象是哪一层次的消费人群。

2. 以情动人的呈递方式

在消费态度构成的三种成分中，感情成分在消费态度改变上起着重要的作用。消费者购买某一产品,往往并非先从认知上了解其功能特性,而更多的是从感情上对其产生好感,看着顺眼,有着愉快的认知体验。因此,如果广告能从消费者的感情入手,往往能够取得意想不到的效果。例如威力洗衣机的电视广告:画面上妈妈在溪边用手洗衣服,白发飘乱;镜头转换:我给妈妈带来了威力洗衣机;接着是妈妈的笑脸,画外音"妈妈,我又梦见了村边的小溪,梦见了奶奶,梦见了你。妈妈,我给你捎去了一个好东西——威力洗衣机。献给母亲的爱!"画面与语言的配合,烘托出一个感人的主题:献给母亲的爱。虽然整个广告只字未提威力洗衣机的优点,但却给人以强烈的情感体验。谁能不爱自己的母亲呢!这个广告巧妙地把对母亲的爱与洗衣机相联系,诱发了人们爱的需要,产生了感情上的共鸣,并在消费者心目中留下深刻美好的印象,从而对威力洗衣机产生了肯定接纳的态度。因此,在广告有限的时空中以理服人的呈递信息,固然显得公正客观,但以情动人的呈递方式则更容易感染消费者,打动他们的心。又如,深圳市新天下集团有限公司选用"超级女声"总冠军李宇春为神舟电脑的形象代言人,就是利用了消费者对于"超级女声"节目以及李宇春的关注和喜爱,使得消费者的积极情感与神舟电脑联系起来,促使消费者对神舟电脑也产生了同样的情感。而当消费者对产品或品牌产生了喜爱时,这一喜爱的情感会使他们更多地关注产品或品牌的美好一面,从而增加他们对于产品的正面信念,进而增强其购买产品的倾向性。在厂商的营销策略中,以情动人的方法包括:①将消费者所喜欢的某种刺激(比如一段音乐或者一幅画面等),不断地与某品牌名称同时播放。过了一段时间后,与该音乐相联系的正面情感就会迁移到该品牌上。②激发对广告本身的情感。消费者对广告的正面情感能导致其对产品的喜爱。在广告宣传中可以使用幽默诉求、名人诉求或情感诉求等多种形式以增强消费者对于广告的喜爱。③向消费者重复不断地展示某种品牌能使他们对该品牌产生积极的态度。

3. 奖励式的呈递方式

奖励式的呈递方式是指在广告中增加一些额外的奖励信息,使得消费者在接受广告的同时,可以获得一些与广告无关的东西,如小礼品或其他信息等。行为主义理论认为奖励是一种外在的正强化刺激,而这种正强化刺激可以增加消费者对于广告及其所宣传产品的好感。心理学研究中的"可口可乐效应"就证明了这一点。把被试分成两组,让他们看某个广告传单,其中一组在发给广告传单时每人赠送一瓶可口可乐饮料,此组为实验组;另一组则无任何奖励,称之为控制组。之后让被试说明自己对于广告以及广告所宣传产品的评价。研究表明,实验组的评价普遍高于控制组。这说明可口可乐的实物奖励起到了积极的作用,它帮助消费者接受了广告。这种奖励式呈递在应用时应格外注意的是:所强调的奖励承诺一定要能够兑现,否则效果会适得其反。

总之,广告说服策略不仅具有科学性,更具有独特的艺术性。无论广告信息呈递的方式如何变化,其基本原则都是要在把握消费态度变化规律的基础上,找到广告说服对象态度变化的心理与行为特征,这样才能够有的放矢地找准诉求点,制定有效的广告说服策略。

【延伸阅读】

速溶咖啡刚上市时为何受到冷落?

20世纪40年代,一种方便、美味、廉价的饮料——雀巢牌速溶咖啡开始进入市场。消费者对此不感兴趣,问津者寥寥无几,出现这种情况很令人费解。速溶咖啡出现以前,在家里喝上一杯咖啡要经过一番复杂的操作:首先,从市场上买回生咖啡豆,进行烘烤,再将烘烤好的咖啡豆磨细,最后才能煮出一壶咖啡。而配制速溶咖啡无须特殊技术和耐心,谁也不会发生配料的错误;此外,它的价格也比传统饮料便宜。既然如此,那么人们又为什么要抵制这种方便饮料呢?为了解答这个问题,营销人员与心理学家开始调查人们对速溶咖啡的看法。他们找来了一些有代表性的消费者,询问他们为什么不用速溶咖啡。所得的答案几乎是相同的:他们不喜欢速溶咖啡的味道。但当这些人被蒙住眼睛试饮时,他们中大多数人却都辨别不出哪一种是速溶咖啡,哪一种是传统咖啡。

于是,调查和研究人员猜想,问题的根源可能并不在于味道的好坏,而是消费者心理上存在着一种对抗速溶咖啡的障碍。为了进一步了解这些心理障碍,专家们设计了另一种提问

方式:他们特地编制了两张购物单,除了一张上写着速溶咖啡,另一张上写着新鲜咖啡豆以外,其余的物品则全部相同。他们将两张购货单分别交给两组家庭主妇,分别请她们描述拿该购货单购物的顾客是一个什么样的人。调查结果表明,他们将购买速溶咖啡的顾客描述为一个生活毫无计划和没有贤妻照顾的懒人;而购买新鲜咖啡豆的顾客则被描述成一个有经验的、勤俭的、讲究生计的、有家庭观念和喜欢烹调的人。换言之,人们倾向于用十分消极的词汇描述速溶咖啡的购买者,即在大家心目中对速溶咖啡这种十分方便、节省时间的新产品印象不佳。消费者拒绝这种新产品的真正原因在于他们对速溶咖啡存在着认知偏见,而并不在于味道本身。在这种情况下,愿意购买速溶咖啡的人自然很少。

雀巢公司针对这一情况,为了使速溶咖啡迅速打开销售局面,改变人们的消极态度和认知偏见,广告宣传的主题就需要改变。新设计的宣传广告一改过去强调速溶咖啡又快捷又方便的特点,转而强调速溶咖啡的口感芳香和质地醇厚等特点。在一期生活杂志上,设计师画了一杯美味芬芳的咖啡,后面高高地堆着很大一堆褐色的咖啡豆,并且在速溶咖啡罐头上写着“100%的真正的咖啡”。

宣传后不久,人们的消极印象便被改变了,消费者不再认为购买速溶咖啡的人是懒汉和无能者,因为他们已经认识到速溶咖啡所具有的各种优点和价值。现在的速溶咖啡早已成为西方咖啡业中最受欢迎的一员。

【理论视野】

禀赋效应与消费态度

自己的东西,自己喜欢!并且更愿意为之付出!

——《圣经·马太福音》

天之道,损有余而补不足;人之道,则不然,损不足以奉有余。

——老子·《道德经》

让我们想象一下这样的情景:某天一位老师拿了一批印有校名和校徽的保温杯来到教室,问在场的同学们是否愿意花4元来买这个杯子。同学们对这种保温杯没有多大兴趣,买的人寥寥无几。接着这个老师又来到了另外一个教室。与上次不同的是,这次他一进门就先送给每个同学这样一个杯子。但过了不久,这位老师又回来了,此时老师说他愿意花

6元把之前发下去的杯子买回来，当然学生们可以选择卖还是不卖，但是不存在讨价还价的余地，他问有多少同学愿意把这个杯子以6元的价格卖回给老师。没想到这次，居然愿意卖的人也是少数，大多数学生都不愿意把杯子以6元的价格卖掉。理论上说，同样的一批保温杯，面对差不多的两个班级学生，在第一个教室，学生们不愿意以4元买下杯子，说明他们对杯子的价值评价要低于4元，即在需要卖出的时候，他们可以以任何高于4元的价格卖掉。但是为什么一到要卖出，在第二个教室价格增加到6元时又没多少人肯卖呢？这就是损失规避心理的一种行为表现：禀赋效应。

人们对于同样一个东西，往往在得到时觉得不怎么值钱，而一旦拥有后再要放弃时就会感到这样东西的重要性，索取的价格要高于不拥有时购买它愿意支付的价格。也许你一开始没有体会到，可是你仔细想想，如果要你卖掉一个你已经拥有的全新的东西，你索取的价格会不会比你愿意买这个东西的出价高？这就是禀赋效应，即所谓“失去时才觉得可贵！”对绝大多数的正常人来说就是这样的。但这个效应怎么和损失规避心理联系到一起呢？让我们回到杯子的实验上：在买杯子的时候，我们的心理是处在一个“得”的状态中，但要卖杯子的时候，我们的心理是处在一个“失”的状态中。根据损失规避的理论，我们对“失”更加敏感，于是索价也就更高了。

聪明的商家就经常利用大家这种心理，不知道你有没有注意到呢？让我们看看下面这个例子。有一次，小刘在家电展销会上闲逛，看到有一家品牌的彩电经销商保证在7天内可以无条件退货。小刘心想，他家客厅有一台电视，但是卧室里还没有，不如把这台电视买下来先回去看看，要是不好，反正下星期还可以回来退掉。厂商还安排上门送货和取退货，小刘甚至觉得在这里买彩电，可以每星期来换一次，这样家里的电视永远都是新的。想到这里，他不禁为自己的小聪明一笑，立刻买下了一台29寸的大彩电。买回家后，小刘把彩电放到卧室里面，每天晚上和爱人、女儿一起躲在被子里看电视，一家人其乐融融。他们对新买的电视机很爱护，看完后用防尘罩盖好。电视机本身也没有什么大问题，虽然有时候接收某些频道清晰度不够高，但是大家似乎都不介意。一个星期后，没有人提出去退掉彩电，虽然那只需要打一个电话而已。至今，那台29寸的彩电还安放在小刘的卧室里呢。

商家为自己节节攀升的彩电销售业绩感到很满意。他们知道这个无条件退货条款给客户带来了保障,使他们能够放心购物。再来看看商家是否因为这个无条件退货政策让自己亏了本呢？事实上,真正来退货的人很少。由于禀赋效应的存在,人们一般不会选择去退货。这就是禀赋效应在商业中的一大应用。事实上,现在已经有越来越多的商家注意到了这种禀赋效应的存在,他们正运用这种禀赋效应来提升自己的销售业绩。许多大商场都打出了无条件退货的口号。想一想,你在购物时,是否会因为厂家所承诺的退货保证,而一时冲动购买了本不需要的物品呢?尽管你确实有权利去退货,但你几乎是不会去使用这个权利的。这时,你就要想想这个禀赋效应了。

禀赋效应是指人们会高估自己所拥有的物品的价值。禀赋效应的直接表现就是人们为了买入一件商品所愿意支付的最高价格和放弃该商品所愿意接受的最低价格之间存在很大的差距,前者明显低于后者。人们一旦得到某些物品,如杯子、钢笔、巧克力等,给他们赋予的价值就会有显著增长。在日常生活和工作中,对行为过失和由于疏忽或不采取行动取得同样结果的话,行为过失往往受到的谴责更多。中国的俗话“丢了是个宝,留着是根草”,成语“敝帚自珍”指的也都是这种现象。这些现象都和禀赋效应有关。

第三节　情境案例

孩奴们的烦恼

厨房里,张毅正边哼着小曲边给自己即将满一岁的宝宝冲奶粉,客厅传来妻子闫燕不耐烦的催促声:“老公,你倒是快点啊,孩子都哭成这样了,你还有心思唱歌!”

“哎,来喽！看来我们家宝贝是真的饿了。”说着,张毅小跑来到客厅,轻轻在孩子脸蛋上弹了一下,把奶瓶递给妻子。

说起这小两口,还真是有点故事。两个人从初三开始相恋,大学毕业后,结束了长达近8年的恋爱长跑,终成正果。可是结婚后的3年里,闫燕总是没能怀上孩子,家里老人着急不说,两个人自己也日渐担心了。

于是，小两口想尽办法，四处寻医。终于，老天不负有心人，在经过一段时间的调理之后，妻子闫燕怀孕了，并顺利产下今天的可爱宝宝。这个孩子真算是家人的心头肉啊，是含在嘴里怕化了，捧在手里怕掉了。

也许正是因为孩子来之不易，小两口对孩子的健康成长倍加关心，吃的、喝的都争取是最好的。当然，奶粉也不例外。自从国内三鹿奶粉事件之后，闫燕就坚决不买所有的国内奶粉了。闺蜜推荐了一个外国品牌，好像很不错，所以，自从孩子出生那天起，这家人变成了这一国外奶粉品牌的忠实顾客，直到有一天……

"唉，孩子终于哄睡着了！"疲惫的闫燕一边捏着胳膊一边坐在沙发上。可是，这话音落了半天，坐在一边看报纸的老公张毅愣是没有反映。闫燕有点气了，要知道，平时只要自己喊半声累，老公就会殷勤的凑过来给自己捶捶肩膀、揉揉腿了。"张毅！你听见我讲话没有！"

这时，张毅才回过神，边靠老婆身边坐下，边指着报纸说："老婆，你快看！""看什么呀！"闫燕继续生气，抢过报纸，顿时傻眼了。原来，报纸上的一篇报道说，刚出生不久的婴儿不宜使用蜂蜜！而自己给宝宝喂食的奶粉，恰好是里面含有蜂蜜的。想到这，小两口都着急了，立刻决定抱孩子去医院。还好，经过医生的细心检查，孩子的各项指标都很正常。

虽然孩子的健康没有出现什么问题，事后小两口还是作出一个决定：以后再也不买这个品牌的奶粉了，而且换用其他品牌的奶粉时，一定要选择不含蜂蜜的！

【讨论题】

1. 案例中的小两口为什么从原先某品牌奶粉的忠实顾客变为"以后再也不买这个品牌的奶粉了"？

2. 试应用消费态度原理分析其转变原因？

本章思考题

1. 消费态度的含义是什么？有哪些特征，其功能表现在哪几个方面？

2. 通过本章对态度结构的理论模型介绍，你对消费态度有哪些新的认识呢？

3. 维系顾客和消费态度之间有什么样的关系呢？你认为企业应当从哪些方面入手来维系顾客呢？

4. 信息源与维系顾客之间具有什么内在联系呢？

5. 维系顾客需要注意哪些信息要素呢？

6. 情景的不同会对顾客的态度产生什么影响？你认为该如何从情景方面着手策划以维系顾客呢？

7. 广告说服在维系顾客方面起着怎样的作用？其操作方式有哪些？

8. 根据你的经验和观察，对一个企业来说，要想长久地维系自己的顾客，该着重注意哪些呢？

9. 通过本章内容的学习，你认为对于一个企业来说该如何正确地面对客户？请谈谈你的看法。

第五章　消费人格与品牌形象

章前箴言

消费者通常只会购买那些与自身形象相符的产品和服务，对于那些与自身形象不符的产品和服务则会视而不见、置若罔闻。

本章要点

- ◆ 人格的本质。
- ◆ 人格发展的各个阶段。
- ◆ 品牌的联想价值。
- ◆ 品牌定位的含义。
- ◆ 品牌定位的作用。
- ◆ 如何建立和维持品牌个性。

【引例】

可乐品牌的心灵魔力

可口可乐与百事可乐两家饮料公司曾分别拍摄过内容类似的电视广告，即随机选取顾客，要求他们分别品尝可口可乐和百事可乐，然后让顾客当场判定哪一种可乐饮料的口感更好。当然，分别由百事可乐和可口可乐公司拍摄的广告都宣称顾客喜欢自己的可乐胜过对方。当然，实验数据不会是捏造的，其关键在于所采取的品尝方式不同，可口可乐公司采取的是公开测试，而百事可乐则相反，只提供两杯标有 M 和 Q 的饮料，让顾客在不知道品牌的情况下自主进行选择。

美国的神经心理学专家曾对这个有意思的现象进行了蒙眼和不蒙眼品尝饮料的测试，结果发现大脑对饮料反应的愉快区变动对于两种饮料是相似的，而可口可乐的优势在于它的品牌优

势——其激活了大脑的愉悦机制，即多年来狂轰滥炸的广告宣传已让公众忘记了自己是爱可口可乐品牌本身还是那易拉罐中黑色冒泡的东西。难道品牌真的能有这么大的影响力？难道品牌的标识会超过产品本身？这就是本章需要探讨的内容。

第一节　消费人格的理论概述

一、人格的本质

（一）人格的定义

究竟什么是人格？不同的心理学家给出了不同的定义。心理学家Allport认为，人格是一个人内在的心理系统的动力组织，其决定着个体对于环境的独特的适应能力；心理学家Pervin认为，人格是为个人的生活提供方向和模式的认知、情感和行为的复杂组织，并且指出，人格和人的身体一样包含结构和过程的两个方面，并体现人的个体的天性和教养，人格还包含过去的影响或过去的记忆对现在和将来的构建。马克思认为："人的本质并不是单个人所固有的抽象物，实际上，它是一切社会关系的总和。"从这种意义上说，人格的本质就是人的社会性。人若脱离了社会，不与人们交往，也就谈不到人格。

一般而言，人格被认为是人的个体心理特征，人格的形成是先天的遗传因素和后天的环境、教育因素相互作用的结果。这些心理特征反映并决定了个体如何对个体的环境作出反应，是人在各种交互作用过程中形成的内在动力组织和相应的行为模式的统一体。

（二）人格的特征

一般而言，人格具有以下三个特征。

（1）人格的统一性和完整性。人格是一个统一的整体结构，其既不是由单一的人格特质所构成，也不是诸多人格特质的简单堆积，而是个体诸多人格特质的有机整合。即人格所有的心理特质既不是孤立存在，也不是机械地联合在一起，而是一个错综复杂、相互联系的完整统一体。

(2)人格的稳定性和可塑性。人格具有稳定性,人在其个体行为中偶然表现出来的心理特质不能算个体的人格特质,而只有相对稳定的心理特质才能界定为是个体的人格特质。所谓"江山易改,本性难移"就说明了人格的稳定性。例如,一个人一贯表现得很乐观开朗,但是其偶尔表现出悲观厌世的态度并不能视作这个人的人格特质。人是在家庭、学校教育以及社会实践的过程中逐步形成其动机、理想、信念、人生观和价值观。在这些稳定的心理特质的引导下,个体的心理面貌在不同的外部环境中会表现出相对的稳定性。

人格的稳定性并不表明人格是一成不变的,相反,正是由于人在出生后的社会化过程中不断学习和实践从而塑造了人格的稳定性,但稳定不是绝对的,而是发展变化的。这种发展变化的人格结构将会不断地完善一个人的人格。一般而言,儿童的人格不稳定,受外部环境的影响比较大;而成年人的人格则比较稳定,但是在成年人的生活过程中,自我调节心理状态也是十分必要的,这也说明了人格的可塑性比较强。

(3)人格的个体差异性。人格的独特性表明,在这个世界上没有人格完全相同的人。尽管个体的人格包含有共同的心理特质,但是其更具有鲜明的个体特征。一般而言,个体在其人格的形成过程中不可能有着完全相同的心理成长环境,也就不可能形成完全相同的人格特质。

【延伸阅读】

庄周梦蝶与认识自我

《庄子·齐物论》中有这样一个故事:庄子有一次做梦,忽然发现自己变成了一只蝴蝶,但是他醒来之后,思绪却陷入了长久的迷糊之中:"不知周之梦为蝴蝶欤,蝴蝶之梦为周欤?"(不知道是庄子梦中变成了蝴蝶呢,还是蝴蝶梦见自己变成了庄子?)这就是十分著名的"庄周梦蝶"。

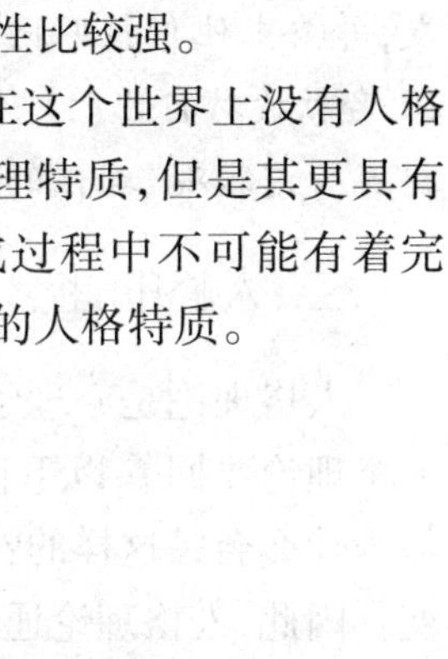

庄周作为中国古代最为著名的思想家之一,其早在两千多年前就提出了这样一个让人困惑至今的关于自我意识的哲学命题:我是谁? 谁又是我? 我是如何控制自己的? 而自己的心态、感知,又受到什么因素的影响而不断变化? 唐代大诗人李白还创造性地将

这一典故写入了自己的诗中:“庄周梦蝴蝶,蝴蝶梦庄周,一体更变易,万事良悠悠。”

从前,有一个押解和尚上京城的官差,他非常喜欢喝酒。住店的时候,和尚趁机把官差灌醉,给他剃了光头,然后就逃走了。官差醒来后发现少了一个人,大吃一惊,心里非常害怕。这时,他摸摸自己的光头,就笑了起来,说:“还好和尚还在。”可过了一会儿,他又疑惑:“我这是在哪里呢?”虽然这只是一则笑话,却揭示了每个人都有认识不了自己的魔咒,反映了人在特定的环境里无法了解自己的现象。这恰好验证了苏东坡的诗句:“不识庐山真面目,只缘身在此山中。”

当然,不少人认为自己是例外,自己能完全认识自己,并对自己作出客观的评价。于是,心理学家在美国斯坦福大学挑选了平日里被学生认为是冷静、客观、谦虚的20位不同学科领域的教授,并要求他们完成指定的20道个人描述题。此外,心理学家还请来这些教授的同事、亲人和朋友,并要求他们按照同样的方式对教授进行评价。结果表明,参与测试的20名教授对自己的评价比旁人对自己的评价高出20分以上。由此可见,就连所谓客观、理性的大学教授也不见得能客观地认识自己。

二、人格的理论

人格理论是心理学家对人性及其差异进行描述和解释的理论体系。人格理论要回答以下问题:他是一个什么样的人?他如何变成这样的?他为什么会是这样的?他是健康的吗?他会不会改变?如何来帮助他改变?因此,人格理论通常包括:第一,人格的实质和结构;第二,人格的发展历程和影响因素;第三,人格的动力;第四,人格的健康和改变问题。

下面我们将介绍具有代表性的对消费人格研究有着重要意义的弗洛伊德人格理论。

弗洛伊德作为心理治疗理论的开创者,其理论对于现代社会有着重大的影响;他所提出的诸多概念,例如潜意识、压抑、恋母情结等已成为现代人在日常生活中广泛使用的语汇。

(一)人格动力

弗洛伊德是第一个把物理学的动因理论引入心理学的,他认为人的一切精神活动都是心理动力的作用结果。人体是一个复杂的能量体系,其从大自然中获取能量,又为某种目的而消耗体内的能量。生命有机体系统通常是处于一种能量平衡的状态,人体一旦受到内部或外部的刺激和干扰,就会产生一种向平衡状态恢复的倾向,而这种本能活动的目的就在于发泄能量、满足需要、消除兴奋,从而最终达到和恢复平衡状态。

弗洛伊德在其理论中将人格动力称为本能,并把它分为生的本能和死的本能。生的本能在于个体追求生存和种族的延续,代表着爱和构建的力量,包括性、饥饿等。在文明社会里,饥和渴的本能一般都能够获得满足,但是性本能却会由于诸多社会原因而无法获得有效满足,并成为影响人格发展的重要原因。弗洛伊德认为人的性本能具有很大的灵活性,可以被压制而不活动,也可以因升华而得以转移,从而形成多重人格。性本能在人生的不同阶段具有不同的特征。死的本能在于人的生命是从无机体转化而来的,一开始就具有返回无机体的欲望,即表现为毁灭生命的欲望,所以死的本能表现为恨和破坏的力量。弗洛伊德还认为,死的本能既可以向个体内部发展,表现出个体的自责、自虐和自杀的心理动机;也可以向外表现,体现为恨、攻击、破坏和征服别人的心理动机。一般而言,在人遭受到挫折的时候,死的本能往往会向自我内部发展,形成一种自杀倾向。

(二)人格结构

弗洛伊德早期把人格的结构分为意识、前意识和潜意识。意识是人清醒知觉时候的思想和情绪,是随时可以观察到的心理现象。它负责调节进入心理意识的各种印象,压抑心理中先天的本能和欲望。潜意识是弗洛伊德人格结构的核心部分,他认为潜意识包括人的原始冲动、各种本能和个体出生后所形成的与本能有关的愿望。通常这些愿望是不能容于人类的风俗习惯、伦理道德和宗教法律的,从而被压抑在意识之外,然而它们并没有被磨灭,依然在不知不觉地积极活动以追求满足。潜意识是个体心里底层的基础和人类活动的原始驱动力,它决定着个体的全部意识活动,并影响个体的一言一行。前意识是指没有浮现在意识表面的心理现象,它是人们能够回忆起来的经验。它处于意识和潜意识之间,担任着检查员的角色,不准潜意识的本能和欲望随便进入意识之中。但是,当前意识丧失警惕的时候,被压抑的本能和欲望也会通过伪装从而进入意识之中。

弗洛伊德认为,意识是人们精神活动表层的一小部分,仅仅代表着人格的外表部分;而潜意识才是人的精神活动的主体,处于个体的心理深层。他认为仅仅通过意识来分析人的精神活动是不完整的,而只有充分把握好潜意识,才能完整地解释人类的精神活动。

弗洛伊德在晚年进一步提出了本我、自我和超我的三部分结构模型。本我主要是指人类的一些基本需求,包括生的本能、性、饥饿等。本我除了追求生存的本能,还包括攻击和破坏的原始冲动,因而又被称为死的本能。本我是个体心理活动的能量供给者,是人的生物性和精神性的结合体。本我按照“快乐原则”支配其活动,其一切活动就是要满足个体当前的、现时的需要。弗洛伊德认为,当人体受到外部刺激时,就会形成一定的心理欲望,人体的本能要求恢复其平衡,而本我的处理方式就是要求欲望立即获得满足。例如,当婴儿感到饥饿时,立即会要求母亲喂奶,否则将以哭的方式来解决。本我是人格形成的基础,自我和超我都是从本我中进一步分化出来的。自我是人格的意识结构部分,自我在考虑个体需要的外部条件下协调本我和超我的需要。自我是个体通过学习和对社会环境的实践而形成的,个体伴随着年龄的增长,将会逐渐意识到人不能随心所欲,还需要考虑现实条件的可能性,从而一步步地建立起自我。自我是人在出生后从本我中分化出来的,其作为人格结构中最主要的系统,自我是本我、超我与外界环境之间的中介。假如人格中仅有本我和超我部分,那么当个体有一定欲望需要的时候,他就会立即从环境对象中寻求满足。然而,现实中的个体行为还要受到超我的限制,超我就是人格结构中的“司法部门”,它对人的欲望进行道德限制。即超我就是自我的道德法官,其代表着人格的社会价值部分。社会价值和道德标准首先是由父母传递给个体,在人的社会化过程中,超我一直在完善发展着。超我的主要作用是对自我进行指导,从而限制本我的活动,是本我和自我的限制者。其主要表现为:第一,压制本我那些不为社会道德标准所允许的各种欲望,特别是性欲和攻击欲;第二,诱导自我用更加高级的社会目标代替本我的欲望目标;第三,通过理想奖励,使得个体向理想努力,完善人格。

可见,人格的三个部分不是孤立的,而是相互依存、相互作用的一个系统整体。其中,本我代表着个体的生理部分;自我代表着个体的心理部分;而超我则代表着个体的社会价值观。只有当人格的三个部分得到平衡发展,人格才能得以完善。一旦平衡状态被打破,人往往会产生焦虑,严重的会导致人格的异常。

(三)人格的发展

弗洛伊德十分重视个体的早期经验在其人格形成和发展过程中的作用。他认为本能是人格发展的基本动力(尤其是性本能),但是性本能不仅是指性欲,它包括了能够引起个体机体快感的一切活动,诸如生殖活动、接吻和触摸活动等。在人格发展的每个阶段,人的性本能获得快感的机体区域是不同的,按照性本能在身体区域的投射部位,人格发展可以分为以下五个阶段。

第一阶段:口唇期。口唇期是心理性欲发展的第一个时期,大约是持续到儿童出生后的 18 个月。在这个时期,儿童以口、唇、舌为主要的性快感区,如果儿童在这个区域的需要没有得到有效满足,就会形成一种紧张和不信任他人的人格特质;如果得到过度满足,儿童就会形成一种依赖和纠缠他人的人格特质。弗洛伊德认为,如果婴儿在口唇期的性本能活动没有受到限制,成人个体就会表现出乐观、慷慨、开放、活跃等积极的人格特质;相反,如果受到限制,成人就会表现出依赖、悲观、被动、猜疑、退缩等消极的人格特质。弗洛伊德认为,一个停滞在口唇期早期的人会从事大量的口唇活动,例如沉溺于吃、喝、抽烟等口唇活动,弗洛伊德称这种人格为口欲综合型人格;在口唇期晚期,性本能的感受部位主要是牙齿,快感来自撕咬活动,一个停滞于口唇期晚期的人会从事那种与撕咬相关的活动,例如挖苦、讽刺等活动,弗洛伊德把这种人格称为口欲施虐型人格。

第二阶段:肛门期。肛门期大约在婴儿出生 18 到 36 个月,在这个时期,儿童的性本能活动以肛门为主要敏感区域。在这个时期,儿童的快感主要来自于粪便的排泄和克制,如果父母的训练过严,儿童在情绪上会受到威胁、感到焦虑,从而影响其未来的人格发展,成人后的个体会表现出冷酷、顽固、吝啬、暴躁等人格特质。

第三阶段:性器期。性器期大约是在儿童 3 到 6 岁,是人格发展的最重要的阶段,以性生殖器为主要敏感区域。在性器期,儿童在其行为上有性别之分,并对自己的性器官发生兴趣。他们一方面模仿父母中的同性别者的行为,另一方面又以父母中异性为"恋想"对象。一般来说,男孩以父亲为模仿对象,以母亲为恋爱对象,这就是弗洛伊德所谓的恋母情结;同样,女孩以母亲为其行为的模仿对象,以父亲为恋爱对象,这就是弗洛伊德所谓的恋父情结。如果这两种情节能够得到顺利的解决,个体在人格的发展过程中,将会准确地定位其性别人格,而且还可以把父母的行为道德、社会态度彻底地内化成为儿童的超我人格，所以人们常说父母是孩子最好的老师，在这一时期，父母的示范作用显得尤为重要。

第四阶段：潜伏期。潜伏期潜伏的是个体的性本能，这个时期大约从性器期结束一直持续到个体的青春期开始（大约12岁）。在潜伏期，个体的性兴趣处于低潮阶段，一般被其他兴趣所替代，例如知识的学习、同伴的交往和文化体育活动；同时还表现为男女之间的关系变得十分疏远，几乎不发生联系，在这段时期个体在团体活动中，一般都是以男女来分组。在这一时期，人格的超我部分获得了较大的发展。

第五阶段：生殖期。生殖期一般是个体的青少年时期，大约是在12岁到20岁这段时间。弗洛伊德认为，在上述人格的发展过程中，个体一直是处于一种自恋的状态，性本能的满足主要是通过自身的感官刺激以及自己对性器官的抚摸。进入生殖期以后，个体开始对异性感兴趣，并从自恋转化为异性恋，一旦形成异性恋人格，它就会在个体一生中得以持续。此时，个体从一个追求快感的自私的人转化为追求异性的社会化的人。弗洛伊德认为，如果个体在这段时期的欲望得不到顺利的发展，个体就会产生性犯罪、性反感甚至患上精神疾病。同时，这一阶段的个体开始摆脱父母寻求并建立自己独立的生活。这个时期也是对个体的社会化影响比较大的阶段，人格的超我部分基本上形成。

可见，在个体的人格发展过程中，性本能的发展和人格的发展有着密切的关系，性本能在人格发展过程中倾向于停留在原先的初级阶段或者向初级阶段倒退，从而影响了人格的健康发展。

（四）弗洛伊德人格理论的相关评价

弗洛伊德所创建的人格理论对于以后心理学发展的影响十分广泛。但是，自从该理论诞生至今，人们一直褒贬不一。我们认为评价一个理论需要一分为二，既要肯定其功绩，也要认清其不足。一方面，弗洛伊德人格理论的主要贡献在于：第一，弗洛伊德发现了潜意识，拓宽了心理学的研究领域。潜意识的提出开启了人们分析心理意识的深层次研究，同时也冲击了传统的心理意识观念。第二，弗洛伊德发现了人格动力的心理能量，特别是性本能的提出，其贯穿了人格发展的所有阶段，性本能的活动影响人格的发展。第三，弗洛伊德的人格理论强调儿童的早期经验以及父母对儿童的教养态度对其以后人格的形成和发展的影响。儿童的早期经验发生在儿童的人格尚未完全发展起来的阶段，其对儿童的人格发展产生着重大的影响。第四,弗洛伊德开创性地提出了本我、自我和超我的三元人格结构,它们之间的矛盾统一关系直接影响着个体的心理活动和思想意识。第五,弗洛伊德明确划分了人格发展的各个阶段,并且详细描述了各个阶段心理活动的主要区域以及各个阶段心理活动的不同特点。另一方面,弗洛伊德人格理论的主要不足在于:第一,弗洛伊德过分夸大了潜意识的作用,同时贬低了意识和理性的作用。他把潜意识的本能和欲望看成是个体一切行为的动力,而把理性和意识仅作为调节本能和欲望的次要因素。第二,弗洛伊德过分强调了性本能在人格发展过程中的作用。他认为人一出生就伴随着性本能,然而性本能仅仅是个体所有本能中的一种,性欲也只是在一定年龄以后才在个体的人格行为中表现出来。弗洛伊德把性本能升华为所有器官的快感,并没有现实的证据。弗洛伊德因过分夸大性本能的作用而成为泛性论者,他甚至把食欲都性欲化。第三,弗洛伊德过分强调了童年经历对于个体人格形成和发展的影响,而忽略了儿童在社会化过程中所处的外部环境对其人格的改变作用。尽管儿童在童年时期其生活范围比较狭小,所受到社会环境的影响也较小,但是在其成长过程中,人格的变化性还是能够得以充分体现。

知识链接

弗洛伊德与心理分析

西格蒙德·弗洛伊德(Sigmund Freud,1856—1939),犹太人,奥地利精神病医生及精神分析学家。精神分析学派的创始人。他认为被压抑的欲望绝大部分是属于性的,性的扰乱是精神病的根本原因。著有《性学三论》《梦的释义》《图腾与禁忌》《日常生活的心理病理学》《精神分析引论》《精神分析引论新编》等。

三、消费者的气质

(一) 气质的概念

气质是人典型的、稳定的个性心理特征,主要表现为人的心理活动动力方面的特点。是人的个性心理特征之一,它是指在人的认识、情感、言语、行动中,心理活动发生时力量的强弱、变化的快慢和均衡程度等稳定的动力特征。主要表现在情绪体验的快慢、强弱、表现的隐藏和明显程度以及动作的灵敏或迟钝方面,同时还表明了心理活动的指向性,是倾向于外部事物,从外界获得新的印象,还是倾向于内部事务,体验自身情绪,分析自己的思想和印象。因而它为人的全部心理活动表现染上了一层浓厚的色彩。

（二）气质的类型

心理学家对气质这一心理特征进行了大量的研究,相继产生了各种气质学说和研究成果,比如A.托马斯和切斯提出儿童气质的九个维度,即活动水平、节律性、主动或退缩、适应性、反应阈限、反应强度、情绪质量、分心程度、注意广度和持久性,并据此划分三种气质类型:易教养型、困难型和缓慢发动型。其中最具有代表性的还是希波克拉底的体液学说和巴普洛夫的神经活动类型学说。

希波克拉底在古希腊医生恩培多克勒(约公元前495—前435年)“四根说”的基础上,提出了气质的体液说。他认为:人体含有四种不同的液体,即血液、黏液、黄胆汁和黑胆汁。它们分别产生于心脏(血液)、脑(黏液)、肝脏(黄胆汁)和胃(黑胆汁)。希波克拉底认为,四种体液形成了人体的性质,机体的状况取决于四种液体的正确配合。在体液的混合比例中,血液占优势的人属于多血质,黏液占优势的属于黏液质,黄胆汁占优势的人属于胆汁质,黑胆汁占优势的人属于抑郁质。

A.多血质。活泼,好动,反应迅速,兴趣广泛,注意力不容易集中,情绪易起伏波动等。

B.胆汁质。直率,热情,精力旺盛,心理变化剧烈。

C.黏液质。安静,稳重,反应缓慢,沉默寡言,善于忍耐,注意力稳定,不容易转移,情绪隐藏较深。

D.抑郁质。孤僻,不愿和人接触,多疑,行动迟缓,感情体验深刻,注意细节,敏感。

由俄国生理学家巴普洛夫创立的机制高级神经活动类型学说认为,人的心理活动是以大脑左右脑的皮层细胞活动为基础的,人的大脑的两半脑的活动具有两个基本过程,即兴奋和抑制。不同的两个基本过程的平衡性和转换的灵活性决定了人神经系统活动的四种类型,表现在人的行为方式上就分为四种气质。

A. 兴奋型。容易兴奋难以抑制，这种气质的人情绪产生迅速而且强烈，容易激动，自制力较差，表现出暴躁狂热的言行。

B. 活泼型。兴奋和抑制活动基本平衡，且灵活性较强。这种气质的人行动敏捷，反应迅速，适应性较强，浮躁轻率。

C. 安静型。兴奋和抑制基本平衡，但灵活性较差，反应比较迟缓，不容易受到周围环境的影响，惰性较大，坚毅但顽固。

D. 抑制型。兴奋和抑制都很弱，导致这类人胆小而容易伤感，心理承受能力较弱，言行慎微，为人孤僻。

【延伸阅读】

巴纳姆效应与自我认知的偏见

形成人们行为的心理因素大多是无意识的，并且一个人无法充分理解自己的动机。

——弗洛伊德

人们常常认为一种笼统的、一般性的人格描述能十分准确地揭示自己的特点，每个人都会很容易相信一个笼统的、一般性的人格描述特别适合他。即使这种描述十分空洞，他仍然认为反映了自己的人格面貌。

心理学上将这种心理倾向称为“巴纳姆效应”(Barnum Effect)。巴纳姆效应又叫福勒效应，因为它最早是由心理学家伯特伦·福勒于1948年通过实验证明的。

20世纪50年代，心理学家保罗·米尔以著名的美国马戏团艺人巴纳姆的名字将这一实验结果命名为“巴纳姆效应”，因为巴纳姆曾经说过一句名言：“任何一流的马戏团应该有能力让每个人看到自己喜欢的节目！”而要避免巴纳姆效应，就应能客观真实地认识自己。

早在2 000多年前，古希腊人就把“认识你自己”作为铭文刻在阿波罗神庙的门柱上。然而，时至今日，“认识自我”距离我们似乎仍很遥远。究其原因,正是源于心理学上的“巴纳姆效应”。

事实上,在日常生活中,我们既不可能每时每刻去反省自己,也不可能总把自己放在局外人的地位来观察自己,于是只能借助外界信息来认识自己。正因如此,每个人在认识自我时很容易受外界信息的暗示,迷失在环境当中,受到周围信息的暗示,并把他人的言行作为自己行动的参照。

“巴纳姆效应”指的就是这样一种心理倾向,即人很容易受到来自外界信息的暗示,从而出现自我知觉的偏差,认为一种笼统的、一般性的人格描述十分准确地揭示了自己的特点。

同样的道理,“巴纳姆效应”还能说明为什么人们会觉得星座性格分析、生肖性格分析、血型说明的描述符合自己的情况。从心理学的角度来分析,人们会很容易相信一个笼统的、一般性的人格的描述,并认为那个描述非常符合自己的情况。曾有心理学家针对这一效应做过一个实验,他给一群人做完明尼苏达多项人格调查表(MMPI)后,拿出两份结果让参加者判断哪一份是自己的结果。事实上,一份是参加者自己的结果,另一份是多数人的回答平均起来的结果。参加者竟然认为后者更准确地表达了自己的人格特征。

这项研究告诉我们,每个人很容易相信一个笼统的、一般性的人格描述特别适合他。即使这种描述十分空洞,他仍然认为反映了自己的人格面貌。曾经有心理学家用一段笼统的、几乎适用于任何人的话让大学生判断是否适合自己,结果,绝大多数大学生认为这段话将自己刻画得细致入微、准确至极。

请问下面一段话,你觉得是否也适合你呢?

“你很需要别人喜欢并尊重你。你有自我批判的倾向。你有许多可以成为你优势的能力没有发挥出来,同时你也有一些缺点,不过你一般可以克服它们。你与异性交往有些困难,尽管外表上显得很从容,其实你内心焦急不安。你有时怀疑自己所作的决定或所做的事是否正确。你喜欢生活有些变化,厌恶被人限制。你以自己能独立思考而自豪,别人的建议如果没有充分的证据你不会接受。你认为在别人面前过于坦率地表露自己是不明智的。你有时外向、亲切、好交际,而有时则内向、谨慎、沉默。你的有些抱负往往很不现实。”

如果你想要避免巴纳姆效应,客观真实地认识自己,有以下几种途径。

第一,要学会面对自己。有这样一个情商测试题:当一个落水昏迷的女人被救起后,她醒来发现自己一丝不挂时,第一个反应会是捂住什么呢? 如果你的答案是:“尖叫一声,然后用双手捂着自己的眼睛”,那么从心理学上来说,这是一个典型的不愿面对自我的例子,因为自我有“缺陷”或者自己认为是缺陷,就试图把它掩盖起来,但事实上这种掩盖方式就像上述那个落水女人一样,是蒙蔽了自己的眼睛。所以,想正确认识自己,首先必须要勇于面对自己。

第二,培养一种收集信息的能力和敏锐的判断力。很少有人天生就拥有明智和审慎的判断力,实际上,判断力是一种在收集信息的基础上进行决策的能力,信息对于判断的支持作用不容忽视,没有相当的信息收集,很难作出明智的决断。

有这样一个故事:一个替人割草的孩子打电话给一位陈太太说:“您需不需要割草?”陈太太回答说:“不需要了,我已有了割草工。”这个孩子又说:“我会帮您拔掉花丛中的杂草。”陈太太回答:“我的割草工也做了。”这孩子又说:“我会帮您把草与走道的四周割齐。”陈太太说:“我请的那人也已做了,谢谢你,我不需要新的割草工人。”于是,孩子便挂了电话。孩子的哥哥在一旁问他:“你不是就在陈太太那儿割草打工吗? 为什么还要打这电话?”孩子带着得意的笑容说:“我只是想知道我做得有多好!”这个孩子可以说是十分关心收集针对自己的信息,因此,可以预见他的未来成长以及可能取得的成就,绝非是一般小孩子能比。

第三,以人为镜,通过与自己身边的人在各方面的比较来认识自己。在比较的时候,对象的选择至关重要。找不如自己的人作比较,或者拿自己的缺陷与别人的优点比,都会失之偏颇。因此,要根据自己的实际情况,选择条件相当的人作比较,找出自己在群体中的合适位置,这样认识自己,才比较客观。

第四,通过对重大事件,特别是重大的成功和失败认识自己。重大事件中获得的经验和教训可以提供了解自己的个性、能力的信息,从中发现自己的长处和不足。

可见,越是在成功的巅峰和失败的低谷,就越能反映一个人的真实性格。因为无论是成功还是失败时,我们认识的都是自己。

第二节　品牌形象的人格心理与行为

一、品牌形象概述

（一）品牌的基本含义

科特勒认为，品牌就是名字、称谓、符号和设计的总和，其功能就是使得产品或服务有别于其他竞争者。可见，品牌的功能在于减少消费者选择产品或服务时所需要花费的认知成本，从而让消费者选择品牌产品成为一种省时、可靠、安全的消费决策活动。科特勒认为品牌不仅仅是针对消费者的，对企业有价值的也绝不仅仅是消费者，科特勒品牌的定位是给所有利益相关者创造价值，同时也是企业给所有利益相关者的价值指示器。所以，品牌最终是一个“互相发现价值、互相承诺、互相组成价值网络的企业或个人或其他组织的价值组合”的枢纽。伴随着生产技术和营销渠道的演进，消费者就会日益身处更多的产品或服务供其选择的市场环境。这样，如何突出产品或服务的特点就成为现代企业所面临的严峻挑战，因此，建立品牌的重要性也就日益突出。

（二）消费认知与品牌人格

现代企业建立品牌的出发点是满足消费者需求，然而人们的需求是多种多样的，并且还会随着时空环境和文化背景的变化而变化。一般而言，品牌价值在于引发消费者对于品牌的人格认知与购买倾向，只要消费者认知了一个品牌，就会引发其产生相应的购买倾向。品牌价值包含以下三个部分：第一，产品的特点、属性和相关的实际效用。这是品牌价值中最核心的部分，也是企业创立品牌的基础所在。产品的特点、属性和相关的实际效用能够满足消费者基本的需求和欲望，但是这不足以建立起一个独一无二的品牌。第二，情感需求。一般而言，消费者对产品的了解程度远比不上企业对自己产品的了解。尽管消费者对产品的了解很少，但是消费者也会用自己的语言来诠释产品，并试图寻找产品的优点，而品牌就可以直接带给消费者以鲜明的产品人格形象。品牌的功能就是界定消费者的需求，因此所有厂商应该了解其产品所能满足的消费需求，从而建立起自己的品牌人格。在实际消费活动中，消费者往往对一个品牌的产品和属性不会尽知尽晓，但是他们却总是喜欢某些品牌超过其他品牌，这种品牌偏好就来源于人们的情感需求。第三，独特性。一个好的品牌必然传递出自身产品的与众不同之处，让产品可以在众多品牌中脱颖而出。例如人们购买汽车时有这样几种品牌：奔驰、宝马、桑塔纳、本田。每种品牌汽车代表了不同的产品特性、不同的文化背景、不同的设计理念、不同的心理目标，消费者和用户便可根据自身的需要，依据产品特性进行选择。

品牌的奥秘就是借助消费者对品牌的认知从而给企业及其产品增加价值，特别是消费者的人格认知，这些无形的心理认知就是将消费者与品牌人格联系在一起的情感联想、信念以及价值观。一旦消费者与品牌建立起感情联想，消费者就会通过重复购买的消费行为以体现其品牌认知，这正是品牌的核心价值所在。而一旦消费者将心理认知与某一品牌相联系，在消费者重复购买的过程中也将不断自我强化这种人格认知。建立品牌就是通过围绕品牌的核心价值（通常是产品的特点、属性和相关的实际效用）建立起消费者的品牌感情。换言之，建立品牌感情就是要建立起某一品牌与其他同类品牌之间的区别性，也就是建立起相应的品牌人格（或品牌个性）以符合消费者的认知预期，即形成“品牌个性显示”“消费认知预期”“消费预期满足”和“消费认知强化”的良性循环，这也正是人格因素在品牌建立过程中所要发挥的重要作用。

【延伸阅读】

“万宝路”品牌的重生之路

20世纪20年代的美国，被称为“迷惘的时代”。经过第一次世界大战的冲击，许多青年人都认为自己受到了战争的创伤，并且认为只有拼命享乐才能将这种创伤冲淡。他们或在爵士乐的包围中尖声大叫，或沉浸在香烟的烟雾缭绕当中。无论男女，他（她）们嘴上都会异常悠闲雅致地衔着一支香烟。妇女们愈加注意起自己的红嘴，她们精心地化妆，与一个又一个男人“伤心欲绝”地谈恋爱；她们挑剔衣饰颜色，感慨红颜易老、时光匆匆。妇女是爱美的天使、社会的宠儿，她们抱怨白色的香烟嘴常沾染了她们的唇膏。于是“万宝路”出世了。“万宝路”这个名字也是针对当时的社会风气而定的。“MARLBORO”其实是“Man Always Remember Love Because Of Romantic Only”的缩写，意为“男人们总是忘不了女人的爱”。

其广告口号是“像五月的天气一样温和”,用意在于争当女性烟民的“红颜知己”。为了表示对女烟民的关爱,莫里斯公司把“Marlboro”香烟的烟嘴染成红色,以期广大爱靓女士为这种无微不至的关怀所感动,从而打开销路。然而,几个星期过去,几个月过去,几年过去了,莫里斯公司所期待的销售热潮始终没有出现,炽热的期待不得不面对现实中尴尬的冷场。

“万宝路”自从1924年问世直至20世纪50年代,始终默默无闻。它的温柔气质的产品形象似乎也未给广大淑女们留下深刻的印象,其广告口号“像五月的天气一样温和”显得过于文雅,而且是对妇女身上原有的脂粉气的附和,致使广大男性烟民对其望而却步。这样的一种广告定位虽然突出了自己的品牌个性,也提出了对女性消费者的特殊偏爱,但却为其未来的发展设置了障碍,导致它的消费者人群难以扩大。女性对香烟的嗜好远不及其对于服装的热情,而且一旦她们成为贤妻良母,其并不鼓励自己的女儿抽烟!香烟是一种特殊商品,它必须要有稳固的消费人群,重复消费的次数越多,给制造商带来的销售收入就越大。而女性往往出于爱美之心,担心过度抽烟会使牙齿变黄,肤色受到影响,因而其在抽烟时较男性烟民则要节制得多,“万宝路”的市场命运在上述原因的作用下也就日趋黯淡。

在20世纪30年代,“万宝路”香烟同其他消费品一起,度过由经济危机所带来的“大萧条岁月”,这时它的名字仍鲜为人知。第二次世界大战爆发后,烟民数量迅速上升,同时,过滤嘴香烟出现了,烟民们相信过滤嘴可以使香烟中有害的尼古丁成分进入不了身体,可以放心大胆地抽自己所喜欢的香烟。菲利普·莫里斯公司也忙着给“万宝路”香烟配上过滤嘴,冀望借此获得市场转机,然而令其失望的是,烟民们对“万宝路”香烟的反应始终很冷淡。

抱着心存不甘的心情,菲利普·莫里斯公司开始考虑重塑品牌形象。莫里斯公司邀请利奥·伯内特广告公司为“万宝路”香烟作广告策划,以期打出“万宝路”的名气与销路。利奥·伯内特广告公司的策划人员对一筹莫展的求援者说:“让我们忘掉那个脂粉香艳的女子香烟,重新创造一个富有男子汉气概的举世闻名的‘万宝路’香烟!”这样,一个崭新大胆的改造“万宝路”香烟形象的计划诞生了。产品品质不变,包装采用当时首创的平开式盒盖技术,并将名称的标准字(MARLBORO)尖角化,使之更富有男性的刚强,并以红色作为外盒的主要色彩。而广告的重大变化是:

“‘万宝路’香烟广告不再以妇女为其主要传播对象,而是代之以硬铮铮的男子汉”。即在广告中突出强调了“万宝路”香烟的男子气概,以吸引所有爱好追求这种气概的目标顾客。菲利普公司开始尝试用马车夫、潜水员、农夫等做具有男子汉气概的广告男主角,但这个理想中的男子汉最终还是聚焦到美国牛仔这个形象上:一个目光深沉、皮肤粗糙、浑身散发着粗犷豪气的英雄硬汉,在广告中袖管高高卷起,露出多毛的手臂,手指间总是夹着一支冉冉冒烟的“万宝路”香烟。这种洗尽女人脂粉味的广告于1954年问世,它给“万宝路”带来了巨大的财富。仅在1954—1955年,“万宝路”香烟销量便提高了整整3倍,一跃成为全美第10大香烟品牌,1968年其市场占有率攀升至全美第二位。

现在,“万宝路”香烟每年在世界上的销售量是3 000亿支,用5 000架波音707飞机才能装完。世界上每抽掉4支烟,其中就有一支是“万宝路”。那么,是什么原因使得曾经名不见经传的“万宝路”香烟变得如此令人青睐呢?1987年,美国权威财经杂志《福布斯》专栏作家布洛尼克调查了1 546个“万宝路”香烟爱好者。调查结果表明:许多被调查对象明确无误地说他喜欢这个香烟牌子是因为它的口感好,烟味浓烈,使他们感到身心非常愉快。然而,布洛尼克却怀疑真正使人着迷的并不是“万宝路”与其他香烟之间微乎其微的烟味上的差异,而是“万宝路”广告给吸烟者所带来的心理上的优越感。于是,布洛尼克做了个试验,他向每个自称热爱“万宝路”香烟味道的瘾君子以半价提供“万宝路”香烟,这些香烟虽然在外包装上并未标明“万宝路”商标牌号,但是厂商可以证明这些香烟确为“万宝路”真货,并保证其口感质量与在商店出售的“万宝路”香烟一样,然而,最终结果却仅有21%的人愿意购买。布洛尼克是这样解释这一奇特现象的:“烟民们真正需要的是‘万宝路’香烟外包装所带给他们的自我满足感,尽管简易包装的‘万宝路’香烟口感质量与正规包装的‘万宝路’一样,但却并不能给烟民们带来这种心理上的自我满足感”。

另外,布洛尼克在调查中还发现这些“万宝路”爱好者每天要从衣袋中取出“万宝路”香烟多达20—25次。可见,“万宝路”的包装形象已经同服装、首饰等各种装饰物一样成为社会中人际交往的一个重要标志(所谓“万宝路”香烟的口感质量则只不过是这一品牌形象上的附加因素罢了),而这才是人们购买“万宝路”香烟的真正动机。

二、品牌价值解析

(一)品牌的质量价值

品牌的质量价值主要是用于描述消费者对某一品牌产品质量的感性认识,并根据这一认识来决定其购买行为。它与产品的现实质量不同,但是以产品的现实质量为基础,其具体包括:①绩效质量,即产品或服务所释放的为消费者所感知的效用程度,由于消费者的个体差异,这一部分取决于消费者主观因素;②材料质量,即产品的配料、外观特征以及相关服务的特性和数量,这一部分取决于成本投入的客观因素;③生产质量,即与产品标准规格的一致性,这一部分将取决于技术的客观限制。品牌的质量价值与顾客满意度有所不同,高水准的质量价值与低期望条件下的顾客满意度有着天壤之别。同时,品牌的质量价值与人们的消费态度不同,消费者可能会对低价产品持肯定态度,而对高质、高价产品持否定态度。关键在于产品是否满足消费者本身对于不同产品的预期,一个消费者可能对于低价货抱有的低质量预期在产品中得到满足,却对高价格产品抱有过高预期,当不能从产品中满足其预期时,便会对产品产生否定态度。尽管品牌的质量价值是消费者对一个品牌产品的无形的、全面的感知,但是品牌的质量价值还是建基于该品牌产品的绩效质量、材料质量与生产质量。

品牌体现的质量价值可以给品牌带来价值增值,品牌所体现的质量价值中超出消费预期的部分构成其价值增值的主要部分。它从以下五个方面给品牌带来价值增值:第一,消费者购买行为的动因。在绝大多数情况下,一个品牌所体现的质量价值感知是促进消费者购买的关键动因,在相同的市场价格条件下,其直接影响消费者选用一种品牌和排除另一种品牌。品牌所体现的质量价值感知与消费者购买行为之间的直接关系使得产品在市场竞争中更体现出品牌效应,如果品牌体现的质量价值很高,广告宣传的促销手段也显得更加有效;相反,如果品牌体现的质量价值越低,产品的生存就越困难。第二,在同类品牌中的定位。品牌的定位就是产品所体现的质量价值在广大消费者心目中的位置,一个高质量价值体现的品牌必然会在行业中占据很高的市场份额,从而提升企业的品牌价值,同时品牌的质量价值感知也直接影响着消费者对品牌产品的认可度和忠诚度。第三,品牌溢价。只有高质量价值体现的品牌才具有产品溢价的基础。产品溢价能够增加企业的利润，同时也使得品牌具有再投资的价值。品牌中的知名品牌在这一方面表现最为突出，如海尔家电，其价格一般比同等产品高；耐克运动鞋，比同等的李宁运动鞋、安踏运动鞋高出几百元。产品溢价不仅给企业带来了利润的增长，同时也给品牌本身带来了无形的收益。比如劳斯莱斯品牌，人们不惜重金所要购买的不仅是一辆汽车，更是劳斯莱斯品牌本身所象征的权力、尊贵与奢华。可以说，人们是为了"劳斯莱斯"掏钱，而不是那辆真皮座椅、手工打造的汽车。第四，销售人员的认同。品牌所体现的高质量价值感知使得企业销售人员更有信心去开展销售活动，从而增加企业的利润；同时，销售人员的形象和信心也使得消费者对品牌形成更好的质量感知。第五，品牌的扩展价值。品牌所体现的高质量价值感知使得企业可以扩大品牌的产品范围，在企业推广新产品时，高的品牌质量价值将会吸引消费者的购买和认可。看看耐克的广告，我们就能知道，耐克广告宣扬的是一种理念、一种生活和运动的方式，当"Just Do It"遍布大街小巷的时候，却很少看到它为了单一产品进行宣传。但是耐克旗下的各类产品却赢得了消费者的青睐，这正是耐克品牌所带来的价值认可。

研究表明，品牌所体现的质量价值感知从以下四个方面来增加产品的价值：首先，品牌质量价值直接影响品牌产品的市场份额，当其他因素相同的时候，高质量的产品总是受到消费者欢迎并且能够占据更多的市场份额，即企业可以通过占据更多的市场份额以实现规模效应，从而降低生产成本。其次，品牌质量价值会影响消费者可接受的品牌产品的价格，高的品牌质量价值感知允许企业向消费者索取高的产品价格，而高的产品价格又进一步强化了品牌的质量价值感知。再次，品牌质量价值会直接影响企业的利润，高的质量价值感知可以通过品牌产品溢价的方式以有效增加企业的利润。最后，品牌质量价值将会影响企业拓展市场和抵御危机的能力。产品的市场不会是一成不变的，会扩张也会萎缩，良好的品牌质量将是自己的产品在市场扩张时的推进器，也会是市场萎缩时的降落伞，以保证企业可以完成自我转型。

（二）品牌的联想价值

品牌联想是指在消费者记忆中与品牌相关联的每一种元素。例如，可口可乐就可以使消费者联想起：红色、成功、奥运、运动等；三星可以使消费者联想起时尚、科技、品位等。品牌联想不仅存在，而且还能够有效增加品牌的价值。换言之,品牌的核心价值之一就在于其能够引发消费者的品牌联想,让消费者可以从众多相似产品中定位品牌产品。洗衣粉都大同小异,没什么区别,但消费者似乎总相信雕牌、汰渍等进行大量广告宣传的品牌比其他品牌更好,洗得更干净。品牌联想的作用具体表现为如下几个。

第一,品牌联想可以帮助消费者获得品牌产品的相关信息。消费者通过品牌联想可以总结出关于品牌产品的一系列事实和信息,从而大大降低消费者购买行为的认知决策成本,因为消费者要想获得产品的全部信息,其认知决策成本是巨大的,甚至是不可能的,对于大多数消费者,了解所购买产品的全部信息也是不必要的。然而,一个简单的品牌联想则可以带给消费者一些关键信息,从而便于消费者作出是否购买的决策。比如,消费者不必知道复杂的化学知识和读懂晦涩的产品化学原料,也能知道兰蔻的化妆品比其他品牌对皮肤的刺激更小。

第二,品牌联想可以使得品牌产品与其他同类品牌相区分。因为在某些行业中,仅依靠产品的质量体现来区分品牌差异是很困难的,这些行业的产品和服务往往具有一定的同质性,例如时装、酒和香烟等,而品牌联想则可以增加品牌的竞争优势。品牌联想就是品牌的个性所在。品牌可以通过品牌联想来锁定具有共同偏好的消费者人群,从而使得品牌产品立于不败之地。例如,中华香烟就会让消费者联想到民族的、权威的等认知元素。对于某些产品基本功能几乎无差异的产业更是如此,例如空调行业,各大厂商不惜花大量成本增加产品的附加功能,如空气净化、保湿、恒温装置等,以使自己的产品区别于其他品牌的产品,以便争取特定的消费群体。

第三,品牌联想可以引发消费者的购买行为。品牌联想使得消费者联想到产品的特征和产品所代表的认知元素,从而引发消费者的购买行为。例如,网球大师所使用的网球拍、娱乐明星所使用的化妆品以及专业发型师所使用的洗发产品等,都会带给消费者以信任该产品的相关联想。品牌联想在品牌广告策略中得到了充分运用。

第四,品牌联想可以改变消费者对品牌产品的态度。品牌联想给消费者带来的感觉可以直接与品牌态度相联系,令人喜爱的品牌标志可以带给消费者以愉悦的联想,从而转变消费者对于品牌产品的负面态度。关于可乐饮料对于人体危害的报道不绝于耳,但可乐产业并没有遭受灭顶之灾。原因在于无论是百事可乐还是可口可乐都不以健康作为品牌营销的重点，而是带给消费者清爽、年轻、放松等感觉，从而抵消了对于健康问题的不良影响。

品牌联想能够增加品牌价值，但是品牌联想究竟包括什么呢？一般而言，品牌联想主要包括以下四个方面。

(1)产品特征，品牌定位策略就是将品牌联想与产品特征相联系。一旦品牌联想的产品特征具有意义，品牌联想就会成为购买品牌产品的动因。高露洁之所以成为牙膏行业的领导品牌，就是因为防止蛀牙的品牌联想有效地推动了高露洁的市场定位，从而使得高露洁牙膏在牙膏市场中占据了很高的市场份额。不同的知名品牌都联系着相关的品牌产品特征，例如宝马汽车的品牌联想定位于运行优异以及优美的外形风格；而奔驰汽车的品牌联想定位于豪华汽车的优异设计；沃尔沃汽车的品牌联想则是定位于安全耐用性。特定的品牌联想将能使厂商锁定某一特定的消费群体，形成一定程度的垄断，增加厂商的市场影响力。例如日本汽车似乎永远不是高档汽车的代名词，但是不可否认日本汽车行业的成功和对于整个汽车行业的影响力。原因就在于其牢牢抓住了市场上对于经济类汽车的需求。

(2)心理利益。产品特征能够给消费者带来实际利益，而品牌则能给消费者带来心理利益，例如宝马汽车在心理上带给消费者以满意的驾驶者联想。实际的产品利益与产品特征紧密相连，并且成为消费者理性购买行为的重要动因；而心理利益则是消费者在购买和使用品牌产品时的内心感觉。一套阿玛尼的西装总能让你觉得更加自信、高人一等。

(3)人格因素。品牌联想可以是基于消费者的个性及其生活方式，一旦品牌能够产生这种联想时，就会引发具有相同人格的消费者产生预期的消费行为。因此，基于消费者的人格因素进行品牌定位是至关重要的。例如，百事可乐对可口可乐和百事可乐的忠实消费者进行调查的结果显示：可口可乐带给人的品牌联想是家庭、成功、富裕、悠闲、安宁的传统乡村生活；而百事可乐则意味着兴奋、躁动、活力、急速、激情的现代都市生活。根据这一调查结果，百事公司决定基于这一人格联想进行品牌产品开发与广告宣传，公司营销策略的重点从口味的测试转化为聘请 Michael Jackson 作为品牌代言人，最终百事可乐成功占据了稳定的市场份额。

(4)品牌对于消费者的外溢效应。消费者在选择产品的时候，并不总是基于产品本身所带来的效益,品牌所带来的效益有时似乎更加重要。一位女士购买一套PRADA的晚礼服并不是因为PRADA材料更加舒适、做工更加精细,而只是因为它是PRADA,能在宴会上带来其他品牌所不能带来的更多的关注,而这种关注才是女士精心打扮自己的原因。

【延伸阅读】

心理暗示的图腾——品牌联想的本质

心理学认为人们都有一种倾向,即自觉或不自觉地维护"自主的"地位,不愿意受别人的干涉或控制。因此,暗示的作用往往比直接劝说或指示或命令的作用大。例如,简单地吩咐孩子:"快去睡觉""闭上眼睛"往往并不见效,有时反倒使孩子更加兴奋。这时,你不妨在被窝里给孩子讲故事:"有一天,小鸭子要出去玩。妈妈对他说别的小朋友都睡觉了。小鸭子不听,走到河边一看,鱼都睡觉了。走到树林一看,小狗都睡了。走到田野里,小鸡都睡觉了,睡觉了,睡觉了,他们都睡觉了,他们都把眼睛闭上了。小鸭子想,妈妈说得对,我也想睡觉了。于是,他……"在讲故事的时候,注意用一种单调的疲倦的声音,同时不断地重复"睡觉了""闭眼了"等,声音逐渐逐渐减弱,最后若有若无。你在讲故事的同时闭上眼睛,并不住地打呵欠。试一下吧,灵验得很!

所谓心理暗示,是指人接受外界或他人的愿望、观念、情绪、判断、态度影响的心理特点,是人们日常生活中最常见的心理现象。它是人或环境以非常自然的方式向个体发出信息,个体无意中接受这种信息,从而作出相应的反应的一种心理现象。巴甫洛夫认为:暗示是人类最简单、最典型的条件反射。从心理机制上讲,它是一种被主观意愿肯定的假设,不一定有根据,但由于个体主观上已肯定了它的存在,其在心理上便竭力趋向于这项内容。人们在日常生活中无时不在接收着外界的暗示,如广告对购物心理的暗示作用。

在日常生活中,心理暗示悄悄地影响着个体的行为。美国田纳西州有一座工厂,许多工人都是从附近农村招募的。这些工人由于不习惯在车间里工作,总觉得车间里的空气太少,因而顾虑重重,工作效率自然降低。后来厂方在窗户上系了一条条轻薄的绸巾,这些绸巾不断飘动着,暗示着空气正从窗户里涌进来。工人们由此去除了"心病",工作效率随之提高。

事实上,暗示不仅对人们的心理或行为发生影响,还会引起人们的生理变化。在实验室里,反复给被实验者喝大量的糖水,经过检验,可以发现其血糖增高,出现糖尿并且尿量增多等生理变化。后来,即使不给糖水,实验者用语言暗示,同样会发生上述生理变化。这一实验表明,语言暗示可以代替实物,给人脑以兴奋的刺激,虽然被实验者并未喝糖水,但人脑仍然参加了体内糖的代谢活动。此外,人们常讲的"望梅止渴"的典故,也是由于暗示的积极影响。

曾有一个死刑犯,当他被绑起来蒙上眼睛后,有人在他的旁边对他说:"你要接受的刑罚是缺血死亡。"然后用叶子在他的手腕上轻轻划了一下,当然,这不可能造成任何伤口。这个犯人的手腕旁边,有一个容器向下"啪嗒,啪嗒"滴着水,一天后,这个犯人果然死了。解剖他的尸体,果然就是缺血而死,但事实上他并没有出过血。原因就是他经过了暗示后,以为自己的动脉已被割开,那水滴声就是自己血滴下的声音。在这样的自我暗示下,他竟然真的死了,并且表现出缺血的症状。此外,许多生机勃勃的人,一旦知道自己患了某种疾病后(特别是"不治之症"如癌症等),精神立刻萎靡不振、卧床不起、不思饮食,病情迅速加重,甚至在短时期内死去,其中很大部分原因就是由于心理暗示的缘故。瑞典一位老妇人只是患了感冒,但由于教堂牧师在一天内探望了她三次,因而怀疑自己是患了绝症。几天以后,她便因精神崩溃而去世。所以,当你探望、护理病人时,千万不要在脸上扮出悲天悯人的表情!

有位心理学家为了讲述暗示效应对人产生的影响,对参加演讲的学生作了一个有趣的演示。他首先让工作人员逐一用水壶为学生手里的空杯子添加上白开水,然后对大家说:"这是一杯白开水,请大家喝下去。"过了一会儿,这位心理学家又让工作人员拿着矿泉水瓶为学生添水,然后对大家说:"这是来自法国3 000米高山上的矿泉水,请你们品尝一下是否味道甘甜。"结果,在场的每个人都表示第二杯水比第一杯水更加甘甜。最后,这位心理学家对学生说:"这两杯水都是白开水,并且是来自于同一个锅煮开的水。"这就是暗示效应带给人们奇妙的错觉。

心理学家就把这种在无对抗条件下,用含蓄、诱导的方法对人的心理和行为产生影响,从而使人的思想、行为与暗示者期望的相符合的现象称为暗示效应。如果你身边的人用负面的词语来评价你,每天都对你说:

“怎么这么简单的事情,你都办不好?”“你是笨蛋吗? 怎么脑袋这么蠢?”“你怎么那么差劲呢?”……过了一段时间后,你会发现自己渐渐被他人催眠成一个“不行”的人。如果自己不幸被别人暗示成一个“不行”的人,那该怎么办呢? 方法很简单,依靠暗示效应,你就可以把自己暗示成一个“行”的人。

可见,不断地对自己进行积极的心理暗示,人们就会往积极的方向走。每个人都会有这样的经历:早晨醒来的那一刻,如果对自己暗示说“我很困,我还需要再睡一会儿”,那么就会感觉非常疲惫并赖床。相反,尽管非常困,却对自己暗示说“我还年轻,睡五个小时就够了,我会精力充沛的”,那么往往可以打起精神起床,而这一天也会是精力充沛的。这就是因为自我暗示而产生的截然不同的效果。

总之,暗示效应的产生是因为人的潜意识里有对事物的看法,当人们进行语音、行为上的暗示时,人们就会将潜意识的看法和他人的暗示联系起来,并形成反应。在上面那个实验里,水壶和矿泉水就是符合人们日常认知的一种图像暗示。于是,当心理学家用语言进行暗示的时候,人们就会根据这个先入为主的印象形成错觉。可见,品牌联想的本质正是诱发消费者心理暗示的图腾!

事实上,在差异化市场竞争中,起决定性作用的是品牌,此时的消费者对产品价格的变化相对不敏感;而在同质化市场竞争中,起决定性作用的则是价格,此时的消费者对产品价格的差异很敏感。如果面对两件相同(相似)的产品,消费者却认为两者是不同的,那你就成功了,这说明客户不太会计较产品价格的高低;反之,如果面对两件不同的产品,消费者却认为两者是相同的,那你就失败了,这表明顾客将会很在乎产品价格的高低。

总之,品牌的作用在于有效提升消费者对于产品价格的容忍度;而品牌价值作为虚拟的心理量,其大小则与容忍度呈正相关。

(三)品牌的忠诚价值

消费者的品牌忠诚是品牌资产的基础所在,也是厂商不遗余力地塑造品牌的原因所在。如果消费者对于品牌漠不关心,而只是依据商品的质量、价格以及渠道的便利程度来决定是否购买,那么品牌就没有体现出其应有的价值。如果不存在消费者对于品牌的忠诚,这个世界上也就少了蓬勃发展的广告业,因为广告需要的,仅仅就是一张产品信息清单。相反,我们看到消费者在可供选择的市场环境中仍然不停地重复购买同一品牌产品,这就充分体现出品牌的忠诚价值。

一旦消费者在某一品牌上建立起品牌忠诚,消费者就会对该品牌产品进行重复购买,而在重复购买的过程中,品牌忠诚也在被不断强化,这就是所有成功品牌的奥秘所在。一般而言,消费者的需求获得满足就会形成消费者的满意度,引起消费者的再一次购买,从而逐步建立起消费者对品牌产品的忠诚,致使消费者对本品牌产品形成重复购买的消费行为,保证企业的产品拥有稳定的客户,形成企业的长期利润之源,这就是品牌忠诚的价值所在。通常,消费者的品牌忠诚表现为其重复购买某一品牌产品,对消费某一品牌产品感到自豪,其在自身消费的同时还会向他人推荐该品牌产品。总之,品牌忠诚是建基于品牌质量价值和品牌联想价值的基础之上,只有高的质量体现和独特的品牌联想才能建立起高的品牌忠诚度。只有当消费预期能够得到满足的时候,才会使消费者相信去搜寻更高效益的产品所花费的成本是不值得的。

由于品牌忠诚与消费者购买品牌产品的频率呈正相关,因而品牌忠诚与消费者的使用经验紧密相连,在丰富的品牌产品消费经验的基础上,消费者会建立起充分的品牌质量感知和丰富的品牌联想。但是,品牌忠诚毕竟与品牌质量以及品牌联想是不同的,对于消费者而言,一个陌生的品牌也会有其品牌质量感知以及品牌联想,但是终究不会形成品牌忠诚,而只有在丰富的使用经验这一条件下,消费者才能形成稳定的品牌质量感知和品牌联想,从而最终形成消费者的品牌忠诚。我们可以看一个有趣的例子,当观察衣服品牌的时候,女性衣服的品牌比男性衣服的品牌要多得多,而女性着装品牌的广告支出也比男性品牌高很多,年收入最高的模特中也从来找不到一个男模。当然这并不是因为女性的收入更高,而是因为女性更多的参与购买着装这项活动,更能形成品牌忠诚,大量的营销的收益也将更高。

消费者的品牌忠诚对于企业而言具有重大的战略价值,其具体表现在以下四个方面。

第一,品牌忠诚大大降低了企业的营销成本。企业保有品牌忠诚消费者的成本要比其赢得全新消费者的成本低得多,因为消费者通常缺乏改变其品牌选择的心理动力。如果消费者对品牌产品没有产生不满意,那么企业保持其品牌忠诚所要花费的营销代价极小。而要赢得全新消费者,则不仅要满足其心理预期,更要引导消费者重复使用本产品,甚至要改变其原有的品牌忠诚。因此,只要让具有品牌忠诚的消费者满意,减少其改变品牌选择的心理动力,那么保持具有品牌忠诚的消费者的营销成本相比吸引全新消费者要低得多。

第二,品牌忠诚可以吸引全新消费者。一个知名的、拥有大量忠实消费者的品牌会给该品牌产品提供一种成功的、被认可的产品形象。这不仅可以维系现有的忠实消费者,还可以吸引全新的消费者。因为其对于没有形成品牌忠诚度的消费者以及对现有消费品牌不满意的消费者而言是十分具有吸引力的。一位不参加运动的人也一定会听说过诸如阿迪达斯、耐克等品牌。从而当他有一天决定参加运动而选购运动装备的时候,会首先形成对于这类品牌的关注。

第三,品牌忠诚可以降低竞争威胁或者为企业面临竞争时提供充足的准备时间。品牌忠诚在一定程度上可以减轻企业的竞争威胁,因为品牌忠诚可以转变成为企业的竞争优势,这也就相应增加了同行企业的竞争成本。同时,品牌忠诚可以为企业在应对严峻的竞争态势时赢得宝贵的准备时间。一旦竞争者开发出竞争产品,品牌忠诚就可以为企业赢得改进自身产品的准备时间,因为新开发的产品通常缺乏消费者的品牌忠诚,所以当新产品进入市场时,通常需要一定的时间周期以便于消费者去使用、感知和联想以及形成相应的品牌忠诚。

第四,品牌忠诚可以赢得商业合作。因为品牌产品通常拥有大量的忠实消费者,这使得拥有成功品牌的企业在原材料供应企业、加工商、分销商或者代理商的选择上有较大余地。而在产品价格制定上更是有着比其他同类产品更大的自由空间,因为厂商不用担心价格变动会引起大量的顾客流失。

三、品牌定位与形象

(一)品牌定位的含义

品牌定位是指企业基于产品本身对于目标市场定位的基础上,对特定的品牌在文化取向及个性差异上的商业性决策,它是建立一个与目标市场有关的品牌形象的过程和结果。换言之,即指为某个特定品牌确定一个适当的市场位置,使商品在消费者的心中占据一个特殊的位置。例如,银行信用卡长期定位于高收入人群支付旅游费用和娱乐费用;航空业则被定位于商业人士的交通工具。虽然品牌定位不一定非得进行明确的市场细分,但是成功的品牌定位能够明确企业的目标市场。品牌定位在品牌经营和市场营销中有着不可估量的作用,使品牌与这一品牌所对应的目标消费者群建立了一种内在的联系。

品牌定位的目的就是将产品转化为品牌,以利于潜在顾客的正确认识。成功的品牌都有一个特征,就是以一种始终如一的形式将品牌的功能与消费者的心理需要连接起来,通过这种方式将品牌定位信息准确地传达给消费者。

品牌定位就是使用某种方式以使得企业的产品和服务适合广阔市场中的一个或几个细分市场。品牌定位既具有竞争性,还具有联想性和独特性。品牌定位就是要在众多的竞争产品中,让消费者通过认知和联想意识到该品牌不同于其他品牌的独特性,从而锁定目标客户,增强产品竞争力。炎炎夏日,汗流浃背,人们在口渴时会立即想到来一瓶冰镇的红白相间的"可口可乐",却并不会去在乎那一瓶黑色的冒泡饮料是否真的比一瓶水解渴。在品牌定位过程中,我们必须注意以下五个因素:①目标顾客,即通过市场细分的方法筛选出品牌产品所能满足的潜在顾客,不仅要对自己的品牌进行市场调查,还应该对竞争品牌进行市场调查。挖掘目标客户群的生活状态和消费习惯。②顾客的需求,即通过消费人格的认知调查,以揭示消费者的真实需求,不仅要关注产品的功能,还应该关注消费者的情感需求。③确定品牌利益,通过上述调查活动,明确品牌所要给目标消费者带来的产品功能上以及情感象征上的利益。思考的焦点要从产品属性转向消费者利益。消费者利益的定位是站在消费者的立场上来看的,它是消费者期望从品牌中得到什么样的价值满足。④确定品牌的独特性,即为品牌的独特性定位,并保持品牌独特性的长久稳定,以赢得消费者的品牌忠诚。⑤确立品牌的个性,这是品牌定位中最有力的策略和手段,可以为消费者选择品牌产品提供强有力的理由。一个没有个性的、没有锁定目标客户的品牌最终将会失去所有的市场。因为在任何一个细分市场中,它都不可避免遭遇该市场中主打品牌的竞争。

市场实践证明,任何一个品牌都不可能抢占所有市场,细分市场并锁定客户群,是品牌赢得竞争的必然选择。只有品牌定位明确,个性鲜明,才会有明确的目标消费层。唯有明确的定位,消费者才会感到商品有特色,有别于同类产品,形成稳定的消费群体。而且,唯有定位明确的品牌,才会形成一定的品味，成为某一层次消费者文化品位的象征，从而得到消费者的认可，让顾客得到情感和理性的满足感。要想在竞争中脱颖而出，唯一的选择就是差异化，而定位正是在战略上达到差异化最有效的手段之一。企业如不懂得定位，必将湮没在茫茫的市场中。

（二）品牌定位的作用

一般而言，消费者主要是评价品牌所代表的产品形象能否满足其内心的需要，能否满足其对于产品的心理预期。品牌经营的成功关键在于品牌的经营者认识到，构成品牌无形资产的价值大小取决于能否有效满足消费者的内心需要，迎合消费预期，使其产生心理认同感，形成对于自身、对于品牌价值的肯定，并对品牌进行持续投资以维持其价值，也就是维持消费者对品牌认知的一致性。成功的品牌所具有的共同特征，就是以一种始终如一的品牌形象与广大消费者的心理需求直接联系、彼此呼应，并借助这种方式将产品或服务的功能直接传递给消费者。例如，高露洁牙膏使消费者联想到可信赖的牙齿护理专家；而宝马轿车能够让你联想到激情、动力和驾驶乐趣。

定位是战略性的长期方针而非战术性的短期行为。一个好的定位是企业在市场中不断维护和坚持的。品牌定位就是要通过对本品牌和竞争品牌的当前形象和目标形象进行深入透彻的分析了解，并在此基础上精心选择目标消费者的认知战略，从而构建起一个独一无二的品牌定位，以使企业立于长期的不败之地。不管企业采取什么样的定位策略，其目的就是要保持品牌的独特性。通过对于其他同类产品进行差异化策略，突出自身产品，占领细分市场。当然，企业要在短期内实现这一目标，其可以通过广告宣传以及推出新产品和新服务来达到，然而竞争对手也同样可以做到并且迅速赶上。因此，只有建立起一个稳定的、持久的、独特的品牌形象才是企业经营之本，即品牌定位必须从长远角度出发以满足消费者的内心需要，并且对品牌进行持续投资，以维护品牌在消费者心中的形象，加强对于目标市场的统治力。例如，可口可乐之所以能够长期屹立不倒，就在于其品牌形象的稳定性和独特性；相反，中国的秦池酒就是因为急功近利而过于注重品牌的短期效应，缺乏长期发展的战略眼光，从而昙花一现般地消失在竞争激烈的市场经济大潮中。

可见，基于战略视角的品牌定位可以有效树立起企业的长期竞争优势，而品牌定位战略也应该以追求企业的长期竞争优势为目的。品牌必须将自己定位于满足消费者需求的立场上，最终借助传播让品牌在广大消费者心中获得一个有利的位置。因此，品牌定位必须要以建立消费者的品牌认同度为导向，以巩固消费者的品牌忠诚为目的，从而构建起企业长期的竞争优势。

此外，品牌定位还可以强化消费者对于产品的认知。由于消费者一般不可能如企业那样对自己产品和服务的特性了如指掌，因而品牌就成为消费者认知产品和服务的中介。消费者通常就是依据品牌在其心目中的形象来决定其是否购买，因此，品牌定位构建起消费者对于品牌产品的良好认同感，而后优质的质量体现和独特的品牌联想使得消费者在使用该品牌产品时获得了巨大的价值效用和心理效用，从而促使其产生重复购买的行为定势，并最终形成消费者的品牌忠诚。

品牌定位事实上就是企业对于广大消费者所作的品质承诺，如果当消费行为发生后，无形的品牌承诺得以充分体现，那么就会使消费者建立起一个良好的品牌认知；如在重复使用过程中，消费者依然体验到品牌所承诺的优质绩效，那么就会建立起消费者的品牌忠诚，在不断的使用过程中，消费者将自我加强这种品牌忠诚；然而，品牌忠诚也是脆弱的，一旦消费者发现其遭受了欺骗，则会迅速建立起对于品牌的负面认知与不良联想，致使消费者再一次尝试该品牌产品的心理成本急剧增加，以证明其再也不相信品牌谎言。因此，一旦品牌定位之后，品牌质量和品牌联想就必须要建基于优质的产品和服务本身。

总之，由于市场定位的最终目标是为了实现产品销售，而品牌是企业传播产品相关信息的基础，品牌还是消费者选购产品的主要依据，因而品牌成为产品与消费者连接的桥梁，品牌定位也就成为市场定位的核心和集中表现。品牌定位不仅可以使企业在市场竞争中脱颖而出、长久不衰，而且可以使得企业整合营销资源，降低营销成本，品牌定位不仅会给企业带来品牌资产和品牌价值，而且还会给消费者带来差异化的产品以及情感利益。

（三）品牌定位的基本要素

综上可见，品牌就是消费者与产品的中介，而品牌定位就是以产品和消费者这两大要素作为其基础。消费者选择产品一般是要能满足其功能需要和情感需要，这样，品牌就体现出两个特征，即功能特征和象征特征。当消费者选择品牌时，其不只是关注品牌的某个单一特征（当然其也不具备分析品牌所有特征的能力),消费者只是根据品牌的功能特征和象征特征来判断该品牌能否有效满足其功能需要和情感需要。例如,尽管瓶装矿泉水的物理特性并没有发生变化,但是由于某些品牌突出了其象征特征因而吸引了相关消费者的购买。比如,依云矿泉水就是通过其品牌标签的独到设计给广大消费者以积极向上的生活方式的联想;而农夫山泉矿泉水则是通过其自然健康的品牌定位占据了相当的市场份额。可见,市场中的不同品牌各有其成功的定位策略,但是所有的品牌定位都是基于这两种要素的成功运用。

品牌的功能特征和象征特征在消费认知中体现为理性符号和感性符号,并通过理性和感性的推理来决定消费者的购买行为。当消费者选择品牌时,其首先是在理性层面上评价品牌产品的功能性和实用性,在感性层面上则是通过品牌联想来评价情感性。消费行为不仅是以产品功能为中心,其还受到品牌符号所带来的象征性即品牌联想的影响。例如,当同类产品的物理属性和功能十分接近时,或者当消费者很难区分不同品牌产品其功能效用的差异性时,感性符号就成为消费者选择产品的主导因素,消费者通常是通过选择与其自我观念相符合的产品以满足其情感效用。品牌的上述两个特征既是彼此独立,但又是不可分割的一个整体,消费者在绝大多数情况下仅依据其中的一个特征来选择所需的品牌产品。

我们根据品牌的功能特征和象征特征认为品牌定位的两大基本要素是产品和消费者。产品主要是影响品牌的质量体现,依据品牌的质量体现来创造品牌价值是品牌定位的基础;而消费者则是品牌定位的方向和核心,只有紧紧抓住消费者需求的品牌产品才能充分体现其品牌价值,消费者正是通过感性的品牌联想创造出品牌的联想价值。只有通过产品和消费者这两方面因素的有机结合,即整合品牌的质量体现与品牌联想,才能赢得消费者的品牌忠诚。如果产品是品牌的核心价值,那么消费者就是品牌的附加价值,任何品牌其核心价值的增长往往会面临生产工艺的瓶颈等制约因素,然而,品牌的附加价值则是消费者依据其感知所创造出的无形价值,其不会受到技术因素的制约。通常,高价值的品牌就是由广泛的忠实消费者所共同创造的。

如果企业以产品为核心来进行品牌定位,那么就必须要求企业拥有其独特的生产技术、资源优势和垄断优势。但是,即使没有独特的产品也能进行品牌定位的关键在于要使得消费者认知产品及其品牌的心理独特性,即通过把产品认知上的心理独特性传递给消费者,从而让消费者形成其独特的产品质量感知和品牌特征联想。在洗洁精市场上,竞争激烈,但产品本身并不具有太大差异,而正是在这种情况下,立白通过“不伤手,无残留”的宣传口号,准确地将自身产品定位于健康、绿色、环保的形象上,使自身产品得以从琳琅满目的品牌中脱颖而出。因此,企业进行品牌定位的核心任务就是要确定产品独特的心理卖点,从而让广大消费者充分体验到本品牌产品独一无二的心理效用,其不仅是功能上的,更是情感上的。一般而言,如要建立起长期稳定的品牌优势,品牌的情感特征尤为重要,因为消费者在琳琅满目的商品市场环境中,没有哪样商品在功能上对消费者而言是必不可少的,但是,品牌情感对于消费者而言则是不可或缺的,所以即使拥有产品优势的企业也需要建立起消费者的情感认知和心理认同。

当产品竞争没有优势时,企业可以通过将品牌定位于特定的消费者人群以获得其稳定的品牌价值。一般而言,由于不同的消费者会有着不同的消费需求(不管这种需求是功能上的还是情感上的),因而企业在其品牌定位过程中进行市场细分是十分必要的。通常是不同功能的品牌产品占据着不同的细分市场,这种品牌定位给消费者传递着如下信息:“如果你是……我们就是你要选择的产品;如果你想要……这是你唯一的选择!”基于市场细分视角的品牌定位策略在现实经济生活中比较常见,因为没有一种产品可以在功能上和情感上垄断整个市场。

综上所述,品牌定位的两大要素和品牌的两大特征共同构成了品牌定位策略,其具体分为以下四种策略。

(1)高功能性和高表现性。如果品牌定位达到了这一效果,那么该品牌定位策略就十分成功。如果一个品牌产品在功能上具有独一无二的优势(即高功能性),同时该品牌又能够很好地满足消费者的情感诉求,引发消费者的高满意度(即高表现性),那么该品牌产品在市场竞争中是无懈可击的。

(2)高功能性和低表现性。这类品牌产品在新产品市场中比较多见。这一品牌定位要么是由于营造品牌产品高表现性的成本过高,要么是由于产品的特殊功能界定而狭窄了消费者范围。这类品牌产品需要通过严格的质量体现和产品的不断升级以发展品牌的象征特征,从而创造品牌价值。

(3)低功能性和高表现性。这类品牌产品在现实市场中非常多见(如可乐饮料等),由于产品的功能特性大同小异,给消费者所带来的功能效用也大致相同,因而品牌的象征特征就显得尤为重要。这类品牌通常象征某一特定的生活方式,从而在情感效用上极大地满足了消费者的品牌诉求与生活体验。与要求高功能性的品牌相比,这类品牌产品对于技术发展的要求不太高。

(4)低功能性和低表现性。这类品牌产品在生活必需品市场中较为多见。由于消费者对这类品牌产品的需求仅局限于满足人们日常的基本生活所需,因而消费者所关注的重点不是产品高的功能性和强的象征性,而是产品的价格和替代性,这类品牌产品必须具有较强的价格优势和广泛的分销渠道。即品牌之间的竞争一般表现为产品价格战的形式,企业不仅是一个高效率的生产者或供应商,而且其品牌产品的范围要求广泛,供应链要求通畅,企业通过有效的内部管理来控制成本,从而形成竞争优势。这类品牌产品通常流转于卖场与超市行业,例如家乐福就是以商品种类齐全、价格低廉而著称于世。

(四)品牌定位的作用

品牌定位有助于潜在顾客记住企业所传达的信息。现代社会是信息社会,人们从起床开始就面临着铺天盖地的信息,各种消息、资料、新闻、广告使消费者应接不暇。以报纸为例,美国报纸每年用纸过千万吨,这意味着每人每天消费 94 磅报纸。一般而言,大都市的一份报纸,例如《21 世纪经济报道》就包含 50 万字以上,以平均每分钟读 300 字的速度计算,全部看完几乎需 30 个小时。如果仔细阅读的话,一个人一天即使不做其他任何事情,不吃不睡,也读不完一份报纸。更何况现代社会的媒体工具种类繁多,电视、杂志、网络上的信息也铺天盖地、更新快速。在如此众多的信息中,处理出满足自身需要的信息并不是一项轻松的工作。消费者对于信息的逃避是必然的,这也使得企业的许多促销努力付诸流水,得不到理想的效果。

心理学研究发现,人只能接受有限度的感觉。超过某一点,脑子就会一片空白,拒绝从事正常的功能。所以,企业只有压缩信息、实施定位,为自己的产品塑造一个最能打动潜在顾客心理的形象,才是其唯一明智的选择。成败的关键在于能否形成正确的品牌定位,让潜在消费者能在繁杂的信息包围中认识到你的品牌。品牌定位使潜在顾客能够对该品牌产生正确的认识，进而产生品牌偏好和购买行动，它是企业信息成功通向潜在顾客心智的一条捷径。品牌定位作为建立品牌形象的提供价值的行为，是要建立起一个与目标市场相关的品牌形象的过程和结果。品牌定位理论的提出和应用是有其科学基础的，具体如下。

(1)人们只看他们愿意看的事物。人们只看他们喜欢的事物，对于不喜欢的东西看得越多反而越感厌恶，不但没有美感，反而更觉得丑陋。一个定位准确的品牌引导人们往好的、美的方面体会；反之，一个无名品牌，人们往往觉得它有很多不如其他商品的特点。不成功的品牌，往往会成为拖累产品的累赘。广告之所以是促销的首选，原因就在于它能不断向消费者进行品牌灌输，更新和更正品牌在消费者心目中的价值。

(2)人们对同种事物的记忆是有限度的。正如我们前面所讲到的，这是个信息化的时代，产品种类多到前所未有的地步，并且每天以惊人的速度递增。然而人们的记忆是有限的，很少有人能准确列出同类商品 7 个以上的品牌，人们往往能记住的是市场上的“第一、第二”，在购买时首先想到的也往往是某些知名品牌。如可口可乐、柯达、IBM 等名牌产品往往是消费者心目中的首选。

(3)人们排斥与其消费习惯不相等的事物。消费者在长期的购买、消费行为中往往形成了特定的个人习惯。如有的人喜欢去大商场买服装、家电，去超级市场购买日常用品、食品；有人喜欢喝果汁，有人喜欢喝可乐……消费习惯具有棘轮效应，一旦形成就很难改变，需要企业付出巨大的努力。品牌定位有利于培养消费习惯，提高顾客忠诚度。

总之，任何企业都不可能为市场上的所有顾客提供所有产品或服务，而只能根据自己的具体情况选择具有优势的细分市场，否则，就会处处兼顾、处处失败，处于被动境地。品牌定位作为市场定位的核心，就是帮助企业确定最有吸引力的、可以提供有效服务的目标。

【延伸阅读】

“上海滩”的品牌传奇

1994 年，香港慈善家邓肇坚之孙邓永锵创办了“上海滩”这一服饰品牌，其以手制旗袍为卖点，并招揽了 12 位自 20 世纪初就以精湛缝纫手工而闻名的上海裁缝师傅加盟。“上海滩”这个名字本身就能唤起人们脑海中对20世纪30年代老上海的印象记忆——优雅、时尚且充满魅力，其不禁让人联想起当年身着旗袍的大家闺秀或小家碧玉们婀娜的身影。

邓永锵表示，“上海滩”这一品牌是将中国五千年的传统文化与21世纪的现代时尚相结合的产物。“上海滩”擅长于从中国传统文化中汲取灵感，其品牌服饰大量运用了刺绣、包边和盘扣等中国传统服饰的工艺技术，最具代表性的产品是改良式现代旗袍、唐装和马褂。

“上海滩”品牌浓郁的中国情调很快便吸引了时尚界的关注。光临“上海滩”的知名顾客包括了英国皇室成员（如英国查尔斯王子、已故的戴安娜王妃）、政界要人（如希拉里、撒切尔夫人）、演艺明星（如娜奥米·坎贝尔、维多利亚、安吉利娜·朱丽、尼古拉斯·凯奇、刘德华等），其主要顾客来自于东亚、北美、欧洲、中东、非洲的皇室成员和上流社会人士。上述知名人士作为“上海滩”品牌创立初期的忠实顾客，以拥有“上海滩”的服饰产品为荣，从而成为该品牌最好的形象宣传大使。同时，由于邓永锵本人在全球社交圈的知名度，“上海滩”在被收购之前其店铺已经开设到了英国伦敦、美国纽约以及新加坡等地。

2000年，“上海滩”被顶级品牌集团历峰成功收购，逐渐走上了世界顶级品牌之路。在现任执行主席雷夫逸（Raphaelle Masne）的带领下，“上海滩”品牌由原先的纯粹中式风格转变为中西合璧，并制定了世界级奢侈品的全新定位。如今，“上海滩”以30—35岁的中高收入女性为目标市场，并陆续开发了男装、童装及年轻系列等。除了高级成衣以外，“上海滩”还开发了配件、礼品、家具、家居饰品等多条衍生系列，全面拓展市场。在其产品上不仅能看到以字画、京剧脸谱、游牧民族、紫禁城为主要图案的中国元素，还能发现许多西方的时尚元素。在2005年题为“紫禁城”的秋冬系列时装发布会上，“上海滩”推出了一袭缀满超过9万粒施华洛世奇水晶的长粿皮革大衣，这款设计是“上海滩”与全球顶尖时尚品牌施华洛世奇携手推出的。

精工细作辅以时尚品位，五千年的文化历史佐以新锐设计，“上海滩”顶着中国文化和生活风格大使的头衔风头正劲，也许正如《商业周刊》所预言：“上海滩”将会成为中国的“香奈尔”。

四、消费人格与品牌形象

由于品牌价值是通过消费者对品牌的认知和联想而间接形成的，因而消费者的人格因素在品牌定位过程中起着十分重要的作用。不同的人格特征会使不同消费者群对于同一品牌的理解有着天壤之别。

（一）消费者自我以及自我意向与品牌定位

根据弗洛伊德的理论，消费者对于自我以及自我意向的认识由消费者的人格所决定。品牌联想就是消费者对于品牌的意识，该意识一般是通过人格结构中的自我以及自我意向所形成的。消费者倾向于消费某一品牌产品就是因为该品牌产品或服务的形象与消费者的自我以及自我意向紧密相连，所以消费品牌产品就是通过品牌消费行为以寻求自我的过程。

1. 自我与品牌定位

一般而言，由于消费者个体对于自我的理解是单一的，因而也就对于满足其单一自我的品牌产品和服务感兴趣。在某些情况下，不同的产品选择就代表不同的自我以及自我意向；但是在复杂的消费情景中，消费者则有多个自我，因为消费者在不同的消费情景下其消费行为会发生变化。消费者身处不同的环境会对消费人格产生细微的偏差，即个体在不同的消费情景下会显示出其消费人格的不同侧面，例如在面对父母时节俭消费，面对朋友时豪爽消费，面对女友时率性消费等。又如，你在一家精品专卖店，装潢考究，店员服务热情而得体，你愿意为一套西装付 5 000 元的高价，却在百货商场对同样一套西装只愿意付 2 500 元的价格。可见，由本能所决定的消费人格具有多面性的特点，其源于消费者自我以及自我意向的需要满足。

在当今飞速发展的市场条件下，消费者的需求趋向于多元化和多边化，而且消费者人数众多、差异性巨大，任何企业都不可能以自己有限的资源满足市场上所有消费者的各种要求。传统的品牌定位要确立目标消费人群，而确立目标消费人群的方法是进行市场细分，市场细分理论是 20 世纪 50 年代由美国营销专家温德尔·斯密提出，是继“消费者为中心观念”之后的又一次观念革命。市场细分是指企业根据企业的自身产品特点和营销意图把消费者按不同标准分为一个个较小的、有着某些相似特点的子市场的做法。通过市场细分,形成企业在局部市场上的相对优势,向目标市场上的特定消费群提供自己具有优势的产品或服务,同时使消费者利益和厂商利益达到最大化。

自引入消费人格因素这一全新变量之后,品牌定位就必须要立足于消费人格进行心理细分,即人格细分。在消费过程中,消费者个体会体现出不同的自我以及自我意向,品牌定位就是要把品牌产品或服务定位于具有相同的自我以及自我意向的消费者人群,所以仅仅进行传统的市场细分是远远不够的,更需要基于消费人格进行市场细分。

2. 自我意向与品牌定位

每一个个体都有自我意向,由于个体有其特定的行为习惯与生活方式,因而个体的自我意向是独特的,是在其人格的发展过程中长期演变形成的。人首先是对外部世界、对他人的认识,然后才逐步认识自己。自我意向是通过与社会中他人的关系互动(起初是个体与父母家人的生活关系,而后则是个体与其生活环境中社会群体的关系),我们根据他人对自己的看法和评价而发展起来的,这个过程在我们一生中一直进行着。从而形成了其对自我的判定,也即是自我意向。每个人都是一个心灵画家,不过,这个画家的水平是逐渐提高的,当我们对自己的认识达到一定水平时,我们对自己的画像就基本完成了。

一旦人们形成了对自己的画像,虽然会随着生存环境和外部世界特征的变化来不断进行修改,但是,人们总是偏好于与原先形成的自我意识相近的变化,修改相对是一种不情愿的选择。

品牌对于个体而言具有象征意义,消费者在选择品牌的过程中,通常会选择与自我意向相一致的品牌,因为品牌的象征意义更容易使得消费者联系到自我意向,因而选择与自我意向相一致的品牌以充分满足消费者维持和提升自我意向的心理取向。

消费者通过将品牌的象征意义与其自我意向联系在一起,从而充分利用品牌以强化其自我意向;而有着强烈品牌偏好需求的消费者就是通过将自我意向与品牌相联系,即将品牌视为自我意向的组成部分,从而最终形成了品牌忠诚。因此,将品牌定位于消费者的自我意向对于形成品牌忠诚和品牌价值具有重要意义。

自我意向一般包括以下五个部分:①现实的自我意向,即指消费者实际上是如何看待自己的。②理想的自我意向,即指消费者希望自己是如何看待自己的。③预期的自我意向,即指消费者预期在某个特定时间的未来是如何看待自己的。④社会自我意向,即指消费者觉得其他人是如何看待自己的。⑤理想的社会自我意向,即指消费者希望别人是如何看待自己的。

从自我意向的五个部分来考虑品牌定位是十分有效的。预期的自我意向就是处于现实自我意向和理想自我意向两者之间的状态,是消费者肯定自己部分和否定自己部分的有机结合。预期的自我意向给了消费者一个现实的"意识"去改变自我,这种改变是基于消费人格发展的需求。因此,如果品牌定位于消费者的预期自我意向,那不仅对于企业非常有利,对于消费者而言,由于品牌给了消费者改变不满意自我的机会,因而也是非常具有功能和感情效用的。

在不同的消费情景下,消费者正是根据不同的自我意向以引导其消费行为。例如,在反映社会角色和社会文化的品牌产品消费上,消费者是基于个体的社会自我意向进行选择的。相反,在反映个体生活的品牌产品消费上,消费者的选择则会以个体的预期自我意向为导向。因此,在品牌定位过程中,首先是区分品牌产品的社会属性和自然属性,然后再对目标消费人群进行有效的心理细分是十分必要的。

3. 自我扩展与品牌定位

品牌的选择能够成为消费者自我的一部分或者改变消费者自身所不满意的自我意向,在这一过程中,品牌实质上扩展了消费者的自我以及自我意向,因为消费者所忠诚的品牌都有效地证实和扩展了其自我意向。例如,由篮球巨星迈克尔·乔丹所代言的耐克运动鞋能扩展青少年篮球爱好者的自我意向,给他们带来"成功、自信、运动、时尚"的自我意向。而如果这双运动鞋是父亲所赠的礼物,那么它远比从商场所购买的更具有自我意向的扩展功能,因为这其中倾注了消费者的情感因素。面对这样的品牌产品,消费者不仅联想到上述"成功、自信、运动、时尚"的自我意向,还会进一步联想到"温暖、关爱、慈祥"等情感归属意向。钻石作为一种消费奢侈品,深受女性青睐。一颗钻石可以使消费者产生"高贵、教养、品味、魅力"的自我意向。而钻石的成功,不仅在于它的这部分价值,更加来自于其带给消费者的扩展的自我意向。例如结婚钻戒,一颗钻石能使消费者联想到“承诺、永久、爱情、幸福”等的对于爱情的意向。

由上可见，品牌产品成为消费者的扩展自我。一般而言，品牌具体通过以下五个方面以扩展消费者的自我以及自我意向：①实际可以帮助消费者解决困难任务和情感问题，例如代表着不同意义的鲜花，人们购买鲜花不仅是因为其本身的价值，更是为了其代表的意义，示爱的玫瑰、祝福的百合等。②象征性地帮助消费者建立起一种自我意向，不论是自信的意向还是慈爱的意向等，例如“每购买一瓶农夫山泉，便向希望工程捐献一分钱”。③实际或象征性地帮助消费者建立起社会地位，例如劳力士的手表，其社会地位显示功能远远超过其计时功能。④实际或象征性地帮助消费者进行情感的延续，例如“太太静心口服液”，大量的广告都宣扬自己的产品代表了成年男士对于妻子、母亲的关爱。⑤象征性地给予消费者以依赖感，例如绿箭口香糖，让人相信紧张时刻能让你“嚼绿箭，放轻松”。

总之，品牌定位应该注重扩展自我的这一功能，因为这是源于消费者的内心需求，不论其是出于功能上的需求还是情感上的需求。例如，百达翡丽这一世界知名品牌手表被举世公认为是最具有收藏价值的，其经典广告语就是：百达翡丽手表不是你真正拥有的，你仅仅是为了子辈而拥有它。

4. 改变自我与品牌定位

由于在消费者的自我以及自我意向中，总有些部分是其自认为不满意的，因而消费者有着去改变自我以及自我意向的强烈需求。品牌恰恰可以满足消费者这样的需求，尽管品牌产品所带来的仅是消费者外表的改变。品牌产品为消费者提供了修饰外表以改变自我的机会，消费者在使用改变自我的品牌产品的过程中，往往不是基于其功能有效性的考虑，而是注重其能否给他们带来一种变化、一种不一样的感觉，是一种对于心理上的效益的追求。例如，通过宣称改变自我以进行品牌定位在化妆品行业是通行的营销手法，化妆品广告语通常可以这样表述：“没有美的愿望便没有美的希望，自信源于美丽，你打算对你的外表做些什么呢，请用……”。

此外，仅仅在几年以前，男性使用护肤品还被当成是一种娘娘腔的表现，但今天，男性护肤品市场已经成为一个比较成熟的市场，各种品牌的男性护肤品也已经走进了千家万户。男性护肤品的成功，并不是因为男性的传统形象得到了撼动，与“女为悦己者容”不同的是，“男为悦己者容”这句话被大多数男性所否定。尽管社会心理学研究提出：伴随着男女社会地位的平等化和男女两性关系在生活中的对立化减弱,传统的曾经泾渭分明的两性角色的界限日益模糊,出现了“男性女性化”和“女性男性化”、两性角色“中性化”和趋同的现象。但事实上通过调研发现,中国几千年来所形成的男性形象在广告冲击中并未受到根本性的撼动。男性护肤品的成功,源于男性在新的社会条件下,对于自身完美形象和“成功人士”标准的改变。“粗犷”“健壮”等标准被“有内涵”“活力”“干净整洁”等标准所取代。在这种情况下,男性护肤品适时地迎合了男性希望改变的自我意向的需求,从一个侧面来说,正是这种对于男性改变自我的意向的满足,帮助了男性护肤品的成功。

5. 虚荣心与自我定位

虚荣心是个体追求短期自我意向的体现,它表达了消费者比较关注的自我意向部分。在现实生活中几乎每一个人都具有一定程度的虚荣心,具体表现为一个人借用外在的、表面的或他人的荣光来弥补自己内在的、实质的不足,以期望能博得他人和社会的注意与尊重。它是一种很复杂的心理现象。法国哲学家柏格森曾经这样说过:“虚荣心很难说是一种恶行,然而一切恶行都围绕虚荣心而生,都不过是满足虚荣心的手段。”人们尤其关注和追求其认为最在意的自我意向部分。例如,有些人在外表追求上具有虚荣心,而有些人则在成就追求上具有虚荣心。企业通过对消费者虚荣性的测量,据以进行品牌定位,从而使得品牌产品能够有效地满足消费者的虚荣心。例如,有人喜欢在公众场合身着一身名牌服饰,而实际上这是其经济能力所无法承担的,这就是虚荣心的表现。由于虚荣心能有效扩充品牌产品的目标消费人群,因而成为企业在品牌定位过程中所必须考虑的因素之一。

【拍案惊奇】

歌帝梵巧克力的身世传奇

歌帝梵巧克力起源于比利时布鲁塞尔,由巧克力大师 Joseph Draps 一手创办,并以传说中尊贵的歌帝梵夫人命名,至今已有超过 83 年的历史。全球最精致手制巧克力的创制者歌帝梵巧克力公司(Godiva Chocolatier, Inc.)起源于比利时布鲁塞尔,绝不为奇。自古以来,比利时一直保存着追求完美极品的传统,代代相传。

据说大约在 1040 年，统治考文垂城(Coventry)的 Leofric the Dane 伯爵决定向人民征收重税，支持军队出战，令人民的生活苦不堪言。伯爵善良美丽的妻子歌帝梵夫人眼见民生疾苦，决定恳求伯爵减收征税，减轻人民的负担。

Leofric 伯爵听后勃然大怒，认为歌帝梵夫人为了这班爱哭哭啼啼的贱民苦苦哀求，实在丢脸。歌帝梵夫人却回答说伯爵定会发现这些人民是多么可敬。他们决定打赌：夫人要赤裸身躯骑马走过城中大街，仅以长发遮掩身体，假如人民全部留在屋内，不偷望歌帝梵夫人的话，伯爵便会宣布减税。

翌日早上，歌帝梵夫人骑上马走向城中，考文垂全城所有的百姓都诚实地回避屋内，令大恩人不致蒙羞。事后，Leofric 伯爵信守诺言，宣布全城减税。这就是著名的歌帝梵夫人传说。

Draps 家族在 1926 年把歌帝梵巧克力带入比利时。其后，Joseph Draps 以“歌帝梵”作为家族巧克力的名称，借以表示善良、真诚、完美的产品品质。Joseph Draps 把制作浓郁巧克力的秘方加以改良，为巧克力创制出独一无二的香滑质感。凭着超凡的观察力，Joseph Draps 先生为歌帝梵创新系列的精致欧陆式贝壳形设计和别出心裁的包装订下规格。

多年以来，歌帝梵秉承了 Joseph Draps 先生的传统和精神。歌帝梵巧克力成为甜食界极品中的极品。歌帝梵对质量的追求同样一丝不苟，欧陆式的金装礼盒和人手装饰的精美包装，令人一见倾心，独具匠心的设计亦为歌帝梵赢得了各界的美誉。

(二)消费人格特质与品牌定位

营销心理学研究表明，营销人员通过分析消费者的人格特质能够更好地细分消费者对于品牌产品的需求，据此可以更好地预测品牌产品进入市场时的消费者反应。

1. 创新性特质与品牌定位

消费者的创新性特质是指率先尝试新产品和新服务的消费者人群所共同具有的人格特质。由于消费者的创新性特质直接关系到新产品或新服务开发的成功与否，因而企业在品牌定位尤其是全新品牌的定位过程中必须要认真考虑消费者的创新性特质，否则品牌定位会面临消费者反应不强烈的窘困境地。一般而言，消费者的创新性特质具体包括以下四个要素。

(1)教条主义特质。教条主义特质着眼于消费者对陌生品牌产品的反应，即测量消费者行为的固执性。当消费者面临新的品牌产品、新的消费体验时，其人格中固有的特质使其对于是否接受这些新品牌产品作出相应的反应。通常而言，具有高的教条主义特质的消费者会表现出谨慎质疑的态度；而具有低的教条主义特质的消费者则愿意去积极尝试和接受新的品牌产品。具有高的教条主义特质的消费者对于传统的品牌产品会保持一定的忠诚度，其在新的品牌产品认知上倾向于接受公众权威所作的广告宣传；而低的教条主义特质的消费者则会去尝试新的品牌产品，这对于新的品牌产品而言既是机遇也是挑战。一个新的品牌产品能否进入竞争激烈的市场，将主要依靠吸引低教条主义特质的消费者，而能否成功地在市场中立足，则关键在于能否吸引和保持一部分高教条主义特质的忠实消费者。

(2)社会性格特质。社会性格是人格心理学的研究前沿，它着眼于将消费者个体区分为不同的社会文化类型。社会性格是介于内部独立型与外部依赖型之间持续变化的人格特质。内部独立型的消费者通常依据其自身的价值观念和评价标准去评判新产品和品牌，其更倾向于成为创新型消费者；而外部依赖型社会性格的消费者则是依据他人的价值观念和评价标准去评判新产品和品牌，其更倾向于成为保守型消费者。因此，内部独立型消费者更喜欢独特性的品牌定位，而外部依赖型消费者则更易于接受大众性的品牌定位。

(3)刺激特质。一些人喜欢简单的、平静的、自然的生活方式；另一些人则喜欢刺激的、复杂的、不同寻常的新奇体验。一般而言，具有高刺激特质的消费者要比低刺激特质的消费者更容易成为消费创新者。

(4)变化性特质。部分消费者在其消费过程中喜欢变化性，这与其人格结构中的变化性特质是密切相关的。变化性消费者在其日常的消费活动中不断地寻求新奇变化与感官刺激，寻求每时每刻不一样的心理感受，其是消费创新者的主体，渴望创新性的消费行为。这部分消费者的消费行为具有不稳定性的特点，他们有可能在今天对某一品牌强烈追捧，第二天却不闻不问。

2. 认知特质与品牌定位

品牌通过消费者的认知形成了品牌价值,品牌定位则是通过创造积极的品牌质量体现和品牌联想从而构建起品牌价值的独特性。但是如果企业的目标消费人群是缺乏高度想象力的消费者,那么品牌的联想价值就得不到充分体现。因此,不同的消费者其认知特质的差异性是形成消费行为多样性的主要原因。在品牌定位过程中,企业不仅要积极创立品牌的独特性,更要充分考虑到消费者的认知能力。

(1)认知需要特质。认知需要反映了个体渴望思考以及乐于思考的程度。认知需要特质高的消费者更加富有想象力、思考力,更容易对品牌所描述的相关信息以及广告宣传作出反应,不管是积极反应还是消极反应,其对于品牌定位而言都是十分重要的。而低认知需要特质的消费者面对品牌信息只会作出直接的、简单的联想反应,并不能充分认知品牌所诠释的全部信息,这就好比一名小学生无法理解和欣赏一部思想深刻的文艺片。换言之,认知需要特质低的消费者对于品牌所要表述的内容不能进行有效的信息吸纳和分析加工。

(2)视觉者和语言者。根据消费者对品牌信息认知加工方式的不同,具体可以把消费者分为视觉者和语言者两类。视觉者倾向于视觉信息的认知加工方式,其习惯于通过视觉刺激的认知路径来对品牌信息进行加工;而语言者则倾向于通过语言信息的认知加工方式对外界事物产生相关意识。无论采取视觉刺激还是语言刺激都是企业进行品牌定位的有效手段。

3. 物质主义特质与品牌定位

物质主义特质是指个体将物质财产视为其人格的组成部分。具有这一人格特质的消费者有着以下共同的行为特征:①注重如何获得物质财富;②喜欢炫耀自己的物质财富;③极端的自我中心;④虽然已有大量的物质财富,但是还不满足。物质主义特质通常表现为以下两种形式。

(1)强迫性消费行为(即购物狂)。这类消费者表现为在某些商品的购买上难以自制。强迫性消费行为与品牌忠诚不同,品牌忠诚是建立在消费者获得实际效用的基础之上(不论是功能效用还是情感效用)。然而,强迫性消费行为则是处于为了购买而购买的非常态的心理情绪状态,强迫性消费者的座右铭是:“我郁闷,所以我消费;我高兴,所以我消费。”

当然，这被当成一种较为严重的心理障碍，需要通过心理治疗得以纠正。

(2)固执性的消费行为。与强迫性消费行为相比，这类消费行为是正常的，并且为社会观念所认同。这类消费者对于其所购产品具有强烈偏好，收藏家就是这一类型消费者的典型。当然，收藏家与购物狂不同，其消费行为有着明确的目的性，由于产品对其而言具有特殊效用，因而会坚持不懈地去获取其感兴趣的产品和服务，并不惜花费大量的货币成本和时间成本。

针对消费者的物质主义特质（尤其是固执性的消费行为），企业可以采取针对性的品牌定位策略。任何拥有过打火机的人一定都听说过ZIPPO这个品牌。它除了实用性和防风的妙处外，每款Zippo都是一件艺术品且具有收藏价值。自20世纪30年代以来，它已经推出了数百种富有收藏价值的样式。这个创立于美国经济大萧条时期的品牌现在几乎风靡全世界。ZIPPO的成功原因之一就在于它不仅仅使其品牌成为"刚毅、质感、品位、气质"的代名词，更使其名下的打火机成为一种收藏品，不同的年代、不同的款式、不同的材质、不同的图案，很好地满足了物质主义特质的消费者的消费习惯，赋予了其名下产品除点火的基本功能价值外又一重收藏价值，突破了打火机的价值局限。因为一个打火机的点火功能再好，人们也只需要购买一个而已，而通过附加的收藏价值，将吸引到很大一部分的固执性的消费行为的消费者重复购买ZIPPO产品。以此提升产品的销售量。

【延伸阅读】

凡勃伦效应：每个人都逃脱不了的品牌情结

价值10万元的轿车和价值100万元的轿车，在性能上的区别远远小于10万元和100万元的区别。可是人们还是希望能够买100万元的轿车。这是因为当人们无法将金钱外在地显露出来的时候，就需要这种虚拟性的、象征性的东西来炫耀自己的成功。这就是凡勃伦效应的根源，也是人们逃脱不了名牌情结的原因。

一个卖衣服的朋友告诉我一件有趣的事情。她的服装店里有一件衣服卖了好几年都卖不出去，于是心想算了，反正都卖不出去，干脆标出个高价来当摆设。就这样，原本要卖80元的衣服标上了800元的价格，结果

3 天后,这件衣服卖了出去。

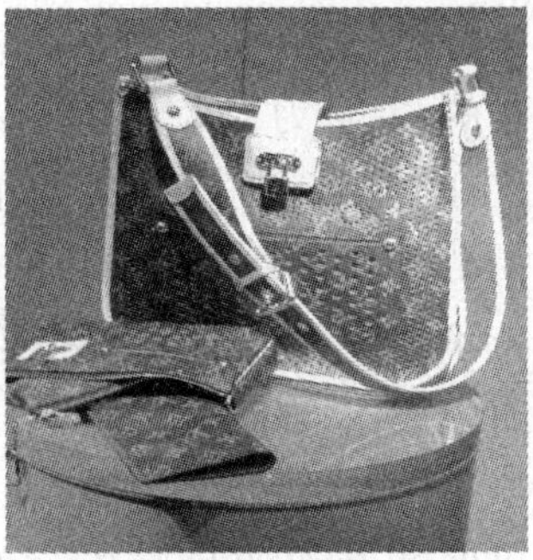

这是一个非常有趣的现象。人们将这种在商店里的物品,价格越高越能引发人们购买的欲望,价格低的物品反倒容易陷入滞销的反常现象称为凡勃伦效应。它还有一个通俗的叫法,名为炫耀性消费。

心理学家为了验证凡勃伦效应的真实性,特地邀请了 30 名企业家、30 名中产阶级的自愿者和 30 名经济条件一般的自愿者做了一个实验。他们将两件相同的衣服分别放在街边和商店的专柜里销售。同样的衣服,在街边标价 50 美元,而在商店却标价 3 000 美元。接着,分别请这些自愿者先到这件衣服的街边叫卖点看衣服,让他们触摸衣服的质地和试穿,再请他们到商店的专柜里看同样的衣服,然后请他们作出购买的判断。结果发现,有 30 名企业家、19 名中产阶级、12 名经济一般的自愿者表示在经济条件允许时会购买商店专柜的衣服,仅有 2 名中产阶级和 7 名经济条件一般的自愿者表示会考虑街边叫卖的那件衣服。其他人则表示无法承担商店专柜的价格,但也不购买街边的那件衣服。

在这个实验中,85% 的人认为街边叫卖的衣服肯定是假的,12% 的人认为说不准,无法分辨,剩下 3% 的人认为两件衣服是一样的。

同时,30 名企业家表示一定要购买商品专柜的衣服,他们认为如果购买街边的衣服被业内人士发现会非常丢脸。30 名中产阶级人士则表示商店专柜的衣服有质量保证,有条件的话绝对不会购买街边的衣服。真正令人意外的是剩下的 30 名自愿者中有 25 人表示如果某天经济宽裕的条件下,会购买那件标价 3 000 美元的衣服。而这 30 名自愿者表示 3 000 美元有时候是他们半年甚至是一年的纯收入。从这个实验中,我们可以看出任何经济阶级的人都逃脱不了凡勃伦效应。

事实上,凡勃伦效应也是名牌效应。人们对商店专柜里衣服的偏好是因为人们存在着一种普遍的认知:商店里销售的都是正品、高档次的商品,而正品、高档次的商品是一种身份的象征。

世界著名服装品牌香奈儿集团曾在北京、上海、深圳等地各大白领企业进行正品和仿冒品购买欲望的不记名问卷调查。结果发现,70% 的女性表示如果经济不允许购买奢华服装的专柜正品,那么会干脆不购买同款式的仿冒品。仅有10%的女性表示可以考虑购买仿冒品,剩下20%的女性表示要看仿冒的真伪程度才能确定是否购买。而这些参与调查的女性都表示购买专柜里奢华的衣服是一种身份的象征,不购买仿冒品是害怕被拆穿后带来的尴尬。

那么,为什么人们会愿意选择正品、高价的物品呢?

首先,当人们购买下某个奢侈品牌的物品后,心里就会产生"成功"的荣耀感,并以持有该奢华物品为外在身份的象征。

其次,这是由于人们普遍存在的错误认知导致的。人们潜意识里会认为高价的、昂贵的、稀少的、艰难获得的物品才是好的物品。相反,廉价的、繁多的、容易获得的物品都是质量低劣的产品,并能影响持有人外在的形象。

五、品牌个性与品牌形象

当品牌定位中加入消费者的人格要素后,品牌也就有了其个性特征。品牌个性是品牌定位的成果,也就是品牌定位的终极目标。只有为品牌确立起一个生动的人格形象,品牌才会像一个熟人一样走进消费者的生活,走进消费者的内心世界。

(一)品牌个性的内涵

创建品牌个性是品牌定位策略中最有效的营销手段之一。心理学认为,个性是由各种属性整合而成的相对稳定独特的心理模式。"蕴蓄于中,形诸于外"这句中国的古话能很好地概括出个性的内涵,即个性就是人的表里的统一体。就像人的个性一样,品牌个性是在品牌传播的过程中,赋予品牌的一种心理特征,形成品牌的核心价值,它是特定品牌使用者个性的类化,代表了其品牌忠实拥护者的人格特征,其关系利益人心中的情感附加值和特定的生活价值观。

一般而言,消费者会选择与其个性特征、生活方式与价值观念相一致的品牌,因为这样的品牌更容易引发消费者产生品牌联想。一个与消费者个性格格不入的品牌,无论其产品质量多么的优异,消费者对于该品牌的感知也是十分困难的。例如,一个喜欢刺激、激情和冒险的消费者对于强调安全、舒适和宁静的汽车品牌很难形成高的质量感知和强的品牌联想。因此,创立品牌个性的关键就是要使得品牌的功能性和象征性能够获得消费者的感知和认同。

一个品牌在市场上被消费者接受的过程,是从外在标志,到品牌形象,再到品牌个性。“品牌个性”是品牌定位的最高层面。品牌个性比品牌形象更深入一层,形象使目标客户群对品牌产品产生认同,个性却可以形成消费者对于品牌的崇拜。“德芙巧克力:牛奶香浓,丝般感受”。品牌个性在于那个“丝般感受”的味觉承诺所带给消费者的心理认知。把巧克力细腻滑润的感觉用丝绸来形容,意境高远,不仅使用华丽的语言表现出德芙巧克力口味的纯正,更加凸显出德芙巧克力所代表的高雅的个性。

品牌个性其实质就是消费者个性的延伸,因此,消费者的人格因素对于品牌个性的定位是至关重要的。只有准确把握目标市场中消费者的行为特征,品牌个性的定位才能得以进行。可见,品牌的人格化反映了消费者对于品牌的核心看法,是品牌的功能主义和象征主义的有机结合体,是基于产品和消费者两大要素的品牌定位的终极结果。一旦品牌人格与消费人格相融合,就会形成稳定长久的消费习惯与消费忠诚,最终形成品牌消费文化。

尽管与消费人格一样,每一种品牌个性都是独特的,但是每一种品牌个性必须要能够代表一类消费人群的共同特质,而非消费者的个人特质。因为只有代表了消费人群共同特质的品牌个性才不至于将自己的品牌产品局限于过于狭窄的市场空间范围内,所以当进行品牌个性定位时,企业必须要对目标市场的消费人格进行深入调查和研究。即只有提炼出具有广泛代表性的品牌个性,品牌产品才能够得到广大消费者的心理认同。

可见,正是品牌个性具有了人格化的属性特征,才使得品牌具有了独特性和不可模仿性的特点,从而构成了品牌的核心竞争力。同时,品牌个性还具有持续性和稳定性的特点,能够给企业带来长期的竞争优势。任何一个想在激烈竞争的市场中生存的品牌,都必须遵守市场的游戏规则,尽可能地创造出让竞争者难以模仿的、给予消费者与众不同感觉的个性化品牌。只有致力于创造个性化品牌的企业,在创新、提升品牌档次、推出新产品、维护市场份额和拓展新兴市场上才能取得更大的成功。只有独特的品牌个性才是产品生存于市场中的根基,才可以培育出众多的品牌忠诚者。

(二)品牌个性的要素

品牌个性的要素和消费人格要素是密切相关的,品牌人性化已经成为许多知名企业成功的营销策略。例如,美国的天堂调味公司是美国处于领导地位的专业茶叶制造企业，其在公司的品牌定位广告中成功塑造了“咖啡先生”品牌形象，当你向消费者提到“咖啡先生”的时候，人们就会立即联想到“咖啡先生”是一个人，其具有“可信赖、友好、高效率、智慧、成功”的人格特征。这说明为了实现更好的传播沟通效果，应该将品牌人格化，把品牌塑造成一个具有真实人格特征的“人”，有利于消费者对品牌的认知和联想。即思考“如果这个品牌是一个人，它应该是什么样子……”（找出其价值观、外观、行为、声音等特征）。

品牌个性还可以通过塑造品牌性别进行个性定位，例如上述的“咖啡先生”就被赋予了男性的性别角色。性别作为品牌个性定位的一部分，其是与现实市场中不同性别消费者的消费行为和消费态度之间有很大的差异性密切相关的。你常会在广告中发现，运动鞋往往是由男体育明星来做广告代言，而沐浴露则是由女娱乐明星来做广告代言。

品牌的颜色有时候也与某些人格特质相联系，例如可口可乐与红色相联系，其代表着成功、激动；百事可乐则与蓝色相联系，其蕴涵着激情、运动等人格特征；IBM公司则一直以黑色为其产品的主色调，代表着精密细致、高新技术的人格形象。一般而言，每一种颜色代表着不同的人格特征。而颜色的人格联想在不同的国家和地区以及不同的文化背景下是不相同的，因此，全球化企业通常会在不同的国家和地区推出不同颜色的产品以引发消费者的品牌联想。

此外，同一公司的同一品牌在不同的环境下，也会致力于塑造不同的品牌个性。例如，一家在上海南京路上的大型商场相比华联、联华或农工商等连锁店明显具有更高贵的个性；开在居民小区中的超市一走进去就会看到大米、鸡蛋、油盐酱醋等商品，为顾客创造了一种家庭感；而开在中央商务区的同一品牌连锁超市的货架上摆放的则是报纸、面包、饮料等，给人以一种快节奏的工作感。可见，通过不同的品牌风格展示，就能很好地抓住不同生活状态下消费者的心理变化，迎合不同状态下消费者的个性变化，从而使消费者产生认同感。

（三）品牌个性的建立

品牌个性对于使用品牌产品的消费者来说是一种情感附加值，就像我们会因为身边某一朋友（或某一品牌）具有理性、宁静淡定，而将这个人（或品牌）与沉稳、内敛或成熟的情感联系起来。另一方面，购买某些品牌的消费行为会带有与其相联系的感受和感情。例如，喝喜力啤酒表达了一种豁达——“Green Your Heart”；系“金利来”领带产生成功人士的自信；DEBEERS 钻石代表着爱情和坚贞，正如其广告语表达的“钻石恒久远，一颗永留传”等。

在品牌个性的建立过程中，企业一定要对目标市场消费者的人格特质进行深入的研究，因为品牌个性的价值就在于品牌个性给消费者建立起了一种联想，从而激发起消费者的情感共鸣，品牌个性使得品牌产品与目标消费者的联系更加紧密，因为消费者的个性会驱使其习惯性地使用与其个性相同或相仿的品牌产品，当其生活环境中缺乏这一品牌产品时，消费者就会觉得好像少了一个家庭成员。换言之，品牌个性使得品牌产品成为消费者的感情寄托，从而形成了消费者的品牌忠诚。

品牌个性可以激发起消费者强烈的感情共鸣，这一效应直接构成了消费者的购买动力，也反映出消费者自身的人格特征。每个人都有其独特的人格特征，并以不同的价值观作为其生活中心：一个人可能高度追求对于工作的成就，另一个也许更关心家庭、亲人和自由。具有独特个性的品牌，可以塑造出一种品牌的“人格特征”，与某一持有特定价值观消费者的人格特征建立强有力的联系，并强烈吸引那些认为该价值观很重要的消费者。因此，品牌可以通过塑造成特定的人格形象去满足消费者的人格需求，具体可以分为以下五种。

(1)忠实朋友。任何人都会感到孤独，需要向人倾诉。品牌就可以担当这样的角色，如果一个人长期使用某一品牌产品就会形成这样的关系，即品牌成为其忠实的朋友，成为其倾诉的对象，成为其生活环境中不可或缺的一员。品牌不仅可以成为个人的朋友，也可以成为家庭的朋友，餐桌上放上一瓶可口可乐就宛如家庭中不可或缺的一个成员。

(2)社会归属。尽管每个人都是独一无二的，但是人的社会性使其渴望自己拥有一定的社会角色，渴望在社会中寻求归属感。这种社会归属感既可以是真实的，也可以是虚拟的，品牌的选择恰恰可以为消费者提供虚拟的社会归属感。例如，百事可乐为你提供了“年轻的一代、激情的一代”的社会归属感。

(3)传统怀旧。品牌有时能带给消费者以传统习俗的体验、童年怀旧的记忆，这也是品牌成功的一个重要方面。一旦品牌定位于老字号的传统，如果辅之以广告宣传，那么给消费者所带来的心理冲击是巨大的。还记得那个经典的黑芝麻糊的广告吗？“一股浓香，一缕温情”，为南方黑芝麻糊营造出一个"温馨怀旧"的氛围，该广告片的整个画面、背景、底色、人物装束打扮和声音的处理上，处处渲染和营造着一种怀旧的氛围。当人们在看这则广告片时，会不知不觉地被引到一个南方的小镇，联想到小时候的味道，对于童年的记忆深深地感染着每一位观众。当人们在超市看到南方黑芝麻糊时，可能就会回忆起自己年少时的美好时光。

(4)体验梦想。在残酷的现实生活中，我们每个人都会有许多想做却没有能力完成的梦想。品牌可以带给消费者以实现梦想的体验，这也就是为何许多品牌都由名人代言的原因。例如，由迈克尔·乔丹所代言的耐克运动鞋就可以给许多篮球爱好者以一种梦想成真的感觉。

(5)时尚潮流。每个人都渴望自己与时尚潮流同步。品牌的时尚潮流性给消费者带来的内心体验是巨大的，这使得他们更加有自信心，从而使其虚荣心获得满足。

此外，品牌个性定位要简约，因为品牌的个性越强，品牌的适用范围就越窄，并且品牌个性也不能一味地追求新奇独特，而是要建立在消费者可以接受的心理基础之上。如"海尔"使人们立即联想到活泼可爱的海尔兄弟，每时每刻体会到"真诚到永远"；万宝路香烟则体现出西部牛仔的豪放形象。品牌个性定位是一个长期的系统工程，它是企业品牌定位战略实践的最终成果。因此，品牌个性定位不能急功近利，既要营造好品牌的短期形象，更要维护好品牌的长期形象。

【延伸阅读】

同样的时间为何价格不同？

当你考虑最喜欢的手表时，首先想到哪个品牌？欧米茄？劳力士？天梭？梅花？最喜欢的手表值多少钱？300 美元？600 美元？你也许认为购买这样一块手表太夸张了，也许根本不可能。如果是这样，你会很吃惊地了解到，对于那些真正懂得手表的人，这些价格没有什么稀奇。实际上，高端手表最低价格是 3 000 美元，最高达到 50 万美元或更多！

谁会买这样的手表？那些为钟表学(研究

时间测量)而着迷的富人会买。因为对其而言,一块精美的手表甚至比一辆进口汽车更加能够象征社会地位。它价格不菲,但无与伦比。进口手表与进口汽车之间的最大差异是,很少有人能够说出3 000美元的手表与比其贵10倍的手表之间有什么不同。二者之间的区别很细微。

与大多数地位象征不同的是,除了耀眼的装饰,精致的手表有更多的手工和机械细节。精致的手表必须是机械的,可以手动,也可以自动。对于严格的收藏者来说,一块手表必须在瑞士,或者可能是在德国手工制作的。除了这些品质,还有一些通常喜欢的属性(被称为"复杂性"),包括万年历、月相日历,甚至是报时的微缩时钟等。一种特别昂贵的属性被称为"陀飞轮",它可以抵消重力和手表准确性的变化。

高端品牌,如百达翡丽(Patek Phillippe)、爱彼(Audenmars Piguet)和昆仑(Corum),通常只发限量版,并且一开始的定价就在15 000—30 000美元。有些限量版每一批只有不到30只。数量越有限,价格就越高。随着印度、中国和俄罗斯经济的不断发展,全球对这样的手表需求上升,但制造商并没有增加产量。这种稀缺性意味着,即使是长期授权的尊贵品牌的代理商也只能获得几只手表。

手表制造商努力平衡满足顾客需要和保持稀有性之间的关系。最后,如果任何人都可以得到一只手表,这种手表就不值钱了。因此,有钱人必须花大价钱以获得他们寻找的战利品。

【延伸阅读】

百年李锦记的时尚营销

入夜之后的香港维多利亚湾美丽而动人。高低错落的各色灯火,辉映得香江水似彩色锦缎一般,写着李锦记三个大字的霓虹灯箱分外醒目,多年来始终照耀着维多利亚湾。这个带有浓厚的中国传统商业文化色彩的名字,至今已有121年的历史。它曾经只是珠海水乡一个小小的蚝油作坊,如今已经发展成为蜚声世界的酱料王国,其产品远销世界100多个国家和地区。传承家业、永续经营是每一个家族企业的渴望,然而在漫长的商业发展史上,有太多的案例可以证明,这往往是一个奢望。李锦记打破了"富不过三代"的魔咒,不仅将接力棒传到了第四代手上,而且得到了越来越多消费者的认可和喜爱。

一、满足个性化需要

不同国家、不同地区的人们在生活习惯和口味需求上具有很大的差异性，几千年来，中国人基本上形成了“南甜北咸东酸西辣”的口味格局。因此，对于一个调味品品牌而言，能否做到针对消费者的需求细分产品、随需应变是至关重要的。为此，李锦记专门成立了产品研究及控制中心，并由专人对新产品试味和尝试酱料的各种食用方法；李锦记一些产品的配方甚至来自于烹饪经验丰富的客户私人珍藏；李锦记所选用的生蚝则主要来自内地及日本、韩国；采购人员甚至深入世界上人迹罕至的偏远地区采购土产香料以供研发新产品之用。正是通过诸如此类的方式，李锦记研制出了多款新产品以满足消费者个性化的口味需求。比如，针对我国维吾尔族、回族聚居的西部市场开发出了“清真酱料”等；又如日本人喜甜、马来西亚人无辣不欢等饮食习惯均在李锦记的考虑之列。目前，欧美、日本、东南亚的许多中餐馆都把李锦记的产品作为必不可少的调味酱料。对此，李锦记集团主席李文达表示：“李锦记已有近百个品种，可以满足国内外各地口味的需要，我们还将开发出更多的新品种。”除了口味丰富之外，李锦记还不断创新，极力满足消费者多元化的功能需求。李锦记的高端产品 XO 酱便是这样一种创新产品。XO 酱最初是香港高级食府用干贝、火腿、干虾为主要材料制成的餐前小食，后来很多普通食府用散料制作 XO 酱。李锦记发现了消费者对饮食日趋讲究的潮流，便针对这一需求精心配制出味美且品质稳定的李锦记 XO 酱，并通过一连串宣传攻势塑造其高端形象。李锦记推出 XO 酱后获得了空前的成功，提高了中式酱料的市场地位。

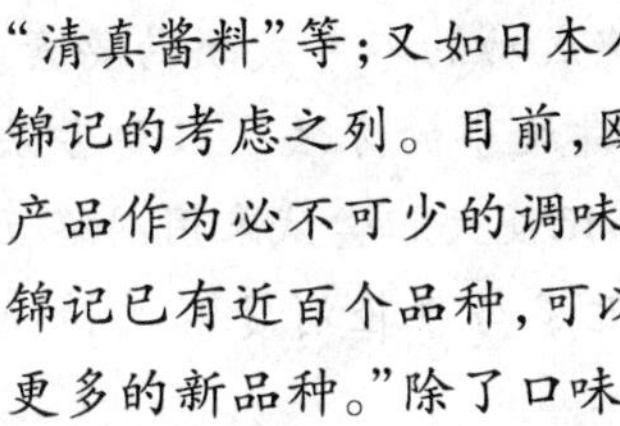

目前，李锦记涵盖了酱油、方便酱料、辣椒产品、烹调用料及蘸料、胶杯酱料、XO 酱等六大系列 200 多种产品，仅酱油一项就细分为搭配煲仔饭、蒸鱼、饺子等不同菜品以及适合中西方市场不同口味的多种产品。为了吸引年轻消费者的注意力，李锦记在产品包装上下足了工夫。中式酱料的产品包装大部分采用瓶装设计，每次使用都要把瓶子倒转过来。李锦记旧庄特级蚝油还特别推出了“唧唧樽”，其大胆突破传统思路，采用了倒立式的包装设计，可以直接将酱料挤出，并附有流量控制阀门，因而方便、干净，不会弄脏双手，深受家庭主妇们的欢迎。此外，李锦记旧庄特级蚝油还推出了“唧唧支装”，其采用牙膏状的包装设计，既方便儿童使用，也易于携带及储存，能够满足现代家庭旅行、烧烤及吃火锅等特殊需要。

二、老字号的时尚路线

调味品产品科技含量低、行业进入门槛低，而作为生活必需品又具有很大的需求空间，结果是吸引了上万家企业、上百个品牌在一起混战，从而导致产品同质化，市场竞争激烈。那么如何才能够在众多调味品品牌中脱颖而出呢？关键在于，企业要抓住品牌自身的特点，根据消费者接触信息的习惯与需求，采取创新性的传播策略。而老字号品牌之所以成为老字号，就在于它有深厚的品牌底蕴和历史故事可以挖掘。李锦记恰恰是一个很会讲品牌故事的企业，能够不厌其烦地、持久地将品牌的老故事或新故事通过媒体传播出去，这正是李锦记品牌成功的不可或缺的要素。因此，对于老字号而言，缺的并不是故事，而是讲故事的方法。只要方法得当，“传统”也可以变得很“时尚”。于是，李锦记便大胆尝试采用网络互动传播的方式，为品牌注入新鲜血液，迅速拉近了与年轻消费者的情感距离。

2008 年 8—9 月，李锦记为了推广新产品“李锦记番茄沙司挤挤装”，举办“番茄新派对，无限乐趣挤出来”在线涂鸦创作活动，在年轻消费者中掀起了一股番茄酱涂鸦热潮，李锦记番茄沙司挤挤装也因其使用方便以及采用卡通造型而受到了广大 80 后年轻人的追捧。同年 11 月，李锦记又推出 120 周年纪念专题网站——“迈向新世纪”。迈向新世纪网站在视觉上充满了中国传统文化的韵味，同时在内容上运用了动画、互动小游戏、视频播放、图片和视音频文件上传下载等多种网络互动技术，网友可以在线观看李锦记品牌发展历程中的珍贵资料，观看李锦记经典广告、下载广告音乐铃声，投票选出最喜爱的食谱并即时浏览十大最受欢迎的食谱，上传与李锦记相关的欢乐时刻以及自创食谱等。

1992 年，李锦记进入直销行业，成立了全资子公司南方李锦记。然而，一下从酱料行业跨越到保健品和日化行业，导致了消费者对李锦记品牌的认知混乱。李锦记原本想利用品牌资产在新的领域取得竞争优势，但却硬生生地将稠稠的酱料抹在了南方李锦记的产品上，给新的产品增加了负面联想。另外，南方李锦记产品的成功，也会冲淡李锦记的“酱料”在人们头脑中的印象。因为李锦记品牌所拥有的消费者心智资源，是一笔无形的财富，是拉升李锦记成长的动力，但如果任由事态发展，随着时间的推移，日积月累，就会有失去消费者心智资源的危险。所幸的是，2009 年 3 月，南方李锦记有限公司发出更名启事，将公司名称、事业名称、产品名称统一为“无限极”，从而结束了 16 年来三者分离的状态。当然，从母品牌李锦记中剥离出来的“无限极”，要想做到“青出于蓝而胜于蓝”，还有漫长的路要走……

第三节　情境案例

江诗丹顿在中国

一、引子

“你好，我是江诗丹顿！我们一直在中国，从来没有离开过。”一个低沉声音在展厅里久久地回荡。

故宫博物院里收藏着这样两只钟表，它们漂洋过海来到中国，在这里受到皇家般的礼遇，它们是身份与地位的象征。

二、渊源

江诗丹顿（Vacheron Constantin）成立于 1755 年，为世界最古老的钟表制造厂，也是世界最著名的表厂之一，其总部设于瑞士日内瓦。江诗丹顿每年仅生产 2 万多只，其表盘上的如瑞士国徽般的十字标记，已经是品位、地位和财富的象征。

1860 年，江诗丹顿的天才推手康斯坦丁将江诗丹顿带到了中国皇宫，咸丰皇帝向江诗丹顿订制了一只蓝色珐琅装饰的怀表，后来故宫博物院又收购过两只江诗丹顿的钟表。

1995 年，江诗丹顿在故宫博物院这个从来不举办商业活动的地方举办新闻发布会，并打出亲情牌——“我们一直在中国，从来没有离开过”。

三、光而不耀：低调的奢华

中国人对奢侈品总是有很多负面看法，特别是在老一辈人的心中，克勤克俭、量入为出的消费观念根深蒂固。然而，“光而不耀”——中国古代思想家老子的中庸思想，却可以在江诗丹顿的产品目录册里找到。

江诗丹顿的产品虽然是顶级的，但却是一个谦逊的、低调的品牌，创始人希望通过自己的作品体现出一种文化的内涵以及精湛的制表精神，而并非炫耀之用。最终，江诗丹顿在彰显和低调中找到了平衡点，深得中国消费者之心。

江诗丹顿在设计上融入了中国文化，比如在 2004 年，恰逢郑和下西洋 600 周年，江诗丹顿以此为创作灵感，糅合了最精湛和最富创意的高级制表技术缔造了 Patrimony 探险家系列的“郑和”款，珐琅釉彩表盘上的郑和七次下西洋航行路线图气势恢宏，重现了郑和走向世界、不畏艰险、勇于探索的开拓精神，纪念了中国人在世界航海历史上的贡献。江诗丹顿对中国历史表现出的尊重赢得了国人的好感。

2006 年 8 月 18 日，江诗丹顿在北京中华世纪坛隆重展出 84 枚由日内瓦历史博物馆多年珍藏的古董钟表珍品，拉开了“江诗丹顿中国古董钟表巡展”的序幕，这也是江诗丹顿首次在日内瓦之外的地方举办规模如此盛大的古董钟表展示活动。

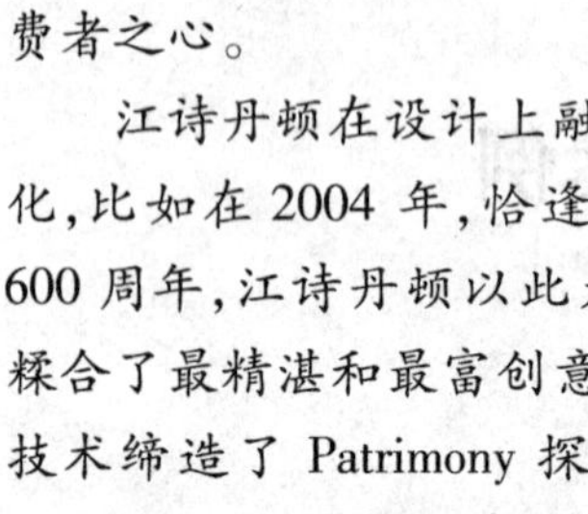

大秀中国元素是一张深入人心的亲民牌，15 枚始于 19 世纪初，融入许多中国元素的钟表令国人倍感亲切，中西文化的交融使其在消费者心中的品牌地位得到了进一步提升。

“我们是世界上唯一一个可以维修制造于任何时间的本品牌手表的企业，哪怕你拿出 200 多年前的产品来，也没有问题。”自 1840 年起，每只江诗丹顿手表的生产图纸、记录、销售日期及机芯表壳编号等资料，都被完整无缺地保留在公司的档案柜中。

在江诗丹顿的专卖店中设有贵宾区，店内的高级钟表顾问以全面、精湛的专业水平和堪称“欧洲品质”的服务水准随时提供保养或检查服务。当然,作为一个奢侈品牌,按照顾客的要求进行个性订制也是必不可少的服务项目之一。

【讨论题】

1. 江诗丹顿为什么要选故宫博物院召开新闻发布会?

2. 江诗丹顿的本土化过程中,采取了哪些营销策略?

3. 中国怎样才能打造自己的“江诗丹顿”手表品牌?

本章思考题

1. 试述人格的本质?

2. 试述人格发展的各个阶段?

3. 品牌的联想价值主要有哪些方面?

4. 试述品牌定位的含义?它的作用是什么?

5. 试述如何建立和维持品牌个性?

6. 研究一个成功品牌定位的案例,并结合其目标顾客群分析其品牌联想和品牌个性。

第六章　消费学习与广告促销

章前箴言

人们的行为决策中仅20%取决于现时的环境刺激信息，而80%则取决于个体以往的学习记忆，广告信息亦然。

本章要点

◆ 广告的内涵。
◆ 广告的基本要素和主要功能。
◆ 广告的类型和表述方式。
◆ 消费学习的内涵。
◆ 古典条件反射学习理论及其在广告促销中的应用。
◆ 操作性条件反射学习理论及其在广告促销中的应用。
◆ 信息加工学习理论及其在广告促销中的应用。
◆ 消费者卷入理论及其在广告促销中的应用。

【引例】

“三人成虎”的广告效应

春秋战国时，各诸侯国互相攻伐，为了使大家能彼此遵守信约，国与国之间通常都将太子交给对方作为人质。《战国策·魏策》中有这样一段记载：魏国大臣庞葱将陪魏太子到赵国去作人质，临行前他对魏王说：“现在有个人来说街市上出现了老虎，大王您信吗？”魏王道：“我不相信。”庞葱说：“如果有第二个人说街市上出现了老虎，大王您信吗？”魏王道：“我有些将信将疑了。”庞葱又说：“如果有第三个人说街市上出现了老虎，大王您信吗？”魏王道：“我当然会相信。”庞葱就说：“街市上不会有老虎，这是很明显的事，可是经过三个人一说，好像便真的有了老虎。现在赵国国都邯郸距离魏国国都大梁，相比这里的街市要远了许多,而议论我的人又不止三个,希望大王能明察才好。”魏王道:“一切我自己知道。”然而,庞葱陪太子回国后,魏王果然没有再召见他。你别嘲笑魏王的愚蠢,其实这只不过是一个正常人对于重复刺激的正常反应而已。

在现代社会中,商业广告正时时刻刻扮演着告诉消费者“街上有虎”的角色,想一想,你是否已把早晚刷牙作为一种习惯(牙膏厂商的贡献),抑或是把每天喝牛奶当成是生活中的必需(牛奶厂商的贡献)。难道说,广告宣传真的能有这么大的影响力?事实上,当你觉得生活中开始离不开某样产品的时候,这就是广告的魅力,可别说你不信广告啊!那么,广告又是如何影响你的生活的呢?这就是本章所要讲述的内容。

第一节　广告原理概述

一、广告的内涵

广告,从字面上来理解,即“广而告之”。广义的定义是指将某件事情以某种方法广泛地告诉社会公众,使社会公众能够知道内容所进行的信息传播活动。这一定义所涵盖的内容范围十分广泛,即凡是使公众知晓某件事情而通过任何形式和手段所进行的信息传播活动,比如个人发布的通知、企业的布告、政府的公文等,均属于广告的广义定义。狭义的广告定义则是专指商业广告,是指发生在经济领域中带有商业性质和目的的广告活动;是为了某种特定的需要,企业通过一定形式的媒体,公开而广泛地向公众传递信息的宣传手段;具体表示为商品经营者或服务提供者以付费的方式利用媒体直接或间接地传递商品或劳务的信息,以影响消费行为的信息传播活动。

伴随着广告业的发展和壮大,人们对于广告(即指商业广告)的论述越来越丰富,形成百家争鸣的状态。我国《辞海》中对于广告的定义为:“广告是向公众介绍商品、报道服务内容或文艺节目等的一种宣传方式,一般通过报刊、电台、电视台、招贴、电影、幻灯、橱窗布置、商品陈列形式来进行。”历史上对于广告较有代表性的定义主要有:①“印刷形态的推销手段”(美国现代广告之父 Albert Lasker)。②“由广告主支付费用,通过印刷、书写口述或图案等,公开表现有关个人、商品、劳务或运动等讯息,用以达到影响并促成销售、使用、投票或赞同的目的”(美国专业广告杂志《广告时代》)。③“广告是由可确认的广告主,对其观念、商品或服务所作的任何方式付款的非人员性的陈述和推广”[美国市场营销协会(AMA),这也是迄今为止影响力最大的关于商业广告的定义]。

二、广告的基本要素

如定义所言,广告是一种信息传递活动,是向公众介绍商品、服务内容或文娱体育节目的一种宣传方式,一般通过报刊、电视、广播、招贴等形式进行,它具体可以分为以下六个基本要素。

(一)广告主

《中华人民共和国广告法》把广告主定义为:“推销商品或者提供服务,自行或者委托他人设计、制作、发布广告的法人、其他经济组织或者个人。”一家工厂、公司、商店、电影院、学校、个体户等都可以成为广告主。比如我们在电视上看到 Nikon Capture 系列的数码相机广告,那么在中国,尼康映像仪器销售(中国)有限公司便是它的广告主。

(二)广告公司

在现代广告营销过程中,广告主会自主成立一个广告组织部门或者相类似的机构来处理广告宣传事宜,但是具体的广告创意制作等业务则会委托给外界的专业广告代理公司。其主要原因在于广告的制作是一个专业性极强的工作,并且过程繁杂,需要多方面专业化的配合与协作,比如一个电视广告片需要电视影片制作的专业技能。广告公司可以成为广告主在整体营销当中的得力助手,为其提供自身所拥有的丰富的广告营销的市场资料,并且节约许多不必要的硬件与人员方面的投入成本,比如对于摄影器材、绘画专业人员等的投入。

(三)广告媒体

广告媒体即通过何种媒体来达到信息传播的目的,广告媒体即这种信息传播的中介物。具体可分为:

◆ 利用报纸、期刊、图书、名录等刊登广告。

◆ 利用广播、电视、电影、录像、幻灯等播映广告。

◆ 利用街道、广场、机场、车站、码头等的建筑物或空间设置路牌、霓虹灯、电子显示牌、橱窗、灯箱、墙壁等广告。

◆ 利用影剧院、体育场(馆)、文化馆、展览馆、宾馆、饭店、游乐场、商场等场所内外设置、张贴广告。

◆ 利用网络 Email 等进行广告宣传。

◆ 呼叫中心。

◆ 利用短信、彩信进行广告宣传。利用车、船、飞机等交通工具设置、绘制、张贴广告。

◆ 通过邮局邮寄各类广告宣传品。

◆ 利用馈赠实物进行广告宣传。

(四)广告信息

广告信息是广告内容的主体部分,具体包括广告主希望传达给消费者的商品信息、服务信息、观念信息等。商品信息包括产品的名称、性能、质量、用途、购买时间、地点、价格等。服务信息包括各种非产品形式的交易或半商品形式的服务性活动的信息,诸如旅游、饮食、美容、理疗、按摩等。观念信息是指通过广告活动倡导某种意识,使消费者形成一种对于某种商品或服务的消费需求。例如,一家健身中心举行讲座活动宣传关于健身对于生活和工作的放松作用,并且有益身心健康等,目的是为了让其目标客户形成健身的习惯,以此推销其健身中心的服务。可以说,观念宣传也是一种推销商品和服务的手段。

(五)广告创意和技巧

广告创意是介于广告策划与广告表现制作之间的艺术构思活动。即根据广告主题,经过精心思考和策划,运用艺术手段,把所掌握的材料进行创造性的组合,以塑造一个意象的过程,其遵循独创性和实效性原则。简而言之,即广告主题意念的意象化,而广告技巧则是形象化这种广告创意的方式方法,以使消费者更好地接受广告主所希望传达的思想。

(六)广告费用

广告费用就是从事整个广告活动所需付出的费用。诸如广告活动的经费、电视或者平面广告的制作费用,利用各类媒体如电视台、广播电台、报纸、杂志版面等需要支出的费用;即使是自行制作广告,也需要支付布置展台、印刷传单、发放传单等一系列的费用。广告费用的支出是为了扩大市场份额,吸引更多的消费者或迅速推出新产品,以便获得更大的经济收益。

三、广告的主要功能

（一）广告的经济功能

广告表现得最为显著的是其经济功能，广告能在当今社会得到极大的发展可以说离不开其作为商业行为所带来的经济效益。首先，广告具有沟通产销渠道、疏通产供销关系的作用。在消费者与生产者之间起着无可比拟的中介作用。广告作为一种信息传播手段，能有效链接产供销流程。在此基础上，广告可以针对消费者的消费兴趣与欲求进行不断刺激，以激发起消费者的购买行为，进一步刺激消费。其次，广告也是企业开展市场竞争的有力武器之一。为了获得市场份额以及在市场竞争中保持不败的地位，竞争企业就需要采取一切合理的手段，而利用广告影响消费行为则是非常重要的措施。如果没有广告，产品的特点和价值就无法及时地传递给消费者，企业就会输在市场的起跑线上，有效的竞争将无法进行。

（二）广告的社会功能

在现代社会中，广告已经成为人们生活中的一部分，人们对于形形色色的广告早已习以为常，广告也已成为厂商吸引消费者注意，增加消费者对于产品的了解，以及影响消费行为的有效工具。甚至人们已经意识到，广告与学校、教堂等一样，具有普遍的社会影响力，因而广告对于社会的影响一直是人们所关注的话题，虚假的、违背社会伦理、不讲职业道德的广告不仅是对社会资源的浪费，而且还会造成不良的社会影响。所以厂商在积极发挥广告的商业功能的同时，更要注意发挥好广告的社会功能。

（三）广告的艺术作用

广告不仅是一种商业行为，更因为其在信息传播的过程中通过一系列艺术的表现手法和形式来展示广告的主题和宣传产品，使得广告同样具有艺术美学的功能。首先，在现代社会中，广告可以满足人们的精神需要，一个好的广告就像一个艺术作品，具有审美价值，能给人以愉悦欣赏的感觉。比如一首朗朗上口的广告歌或者一副精致的广告画，其在传递产品信息的同时，能给人带来艺术的熏陶和美的享受，从而丰富人们的精神文化生活。其次，当人们走在大街上，那些设计精美的广告牌、五颜六色的广告画、五彩缤纷的灯箱广告和闪动的街头大荧幕电视广告同样装扮着美丽的都市。如果没有这些广告，都市中购物中心和商业街将变得了无生气。因此，正是这些广告使得都市的面貌焕然一新，为人们的生活增添了丰富的艺术色彩和浓郁的现代气息。

（四）广告的心理功能

广告在发挥其传播信息的功能时，其不仅仅是机械地将信息传输出去，而是通过一系列的劝导式宣传，使得消费者认识、接受和了解，并刺激消费者的购买欲望，诱发其对于产品的需要，产生购买行为，而这就是广告的心理功能。一个成功的广告将使得消费者形成从认知、联想、对比、接受、产生购买欲望，直至付诸购买行为的心理过程，即一则广告的心理功能就是促使人们产生付诸购买行为的心理理念。下一节将具体分析这一心理过程。

四、广告的类型和表述方式

（一）广告的类型

不同的企业对于不同的产品采取不同的营销策略，而不同的营销策略则导致企业需要不同类型的广告。虽然广告的样式繁多，但总体上可以分为组织广告与产品广告两大类。

1. 产品广告

产品广告顾名思义即是宣传某种特定产品或服务的优点。由于产品在市场上会处于生命周期的不同阶段，这也就决定了产品广告的基本形态多样。开拓性广告，即是为了新产品开拓市场，刺激消费者的需求和欲望。竞争广告则是用来与同类产品进行市场竞争，其目的不是刺激消费者对于某类产品或服务的需要，而是影响消费者对于特定品牌产品的需要。此外，还有比较形式的广告，用于突出自身产品或服务的独到之处。

2. 组织广告

随着现代经济的发展，大型综合性企业的不断增多，企业生产销售产品种类众多，组织广告的目的就是帮助企业宣传企业自身，以树立、改变或保持企业形象，让消费者对于企业形成良好的印象，并对其产品和服务抱有友好的态度。例如，耐克公司便经常采用组织广告以宣传其公司自身及其所代表的一种精神——“Just Do It”（“心动不如行动”）。

（二）广告的表述方式

广告是一种信息的传播方式，并借此影响消费心理与行为。对于信息的表述方式，通常可以分为以下十种。

(1)幽默。幽默是广告商经常使用的一种表述方式,也是最容易为消费者所接受的方式之一。比如,步步高无绳电话广告,一声"喂,小丽啊……"让人至今都记忆犹新。

(2)幻想。借助产品广告促使观众产生幻觉。比如绿箭口香糖广告中,男主角因绿箭口香糖而仿佛置身于一片清新的大自然之中,借此突出绿箭口香糖产品"清新、放松"的特点。

(3)音乐。通过一首朗朗上口的歌曲来表现产品和服务的特点。比如麦当劳广告歌曲——王力宏的"I'm lovin'it"以及陶喆的"我喜欢"。

(4)心情。围绕产品营造一种特定的心情。比如,DEBEERS公司用带着订婚钻戒和钻石项链的人物形象来描绘亲密的感情,同时称赞道:"钻石恒久远,一颗永留传。"

(5)动画。通过动画这种形式传递广告信息。比如最新3D动画版的脑白金广告,两个卡通版的老头老太开心地跳着舞,并在结束时出现了巨大的脑白金产品图案。

(6)代言人。即请某位名人来为产品进行代言,通过名人本身的形象和气质来突出产品的形象。比如,阿迪达斯产品通过体育明星来代言,而各种护肤品和化妆品则由美丽的女明星代言。

(7)生活情景。通过普通消费者日常生活中的某一片段来推出产品。通常用于推广家庭产品,比如洗衣粉等。

(8)生活方式。表现产品如何适合消费者的生活方式。必胜客的广告就告诉消费者——必胜客的外卖将帮助你拥有一个轻松的生活节奏。

(9)演示。通过实际使用某产品来向消费者展示产品。很多电视购物节目在推销产品的时候就是使用这种技巧。

(10)科学举证。通过科学研究成果或者举证来证明产品的优异性。比如某牙膏的"全国牙防组认证"。

【延伸阅读】

舒肤佳广告的观念学习术

1992年,舒肤佳香皂正式进军中国内地,当时力士香皂则早在6年前便已进入内地市场,并牢牢占据了香皂市场的销量排行榜首,且香皂的市场需求也已进入了平稳增长期。然而,就是在这种情况下,舒肤佳香皂却在短短的数年时间内，将力士香皂远远地甩在身后。截至2001年，舒肤佳香皂的市场占有率达到41.95%，相比原先的市场老大力士香皂高出了整整14个百分点。

舒肤佳成功的原因有很多，但是关键的一点便是它找到了一个对于当时国内消费者来说十分新颖的概念——“除菌”，并通过铺天盖地的广告宣传，对消费者进行了长达十几年的“观念教育”——“看得见的污渍洗掉了，看不见的细菌呢?”这句广告词整整影响了一代人。

舒肤佳广告内容以除菌为概念，充分运用诸如踢球、挤车、扛煤气罐等多种场景告诉观众，生活中人们会有非常多的机会感染细菌，然后用放大镜让你“吓一跳”，一条条蠕动的细菌让你觉得购买“有效除菌保护全家”的舒肤佳香皂是多么的必要。在广告的最后部分，采用“内含抗菌成分”、专家推荐以及实证检验等方式让你确信舒肤佳香皂可以把手洗干净。此外，还通过“中华医学会验证”的方式来增强消费者对于舒肤佳香皂品牌的信任度。

第二节　广告促销的学习心理与行为

由于消费学习与广告促销之间存在着直接的关系，因此，消费学习是营销心理学的重要研究领域之一。一切广告促销策略都是建立在与消费者的交流活动之中，而交流活动则以消费者的学习为基础。由于营销过程中的广告促销实质上是一种交流活动，因而营销人员希望消费者能够注意到上述交流活动，并记住这些信息。这就涉及消费学习。

所谓学习，是指由经验所引起的个人行为变化的过程，即学习是一种获得知识、产生偏好、养成习惯的过程。学习过程的基本模式为：动机→刺激→诱因→反应→强化。例如，当一位消费者想购买一台空调时，这一愿望便是一种动机；为此，他就会去注意和寻找有关空调的广告信息，这些信息会对他的购买愿望产生刺激；同时，他的亲友又鼓励他购买空调，这种鼓励即是诱因;然后,他便付诸行动去购买空调,这种购买行为便是反应;最后,当所购空调经一段时间使用后,如果他认为该空调质量性能良好,便会积极肯定这一购买行为,这种肯定或满意就是强化。厂商在市场营销活动中,应诱发出消费者购买某一品牌产品的动机,并通过种种促销手段刺激消费者作出购买反应,同时以过硬的产品质量、优良的售后服务等强化顾客的满意感,使得更多的消费者形成对该产品品牌的信任偏好。

可见,消费学习是指消费者获得指导其未来的购买行为的消费信息和经验的过程。这一定义主要包括以下内容:第一,消费学习是一种随着消费新经验的获得而持续不断发展变化的过程。在这一过程中,消费者所获得的新经验可以使其在未来相似的消费情景中作出熟悉或简化的消费决策,从而降低消费认知成本和风险。第二,消费学习未必都是有意识的。营销心理学研究表明,消费者的许多学习活动实质上是无意识发生的。例如,消费者在阅读报刊的同时听到电视上的产品广告并被无意识的记忆了。第三,消费学习是一种范围相当广泛的活动。从简单的日用品购买反应到复杂的耐用消费品的购买决策都属于消费学习。第四,尽管各种学习理论之间存在着很大的差异性,但是它们都一致承认学习活动的发生必须以一些最基本的要素存在为前提,诸如动机、诱因、反应与强化等。

在消费学习理论中最具代表性的分别为行为主义学习理论与认知学习理论,具体如下。

一、行为主义学习理论与广告促销

“行为主义学习理论”又称为“刺激—反应理论”。如果消费者以一种可预测的方式对一个已知刺激(如产品信息)作出反应(如消费决策),那么他就是在学习。行为主义学习理论并不关心消费学习的具体过程,而主要关心消费者如何从环境中选择刺激,以及如何对这些刺激作出可观察的反应。与市场营销关系最为密切的行为主义学习理论具体包括:古典条件反射学习理论与操作性条件反射学习理论。

(一)古典条件反射学习理论与广告促销

1. 古典条件反射学习理论的基本含义

古典条件反射学习理论把人和动物都看作是消极被动的机器,只要重复某种刺激，相应的反应就会出现。即当一个能够引起某种反应的刺激与另一个刺激成对重复出现时，如果后者也能够引起与前一刺激相同的反应，那么条件反射学习就出现了。在古典条件反射学习理论中，一般把前一刺激称为“无条件刺激”（US），而后一刺激则称为“条件刺激”（CS）；由“无条件刺激”所引起的反应就称为“无条件反应”（UR），而“条件刺激”所引起的反应则称为“条件反应”（CR）。这种条件刺激与条件反应之间固定而暂时的联系就称为条件反射，它就是古典条件反射学习理论中所谓的“学习”活动。例如，消费者看到某种美味食品（US）会产生食欲（UR），这是一种无条件反应；如果把“食品”一词（CS）与某种美味食品同时呈现并反复多次，那么消费者即使在真正的食品不出现但只要看到或听到“食品”这一词汇（CS）的情况下也会产生食欲（CR），这就是条件反射学习。图 6－1 直观地表现了古典条件反射学习的模型。在市场营销情景中，影响消费者的条件刺激主要包括产品、商标、零售商店和广告宣传等；消费者的条件反应则是购买行为。

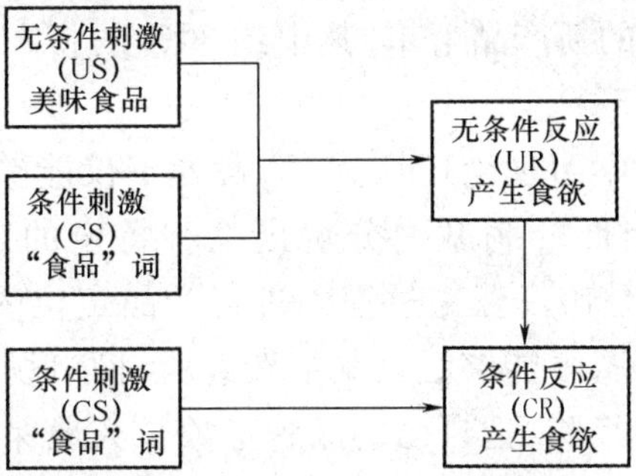

图 6－1　古典条件反射学习模型

2. 古典条件反射学习理论在广告促销中的应用

在古典条件反射学习理论中，“重复刺激”“刺激泛化”和“刺激分化”是三个与消费行为密切相关的重要概念。古典条件反射学习理论认为：条件刺激与无条件反应之间联系的多次“重复刺激”，对于条件反射的形成是至关重要的。市场营销研究表明，刺激的简单重复对于增强联系以及降低遗忘的效应是逐渐递减的，即增强维持的“重复刺激”次数是有限度的，一旦超过了阈值，消费者的注意力就会衰退。例如在广告宣传中，会出现“广告损耗效应”，而避免产生广告损耗的最佳方法则是:用各种不同的形式表现同一个主题,或使用不同的背景,或运用不同的广告人物,即“变化”是有效防止“广告损耗效应”的理想方法。

古典条件反射学习理论认为,消费者的学习活动不仅依赖于“重复刺激”,而且依赖于消费者对于刺激的泛化能力。如果消费者不能对差别很小的各种刺激作出相同的反应,那么他就无法进行更多的学习。换言之,如果消费者缺乏归类能力,对每一刺激都要分别作出各种不同的反应,那么他就根本无法进行学习,更无从积累适应生活环境的经验。例如,厂商之所以喜欢模仿名牌产品的包装和商标,其主要原因在于消费者容易将模仿产品与知名产品混淆导致误购,从而大大降低模仿者的营销成本。此外,目前市场营销中广泛应用的“品牌延伸”策略(即把新产品搭载在已形成品牌效应的老产品系列上进行销售),其原理也是刺激的泛化。市场营销研究表明,品牌延伸产品与老产品之间的相似性越大,对于老产品的评价被迁移到新产品上的可能性也就越大。由于品牌延伸策略比发展全新品牌要节省营销成本,因此许多厂商都乐意采用。据统计,美国市场上每年有 2 万种左右的新产品上市,其中约 80% 的新产品采用了品牌延伸策略。

古典条件反射学习理论还认为,消费者不仅能够泛化消费刺激,而且能够从一系列相似的刺激中分辨出某种特定的刺激。后者就称为“刺激的分化”,它是市场营销过程中进行产品定位的理论基础。例如,市场追随者希望消费者能够泛化其消费经验,而市场领导者则希望消费者能够分化其消费经验,把自己的品牌形象长久地保持在消费者的记忆中,以此保持自己在市场中的领导地位。营销研究表明,一旦消费者对产品信息产生了刺激分化,再想把某个市场领导者从市场中逐出则是非常困难的。因为市场领导者通常都是第一个进入该产品市场,并且长期以来一直进行着不懈的努力,希望通过广告和促销手段努力使消费者将其特定商标与产品牢固地联系在一起。一般而言,消费学习(即把某种商标与其产品相联系)时间越长,产生刺激分化的可能性也就越大,出现刺激泛化的可能性就越小,而形成刺激分化的关键就是进行有效的产品定位。

知识链接

巴甫洛夫与古典条件反射理论

巴甫洛夫·伊凡·彼德罗维奇。俄国生理学家、心理学家、医师、高级神经活动学说创始人,高级神经活动生理学的奠基人,古典条件反射理论的创立者,也是传统心理学领域之外对心理学发展影响最大的人物之一,荣获1904年诺贝尔生理学和医学奖。

(二)操作性条件反射学习理论与广告促销

1. 操作性条件反射学习理论的基本含义

“操作性条件反射学习理论”亦称为“工具性条件反射学习理论”。美国心理学家斯金纳认为,大多数学习活动都发生在受控环境中,在这种环境中消费者被“奖励”作出某些适宜的消费行为,即消费学习是指消费者通过不断地尝试错误而最终选择会导致有利结果(如奖励)的消费行为,同时避免会导致不利结果(如惩罚)的消费行为。其中,“有利结果”就成为“教育”消费者重复该种消费行为的“工具”。例如,某个消费者想购买一套住房,他看了多处房型各异、价格不等的楼盘(看的过程就是尝试错误的过程),最终发现了适合自己的住房(积极强化)。根据操作性条件反射学习理论,该消费者选择住房的过程实质上也就是进行操作性学习的过程,而适合他要求的商品房就是他将来买房的首选目标。图6-2直观地表现了操作性条件反射学习的模型。

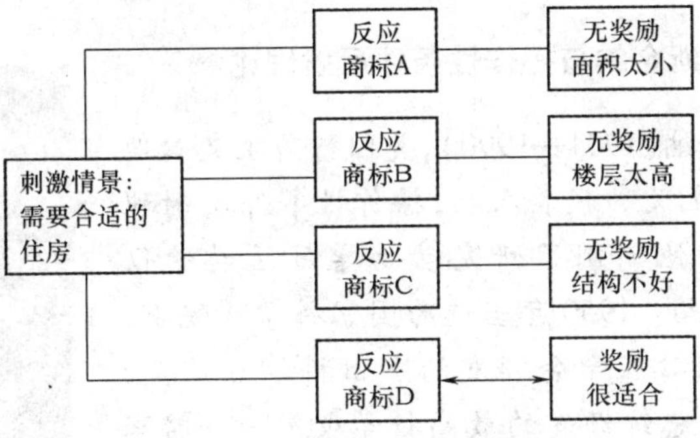

图6-2　操作性条件反射学习模型

2. 操作性条件反射学习理论在广告促销中的应用

操作性条件反射学习理论中有两个基本概念与市场营销密切相关，分别为：强化与学习时间分配。斯金纳认为，有两种强化类型会影响反应重复出现的概率，分别为：正强化与负强化。正强化是指能够不断加强某种反应出现概率的事件，负强化是指鼓励某种特定行为的不愉快或消极的事件。所谓"负强化"与"惩罚"是有区别的，因为负强化与正强化的目的都是鼓励某种所希望行为的出现，而惩罚则是拒绝或抑制某种行为的出现。例如，人寿保险公司常运用"恐惧诉求"手法以展现广告内容，督促人们购买寿险，这便是一种负强化。像这种借助于负强化所做的广告宣传，其目的就在于通过鼓励消费者购买广告上的产品从而避开消极后果。

根据操作性条件反射学习理论，学习中的时间分配方式（集中学习与分散学习）的差异将直接影响消费学习的效果。集中学习是指在很短的时间内反复学习同一内容，直至学会全部内容；分散学习则指在较长一段时间内分批学完规定内容。市场营销中常运用不同的学习时间分配方式设计广告策略。一般而言，当厂商希望消费者能够对其产品立即产生强烈印象时（如介绍新产品或者与竞争者的广告宣传相抗衡），一般采取集中学习策略；当广告宣传的目的是促使消费者长期稳定地购买产品时，分散学习策略则较适宜。在营销实践中，厂商也常将这两种策略结合运用：在新产品宣传的最初几周内先采取集中学习策略，而在以后一个较长时期内则运用分散学习策略。

知识链接

斯金纳与操作性条件反射理论

B. F. 斯金纳（1904—1990），美国行为主义心理学家，新行为主义的代表人物，操作性条件反射理论的奠基者。他创制了研究动物学习活动的仪器——斯金纳箱。1950 年当选为国家科学院院士，1958 年获美国心理学会颁发的杰出科学贡献奖，1968 年获美国总统颁发的最高科学荣誉——国家科学奖。

二、认知学习理论与广告促销

消费学习并非都是重复试误的过程，事实上有相当多的学习活动要借助于消费者的问题解决、思维顿悟等心理活动。这种以消费者的心理活动为基础的学习活动理论被称为认知学习理论。认知学习理论认为，人类最富特色的学习活动是问题解决，它可以使消费者获得控制其环境的知识经验。与行为主义学习理论不同，认知学习理论主要强调学习过程中信息的心理加工过程。与市场营销相关的认知学习理论主要包括：信息加工学习理论与消费者卷入理论。

（一）信息加工学习理论与广告促销

1. 信息加工学习理论的基本含义

信息加工学习理论把消费者的学习过程与计算机的信息处理过程进行类比，认为消费者的学习过程不仅与其认知能力有关，而且与其所要加工信息的复杂程度有关。例如，消费者一般通过对产品的质量、商标、品牌进行比较或者将上述因素结合在一起进行产品信息加工，因此，消费者的认知能力越强，所获得的产品信息就越多，而对产品信息的整合加工能力也就越强。

信息加工学习理论认为，在消费者的信息加工中最关键的是记忆过程。在消费者的记忆过程中有一些专门的“信息储藏室”供临时储存尚需进一步加工的信息。这些“储藏室”分别是：感觉记忆、短时记忆和长时记忆。人类的一切信息都是经过感觉器官的初步加工后输入大脑的，在加工和传输信息的过程中，这些信息会在消费者的感觉器官中留下直观生动的“记忆表象”，尽管这种记忆表象在感官中储存大约1—2秒时间后就会遗忘，但其储存容量却相当大，这便是“感觉记忆”；感觉记忆中的信息一旦被消费者意识到就进入了“短时记忆”，短时记忆是一种真正的记忆阶段，信息在短时记忆阶段继续被加工，但其储存时间也很短（30秒左右），例如我们在电话簿上查到一个电话号码，但刚拨完就把电话号码遗忘了；短时记忆中的信息经过“默诵”就会进入“长时记忆”，信息在长时记忆中受到进一步的加工，虽然长时记忆中所储存的信息在几分钟内也会发生遗忘，但一般情况下长时记忆中的信息会维持几天、几周甚至终身。图6-3表明了消费者的信息加工过程。

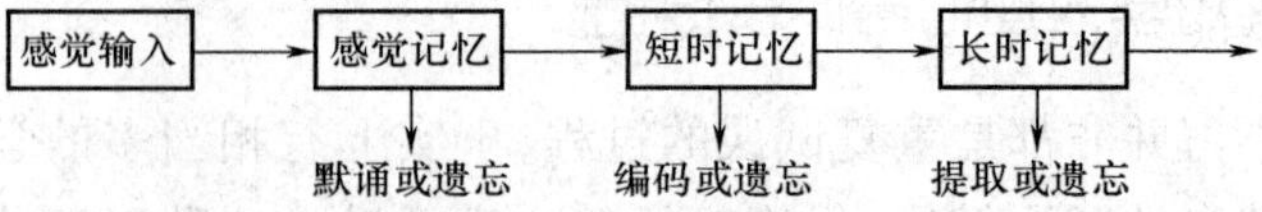

图 6-3　信息加工学习的模型

2. 信息加工学习理论在广告促销中的应用

市场营销研究表明,消费者对产品广告信息的编码方式受许多因素的影响。正如电视节目中有些内容需要消费者花费较多的认知资源进行加工,有些内容则需要较少的认知资源就可加工。广告节目中的不同内容也需要不同的认知资源进行加工,当消费者把过多的认知资源用于电视节目本身时,那么他就会用较少的认知资源对电视节目所传递的产品广告信息进行编码和储存。因此,将广告节目安排在轻松愉快的电视背景中效果会更好。而男性消费者与女性消费者的编码方式有较大的差异性,女性消费者所能回忆起的电视广告中有关社会关系主题的内容要比男性消费者多。在一个有限的时间段内,当消费者面对过多的产品广告信息时(信息超载),他们一般无法对所有的信息进行必要的编码和储存,其结果就是信息的混淆,最终无法及时作出消费决策。

认知加工学习理论认为,消费者储存在其记忆中的产品信息是以商标或品牌为基础的,并且以一种与已经组织的信息相一致的方式解释新的产品信息。消费者每年都会遇到几千种新产品信息,消费者对新信息的学习与掌握一般依赖于这些信息与其大脑中已经组织的产品分类范畴之间相似程度的大小。

(二)消费者卷入理论与广告促销

1. 消费者卷入理论的基本含义

消费者卷入理论是从大脑半球单侧化理论发展而来的。大脑半球单侧化理论认为,人的大脑左右半球在对所加工信息的种类上存在着"特化"现象。左半球主要负责阅读、言语和归因信息加工等认知活动,而右半球则主要负责非言语的、图形的和整合的信息加工活动,即大脑左半球是理性的、活跃的和现实的,而右半球则是情绪的、冲动的和直觉的。基于大脑半球单侧化理论,经长期的市场营销实践,逐渐发展出了消费者卷入理论,主要包括:高—低卷入媒体理论与高—低卷入消费者及其产品购买理论。

2. 消费者卷入理论在广告促销中的应用

高—低卷入媒体理论认为，消费者的大脑右半球消极被动地对非言语的图像信息进行加工和储存，而没有积极地卷入。由于电视是图像媒体，看电视主要是由大脑右半球所进行的消极被动的整体表象加工活动，因而电视媒体是一种低卷入媒体。根据上述理论，厂商在电视上重复播放产品广告信息，消费者就会产生消极被动的学习，而消费行为的变化（购买产品）总是滞后于消费者对产品态度的变化。

高—低卷入媒体理论认为，由于大脑左半球负责加工产品的认知信息，而且产生了积极的卷入，因此印刷媒体（如报纸杂志）就是高卷入的媒体，其对产品广告信息的加工过程是按信息加工的认知模式进行的（见表6－1）。

表6－1　信息加工的认知模式

促销模式	购买决策模式	新产品采用模式	新产品决策过程
注意	觉察	觉察	了解
兴趣欲望	评价	引起兴趣	说服
行动	购后评价	尝试采用	决策

近年来的研究表明，尽管大脑两半球存在着特化现象，但是两半球都能同时从事高或低卷入的信息加工：左半球可进行高或低的认知加工，右半球则可进行高或低的情感加工。例如，当消费者看到高度情绪化的电视广告时，他们既进行高卷入的情感加工，也进行低卷入的认知加工。这说明大脑两半球的信息加工是同步的，并存在卷入水平的差异。表6－2列出了大脑左、右两半球信息加工卷入的类型。

表6－2　大脑左、右半球信息加工卷入类型

卷入类型	卷入类型的条件	加工信息的特性	信息加工程度	信息加工的结果	左右半球的分工程度
高认知	产品的语言展示很重要（广告包含着大量的相关信息）	各不相同的产品特征信息（相对客观的信息）	高	形成商标信念	左:高 右:中
高情感	产品的表象程度很重要（广告表现了情绪或想象的情景）	产品的符号性质和想象程度（广告中具有情绪意味和想象力）	高	形成丰富想象力	左:中 右:高

续表

卷入类型	卷入类型的条件	加工信息的特性	信息加工程度	信息加工的结果	左右半球的分工程度
低卷入（低认知和低情感）	语言展示和表象程度都不重要（广告中既没有表现强烈情绪的情景也没有提供很多的产品外形信息）	容易接近的产品外形（广告仅表现了一种模糊的情感印象和肤浅的表象）	低	形成肤浅和零星的信念以及一般表象	左:低 右:低

高—低卷入消费者及其产品购买理论认为，消费者在购买产品时，由于产品复杂程度不同，从而表现为高卷入购买或者低卷入购买行为。高卷入购买是指消费者对产品信息加工程度高、消费风险大的购买行为。所购买的产品涉及广泛的信息加工和问题解决。例如，购买汽车就是一种高卷入购买行为，这一消费行为具有较大的消费风险，因而消费者会非常仔细地评价产品及其购买，营销人员所提供的产品信息将直接影响消费者的购买决策。低卷入购买是指消费者对产品信息加工程度低、消费风险小的购买行为，这类购买所涉及的信息加工和问题解决非常有限。例如，日常生活必需品的购买就是一种低卷入购买，因为消费者会经常重复购买这类产品，并且这类购买几乎不存在可觉察的风险，所以消费者会非常迅速地作出购买决策。

此外，高—低卷入消费者及其产品购买理论还认为，高卷入的消费者可接受的新品牌较少，他们会按照其以前的产品经验来解释新品牌，因而具有一定的品牌忠诚；相反，低卷入的消费者会大量接受新的产品信息，并愿意考虑更多的品牌。这类消费者一般缺乏品牌忠诚，喜欢在各种品牌之间转换购买。品牌转换一般由下列原因引起：①消费者对某种品牌产生厌倦心理或者不满意其产品品质；②市场上持续不断出现同类新产品；③以牺牲品牌忠诚为代价的价格战，以及各种促销手段的相互竞争等。

【延伸阅读】

牙买加巧借名胜筑巢引凤

加勒比海中的牙买加刚刚开放时，为了吸引投资者而专门从美国聘请公关专家为其进行招商宣传策划,其目的是要吸引外商投资。

由于牙买加是一个旅游观光胜地,因而一开始策划者就在强调“投资”还是“观光”上进行了反复的权衡。结果发现,专门宣传投资对于吸引观光客不会有很大的益处,但由于前来观光的大多为一些大公司的员工,他们会将良好的观光印象转化为投资的欲望。所以,在投资环境尚不完善的情况下,宣传观光方面的优点会更具有吸引力。

然而,如何宣传牙买加的海滨游览特色呢?通常的广告手法是由碧波、海滩以及身着泳装的俊男俏女构成一幅广告宣传画面,但是这种场景很容易被人们所忽视和混淆。最后,策划人员经过深入调查后发现,在所有岛屿类的观光胜地中,人们最先想到的就是夏威夷,经过比较后发现,夏威夷与该地存在着很多相似之处,于是,一个理想的广告宣传主题便出现了:牙买加——“加勒比海中的夏威夷”,从而使人们能够通过夏威夷而想象出牙买加的美丽风光。

三、消费学习与培养顾客忠诚

营销心理学研究消费学习的目的在于通过了解消费者的学习规律进而培养消费者对产品品牌的忠诚。消费者的品牌忠诚为厂商提供了稳定的市场份额与丰厚的利润回报,因此对品牌忠诚的消费者人数就成为厂商的无形资产。研究表明,具有较大市场份额的知名品牌一般都拥有相当数量的忠实消费者。

营销心理学研究发现,消费者的品牌购买行为与其所接受的品牌数量之间成反比关系。即如果消费者所接受的品牌数量越多,那么消费者对某种品牌的购买行为就越少;相反,如果同类产品的品牌竞争者越少,那么消费者对其不仅具有较高的购买频率,而且具有较强的品牌忠诚。不同的产品一般具有不同的品牌忠诚度。

持操作性条件反射观点的学者认为,品牌忠诚源于消费者最初使用该产品时所获得的满意和强化,从而导致了重复购买行为;认知学派的学者则认为,消费者的品牌忠诚源于广泛的信息加工过程和产品品质比较,从而导致了品牌忠诚者之间没有人口统计学上的显著性差异存在。心理学研究表明，消费者的品牌忠诚形成得非常早，甚至可以追溯到早期的家庭生活。例如，许多父母喜欢儿童购买他们小时候喜欢的或者他们记忆中最深刻的儿童玩具。这种怀旧情结已成为儿童玩具市场重要的广告诉求方法之一。

第三节 情境案例

不知者无罪乎？……

——消费者的学习与认知缺陷

夏季的上海是如此的闷热，以至于平凡的呼吸都变得异常的艰难，再加上空气里到处弥漫着“竞争”与“压力”的气息，简直让人透不过气来。然而，心中始终有一种对凉爽的期盼，可是寂静而又喧哗的夜晚却从未使人们有所如愿。

矗立在繁华的外滩上，眺望着黄浦江两岸灯火辉煌的大厦，那一片繁荣叫人的心情久久难以平静，但却不知是激情的燃烧，还是压抑的宣泄……都说上海滩遍地是“黄金”，可在寻找“黄金”的路途中却不时迎面扑来些“血腥”的味道。“太难受了……”周晓磊突然从床上弹了起来，惊醒了才刚刚入睡的妻子徐燕。

周晓磊和徐燕是上海众多新婚夫妇中的一对，晓磊是来自山东的大汉子，而徐燕就是上海本地的女孩子，两人经历了千辛万苦好不容易才走进了婚姻的殿堂，而且艰苦的奋斗让他们都当上了外企的小白领，算略有成就吧。可是，勉强拾到点“黄金”的他们，却在不知不觉中付出了极其昂贵的代价，他们的身心疲惫都快要到极点了……

晓磊从床上起来后，拿着烟径直走向了寝室外的阳台，只听见清脆的打火机的声音，烟点着了，烟雾正朝四周飞散开来，徐燕也是一脸无奈的表情。他们俩又失眠了，在这躁动不安的夜里，他们已经几度遭受失眠的摧残。全球金融危机让生意越来越难做了，而落在他们身上的压力也越来越大了。

“想起来了!”徐燕突然挺直了背，自言自语道。她起床来到阳台，毫不犹豫的掐掉了晓磊手里的烟头，一把搂住晓磊，“老公，别抽烟了，对身体不好，你还得为我们的孩子着想啊”，徐燕撒着娇。“我睡不着啊，很难受啊”，晓磊很平静地说。“我知道，我不是也睡不好吗，我的压力可也没比你轻多少啊”，徐燕继续撒娇，晓磊只是抱着徐燕也没说什么。

“我刚想起来，我的同事跟我说，网上有卖可以改善睡眠的保健品，听说效果还不错，让我们试一下，好像叫什么‘磷脂’的”，徐燕表现得有些喜悦，痴痴地望着晓磊。“这些东西肯定没什么用，多半骗钱的”，山东大汉很不以为然的。“我们可以试试嘛……”，徐燕摇动着身体说道。再强硬的汉子也经不住这样的“攻势”，被乖乖地拉进了屋，坐在电脑前。

徐燕很熟练地登上了一家团购网，输入“磷脂”，点了下搜索，很快就找到了目标。“我同事好像就是跟我说的这个……还挺便宜的嘛”，徐燕有些惊讶。“这玩意儿能管用吗?”晓磊很疑惑。“别着急，咱们往下看看吧”，徐燕拉着晓磊的手说道。

“感觉还可以嘛，人家老外经常吃的”，徐燕看着产品介绍，有些相信了。“老外吃的就好啊”，山东汉子仍不以为然。

“很专业啊，这次算长知识了”，徐燕有些兴奋了。

“啊，还可以美容耶，这么多好处啊”，徐燕终于按捺不住了。

“看，可以帮助治疗失眠的，还能调节血脂呢，嘿嘿，还能营养肌肤”，徐燕手舞足蹈地说着，“这次算是上了堂健康教育课啊”，徐燕继续着。晓磊盯着电脑，看着刚才的东西，内心有些松动了。

“还有案例啊”，徐燕眼睛一亮。

“等等，还有跟其他产品的比较呢!”，晓磊终于忍不住开口了，仿佛看到了希望似的。

“被比较的产品好像还是一家上市公司生产的吧，真有意思”，晓磊也开始相信了。

“老公，你觉得怎么样啊?”徐燕看着晓磊不停地笑着。“买呗，这么好，还这么便宜，这个团购还真挺神奇的哈，多买几瓶吧”，山东大汉这时的豪爽气概尽显无遗。“好的，十瓶，下单成交”，徐燕轻快地点着鼠标。

徐燕很快就回到了床上，用眼神召唤着晓磊，然而这时的晓磊却陷入了沉思,在外企的工作经历让他有了异常冷静的思考能力。他心想:“刚才我们看到了这么多的好处,还有和上市公司的比较,都表现得无懈可击,可是这个价格却让人怀疑,好的产品不应该用这种方式来开拓市场啊”,这已经是晓磊的本能反应了。他表现得有些不安,可一下子就被徐燕看出来了。徐燕下床来到晓磊身边,“怎么啦?”徐燕轻轻问道。“好像有点不对劲啊”,晓磊脱口而出。听晓磊这样说着,徐燕也立刻反应了过来。他们不约而同地上网查找着那家上市公司的产品。“找到了”,徐燕把晓磊拉了过去。

“那么,磷脂和磷脂酰胆碱有什么区别吗?”看完资料,晓磊马上反应道。“百度一下,不就知道了么”,徐燕接了一句,于是就百度咯。结果百度百科显示:磷脂(Phospholipid),也称磷脂类、磷脂质,是含有磷酸的脂类,属于复合脂。磷脂组成生物膜的主要成分,即细胞膜的结构;磷脂酰胆碱则是磷脂的主要成分,从植物中提取的,磷脂酰胆碱将大脑的指令迅速传递,信息传递速度越快,记忆力越强,是健脑食物。它能增强婴儿智力,提高学习效率。尤其是胎儿,在生长发育中对磷脂酰胆碱的需求极大……此外,磷脂酰胆碱还能抗御脂肪肝及酒精肝,有效的防治和保护肝脏。因为磷脂酰胆碱既亲脂又亲水,所以有乳化功能,可以将体内的水分和油脂充分混合,避免水分大量流失而引起的皮肤粗糙老化;可将多余的脂肪化为较小的乳滴排出体外,帮助产妇或肥胖者尽快恢复体形;可将血液中的胆固醇和脂肪酸化为极细的颗粒,从血管中排出,升高了高密度脂蛋白,使血管恢复弹性,血流畅通,被誉为“血管清道夫”。

看完网页上的这几段描述,两人不禁无语地对视了一下,“这次真的是长见识了啊”,两人异口同声地说,“没事,咱们再买其他的吧”。

现代心理学研究表明,消费者的认知是非常有限的,消费者的生活经历、学习过程、工作内容等都是独特但非常局限的,很少存在“全知全能型”的消费者。换言之,每个消费者在其认知过程中都存在着诸多未被觉察的“心智盲区”。而正因为存在“心智盲区”却又未被消费者所意识到,所以,如果公司比消费者抢先一步寻找到了这些“心智盲区”,并巧妙地善加利用,这对公司而言则意味着更多、更大的“市场机会”即将出现,并悄然形成!

事实上,此时消费者的心智模式对此则既毫无防备,亦无力防备。因为人类的心智认知包含两个层次,第一个层次是“表面认知”,第二个层次是“深层认知”。“表面认知”是指通过一般努力可以获得的认知水平，它是对事物形成的表面理解（即所谓“生活常识”）；“深层认知”是指通过深度努力才能获得的认知水平，它是人们经过深度研究之后获得的对于事物规律的深刻理解（即所谓“专业知识”）。在“表面认知”与“深层认知”之间所存在的心智朦胧混沌地带，就是所谓的“认知断层”，而大量的“心智盲区”就是集中在这个“认知断层”之中。因此，“认知断层”越深，则“心智盲区”的数量就越大，同时留给厂商有效的、可挖掘和可利用的“市场盲点”越多，这亦即是所谓的“市场机会”。

营销实践表明，为消费者建立一个“可比较的基点”是弥补消费者头脑中“认知断层”最切实可行的有效方法之一，即为消费者提供一个可供比较的知识点，以弥补其心智中的“认知断层”。因此，引导消费者主动自觉地学习知识，积极地弥补自身的“认知断层”，则是消除其头脑中“心智盲区”的必不可少的重要一环。

当然，这一点也可能会被厂商“恶意”利用，以达到误导消费者的目的。由上述案例可见，提炼“磷脂”和提炼“磷脂酰胆碱”事实上是两个生化概念，并且技术的要求和技术难度也迥然不同，而在这类保健品中真正发挥效用的是“磷脂酰胆碱”。商家正是利用消费者的这种“认知断层”，将这两个生化概念“混为一谈”，这样既突出了自己的产品，又打击了竞争对手，结果最终吃亏的便是广大既无辜又无知的消费者。

【讨论题】

1. 什么是消费学习？
2. 消费者的认知缺陷有哪些？
3. 如何识别消费者的认知缺陷？
4. 消费者如何克服自身的认知缺陷？
5. 企业如何帮助消费者学习，并形成认知？

本章复习题

1. 试述广告的内涵。
2. 试述广告的基本要素和主要功能。

3. 试述广告的类型和表述方式。
4. 试述消费学习的内涵。
5. 试述古典条件反射学习理论及其在广告促销中的应用。
6. 试述操作性条件反射学习理论及其在广告促销中的应用。
7. 试述信息加工学习理论及其在广告促销中的应用。
8. 试述消费者卷入理论及其在广告促销中的应用。

第七章　消费决策与购买行为

章前箴言

人们有生以来就被比较所束缚，很少会作不加对比的决策选择。大多数人只有到了具体情境中才知道自己想要什么！关键在于：人们的消费决策是基于相对性的原则。不具可比性的选项会让人们无法判断、头痛不已而最终放弃，因为“好中选优”才是人们的“决策天条”。

本章要点

- ◆ 消费者市场及其特点。
- ◆ 消费者购买行为类型。
- ◆ 消费者购买决策过程。
- ◆ 消费者购买行为的“刺激—反应”模型。
- ◆ 消费者购买行为的影响因素。
- ◆ 消费者学习过程是如何影响其购买行为的。

【引例】

巧克力的选择之谜

美国的丹·艾瑞里教授曾进行过一个有趣的实验，他在麻省理工学院校园内出售两种巧克力，分别为瑞士产的莲松露巧克力（采用高级可可豆做原料，且做工精细富含牛奶味）以及美国产的“好时之吻”（大众品牌，口味一般），并规定每人限购一块，一块瑞士产的莲松露巧克力定价为 15 美分，而一块美国产的“好时之吻”巧克力定价为 1 美分。结果大约 73% 的大学生选择了莲松露巧克力，27% 的大学生则选择了好时之吻巧克力。接下来，丹·艾瑞里教授将这两种巧克力的价格稍作改变，莲松露巧克力的定价改为 14 美分，而好时之吻巧克力的定价改为 0 美分（即免费赠送)。于是便出现了一个非常有趣的现象,这一次大约63%的大学生选择了好时之吻巧克力。

或许你对于上述实验结果不以为然,认为这并不奇怪,但请你再仔细想一想。事实上,由于这两种巧克力的实际价格差并没有发生变化,同时其带给大学生们的效用也没有发生任何改变,所以理应不会对他们的消费选择产生实质性影响。

然而,实验结果表明,人们的购买决策竟然发生了如此大的变化,这就需要我们从营销心理学的角度来深入分析消费者的决策与购买行为。

第一节　消费决策的理论概述

【启示实验】

中杯效应的魔咒

情境:假设某咖啡馆推出一款咖啡:大杯(620 毫升)19 元,中杯(500 毫升)14 元,小杯(380 毫升)12 元。

请问,你会选择哪一款呢?

实验启示

消费者的理智之选应是"小杯"(除非是对咖啡特别上瘾的人士),因为小杯咖啡通常即可满足人们的需求。然而,在"大杯"和"小杯"两个参照值的作用下,大部分人认为选择"中杯"是最稳妥的。所以,人们经常选择"中庸之道"而忘记了自身的真实需求。

事实上,商家在提供饮料或其他消费品的时候,经常提供大、中、小三种型号,很多人在价格比对的刺激下,会选择中号商品。我们把这种选择“中庸之道”而忘记了真实需求的现象称为“中杯效应”。

心理学家特韦斯基通过实验证明:如果A优于B,大家通常会选择A。但是,如果B碰巧优于C,而且其优点A是没有的,那么许多人就会选择B。其主要的理由就是与C相比,B的吸引力显著加强了。

因此,某些商品,尽管其大份与小份之间成本基本无差别。比如咖啡,大杯与小杯之间的成本差至多不过几毛钱,但是其定价却相差甚远,这样以利商家促销。

知识链接

阿莫斯·特维斯基:“中杯效应”理论之父

阿莫斯·特维斯基(Amos Tversky,1937—1996),美国行为科学家,因对决策过程的研究而著名。他的工作不仅对心理学,而且对经济、法律等需要面对不确定性进行决策的领域都产生了很大影响,1982年获美国心理学会颁发的杰出科学贡献奖,1985年当选为国家科学院院士。他的合作者卡尼曼(Kahneman)获得了2002年诺贝尔经济学奖。

一、消费者的购买对象

消费者市场又称最终消费者市场、消费品市场或生活资料市场,消费者市场是指为满足生活需要而购买产品和服务的一切个人和家庭。由于消费者市场是商品的最终归宿,因而消费者市场是基础性市场,其他市场类型和它有着极强的关联性。因此,无论是生产企业还是商业服务企业,也无论其是否直接为消费者服务,都必须研究消费者市场。其他市场,诸如生产者市场、中间商市场等,虽然其交易量超过了消费者市场,但其最终服务对象还是消费者,仍然要以最终消费者的需求和偏好为转移。在这个意义上,可以说消费者市场是一切市场的基础,是最终起决定性作用的市场。消费者市场是现代市场营销理论研究的主要对象。成功的市场营销者是那些能够有效地发展对消费者有价值的产品,并运用富有吸引力和说服力的方法将产品有效地呈现给消费者的企业和个人。因而,研究影响消费者购买行为的主要因素及其购买决策过程,对于开展有效的市场营销活动至关重要。

消费者需要由于受多种主观和客观因素的影响而呈现出多样性。因此,消费者市场具有以下特点。

(1)广泛性和分散性。人类的生存和发展离不开生活消费,不仅消费的资料种类繁多,吃穿住用无所不包,而且消费者也是人数众多、特征不一,这势必导致消费者市场具有广泛性的特征。同时,由于单次消费量、支付能力及储存条件等原因的限制,消费者的购买还呈现出零星、频繁的特征,从而形成消费者市场的分散性。

(2)复杂性和差异性。消费者在年龄、性别、职业、收入、教育程度、个性等因素上千差万别,由此形成不同的消费需求和消费行为,在购买商品的数量、质量、花色、品种、品牌等方面存在着巨大的差异,从而导致了消费者市场的复杂性。即使是同样年龄和性别的消费者,也会因为不同的地理、文化和经济背景,在生活习惯、购买特点和商品需求等方面有着明显的差异性。

(3)发展性和多变性。人类的需要是由低向高逐渐发展的,消费者市场也呈现出由粗到精、由低级到高级的发展性。以吃为例,由吃饱到吃好,再到吃营养、吃品位、吃文化,餐饮市场就是沿着这一趋势向前发展的。与此同时,消费者的需求又是多变的,这一方面是由于消费者求新求变的心理使然,另一方面则是因企业的诱导所致。发展性和多变性都体现了消费者需求的变化。

(4)可转换性和可诱导性。这是因为消费者在决定采取购买行为时,不像生产者市场的购买决策那样,常常受到生产特征的限制以及国家政策和计划的影响,而是具有自发性、感情冲动性;同时,消费品市场的购买者大多缺乏相应的商品知识和市场知识,其购买行为属非专业性购买,他们对产品的选择受广告、宣传的影响较大 。由于消费者购买行为的可诱导性,生产和经营部门应注意做好商品的宣传广告,指导消费 ,一方面当好消费者的参谋,另一方面也能有效地引导消费者的购买行为。

消费者市场上的产品纷繁复杂、品种繁多。一般情况下,一家购物中心就会经营数十万品种、规格的消费品。根据消费者购买行为的差异,我们可以把消费者市场的产品划分为便利品、选购品、特殊品和非渴求品四种类型。

(1)便利品是消费者经常购买、价格低廉、购买时不需作太多选择的产品,如肥皂、糖果、报刊和快餐等。对此类产品的购买,消费者最关注的是便利性。因此,在营销上,该类产品应当广开渠道,以确保消费者想购买的时候随时就能买到。

(2)选购品是消费者购买频率较低、需要经过认真挑选的产品,如家具、服装、家电产品等。消费者通常在购买前对该产品并不了解,产品的单价也比较高,消费者往往会花费比较多的时间和精力用于收集信息,并就产品的质量、性能、款式、花色、价格等进行比较。因此,在营销上,该类产品应当在较少的渠道分销,但需要提供深度的销售支持以帮助消费者进行选择。

(3)特殊品是具有独特的品牌识别特征、消费者对其有独特偏好的产品,如特定品牌和款式的汽车、钢琴、高级相机、特定餐厅等。消费者对特殊品一般不再作比较,认为是其他产品所无法替代的,他们只把时间花费在找到他所需要的产品上。因此,营销沟通就显得十分重要。

(4)非渴求品是消费者不了解或者不感兴趣的产品。大多数创新产品在广告介入之前都是非渴求品,诸如保险产品、百科全书等。在对这类产品的营销上,广告宣传、人员推销等是非常重要的。

根据商品的耐用程度可将商品划分为耐用品和非耐用品。

(1)耐用品,即能够使用时间较长的商品,如房产、汽车、电视机、电冰箱等。消费者在选购这类产品时会谨慎考虑,仔细斟酌。生产这类商品的企业必须注重技术创新,提高产品质量。同时特别要注重保障售后服务,来满足消费者的购物需求。

(2)非耐用品,即不能够长时间使用,需要消费者经常购买的商品,如食品、文具、印刷制品等。生产这类产品的企业,除了应保证产品质量外,还要注重销售点的设置,以方便消费者的购买。

二、消费者的决策过程

消费者的决策过程是将购买动机转化为购买行为的过程。在购买不同类型的消费品时,由于参与购买决策过程的人员构成不同,因而购买决策过程也不尽相同。

(一)决策过程的参与者

在消费者的购买决策过程中,一个消费者可能扮演下列角色中的任何一种或几种。

(1)发起者,即第一个提出购买建议的人。

(2)影响者,即对购买决策产生影响的人,如家庭成员、同事朋友等。

(3)决策者,即作出购买决策的人。

(4)购买者,即具体执行购买决策的人。

(5)使用者,即实际使用所购产品的人。

对营销人员而言,首先要关注购买决策者,即购买者。因为他对购买活动的成败最为关键。许多消费品的购买决策者很容易识别,如女性一般是化妆品的购买决策者,男性在购买烟酒等产品时最有发言权,小零食的购买一般则由儿童说了算,而有时候男性礼品的购买决策者是女性,而女性礼品的购买决策者为男性,家具则往往是由家庭成员特别是夫妻双方共同决策。有些消费品的购买决策不那么容易被识别,这就要分析家庭不同成员的影响力。正确识别购买决策者,可以帮助企业有针对性地制定适合目标市场的促销策略。其次,营销人员还要关注购买者,因为他们有可能更改购买决策,如改变购买的数量和品牌,改变购买的时间和地点。了解这一点,企业就可以有的放矢地开展商品陈列和销售现场的广告促销活动。

(二)购买行为类型

消费者在购买不同商品时,其购买决策的复杂程度差异很大。有些购买决策非常简单,而有些购买决策极为复杂,不仅参与购买决策的人员多,而且决策过程长,因此,在考察购买决策过程之前,有必要先对消费者购买行为类型进行划分。阿萨尔根据购买者的决策参与程度和产品品牌差异程度把购买行为划分为以下四种类型,如表7-1所示。

表7-1 消费者购买行为类型

决策参与程度 / 品牌差异程度	高	低
大	复杂型:对于金额大、风险高、差异大的产品,顾客会专心、仔细地分析各品牌之间的差异,并经历产生产品信念、确定态度、慎重选择与决策的过程	多变型:对于投入小、风险低、差异大的产品,顾客一般不会高度介入,表现为尝新行为,即尝试选择新的品牌和品类

续表

决策参与程度 / 品牌差异程度	高	低
小	寻求和谐型：顾客对于涉及资金数额大、风险高、差异小的产品，则先慎重选择，而后又往往会产生后悔、烦恼的感觉	习惯型：对于投入小、风险低、差异小的产品，顾客通常不会经过信念、态度、行为的决策程序，即重在熟悉程度而非品牌忠诚，表现为习惯性消费行为

(1)复杂型购买行为一般发生在消费者初次购买价值大、品牌差异也大的耐用消费品的场合。由于消费者对这类产品往往不熟悉，购买时需要经历一个完整的购买决策过程。例如手机、电脑、空调等。在对此类产品产生需求以后，消费者往往会花大量时间收集有关信息，明确其对可供选择的产品品牌的态度，最后再作出谨慎的购买决策。当然，这种复杂的购买行为会由于决策者的时间、驱策力、购买便利性以及商品供求的不同而有所简化，从需要产生到实施购买会经历一个比较短的时间，并且当消费者第二次重复购买此类产品时，由于经验所致，其决策过程也会大大简化。对于此类购买行为，营销者应该整合各种沟通工具，宣传本品牌产品的优点，以期对消费者的购买行为产生预期的影响，促使其简化决策过程。

(2)寻求和谐型购买行为一般发生在消费者购买品牌差异不大但决策参与程度较高的商品的场合。由于品牌差异不明显，消费者一般不会花费过多的时间收集信息并对品牌产品进行全面评价，他们往往更为关心价格、购买时间和便利性等因素。因此，这类商品的购买过程迅速而简单。但也正是因为决策过于迅速，消费者在购买以后容易出现因发现所购买商品的缺点或其他商品的优点后的不协调感，从而对其购买决策的正确性产生怀疑。为了追求心理平衡，消费者这时会注意寻找所购买产品的相关信息，以期消除其内心的不和谐感，证明自己决策的正确性。像家具、地毯、装饰材料、服装、首饰以及某些家用电器的购买，大多属于这类购买行为。对此类购买行为，营销者一方面要通过价格、渠道、人员推销等手段引导消费者进行品牌选择；另一方面，还要通过完善的售后服务与购买者取得联系，及时提供相关信息，使消费者相信自己的购买决策正确无误。例如，主要生产家电产品的海尔集团，正是以高品质的产品以及优质的售后服务打入了全球五百强。

(3)多变型购买行为一般发生在消费者购买价值量小但品牌差异大的商品的场合。在购买这类商品时，由于价格低、花色品种繁多，即便购买失败所承担的风险也很小，因而消费者在购买时会经常更换品牌。他们一般不会主动寻找信息并评价品牌，而是在消费时才加以评价，并且缺乏品牌忠诚，下次购买时又可能转换成其他品牌。消费者在购买饼干、饮料、洗发水等产品时往往呈现出此类特征。对此类购买行为，市场领导者和市场挑战者的策略有所不同。市场领导者应当通过占领更多货架、避免脱销以及提醒式广告来留住消费者，例如洗发用品领域的领头羊宝洁和联合利华，通过细化产品市场，用多样化的品牌占领货架，来迎合消费者寻求多变的心理；市场挑战者则需通过有吸引力的各种营业推广手段来鼓励消费者尝试新品牌产品，例如雨洁、蒂花之秀等国内洗发水品牌通过不断邀请当红明星为产品代言来扩大产品的知名度。

(4)习惯型购买行为一般发生在消费者购买价值量小、品牌差异也小的商品的场合。在购买这类商品时，消费者并不需要深入收集信息和评估品牌，而是根据经验或习惯进行购买。消费者在购买食盐、食糖等产品时这种特征非常明显。对此类购买行为，营销者可以通过各种营业推广手段以吸引消费者试用，或者开展连续性的广告宣传以强化消费者的记忆，或者通过增强产品的差异性以引起消费者的注意，从而引发其购买行为。如金龙鱼食用油，通过强调其合理配比对消费者的健康有益，并反复播出具有家庭温馨感的广告来加强消费者的记忆。

(三)消费者购买决策过程

消费者的购买决策过程具有一定的规律性。这个过程早在实际购买发生之前就已经开始，而且一直延伸到购买结束之后。购买决策过程一般经历确认需要、信息收集、评价方案、决定购买和购后行为五个阶段，如图7-1所示。

当然，上述复杂的购买决策过程模式更适合于分析复杂型购买行为，因为后者完整地经历了这五个阶段，而其他类型的购买则省略了其中的一些环节。

1. 确认需要

当消费者意识到自己的实际状态与其期望之间出现差异时，就产生

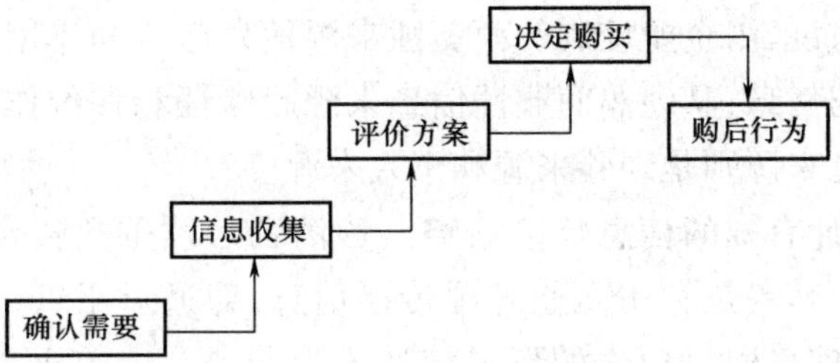

图 7－1　消费者购买决策过程

了需要。这种需要既可以是由内部刺激产生的，如饥饿、干渴；也可以是由外部刺激产生的，如看到一则某产品的广告从而引发其购买意愿。当这种需要强烈到一定程度时，就成为一种驱策力，驱使人们采取行动予以满足。

在这一阶段，营销人员的任务一是研究消费者的需要，了解消费者与本企业产品相关的、现实的和潜在的需要，即它们由什么引起，程度如何；二是了解消费者的需要随时间推移以及外界刺激强弱而波动的规律性，并以此为依据设计诱因，引发需要，加快将消费者的需要转化为购买行为的过程。

2. 信息收集

当消费者的需求被激发起来以后，他是否会收集信息则取决于多种因素，如果消费者的需求很强烈而且商品很容易获得，他就会马上采取购买行为，而不去收集信息；否则，消费者就会暂时保留这个愿望。随着这个愿望由弱转强，消费者还会采取两种做法：一种是消费者适度注意，即对该类商品信息比较敏感，但只是被动接受信息，比平时更加关注该产品的广告以及别人对其的使用评价；另一种是积极地收集信息，如阅读介绍材料、浏览各种广告、向亲朋好友询问，甚至亲自去商场了解。消费者收集多少信息，取决于它的驱策力的强度、已获信息的数量和质量，以及进一步收集信息的难度。在这一阶段，营销人员的任务有如下几个。

首先，了解消费者获取信息的来源及其作用。消费者一般从四种途径获得信息：个人来源，即从家庭成员、朋友、邻里、同事和其他熟人处得到信息；商业来源，即从广告、销售人员的介绍、商品展览和陈列、商品包装、说明书等得到信息；公众来源，即从大众传媒的客观报道，以及各级政府组织和民间团体的评比或评论中得到信息；经验来源，即自己通过触摸、试验和使用商品得到信息。这些信息来源对消费者的影响程度有所不同。一般来说,由企业控制的商业性来源信息起告知作用,消费者从该处获得最多的信息;其他非商业性信息来源起验证和评价作用,而消费者最信任的信息来源则是经验来源和个人来源。

其次,设计有效的信息传播策略。营销者必须重视整合信息传播渠道的重要性。其一是利用商业来源传播信息,即通过报纸、广播、电视等媒介,将商品信息通过广告的形式传达给消费者。这需要企业洞察消费者的心理,能够制作出让消费者产生共鸣、让消费者印象深刻或者能激发其购买欲望的广告。具体策略如下。

(1)以情动人的说服诉求。在消费态度的三种成分中,感情成分在态度的改变上起着主要的作用。消费者购买某一产品,往往并不一定都是从认识上先了解它的功能特性,而往往是从感情上先对它有好感,看着它顺眼,有愉快的情绪体验。因此,广告如果能从感情入手,诱发消费者对爱的需求,产生情感上的沟通,就能在消费者心中留下深刻美好的印象,取得意想不到的传播效果。例如,在恒信钻戒之结婚篇中:你是否看见父亲指间的牵挂?这双手,给你多少无言之爱……父亲的息息关怀,在眼前萦绕,即使找到了未来旅途的另一半,无言的父爱仍然是你一生的惦念和感激。恒信钻石推出购戒买钻赠白金戒圈的促销活动,让父亲把对女儿的思念套在指尖。

(2)利用音响效果与消费者作心灵诉求。音响是广播、电视广告的一个重要组成部分,它包括音乐和效果声。音响可以辅助广告画面和解说词塑造出某种特定的情感气氛,唤起人们的注意,产生心灵共鸣,从而加强人们对广告信息的记忆。例如,在南山奶粉之南南与山山篇中,故事情节以小奶滴“南南”寻找梦想的“四季常青牧场”为线索展开,期间巧遇同样寻找四季牧场的奶滴“山山”……终于,南南与山山在南方美丽的南山上找到了“四季常青牧场”。宽广的草原、青青的草、健康可爱的西门塔尔牛……这一切构成了一幅美丽的四季牧场的画卷,南南和山山在这里过上了健康、快乐的生活。

(3)利用和刺激公众来源、个人来源和经验来源,特别要注重口碑效应。比如收集消费者的售后评价,某报纸曾经承诺为该报指出错误可参加抽奖;引导消费者为产品进行宣传,如老顾客介绍新顾客可以得到折扣优惠等。

3. 评价方案

经过信息收集阶段，消费者逐步缩小了可供选择品牌的范围，接下来就是对这些可选品牌进行评价。尽管没有一个所有消费者都适用的统一评估模式或评估过程，但一般而言，消费者的评价行为涉及如下几个方面。

（1）产品属性，指产品所具有的能够满足消费者需要的特性。产品实际上是由一系列属性所构成，如打印机的属性体现在打印速度、清晰度、对纸张要求等方面。在价格不变的情况下，增加产品的属性能提升对顾客的吸引力，但却会增加企业的成本。不过，消费者对产品各种属性的关心程度有所不同，这就是属性权重。在不同时期，不同细分市场的消费者对同一产品的属性权重有所不同，营销人员必须了解其目标顾客主要对哪些属性感兴趣，进而确定本企业产品所应具有属性的主次。

（2）品牌信念，即消费者对某品牌产品属性和利益所形成的认知。消费者的品牌信念是对该品牌的每个属性进行综合评价后形成的总体看法，这种信念可能会与该品牌的实际性能相符合，也可能并不符合实际情况。

（3）效用要求，即消费者对某品牌每一属性的效用功能应当达到何种标准的要求。它表明品牌的属性达到什么标准时消费者才会满意。有时，消费者通过精确的计算和逻辑思考进行品牌评价；有时，消费者的购买决策只不过是凭直觉或冲动。如果是理性决策，营销者就必须了解消费者所采用的评估方法，现举例如下。

假设艾米将其选择组仅局限于 4 种计算机（A、B、C、D），再假定她主要对以下 4 种属性感兴趣，即存储能力、图像显示能力、大小与重量以及价格。表 7 - 2 显示了她根据这 4 种属性对每一品牌是如何进行打分的。艾米对品牌 A 打分如下：在 10 点的标尺上，储存能力为 10，图像显示能力为 8，大小与重量为 6，价格为 4。同样，她也根据这些属性对其他 3 种品牌计算机分别进行打分。显然，如果某一品牌的计算机在一切标准方面都优于其他品牌，我们就能预测艾米会购买这台计算机。但是，她的品牌选择组由具有不同属性要求的品牌所组成。如果艾米首要的是存储能力，她就会买 A 品牌计算机；如果她想要最好的图像显示能力，她就会买 B 品牌计算机等。

表 7－2　艾米对计算机的品牌信念

计算机	存储能力	图像显示能力	大小与重量	价格
A	10	8	6	4
B	8	9	8	3
C	6	8	10	5
D	4	3	7	8

注意:对每一属性的评分从 0 开始到 10,10 分表示该属性的最高水平,这样计算机 A 就具有最高的存储能力。尽管消费者一般都希望在每一属性上都获得高分,但是对价格却以相反的方法加以表示,10 分表示最低价格,因为消费者通常是喜欢低价而非高价产品。

大多数购买者会同时考虑几个属性,但对这些属性却赋予重要性以不同的权数。如果我们知道艾米分配给 4 种属性的重要性权数,我们就可以更为可靠地预测她的选择。假定艾米对计算机存储能力确定的重要性是 40%,图像显示能力是 30%,大小与重量是 20%,价格是 10%。为了找到艾米对每一种计算机所认知的品牌价值,她的权数乘以她对每台计算机的品牌信念,由此得出以下品牌值:

$$计算机\ A = 0.4(10) + 0.3(8) + 0.2(6) + 0.1(4) = 8.0$$

$$计算机\ B = 0.4(8) + 0.3(9) + 0.2(8) + 0.1(3) = 7.8$$

$$计算机\ C = 0.4(6) + 0.3(8) + 0.2(10) + 0.1(5) = 7.3$$

$$计算机\ D = 0.4(4) + 0.3(3) + 0.2(7) + 0.1(8) = 4.7$$

经过权数分析认知价值最高者为 8.0,我们可以推测艾米将选购 A 品牌计算机。

如果大多数计算机购买者是通过使用上述期望值计算过程而形成对品牌的偏好,那么计算机生产厂商在了解了这一点以后,就可以做许多工作来影响购买者的决策。例如,计算机品牌 C 的营销人员为使人们对其品牌产生更大兴趣,可以运用以下营销策略来影响消费者。

①改进现有产品:营销人员可以重新设计其品牌产品,以便为这类购买者提供其所期望的更完善的属性特征,这称为“实际再定位”。

②改变品牌信念:营销人员可以设法改变品牌产品在一些重要属性方面的购买者信念。如果购买者低估了品牌 C 的质量,营销人员就应该重点加以介绍,这称为“心理再定位”。

③改变对竞争对手品牌的信念:营销人员可以设法改变购买者对竞争对手品牌在各个不同属性上的信念。当购买者认为竞争者品牌产品的

质量高于其实际质量时,这样做就有意义。这称为"竞争性反定位",它经常通过连续性的比较广告加以表达。

④改变重要性权数:营销人员试图说服购买者把他们所重视的属性更多地放在本品牌所具有的杰出属性上。例如,品牌 C 的营销人员可以宣传选购一台具有较强软件适应性的计算机的好处,因为品牌 C 在这一属性上最为优越。

⑤唤起对被忽视属性的注意:营销人员可以设法使购买者重视被忽视的属性。如果品牌 C 是一台便携式计算机,营销人员就可以宣传其携带轻便的好处。

⑥改变购买者的理想品牌标准:营销人员可以试图说服购买者改变其对一种或多种属性上的理想品牌标准。品牌 C 的营销人员可以想办法使购买者确信,拥有大量存储能力的计算机多半会显得太臃肿,而大小适中的计算机其存储能力则较好。

4. 决定购买

消费者对购买方案进行评价以后,便会作出购买其所偏好的产品的决策。但在现实生活中,消费者并不一定全部实现其购买行为,即便购买也不一定是他最初选定的品牌,原因如下。

其一是其他人的态度。如果消费者的亲朋好友强烈反对,消费者可能会放弃其购买行为。

其二是意外情况发生。如果消费者遭遇意外,如经济状况发生变化、急需用钱或者计划购买的品牌出现负面消息,消费者也可能暂缓购买。

其三是预期风险大小。在购买性能复杂、价格昂贵的商品时,消费者往往会承担较大的风险,为了减少风险,他们会采用避免或减少风险的办法,暂缓购买就是其中之一。

当消费者决定购买后,他还需要进行一系列相关决策,包括购买品牌、购买地点、购买数量、购买时间、支付方式等。在这一阶段,营销者要设法降低消费者的购买风险,并在价格、服务、促销等方面采取措施,以引发消费者产生购买行为。

5. 购后行为

顾客在购买了某产品之后,必然会体验到某种程度的满足或不满足。对店铺经营者而言,产品销售出去以后,营销工作并没有就此结束,而要继续到购后期。购买产品后,在使用过程中顾客可能会发现产品的缺陷。

有些顾客不希望产品有缺陷,有的顾客则对产品缺陷并不在意。

购买者的满意是产品期望(E)与产品实效(P)的函数,即 $S=f(E\cdot P)$,其中,S 是消费者的满意感。如果产品实效与期望相同,顾客是满意的;如果产品实效超过期望,顾客则是高度满意;如果产品实效低于期望,顾客则是不满意。

现代营销心理学研究日益关注消费者的购后行为。消费者购后过程经历了三个环节,分别为:购后使用和处置、购后评价以及购后行为。

顾客是根据从商家、朋友或其他信息源所得到的信息来形成其期望的。消费者在购买产品并使用后,便会对其所察觉的产品实体性能与之前其对产品的预期进行比较。如果产品性能与预期基本吻合,消费者就会基本满意;如果产品性能超过预期,他就会非常满意;如果产品的性能低于预期,他就会不满意。消费者满意与否会导致其出现截然不同的后继购买行为。如果消费者对产品满意,他会信赖该产品,以后就会重复购买,或者继续购买该品牌的其他产品,还会向其亲朋好友称赞并推荐该产品,从而对该产品形成良好的口碑效应;反之,如果消费者对产品不满意,下一次他就不会再购买,甚至连该品牌的其他产品也不购买。此外,他还会抱怨、投诉甚至向厂商索赔,或者劝阻其他人也不要去购买该产品,这种消极的口碑效应会对企业产生极为不利的影响。

可见,在这个阶段,营销人员应采取各种措施,尽可能地使顾客购买后感到满意。一方面,他们可以认真倾听和引导顾客的预期;另一方面,企业应积极开展各种售后服务活动,指导顾客正确使用产品,征求顾客的意见和建议,妥善处理好消费者的投诉,赔偿消费者所遭受的损失。

第二节　消费者的决策心理与行为

一、消费者购买行为模式

尽管对消费行为进行分析是个复杂的问题,我们还是能够简化这一过程,并从以下七个方面进行识别,分别是:

(1) 谁在购买?即购买者(Occupants)。

(2) 他们在购买什么?即购买对象(Objects)。

(3) 为何购买？即购买目的(Objectives)。

(4) 谁参与购买？即购买组织(Organizations)。

(5) 他们怎样买？即购买方式(Operations)。

(6) 他们何时购买？即购买时间(Occasions)。

(7) 他们在何地购买？即购买地点(Outlets)。

上述即“市场7Os”问题，也是我们分析消费者购买决策的基本思路。

营销心理学的研究核心是分析消费者的购买行为，即消费者购买商品的活动以及与这种活动有关的决策过程。购买行为是与购买商品有关的各种可见的外显活动，如收集信息、比较方案、购买等，这些活动不是凭空产生的，它是消费者个性特质、社会文化等因素共同作用的结果。因此，分析消费者购买行为不仅要分析各种与购买商品有关的可见性的外显活动，还必须分析那些不可见的内隐活动，即那些影响消费购买行为的各种因素，以便给出“市场7Os”的答案。

在对消费者购买决策的理论分析中，“刺激—反应”模型是一种比较经典的分析模型，如图7－2所示。营销因素和环境因素的刺激共同作用于消费者的意识，购买者根据自己的特质处理这些信息，经过一定的购买决策过程，最后产生购买者反应，即购买决策，包括产品选择、品牌选择、卖主选择、时间和数量选择等。刺激信息作用于消费者意识的部分被称为购买者决策黑箱，它由两个部分组成：其一是购买者个性特质，主要影响购买者对刺激如何反应；其二是购买者决策过程，其影响购买者的最终决定。

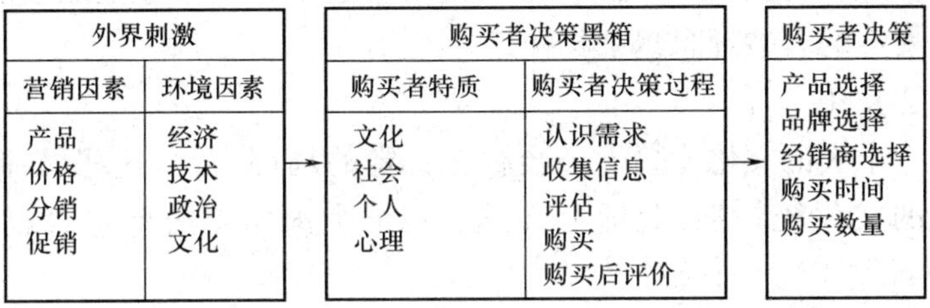

图7－2　“刺激—反应”模型

二、消费者购买行为的影响因素

消费者购买行为受到多种因素的影响，概括起来主要有社会因素、文化因素、个人因素和心理因素四种，其中，社会因素和文化因素属于外在因素，个人因素和心理因素属于内在因素。

（一）文化因素

宏观环境因素会对消费者的购买行为产生影响，其中，社会、文化因素的影响尤其强烈。文化因素对消费者购买行为的影响主要体现在以下几方面。

1. 文化

文化是在一定的物质、社会、历史传统基础上形成的价值观念、道德、信仰、思维和行为方式的综合体。文化犹如空气一般看不见摸不着，但又无时无刻不在影响着人们的行为。每个人都是在一定的文化环境中，通过潜移默化的方式形成了其基本的文化观念。

文化是决定人类欲望和行为的基本因素，几乎存在于人类思想和行为的每一方面。大部分人尊重其文化，接受其文化中共同的价值观，遵循其文化中的道德规范和风俗习惯，因此，文化对消费者的购买行为具有强烈而广泛的影响。文化的差异会引起消费者购买行为的差异，具体表现为饮食起居、婚丧嫁娶、社会交往、建筑风格、节日风俗等物质和文化生活各方面的不同特点。例如我国对大米的需求量较大，而西方人则普遍消费牛奶面包。文化也是会变迁的，随着对外开放和国际交往的扩大，文化之间也会出现兼容并蓄。我国在改革开放之前，老年女性的着装与西方老年女性的着装有着很大的差别，我们普遍追求朴素庄重，而西方人更喜欢衣着艳丽。现在，仅仅 20 多年，我国老年人的着装观念就已发生了巨大变化，他们更喜欢穿着艳丽时尚、使人看起来显得年轻的服装，这与西方老年女性的着装理念越来越接近。

2. 亚文化

在一个大的文化背景下还会存在一定的局部文化，这些局部文化有着较强的文化统一性，此即亚文化。每一个国家都可能包含以下亚文化群。

（1）民族亚文化群。每个国家都可能存在多民族现象，各民族经过长期发展会形成各自的语言、风俗习惯和文化传统，这些会使各民族的消费者之间在欲望和购买行为上存在或多或少、或大或小的差别。

（2）宗教亚文化群。宗教是一种深层次文化，各国都可能存在着不同的宗教群体，基督教、伊斯兰教和佛教都有数量众多的信徒。各种宗教有自己的教规和戒律，这会对信仰不同宗教的消费人群的购买行为和销售方式产生影响。

(3)种族亚文化群。不同种族的人具有不同的生活习惯和文化传统，多种族人群构成了不同的细分市场。

(4)地理亚文化群。居住在不同地理区域的国家或地区中，由于自然地理环境、生活习惯和经济发展水平的差异，人们在生活习惯、饮食爱好等方面各不相同，这也影响其购买行为。一个地域分布广袤的国家相比地域分布狭小的国家在消费者需求上要更为复杂多样。

3. 社会阶层

社会阶层是社会中按层次排列的、具有同质性和持久性的群体。社会学家一般根据职业、收入来源、教育水平、财产数量、居住区域等因素划分社会阶层。同一阶层的人在生活习惯、消费水准、消费内容以及价值观念、兴趣和行为方面比较接近，甚至对某些商品、品牌、渠道、传媒等有共同偏好。美国社会学家曾将美国社会划分为顶层、上层、中上阶层、中产阶层、上层贫民、中层贫民、下层贫民、赤贫阶层几类。根据中国社会科学院《当代中国社会阶层研究报告》，目前中国已形成了十大社会阶层：国家与社会管理者阶层、经理人员阶层、私营企业主阶层、专业技术人员阶层、办事人员阶层、个体工商户阶层、商业服务人员阶层、产业工人阶层、农业劳动者阶层和城乡无业失业半失业者阶层。在服装、家具、休闲活动和汽车等领域，处于同一阶层中的消费者会表现出明显的产品和品牌偏好趋同。上层阶级一般追求品牌消费，对奢侈品需求量较大；而对于下层阶级，收入的大部分都用于日常生活必需品。

(二)社会因素

1. 相关群体

相关群体指对个人的态度、意见和行为具有直接或间接影响的人群。相关群体有两种类型：成员群体和非成员群体。成员群体是个人具有成员资格并受到其直接影响的群体，它又有主要群体和次要群体两种。主要群体是指对成员产生重要影响的群体，如家庭、朋友、亲戚、邻里、同事、同学等；次要群体是指对成员产生次要影响的群体，如职业协会、学生会、商业俱乐部等。非成员群体是个人不具有成员资格，但期望成为其中一员的群体，如追星族。

相关群体会对消费行为产生影响，突出表现为他为个体提供了行为标准,并通过信息性影响、规范性影响和价值表现影响三种方式体现出来。信息性影响是指个人会将相关群体的价值观和行为信息作为参考。比如,在朋友圈子中,如果其中一个或多个朋友购买了某品牌的产品,自己就会认为这个品牌的产品的性能和质量不错,也决定购买。这种影响的强弱取决于被影响者与群体成员的相似性以及影响者的专业背景。规范性影响是指个体接受了相关群体的价值观和行为方式后可以获得奖赏或者避免惩罚。这种惩罚的结果会对规范成员的行为起到作用。比如,如果一个人觉得他购买某个品牌会受到圈内人的嘲笑,他往往会避免这种购买行为的发生。价值表现影响是指无需任何奖惩,个人就会接受和仿效群体的价值观和行为方式。显然,与规范性影响相比,群体的价值观和行为已经内化成为个体的价值观和行为规范。

相关群体对消费者购买不同商品的影响有所不同,如对购买具有价值符号的服饰、耐用消费品等商品的影响较大。相关群体还会影响消费者对品牌的选择。在某种相关群体中具有影响力的人物被称为“意见领袖”,他们可能在某个领域拥有专长,也可能是名人,还可能是拥有良好声誉的人。总之,他们会引起群体内追随者、崇拜者的效仿。营销人员应努力识别目标顾客的相关群体,并针对他们实施相应的营销策略。

2. 家庭

家庭是消费者购买商品的基本决策单位和使用单位,也是最重要的相关群体之一。家庭对一个人消费行为的影响会持续其一生。

由于家庭有着不同的类型,因而其具有不同的决策模式。社会学家一般把家庭分为四种类型:各自为主型,即每个家庭成员对自己所需的商品独立作出购买决策,其他人不加干涉;丈夫支配型,即大部分购买决策主要由丈夫掌控;妻子支配型,即家庭购买决策权主要由妻子掌控;共同支配型,即大部分购买决策由家庭成员共同协商决定。伴随着妇女社会地位的提高,妻子在购买决策中的作用正日益提高,以往“男主外、女主内”的传统家庭类型日益向“妻子支配型”或者“共同支配型”转化。

家庭主要成员的职业、文化也会影响其购买决策模式。一份国外的研究报告显示,在受教育程度比较低的家庭里,妻子一般掌控日用消费品的购买决策权,丈夫则对耐用消费品的决策起主导作用;而在受教育程度较高的家庭里,妻子决定贵重商品的购买,而一般日用品则由家庭成员自主决策。

在耐用品的购买决策中,性别也起着一定的作用。一般而言,丈夫主要在汽车、电视等商品的购买决策中更具影响力,而妻子则对洗衣机、厨卫用具及地毯等商品的购买决策更有影响。在住房、家具等商品的购买决策中双方的影响力相当。丈夫一般在是否购买、购买时间、购买地点等方面影响较大,妻子则对所购商品的款式、颜色等方面更有影响。

3. 角色身份

个体在不同环境中扮演着不同的角色身份,而在特定的时间内某一特定的角色则将占据主导地位。一位在职场担当领导职务的男性,在家庭中则是丈夫和父亲。每个角色都代表着一定的地位,同时也反映了社会的综合评价。人们通常选择能代表自己地位的产品。领导职务的角色相比父亲的角色具有更高的社会地位,因此,该男性会购买适合自己社会地位与角色的品牌产品。例如,作为一个父亲其在购车时往往会选择经济实用的别克商用车,而作为一个领导则会选择彰显身份的奔驰、宝马等名贵轿车。

(三)个人因素

个人因素包括人口统计特征、生活方式以及个性和自我观念等。

1. 人口统计特征

消费者的人口统计特征表现在年龄和家庭生命周期各阶段、性别、职业、受教育程度和经济状况等方面。

不同年龄、性别的消费者在购买欲望、兴趣和爱好方面具有很大的差异,他们在购买商品的种类上也有区别,购买决策过程也不尽相同。从年龄看,儿童是玩具的主要消费者,青少年是文体用品的主流市场,成年人是家具和住房的主要购买者,老年人则是保健用品的最大市场之一。青少年受广告影响较大,购买决策的随意性和模仿性强;老年人则较少受广告影响,购买决策比较理性。从性别来看,大多数男性的购买决策过程比较迅速,而女性则相对缓慢一些。

家庭生命周期指从消费者年轻时离开父母独立生活到年老的家庭生活的全过程。西方营销学家突破了以往“单身和结婚有子女”的两阶段模式,而把家庭生命周期划分为七个阶段。

(1)单身青年,大量购买时装和从事文体、娱乐活动;

(2)已婚无子女家庭,是电器、家具、汽车、旅游产品的主力购买者;

(3)满巢一期,即有6岁以下子女的年轻夫妇,是婴幼儿用品的主要

需求者;

(4)满巢二期,即有6岁以上子女的青年夫妇,对食品、清洁用品、教育和娱乐产品有着巨大需求;

(5)满巢三期,即子女长大但尚未独立的中年夫妇,在儿童用品和教育方面支出较多,并开始更换耐用消费品;

(6)空巢期,即子女长大且离开了家庭的中年夫妇,对非生活必需品、礼品、保健品和旅游有一定的需求;

(7)单身老人,多数已退休、失去配偶,主要购买特殊食品、保健用品和医疗服务。

此外,职业和受教育程度也影响消费模式。如蓝领工人和白领职员对酒的偏好就有一定差异性;而受教育程度较高的消费者对书籍、报刊等文化用品的购买量一般大于受教育程度较低的消费者等。

个人经济状况则体现在消费者可支配收入、储蓄、资产和借贷能力等方面,它是决定购买行为的重要因素,对购买种类、数量、购买商品的档次和品牌都有直接影响。

2. 生活方式

即使是处于同一社会阶层或亚文化群中的消费者,其生活方式也会有所不同。生活方式是个人生活的形式,它表现为个人在生活中体现出来的活动(Activity,工作、家庭、休闲等)、兴趣(Interesting,食品、服装、家庭、休闲等)和看法(Opinion,有关自我意识、社会问题等)。生活方式是影响个人行为的心理、社会、文化、经济等多种因素的综合反映,它所表现的内容也比社会阶层或个性要多得多。我们在现实生活中可能会接触到不同的生活方式群体,诸如节俭型、奢华型、守旧型、革新型、高成就型、自我主义型、社会意识型。不同的生活方式群体对产品和品牌会有不同的需求,如节俭型消费者很少对奢侈品有需求,守旧型消费者则不太会对创新产品感兴趣。营销者需要深入了解产品与不同生活方式群体的关系,从而有针对性地开发和推广相关产品。

3. 个性和自我观念

个性是个人独特的心理特质,它使人们对环境作出比较一致和持续的反应。个性通常可用自信心、控制欲、自主、顺从、保守、适应、交际等特征来描述。消费者的个性直接或间接地影响其购买行为。比如,保守的人往往不容易接受新产品,自信的人购买决策过程较短,控制欲强的人喜欢在决策中居于支配地位。以下六种购买风格是基于个性进行划分的：几乎不变换产品的种类和品牌的习惯型；经冷静分析、理性思考后购买的理智型；重视价格胜过其他的经济型；易受外界刺激而购买的冲动型；将商品和情感联想在一起的想象型；缺乏主见或无固定偏好的不定型。

自我观念，即自我形象，是人们对自己的看法。人们往往希望保持或增强自我形象，并把购买行为作为表现自我形象的重要方式。因此，消费者对那些符合或者能改善其自我形象的产品或品牌更感兴趣。

（四）心理因素

对消费者购买行为产生影响的心理因素有很多，主要包括消费者的需要、动机、认知、学习、信念和态度等。

1. 需要和动机

人类的行为是由动机支配的，动机则由需要引发。需要是人们由于缺乏满足而导致的一种不平衡状态，当它达到一定程度时，便成为一种驱策力，当这种驱策力被引向一种可以减弱或消除它的刺激物时，便形成一种动机。因此，动机是一种推动人们为达到特定目的而采取行动的迫切需要，动机是行为的直接原因。

心理学家在解释人的行为时往往是用动机而非需要这个概念，其原因在于：需要本身不一定会引起个体的行为，因为需要是抽象的，它仅仅为行动指明总的目标，但不规定实现目标的方法。个体的行动既可以是由内在需要驱使，也可以是由外在刺激引发。动机理论有多种模式，如马斯洛的需要层次论、弗洛伊德的精神分析理论和赫兹伯格的双因素理论等。

美国心理学家马斯洛把人的需要分成五个层次，依次是生理需要、安全需要、社交需要、尊重需要和自我实现需要。生理需要是为了生存而对基本生活条件产生的需要，如吃、穿、住等；安全需要是为维护人身安全、健康和财产安全而产生的需要，如医疗保健、个人和财产保险；社交需要是参与社会交往，取得社会承认和归属感的需要，如得体的服装、礼品等；尊重需要是在社交活动中受人尊重，取得一定的社会地位、荣誉和权利的需要，如显示自己社会地位的高档消费品等；自我实现需要则是发挥个人的最大能力，实现理想和抱负的需要，如教育、知识等。人类的需要由低向高排列，低层次的需要基本满足以后，才会产生高层次的需要。当然，不同的人、不同社会、不同时代，其需要层次的顺序可能会有所不同。需要层次理论可用于指导企业的营销活动,据此有的放矢地开发产品和服务。

弗洛伊德认为,人类行为的真正心理力量大部分是无意识的。无意识由冲动、热情、被压抑的愿望和情感所构成,因此,人们并不完全了解自己的动机。比如,某中年男士要购买一辆汽车,他会把自己的动机表述为爱好或工作需要。但深层次心理分析表明,他是希望显示自己年轻的心态。消费者购买商品时,不仅会关注产品的功能和质量,还会注意那些与产品有关的其他事项,如产品的大小、形态、重量、材料、颜色甚至购物环境。企业在进行产品开发时不可忽视这一点。

赫兹伯格在其双因素理论中提出了激励需要和保健需要。激励需要是工作满足的充分条件,保健需要是工作满足的必要条件,只有激励需要得到满足时才能产生工作满足。对消费者的购买行为而言也存在着激励因素和保健因素。消费者在对产品质量、性能、价格等不满意的情况下一定不会购买,但仅仅对上述方面满意也不一定会购买,只有其在情感上接受、对性价比等也满意时才会购买。不过,值得注意的是,在产品生命周期的不同阶段,影响消费者购买行为的保健因素和激励因素会有所不同。

2. 认知

消费者产生购买动机后,就要采取行动,他的行动取决于其认知过程。认知过程是人们认识客观事物特性与联系的过程,由感觉、知觉、记忆、思维和想象等过程所组成。消费者的认知过程就是对商品刺激物以及店容店貌等情境的反应过程。这个过程要经历感性认识和理性认识两个阶段。在感性认识阶段,消费者首先通过感官对刺激物的形状、大小、颜色、声响、气味以及情境等在个别属性方面进行初步熟悉。随着感觉的深入,各种感觉到的信息在消费者的头脑中被联系起来并进行分析综合,从而产生对刺激物和情境的整体反映,这便是知觉。

在现实生活中,消费者对同一刺激物和情境会产生不同的知觉,从而导致他们认知过程的差异性。原因在于知觉具有三个特点:选择性注意、选择性理解和选择性记忆。

面对每天大量的消费信息,人们只会注意其中的一部分。他们倾向于注意那些与其当时需求有关的、独特的或反复出现的刺激物,此即选择性注意。选择性注意意味着营销人员必须尽力吸引消费者的注意。

即便人们注意到了刺激物,也不一定会产生预期的作用,因为人们会有选择地将某些信息加以扭曲，使之符合自己的意向，此即选择性理解。选择性理解意味着营销人员要了解消费者的想法，以及这些想法是如何影响人们对广告和销售信息的解释的。

在人们接触的大量信息中，能够保留下来的往往是符合自己态度和信念的信息，此即选择性记忆。选择性记忆意味着营销人员需要向目标市场投放重复性广告。

3. 学习

学习是指由经验所引起的个人行为的改变。消费者由于内在需要而产生购买某种商品的动机，但这种动机可能在此次购买行为结束后继续产生或从此消亡，这就是后天经验即学习的结果。学习过程是驱策力、刺激物、诱因、反应和强化等诸因素相互影响和互相作用的结果。

驱策力是指驱使人们产生行动的内在刺激力，即内在需要。例如，一位事业有成的男性想体现一种自我实现的驱策力，当这种驱策力被指向某种具体的刺激物（即满足内在驱策力的物品，如名牌高校的 MBA 项目）时，就成为一种动机。在这种动机支配下，他决定花钱去接受 MBA 教育。但他将在何时、何处以及怎样作出反应，常常取决于周围各种诱因的影响，如主流媒体上的广告宣传、以前同学的介绍等。诱因就是刺激物所具有的能驱使人们产生一定行动的外在刺激，而所有的营销因素都可以成为诱因。当他接受了 MBA 教育之后，感觉收获很大，就会强化这种反应（驱策力对具有一定诱因的刺激物所产生的反射行为），以后会继续接受该校的其他培训项目；如果他感到失望，以后就很难再对该校的教育项目感兴趣了。对销售人员来说，学习理论的指导意义在于他们可以把本企业的产品与顾客强烈的驱策力联系起来，利用刺激性诱因提供有效的强化手段，从而激发人们的需求。

4. 信念和态度

消费者通过学习形成了信念和态度，从而影响人们的购买行为。

信念是人们对事物所持的看法，如相信某高校的 MBA 项目质量水准高，物有所值。这些信念有些是建立在科学的基础上，真实客观；有些则可能带有偏见，包含着情感成分。如人们可能认为某学校的 MBA 教育要比其他学校的好，虽然在大学排名中该校并未名列前茅。营销人员必须认真关注消费者的信念，因为它构成了产品和品牌的形象。如果发现消费者存在某些对企业产品和品牌形象不利的错误信念，并阻碍了购买行为,营销人员必须开展宣传活动,设法纠正他们的错误信念。

态度是人们对某些事物或观念所持有的相对稳定的评价、感受和倾向。消费态度分为品牌信念、评估品牌和购买意向三个组成部分。品牌信念是态度的认知成分,评估品牌是态度的情绪或情感成分,购买意向是态度的意动成分或行动成分。一旦消费者形成了对某个产品或品牌的态度,日后他将根据其态度作出重复购买的决定,而不会花更多的时间去比较、分析、判断了。如上例中,如果人们对某高校的教学水平持有肯定态度,日后就会继续选择该校的教育项目。因此,如果消费者对企业的产品和品牌持肯定态度,将会有利于产品和品牌的重复销售和交叉销售;否则,销路就会受到严重影响。人们的消费态度一旦形成就不会轻易改变,因此,企业最好使其产品迎合既有的态度,而不是试图改变人们的态度。当然,如果改变态度能够取得经济上的巨大收益,企业也可以尝试从认知成分、情感成分和行为成分三个方面对人们的消费态度进行改变。

综上所述,消费者购买行为受到多方面因素的共同影响,其购买选择是文化、社会因素、个人和心理因素综合作用的结果。其中的有些因素,如消费者的个人统计特征、社会、文化因素等,由于其外在性是企业难以控制或难以施加影响的,因而企业只能了解它们、分析它们,从而识别出最佳的目标市场,并为制定营销组合提供依据。而其他一些因素,如消费者的购买动机、认知、学习、信念、生活方式等,则容易受企业营销的影响。企业可以通过营销策略的设计,如产品的开发、包装设计、价格制定、营业网点设计、广告宣传、商品陈列等,诱使消费者产生企业所期望的购买行为。

【延伸阅读】

少则明,多则惑!

美国行为经济学家丹·埃瑞利曾经在加利福尼亚州选了一家超级市场作实验研究。为了满足顾客不同口味的需求,这家超市准备了250种不同口味的芥末酱、75种不同的橄榄油、300多种果酱。

埃瑞利设计了一套巧妙的实验计划,并在超市的同意下,连续两个星期摆试吃柜台。埃瑞利准备了两批试吃货品,每隔一个小时轮流更换。第一个小时摆出24种不同的果酱,另一个小时只摆出6种。

这两批果酱都经过试吃专家评定，并小心挑选过，都是同样的美味可口，只是有一些细微的差别罢了。在实验期间到这个试吃柜台的人，都可以拿到一张价值1美元的代金券，可用来购买店里出售的任何果酱。而每一张代金券上都附有暗记，以分辨顾客拿到代金券时，试吃柜台是摆出6种果酱还是24种果酱。

埃瑞利想知道面对24种果酱的顾客，是否会被这么多的选择搞得晕头转向，根本无法决定买哪一种了。与只有6种选择的人相比，他们是否更不可能买东西。由于有暗记的帮助，就很容易追踪这两组顾客的行动。

人们通常认为，选择越多，销量越高。但实验结果恰恰相反。那些尝了6种果酱的顾客，买了比较多的果酱。虽然在摆出令人眼花缭乱的24种果酱时，试吃柜台吸引到的顾客比较多(145人对104人)，但他们中只有3%使用了代金券。而只有6种选择的顾客，却有30%后来买了果酱。

"当人们看到24种不同果酱摆在面前时，常常会不知道选择哪一种好，"埃瑞利说，"最后，他们通常哪一种都不买。"可见，面对的选择越多，人们就越难取舍。

【延伸阅读】

冲突下的人性选择

假如你正准备买一台笔记本电脑，可是还没有想好买哪一种品牌或是什么样的机型，就连想花多少钱你都还没想过。

某一个周末，你去电子市场，注意到某家经销商打出的一个广告，表示有一种畅销的索尼笔记本正在打折促销，只卖9 999元。而你已经在网上查过了，这个价钱远低于平时的零售价。请问，你会怎么做?

A. 买下它。

B. 暂时不买，再了解一下其他机型。

现在，假设你继续向前走，看见一家经销商也打出了相似的广告，只不过是一种高级的戴尔笔记本只卖15 999元。你知道就像前面的索尼机型一样，这个戴尔机型的价格也非常合算。请问，你会怎么做?

A. 买下这个戴尔机型。

B. 买下索尼机型。

C. 先不买，再了解一下其他机型。

心理学家卡尼曼曾经在斯坦福大学和普林斯顿大学找了两组学生，分别向他们提出这两种假设情况：

碰到第一种情况的学生，绝大多数表示他们会买下索尼笔记本电脑，只有大约1/3的学生表示要再多看一处地方。

在面对第二种情况的学生中，只有27%表示他们会买下索尼机型，大约同样多的学生会买戴尔机型，而几乎有一半的学生(46%)表示他们会按兵不动，等着看市面上还有什么好东西。

这里出现了一个矛盾现象：多了一项合算的选择，反而使人犹豫不决，结果让更多的人决定暂时不买了。据此，卡尼曼认为，一般人在面对许多可供选择的诱人方案时，因为害怕后悔，更可能决定暂缓采取行动，或是根本不采取任何行动。

可见，当人们在生活中所面对的消费选择越多时，就越是会举棋不定，结果什么也没有获得，反而会让好机会白白消失掉。

【理论视野】

心理账户与消费决策

让我们先来作这样的一个心理小测试：今天，你所生活的城市中最好的音乐厅即将上演一场由世界著名交响乐团演奏的古典音乐会，作为一个非常喜欢交响乐的乐迷，你早就期待这一场听觉盛宴的来临，尽管票价相对比较昂贵，需要800元，但是你仍早早就买好了票。不幸的是，当你兴冲冲地作足一切准备，并赶到音乐厅时，却突然发现票在半路上给弄丢了。现在的你开始了激烈的思想斗争：如果还想要听音乐会，就不得不去售票点再花800元钱买一张票。请问：你是否会再掏一次钱呢？

请先将你的答案隐藏在心底，让我们再来看另一种情况：同样是一场你期待已久的音乐会，你也早已作好了所有准备，并且已经预订好了票。可是，当你赶到音乐厅，正准备付钱拿票时，却忽然发现自己公司上午才发的、价值同样是800元的公交一卡通丢失了，此时此刻的你还会不会付钱去拿原先预订的那张音乐会门票呢？

这一心理测试题目的研究结果表明：绝大多数人在前一种情况之下，都会决定不再欣赏音乐会而扭头回家；而在后一种情况下，则会选择仍旧去音乐厅欣赏演出(亲爱的读者朋友,你是否也是这样的想法呢?)。

让我们来仔细分析一下上述这两种情形,事实上两者的内在涵义几乎是等价的——即在你愿意付出800元聆听音乐会的时候,却突然遭受到了价值相当于800元金钱的损失,而你在这时所面临的问题就是是否再花800元钱来继续自己的音乐旅程。前后两种情形仅是损失的形式不同,前者是因为丢票而遭受损失;后者则是因为丢钱而遭受损失(由于公交一卡通可以支付多种交通工具的票款,因而也就相当于等价的现金)。

有意思的是,虽然损失的实际结果是相同的,但由此给你带来的心理影响却大不相同,从而也就直接导致了你作出完全相反的两个决定。这正是"心理账户"给你带来的行为决策误区。

在营销心理学领域,"心理账户"(Mental Accounting)的概念最早是由美国芝加哥大学教授理查德·塞勒(Richard Thaler)在1980年所提出。[1]当时他在一本名为《经济行为与组织》的期刊上,发表了一篇题为《消费者选择的实证理论》的论文。在这篇论文中,他首次将传统理论意义上的消费者,与现实生活中受到诸多心理因素影响的消费者的行为与决策进行了比较,并提出了一种"心理账户"效应的全新概念。

1985年,塞勒教授又在《营销科学》杂志上发表了一篇名为《心理账户与消费者选择》的文章,并在这篇文章中提出了有关心理账户的基本理论框架。[2] 他认为:普通人在进行消费决策时,往往并不能够对复杂事态的全局给予周到全面的通盘考虑,而是在心理上无意识地把一项决策分成几个部分,即是几个心理账户来看待。同时,对于每个不同的心理账户,消费者往往会有不同的看法,作出不同的、有时甚至是自相矛盾的决策。

特维斯基和卡尼曼这两位著名教授同样在有关"心理账户"的研究中颇有建树,他们发现:消费者个人行为过程中,人们习惯于将不同来源、不同种类、不同用途的货币视为相互之间独立性很强的不同财富,并在心目中按照不同的账户将其分门别类地进行安置。于是,事实上几乎每一个

---

① Richard Thaler. Toward a Positive Theory of Consumer Choice [J]. Journal of Economic Behavior and Organizationm, 1980(1).

② Richard Thaler. Mental Accounting and Consumer Choice[J]. Marketing Science, 1985.

人都会存在“心理账户”效应。①

可见，心理账户影响了人们的决策选择，是人们在心理上对结果（主要是经济结果）的编码、分类和评估的过程。换言之，它之所以如此重要，是因为它揭示了人们在进行消费决策时的心理认知过程。

知识链接

理查德·塞勒——“心理账户”理论之父

理查德·塞勒，1945 年出生于美国新泽西州。1995 年起任芝加哥大学商学院行为科学与经济学教授。系行为经济学和行为金融学领域的重要代表人物。塞勒的主要研究领域是行为经济学、行为金融学与决策心理学。在行为金融学方面，塞勒研究人类的有限理性行为对金融市场的影响，并作出了重要贡献，并负责向美国总统的科学顾问提交关于决策与问题求解的研究报告。

第三节　情境案例

亲爱的，尝尝吧！

一、引子

喧闹的大都市散发着异常诱人的气息，繁华与奢侈足以让任何一个意志不坚定的人眼花缭乱，浮躁的身影随时随地都萦绕在人的身边。虽然都市生活会极其的艰辛和压抑，但是这也难以掩盖住青年男女对诱惑的激情。他们在努力，他们同时也在挣扎……

李伟琛和晨曦曦是一对刚走出大学校园没多久的男女朋友，手上的

① Tversky A, Kahneman. The Framing of Decisions and the Psychology of Choice[J]. Science, 1981.

本科文凭让他们在寻找工作的过程中忍受了难以想象的痛苦，家境都并不怎么好的他们在经过了四年的都市生活的熏陶之后，欲望与克制早已经纠缠不清了。

李伟琛在一家外企做销售员，而曦曦在一家规模不大的民营企业里做一般的文秘，他们俩加在一起也很微薄的薪水苦苦支撑着生活带给他们的巨大压力，但是有一点很可贵，他们依然很相爱，从没有抱怨和责怪。而李伟琛心中也十分的明白，只有拼命地工作，拼命地赚钱，才能让曦曦过上幸福美满的生活。他不仅这样想，而且一直在这样做，他想把美好都留给这个在他看来是他生命中最为重要的女孩的身上，他的眼里和心里都已经再也容不下其他的女孩了。而这一切的一切，曦曦都看在眼里，记在心里……

然而，生活的甜蜜却很容易受到残酷现实的摧残，生活不带有感情，更不会有同情的存在，现实就是现实。疲软的经济让消费难有起色，销售自然也就出现了巨大的问题，李伟琛也难逃这命运的玩笑。“业绩成果不达标”，他被老板辞退了，没有得到任何的补偿，他有些不敢回家了。

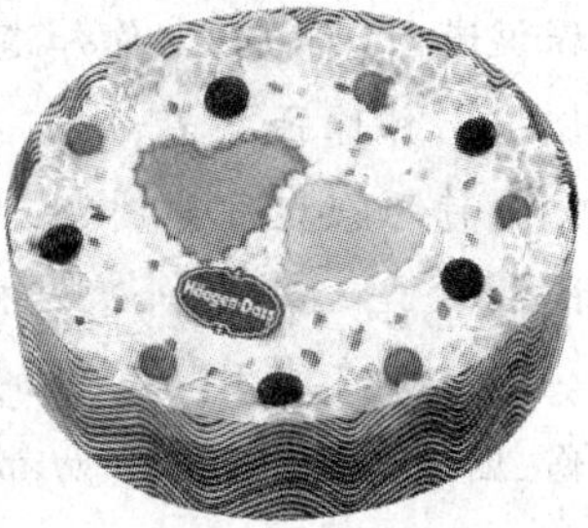

真是祸不单行啊，曦曦因为小小的失误不仅被苛刻的老板狠狠地训斥了一顿，还被扣掉了一半的工资。曦曦非常难过，她甚至觉得自己无法面对伟琛每天的辛劳。终于下班了，她很失落，一边走一边抹着眼泪，她还是忍不住给他打了电话，诉说着自己的遭遇和伤感。

“我过去接你吧”，听了女友的诉说，李伟琛很着急，也有些担心。很快，他们在热闹的步行街碰到了一起。“没关系的，别难过了，工资被扣了不是还有我的吗，放心吧，我能养活你的”，李伟琛拉着曦曦的手，用深情的语言和眼神安慰着她……

爱，深深地滋润着他们内心的伤口。李伟琛拉着曦曦的手漫无目的地走在街上，他心里的忐忑却一直没有停下过，“到底要不要跟曦曦说自己工作被辞的事呢？”

走着走着，他突然发现曦曦的眼光被什么东西给牢牢地吸引住了，他顺着她的方向望了过去，没有什么惊讶，心中却多了几分哀愁，因为他知道那是曦曦一直都想尝试的东西，但却从来没有狠下那个心……对她和他而言，“哈根达斯”，这既是个现实，也是个梦境。

可是，他爱她，他无法拒绝这爱的无声要求，李伟琛不时摸着自己瘪瘪的钱包。“这个时候，我一定要让她尝尝爱的味道”，李伟琛这样想着，他突然对曦曦说：“等我一下，我马上回来。”还没等曦曦反应过来，他已经冲进了那家“哈根达斯”店里。

李伟琛用钱包里仅剩的60元钱买下了两颗冰淇淋球，他没有感觉到心疼，因为那已经不再是钱的问题了。他拿着两颗球跑到曦曦身边，说，“亲爱的，尝尝吧，以前从没给你买过，知道你很想吃这个，今天就满足一下你小小的愿望吧，不许再伤心了哦”。曦曦拿着冰淇淋不知道该说什么了，眼泪有些止不住了，她尝了一口，甜蜜的感觉一直渗到了心底。

李伟琛看着曦曦吃得这么香，一边开心着一边直咽着口水，因为他也从来没有尝试过这种味道。“你也尝尝吧，亲爱的”，曦曦把冰淇淋递给伟琛说道。“你吃吧，你知道我不喜欢吃这种甜甜的东西，快吃吧，等会儿该化了”，伟琛强忍着说。“你尝尝嘛”，曦曦还是不放弃，“好啦，我来喂你吧”，伟琛接过冰淇淋，用勺子小心翼翼地喂着这位自己心中的白雪公主，他也尝了一点，第一次这样具体地感觉到了爱的味道……

他们吃着用“爱”做的冰淇淋，消失在街的尽头，完全忘记了痛苦和悲伤，因为与爱相比，一切都不再显得那么“昂贵”了……

二、传奇

哈根达斯（Häagen - Dazs）是冰淇淋世界的一个神话，它的诞生套用一句时下的流行语来说，那就是纯属偶然，因而更像是一个传说！哈根达斯之父是一个叫鲁本·马特斯的波兰人，靠销售水果冰起家，积累了自己的第一桶金。当其他冰品制造商以降低产品价格进行竞争时，例如在冰品中加入稳定剂、防腐剂及增加空气含量的时候，鲁本·马特斯决心制造最好的冰淇淋，因而他坚持使用最纯净、最天然的原料。

马特斯为他的冰淇淋取了一个好听的丹麦名字 Häagen - Dazs,他认为这个斯堪的纳维亚的名字可以唤起人们对新鲜、天然、健康及高品质的追求。最早的哈根达斯冰淇淋只有香草、巧克力和咖啡三种口味,草莓则是第四种。现如今,哈根达斯已经被视为冰淇淋品牌中的贵族,除此之外,它还成为现今世俗男女爱情的象征,所谓:“爱她,就请她吃哈根达斯吧。”

哈根达斯产品的主要生产地,分别设在美国新泽西 Woodbridge(1971年)、加州 Tulare(1985 年)及法国北部的 Arras 镇(1992 年)。远东地区的产品由美国的生产厂商负责供应,与 Suntory 和 Takanashi 合作的设在日本的企业则专供日本市场。

哈根达斯究竟有多贵?一个冰淇淋小球单价上标着 35—70 元不等,被誉为冰淇淋中的“劳斯莱斯”。哈根达斯冰淇淋的密度很大,其重量是同样体积冰淇淋的两倍左右,换言之,就是料足艺精。

哈根达斯的冰淇淋无需加配料,本身的口感就很纯正,而使用纯正的食材是它的成功之本。其中有来自马达加斯加的香草、比利时的巧克力、哥伦比亚的咖啡。哈根达斯采用纯天然材料,不含任何防腐剂、人造香料、稳定剂和色素。脱脂奶的选用更将美味与健康绝妙融合。纽约《时代》杂志曾赋予哈根达斯“冰淇淋中的劳斯莱斯”的美名,因而坊间有一种说法:“如果你没有吃过哈根达斯,你就不能自诩为小资。”

如今,哈根达斯不仅在全美,在全球都是极受欢迎的品牌。无论在那里,一提到“哈根达斯”,人们就会想起极其美味诱人的冰淇淋,在中国也是如此,她似乎更像是优质生活和品位的象征。哈根达斯提倡“尽情尽享,尽善尽美”的生活方式,鼓励人们追求高品质的生活享受。

在提供冰淇淋的同时,哈根达斯还非常注重营造一种氛围,使得品尝哈根达斯冰淇淋成为一种难忘的消费体验,这也就是“哈根达斯一刻”。其著名的广告词“爱她,就带她去哈根达斯”(If you love her, take her to Häagen - Dazs.),可以说是家喻户晓。

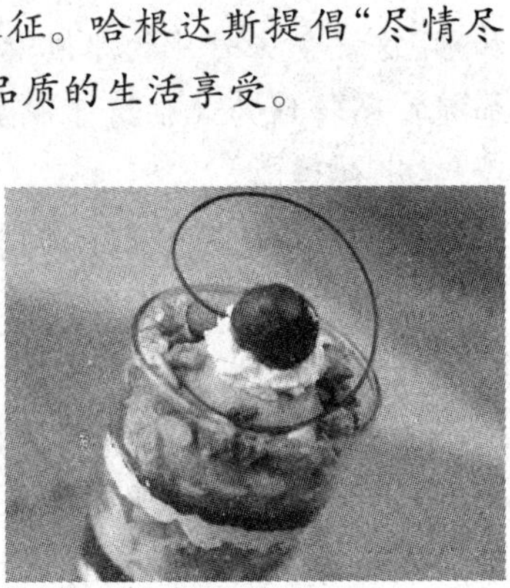

三、定位

时至今日,在世界各地,哈根达斯已成为高档冰淇淋的标志。自哈根达斯在大中华区的第一家店于1984年在香港落户后，经过27年的发展，目前已在中国内地、台湾、香港拥有百余家专卖店。在大中华区，所有销售的哈根达斯冰淇淋产品100%是由法国进口。

哈根达斯通过独特的心智定位策略，使其在中国消费者心目中成为顶级的冰淇淋，不仅是冰淇淋口味深入人心——甚至成为某种生活标志，因为有哪一个小资不知道它的大名呢？高端的消费阶层固然是它的忠实顾客；而中低端的消费者也被它所吸引，一旦有了闲钱，也会奢侈一把。哈根达斯不仅在竞争激烈的冰淇淋市场取得了高端消费者们的认可与欢迎，其巧妙的市场策略也已成为业内传颂的经典。

四、缘起

哈根达斯冰淇淋的诞生源于一个偶然。20世纪30年代，冰淇淋开始风行于美国纽约街头，年轻的波兰移民鲁本·马特斯拥有一手制作天然冰淇淋的好手艺，他也在自己的作坊里制作冰淇淋销售。因为冰淇淋制作工艺不错，再加上从不欺市卖假，他也渐渐有了一些小名气。

但没过几年，他的冰淇淋产品销路却不行了。因为当时为了竞争，已经有一些冰淇淋的作坊主开始在冰淇淋中添加稳定剂和防腐剂以延长产品的保质期，那些产品往往能以不错的外观和因添加剂而产生的口感取得消费者的青睐。那些制作方法，看上去似乎是多了一些程序，实际上却可以大大地降低成本。

马特斯作坊里的工人们都建议他也跟着市场走，往冰淇淋里面加添加剂。因为如果不加添加剂，将很难继续参与市场竞争，然而一旦加了添加剂，这就意味着他的冰淇淋从此与“天然”绝缘。那么，到底是加还是不加呢？马特斯为此伤透了脑筋。

五、偶遇

一天，马特斯和几位从事冰淇淋生意的朋友一起去商店买东西。当时天气很热，有几个穷孩子在商店门口买冰淇淋吃。这时，店门口又有一对衣冠楚楚的富人夫妇走过。先生提议说：“买两份冰淇淋吧！”太太的脸上刚流露出一种赞同的神情，但当她一看到那几个正津津有味地吃着冰淇淋的穷孩子之后，便马上改变了主意，说了句“算了”，就迅速离去。许多看到这一幕情景的人都感觉很不平，马特斯的朋友们气愤地说：“怎么会有这种人，穷人在吃，她就不要吃了？难道你还想有人为你们富人专门生产一种冰淇淋？”正所谓“说者无心，听者有意”。闻听此言，马特斯的脑海中立即闪现出了一个灵感:“这个市场不正是缺少了一种象征高贵与时尚的冰淇淋吗?!”

马特斯一回到作坊,立即对工人们说:“在现有的基础上,不惜成本继续努力提高‘天然’的精度和要求,无论是主料还是辅料,无论是原料还是加工过程!”

“老板,您不能这样,这就意味着我们的成本将会更高!”热心的工人们纷纷出言阻止,“冰淇淋是一种人人都能买的便宜货,花这么高的成本去做不值得啊!”

“是的。所以,目前这个市场缺少的正是一种不是人人都能随意购买的冰淇淋精品!”马特斯神情坚定地回答道。

因为马特斯已决心要生产出纯天然、高质量、风味绝佳的冰淇淋,以抢占“矜贵冰淇淋”的市场空间。半年之后,他先后推出香草、巧克力和咖啡三种口味的高档冰淇淋,主要提供给一些高级餐厅和高级商店,销售状况非常不错。

不久之后,马特斯将他的冰淇淋正式命名为“哈根达斯”,以顶尖奢侈品的形象出现在冰淇淋市场上,那动辄几十甚至上百美元的价位让普通冰淇淋顿时相形失色,他的目标消费人群是处于收入金字塔顶层的注重生活品位、追求时尚的年轻人。

虽然,哈根达斯的高价位限制了消费群体,但同时也吸引了大批趋之若鹜的信徒和拥护者。在市场宣传策略上,马特斯也努力打造“矜贵”形象,哈根达斯几乎不做大众型电视广告,只是偶尔出现在一些时尚杂志上。

六、抉择

时至今日,马特斯的冰淇淋在全美国乃至全球54个国家或地区开设了700多间专卖店,哈根达斯也成为全球性“尊贵品牌”,哈根达斯冰淇淋品牌现由通用磨坊持有。自从20世纪90年代哈根达斯进入中国内地以来，已经开设了50家专卖店，零售点更是达到1 000多个。

多年之后，当马特斯的那些同行朋友们问他是怎么想到要生产“矜贵”冰淇淋产品的，他坦然回答道：“其实很简单，当时那个妇女不肯跟穷人们吃一样的冰淇淋的神情确实让人不屑，甚至为人所不齿，但你们只看见了鄙夷，而我却看见了创造财富的机会！”

【讨论题】

1. 哈根达斯为何能在竞争激烈的冰淇淋市场上脱颖而出？

2. 请从消费者心智视角出发，分析哈根达斯的成功之道。

3. 你认为哈根达斯所采取的营销策略是否适合中国市场？是否适合中国其他同类企业？

4. 如果你是冰淇淋产品销售经理，请分析归纳哈根达斯的成功做法，并提出进一步的改进建议。

本章复习题

1. 试述消费者市场及其特点。
2. 试述消费者购买行为类型。
3. 试述消费者购买决策过程。
4. 试述消费者购买行为的“刺激—反应”模型。
5. 试述消费者购买行为的影响因素。
6. 试述消费者学习过程是如何影响其购买行为的。
7. 请你回顾自己最近一次的购买行为并具体分析购买决策过程。

第八章　消费文化与营销传播

章前箴言

只有深入解析不同消费文化背后的“集体无意识密码”，才能真正揭示人们消费行为的差异之谜！

本章要点

- ◆ 文化的内涵与特性。
- ◆ 文化对消费心理与行为的影响。
- ◆ 消费文化的内涵、层面、影响因素。
- ◆ 中国消费文化的核心价值观。
- ◆ 霍夫斯泰德的文化维度理论。
- ◆ 整合营销传播的内涵及其特征。
- ◆ 整合营销传播的层次。
- ◆ 整合营销传播如何实施。
- ◆ 文化在整合营销传播中的影响。

【引例】

入乡随俗的宝洁公司

日化行业的美国P&G公司（宝洁），自从1988年在广州成立合资企业以来，经过了多年的努力，迅速成长为中国日化行业中的“老大”。P&G这样一个全球500强企业，其超过一半的销售额来自于美国之外的市场。宝洁公司取得成功的一个重要原因在于其入乡随俗的营销之道。在进入中国市场之前，P&G曾经动用大量的人力物力，去了解中国消费者的生活习惯，例如了解他们怎样洗头、怎样刷牙；他们对自己正在使用的产品哪些方面满意、哪些方面不满意；中国消费者对何种宣传方式反应最强烈等。

此外,宝洁公司多年来从没有停止过市场调查工作。通过市场调查,该公司发现许多中国消费者喜爱购买小包装产品而不愿购买大包装产品,这与美国人的消费习惯恰好相反。于是,宝洁公司开发出了小袋装的洗发香波,结果大受欢迎。但是,当该公司把这个概念推广到护肤品和妇女卫生用品领域时,却因为并不实用而被市场拒绝。不过,面对这些在跨文化营销领域中不可避免的问题,宝洁公司的反应速度很快。

值得一提的是,宝洁公司之所以在中国获得这么高的认同度,中文名字起得好是个重要原因。无论是“宝洁”这个公司名称,还是后来相继推出的“飘柔”“海飞丝”“碧浪”等品牌,都给消费者以很强的文化亲切感。而这正是本章所要学习的内容。

第一节　消费文化的理论概述

一、文化的内涵

关于什么是文化,可谓是仁者见仁,智者见智。古今中外,不同学科、不同领域的专家、学者对其作过数以千计的诠释和界定,美国人类学家克鲁伯(A. L. Kroeber)和克拉克洪(C. Kluckhohn)合著的《文化关于概念和定义的检讨》一书中,列举了1871—1951年的80年间关于“文化”的诸种定义,总计160余种。时至今日,对文化的界定仍是五花八门,还没有形成为世人所公认的定义。

在众说纷纭的“文化”理解和定义中,我们还是可以找出一些共识的。比如:文化是指一群人的发展久远和世代相传的生活方式,文化研究就是对作为一种体系的人类生活方式的研究。从界定文化的角度、维度不同,文化主要有:①横向划分为政治、经济、社会、宗教、文学艺术、饮食娱乐等无数方面,文化概念像人类的生活一样宽广无垠。②纵向划分为传统文化、现代文化、原始文化、启蒙文化,以及后现代文化、后工业文化等。③对文化作深度的探讨,则会区分出文化的表面现象、实际本质和潜在特质等。④从静态与动态及强势和弱势划为:不同时代、不同实力、不同偏爱的文化,它们相互交流、吸收、碰撞、冲突,并最终互相涵化,也有若干文化最终作为独立体已经消失,等等。

一般而言,文化的概念有广义、狭义之分。广义的文化是指人类在社会历史发展过程中所创造的物质财富和精神财富的总和,并包括创造这些财富的过程。它由若干个文化类型或文化状态所组成,包括风俗习惯、行为规范、宗教信仰、生活方式、价值观念、态度体系以及社会共同创造的物质产品等。狭义的文化则是指社会的意识形态以及与之相适应的制度、组织机构以及知识技术等。文化是历史的社会现象,每一社会都有与其相适应的文化,这种文化会随着社会物质生产的发展而不断发展。

(一)文化的特性

1. 文化的习得性

文化不是存在于人体的基因之中遗传下来的,而是通过人们学习而得到的。学习有两种类型。一是"文化继承",即学习自己民族(或群体)的文化。正是这种学习,保持了民族(或群体)文化的延续,并且形成了独特的民族(或群体)个性。中华民族由于深受几千年传统儒家文化的影响,形成了强烈的民族特性,即使今天在西方文化的不断冲击下,中庸、忍让、谦恭的文化内涵仍是主要的民族文化心态。这种文化心态表现在人们的消费行为中就是随大流、重规范、讲传统、重形式,这同西方人重视个人价值、追求个性形成了强烈的反差。二是"文化移植",即学习外来新文化。一个民族(或群体)在其文化的演变和发展过程中,需要不断学习、融入其他民族(或群体)的文化内容,甚至使其成为本民族(或群体)文化的典型特征。例如,中国人现在的礼服西装,就是学习借鉴西方服装文化的结果;日本人喜爱喝酱汤的习俗则是从中国文化中汲取的。当外来文化为本民族(或群体)成员普遍接受时,就自然而然地演变成了本民族(或群体)世代相传的本质特征。

2. 文化的适应性

文化不是静止不变而是不断发展变化的。尽管文化的演变通常十分缓慢,然而文化确实会随着环境变化而变化。当一个社会或群体面临新的问题和机会时,人们的价值观念、行为方式、生活习惯、兴趣等就可能发生适应性改变,形成新的文化。在文化演变过程中,新文化模式的形成和引入会受到人们原有价值观念、行为准则的影响。文化研究表明,那些为社会人群感兴趣而又与现有价值观念、行为准则差异程度最小的新事物最容易为人们所接受。在 20 世纪初期,在西方人的文化意识中,节省时间的观念并不重要,追求悠闲、享乐、安逸、舒适是许多人的信念。但近几十年来,随着商品经济的高度发展和工业化程度的不断提高,人们越来越关心如何节省时间以及如何使生活过得更有成效。在节省时间和提高工作效率的新观念支配下,更多的人开始接受方便、省时的新产品或服务(如速溶饮料、快餐食品、快速加热设备、邮政快递等),也更愿意到时间节奏快、工作效率高的场所进行消费。文化是特定社会群体中的成员所共同具有的,每个民族或国家、每个城市、每个企业乃至部落和家庭,都会形成各自的文化,从而相应地有民族文化、城市文化、企业文化、部落文化、家庭文化等。就民族文化而言,每个民族会在其繁衍和发展过程中形成本民族独特的语言、文字、仪式、风俗、习惯、民族性格、民族传统与生活方式。例如,英国文化的典型特征是经验的、现实主义的,由此导致英国人重视经验、保持传统、讲求实际。法国文化则是崇尚理性的,法国人更喜欢能够象征人的个性、性格,反映人类精神意念的东西。在服装风格上,英国人的时装往往给人以庄重、大方、实用、简练的鲜明印象;法国人的时装则潇洒、飘逸、抽象,具有更高的艺术性。文化差异不仅体现在国别上和不同民族之间,同时也表现在不同种族、地域、宗教、机构以及家庭等不同群体之间。实际上,文化确定了不同群体之间的界限。

3. 文化的社会性

文化是由上一代传到下一代的习惯和模式,包含着促进同一文化中成员之间的相互交往、相互作用这一社会实践功能。社交规范本身就是文化的重要组成部分。文化的社会性还在于它满足并适应社会需要。文化通过提供行为准则和规范而维持社会的秩序。某一社会或群体越是坚持某种价值准则,其对违反这种价值准则的成员进行惩罚的可能性就越大。文化还提供基本价值观念,从而告诉人们什么是对的、好的和重要的;人们也需要知道什么是对的和错的、什么是被期望的,以及在各种不同情景下应该做什么、不应该做什么。因此,文化是满足社会存在和发展需要的重要因素。

(二)亚文化

亚文化(Subculture),又称集体文化或副文化,指与主文化相对应的那些非主流的、局部的文化现象,指在主文化或综合文化的背景下,属于某一区域或某个集体所特有的观念和生活方式。一种亚文化不仅包含着与主文化相通的价值与观念,也有属于自己的独特的价值与观念。亚文化是一个相对的概念,是总体文化的次属文化。一个文化区的文化对于全民族文化来说是亚文化,而对于文化区内的各社区和群体文化来说则是总体文化,而后者又是亚文化。研究亚文化对于深入了解社会结构和社会生活具有重要意义。那就是在都市中处于非中心——或者说处于边缘地位的人,共同创造与享有的特殊文化,而且它是相对于主流文化而言的。一般来看,这些文化极少被专业出版物、媒体与展示单位所介绍,甚至也不为专业的文化学者所重视。在外国的历史上,著名的爵士乐与摇滚乐都曾经是亚文化,但随着专业人士与文化学者的不断介入,它们到后来都成了正规文化的一部分。昨天的亚文化可能就是今天的主流文化,今天的亚文化可能就是明天的主流文化。这也表明,所谓正规文化总是在吸收亚文化的过程中发展起来的。亚文化在某种程度上相比社会文化更为重要,因为在消费者的购买活动中,它更能影响和决定消费者的行为倾向。目前,国内外营销学者普遍接受按民族、宗教、种族和地理划分亚文化的分类标准。

1. 民族亚文化

不同的民族都各有其独特的风俗习惯和文化传统。我国各民族虽然由于受社会文化的直接影响而带有共同的中华民族文化烙印,但是各民族还都保持着自己传统的宗教信仰、消费习俗、审美意识和生活方式。例如,朝鲜族人喜食狗肉、辣椒,喜欢穿色彩鲜艳的衣服,群体感强,男子的地位比较突出;蒙古族人则习惯穿蒙袍,住帐篷,吃牛、羊肉,喝烈性酒,而奶茶对蒙古族人而言是生活中不可缺少的美味饮品。由此可见,民族亚文化对消费行为的影响是巨大的、深远的,也是营销者不可忽视的。

【延伸阅读】

美国社会文化发展的新趋势

未来学家菲斯·鲍普康恩(Faith Popcorn)经营的智力储备公司(Brain Reserve)是一家营销咨询公司,该公司密切关注文化发展趋势,通过调研分析,鲍普康恩认为影响美国消费者的十大文化趋势如下。

(1)结伴出走,逃离压力。人们迫切感觉到应该将生活节奏放慢,尽量过得更有价值。公司的高级职员们可能会突然中止手头的工作,从大城市的生活挣扎中解脱出来,而到佛蒙特或蒙大拿去办一份小报纸、开个小旅馆或组织一个小乐队。人们摆脱压力是因为他们认为不值得生活在巨大的压力之下,他们充满怀旧之情,渴望回到小城的价值观中,寻求新鲜的空气、安全的学校和坦率的邻居。

(2)作茧自缚，闭门谢客。许多美国人认为外面的世界会变得十分艰难与恐怖，而宁愿待在家里。许多人把家弄得像个"巢"，他们会重新装修他们的房子，喜欢待在家里看录像而不是去电影院，往往根据目录选购商品而不是去购物中心。由于犯罪等社会问题的持续增长，这些人还可能会挖掘和修建地堡。自我保护是这类人的原则。另一类人则是"走动的茧子"，他们在汽车里吃买来的食物并通过车载电话与外界联系，这种社交型"作茧者"一般有少数的朋友，并经常为了交流而聚会。

(3)返老还童，不甘寂寞。如今人们倾向于认为自己比实际年龄要小，其行为也相应显小。这些人认可的性感偶像包括谢尔(过了45岁)，保罗·纽曼(过了65岁)及伊丽莎白·泰勒(过了60岁)等。老年人会花更多的钱来购买显得年轻的衣服，会去染头发或做面部手术。他们热衷于更有趣的活动，其行为可能在以前会被认为是与其年龄不相称的。他们还会购买成人玩具，参加成人野营或参加假日探险。

(4)自我设计，我行我素。人们希望能发展自我的个性，从而使自己看起来与众不同。这并不是个人主义，而只是希望通过自己的经历和所拥有的东西来使自己更具个性。人们越来越喜欢订阅比较专业的杂志，参加任务特定的小团体，购买有特色的衣服、汽车和化妆品。个性的自我发展给了营销者一个有针对性地提供特色商品、服务和体验的绝佳机会。

(5)不切实际，异想天开。许多人认为有必要找到能改变枯燥日常生活的情感逃避方式。人们也许会去度假，吃异国情调的食品，去迪斯尼乐园或其他有趣的乐园，或重新装修房屋使其有远离喧嚣的感觉。对营销人员来说，这是一个创造异想天开的产品和服务的机会，或者他们可以为其现有的产品与服务注入新的色彩。

(6)内外交困，分身乏术。现在的人们必须竭力设法同时承担多种角色和责任。最好的例子就是"超级母亲"，她们必须完成全日制的工作，还要同时照顾好她的家庭和孩子。今天的母亲们常常感觉时间不够用，因而常常使用传真机和车载电话，常常去快餐店就餐或者通过其他方式以减轻时间上的压力。营销人员的对策则是建立起集合型营销企业——五脏俱全、性质全面的服务站，例如，"影视城自助洗衣店"除了有洗衣设备外，还有日光浴室、健骑机、复印机以及传真设备，并有6 000多种录像带可供出租。

(7)社会责任,刻不容缓。越来越多的人希望能使社会在教育、道德和环境方面更具有责任感。人们组成各种团体来促使公司和其他机构承担起更多的社会责任。营销者对此最佳的响应方式则是督促自己的公司采取更具社会责任感的营销策略。

(8)忙里偷闲,稍事放纵。工作重压下的消费者需要情感上的休整,他或许没有时间去欧洲度两周假期,但至少可以在新奥尔良过一个周末。他或许一周都在吃健康食品,但在周末则会放纵自己吃一品脱高热量的哈根达斯冰淇淋。营销者应该知道消费者的被剥夺感,并为他们提供能振奋精神的小小休闲方式。

(9)节制有度,长命百岁。人们总是想活得更长、活得更好。人们现在明白了也许自己的生活方式正是导致自己早死的原因——吃不合适的食品、吸烟、呼吸污染的空气、使用毒品。他们现在对自己的健康更加负责,会选择健康的食品,会经常锻炼、经常放松。营销人员可以利用这个机会为消费者提供更有利于健康的产品和服务。

(10)谨防假冒,事事小心。警惕的消费者不能忍受劣质产品和糟糕的服务,他们希望企业更具责任感,能召回"劣质品"并退款;他们会订阅《全国拒购商品消息报》以及《消费者报告》;会参加MADD(反对酒后驾车母亲协会);会购买"绿色产品",抵制劣质产品和糟糕的服务。因此,营销人员应为消费者提供更好、更具责任感的产品和服务。

2. 宗教亚文化

不同的宗教群体,具有不同的文化倾向、习俗和禁忌。如我国有佛教、道教、伊斯兰教、天主教、基督教等,这些宗教的信仰者都有各自的信仰、生活方式和消费习惯。宗教能影响人们的行为,也能影响人们的价值观。对一个社会或群体有着深远影响的宗教会给其成员的态度和行为留下深刻的印迹。例如,日本、韩国、新加坡之所以被称为"后儒教社会",就是因为儒教关于成就和工作、家庭和国家的态度成为这些国家和地区经济迅速发展的主要动因之一。可见,宗教因素对于企业营销有着重要意义。例如,虽然宗教禁忌会限制一部分产品的需求,但是却会促进对替代产品的需求。伊斯兰教徒对含酒精饮料的禁忌,使碳酸饮料和水果饮料成了畅销品;牛奶制品在佛教徒中很受欢迎,因为他们之中很多人是素食主义者。又如,宗教还意味着与某一特定宗教节假日相联系的高消费期(如基督教的圣诞节、复活节,伊斯兰教的开斋节等)。对企业而言,宗教节假日是销售商品的良好时机,伴随一个重要节假日的,往往是一个销售旺季。

3. 种族亚文化

白种人、黄种人、黑种人都各有其独特的文化传统和生活态度。他们即使生活在同一国家甚至同一城市,也会有自己独特的需求偏好和购买习惯。例如,在美国,黑人文化和黑人市场对企业营销者而言就是绝对不容忽视的。黑人消费者是美国增长最快的细分市场之一,总人口超过3 000万人。其在美国中心城市人口中占20%以上,在美国南部人口中也占近20%,在华盛顿特区、底特律、伯明翰、新奥尔良、洛杉矶、亚特兰大等城市人口中更高达40%以上。黑种人具有与白种人不同的人口统计特征,他们在所购买的产品和品牌、购买行为、支付的价格、选择的媒体等诸方面都有着显著的差异性。就购买的产品来看,美国黑人在服装和家具上的支出比例相比美国白人要均匀得多。白人在医疗服务、食物和交通上的花费更多。黑人所购买的相册数量是白人的两倍,对橘子汁、大米、软饮料和速食土豆的消费量也要高得多。

4. 地理亚文化

自然地理状况和社会经济发展的历史差异,导致人们消费习俗和消费特点的不同。例如,中国著名的川菜、鲁菜、京菜等八大菜系,皆风格各异而自成一派,就是因地域不同而形成的。长期形成的地域习惯一般比较稳定。我国北方人由于气候寒冷,因而就有冬天吃酸菜和火锅的习惯,几乎家家都备有火锅、砂锅;南方人则由于气候炎热,养成了吃泡菜、薰肉、腊肠的习惯。同是面食,北方人喜欢吃饺子,南方人喜欢吃包子,西北人则喜欢吃饼和馍。再如中东地区,由于那里气候干燥,容易出汗,消费者更喜欢气味浓烈、易挥发的香水,含油脂多的化妆品则无人问津。

自然地理环境不但直接决定着一个地区的经济产业和贸易发展格局,而且间接影响着一个地区消费者的生活方式、生活水平、购买力大小和消费结构。马克思就曾说过:"资本的祖国不是草木繁茂的热带,而是温带。不是土壤的绝对肥力,而是它的差异性和它的自然产品的多样性,这形成了社会分工的自然基础,并通过人所处自然环境的变化,促使他们自己的需要、能力、劳动资料和劳动方式趋于多样化。"

中国文化的形成和延续以及中国文化的异质性等无不与中国独特的地理环境有关。以中国文化的异质性为例,有人认为,北方的高粱、大豆与白面培育了北方人的魁伟与刚健。这些农作物的耕作需要人们之间的协作，于是人们之间的合作精神与政治意念就凸显出来。而南方人吃的是大米，大米养育了南方人的灵巧，于是南方人的个性就较为突出。总之，每一个人、每一个群体都生活在一个特定的区域内，地域、地理、地缘的特性对于生活在其中的人们都会烙上深深的印痕。

（三）文化与消费行为

我国福建省出产的“雄鸡”牌蚊香出口到西部非洲，就很受当地消费者的欢迎，其原因不仅是因为这种蚊香质优价廉，而且因为“雄鸡”这个商标受当地人的喜爱，在西非地区，雄鸡象征坚强、美丽、精神焕发，当地许多部落都视雄鸡为神的化身。其之所以如此，乃是源于文化的影响。在中国，红色代表喜庆，结婚时，新娘要穿红妆艳服，生小孩则要吃红蛋。但是，在西方一些国家，新娘在婚礼上却要穿白色婚纱，因为在他们看来，白色婚纱象征着爱情的神圣和洁白。其之所以如此，也是源于文化的影响。

人们的日常行为都与文化有关，文化极大地影响着消费者的购买行为。文化的这种影响主要表现在以下三个方面。

1. 文化决定消费者的价值观念和行为标准

我们每个人都生存在一定的文化环境之中，出生伊始便开始接受社会文化的教育和熏陶，并逐渐建立起与这种文化相一致的价值观念和行为标准。不同的民族、不同的地区，由于生态环境、社会结构、经济发展等的不同，其文化传统与价值观念也不尽相同，因此，人们在消费行为上也会表现出很大的差异性。例如日本人爱吃生鱼片，美国人则不吃章鱼。我国山东人好吃大葱，广东人则喜欢吃蛇肉。美国人穿着随便，英国人穿着庄重，意大利人则十分喜爱穿抽纱制品。在意大利，一个女婴降生后，她的双亲就开始为她准备嫁妆，姑娘长大出嫁时，常常有几十套抽纱制品（如床罩、被套、枕套、台布等）作为嫁妆。

由于时代的发展和社会的变迁，各个民族、各个地区的文化也会发生某种变化，导致人们的价值观念发生改变。例如，在中国传统封建社会，妇女以脚小为美，为得到一双三寸金莲，不少妇女被迫忍痛裹小脚。而现代女性，则不必再受此苦。旗袍在消逝了几十年之后又重新得宠，美国西部地区放牛郎穿的牛仔裤则在全世界风行。

文化还给人带来经验、知识和各种技能。中国人不习惯用刀叉，但拿起筷子来却运用自如，这是从上一代人那里学来的传家本事。人类从婴儿时期开始,就通过眼神、手势、语言、符号、动作等从父母或者长辈那里学习各种知识和技能。人类的学习,不仅仅是从上一代人那里接受许多知识和经验,还通过自己的创造增加了许多新的知识。正是由于文化的不间断地传递和发展,才使得人类社会具有了如今灿烂辉煌的文化。60年前,人们习惯使用算盘来计数;50年前,人们开始利用计算尺来计算各种复杂的工程问题;今天,人们则用电子计算器来处理日常工作和生活中所遇到的数字计算问题。

2. 文化造就和影响消费者的个性气质和人格特质

消费行为与消费者的个性气质、人格特质等心理因素有密切的关系。有的人豪爽,有的人吝啬,有的人购物时容易冲动,有的人购物时却慎重仔细等。然而,人的性格、情感等个体心理特质并不是生来就有的,而是社会文化环境所造就的,文化是造就人格最大的力量。无论是美国人的直爽、英国人的沉着以及我国北方人的粗犷豪放与南方人的细腻柔和,无一不是受到社会文化的影响而形成的。因此,文化环境的变化将影响和改变人的习性和行为。许多女孩子未出嫁时在家任性、撒娇,一旦嫁到婆家之后,立即收起了女儿态,一改自己在娘家的习性和行为。另外,在同样的社会文化条件下,也可以培养出不同个性、不同品格的人。总之,一个人愈是接受先进文化的教育,文化修养愈深,其人格也就愈高尚。

3. 文化影响生活方式和消费习惯

文化对消费行为的影响,还表现在它决定了消费者的生活方式,培养了消费者的购买习惯。事实上,消费者的需求和动机、购买什么以及如何购买等一系列问题,都与消费者的生活方式和消费习惯密切相关。

生活方式是人们在一定社会经济条件下的生活形式,它与人类文化的发展紧密联系在一起。在不同的历史文化时期,人们具有不同的生活方式。不同的民族和地区,由于文化的差异而造成人们生活方式有着很大差异,许多出国留学或访问的中国人,会因为吃不惯西餐而苦恼,欧美朋友来到中国也会不习惯我们慢条斯理的生活节奏。不同阶层、不同年龄的人,由于文化观念的不同,而会表现为追求不同的生活方式。即使是在相同的社会生活条件下,由于文化教养的不同,其生活方式也会呈现出差异性。对于穿着打扮,有的人浓妆艳抹,仍难效贵妇之态;有的人不施脂粉,却不失西施之美。在相似的经济条件下,有的人吃喝玩乐,今朝有酒今朝醉;有的人却操持有方,过得井然有序;有的纵情声色,有的涉足山水。总之,文化修养愈高,其生活方式也就更加科学、更加合理、更加高雅、更加文明。

【延伸阅读】

五彩斑斓的异国女性文化

一、芬兰女人:温柔地执掌权力

芬兰女人的最大特点是从不认同男强女弱的说法,所以她们热衷参政。在芬兰议会的200个席位中,妇女占了77位;在内阁中,则有5位女部长,并有世界上唯一的女性国防部长埃·雷恩,女兵占全国军人总数的20%。然而,芬兰的女性却不失温柔。她们的温柔并不是体现为说话的细声细语或做事的小心翼翼,芬兰的"女性温柔"是通过掌控超过一半的国家权力,以实现和谐美好的发展理念。

芬兰作为欧洲最早一个妇女享有选举权的国家,女权主义思想源远流长,具体体现为:芬兰总统是女性,在芬兰内阁成员中半数以上是女性。在芬兰办事,有时需要一级一级找上去,起先往往是身高马大、光头长须的小伙子招呼你,而后款款走出一名身着职业套装的女子,小声地吩咐着什么,边上的男性忙不迭地点头照办。在芬兰的大学里,女性教师占到63%;芬兰的硕士、博士近70%都是女性。偶尔路过一家眼镜店,你所看到的橱窗里展示的高度近视眼镜,近乎全部是女性式样。当然,这并不是中国人所谓的阴盛阳衰,因为在首都赫尔辛基的市中心,几乎所有的雕塑都是呈现男性的阳刚之美,这似乎从另一个侧面体现着芬兰这个国家对于两性关系的微妙平衡。

二、德国女人:钱袋经常亮红灯

德国有一首非常著名的歌曲叫作《男人之心》,其中有一句歌词是:"男人微笑是为了让所爱的女人开心;男人赚更多的钱,让所爱的女人享用。"这首歌出现于20世纪70年代,不过,现代的德国女人依然挣钱比男人少,消费支出却远高于男人。

当今,尽管女人像男人一样在职场上拼杀,成为优秀企业的主宰者,尽管女人登上了拳击运动的赛场,尽管女人在汽车维修行业与男人并驾齐驱,但是女人的收入还是要比男人少!在前西德地区,在未扣除税额即毛收入的情况下,女人的月收入约为2 789欧元,男人则约为3 946欧元,而女人所必需的生活支出却要比男人昂贵得多！请看一下以下栏目。

(1)美发：对于女士，50欧元像一缕青烟，转眼即逝；对于男士，干剪只需20欧元，相比之下，便宜得很。

(2)化妆品：女士必备的洁面乳、护肤乳等化妆品，每月消费50欧元是在所难免的；而男士所需的香皂、牙膏和剃须水，每月只需区区的10欧元即可。

(3)私人保险：以30年的健康保险为例，女人月支出210欧元，而男人每月只需130欧元。

(4)电话费：对女人来讲，和亲密的女伴"煲"上几小时的"电话粥"也不为过；男人长话短说的通话风格则使其电话费保持在较低的水平。

(5)夜间归宿的交通费：女人会将15欧元的车费放入出租车司机的口袋里；而男人在夜晚回家，要么"坐11路"(双腿走路回家)，要么花3欧元坐公共汽车。

(6)汽车：由于缺乏维修经验，女人经常会把汽车毛病小题大做，而匆忙送进修理厂，一次又一次地被汽修厂榨取本可以节省下来的血汗钱；男人则会首先自己动手检修汽车，如果实在搞不定，就会找个高手帮忙。

(7)家庭的室内维修：女人会在雇了修理工之后惊讶地发现，工人的维修费用实在高得吓人；而男人只会在自己动手修理不成后，才明智地雇一位"明码标价"的修理工。

(8)购买家具：女人的方式是让家具店送货上门，并支付小费；而男人通常则是请个身强力壮的好友喝上两盅，然后，两人一起将家具扛回家！

三、英国女人：女富豪多过男性

如今英国的百万富豪人群中，女性人数已经超过了男性。英国女性百万富翁人数增加的原因，除了高收入以外，还有遗产继承以及性别平等的趋势。这些富有女人中有许多是城市中的工作者，在投资方面她们要比男性更加理性和谨慎。

你也许不能相信，英国女人喜欢抽烟，尤其是稍微年轻点的女孩子走在大街上，几乎人手一支烟。表面上看起来抽烟的女人似乎不容易接近，事实上，英国女人的性格都很随和亲切。

英国女人偏爱深色调时装，尤其视黑色为流行元素，并经久不衰，因为她们信奉："简单就是美"。在伦敦，一件没有任何装饰的黑色棉布无袖直筒裙，很可能是出自设计大师的手笔。时常有英国人评论华人时装太花哨，透着股风尘味道。英国铁娘子撒切尔夫人穿衣的名言是：凡遇有棘手难题心情紧张时，绝不穿从未穿过的新衣服，肯定要选一套自己熟悉舒适的旧套装，用以减少压力增强信心。

四、美国女人：爱工作胜过爱孩子

中国人说："女人像水！"而美国的女人既要比柔弱的水显得刚健，又要比稳固的山显得灵活，性格上更加多姿多彩。美国女人是开朗的，她们总是笑容满面，真诚而爽朗。

美国女人富有野心，她们要与老板一起过高质量的生活。在美国妇女中流传着许多"至理名言"，诸如："与老板和同事们一起过高质量的生活，而不是与孩子！""上班工作要比在家带孩子更容易！""在家只有压力，办公室里才有和平！"等等。仿佛一夜之间，美国妇女都"觉醒"了，她们越来越不愿意待在家里做家务、带孩子，而是更愿意从事全职工作。女律师芭芭拉就是这样一个典型，她一回到家里就会头痛，并且胃也不舒服，但只要一到办公室，这些症状就全都消失了。因此，每天早上一醒来，她就会有种迫不及待想去上班的冲动。尽管许多美国妈妈都觉得，在办公室里待那么长时间对孩子会有一种犯罪感，但又不得不承认待在那里相比待在家里要觉得幸福。因为在办公室里大家彼此尊重，这种感觉在家里很难找得到；并且可以与不同的成人交谈，而不像在家里要迫使自己迁就于孩子的语言习惯和思维模式。

五、委内瑞拉女人：再穷也不能穷脸蛋

众所周知，委内瑞拉的女人以美为职业，很多世界小姐都来自这个国家。委内瑞拉人十分注重外表，一项针对30多个国家的调查表明：在委内瑞拉，不管男人还是女人都是世界上最爱美的人，他们花在化妆品上的钱是别的国家的人所无法比拟的。美容师卡布雷拉曾经这样评论：尽管这里的人很穷，但只要你上了一辆公共汽车的话，就会发现车厢里充满了名贵香水的味儿，因为委内瑞拉人再穷，也不能不精心地打扮自己。因此，再穷也不能穷脸蛋的说法在这里十分流行。

正因为委内瑞拉人爱美，委内瑞拉现已成为一个美女辈出的国度，女人热衷选美自然也就顺理成章了。参加选美活动已成为委内瑞拉女性最大的梦想，训练优雅的仪态、塑造完美的形体、学习梳妆打扮已成为美女候选人每天必做的功课。而一旦在某个选美大赛上得奖，幸运之神也就从天降临，从此改变她人生的轨迹。

二、消费文化概述

近年来，关于消费文化的研究在国内外都受到了人们越来越多的重视，这种研究热潮的出现有着深刻的社会根源。就中国来说，长期以来，由于生产力水平的制约和消费品的欠缺，消费活动没有在社会经济生活中占据重要地位，因而消费问题也没有引起人们的足够重视。今天，伴随着商品经济的发展和商品的日益丰富，商品的消费问题已经成为制约社会再生产和社会经济发展的关键因素，因而消费活动在社会经济生活中的地位和作用就越来越重要，有关消费文化的研究也就备受关注。

（一）消费与文化

由人类现代经济生活可见，消费与文化已紧密地联系在一起。从广义上讲，消费就是文化。从狭义上讲，消费又是在社会经济生活中发展起来的一种特殊文化。其关系表现为：文化影响、推动和制约着消费行为。从经济视角看，消费行为在一定条件下受个人经济收入的影响，但对一个国家或民族而言，消费行为又受其文化的支配。人总是生活在特定的社会文化传统中，相应的生活习俗、道德规范、社会秩序、生活方式、思维方式、语言文字、文化氛围、审美情趣等决定了其消费对象与消费方式。由于国家、民族、地区的消费差异是由社会文化环境的差异所造成的，因而消费便被深深地打上了文化的烙印并具有文化特征。

同时，社会文化背景是消费文化赖以建立的基础。消费者生活在一定的社会文化环境中，从属于一定的社会文化模式，其所需的消费品种类、消费习惯以及特定的消费方式必然会受到特定社会文化背景的影响。其中，民族文化对商品消费产生着重大的影响。地域文化也影响着消费观，不同地域由于自然环境和社会环境的制约和影响，形成了不同地域的文化特征，对商品生产的取材、设计、款式、包装以及商品的消费方式会产生深刻影响。文化的时代特征同样影响消费文化的发展，并且使不同时期的消费文化表现出不同形态。

消费同样会反作用于文化。消费使文化实现其价值，消费的过程同时体现和延续了文化的发展，尤其是文化消费会直接推动文化发展。如果没有一定的社会经济环境和条件，没有相当购买力的文化消费者，实现文化价值和发展文化产业只能是一句空话。消费还推动着文化的交流、所消费的商品以及与之相伴随的消费方式的引进,这进一步促进了世界文化的交流与融合。尤其是教育消费直接增进了人力资本,促进了社会文化的发展;而作为社会文化主要传播媒介的教育产业的迅速发展,又极大地拉动了消费需求;计算机消费的普及引发了互联网革命,“快捷、省略中间环节、超越时空”的互联网在大大改变了市场经济运行模式的同时,也有力地促进了教育的发展,极大地改变了人们的生活和工作方式,并以极高的效率促进着世界文化的交流和传播。消费向文化层次的发展使得消费本身成为社会文化的一个重要分支。当文化消费成为社会消费的主要内容时,消费现象也就成为社会生活中的一种文化现象,而以经济为中心的社会向以文化为中心的社会过渡已是大势所趋。

正是文化促使消费从单纯的物质消费发展为文化消费,并发展形成文化产业和大量的精神文化产品。随着社会的进步和经济的发展,人们的闲暇时间越来越多,对文化的消费也日益旺盛,文化消费成为社会消费内容的主体,社会消费结构正发生着根本性转变。

(二)消费文化的界定

尽管人类的消费文化在不断演进和发展,但是长期以来人们对消费文化的研究却更多地集中于消费的具体形式,诸如对饮食文化、茶文化、酒文化等的探讨,而系统性地研究和界定消费文化则是近些年才开始的。例如中国学者尹世杰认为:“消费文化就是消费领域中人们创造的物质财富和精神财富的综合,是人们消费生活方面各种创造性活动的升华和结晶。”又如英国学者迈克·费瑟斯通认为:“消费文化,顾名思义,即指消费社会中的文化。它基于这样一个假设,即认为大众消费运动伴随着符号生产、日常体验和时间活动的重新组织。许多研究都将消费文化追溯到18世纪的英国资产阶级以及19世纪的英国、法国和美国的工人阶级中,认为当时的广告、百货商店、度假胜地、大众娱乐及闲暇等的发展,可能就是消费文化的起源。另一些研究则着重指出,美国在两次世界大战期间,就已经初次显露了消费文化的发展迹象:广告、电影业、时尚和化妆品生产、交相传阅的大众小报、杂志和拥有无数观众的体育运动,使得众多的新品位、新禀性、新体验和新思想广泛传播开来。很明显,消费文化的一个重要特征就是,产品和体验可供人们消费、维持、规划和梦想。消费绝不仅仅是为满足特定需要的商品使用价值的消费。相反,通过广告、大众传媒和商品展示陈列技巧，消费文化动摇了原来商品的使用或产品意义的观念，并赋予其新的影像与记号，全面激发人们广泛的感觉联想和欲望。”①

由上可见，消费文化就是人类所创造的各类消费相关因素的综合。文化中那些影响人类消费行为的部分，或者文化在消费领域中的具体存在形式，都可统称为消费文化。同时，人类在其消费实践中又会不断形成新的消费文化，从而为文化总系统不断注入新的内容。消费文化具体可以分为以下三个层面。

第一层是表层，即物质层面，是消费文化中的物质文化，包括各种物质产品和劳务。它是文化的载体或文化的承担者，而在消费文化中就是各种消费品，包括各种物质消费品和精神文化产品及劳务性产品。根据消费品和劳务的差异，就可以鉴别出不同时期、不同国家和不同地区消费文化的发达程度和发展状况。

第二层是核心层，即观念层面，是消费文化中的精神文化，包括消费的指导思想、价值取向、消费观念、目标追求和道德观念等，通过它可以了解消费文化的基本状况与发展趋势。

第三层是联结层，即制度层面，是消费文化中的制度文化，包括消费环境、消费的组织架构、消费的具体方式和消费行为的规范等，通过对现实消费状况开展研究可以把握人们是以何种方式、途径和手段进行消费，诸如消费中的支付手段、信用程度和消费过程的运作步骤等。

(三)消费文化的影响因素

消费文化是发展变化的，不同时期会形成不同的消费文化形态。影响消费文化的因素主要包括政治制度、经济水平、价值观念、民俗习惯以及公众媒体的控制与引导等。

(1)政治制度的差异决定了人们在社会生活中所处地位的不同，决定了人们的消费方式和消费观念也有较大差别。例如在中国漫长的封建社会中，严格的等级制度、重农抑商思想和长久持续的农耕经济，必然产生占主导地位的农耕文化，其在阻碍商品经济发展的同时，也阻碍着整个社会消费文化的发展。而资本主义社会在创造了空前物质文明的同时，也创造了资本主义丰富的消费文化，促进了人类社会的繁荣与

① 迈克·费瑟斯通.消费文化与后现代主义[M].刘精明，译.北京：译林出版社，2000.

进步。但是伴随着资本主义社会的进一步发展,出现了社会经济内部结构性的冲突,反映在文化上也就带来了以追求“享乐主义”和“消费主义”为核心的消费文化,从而出现了如丹尼尔·贝尔所言的资本主义的“文化矛盾”。①

(2)经济发展水平更是影响消费文化及其发展演变的重要因素。由于资本主义生产方式的出现极大地释放了人类社会巨大的生产力,因而带来了社会财富的不断积累以及资本主义消费文化的大发展。两次工业革命使得消费物品激增,特别是以福特制为标志的新的经济方式的兴起,使以享乐主义和消费主义为标志的现代消费文化得以产生和发展,而后工业社会所带来的既有生产方式的变革更是带来了消费方式的全新变革。

(3)价值观念是文化的核心,是整个社会的思想灵魂。一个社会的价值观念不仅会对整体社会行为产生导向作用,而且会影响消费文化形式。其在决定不同时期消费观念的同时,也直接影响着人们的消费行为和消费方式,最终使得各个社会的消费文化表现出了差异性。因此,研究消费文化的演进不能不考虑社会主导价值观的作用。

(4)公众媒体的引导与控制会加速消费文化的形成与传播。消费文化的形成除了受到上述因素的影响外,其在现代社会更多地受到公众媒体的引导与控制。大众传播系统及广告音像作为消费文化的载体和符号充斥着现代人的生活空间,操纵着人们衣食住行等内容与消费方式,它们不仅是人们消费行为发生的策源地,而且已经成为人们日常生活的一部分,影响着人们的消费活动,并最终引导着消费文化的发展方向。

(5)民俗习惯对于消费文化具有一定的制约作用。民俗习惯中包含道德观、价值观、审美观等,其既是人们的日常行为规范,又是制约人们各种行为的尺度。尽管在不同社会时期,由于政治、经济、社会环境不同,其内容会有所变化,但其对于消费文化的影响却始终存在。例如,中国几千年来深受儒家思想文化的影响,推崇仁爱,主张性善论和厚德载物,重视人际关系的和谐,喜欢通过彼此间的感情投入与回报建立起一种亲密关系。儒家思想强调整体观念,重视合群,提倡为他人、为社会奉献的集体

---

① 丹尼尔·贝尔.资本主义文化矛盾[M].赵一凡,等,译。上海:生活·读书·新知三联书店,1989:132.

主义精神，在消费行为上表现为求同特征和从众心理，不过分突出自己，以避免与他人产生隔阂。此外，儒家思想追求精神境界，讲究道德的贤哲风范，注重个人平时的修养以达到人格完善，节制个人欲望被视为一种美德，表现在消费行为上，则是更多地注重商品的实用性。此外，审美观念是人们对美的对象的欣赏标准和情趣，审美观念直接影响着人们的消费行为以及消费需求的变化，进而推动商品消费的发展和演变。随着时代的发展，人们的审美心理、伦理道德以及时尚潮流，都会渗透于消费行为之中，也会表现出与国际消费文化在发展上的某种趋同性，然而民俗习惯的影响却是挥之不去的。

三、中国的消费文化

（一）中国文化的核心精神

中国文化的核心精神可以概括为四个方面：一是富有特色的人文精神。与西方世俗化的人文精神不同，中国的人文精神注重伦理教化。中国人文精神的经典表述就是儒家伦理，强调“以仁化人，以道教人，以德立人”。二是整体思维方式。中国人一般将客观事物的整体形态作为研究观察的基本层面，根据事物之间的内在联系把握对象，从而获得总体上的认识。三是强调天人协调。中国传统文化中的天人协调观，以《易》最为典型，其主要内容有三点：人是自然界的一部分，既是天地自然的衍化产物，又具有超越万物的卓越地位；自然界存在着普遍规律，人也要服从这种普遍规律；人生的理想是自强不息、有所作为以达天人协调的境界。四是强调“明人伦”“讲执中”“求致和”的人际关系。“明人伦”就是了解和遵守协调人际关系的道德规范；“讲执中”就是要求人们在处理人际关系时要把握一个合适的“度”，以“适度”为宜；“求致和”要求既要保持和谐的人际关系，又要“和而不同”，以“海纳百川、兼收并蓄”的宽容态度和“厚德载物”的博大胸怀对待人的多样性。

（二）中国消费文化的基本内涵

一个社会的消费文化会直接影响和制约所属成员的消费行为。因此，营销人员对此应有充分的了解。然而，要完整、准确地描述中国人的消费文化，其困难主要有以下三点：第一，中国是一个多元化的社会。中国文化内部存在着一系列的亚文化差异，诸如民族、宗教、地区等。这些亚文化因素对社会文化及其价值观的影响，使中国社会的消费文化表现出多样性。第二,当代中国社会正处于急剧变革之中,这种动态变化使我们很难有效地监控社会消费文化价值本身及其变化。第三,中国社会中存在着多元价值体系。一方面,中国社会强调遵从传统、与他人保持一致;另一方面,年轻人又显示出一定的个人主义倾向,在衣着和行为等方面喜欢追逐时尚,因而在消费文化方面表现为:中国人既体验到来自家庭、朋友、同事和其他社会团体成员的从众压力,也喜欢能够表现自我独特个性和生活风格的产品。这说明,当代中国社会是一个处于转型期的复合型社会。

中国人消费文化核心价值观的主要判断标准有三项:一是必须具有普遍性和共享性,即至少大部分中国人必须认可和接受这些价值观念,并以此作为自己的消费行为指南。二是必须具有持久性,即对中国人的消费行为模式已经产生了相当长时期的影响。三是必须与消费行为相关,从而有助于深入洞察中国人的消费行为规律。因此,中国消费文化的核心价值观具体表现为如下几方面。

1. 中庸

南宋理学家朱熹认为,中庸就是“不偏之谓中,不易之谓庸”。中庸的主要含义是:事物的发展过程都有一定的标准,超过或者未能达到这个标准都不利于事物本身的发展,最优的状态就是遵守这一标准,做到不偏不倚。中庸是中国人的一个重要价值观念,几千年来一直深刻地影响和制约着中华民族的思想和行为。凡事讲求“适度”、反对超越“常规”的思想和行为,反对根本性变革,强调持续和稳定。这一价值观念反映在消费文化中,就是强调与社会保持一致(消费中的集体主义取向);反对超前消费与标新立异(求同、重传统);物品能用则用,量入为出(精打细算、节俭)。

2. 重人伦

中国文化强调血缘家族关系和以血缘为基础衍生出的人际关系。反映在消费行为中,中国人非常重视以家庭为中心的消费准则,强调消费者个人对其他家庭成员的义务和责任。在产品信息的传递和沟通方面,中国人更相信非正式的人际沟通渠道(如朋友的意见),而非正式的信息沟通渠道(如广告)。

3. 注重脸面

中国文化的一大特色是在人际交往中讲究自己的形象和在他人心目

中的地位,重视“脸面”。研究表明,“脸面”是一个多义的复合概念,它主要由两个基本概念构成:“脸”和“面子”。脸是指社会对个人的道德品质所具有的信心及其给个人所带来的名声。中国人尤其注重通过印象整饰和角色扮演力图在他人心目中形成一个好的形象,获得一个众口赞誉的好名声,因而中国人对“丢脸”之事深恶痛绝,而对“露脸”之事心向神往。“面子”则指个人在社会生活中借助勤奋努力和刻意经营而在他人心目中形成的声望和社会地位。中国人特别注意给别人、给自己“面子”。反映在消费行为中,就是中国消费者注重“体面”的消费,看重与自己的身份地位相一致、与周围他人相一致的求同消费,从而出现了“死要面子活受罪”的不良消费倾向。

4. 重义轻利

注重精神价值,轻视物质利益,强调人际感情和道义,是中国文化又一大特色。重义轻利在消费行为中表现为人情消费盛行,在婚丧嫁娶中相互攀比、讲求排场。

(三)中国消费文化的影响分析

中国消费文化所具有的核心价值观,使得中国人形成了一些特有的消费动机、购买方式和购买决策,因而分析我国当前社会文化背景下的消费行为特点,对企业的产品定位、设计和开发具有重要的现实意义。中国消费文化对消费行为的影响表现为如下几方面。

1. 朴素的民风和“节欲”的消费观念

几千年来,中国人一直崇尚勤俭持家的消费观念,反对任何形式的挥霍浪费和超前消费,即我国传统文化崇尚节俭,以节制个人欲望为美德。在消费行为上表现为:花钱谨慎,不尚奢华,注重计划和积累;主张生活开支要“精打细算,细水长流”,力求“年年有余”;生活必需品消费较多,而享受奢侈品消费较少;崇尚经济、实惠、耐用的消费观念。我国民间所谓的“吃不穷,穿不穷,计划不到一世穷”的说法典型地反映了中国人节俭压抑的消费观念,这种自我压抑的消费特征突出表现在我国中老年消费人群中。总之,大多数中国消费者的购买行为较为理智、计划性强、较少冲动和冒险。形成这种消费行为特点的主要原因有两个:一是儒家传统伦理中的“节欲”观念深入人心;二是我国社会经济长期处于不发达状态,人民收入水平一直较低,缺乏购买力。

2. 讲人情和重求同的消费意识

中国人特别重视感情联系,强调良好的人际关系。反映在消费行为中就是,个体以社会上多数人的一般消费观念规范自己的消费行为,注重消费行为的社会效应,不太愿意自己的消费行为“鹤立鸡群”、与众不同,消费行为具有明显的“他人取向”特征。讲人情和重求同的消费特点尤其表现在以下三个方面:一是中国人在婚丧嫁娶方面互相攀比、送礼成风;二是同一社会阶层或者社会团体成员的消费行为具有相同的模式,成员之间在消费需求、购买动机、决策方式等方面具有很大的相似性;三是在产品信息的寻求过程中不太注重广告宣传,而是相信来自亲友和同事的非正式信息。上述特点与美国的消费文化有着极其显著的差异。例如,美国消费者强调的是个人的权利、价值和需要,不太考虑他人如何看待自己的消费行为,具有典型的“自我取向”特征,这也使得求异、重个性、力求多样化成为美国消费市场的一大特点。因此,企业在开展营销活动时必须注意跨文化差异,在中国市场上大众化的产品设计比较受欢迎,而在美国市场上则是个性化的产品设计符合人们的消费偏好。近年来,随着改革开放的不断深入,中国人的消费意识及其行为也发生了显著变化。在讲人情和重求同的消费大背景下,在年轻人身上已经出现了标新立异和个性化的消费新趋势。对此,市场营销人员必须给予足够的重视。

3. 含蓄的民族性格和消费审美情趣

由于在民族文化传统上,中国人比较内向和含蓄。这种差异导致了中西方消费者不同的审美情趣。在消费审美情趣上,中国人欣赏含蓄、内敛、朴素与和谐的美,西方人则崇尚张扬、外露、色彩艳丽的美。消费审美情趣上的这种差异最明显地表现在两个方面:一是服装上中国人喜欢淡雅朴素的服装,而西方人喜欢袒露、艳丽的服装;二是产品包装上中国的产品包装重在保护产品本身,不太讲究外包装的宣传和美化作用,西方的产品包装则强调展示产品属性,注重美化和广告宣传。

4. 以家庭为中心的消费准则

受传统文化的影响,中国家庭担负着基本消费单位的职能,因而个体的消费行为往往不是孤立的,而是与整个家庭的消费活动密切相关。因此,在以中国人为主的消费市场上,个体的消费行为不仅要考虑自身的需要,而且要顾及整个家庭的消费需求。这种以家庭为中心的消费准则遍及整个中国消费市场。

5. 注重直觉判断的消费决策

与西方消费者购物时习惯于先进行细致的分析相比，中国人则倾向于直觉判断。即中国消费者购物时一般先对相关产品形成一个总体印象，然后再寻找相应的依据，以判断这一印象是否正确，而较少对产品进行细致的分析；西方消费者则会先逐一分析产品的各项功能，然后通过综合分析获得总体印象。可见，中国消费者购物时采用综合思维方式，而西方消费者则采用分析思维方式。深入了解中西方消费者购买决策思维方式上的这种差异，将有助于营销人员开展科学的市场营销工作。例如，中国消费者的这种产品评价方式就决定了品牌效应在中国市场上具有重要的意义，因此销售名牌产品或者通过市场营销创造名牌产品将赢得中国消费者的极大青睐，企业也将获得丰厚的回报。

【拍案惊奇】

"家有好面"餐厅的"面面俱到"文化

旧时十里洋场，有身份的大户人家总以家宴来招待客人，家宴气氛比餐厅的亲切且更私密性并显身价。所以一般大户人家总有个好厨子。而这厨子，一定有几手绝艺是外面品尝不到的。主人则谓之"家传"。

相传上海延安路知足庐主人巨商黄楚九，每日早上必端坐二楼大餐桌前享用家厨沈师傅做的面，并且天天不同，除去周六日应酬早茶，每周五碗。有心者录之：周一老火炖鸭煨面；周二野生黄鱼煨面；周三爆鳝汤面；周四火腿豆苗煨面配大汤包；周五湖蟹河虾煨面。真可称得上集沪味之大成。

沪上"家有好面"餐厅除了招牌的黄鱼煨面、鸭腿面之外，这家的黄鱼馄饨、黄鱼春卷、冰糕等也是食客们的最爱，尤其还可"免费续面"，食客们不用担心不够吃！

四、霍夫斯泰德的文化维度理论

文化维度理论是跨文化理论中最具影响力的理论之一。20 世纪 70 年代末，霍夫斯泰德（Hofstede）在对分布在 40 个国家和地区的 11.6 万名 IBM 员工进行文化价值观调查和分析的基础上，归纳出描述文化差异的四个指标，即个人主义/集体主义（Individualism/Collectivism）、权力距离

(Power Distance)、回避不确定性(Uncertainty Avoidance)、刚性/柔性倾向(Masculinity/Femininity)。①

20 世纪 80 年代后期,霍夫斯泰德又重复了十年前的研究,但这次覆盖了更多的国家和地区,总样本数超过了 60 个。这次的研究不仅证实了这四个维度,同时,通过彭迈克(Michael H. Bond)对中国价值观的调查和研究,霍夫斯泰德也把中国的儒家文化思想应用于跨文化管理,从中归纳出他的文化价值观的第五个维度:长期观/短期观。该研究的结果发表在他 1991 年出版的《文化与组织》一书中,从而进一步丰富和完善了他的文化维度理论。同时,他也对中国(主要是内地)与西方国家的文化维度进行了比较研究。

显然,在霍夫斯泰德的指标中,西方和非西方的文化差异是很明显的。而同属一个文化圈的不同民族,地域文化也会在各个指标上有差异。例如,中日两国的集体主义就有所不同。严格地说,日本人的集体主义是一种团队主义。霍夫斯泰德认为,IBM 作为一家跨国公司,在 IBM 工作的员工大都有相似的教育背景和智力水平,个性特征也会比较相似。因此,如果他们对同一问题选择不同的答案,那么所反映的更多的是文化对他们产生的影响。比如,如果一个人对"我总是比我们重要"这个句子非常赞同,而另一个人极不赞同,那么这种不同所反映出的就是文化的差异,而非个体的差异。②

霍夫斯泰德关于文化对组织影响的五个维度具体如下。

(一)个人主义与集体主义

个人主义和集体主义即指社会是关注个人的利益还是关注集体的利益。这一维度也是全球性文化范畴中截然对立的两大文化。霍夫斯塔德在《文化与组织:思维的软件》一书中把个人主义—集体主义定义为:"在个人主义的社会中,人际关系松散,人人各自照顾自己和自己的家庭;相反,在集体主义的社会中,人们从一出生开始就与强大而又具有凝聚力的内部集团结合在一起,而这种内部集团又对这些忠诚的成员

---

① Hofstede G. Culture's Consequences: International Differences in Work-related Values[M]. Beverly Hills, CA: Sage,1980.

② 汤新煌,关哲. 试析霍夫斯泰德的文化维度理论——跨文化视角[J]。辽东学院学报(社会科学版),2006-8(4).

提供终生的保护。"[①]在霍夫斯泰德对IBM的研究中，一个社会的个人主义/集体主义倾向是通过个人主义指数(Individualism Index)来衡量的。这一指数的数值越大，说明该社会的个人主义倾向越明显，如美国；反之，数值越小，说明该社会的集体主义倾向越明显，如日本和亚洲大多数国家。霍夫斯泰德认为个人主义和集体主义是同一维度上的两极。一种文化如果在个人主义上得分高，就意味着在集体主义上得分低，反之亦然。一种文化不可能既很个人主义又很集体主义。表8-1显示了部分国家或地区的个人主义指数。为了说明个人主义与集体主义的价值取向在认知和行为上体现出的差异，霍夫斯泰德列举了两种不同文化在行为上的一些异同，如表8-2所示。不难看出，霍夫斯泰德的个人主义—集体主义所涉及的行为取向明显地可以归因于文化差异。个人主义文化价值取向的人常常会因为不了解集体主义文化价值取向的人的交际方式，而难以理解对方，认为对方不尊重他们个人的权利和利益。相反，集体主义价值取向的人也常常会因为个人主义文化价值取向的人过于直截了当而感到不舒服，甚至认为对方过于自私自利，凡事不给人留面子。

表8-1　部分国家或地区的个人主义指数[②]

排名	国家或地区	指数	结论
1	美国	91	很强的个人主义倾向
2	澳大利亚	90	很强的个人主义倾向
3	英国	89	很强的个人主义倾向
4	加拿大	80	很强的个人主义倾向
5	法国	71	较强的个人主义倾向
6	德国	67	较强的个人主义倾向
7	日本	46	较强的集体主义倾向
8	中国香港	25	较强的集体主义倾向
9	韩国	18	较强的集体主义倾向
10	中国台湾	17	较强的集体主义倾向

① Hofstede G. Cultures and Organizations:Software of the Mind [M]. London, Norfolk: McGraw-Hill Book Company (UK) Limited,1991.

② 霍夫斯泰德. 跨越合作的障碍——多元文化与管理[M]. 尹毅夫，等，译. 北京：科学出版社，1996.

表 8－2　两种不同文化在行为上的一些异同①

在集体主义社会中	在个人主义社会中
小孩学会用“我们”来思维	小孩学会用“我”来思维
人们永远保持和睦，避免正面冲突	诚实的人有什么说什么
教育的目的是学会如何做	教育的目的是学会如何学习
文凭为进入上流社会铺平道路	文凭提供经济方面的价值和/或自尊
老板和员工的关系是道义上的、家庭式的关系	老板和员工的关系是互利的合同关系
管理是对群体的管理	管理是对个人的管理
关系比工作重要	工作比关系重要

（二）权力距离

权力距离即指权力在社会或组织中不平等分配的程度。任何一个社会中都存在着各种各样的不平等现象。霍夫斯泰德的权力距离指的正是人们对权力在社会中不平等的分配状态所能接受的程度。具体地说，“权力距离是指在一个国家的机构和组织中（包括家庭、学校和社区中），掌握权力较少的那部分成员对于权力分配不平衡这一现象能够接受的程度。”②对这个维度，各个国家由于对权力赋予的意义不完全相同，所以也存在着很大的差异。比如，美国人对权力的看法与阿拉伯国家的人的看法就存在很大的差异。美国人不是很看重权力，他们更注重个人能力的发挥，对权力的追求比阿拉伯国家要逊色不少；阿拉伯国家由于国家体制的关系，注重权力的约束力，由此，阿拉伯国家的机构，不管是政府部门还是企业都多多少少带有权力的色彩。霍夫斯泰德的研究表明，在权力距离不同的国家中，人们的行为方式表现出很大的差异。表 8－3 是基于权力距离的大小而体现出的主要行为差异。

表 8－3 基于权力距离的大小而体现出的主要行为差异

在权力距离小的国家和地区中	在权力距离大的国家和地区中
人们之间的不平等应该减少	人们之间应该存在着不平等
父母和儿女平等相待	父母教育儿女学会服从
教师希望学生发挥主动性	教师自己发挥主动性

① Hofstede G. Cultures and Organizations: Software of the Mind [M]. London, Norfolk: McGraw－Hill Book Company (UK) Limited, 1991.

② Hofstede G. Cultures and Organizations: Software of the Mind [M]. London, Norfolk: McGraw－Hill Book Company (UK) Limited, 1991.

续表

在权力距离小的国家和地区中	在权力距离大的国家和地区中
教师应该是传授客观真理的专家	教师应该是传授个人智慧的导师
学生与老师平等相处	学生尊重老师
上级向下属征求意见	下级照章办事
工资差别小	工资差别大

（三）回避不确定性

回避不确定性即指一个社会考虑自己利益时受到不确定事件和模棱两可的环境威胁时是否通过正式的渠道来避免和控制不确定性。霍夫斯泰德认为，人们抵抗未来这种不确定性的途径主要有三种：科技、法律和宗教。人们用科技来抵抗自然界的不确定性，用法律（成文和不成文）来抵抗来自其他社会成员的不确定性，而宗教则被人们用来化解无可抵抗的死亡和来世的不确定性。霍夫斯泰德的调查表明，不同民族文化之间在不确定性状态的回避倾向上有很大的不同。有的民族把生活中的未知、不确定性视为大敌，千方百计加以避免，而有的民族则采取坦然接受的态度，“是福不是祸，是祸躲不过”。典型的不确定性回避的行为差异见表8－4。①

表8－4　典型的不确定性回避的行为差异

在不确定性回避程度低的国家和地区中	在不确定性回避程度高的国家和地区中
不确定性是人生的特点，人们迎接每一天的到来	人生中的不确定性被认为是不断的威胁，应与之抗争
低压力，有主观的幸福感	高压力，有主观的忧虑感
对不明确的环境和不熟悉的风险感觉到自在	害怕不明确的环境和不熟悉的风险
对于儿童接触不健康或有禁忌的东西持宽容原则	对儿童接触不健康或有禁忌的东西持不宽容原则
对于差异表示出好奇	认为差异代表着危险
教师可以说“我不知道”	教师应该能够回答所有的问题

① Hofstede G. Cultures and Organizations: Software of the Mind [M]. London, Norfolk: McGraw－Hill Book Company (UK) Limited, 1991.

(四)刚性/柔性倾向

刚性/柔性倾向即指社会是否对男性特征,例如对"攻击性""武断"的赞赏,还是对其他特征的欣赏,以及对男性和女性职能的界定。霍夫斯泰德把这种以社会性别角色的分工为基础的"男性化"倾向称之为男性或男子气概所代表的文化维度,即所谓男性度(Masculinity)。它是指社会中两性的社会性别角色差别明显,男人应表现得自信、坚强、注重物质成就;女人应表现得谦逊、温柔、关注生活质量。而与此相对立的"女性化"倾向则被其称为女性或女性气质所代表的文化维度,即所谓女性度(Femininity)。它是指社会中两性的社会性别角色互相重叠,男人与女人都表现得谦逊、恭顺、关注生活质量。刚性/柔性倾向用男性度指数(MDI:Masculinity Dimension Index)来衡量,这一指数的数值越大,说明该社会的男性化倾向越明显,男性气质越突出(最典型的代表是日本);反之,数值越小,说明该社会的男性化倾向越不明显,男性气质弱化,而女性气质突出。刚性或柔性倾向社会中的典型行为差异如表8-5所示。

表8-5 刚性或柔性倾向社会中的典型行为差异

在刚性倾向社会中	在柔性倾向社会中
金钱和物质很重要	和谐的人际关系很重要
男人应该自信,有抱负,而且坚毅	人人应该谦虚
活着是为了工作	工作是为了活着
同情强者	同情弱者

(五)长期观/短期观

彭迈克(Michael H. Bond)通过对中国价值观调查的数据分析,最先发现了一个新的文化维度:长期观/短期观。这个维度是与以往西方学者发现的任何维度无关联的。彭迈克称这个维度为"儒家精神动力"。它代表儒家思想的教育与影响,按其特殊的含义,这是指一个人在生活中是长远观念抑或短期观念[①]。这种划分很容易让西方人理解,而在以往西方人研究中却没有被当作一个关键变量去测量。在这个维度中,长远观念是儒家观念的集中表现,并表现为一种积极的创业精神,创业精神中最主要的特征是坚韧、不屈不挠地追求目标,而不管这些目标是什么,实现目标

① 司马云杰. 文化社会学[M]. 济南:山东人民出版社,1990.

会有多大困难。短期观念与长期观念不同,包含另一些儒家的观念,如"个人恒常性",它指人们的行为要守常,不能太变幻莫测。现在,西方国家逐渐地重视东方国家重节俭、坚韧的精神,也把传统、礼尚往来、面子等作为对大量消费的社会风尚的一种匡正方式。表8-6为部分国家或地区的长期观指数。①

表8-6 部分国家或地区的长期观指数

排名	国家或地区	指数	结论
1	中国	118	很强的长期观倾向
2	中国香港	96	很强的长期观倾向
3	中国台湾	87	很强的长期观倾向
4	日本	80	很强的长期观倾向
5	韩国	75	较强的长期观倾向
14	德国	31	较弱的长期观倾向
15	澳大利亚	31	较弱的长期观倾向
17	美国	29	较弱的长期观倾向
18	英国	25	很弱的长期观倾向
20	加拿大	23	很弱的长期观倾向

第二节 消费文化视角的整合营销传播

一、整合与整合营销概述

两千多年前的亚里士多德就已经认识到:"整体大于它的各部分的总和。"拿破仑曾这样描述:骑术不精的一定数量的法国骑兵,由于形成了一个密集队形和严格的纪律,它所显示出的整体性的新力量,就能战胜骑术较精、剑法高超、善于单打独斗,但缺乏严格纪律、人数较多的马榴克骑兵。他还进一步比喻说:"一只猫领导的一群狮子,敌不过一头狮子领导

① Hofstede G. Cultures and Organizations: Software of the Mind. [M]. London, Norfolk: McGraw-Hill Book Company (UK). Limited, 1991.

的一群猫。”

可见，所谓整合就是通过把不同的事物与物质，使他们相互渗透相互融汇，资源共享结合在一起，也叫集成一起，让他们通过结合发挥最大的价值。不管是普遍意义上好的、坏的事物都有其存在的价值，把它们的价值有机地结合在一起，使本来无意义的事物变得有意义起来，让这些单一看来无意义或意义不大的事物获得超值的效果。整合的观念早已为人们所认知。事实上，人类的生产实践活动就是通过对资源进行有效整合从而生产所需要的各种产品的过程。如果在生产过程中，为生产一定量的产品所采用资源的数量和比例是合理的，那么就会产生整合效应，生产要素之间就会形成协同效应。在某种意义上，企业的使命就是转动生产力的魔方，通过整合各种资源以达到既满足社会需求又获得股东财富最大化目标的双赢局面。

整合营销就是把整合思想运用到营销管理决策之中的过程，是一种对各种营销工具和手段的系统化结合，根据环境进行即时性的动态修正，以使交换双方在交互中实现价值增值的营销理念与方法。营销的终极战场是顾客的心智，一切营销活动必须从顾客需求出发，并为创造最大顾客价值整合所有相关的活动和要素。与现代企业的发展相伴随，营销观念先后经历了生产观念、产品观念、推销观念和市场营销观念等阶段。这些营销观念是企业经营哲学的反映，是伴随市场环境的变化而变化的。

作为企业经营的一个业务活动领域，营销在其经营哲学的引导下，也经历了专门化过程。首先，营销作为企业组合（或公司组合，包括制造、研发、人事、财会、营销等）要素之一，与其他要素区分开来，成为独立的营销部门，甚至是独立的营销机构，专司营销活动。其次，在营销部门（或机构）内部进行了纵向切割、横向分离，日益分化出多层次的各个职能部门。营销各职能部门的细化，造成了彼此之间缺乏沟通和资源共享，使得营销绩效乃至企业经营绩效降低。即使是在市场营销观念导向下，从消费需求出发，而不进行资源整合，也不能够很好地满足消费需求。整合营销观念则强调，营销活动必须要与企业中其他各个要素相整合与协调，这正如彼得·杜拉克所言：“市场营销是如此基本，以至不能把它看成是一个单独的职能，从它的最终结果看，也就是从顾客的观点来看，市场营销是整个企业的活动。”

营销组合的各个要素不仅相互之间有影响，而且与企业的非营销要素也相互之间有联系。例如,产品价格取决于企业的生产能力,而生产能力又受到人事政策以及投资决策的影响。同时,产品质量受到生产的可靠性和技术的影响,而它们又受到人事管理以及研究和开发投资的影响。因此,营销人员不应只看到价格与产品之间的必然联系(营销要素之间),而且还应注意那些非营销要素的影响,非营销要素可以使得企业有效降低成本并生产出更优质的产品。

整合营销观念还认为,营销组合各要素之间是相互影响的,而且要素之间的关系,不是简单的加合关系。营销要素之间既有整合正效应,也有整合负效应。整合营销要求各个要素之间的协同效应是正的,从而使得营销绩效最大化。

总之,整合营销就是从顾客需求出发,以业务流程为中心,在满足顾客需求的同时,最大限度地实现企业目标的营销双赢模式。

二、整合营销传播的内涵

整合营销传播(Integrated Marketing Communication,简称 IMC)是以消费者为信息受播对象,营销与传播彼此交融,营销与传播手段相互整合,通过多种媒体传播信息的新型营销活动。其核心思想是将与企业进行市场营销有关的一切传播活动一元化。整合营销传播一方面把广告、促销、公关、直销、包装、新闻媒体等一切传播活动都涵盖到营销活动的范围之内;另一方面则使企业能够将统一的传播资讯传达给消费者。所以,整合营销传播也被称为 Speak with One Voice(用一个声音说话),即营销传播的一元化策略。整合营销传播的开展,是 20 世纪 90 年代市场营销界最为重要的发展,整合营销传播理论也得到了企业界和营销理论界的广泛认同。整合营销传播理论作为一种实战性极强的操作性理论,兴起于商品经济最发达的美国。在经济全球化的形势下,近几年来,整合营销传播理论也在中国得到了广泛的传播,并一度出现"整合营销热"。

(一)整合营销传播的特征

1. 以消费者为受播对象

按照上述界定,整合营销传播是以消费者为受播对象,以消费者为中心,研究和实施如何抓住消费者,打动消费者,实现品牌产品的购买。在当代社会中,企业成功的关键在于取得消费者的青睐并与之沟通。随着市场营销走向专业化和科学化,企业的经营活动必须以自我为中心,转向以消费者为中心,真正从消费者的需要出发,与消费者建立一种“一对一”的互动式营销关系,不断了解客户和顾客,不断改进产品和服务,满足他们的需要。美国西北大学唐·舒尔茨教授认为,企业与顾客必须合作共事。彼得·德鲁克则以更加明确的措辞,突出了消费者在整合营销传播中的地位。

2. 营销与传播彼此交融

正是由于在营销实践中出现了许多问题,才促使营销学界与营销实务部门认真反思,从而推动营销走出单一通道,开始与传播紧密结合。

美国学者威廉姆·阿伦斯与库特兰·博维强调了在整合营销传播中营销与传播的关系,并具体描述了一个倒金字塔模式,以此反映营销与传播结合的逐步升级。即在最低一层,企业营销者相当于适应单一需求的专家,面对单一顾客,进行一对一的传播;在倒金字塔的第二层,企业营销者是适当定位的专家,在一个经过合适定位的市场,从事指导性传播,因而第一层与第二层均是营销与传播相结合的尝试阶段;在倒金字塔的第三层,企业营销者积累了相当的经验,营销水平提高后,成为了市场专家,其在已经明确的细分市场中进行拓展性传播;进入倒金字塔的最高一层,企业营销者成为产品或品牌分类的专家,在目标大市场,开始进行广泛性传播。经过了上述四个阶段,企业经营获得成功,而营销与传播亦自然变得不可分离。营销与传播的交融,其重点在于传播(尤其在于传播的分层次性),传播若要收到理想效果,必须遵循“由里往外、由窄到宽”的原则。

企业不仅要制定有效的营销策略,而且必须向消费者进行传播。否则,潜在的消费者便不了解产品的质量、形态、用途及使用方法或者根本不知道该产品或品牌的存在。因此,一个企业若要在竞争中立于不败之地,不仅要建立起一整套卓有成效的营销策略,而且更应建立起一整套面向消费者的传播策略。为此,美国整合营销传播专家特伦希·希姆普强调指出:“营销是传播,传播亦是营销。两者不可分割。”

3. 营销传播手段相互整合

在整合营销传播中,整合是一个至关重要的基本概念。美国卡罗莱纳大学托姆·邓肯教授认为整合是整合营销传播的核心。邓肯教授进一步强调指出:“整合营销传播理论的基本概念是协调,即整体大于局部之和。协调各种传播活动的全面影响大于各自单独活动或者彼此冲突的活动所产生的影响。”

可见,整合是指对各种营销传播手段的协调。对此,美国广告协会有具体明确的表述,认为整合营销传播“是一种营销传播策划的概念,承认对于各种传播手段(如广告、促销、公共关系)的战略作用予以评价并加以融合的全面策划具有附加值,以产生明确连贯的最大限度的传播影响”。简而言之,整合营销传播的功能在于将广告、促销等各种传播手段加以整合,以求产生最大限度的传播影响力。

4. 使用多种媒体传播信息

整合营销传播强调使用多种媒体,诸如广播、电视、印刷媒体(报纸与杂志)、互联网等。美国学者威廉姆·阿伦斯与库特兰·博维从广义角度所界定的整合营销传播着重突出了媒体的作用,着重指出:“整合营销传播乃是通过制订并协调战略性传播计划,通过各种媒体以使公司员工、顾客、持股者以及广大公众之间建立并增强彼此有利可图关系的概念。”由此可见,在整合营销传播过程中,媒体(尤其是多种媒体的使用)是不可或缺的重要环节,一旦离开了媒体,企业与顾客之间则无法沟通。

(二)整合营销传播的层次

1. 认知的整合

认知的整合是实现整合营销传播的第一个层次,这里只有要求营销人员认识或明了营销传播的需要。

2. 形象的整合

第二个层次牵涉到确保信息与媒体一致性的决策。信息与媒体一致性,一是指广告的文字与其他视觉要素之间要达到的一致性;二是指在不同媒体上投放广告的一致性。

3. 功能的整合

功能的整合是把不同的营销传播方案编制出来,作为服务于营销目标(如销售额与市场份额)的直接功能。也就是说,每个营销传播要素的优势、劣势都要经过详尽的分析,并与特定的营销目标紧密结合起来。

4. 协调的整合

第四个层次是人员推销功能与其他营销传播要素(广告、公关、促销和直销)等被直接整合在一起,这意味着各种手段都用来确保人际营销传播与非人际形式的营销传播的高度一致。例如推销人员所说的内容必须与其他媒体上的广告内容协调一致。

5. 基于消费者的整合

营销策略必须在了解消费者的需求和欲求的基础上锁定目标消费者,在给产品以明确的定位以后才能开始营销策划,换句话说,营销策略的整合使得战略定位的信息直接到达目标消费者的心中。

6. 基于风险共担者的整合

这是营销人员认识到目标消费者不是本机构应该传播的唯一群体,其他共担风险的经营者也应该包含在整体的整合营销传播战术之内。例如本机构的员工、供应商、配销商以及股东等。

7. 关系管理的整合

这一层次被认为是整合营销的最高阶段。关系管理的整合就是要向不同的关系单位作出有效的传播,公司必须发展有效的战略。这些战略不只是营销战略,还有制造战略、工程战略、财务战略、人力资源战略以及会计战略等,也就是说,公司必须在每个功能环节内(如制造、工程、研发、营销等环节)发展出营销战略以达成不同功能部门的协调,同时对社会资源也要作出战略整合。

三、文化对整合营销传播的影响

在整合营销传播过程中必须重视各国的社会文化差异的影响。例如,美国人在商务谈判中以先发制人著称,习惯于率先提出建议或方案作为讨论的基础。然而,美国人却不了解日本人的谈判习惯。谈判时,美国人往往会操之过急。当日方一再表示沉默时,美国人便沉不住气而作出让步。其实,日本人的沉默表明其正在考虑美方的方案。日方谈判者的地位越高,其沉默的时间便越长,美方的让步正是由于对日方沉默含义的误解所致。又如,牛仔在不同国家或地区,存在着不同理解。在美国,牛仔是积极的文化象征。著名烟草商设计的万宝路香烟广告便使用牛仔作为美国的文化象征。但在中国的香港,牛仔相当于干粗活的劳工。因此,万宝路的牛仔在香港广告中改为骑白马的骑士。

营销传播者若不了解不同文化之间的差异,便容易产生营销误导。例如,一家美国著名大公司一度将它在英国营销成功的洗发香波销往西班牙。但公司忽视了西班牙文化,不知道在西班牙女性的年龄属于保密范畴,尤其当女性超过40岁时。公司将洗发香波定位为适用于40岁以上的女性。结果是该产品很少有人问津。该产品在西班牙营销了两年,但市场占有率只有0.2%。究其原因,女性即使有心购买,却担忧被人视为青春不再。于是,绝大部分西班牙女性拒绝购买这种产品。

成功的营销通常与了解消费者所在社会的文化相关。可口可乐行销世界各地100多年。可口可乐与中国结缘,最早得追溯到19世纪末。当时,一位赴欧美考察的清朝官吏发现这种饮料后,便以谐音给它取了个中文名字"可口可乐",并且从《庄子》语录和刘基的诗句中找到了依据。他引用庄子语录:"柑梨橘柚,其味相反而皆可口。"另有刘基诗曰:"兰独闻国香,女夸丽最可乐。"从此,可口可乐便以其找到中国文化的典故及其相应的谐音,一度占领了中国市场。几经曲折,可口可乐在20世纪80年代再次风靡上海,其原因之一在于公司了解中国人喜爱喝茶的文化习惯。于是,公司研发出了适合中国人口味的饮料,如"天与地"果汁以及"醒目"果味碳酸饮料。鉴于可口可乐公司深谙中国文化,故其产品已成为中国人的主要饮料之一。目前,中国已成为它在亚洲的第二大市场,仅次于日本。

每个国家由于文化底蕴迥然有异,从而形成不同的销售风格。日本的销售风格为灵活、通融,被称为"湿";美国的销售风格,合乎逻辑,却不灵活,被称为"干"。一旦营销出现偏差或顾客投诉,日本人的销售代表立即向顾客了解情况,甚至向顾客提交调查报告,解释产品失效原因并采取措施防止类似情况再度发生;而美国销售代表则会将问题提交技术部门,由技术部门负责解决问题。

跨文化的整合营销传播必须重视品牌名称、标记、商标、符号等语言文字的翻译及其内涵表达,否则便会词不达意,最终影响整合营销传播的效果。此外,整合营销传播也不能忽视视觉符号与记号方式的文化差异。例如,美国电话电报公司发起的"我策划"的广告活动在俄罗斯与波兰受到非议,原来美国电话电报公司在上述广告中使用了竖大拇指的画面,竖大拇指在美国是"呱呱叫"的积极含义,但在俄罗斯与波兰,却有冒犯人的消极含义。为了在这两个国家达到预期的营销传播效果,美国电话电报公司重新设计画面,改用人的手背以传播"我策划"的原意。

整合营销传播还得在企业品牌或产品名称上下工夫。Wienerschnitzel是德国著名的面包夹牛肉片快餐连锁店,但名称太长,难以朗朗上口。为此,该公司在将连锁店扩展到墨西哥时,便将名称加以压缩,改成Wieners。名称经压缩后,该连锁店在墨西哥的生意开始兴隆起来。

四、整合营销传播的实施

首先，整合营销传播是过程的整合。其表现为从市场前期的准备到结果分析之间的循环一气呵成，而非走一步看一步，对营销的结果没有任何把握，即从长远的发展策略出发，对企业的经营、品牌的稳固进行系统思考。

整合营销要求将消费者的需求始终放在第一位，"消费者"成为贯穿整合营销过程中的一条主线。同时，整合传播则将广告、公关、直销等多种工具整合成一体在传播中相互配合、相互弥补，起到完美的传播效果。而这两条线索之间的联系则是与消费者之间的双向沟通。只有通过沟通，企业才能了解消费者需要的发展变化；也只有通过沟通，企业才能够确定哪些传播手段在某一时刻发挥的效果更好。

在整合营销观念中，越来越多的企业在生产、销售、服务等基本思路上进行了变革，企业以目标市场为基准，密切注视消费需求的动态变化，不断创造出功能更新、质量更好的产品，并以优质、体贴的服务来赢得消费者的信赖，在消费者心目中长期树立良好形象，这便是整合营销传播的前奏。而一旦确立起消费者的中心地位，由此进行扩散和融汇的传播过程，便有了整合营销传播的雏形。例如，金利来公司奉行优质产品、中等价格的营销策略，对质量一丝不苟的态度给公众以亲切可信的形象；同时，公司还提出了回报社会的责任目标，并在医疗卫生、体育运动、教育领域、落后地区以及家乡建设等各方面提供大量的捐赠和投资。广泛地参与这些公益活动无疑使得金利来公司在社会公众心目中树立了良好的企业形象，尽管金利来公司在营销过程中已考虑到了消费者，但是还没有完全使整个过程融汇起来，达到"一条龙"的方式，换言之，其与整合营销传播还有一定的距离，因为整合营销传播首先是过程的整合。

其次，整合营销传播表现为方式的整合。与全营销时代相适应，21世纪的整合营销传播在框架上有了"一条龙"的纵向模式后，其在横向上同样要融各种新兴营销观念之长，以便适时地发挥它们的作用。在营销方式上，除了运用传统的促销、直销、公关之外，企业还应将其进行延伸，可以综合运用关系营销、概念营销等新兴营销模式。

综上可见，整合营销传播是一个把长远的策划和创意营销过程、方式融汇成一个有机整体的过程。在整合营销传播中，每一个步骤都有其需要实现的目标；每一种方式都有其需要发挥的功能，它们相辅相成。一旦有一个步骤或一种方式没有发挥应有作用，则会使得整体效果遭受破坏。这就像是在打篮球，各种营销传播工具就如同球场上的后卫、前锋和中锋，各司其职，各守其位，多一人则难看，少一人则无效；并且要讲究战法，如何才能更加默契地发挥效能，使每一个步骤都不多余。这才是整合营销传播的精髓所在。

【延伸阅读】

德比尔斯公司的整合营销传播之道

钻石是在澳大利亚、刚果、博茨瓦纳、南非和纳米比亚开采的。一般而言，250 吨的含钻矿石才能产出一克拉经打磨的精美钻石。精美钻石在功能上并没有什么价值，而且对其需求也是不稳定的。在经济大萧条时期，钻石的市场需求量陡然下降，致使非洲南部成千上万的矿工失去了工作。为了防止市场需求的波动，德比尔斯(De Beers)公司建立了销售机构中心(CSO)，与几乎所有主要的钻石产出国(占到全世界钻石产量的80%)签订了合同，给未经打磨的钻石估值，并以一定的价格收购每年产出的所有未经打磨的钻石，从而有效控制钻矿开采的成本。

早在 1938 年，德比尔斯公司就提出了“钻石恒久远，一颗永留传”的经典广告语。现在，这句广告语已风行全世界，从而成功塑造了德比尔斯的品牌形象。德比尔斯公司通过整合营销传播把钻石与“爱情的终极礼物”紧密相连。德比尔斯公司在全球促销钻石，引发了消费者的需求热潮。然而进入 20 世纪 80 年代后，钻石市场的繁荣期结束了，因为投资者、生产商和消费者都在努力降低其债务负担。

1993 年，粗钻的销售量开始下滑，珠宝零售商开始缩减粗钻的储存量，以减少其负债。德比尔斯公司则不得不采取重大措施以预防钻石销量变化所引发的市场波动，从而避免影响股票价格、矿业和切割业、全世界的珠宝零售商乃至钻石的卓越形象。

在1992—1993年期间，德比尔斯公司的营销目标是：在面临商业日趋不景气的状况下，把广告理解为在全球开展整合营销传播的主要手法。销售机构通过做广告以有效地经营价值和建立评价，即将钻石作为爱情的终极礼物，巩固钻石在珠宝中的至尊地位。德比尔斯公司认为，使用广告是全球整合营销传播的首要驱动程序，再加上其他非影视广播媒介的宣传，进一步凸现出了钻石作为爱情的礼物，通过情感的共鸣就可以呈现出钻石的核心价值（美丽、稀有、独特、光泽、纯净等）这一理念，从而促使消费者认为投资于钻石上的资金不仅会有财务上的收获，还会有情感上的收获。德比尔斯公司通过深入的市场分析后认为：西方发达国家作为成熟市场，客户在成熟的市场上购买较昂贵的钻石珠宝。在诸如欧美等国成熟的市场中其钻石市场占有率大约是70%。在泰国、墨西哥以及阿拉伯国家等新兴市场中，黄金有着悠久的历史传统，钻石的销售则主要集中在城市中。

此外，钻石销售还深受社会文化、婚庆习俗的影响。例如，仅在欧洲，订婚习俗就存在着很大差别。目前，英国70%的夫妇在订婚时会购买钻戒，德国人则没有购买订婚戒指的传统。又如，英国的传统中还包括“甜蜜16岁”的钻石，这颗钻石是父亲送给女儿以庆祝她成为女人的礼物。而日本自古以来就有以珍珠为主的珠宝传统，直到20世纪60年代，日本才出现“钻石”这个词，现在的日本则是全世界第二大钻石消费市场，市场规模仅次于美国。可见，购买钻石一直以来就与结婚、庆典等社会习俗息息相关，这种联系不仅会因社会民族文化的不同而存在着差异性，并且就其本身而言也正经历着变化。

基于上述认识，德比尔斯公司积极主导了女性媒体广告，从而成功抓住了人们对于“爱情的终极礼物”在感情上的反应。影视广告使得德比尔斯公司拥有了更广泛的目标观众，让消费者中的夫妇双方同时激发起两人之间强烈的情感共鸣。德比尔斯公司分别在澳大利亚、奥地利、比利时、巴西、加拿大、法国、德国、英国、意大利、日本、科威特、荷兰、阿曼、菲律宾、俄罗斯、沙特阿拉伯、南非、西班牙、泰国、土耳其、阿拉伯联合酋长国以及美国等地投放了媒体广告，从而有效传播了钻石的魅力与企业形象。

近几年,德比尔斯公司又进一步启动了定期品牌追踪调查,以了解在其主要市场上钻石广告对于成年消费者的影响力。研究显示,德比尔斯公司的钻石广告及其促销活动是非常成功的。调查结果表明,消费者看了这个广告之后,记住了它并且喜欢上它,人们对于钻石的消费态度非常积极,在接下来的12个月里具有购买钻石的强烈意向。

可见,德比尔斯公司正是通过成功运用整合营销传播,从而构建起钻石以及企业自身的品牌形象,并最终创造了现代企业的经营神话。

第三节　情境案例

雀巢咖啡巧妙融入中国市场

一、引子

对于小张一家而言,每天的早晨都是从冲泡好的一杯香茶开始。但最近每逢过节,亲戚朋友送礼总会带来咖啡的礼盒。精致的包装、配套的品尝咖啡专用杯具杯垫,也让小张一家开始饮用起了咖啡。虽然一开始总是有些不习惯,但随着一盒盒的咖啡消费殆尽,发现咖啡的那种香浓已经进入了自己的生活,喝茶的次数越来越少。这几个月小张去超市也会开始购买咖啡,而不是一味地关注茶叶了。

二、为什么是礼盒?

阿飞每逢过节,送什么给亲戚朋友总是一件头疼的事情。又要上档次,也要实用,而且有品位。最近电视里总是在播放雀巢咖啡的广告,这让阿飞好像找到了答案。这次去小张家里,阿飞果断买了雀巢咖啡的礼盒,并不是很贵,而且包装很精美,又有点外国商品的感觉,很有档次。看着其他亲戚送去的水果、鲜花、营养品,阿飞感觉自己送出的礼物还是比较有品位的。

对于雀巢咖啡而言,如何进军中国市场是一个难题。公司市场部的

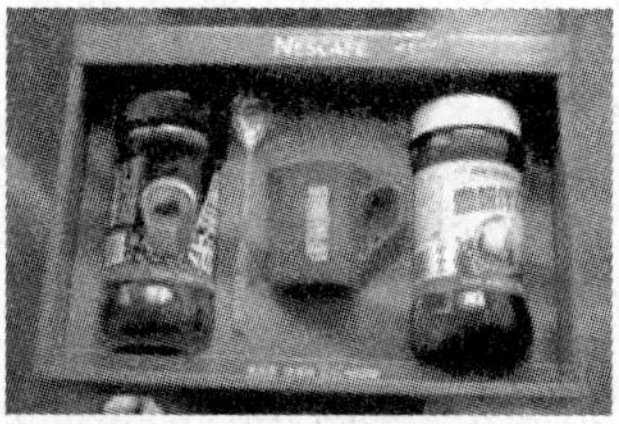

麦克知道中国人深谙茶道，对于茶文化已经深入骨髓，要在中国挑战中国传统的茶、或者说中国人饮茶的传统，会不会有胜算呢？麦克告诉自己，这简直是自寻死路。麦克过去的经验是，市场营销只能利用传统或者利用潮流，与之相反的做法很少有获得成功的。

麦克最后并没有选择与传统作对，相反，他向总监提出了自己的看法，雀巢咖啡应该利用中国人另外的一个传统：送礼。在雀巢咖啡最初进入中国的那几年内，把推广时机选择在了佳节或者是看望亲朋好友的时候。

麦克认为，雀巢咖啡应该被包装成一种有档次、有面子的礼物——这在雀巢全球推广中，也许只有在华人社会才会管用。事实证明，麦克的想法确实是正确的，雀巢咖啡在这之后被当作"外国的高级礼品"走进了中国人的家庭。咖啡市场就这样被培育起来了，礼品装在随后的岁月里也完成了它的历史使命，取而代之的是咖啡真正的角色：一种嗜好品，一种快速消费品。

三、成功之道

雀巢成功塑造了咖啡的个性特色，虽然一开始人们并不是因为它是一种快消产品才买的，但是咖啡也可以当作外国礼品，加之顺应潮流，人们就逐渐了解咖啡的特点，于是这种礼品属性就逐渐被它的主要属性所替代了，因而获得竞争优势。此外雀巢的成功也在于很好的顺应潮流，找到突破口。与中国传统的茶文化相对抗只能是自寻死路，因为这已经是中国人的习惯，所以咖啡需要一个渠道让人们来了解，利用一个合适的市场定位使人们可以了解咖啡，从而让咖啡进入千家万户，成为大众消费品。

【讨论题】

1. 结合雀巢咖啡案例，谈谈消费者产品偏好和价值取向。

2. 雀巢咖啡是如何利用传统文化来改变消费者偏好的。

3. 中国人还有哪些文化传统？能不能作为产品营销的市场定位基础呢？

本章复习题

1. 试述文化的内涵与特性。

2. 试述文化对消费心理与行为的影响。谈谈个人生活中碰到的例子。

3. 试述消费文化的内涵、层面、影响因素。

4. 试述中国消费文化的核心价值观。

5. 试述霍夫斯泰德的文化维度理论。

6. 整合营销传播的内涵是什么？它有哪些特征？

7. 试述整合营销传播的层次。

8. 整合营销传播如何实施？

9. 文化在整合营销传播中的影响有哪些？

10. 试查找在营销传播过程中因重视文化因素而导致成功的案例，以及忽视文化因素而导致失败的案例。

参考文献

[1]陆剑清. 现代营销心理学[M]. 北京:首都经济贸易大学出版社,2010.

[2]陆剑清. 市场营销学[M]. 北京:北京大学出版社,2010.

[3]陆剑清. 行为营销学[M]. 上海:立信会计出版社,2009.

[4]石文典,陆剑清. 市场营销心理学[M]. 台湾:扬智书局,2002.

[5]陆剑清. 市场营销的博弈探析[J]. 北京:华东师大学报,1999-07.

[6]陆剑清. 市场经济与营销创新[J]. 上海:上海商业,1999(4).

[7]陆剑清,等. 知识经济时代的营销新模式[J]. 北京:上海商业,1998(11).

[8]陆剑清. 商品价格战的营销透析[J]. 上海:上海商业,1999(11).

[9]陆剑清. 经济全球化与中国企业购并战略[J]. 上海:上海商业,2000(5).

[10]陆剑清,等. 关于我国推销人员心理素质的实证研究[J]. 心理科学,2001(4).

[11]陆剑清. 中国入世环境下营销战略初探[J]. 上海:上海商业,2002(7).

[12]陆剑清. "免费午餐"的营销透析[J]. 上海:上海商业,2002(11).

[13]陆剑清. 营销:创新与变革[J]. 上海:上海商业,2003(5).

[14]陆剑清. 两种理念的碰撞:数字化时代营销思维变革[M]. 上海:上海商业,2004(5).

[15]陆剑清. 谁在主导市场[J]. 上海商业,2004(11).

[16]陆剑清. 决策之道——我国企业经营决策探析[J]. 上海:上海商业,2005(5).

[17]陆剑清,等. 我国企业经营者投资决策模型研究[J]. 华东师大学报,2005(4).

[18]陆剑清. 人员推销——营销新模式[J]. 上海:上海商业,2005

(11).

[19]陆剑清.“智猪博弈”与共同生存[J].上海:上海商业,2006(1).

[20]陆剑清.后营销时代的金融产品营销思想与营销艺术[J].当代金融家,2006(4).

[21]陆剑清.金融营销需破壁求解[J].成功营销,2006(7).

[22]陆剑清.聚焦银行业终止“免费午餐”的背后——中国金融营销的事件评析[J].上海:上海商业,2006(7).

[23]陆剑清.市场周期与挤出效应——聚焦国美并购案的背后[J].上海:上海商业,2006(12).

[24]陆剑清.银行品牌与聚众效应——基于消费者态度视角的行为经济学研究[J].北京:华东师大学报,2007(2).

[25]陆剑清.通存通兑遭市场冷遇的背后[J].文汇报,2007-11-29.

[26]陆剑清.金融消费者的品牌效应及其心理影响机制研究[J].心理科学,2007(6).

[27]陆剑清.信用卡消费者透支行为的心理特征及其人群分类研究[J].心理科学,2008(2).

[28]陆剑清.金融营销由传统向现代的跨越[J].上海:上海商业,2008(7).

[29]陆剑清.顾客满意——现代企业的生存之道[J].上海:上海商业,2008(11).

[30]陆剑清.关于从众行为的营销思考[J].上海:上海商业,2013(6).

[31]菲利普·科特勒.营销管理:分析、计划、执行和控制[M].上海:上海人民出版社,1997.

[32]赫伯特·西蒙.西蒙选集[M].北京:首都经济贸易大学出版社,2002.

[33]加里·S.贝克尔.人类行为的经济分析[M].上海:上海人民出版社,1996.

[34]夏军.非理性世界[M].上海:上海三联书店,2002.

[35]韩震.重建理性主义信念[M].北京:北京出版社,1998.

[36]沈湘平.理性范式、人的发展阶段与“理性经济人假设”[J].社会科学,2000(2).

[37]迈克尔・R. 所罗门. 消费者行为学(第8版・中国版)[M]. 北京:中国人民大学出版社,2009.

[38]屈云波. 品牌管理[M]. 北京:企业管理出版社,1995.

[39]郭永玉. 人格心理学[M]. 北京:中国社会科学出版社,2005.

[40]陈少华. 人格与认知[M]. 北京:社会科学文献出版社,2005.

[41]张晔,秦华伟. 人格理论与塑造[M]. 北京:国防工业出版社,2006(6).

[42]王长征,消费者行为学[M]. 武汉:武汉大学出版社,2003.

[43]王长征,周玲. 面向"联系价值"的后现代部落营销 [J]. 外国经济与管理,2005(27).

[44]冯江平. 广告心理学[M]. 上海:华东师范大学出版社,2003.

[45]符国群. 消费者行为学[M]. 武汉:武汉大学出版社,2000.

[46]J. 保罗・彼德,杰里・C. 奥尔森. 消费者行为与营销战略[M]. 韩德昌,主译. 大连:东北财经大学出版社,2000.

[47]江林. 消费者行为学[M]. 北京,首都经贸大学出版社,2002.

[48]L. G. 希夫曼,L. L. 卡纽克. 消费者行为学[M]. 俞文钊,肖余春,等,译. 上海:华东师范大学出版社,2002.

[49]李东进. 消费者行为学[M]. 北京:经济科学出版社,2001.

[50]迈克尔・R. 所罗门. 消费者行为学[M]. 北京:电子工业出版社,2006.

[51]王长征. 消费者行为学[M]. 武汉:武汉大学出版社,2003.

[52]德尔・I. 霍金斯,罗格・J. 贝斯特,肯尼思・A. 科尼. 消费者行为学[M]. 北京:机械工业出版社,2003.

[53]甘碧群. 市场营销学[M]. 武汉:武汉大学出版社,2002.

[54]霍夫斯泰德. 跨越合作的障碍——多元文化与管理[M]. 尹毅夫,等,译. 北京:科学出版社,1996.

[55]司马云杰. 文化社会学[M]. 济南:山东人民出版社,1990.

图书在版编目(CIP)数据

现代营销心理学/陆剑清著.—2版.—北京:首都经济贸易大学出版社,2014.2

ISBN 978-7-5638-2198-3

Ⅰ.①现… Ⅱ.①陆… Ⅲ.①商业心理学 Ⅳ.①F713.55

中国版本图书馆CIP数据核字(2014)第028388号

现代营销心理学(第二版)

陆剑清 著

出版发行 首都经济贸易大学出版社

地　　址 北京市朝阳区红庙(邮编100026)

电　　话 (010)65976483 65065761 65071505(传真)

网　　址 http://www.sjmcb.com

E-mail publish@cueb.edu.cn

经　　销 全国新华书店

照　　排 首都经济贸易大学出版社激光照排服务部

印　　刷 北京地泰德印刷有限责任公司

开　　本 787毫米×980毫米 1/16

字　　数 334千字

印　　张 19

版　　次 2010年2月第1版 **2014年2月第2版**

2014年2月总第2次印刷

印　　数 4 001~7 000

书　　号 ISBN 978-7-5638-2198-3/F·1252

定　　价 32.00元

图书印装若有质量问题,本社负责调换